（原书第3版）

城 市 化
——城市地理学导论

Urbanization: An Introduction to Urban Geography
Third Edition

［美］Paul L. Knox　Linda McCarthy 著

姜付仁　万金红　董磊华 等译

电子工业出版社
Publishing House of Electronics Industry

北京·BEIJING

内 容 简 介

本书荟萃了当代西方城市化研究的最新成果，展现了人类社会发展进程中持续变化的城市化过程，是美国、欧洲高校常用的一本经典教学参考读物。全书共分五部分15章：第一部分概述城市化和城市地理学的关系；第二部分为城市化的基础和历史，论述城市和城市生活的起源与发展、美国城市体系及其城市发展基础、城市体系和转型中的城市；第三部分为城市化和欠发达国家，阐述欠发达国家的城市化、城市形态和土地利用、城市问题和对策；第四部分为城市变化的进程，论述城市开发过程、邻里的变化方式、演变的城市和城市治理、城市政策和规划；第五部分为市民与区位，阐述居住万花筒、城市建筑和城市设计、城市生活和城市空间、城市化问题。

本书是一本以美国、欧洲、欠发达国家等世界城市发展和城市化过程为蓝本的经典城市百科全书，对中国城市化研究、决策、教学具有重要参考价值，可供从事城市研究工作者、规划师、政府决策者参考，也可作为大专院校学生的辅助教材，亦可作为相关爱好者的参考书籍。

图书在版编目（CIP）数据

城市化：城市地理学导论：第 3 版 /（美）诺克斯（Knox, P. L.），（美）麦卡锡（McCarthy, L.）著；姜付仁等译.
北京：电子工业出版社，2016.4
书名原文：Urbanization: An Introduction to Urban Geography, Third Edition
ISBN 978-7-121-28288-1

Ⅰ. ①城… Ⅱ. ①诺… ②麦… ③姜… Ⅲ. ①城市地理学—研究 Ⅳ. ①K901

中国版本图书馆 CIP 数据核字（2016）第 046470 号

策划编辑：谭海平
责任编辑：谭海平　　特约编辑：王崧
印　　刷：三河市鑫金马印装有限公司
装　　订：三河市鑫金马印装有限公司
出版发行：电子工业出版社
　　　　　北京市海淀区万寿路 173 信箱　　邮编：100036
开　　本：787×1092　1/16　　印张：29　　字数：742 千字
版　　次：2016 年 4 月第 1 版（原著第 3 版）
印　　次：2016 年 4 月第 1 次印刷
定　　价：90.00 元

凡所购买电子工业出版社图书有缺损问题，请向购买书店调换。若书店售缺，请与本社发行部联系，联系及邮购电话：(010)88254888。

质量投诉请发邮件至 zlts@phei.com.cn，盗版侵权举报请发邮件至 dbqq@phei.com.cn。

服务热线：(010)88258888。

序　言

改革开放以来，我国经历了世界历史上规模最大、速度最快的城镇化进程，城市发展波澜壮阔，取得了举世瞩目的成就。城市发展带动了整个经济社会发展，城市建设成为现代化建设的重要引擎。城市是我国经济、政治、文化、社会等方面活动的中心，在党和国家工作全局中具有举足轻重的地位。2015 年 12 月 20 日，时隔 37 年后，中央城市工作会议在北京召开。会议指出，城市工作是一个系统工程，是我国各类要素资源和经济社会活动最集中的地方，全面建成小康社会、加快实现现代化，必须抓好城市这个"火车头"，把握发展规律，推动以人为核心的新型城镇化，发挥这一扩大内需的最大潜力，有效化解各种"城市病"。做好城市工作，要坚持集约发展，立足国情，尊重自然、顺应自然、保护自然，改善城市生态环境，在统筹上下功夫，在重点上求突破，着力提高城市发展持续性、宜居性。要加快培养一批懂城市、会管理的干部，用科学态度、先进理念、专业知识去规划、建设、管理城市。要全面贯彻依法治国方针，依法规划、建设、治理城市，促进城市治理体系和治理能力现代化。要健全依法决策的体制机制，把公众参与、专家论证、风险评估等确定为城市重大决策的法定程序。要提升规划水平，增强城市规划的科学性和权威性，促进"多规合一"。要提升建设水平，加强城市地下和地上基础设施建设，建设海绵城市，加快棚户区和危房改造，有序推进老旧住宅小区综合整治。推进城市绿色发展，提高建筑标准和工程质量。推进改革创新，为城市发展提供有力的体制机制保障。

他山之石，可以攻玉。美国著名教授保罗·诺克斯和琳达·麦卡锡是美国和西方城市化研究的著名专家，他们两位专家于 2012 年出版的《城市化》（第 3 版）是美国城市研究的主要读物，也是美国大学的流行教科书。该书不仅捕捉了人类城市化进程的变化本质和变化结果，而且捕捉了城市地理学研究方法的新进展。本书的最大特色是城市地理学的动态研究方法，即通过阐明城市化的变化过程，鲜明且内涵丰富地解释了永远变化的城市地理和城市生活。这种方法的一个重要优点是，它在处理城市地理学中的大量"传统"主题时，提供了捕捉其最新变化的框架。理论与实践相结合这种动态方法，关联了书中的关键概念、理论和已有的事件与理念，可方便地阐述特定理论与待定环境间的逻辑关系。我国正处于城市化快速发展阶段，根据最新的"十三五"规划，到 2020 年，我国城市人口将达到 60%。我国近三十多年的发展过程在世界城市发展潮流中能够找到大量的类似案例，有些现象在我国未来的发展道路上也将会遇到。我国城市工作需要在创新、开放中发展。开放发展，就需要了解国际动向。选择在我国各级政府加快城市建设的时机出版本译著，不仅可以作为城市研究的重要参考，也可以作为高等院校培养城市专业人才的重要教材。它将在广泛普及国际城市规划和建设知识，学习国际的先进理念，借鉴国际经验教训，使我国少走弯路，为我国城市建设工作起到不可忽视的作用。

原著第 3 版在修改时，尽可能采用了最新的城市数据，图文并茂，用实例说明了理论的运用。书中既有大量的专业理论和城市案例，又有大量生动活泼的城市观察专栏，给人以专业、精炼、活泼的感受。参与英文翻译、校对和审核的二十位专家不仅学历高，硕士和博士以上占四分之三，具有深厚的专业背景；而且长期从事城市等相关研究和工作经历。其翻译的专业性强、行文流畅。他们不辞辛劳，花费大量的时间和精力完成了本书译稿，其精神难能可贵，我向他们表示崇高的敬意。预祝本书出版成功，为我国城市的发展和人才培养带来正能量。

中国工程院院士
中国自然资源学会副理事长
中国可持续发展研究会常务理事

译 者 序

本书由美国弗吉尼亚理工学院城市事务与规划系教授保罗·诺克斯和威斯康星大学密尔沃基分校地理系副教授琳达·麦卡锡合著。作者对该书第1版的写作始于1994年，第1版出版后，作为不同专业课程所用城市基础教程和很有价值的参考书，受到了美国许多大学和研究机构的欢迎。随着新技术与新理论的不断涌现，为适应城市的飞速发展，作者不断修订了本书的内容，2005年出版了第2版，2012年出版了第3版。该书一直是美国许多大学的城市地理学和城市科学的教材，受到了人们的普遍欢迎。

我国2009年首次引入本书，即科学出版社出版的原书第2版，由顾朝林、汤培源、杨兴柱翻译，名为《城市化》。译著的出版都受到了城市科研和教育工作者的欢迎，已成为最受欢迎的城市研究与教学参考书之一。

第3版与第2版相比，主要有以下几个特点。

1. 在章节结构上做了重大调整，逻辑和条理更加合理。第3版本从第2版的18章缩减为15章，并分为五个部分。第一部分为概述，由第1章（对应于第2版的第1章）构成；第二部分为城市化的基础和历史，由第2章（对应于第2版的第2章）、第3章（对应于第2版的第3章、第5章和第6章），第4章（对应于第2版第4章和第6章）构成；第三部分为城市化和欠发达国家，由第5章、第6章和第7章构成，分别对应于第2版第7章、第8章和第9章；第四部分为城市变化的进程，由第8章~第11章构成，分别对应于第2版的第11章、第13章、第16章和第17章；第五部分为市民与区位，由第12章~第15章构成，分别对应于第2版的第12章、第10章、第14章和第15章。

2. 更新了内容和数据。新增了约三分之一的内容，第3版中的数据和案例已基本更新到2011年，体现了世界城市的最新发展现状和最新认识。

3. 更新了部分图片并增加了新的专栏。图片由第2版的381张更新并调整到366张，城市观察专栏更新并增加到75个，反映了最新的城市发展动态。

全书结构严谨，论述全面，涉及的知识面广泛。这些都表明本书作者努力跟上时代步伐，推陈出新，用通俗的语言讲出深奥的理论，使读者通过学习，可更快地加入到现代城市的研究、学习和工作之中。

参加本书翻译和审校工作的有姜付仁、万金红、董磊华、凌永玉、娄鹏、张伟、杜晓鹤、高菁、王连祥、曲伟、赵莹、李梅风、周鹏飞、姜翠花、陆峰、汪吉午、陶韶思、王鹏、吴戈、张俊洁。鉴于本书内容较多，涉及面广，因此译者、校者和审稿者之间互相交叉，都对全书进行了通读和互校，以便互相提高。第3版翻译中的专业词汇尽量参考第2版，以保持相对一致性，但也做了部分更新。鉴于第2版由我国知名教授顾朝林等人集众人之力翻译，且水平已然很高，本文译者本不欲接手，以免翻译疏漏甚多而令人贻笑大方。但在细读原文后发现既有三分之一的内容更新，又有三分之一的数据更新，与第2版雷同内容或许仅三分之一左右，于是鼓起勇气，在借鉴第2版良好的翻译基础上，集中了20人的庞大队伍进行译校，译者中硕士和博士学历以上占四分之三，且译者全部为已经参加工作人员，具有较高的英文水平和深厚的专业背景，并长期从事城市等相关的研究和工作，因此本译著与普通学术著作相比语言更加简练、用词更为准确、行文更加流畅，更加符合中国人的阅读习惯。

在此，首先要对第2版的译者顾朝林等13位学者深表感谢，同时感谢出版社给我们提供了很好的学习机会，还要感谢水利部公益性行业科研专项（201401038）给予的大力支持。限于译者的水平，定有不少不妥甚至不对之处，敬请读者批评指正。

译　者

前　言

城市永远在变。城市既是人类繁忙活动的场所，也是社会、文化和政治变迁的熔炉。城市居民和城市环境有时会加速城市的变迁，进而导致城市功能、类型和外表的改变。例如，100 年前，经济变化、社会变化和技术进步，自内而外及自上而下地塑造了欧洲和北美"现代"城市的空间框架、经济框架与政治框架。

目前我们正处于另一个转型阶段，转型的动力源于全球化进程中的经济变迁、文化变迁和政治变革。在美国等国家的城市中，新的生活方式和文化偏好已使得基于收入、种族和家庭地位的人群鸿沟变得四分五裂，造成中心城市的典型"马赛克"式邻里关系日渐模糊。经济重组导致的商业用地和居住用地选址的再中心化，以及后续诸多商业和工业选址的去中心化，使得中心城区和郊区长期存在的差别越来越不明显。以前一无所有的地区出现了外围中心，这些中心大到足以称之为"边缘城市"和"繁荣郊区"。

与此同时，欠发达国家城市的数量正在以前所未有的速度增加，这种截然不同的城市化过程不仅产生了新的城市土地利用模式，而且给城市居民带来了一系列新问题。许多欠发达国家当前的紧迫问题是过度城市化，即城市发展过快，导致其所能提供的工作岗位和住房数量跟不上城市的发展。四分五裂的城市在空间上进一步隔离成了若干居住飞地。住在豪华别墅与公寓大楼的居民，享有富有活力的正规部门所提供的高薪工作和机会；而住在贫民窟和违章建筑内的居民往往工作于非正规部门（非政府管治的工作），不仅缺乏正规的教育和培训，而且常常按照性别、种族和民族进行严格的劳动分工。

城市地理学

城市地理学研究城市的发展趋势，它将我们的生活与这种发展趋势关联起来，并研究这种发展趋势在经济学、历史、社会学和规划等其他领域中所起的作用。研究城市地理学可帮助我们更好地理解市场的力量，更好地了解地区、国内和国际经济发展的相互依赖关系。城市地理学可帮助我们了解历史以及艺术、经济和社会间的关系。城市地理学可解释科学技术与经济社会变迁的相互影响，揭示种族和性别的重要维度，指出社会不公的重大问题以及治理和政策等重要教训。当然，最重要的是，城市地理学能够帮助我们理解、分析和诠释世界范围内城市与都市的空间景观、经济发展和社区演变。

第 3 版的新内容

第 3 版做了大量实质性改动，是一次彻底的更新。

● 本版的篇幅大为缩减，从原来的 18 章缩减为 15 章。内容组织也做了重大改变，篇章的结构和内容的衔接更加合理。全书的内容分为紧密衔接的不同部分，即第一部分"概述"、第二部分"城市化的基础和历史"、第三部分"城市化和欠发达国家"、第四部分"城市变化的进程"和第五部分"市民与区位"。

● 大幅度重新编排了若干章节的内容。第 2 版的第 3 章（美国城市体系基础）和第 5 章（城市的形式和土地利用）在本版中已合并为一章，主要介绍美国城市体系在 1945 年前的演化过程和结果。第 2 版的第 4 章（转型中的城市体系）和第 6 章（变化的都市形态）在本版中也合并为一章，介绍美国、加拿大、欧洲、澳大利亚和日本在 1945 年后的城市化过程与结果。第 2 版的第 18 章（城市的未来）在本版中已经删除，部分内容合并到了其他章节。

- 关于城市化的重要问题，如全球金融危机及其对城市居民的影响，本版增加了若干美国以外的新内容，包括对住房断供和学生无家可归问题的探讨，以及发生在海地和日本的大地震对城市居民的影响等。
- 提供了许多有关"城市观察"的专栏，这些文章不仅捕捉到了普通市民的活力、经验与成就，也解决了他们在日常生活中需要克服的问题。本版收录了 29 篇新专栏。
- 本版增加了新的主题，如全球化、新自由主义、过度城市化和特大城市、"明星建筑"和世界城市、美国第六希望计划和邻里选择计划、高档化、性别歧视、棕地和灰色地带的环境问题、城市可持续发展、智慧增长和绿色城市主义等。
- 每章章首增加了学习目标，列出了学生读完每章后应该掌握的知识要点。
- 每章章尾的复习题已按书中更新的内容进行了彻底修改。
- 全面更新了书中的词汇表、数据、地图、照片和插图。
- 配套网站的网址已改为 www.mygeoscienceplace.com，其中包括自测题、MapMaster 专题地图和交互地图、Urban View 谷歌地球旅行、主要参考文献和推荐读物、相关网站、"新闻聚焦"RSS 摘要等。

目的与方法

本书不仅试图捕捉人类城市化进程的变化本质和变化结果，而且试图捕捉城市地理学研究方法的新进展。本书的最大特色是城市地理学的动态研究方法，即通过阐明城市化的连锁变化过程，鲜明且内涵丰富地解释永远变化的城市地理和城市生活。这种方法的一个重要优点是，它在处理城市地理学中的大量"传统"主题时，提供了捕捉其最新变化的框架。理论与实践相结合这种动态方法，关联了书中的关键概念、理论和已有的事件与理念，可方便地阐述特定理论与待定环境间的逻辑关系。本书旨在提供一本连贯且全面的城市地理学导论。本书在全球化背景和国际比较视角下，采用了聚焦于美国历史并面向过程的方法。

致谢

衷心感谢帮助塑造并检验我们的理念的那些人。感谢对本书做出了贡献的下列人士：得州大学达拉斯分校的 Brian Berry，威斯康星大学麦迪逊分校的 Martin Cadwallader，加州大学洛杉矶分校的 Bill Clark，布里斯托尔大学的 Ron Johnston，拉夫堡大学的 Peter Taylor，威斯康星大学密尔沃基分校的 Anne Bonds 和 Judith Kenny、明尼苏达大学的 Helga leitner 和 Roger Miller。

感谢对本版内容和准确性进行审核做出贡献的下列人士：南佛罗里达大学的 Kevin Archer，马萨诸塞大学的 Piper Gaubatz，东北伊利诺伊大学的 Dennis Grammenos，北得州大学的 Donald Lyons，北卡罗来纳大学的 Nina Martin，纽约州立大学布法罗分校的 Sara Metcalf，北肯塔基大学的 Lawrene F. Mitchell，北得州大学的 Murray Rice，米勒斯维尔大学的 Derek Shanahan。

Jonathan Burkham 在内容收集方面做了大量工作，PreMediaGlobal 公司的 Jenna Gray 和培生出版集团的 Ed Thomas 为本书的出版付出了大量心血。Caroline Commins 精心编辑了书中的照片。培生教育集团的 Anton Yakovlev 为本书提出了建议并给予了热情的鼓励和支持。

Paul L. Knox

Linda McCarthy

目　　录

第一部分　概　　述

第二部分　城市化的基础和历史

第三部分　城市化和欠发达国家

第五部分　市民与区位

第一部分

1

概　　述

　　城市不仅是人类繁忙活动的场所，也是社会、文化和政治变迁的熔炉。城市地理学能够帮助我们了解、分析和解释城市景观，例如在这幅沃道夫公园的照片中，人们正在欣赏美国佐治亚州亚特兰大市中心的风景。

第 1 章

城市化和城市地理学

本书介绍城市地理学，主要关注与城市居民关系重大的城市化过程和结果。城市是许多力量的产物，是经济发展的发动机，是文化创新、社会转型和政治变革的中心。与此同时，城市区域在所有方面都存在差异，譬如从寻找就业机会到土地利用类型、都市区的种族构成以及城市社会的社会行为等。尽管城市地理学包含的内容很广，但我们会尽力保持研究方法的一致性。与其简单列出城市的不同特性，不如深入了解关于城市的理论和城市变化的方式。这不仅有助于我们保持理论的一致性，而且也能更好地洞悉城市的运行方式。尽管有时需要密切关注特定的人物和事件，但我们的目标仍然集中于如何解读经济、社会和政治蓝图，因为这些蓝图可以塑造城市和城市生活的各种形态与特征。基于这种方法进行"归纳"，我们可以更直接地了解城市化的过程。

1.1 学习目标

➤ 评估空间、地域性、距离和区位如何影响城市中的每个人。

➤ 描述城市地理学的若干方法兴起的原因，以及通过这些方法如何深刻理解城市。

➤ 解释城市地理学是如何从经济、人口、文化、技术、环境和社会的变迁中诞生的。

➤ 比较资本主义发展的几个阶段及其 18 世纪以来对美国城市的影响。

➤ 了解世界相互依存度的增加如何影响城市和城市居民。

1.2 本章概述

城市地理学方向学生的基本任务是，详细分析城市之间及城市内部的差异，弄清城市已经发生和正在发生的变化。作为学生，不可避免地会问一些基本的问题，譬如在学习城市地理学的过程中，城市地理学到底是什么？它与地理学的其他分支有何渊源？与其他社会科学有什么关系？城市化包括什么？城市化影响人们的哪些结果很重要？本章将回答这些问题，并引入全书的一些组织原理和概念。

首先，我们认为城市地理学是科学研究的一个分支，它强调的是影响城市居民的空间、地域性、距离和区位等概念。其次，我们将从地理学角度考察包含在本书研究框架中的各种城市研究方法，了解城市地理学的各个方面，厘清城市化过程中的各种关系。

本章第二部分研究城市化的过程。与人们生活紧密关联的城市地理学和城市变化，是经济发展与技术、人口、政治、社会、文化和环境等因素交织在一起而形成的长期动态变化的结果（有时也是原因）。由于这些变化正在全球范围内快速形成，因此城市地理学的总体研究框架也需要从全球视角来审视城市化，包括全世界的城市和人们。最后介绍本书其余部分的主要内容和结构。

1.3 城市地理学研究

正如人文地理学的其他分支学科一样，城市地理学是关于"普遍背景下地区差异性"的科学[1]。这表明城市地理学是研究关于单一地区（城镇和城市的规模或特定邻里）**独特性**和城区内部与城市之间人与环境关系规律性的科学（见城市观察1.1）。其中的环境不仅指自然物质环境，而且指人工建成环境（如房屋、工厂、办公室、学校、道路和桥梁）、经济环境（如经济体制、经济生活的组织和结构等）和社会环境（包括塑造人际关系的行为规范、社会态度、文化价值和政治价值）。

城市观察 1.1　让居民回归社区的艺术：海德堡项目[2]

一栋房子上点缀着五彩圆点，不远处有一艘装满毛绒动物玩具的小船，空地上停着一排排汽车，引擎盖上画有一个个脸孔（见图1.1）。"疯狂圆点屋"、"诺亚方舟"和"汽车引擎盖上的面孔"只是底特律市海德堡街上众多民间艺术作品的一部分。这些作品的作者泰利·盖顿是一位训练有素的艺术家，其生活信条是：

"我认为，作为一名艺术家，我的工作是帮助人们观察！我想利用我的才能为社区带来正能量。我把艺术作为社会变化的催化剂。我选择从我自己居住的社区开始。我也意识到，我必须首先改变我自己。通过改变我自己的思维，用理解的眼光来观察，帮助我消除自己的恐惧和局限。社会变化必须从你本身开始，这样才能改变你周围的整个世界。"

当你来到海德堡街后，马上会注意到这种变化：这个城市的各个街区遍地都是空地和空房、杂草滋生的草坪、破败不堪且垃圾遍地的人行道。对于一名城市地理学者而言，这是令人难忘的"普遍背景下的地区差异性"的例子。海德堡的独特性折射出在一个特定的城市中可能出现的那种地区差异，尽管像底特律这样的铁锈地带城市会因规律性的去工业化、郊区化和贫困化而导致城市衰退。

25年前泰利·盖顿的祖父的房子上画满五彩圆点的行动，如今已被拓展为非营利性的海德堡项目，每年吸引着27.5万名不同年龄的人来参观。这种行动不仅把以前破烂的房屋和被遗弃的住宅变成了用明亮的颜料和废弃物品装

图1.1　外面挂满毛绒动物玩具的废弃房屋成为了艺术品。作为底特律市海德堡项目一部分，该项目也能使这个街区远离垃圾和犯罪，建立很强的社区意识，并为居民区内的孩子提供了体验艺术魅力的学习机会

饰的艺术品，还使街道远离了垃圾和犯罪，创造了一种很强的社区意识，并为居民区内的孩子提供了体验艺术魅力的学习机会。

海德堡项目获得了2004年度环境设计研究协会地方奖，它的获奖理由说明了其社会意义的重要性：

"显然这个项目的意义不仅在于你所看到的，也在于所引起的讨论……海德堡项目为美国最荒芜城区的儿童提供了一种不同的愿景；它拓展了社区人群的艺术意识，并且在参观者的意识中唤起了对重要社会现实的一种崭新认识。"

对于城市地理学者来说，最重要的问题是：哪些因素会影响城市和邻里的独特性？这种独特性是怎样演变的？在全球范围内的国家和区域的城镇空间分布存在规律性吗？城市土地利用的空间布局存在明显的规律性吗？邻里居民的社会地位、家庭类型或民族类别等方面的空间布局也存在明显的规律性吗？城市地理学者需要知道每种规律性存在的原因。例如，人们如何选择住处？左右他们选择的限制有哪些？人们居住的地区如何影响他们的行为？哪些社会团体（如果有的话）能够操纵城市的空间分布？谁会从这样的操纵中获益？

城市地理学者已经认识到，这些问题的答案最终必须从更广泛的经济、社会和政治生活的背景下去寻找。城市须视为支撑城市经济和社会的一部分。城市研究也不能孤立于历史、经济发展、社会文化变化以及在世界经济中日益增长的相互依赖关系等研究之外。要正确理解城市，需要通过跨学科的方法来实现。地理学的传统焦点（人与自然、社会环境间的相互关系）需要地理学者借鉴其他相关学科的研究成果。因此，我们在阅读以下章节时需要参考经济学者、社会学者、政治学者、历史学者和城市规划者甚至艺术工作者等的相关成果。

1.3.1　空间、地域性、距离和区位

城市地理学是一种连贯且独特的研究框架，研究的中心主题是**空间**、**地域性**、**距离**和**区位**。对地理学者来说，空间不能简单地视为用于表达经济、社会、政治和历史进程的一种媒介，它还是影响城市发展模式和城市内不同社会团体关系本质的一种因素。

从这个角度来说，城市同时是经济变化、社会变化和政治变化的产物与塑造者。通过界定其法律范围来分隔空间也非常重要，因为它会通过多种途径影响城市的动态变化。例如，市辖区边界的划定限制了城市在市域范围内增加税收的能力，选区边界的划定也会影响到居民的投票区域、地方的选举结果和政治力量。

地域性指社会内部的特定团体（民族、帮派、封闭社区）试图在一个局部区域内部建立某些形式的控制、支配或排他性倾向。团体地域性主要取决于这样一种逻辑，它用空间作为团体成员归属和身份认同的焦点与符号，并以此方式来规范社会互动。地域性对地理学者来说非常重要，因为它常常是个体行为和团体行为的基础，这些行为在城市内创造了独特的空间环境，而这些空间环境反过来又塑造了城市居民的态度和行为。

距离很重要的原因有几个。距离影响了商品和服务的生产者与消费者的行为。距离不仅影响社会互动的类型，也影响社会网络的形成和范围。居民的交通便利性的差异对决定其本地生活质量非常重要，这些差异是指接近就业、学校、商店、公园和医院等生活设施的机会与便利程度。

最后，鉴于地理学者关注的传统和基础，在于区域和地区的距离差异性与独特性，因此**区位**非常重要。特定的大都市区、城市、城区和邻里的独特性是城市地理学的解析核心，如制图的差异性、鉴别空间模式的规律性、建立功能区和子区的构成关系等。此外，人们与某种城市和地区联系的区位感（见图 1.2）非常重要，因为它会影响人们的决策，例如在哪里居住，在哪里设立办公室或工厂，是否从某一特定地点雇人，或者是否愿意独自步行穿过城镇的某个部分等。

1.3.2　城市地理学的研究方法

研究城市的方法有多种，这是社会科学研究理念演化的结果。例如，城市地理学和整个社会科学领域发生了广泛的"定量革命"。而这种革命源于如下的两大进展：一是关于城市和社区的大量可靠的社会经济数据可以从许多国家的人口与住房普查中获得；二是数字化新技术和地理信息系统（GIS）出现后，可以广泛地获得分析和整理这些信息的工具。现代解释和建模技术在社会科学中已经起到了决定性的作用，这种技术使得城市地理学者能看得更远、更透彻，并且提供了判定城市化理论的手段。

图 1.2   壁画。这是出现在威斯康星州密尔沃基市西班牙社区的一幅独特的壁画，这
里靠近恺撒·查维斯大道，对面是第16街区的卫生服务中心，为社区内的
低收入居民提供医疗、健康教育和社会服务。这样的社区艺术可非常明确
地表达区位感和地域性，对于城市中的居民来说，空间布局是根本性的

像其他领域一样，城市地理学也受社会价值观变化的影响。随着人们逐步了解城市的每个社会问题，人们对城市地理学的研究态度也变得更加灵活。今天针对城市地理学进行的许多研究，不仅包括学术研究，而且有效地结合了社区、私营公司和政府部门的需求与关注。城市地理学者可为若干问题提供咨询，例如行政区域重划的优化（重划本地投票区边界）问题、城中村居民经济发展政策评估问题等。

最后，城市本身的变化和城市化本质的变化对城市地理学的研究方法也有很大影响。认识到城市发生变化并密切观察这些变化时，就出现了新的研究主题。这样的一个例子是，像美国这样的富裕国家过去数十年来削减了大量公共服务，导致不少穷人和老人举步维艰，因此地理学者更加关注社区福利。类似的例子还有，2008—2009年国际金融危机后，许多家庭因丧失房屋抵押回权而失去了家园，由此使得地理学者更加关注本地住宅市场和国际金融系统之间的关系。

详细论述城市地理学的演变过程超出了本书的范围，但针对这种演变设立几个核心要点却十分重要。数十年前，城市地理学（称为**聚落地理学**更容易被人们理解）把城镇视为对自然环境适应的结果，把城市居民的特征解释

为居民对当地位置、区域资源、周边环境的机遇和限制的响应。例如，匹兹堡作为钢铁城市，从空间的角度可以解释为不仅该地区的煤炭、铁矿石、石灰石、水等资源极为丰富，而且其庞大的钢铁产品市场有利于本地的商人和工人。

早期研究城市地理学的主要方法是**空间描述法**，这种方法的重点在于城镇的"形态学"，即城市的自然形态、城市规划、多种多样的城镇景观和"功能区"。仍以匹兹堡为例，当时的研究很可能强调的是城市的丘陵地貌对城市街道和社区布局的影响，还可能揭示了城市发展和土地利用局限于有限的平原土地上的原因，因此当时匹兹堡被认为适合建设大型钢铁产业。

随着科学理论逐步影响人们对知识的态度，研究热点不再是聚落和形态学。基于自然科学中**实证主义**的原理和方法论，出现了**空间分析法**。这种方法通过公认的科学方法来核对事实与关系。实证主义的兴起影响了地理学的所有分支和绝大部分社会科学，而"定量革命"则强化了这种影响。因此，人们将城市地理学重新定义为一门研究城市空间组织和空间关系的科学，重点在于构建可测量模型和假设。从实证主义的方法来看，城市地理学在匹兹堡市的研究，旨在建立邻里社会地位和相邻钢铁厂的定量关系。这种假

设可能是邻里社会地位随离钢铁厂的距离的增加而稳定提高。若有可验证的证据证实这一点，则可在其他工业城市复制这种研究，进而形成一种理论。

空间分析这种更为抽象的方法为我们研究城市做出了巨大贡献，它仍然是我们研究城市的主要方法。但对统计数据的抽象化和过度依赖，有时会使得我们在面对人们的城市生活现状时，变得单调且没有生命力。这种抽象并未回答过程和意义等许多重要问题。因此，尽管空间分析法可以利用美国人口普查数据来建立邻里社会地位与工厂距离的定量关系，但我们却不了解这种关系是如何发生的，如在建立这种关系的过程中是谁做了什么样的决策？为什么做这样的决策？如何解释整个关系中的例外现象？

图1.3　城市地理学者看到这个由年轻家庭组成的居民区时，希望发现该社区和其他城市类似社区的共同点，以及和其他社区相比的独有特性

为了回答这些问题，**行为主义方法**应运而生。这种研究方法专注于城市环境中个人活动与决策的研究。虽然行为主义方法论继续沿用实证论，但解释性概念和分析技术也源于社会心理学，某些关键理念来自于社会学原理，从而可以洞察人类的需求和冲动。

行为主义方法论在很大程度上忽视了理解人们行动的文化背景的重要性以及采取这些行动的意义，因此导致了**人文主义方法**的出现。行为主义方法的实证主义方法论被人种学和参与观察法等方法所取代，这些新方法试图回答捕获人们主观经验的问题。就匹兹堡而言，钢铁厂的出现对城市内的不同个体有何种意义？人们对钢铁厂工人社区的感觉如何影响他们在匹兹堡何处居住的决定？因此像行为主义方法一样，人们批评人文主义方法对人们的决策约束和行为约束关注不够。

最终，人们开始重视采用**结构主义方法**来研究城市地理。与行为主义方法和人文主义方法相比，结构主义方法主要用于宏观经济、宏观社会和宏观政治层面，侧重点是城市化宏观变化的意义、不同群组的行为和决策所代表的机会与约束。广义上讲，这种方法融合了宏观经济理论、社会理论和政治科学的理论与概念，还包括了**政治经济学方法**。例如，利用政治经济方法分析匹兹堡的城市地理，可以将钢铁厂与相关蓝领社区的兴衰放在更大的结构中，这里的结构是指可以获得的工业投资、可以获得的熟练工人、影响工业发展和城市发展的政府政策，以及全球经济背景下公司重组的**去工业化**等。

针对社会不平等结构进行分析的结构主义方法，为将女性经验明确纳入城市地理学铺平了道路。女权主义方法可处理男女不平等问题，也可处理哪种不平等的性别关系能反映在城市的空间结构中。对于匹兹堡而言，女权主义方法可以考察关闭钢铁厂后的城市劳动力重构中性别角色的变化，例如双职工家庭中女性工作的比例超过快速增长的女性兼职工作的比例。

结构-能动性方法试图结合关注宏观层次的社会、经济和政治结构的结构主义方法与强调人类能动性的人文主义方法。结构化理论把社会结构视为人的能动性通过实践产生或再创造的结果，人本身的行为受这种社会结构的约束。因此，不可能预测社会结构和人类能动性互动关系的确切结果。尽管这种理论准确简练，但由于分析结构和能动性之间既连续又复杂的相互关系并不容易，因此通过实证调查来证明仍然非常困难。就匹兹堡而言，该方法研究的是中心城市社区的**高档化**为何是代理人（包括土地拥有者、抵押贷款人、规划师和房地产经纪人等）、机构（如城市政府）和社会结构（如**土地利用区划**和建筑标准等规划法规）三者之间盘根错节的互动结果。

最后，文学理论的影响导致了后结构主义方法的出现，该方法也包括后现代方法论。

后现代方法强烈反对使用任何一种普遍理论来解释城市和城市居民。相反，它承认世界的本质是变化的和不稳定的。它解决的核心问题是：谁界定其意义？这种意义是如何界定的？以何种方式结束？它着重理解语言、交流和城市景观所表示的符号力量、形象力量和象征力量。仍以匹兹堡为例，后现代方法可能会审视城市政府"重新创造"城市的意图，这种创造是在全球经济背景下，将钢铁产业重构为高技术和服务业。这种方法关注的是政府在刻意构造某种城市形象（可能并不体现现实情况）时的语言运用和沟通交流能力；这种形象反过来又会影响潜在投资者和居民的决策与看法。

总体上讲，上述方法互为补充。尽管把这些方法整合成一种包罗万象的城市化理论或模型既不可能也不可取，但我们可从每种方法中获得灵感。因此，本书将介绍所有这些方法，并通过典型的例子进行说明。本书的内容强调城市地理是城市化过程的结果。

城市观察1.2　人口普查局的定义

城市聚居地在不同国家有不同的定义。根据美国人口普查局的定义，城市是指位于都市区（UA）和城市集群（UC）内的土地、人口和住房单元[3]。

- 都市区是一个高密度居住区（无论该领土在法律上是否被划为城市），该地区的人口数量大于50000人，城市核心区人口密度大于386人/平方千米，周边地区的人口密度大于193人/平方千米。
- 城市集群由一个城市核心区组成，该地区的人口数量为2500~50000人，人口密度大于386人/平方千米，周边地区的人口密度大于193人/平方千米。

由于城市化的这种定义取决于行政边界，因此人们不再关注由大量毗邻管辖区形成的都市连续蔓延区的人口密度。美国人口普查局在1950年的普查中开始使用都市区的标准定义，即标准都市区（SMA）。该术语在1960年的人口普查中改为标准都市统计区（SMSA），而在1983年的人口普查中又改为都市统计区（MSA）。

在城市地区，详细的普查信息可以通过普查区、普查块组和普查区块获得。

- 普查区。这些地理亚区存在边界，进行小型人群边界划分时，这些人群在人口学和社会经济特征上要相对均一。尽管都市区内的普查区划人口数量为1000~8000人，但这种划分可根据领土范围和人口规模进行调整。随着美国都市的增长，美国人口普查局已经认可了大量的普查区。由于某些地区中许多长期设立的普查区数量数十年来一直保持不变，因此可以利用普查数据分析这些地区的邻里变化。但在调整普查区边界或增加新的普查区后，在不同普查之间进行比较就会很困难。
- 普查块组。每个普查区最多分为9个普查块组，每个普查块组平均包括10个普查区块。普查区内的每个普查块组都按相同的阿拉伯数字排序。普查块组的人口数量一般为300~3000人。由于普查块组是把详细数据制成表格的最小地理区域，因此非常重要。
- 普查区块。普查区块通常根据城市街区的自然构造设立，且限制在街道之间和其他显著的自然标志之间。它们是普查数据中可用的最小统计单元，由于只限于基本的人口数据和住房信息，因此其数据范围并不全面。

在筹备 1990 年的人口普查时，美国人口普查局开发了一个称为拓扑集成地理编码与参照系统的电子数据库。拓扑集成地理编码与参照系统文档包括地址范围，经度和纬度坐标，街道、铁路、河流和其他自然特征的位置。拓扑集成地理编码与参照系统可以关联小范围的普查数据，形成复杂的地理信息系统（GIS），这种技术在城市地理学的研究中潜力巨大。由计算机硬件、软件和地理数据集成的地理信息系统的作用，是收集、存储、更新、处理信息并成图，这已成为城市地理学分析的一种方法。GIS 技术可以分析大量的城市问题。例如，在城市发生恐怖袭击事件时，为城市的全部地区或部分地区的人群确定最有效的疏散路线，监视城市内或城市间传染性疾病的扩散范围，分析法律边界变更后的影响，识别新企业周边的潜在客户，为城市规划与区域规划提供依据等。

城市化进程的不断变化对普查的地理单元划分提出了挑战，因为地理单元反映的是城市和都市变化的实际模式。因此，普查报表数据不仅包含标准都市区（MSA）的数据，还包含都市区（MA）的数据、主要都市统计区（PMSA）的数据、联合都市统计区（CMSA）的数据以及核心基础统计区（CBSA）的数据。设计不同统计数据的目的，是在不同的空间尺度上提供标准化的比较和分析框架。

1.4　城市化进程和结果

图 1.4 给出了城市化进程的框图。该图清楚地表明城市化远非城市和都市居民数量的增加。城市化由一系列紧密联系的变化过程所推动，包括经济、人口、政治、文化、科技、环境和社会等方面。城市化也受本地和历史的偶然因素影响，包括地形、自然资源或名人的出生（如亨利·福特出生在密歇根州的迪尔伯恩，因此福特汽车公司的总部设在密歇根州底特律市而非美国的其他地方）等。城市化的总体结果是，越来越多的人倾向于在更大的城市或都市中工作和生活（这并不是城市化的必要条件）。同时，城市化会使城市体系（从区域层面、国家层面甚至国际层面上讲，它是一个完整的城市区域）的动态和特征发生重大变化，在城市和都市内部造成土地利用模式的重大变化，在社会生态（社区的社会结构和人口结构）方面发生重大变化，在人工建成环境和城市生活（城市环境下形成的社会互动形式和生活方式）方面发生重大变化等。某些人可能会把这些城市化结果的一部分视为问题。政府政策、法律变化、城市规划和城市管理可能最终解决这些问题，这些变化反过来又会影响驱动全面城市化进程的动力机制。

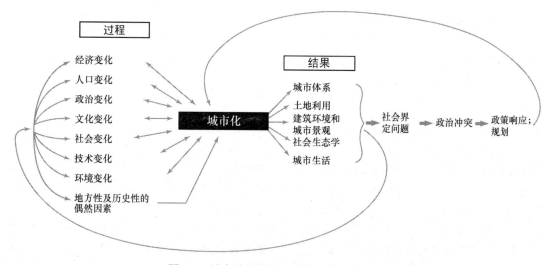

图 1.4　城市地理学研究框架：城市化进程

城市化进程中的这些关系非常复杂，如图1.4所示。城市化不仅受这些动力机制的直接影响，而且也经历着"反馈"效应。与此同时，在某种程度上讲，城市变化的每个方面本身几乎都与其他方面存在一定的相互依赖。这种复杂性可能会引起混淆。本章将通过引入大量的概念和范例来消除潜在的混淆。但要记住的是，图1.4提供了覆盖城市地理学所有主题的全面框架。因此，越深入了解本书，图1.4就越有意义。图1.4中给出了经济、人口、政治、文化、社会、科技和环境等进程及其关系，还给出了影响居民的城市化结果。因此，这里建议

读者不时参考图1.4，将新素材放在全局中考虑。

1.4.1 经济变化

推动和塑造城市化的核心动力是经济变化。当我们探索和追溯城市化的深刻印记时，经济变化的顺序和节奏将成为反复出现的主题。资本主义演变过程本身已经构成了这种印记，并影响着城市中的每个居民。图1.5概括了这些演变的主要特点。资本主义在美国有几个阶段性特征，现在正处于**全球化**背景下的一个完全不同阶段的初期。

	◄───────── 第一次现代化		第二次现代化 ─────────►	
资本主义的主要阶段	自由竞争	管制（凯恩斯主义） 有组织的　　　　　发达的		全球化
技术体系	水力 蒸汽机 棉纺织品 钢铁厂	燃煤蒸汽机 钢铁 铁路机床 世界海运	内燃机 石油与塑料 电子工程 航空 无线电 电信	微电子 数字 通信 生物技术 信息技术
基础设施开发	建造 运河　　第一次 　　　　铁路繁荣	第二次 铁路繁荣　　有轨电车 　　　　　　繁荣	第一次 汽车繁荣　　高速公路与 　　　　　　机场	宽带和卫星系统
城市管制和政治	自由放任 经济 自由主义　市政 　　　　社会主义和机器政治	促进主义和 改革政治　　城市作为 　　　　　　增长机器	大都市区 碎片化 及增长联盟	体制改革 企业主义、 新自由主义
中央政府的角色	可以忽略 （自由主义）　强化： 　　　　　　协调者	强（直接） 管理者/协调者　强（间接） 　　　　　　合作者/促进者 　　（平等自由主义）		弱化：经纪人 （新自由主义）
城市体系	商业城市系统 （地区性）　行业的组织 　　　　（国家框架）	大都市空间的 去中心化		世界城市和 国际网络
都市区形式	步行城市　转型城市　工业城市	包含行业与 分区的城市	郊区填充　中心城市群	巨型都市区

图1.5 长期观察：美国经济演变和城市发展的主要特征小结

从18世纪末到19世纪末的最早阶段是**完全竞争资本主义阶段**，它是自由创业和自由放任的经济发展的全盛时期，国家的政治经济特征为古典**自由主义**：竞争发生在小型家族企业之间，政府或公共机构强加的限制或控制很少。在这一阶段的早期，整个体系的动力源于农业盈利，但后来逐步转到工业制造业和机械制造业（工业生产对手工业和直接劳动力的使用少于对机械化、自

动控制和技术密集型劳动力的使用）。

南北战争后，广泛的铁路系统和更为巩固的联邦体系帮助美国建立了一个真正意义上的全国性经济。成功的家族式企业变得更大，并开始接管竞争对手。作为大型公司的企业更有组织，这些企业不仅可以为本地消费者提供服务，而且开始为区域或国家的消费者市场提供服务。随着工资标准模式的推广，劳动力市

场变得更有秩序。随着对公共事务的管制要求变得不断透明，政府也变得更有组织。

这种趋势发展到 20 世纪初时，资本主义企业本质上已发生了重大变化。在随后的 75 年里，经济演变的特征是**有组织的资本主义**。20 世纪的前几十年，这种（以盈利为目的的）体系成功地把劳动力从工业制造业和机械制造业转移出来，形成了一个新的劳动力过程。这一过程就是**福特主义**，它以首先进行大规模生产的汽车制造商亨利·福特的名字命名，这家制造商的生产模式基于生产流水线技术和"科学的"管理（**泰勒主义**），大规模生产所伴随着的大规模消费，也是工人的高工资和针对消费者的成熟广告技术。

福特主义的成功与工会和商业利益之间既紧张又可行关系的演化密不可分，工会本身也是另一种重要的"组织"元素。同时，政府的职能也在扩展，一部分原因是管制自由竞争资本主义企业中不希望出现的负面影响，另一部分原因是调解有组织的企业和有组织的工会之间的关系。1929—1934 年的"大萧条"之后，政府的作用急剧扩大，承担了全民就业、国民经济管理、社会福利分配的责任。市场失灵而引发的"大萧条"动摇了放任自由主义的根基，因此它与**平等自由主义**相比黯然失色。平等自由主义依赖政府来管理经济发展，缓解了自由市场资本主义的负面影响。这种自上而下、承诺低失业率的经济管理方法通常称为**凯恩斯主义**，它以英国经济学家约翰·梅纳德·凯恩斯的名字命名。

第二次世界大战后，出现了资本主义经济的另一次重要转型。例如，美国和加拿大等发达国家经历了从工业生产向服务业的转型，尤其是向高级商业服务业和金融服务业的转型，以此作为获得丰厚利润的基础。图 1.5 给出了从**有组织的资本主义**演变为**发达资本主义**的过程。这种产业转移开始促进就业结构的转型，从而导致了**去工业化**，即在制造业产量不变的条件下，制造业岗位大大减少。

概括地说，从 18 世纪 70 年代到 20 世纪 70 年代，城市化的关键动力是城市之间在就业和投资方面的竞争，这种竞争带来的非均衡发展，因本地、地区和国家政府越来越多的干预而有所缓和。资本主义经济的这一长期演化过程见证了各种体制（如民族国家体制、福特主义公司体制、核心家庭体制、产业管理体制、福利国家体制和正规的科技机构等）的崛起，而这些体制在现代化进程中又互相支持与促进。

20 世纪 70 年代中期以来，美国和全球其他国家的城市一样，开始进入一种完全不同的发展态势。随着经济全球化程度的提升，出现了许多巨型**跨国公司**，为技术性地规避政府和工会的限制，这些公司把常规生产和装配作业转移到了成本较低的欠发达国家或地区，因此这些欠发达国家或地区就成为了**新国际分工**（NIDL）的一部分。这种变化打破了美国等发达国家中企业、劳工和政府间的稳定关系。与此同时，福特主义自身也开始成为受害者：很多产品的大众市场开始饱和。由于从大量生产和大量消费中获利越来越困难，许多企业开始通过服务于专业化市场来逐利。与标准化生产不同的是，专业化要求变化，其中最重要的是**柔性生产体系**。原有的制造业基础迅速瓦解，在新的国际分工和国际金融的背景下出现了"新经济"，而这些新经济的基础是数字技术、先进的商业服务、文化产品行业和知识产业等。经济地理的国际化弱化了大政府和大劳工的杠杆作用，在 20 世纪中期使得有组织的资本主义不再稳定，并在经济效益和空间布局上大大强化了资本（特别是大资本）的流动性。这在很大程度上直接背离了自上而下的**有管制的资本主义**和过去两个世纪以来的有计划的现代化，使美国的空间—经济转变为一个以**新自由主义**为主导的崭新阶段：选择性地回归古典自由主义的自由市场理念。20 世纪 80 年代，里根政府取消了大量的凯恩斯主义国家福利，放松了对行业的管制，迎来了公私合作进行地方决策和经济发展的新时代，重新焕发了私有产权至上的自由主义理念。城市规划演变成了公共部门和私营部门的合作，而州政府和地方政府的作用越来越像企业那样试图引导经济发展和收支平衡。为了重新控制全球规模的新经济流动性及其社会、文化和环境影响，各国的中央政府开始逐步加强合作，出现了超越国家的实体，因此许多管理机构将其重心从国家层面延伸到了国际层面，而许多本地组织和地区组织也参与到了一种或多种跨界合作中。

对许多观察家来说，这种趋势表明出现了现代化的第二个主要阶段，这一阶段解体和重构了 19 世纪和 20 世纪已形成的现代化结构与体制（见图 1.5）。在**现代化的第一阶段**中，城市发展受彼此竞争的、封闭的、地理体系（国家层面）的竞争力影响，而在**现代化的第二阶段**开始时，城市发展则取决于全球规模的竞争力。

城市化、城市地理、城市和城市中居民的这种历史演化的意义是根本性的。每个资本主义新阶段所形成的产物、产物形成的方式和地点都会发生改变。这些改变需要新型的城市，因此现有的城市需要改造。与此同时，城市本身在资本主义企业的转型中也发挥着重要的作用。作为变革的中心，城市和城镇传统上作为经济增长的发动机，为新的生活方式和繁荣的促进提供了机会。但是，即便城市产生了大量的国家财富，它仍是剥削和失业的场所。在全球经济体系范围内，全球化的成本和收益在城市居民间的分配尤其不均。21 世纪的全球经济对城市的挑战是，城市不仅要成为经济增长的发动机，还要成为促进社会公正与可持续发展的变革的推动者。

1.4.2　人口变化

图 1.4 所示的所有相互依存关系中，最为重要的关系之一是人口变化与城市化的关系。从根本上讲，城市是城市居民的产物。换言之，城市人口的规模、结构和增长速度的变化对于城市化特征的塑造意义重大，而城市本身的条件反过来也会影响其特性。例如，人口拥挤和破败的贫民区会导致更高的死亡率，生活福利设施良好的城市会吸引大量的移民，具有国际化港口和机场的边界城镇和大城市则会吸引过量的移民。同时，城市的经济福利通常会自动调节人口变化与城市化之间的关系。例如，出生率和迁移率极大地取决于人们对经济机会的感知和期望。

城市观察 1.3　全球化和城市

如图 1.4 所示，产生各种城市结果的城市化进程发生在不同的空间尺度上。**世界体系**快速增长的相互依赖关系，意味着城市及其居民的经济与社会福利越来越依赖于全球范围形成的错综复杂的相互关系。由于全球力量和本地力量的密切互动，全球化已经对城市和城市体系产生了深刻的影响。这一过程及其结果与城市内部和城市之间的**不平衡发展**有关。例如，全球化导致了所谓的**世界城市**的出现，即纽约、伦敦和东京等控制中心在集中的新金融体系中起着关键的作用。

尽管全球化是一个复杂而争议不断的主题，但我们仍然可以找出与城市化进程和结果相关的经济、文化与政治因素。经济全球化表明，城市、地区和国家环境仍很重要，但它的重要性由其在全球范围内的生产体系、贸易体系和消费体系中的角色决定。全球化一词通常与在许多国家运营的跨国公司的不断增长的重要性相关联。这些公司在全球生产和市场营销领域内的活动会不断整合成一种新的国际分工。跨国公司为了充分发挥成本的地理差别优势，会在多个地区组装不同地区制造的零部件。在全球性的组装体系下，劳动密集型工作可在具有廉价劳动力的地方进行，原材料可以在货源附近进行加工，而组装则可在邻近主要城市市场的地点进行。

文化全球化与更广泛的全球文化发展相关。尽管这一观点存在争议，但它实质上推动了西方唯物主义价值观的广泛传播。在某种程度上来说，全球化可视为好莱坞电影的普及或汉堡包的推广等。事实上，里兹专门发明了“麦当劳化”一词来表示大众消费对全世界不同人群文化差异的侵蚀过程[4]。我们认为，全球化涉及文化的同质化，即全世界的人在文化方面相互关联地发展。新型通信系统（尤其是在城市区域内）为这一过程提供了便利，因为它能将信息和图像快速地传输到人们的家中和电子设备上。但有些人会通过强调本地的文化认同（包括为寻求地区和城市级别的更大自主权而采取的各种社会运动）来阻挠这些全球化力量。

政治全球化与各个国家的政府决定其自身命运的能力下降相关。从宏观层面来看，它与金融市场的全球化绑定在一起，实现了金钱在国家之间的快速流动。此外，由于跨国公司可以将投资从一个国家转到另一个国家，包括城市政府在内的公共机构别无选择，只能采取激励策略来竞相吸引和挽留这些可在国际间移动的公司及其投资，进而努力为工人和居民创造就业机会，促进本地经济的繁荣。

全球化的这些不同维度，对 18 世纪后期工业革命开始后的两个世纪所形成的经济、政治、社会和文化的结构与制度，带来了巨大的挑战。全球化促进了世界上许多地方民族文化和社会体系的融合。因此，许多社会与文化的结构和规范已经发生变化或变得过时，同时出现了许多跨越国家的社会与文化新现象。类似地，全球化强化了跨国经济和政治的相互依存度，促进了许多经济实体和政治实体的改革，出现了超越国家的新实体和新网络。对许多观察家而言，这一切促成了现代化第二阶段的开始，这是一次从全国的城市和经济发展框架到具有一系列全新机会的全球化框架的显著突破，以及随之而来的国际新秩序的冲突和矛盾。

1.4.3　政治变化

意识形态的不时摇摆是政治变化对城市化影响的一个重要方面。一个众所周知的例子是，美国于 19 世纪七八十年代为解决大量社会问题而发起的改革运动。如第 10 章介绍的那样，改革运动对城市事务产生了重要而持久的影响。另一个完全不同但较新的例子是，"反恐战争"发生之前的国家和国际政治转型：冷战的结束。这种政治转变对严重依赖于国防工业发展的"阳光带"城市的经济和就业产生了显著影响。

后一个例子再次证明了经济变化的调节作用。事实上，政治与经济发展的关系变得愈来愈密切。经济问题对人们而言极为重要，并且几乎总是在地方选举中表现出来，尽管满足本地的服务需求和城市居民的支付能力都是本地经济繁荣的结果。图 1.4 中的箭头方向表明，城市化在某些方面也会直接影响到政治变化。例如，美国 20 世纪三四十年代城市选民联盟在国家层面上奠定了现代政党政治的基础。另一个例子是郊区选民在最近的选举中明显倾向于支持共和党。城市化也可通过人们对城市变化相关问题的感知间接影响政治变化，因为人们的感知形成并塑造了政治领域的许多问题。

图 1.6　乘客走下渡船来到科罗纳多岛，背景是加利福尼亚州圣地亚哥市的天际线。圣地亚哥市的经济和人口特征已经受到军事基地、气候、风景、娱乐机会及与墨西哥国界靠近程度的影响

1.4.4 文化变化

我们还可找到与城市化和文化变化之间相互依存的并行实例。例如，20 世纪 80 年代的"后现代"文化转变，重新唤起了许多人对历史的兴趣，它通过历史遗迹的保护和建筑风格的回归，找到了表达城市形式的方式。与此同时，城市化通过以衣着、俚语、音乐、交通工具为特征的青年亚文化，推动了在某些城市环境下兴盛的那些文化的发展。城市化和文化之间的其他相互依存关系所涉及的变化过程更为深远。例如，美国主流文化的唯物主义，通过房屋购置趋势和住宅开发模式影响了城市化，但它依赖于工人工资增长缓慢和债务不断增加的经济变化过程。在调节这些相互关系时，除经济变化外，其他变化也很重要。如后所述，人口变化也很重要。从 20 世纪 60 年代的反主流文化到 20 世纪 80 年代的雅皮士唯物主义，再到 21 世纪初的私人专业规划发展的"城郊明珠"，"婴儿潮"一代正在成为持续文化变革的创新者和"承载者"。

1.4.5 技术变化

在资本主义总体演变的同时，在最广泛的层面上我们应认识到，经济发展由一连串的**技术体系**所承载，而技术体系是生产者必须面对的变化条件的根本。图 1.5 中从能源、交通技术和关键行业等方面来归纳这些技术体系的特征：

- 基于水力和蒸汽机的早期机械化；棉纺织业、陶器和炼铁厂；为满足原材料的组合、原材料的集中和面向消费者的成品配送的需要而开发的内河航运系统、运河与收费公路等。
- 影响各地工人的燃煤蒸汽机、钢铁制品、铁路、世界海运和机床的发展。
- 直至今日仍继续使城市居民受益的内燃机、石油和塑料、电气和重型机械、汽车、飞机、无线电和电信的发展。
- 影响城市居民的核能利用、高速公路、耐用消费品行业、航空工业、电子和石油化工的发展等。

- 影响城市生活各个方面的以微电子、数字通信、机器人、生物技术、精细化工和信息系统为基础的最新技术体系。

这些技术体系不仅塑造并决定了国家经济的演化，也决定了城市化和城市生活的步伐与特征。它们为美国的城市和城市居民打下了层层的烙印。

尽管因果关系难以厘清，但城市化和技术变化的相互依存关系还有许多更具体的例子。严格来说，尽管许多技术变化并不是城市化的原因或结果，但却是变化的必要条件。例如，有轨电车促进了美国第一次大范围内的城市居民郊区化。在图 1.4 所示的技术、文化、经济、人口等因素相互依存的广泛网络中，有一个非常不同的例子，即 20 世纪 60 年代中期出现的新节育技术（避孕药）。该技术不仅有助于婴儿潮的结束，还有助于改变人们对性、婚姻和女性参加工作的态度，这对城市生活的若干方面同时造成了影响。

1.4.6 环境变化

城市化与环境变化之间复杂的相互作用，产生了很多本地乃至全球性的问题。地表需要吸纳超出城市边界的废弃物，它取决于供热、能源生产和制造业所用的燃料，还取决于机动车的数量、处理固态/液态废弃物的技术和本地的气候条件。多数大城市无力全部处理这些废弃物，但又不能烧掉这些废弃物，因为这样会污染环境。越来越多的汽车和燃煤电厂是温室气体排放的主要来源，因此城市居民会对全球气候变化产生重要影响。在地方层面，城市的土地利用和土地植被变化，都可能会产生各种各样的环境问题。例如，在美国、欧洲和俄罗斯就存在数不胜数的**棕地**（废弃不用和未充分利用并存在实际或潜在污染的传统制造业设备），它们是早期工业化进程中监管不力的产物，现在已使得许多中心城市的再开发变得复杂。

1.4.7 社会变化

下面再次通过图 1.4 来简要阐述城市化与社会变化的相互依赖性。这里引用过去 30

年来少数民族的行为变化（这些变化继续影响着教育程度、职业构成，并最终影响城市的居住格局）。例如，黑人和西班牙裔郊区化很大程度上要归因于这样的变化。城市化也能引发社会变化。城市的自然和社会经济特性会引起某些行为变化，就像社会隔离和退却似乎都发生在中心城区内的"孤独人群"中那样。再如，美国最重要的变化就是社会地位的改变，而这种改变是由经济结构转型引起的职业变化导致的：中等收入工人阶级伴随有组织的资本主义的产生而增加，后来由于发达资本主义的转型而减少。

1.5　本书结构

上述例子除了可以说明城市化与经济变化或其他变化间的相互关系的范围和差异外，还有许多其他的作用。很明显，城市化是一种多维现象，它由相互依赖的多个进程驱动。后续章节将介绍这些进程形成城市地理和城市生活规律性与差异性的原因，并提出关于城市总体变化的概念和理论。这种方法允许我们理论联系实际，了解不同理论的逻辑，理解特定条件下的相关性。

第二部分介绍城市化的基础和历史。第 2 章将从约 5500 年前城市的最早起源开始，概述城市发展和城市生活，讨论历史长河中影响城市居民生活和城市体系变化过程与结果的有关概念及理论。第 3 章探讨美国城市体系的建立，此时会讨论一些概念和理论问题，这些概念和理论关乎城市体系改变的最新过程与结果，也关乎影响城市居民的城市兴衰的经济重建后果。第 4 章介绍美国、加拿大、西欧各国、澳大利亚和日本等国家的城市化类型，以及城市体系的空间组织与模式的最新变化，并从土地利用的专业化，到随着工业化出现的特色行业和区域，再到汽车时代和当代发展的大都市区的蔓延，追溯城市形成和人类活动的演变。

第三部分介绍欠发达国家的城市化。第 5 章分析影响欠发达国家城市和城市居民的社会、文化、经济、政治、科技和环境进程中的一些历史变化与时代变化，这些进程包括殖民主义、工业化、进城移民及过度城市化等。第 6 章通过考察拉丁美洲、非洲、伊斯兰国家、南亚、东南亚和东亚地区的城市形态与土地利用的各种类型，探讨城市居民在这些进程中的结果。第 5 章和第 6 章将引入欠发达国家城市化中的一些重大问题（第 7 章）：贫困、住房短缺、城市服务欠缺、交通问题、环境退化等。

第四部分介绍城市变化的过程。第 8 章介绍影响城市发展的以市场为导向的投资和生产过程，这些过程的重点是"城市缔造者"的行为，如投机者、开发商、承建商、投资者和财务经理。第 9 章详细介绍居民住房选择和邻里变迁的动态变化，重点是住房市场的性质和运作、家庭选择住宅时的行为及邻里的生活节奏。管理城市居民及其邻里变化和住宅市场等问题，显然是城市治理的任务之一，因此第 10 章将介绍城市治理的演化和城市政治的重点变化。第 11 章介绍城市规划的演化，城市规划是应对城市化对居民的影响、改变或管理影响城市变化的某些进程的一种方式。

第五部分介绍人和区位的关系。第 12 章论述美国和欧洲城市居民居住空间分化的总体模式，讨论居住区种族隔离的原因，以及城市化对城市社会种族隔离的影响。第 13 章详细介绍城市的形态，在更宽广的城市化进程中解读城市的建筑和设计，给出大都市区的经济发展、技术体系、社会和文化变化等方面的连续片段。第 14 章介绍空间和地域性，即日常生活对城市社会结构的影响，以及城市空间对社会组织和社会解体的影响。第 15 章介绍美国等富裕国家城市化的一些重大问题：贫民窟和贫困居住区、暴力犯罪、无家可归者、基础设施和环保问题等。

每章的结尾都会给出一些内容来帮助读者复习该章中涉及的主题与概念，建议在消化本章的内容后再开始学习下一章。

关键术语

advanced capitalism and flexible production systems　发达资本主义和柔性生产体系

competitive capitalism　自由竞争资本主义

deindustrialization　去工业化

egalitarian liberalism　平等自由主义

first modernity　现代化第一阶段

globalization and globalized capitalism　全球化和全球化资本主义

managed capitalism (Keynesianism)　有管制的资本主义（凯恩斯主义）

neoliberalism　新自由主义

new international division of labor　新国际分工

organized capitalism and Fordism　有组织的资本主义和福特主义

second modernity　现代化第二阶段

territoriality 地域性

uneven development　非平衡发展

urban system　城市体系

urbanism　城市生活

复习题

1. 思考说法"城市同时是经济变化、社会变化、政治变化的产物和塑造者"，复习对这些变化的讨论。你能举例说明城市既是变化的产物又是变化的塑造者吗？你能否想出与年轻人相关的其他例子？

2. 建立阅读电子文件夹。文件夹可用多种方式编排；内容可以是书中内容的反映，以及对自己所在城市的兴趣、经历、生活印象。按此方法编排文件夹很容易添加新内容。若没有电子文件夹，也可使用现代文字处理软件将图像和声音链接到 YouTube 或其他网页上。另一种方法是使用某种网页制作工具建立电子文件夹，最终在网站上展示你的作品。还可考虑用 PPT 或其他展示软件创建电子文件夹。

  电子文件夹的内容包括如下 3 个要素：

  （1）每章中重要内容的小结，以及你针对这些内容提出的问题。注意这些内容与图 1.4 所示总体框架的关联方式，以及与书中其他主题和观点的关联方式。记下你认为需要进一步澄清的问题和具有挑战性的观点。

  （2）利用网络、图书馆和其他材料充分说明或解释已在（1）中标识的问题。材料应包括地图、照片、MP3 格式的音乐和视频等，并与每章结尾给出的主要资料和建议读物相关。这些资料和读物可在图书馆或网页上找到。例如，报纸或杂志的文章、可在政府或研究机构网站上找到的报告，可在 YouTube 网站上找到的纪录片等。

  （3）能反映所遇主题和概念的其他材料，这些材料可采用注释、短文、引用、摘要、图形、照片、动画、录音、地图、图表等形式记录，以数字方式添加到电子文件夹中。

  后续的复习部分将给出为项目制作电子文件夹的具体建议。

3. 观看一部电影！可供下载、租借和借阅的以"城市"为主题的电影、纪录片很多，其中一部优秀的纪录片是由朱利安·坦普尔在 2010 年为 BBC 制作的《底特律安魂曲》，该片使用当代音乐和画面讲述了汽车之城底特律的衰落故事。

城市化的基础和历史

城市是长期演化的结果，城市地理学者需要从历史视角来研究它。我们可以从那些记录了人物和事件序列的幸存片段中领略到历史的强大财富，正是这些人物和事件促成了每座城市的出现，例如意大利的罗马。罗马广场上的白色塞普蒂默斯·西弗勒斯大理石拱门建于公元203年，它是为了纪念这位皇帝在帕提亚（今天的伊朗）的胜利而建造的。

第 *2* 章

城市和城市生活的起源与发展

城市地理学的迷人之处在于，我们可以通过它试图理解导致城市个体和城市体系发展与成长的过程。鉴于城市区域是长期演化的结果，因此须从历史角度来解读它。从记载人物和事件的残存碎片，我们可以领略到历史的厚重，正是这些人物和事件促成了现代城市的发展。正如 19 世纪西班牙城市规划师厄尔德方斯·西尔达所说："我们的城市就像一座座历史纪念碑，每一代人、每个世纪、每个文明都曾为其添砖加瓦。"自 5500 年前第一批城市演变以来，社会、文化、经济、政治、技术和环境等方面的各种发展变化（包括长途贸易、海外殖民地开拓和工业化），促进了城市的增长和变化。在城市居民的内部结构和土地利用中，在区域、洲域及后来的全球城市体系和世界城市的发展过程中，都可以看到这些变化。

2.1 学习目标

➢ 解释一个地方能成为"城市"的原因。

➢ 描述城市经济和社会出现的可能原因。

➢ 说明欧洲在经历黑暗时代后，产生城市经济的原因和历程。

➢ 概述工业革命对欧洲和北美城市的影响并解释原因。

2.2 本章概述

本章研究城市的演化，时间跨度是从约5500 年前城市的最早起源，到 18 世纪中叶于英国中部地区开始的工业革命。在这一漫长的城市发展与再发展期间，社会、文化、经济、政治、技术和环境等方面的各种发展变化（包括商业资本主义、海外殖民地开拓和工业化），推动了城市的发展与变化。在城市居民土地利用的内部结构和类型中，在区域、洲域及后来的全球城市体系和世界城市的发展中，都可以看到这些变化的冲击。

术语**城市体系**指的是，存在于某个特定地区内的、由不同尺度城市居民聚落组成的完整集合。地区的界限设定了一个城市体系的边界。从某种意义上说，只有在全球尺度上才能界定一个可以体现城市间所有功能关系的真正系统。但我们仍按照惯例从区域或国家的尺度来研究城市体系。

在人类的历史长河中，城市和城市生活相对较新。因此，我们首先研究城市产生前所需的环境、人口和其他先决条件，然后回顾关于城市起源真实原因的各种理论。最早的城市是在世界上农业文明较为发达的各个地区独立发展起来的。城市化和城市文明的最早证据出现在如下 5 个地区：美索不达米亚、埃及、印度河流域、中国北部、安第斯山脉及中美洲。对这些城市内部结构（包括街道类型、宗教区域、不同邻里等）的考察，揭示了它们自身的演变过程及其政治、经济和社会变化。

城市化从 5 个城市起源地区不断向外扩散。到公元 1000 年，西南亚、中国和欧洲部分地区出现了以城市为基础的帝国（包括古希腊、古罗马和拜占庭）。但过去的城市扩张既不稳定也不均衡。例如，虽然城市化在世界上的其他地区继续推进，但在西欧，罗马帝国崩塌后的**黑暗时代**却是一个经济发展和城市生活都处于停滞甚至衰落的时代，直到 11 世纪才出现区域性的专业化和长途贸易模式，这就为基于商业资本主义的城市化新阶段奠定了基础。欧洲人在世界上开拓殖民地并扩张贸易，最终塑造了这个世界的经济和城市社会。此后的工业革命带来了新的城市类型，而且数量众多。欧洲的殖民地开拓和工业革命，使人们前所未有地集中于城市，而这些城市把全球的相互依赖关系连接成了网络体系，并形成了等级结构。

2.3　城市的定义

尽管大多数人知道什么是城市，但对于跨越空间的所有城市或跨越时间的同一城市，并无一个普适的定义。显然，本地居民对今日墨西哥城的描述与西班牙人伯纳尔·迪亚兹·德尔·卡斯特罗征服阿兹台克时对特诺奇蒂特兰城的描述极为不同（见城市观察 2.1）。

惠特利对城市主义的定义，抓住了城市出现时社会和政治的显著变化，这些变化导致：

从功能上整合成一系列特定的体制，这些体制最初设计成……将相对平等的、有归属感的、结构类似的群体，转型成社会上有分层、政治上有组织、领土上有基地的社会[1]。

肖伯格对城市的定义突出了城市的自然特性和经济特性：

城市是达到了相当程度的规模和人口密度的一个社区，这种社区庇护了各种各样的非农业专业人士（包括文化精英）[2]。

戈登·柴尔德[3]试图用城市文明的显著特征清单来表现城市与众不同的特征：

- 规模。定居者的数量大到足以超过以前任何时期的人口规模。
- 人口结构。职业的专业化分工（伴随着从原有农业秩序的转型）意味着可以雇用全职的行政人员和工匠。因此，是居住而非亲属关系成为了市民身份的资格条件。保障和平与秩序的牧师-国王统治方式不可避免地导致了社会分层。
- 公共资本。公共资本的出现可以建设标志性公共建筑，可以供养专职艺术家。
- 记录和精确科学。保存记录的需要促进了书面文字和数学的出现，这两者都与城市文明紧密相关。
- 贸易。贸易不仅推动了城市的革新，而且其形成的网络也成为了城市化的里程碑。

城市观察 2.1　卡斯特罗 1519 年对特诺奇蒂特兰城的描述

位于特斯科科湖湖心岛上的特诺奇蒂特兰（今墨西哥城北边）是阿兹台克帝国的首都。据估计这座城市当时有 20 万人口，是当时世界上最大的城市之一，它比除巴黎和君士坦丁堡外的欧洲大部分城市都要大。

作为征服者，伯纳尔·迪亚兹·德尔·卡斯特罗写下了西班牙人征服墨西哥的阿兹台克帝国时的一些见闻[4]。蒙提祖玛最初之所以欢迎西班牙人进入特诺奇蒂特兰，原因或许是他把荷南·科尔蒂斯当成了皮肤白皙的羽蛇神（阿兹台克预言中提到了该神的回归）。迪亚兹是科尔蒂斯手下的一名剑客，以下是他对 1519 年 11 月 8 日进入特诺奇蒂特兰时见闻的描述：

在接近特诺奇蒂特兰边界时，我们看到了建在湖中人工岛上的许多城镇和村庄。令人震惊的是，这简直就像是西班牙传奇故事中提到的魔法一样：宏伟的塔楼、神庙和从水中拔地而起的建筑物，它们全都由砖石建造。有些士兵甚至还问，我们看到的会不会是一场梦？

当科尔蒂斯被告知迎上来的是蒙提祖玛大王时，他下了马，他们两人互致了敬意。我们被安排住在蒙提祖玛父亲所拥有的一些大房子里，还享用了一顿丰盛的晚餐。当晚我们接到的命令是，不论是骑兵还是所有战士都要提高警惕。就这样，我们幸运而勇敢地进入了特诺奇蒂特兰这座宏伟的城市！

次日，我们登上了大神庙的顶楼。从那里我们看到了通向城市的三条堤路和为城市供应淡水的渡槽（见图 2.1）。我们看到大湖上有许多独木舟，有些载着食物前来，有些则载着从市场上运来的货物返回。

市场上的人成群结队，有买东西的，也有卖东西的，那种熙熙攘攘的声音和说话声在很远的地方都能听到。我们之中的有些士兵到过世界上的许多地方，譬如君士坦丁堡和整个意大利，包括罗马在内，但他们说从未见过规模如此之大、人口如此之多、管理如此井井有条的市场。

每种商品在市场的不同地点出售。那里进行着黄金、白银、宝石、羽毛和各种精美纺织品的交易。那里有奴隶交易，既有男奴也有女奴，他们被绑在高高的柱子上，脖子上套着项圈，以防止他们逃跑。有些商人卖大块的布匹和捻线，有些则出售绳索、凉鞋、陶瓷或可可等。还有一些出售根茎类蔬菜。市场的另一部分卖的是狮子和老虎、水獭和豹、鹿和山猫等动物的毛皮，有些毛皮是鞣制过的，有些则未被鞣制。在市场的一侧，到处是出售蔬菜、水果、草药、肉、禽、鱼以及蜂蜜和干果糊的人。我浪费这么多文字来讲述这个大市场卖的东西干什么？毕竟，如果要记录下所有的细节，那么我将永远也写不完。

这样的见闻录和考古证据是特诺奇蒂特兰城仅剩的遗产。科尔蒂斯两年后返回并包围了这座城市。他切断了堤路并毁掉了渡槽，城内的居民得不到食物和饮用水。8 个月的围城结束时，这座城市几乎完全毁于炮火，许多阿兹台克人死于从欧洲带来的天花。

图 2.1 1519 年西班牙人对阿兹台克帝国的特诺奇蒂特兰城（今墨西哥城北部）的征服，图中可以看到进入城市和大神庙的三条堤路，我们沿着一条宽阔的堤路进入了特诺奇蒂特兰，堤路上挤满了从城里涌出来看我们的人；塔楼、神庙里和从湖中各处驶来的独木舟上也到处是人。这不奇怪，因为他们以前从来没见过马和像我们这样的人

柴尔德用了城市文明这个词，因为文明和城市在历史上密不可分。城市最初就是创新的中心，创造了令人难以置信的成就。古代的苏美尔（今伊拉克南部）之所以被称为文明的摇篮，就是因为那里有最早的城市，而这些城市的居民创造了无数的发明。这些早期城市创新者的遗产通过后续文明得以延续，在今天的城市中仍可见到，譬如著作、数学、轮子以及用六十进制来记录时间等。

2.4 城市化的先决条件

城市崛起的先决条件是从狩猎文明转型到农业文明。农作物供应数量的增加和稳定，使得大量的人口开始定居，这种人口增长又促进了农庄的不断发展与扩散。

农庄须位于气候、供水、地形、自然资源和土壤条件等农业环境适宜的地区。技术和农耕实践的早期突破（如水利管理、农作物和动物品种选择、食物运输和存储技术等方面的创新）促进了食物的生产。为了管理不断增长的人口数量及不同村庄间农产品等的交换活动，需要日益复杂的社会组织结构。

2.5   城市起源理论

虽然缺乏一定的环境、人口和社会等先决条件时很难出现城市和城市生活，但关于城市起源仍存在各种各样的理论解释。即使这些理论不能全面解释城市的起源，但也揭示了不同因素对早期城市化的推动作用。

2.5.1   剩余农产品

戈登·柴尔德[5]和莱昂纳德·伍莱[6]等考古学家认为剩余农产品很重要。早期的农民一旦能生产出多于养活各自家庭所需的食物，就能支持定居人口的不断增长。管理剩余农产品的需求，要求更加集中化的城市社会组织。因此，需要新型的分层社会结构和社会制度来分配资源、约束部族、征收赋税、处理财产和管理交易。精英集团刺激了城市的发展，因为他们为展示其权利和地位，用自己的财富建设了宫殿、竞技场和纪念碑。这种建设活动要求有更专业化的手工业、工程和管理等非农业活动，而只有在城市背景下才能高效地组织这些活动。

人们认为这一解释过于简单化，因为仅有剩余农产品还不足以诱发创造城市所需的社会变化和其他变化。有些专家不同意这种因果关系，他们认为在出现剩余农产品前，需要有社会组织的根本变化。

2.5.2   水文因素

卡尔·奥古斯特·魏特夫[7]指出，早期的很多城市通常崛起于灌溉便利和春汛可控的农业地区。他认为精细的灌溉工程要求人们采

取新的**劳动分工**、大规模的合作以及集约的耕作制度。农产品过剩所带来的职业专业化、社会组织集中化和人口增长等变化，可能激发了城市的发展。

这种解释再次遭受到了批评，批评者认为社会组织中的重大变化即使不是发生在大型灌溉工程开发之前，至少也是与之同时发生的，其他专家甚至质疑从事大规模灌溉对人们来说是否确实需要复杂的社会组织结构。还有人指出，并非所有的早期城市（包括一些中美洲城市）都依赖于大规模灌溉工程。

2.5.3   人口压力

伊斯特·博斯拉普[8]认为，不断增长的人口密度和/或可供狩猎与采集野生食物资源的日趋匮乏，导致了农产品生产和城市生活的转型。而这种转型同样无法解释食物生产和城市生活是否造成了人口密度的提高。在特定的案例中，人口增长压力可能会打破人口与资源间的平衡，迫使一些人迁移到农业生产条件相对较差的地区。这种情景可能会促进农业技术与实践的早期突破，或是促进贸易、防御或宗教等非农业活动的建立，进而促进城市的出现。

2.5.4   贸易需求

通过观察无数城市中心围绕集贸市场发展的模式，有些专家将城市的崛起解释为长途贸易的需要[9]。大规模贸易网络的参与需要一个管理商品正规交换的系统，而这个系统反过来又将促进集中化社会组织的发展。不断增长的专业化人口和城市经济竞争，促进了更多的城市发展。但人们仍不清楚贸易在多大程度上导致了城市的发展。

2.5.5   防御需要

马克思·韦伯[10]等一些理论家认为，城市源于人们需要聚集在军事防御工事内以得到安全保护。魏特夫[11]指出，为了保护有价值的灌溉系统不受攻击，需要一个综合的防御系统。然而，尽管存在着关于城墙和其他防御工事的广泛证据，但并非所有的早期城市都有防

御设施。正如惠特利所言,虽然防御不是城市发展的首要理由,但"通过引入以防御为目的的定居点,并激励手工业使其专门化,战争往往对城市的集约发展有着很大的贡献"[12]。

2.5.6 宗教缘由

寺庙等宗教性建筑的出现,表明宗教在早期城市的居民生活中非常重要。斯伯格[13]认为,宗教精英集团通过对圣坛祭品的控制得到了经济和政治权力,因而会影响到启动城市发展的那些社会变化。惠特利[14]认为可能需要一个类似宗教的普遍制度框架,来强化与最早城市增长相关的涉及经济、技术和军事变革的社会组织变化。

2.5.7 更综合的解释

近来,学术界倾向于认为:我们对城市和城市生活起源的理解,应结合这些分散而又相互关联的解释性因子进行。正如惠特利所说:

理解众多变动过程中的复杂性和变动过程间的相互关系,比识别出任何一个解释性因子的因果关系更加重要。这种综合性理解希望反映一个不断增长的概念:城市的起源代表着一种渐进的转型,这种转型是影响人们的累积变化,而不是暴风骤雨式的城市革命[15]。

2.6 城市的起源

世界上最早的城镇是在人们已经转型为农业食品生产的地区独立地发展起来的。世界上的五大地区提供了城市化和城市文明的最早证据(见图 2.2)。随着时间的推移,城市起源的各个地区产生了延续若干代的城市化帝国。

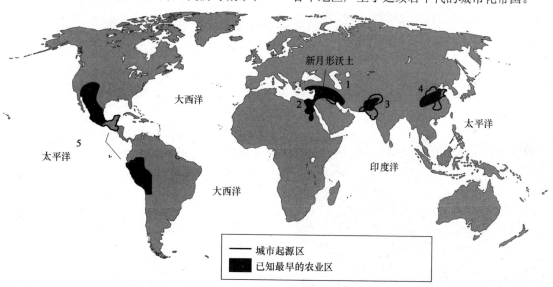

图 2.2 城市起源地区(用粗线表示)和已知最早的农业区(阴影部分):1. 美索不达米亚;2. 埃及;3. 印度河流域;4. 中国北部;5. 安第斯山脉和中美洲

2.6.1 美索不达米亚

美索不达米亚(今伊拉克境内底格里斯河和幼发拉底河之间的土地)约在公元前3500 年就拥有了城市化的最早证据,即所谓**新月形沃土**的东部(见图 2.2)。从公元前 3000年左右开始,有着肥沃冲积土壤的这个河流洪泛区的某些农村的规模显著增长,奠定了苏美尔帝国中规模大、相对自治、相互敌对的**城邦国家**的基础。这些城市国家有位于伊拉克南部的乌尔城(公元前 2300 年至公元前2180 年的首都),以及伊利都、乌鲁克和埃尔比勒。这些带有城墙的城市国家包括了数以万计的居民、社会阶层(宗教、政治和军事阶层等)、创新技术(包括大型灌溉工程和深入的贸易联系)。公元前 1885 年,苏美尔城邦被巴比伦人接管,随后又被首都为巴比伦的新巴比伦人接管。

2.6.2　埃及

新月形沃土呈弧形向西一直延伸到埃及，在约公元前 3100 年时成为一个统一的国家（见图2.2）。人们建设了许多大型灌溉工程来控制尼罗河的农业用水。尽管尼罗河早期的城市化非常重要，但只有有限的考古证据能表明最初的城镇及城镇的居民[16]。埃及的内部和平意味着没有必要连续占据同一地点并对城市防御工事进行大规模投资。这种城市的机动性使得最大城市即首都的寿命相对较短。每任法老都可自由地在任何地方新建一座首都，将任何地点选做墓地。法老死后，城市通常会遗弃给祭司们。残存的主要建筑物是在建设中最受重视的石质坟墓和庙宇。公共建筑、商业建筑和居住建筑等其他建筑物遗留得极少，因此它们是用泥砖和木材等更易腐烂的材料建成的。由于没有长期建设和再建的传统，因此埃及城市未留下类似美索不达米亚地区城市开发与再开发特征的丰富遗迹（见图2.3）。但随着公元前 2000 年至公元前 1400 年期间城市化的继续，出现了底比斯、阿克塔顿和塔尼斯等首都城市。

图 2.3　伊拉克东北部台地上的埃尔比勒市，看上去就像平原上隆起的一座小山，上面布满了各个时代的泥坯建筑遗迹，这表明人类千百年来一直在此定居，并不断地在废墟上加盖新的建筑。人们相信 30 多米高的埃尔比勒市表明人类在此处可能居住了 6000 年

2.6.3　印度河流域

与美索不达米亚类似，约公元前 2500 年，今巴基斯坦境内的印度河流域出现了相对较大的城市社区，它拥有肥沃的冲积土壤和广布的灌溉系统。该地区拥有两个首都城市：北部的哈拉帕（该文明即以此命名）和南部的摩亨佐-达罗（见图 2.2）。贸易网络一直延伸到美索不达米亚的苏美尔帝国。由于无法解读印度河流域的古老文字，目前人们还不了解哈拉帕文明的起源。

2.6.4　中国北方

公元前 1800 年左右，商朝在黄河流域的肥沃平原上发展起来（见图 2.2）。与新月形沃土和印度河流域类似，灌溉农业支撑了商朝的城市和公元前 1384 年的首都安阳。这些城市存在社会分层和职业专业化的证据，包括对农民拥有绝对控制权的世袭领袖和武士精英。

2.6.5　安第斯山脉和中美洲

美洲已知最古老的文明中心是安第斯山脉中部的 18 个定居点，它们坐落于干燥的砂质台地上，从上可以俯瞰今天秘鲁境内苏佩河的绿色河谷。圣城卡拉尔-苏佩是当时的主要定居点，其历史可追溯到公元前 3000 年。与此相对照，中美洲的最早城市定居点只能追溯到约公元前 500 年（见图 2.2）。萨波提克文明以小规模的灌溉农业为基础，以墨西哥的阿尔班山为中心。这个城市由一圈城墙围绕，城中有金字塔和寺庙。后来的提奥狄华冈市（今墨西哥城附近）在公元 300—700 年间处于全盛时期，其规模更大，当时城中有 20 万居民。

蒂卡尔和乌夏克吞等玛雅城市起源于约公元前 100 年。玛雅城市位于今墨西哥的低地区域，包括尤卡坦半岛、危地马拉和伯利兹。有的城市人口多达 5 万人。这些定居点是小城邦的中心，它们随机组成松散的联邦[17]。宗教和军事集团等至高无上的统治者和城市精英管理着这些定居点。中美洲并未出现其他地区城市起源地发生的一些技术和耕作突破，这里的主要农作物是玉米，它的种植不需要金属农具、耕牛和广布的灌溉系统。玛雅文明大约在公元 300—900 年之间达到顶峰；由于干旱、战争和人口压力，在数个世纪中都处于衰落状态，直到 16 世纪被西班牙征服。

2.7　早期城市的内部结构

考察城市内部结构的一种通用方法是，识别一座城市的布局是大部分未经规划的还是经某人或某些人详细规划过的。这种分类法将未经规划过程演变的城市与根据棋盘式街道格局等规划方法预先布局的城市区分开来。规划过的街道布局和交通干线布局表明，早期阶段的城市就进行了重要的集中控制。但未经规划的街道布局并不意味着中央权威不足。例如，在美索不达米亚，街道模式虽然未经过规划，但仍反映出了自然的街道布局，这种布局在早期的农村逐渐成长为城镇的过程中得以保留。考古发现的大规模城墙和灌溉系统表明，防御和水利经过了集中规划（见城市观察 2.2，与我们在第 1 章论述的空间描述法相符）。

作为人类随时间发展与再发展的产物，城市的内部结构一直都是动态的。具有明显规划特点的城市，后来可能又会包含自然发展的部分。例如，伦敦等由罗马发源的一些城市，经过中世纪时期未经规划的城市扩张，抹去了原罗马式核心地区的棋盘式街道布局。类似地，按照自然发展模式发展的城市，可能包含后来规划的部分。例如，19 世纪后期维也纳规划的旧城墙内地区的再开发，与之前中世纪自然发展的街道模式相映成趣。

城市观察 2.2　早期城市的内部结构

美索不达米亚

莱昂纳德·伍莱爵士 20 世纪 20 年代和 30 年代初在乌尔城进行的发掘，揭示了美索不达米亚城邦国家自然发展的特征（见图 2.4）。伍莱曾这样描述公元前 1700 年左右的乌尔城：

- 内城容纳有约 3.5 万居民。土砖墙高 7.5 米，厚 23.4 米。整个内城呈椭圆形，约 1.2 千米长，0.8 千米宽。幼发拉底河沿城墙在西边流过，在内城北部和东部有一条可以通航的运河，港口位于北部和西部。内城中心附近是皇宫和官员居住区。社会分异在内城其他部分相对无序。伍莱描述了一个发掘出的中等收入居住区，表明了收入和气候体现在住房规模和设计上的方式，而未经规划的街道则成为私密和防御的措施：

  无铺砌的街道狭窄而蜿蜒，有时只有通往藏在一片危房中的住户的断头路；大小房子混杂在一起，有少量的平顶单层房屋，大部分是两层建筑……基本的布局方式是房屋围绕为房子提供光线和空气的中庭修建……[18]

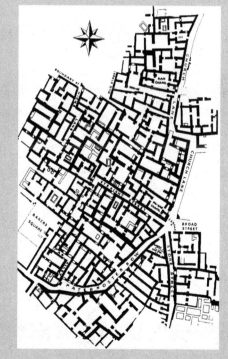

- 宗教地区约长 247 米，宽 174 米。周围是一圈巨大的土砖墙，位于内城的西北部。在数千米外就能看到一座 21 米高的梯形塔，塔内有城邦主人月神的神龛。这个为牧师和皇室家庭保留的宗教行政中心是一个巨大的院落，周围有寺庙、法庭、税务局和宗教祭品的储藏建筑。

图 2.4　公元前 1700 年乌尔城宗教区东南方的一个居住区。注意，狭窄蜿蜒的街道、不规则大小和形状的街区，都反映了美索不达米亚地区未经规划（自然发展）城市的发展过程

- 外城或郊区构成了城邦国家的其余部分。那里的房屋和农场估计能容纳 20 万人。

埃及

埃及城镇甚至首都的规模都很小，因为大多数人是居住在耕地上的务农者。城市中有市场，也有从事零售、手工艺、政府和宗教活动的居民。内战、武装入侵极为罕见，因此埃及的城市定居点很少需要防御性的城墙或要塞。首都是法老和皇室的家。建于公元前约1400年的阿克塔顿是一个典型的埃及省会城市。这个城市沿尼罗河东岸延伸约8千米，宽0.8~1.6千米。城市布局反映了社会分层：

- 中心是有围墙的寺庙和官殿，附近还有其他寺庙、政府机构、军事堡垒和仓储建筑。
- 全城遍布棚户区。
- 北部和南部是郊区。
- 城市东部有一个按照方格规划的工匠村。
- 大致为长方形的城市街区在建城时就已布置好，左面为居民区。最富裕的居民占据了面向平行于河道的两条干道的最好地段。典型中等收入家庭的房屋建在封闭区的中心，每栋房屋都有一个走廊和一个中央起居室。

印度河流域

尽管并非首个使用方格进行规划的城镇，但哈拉帕的各个城镇很可能是最早利用规划建设的城镇，因此它们被视为使用相同城市规划方法的第一个城市体系（见图2.5）。虽然彼此之间相距数百千米，但哈拉帕的各个城镇和摩亨佐达罗的各个城镇有着许多类似的基本内部结构。每个城镇的面积至少都有2.6平方千米，居住人数

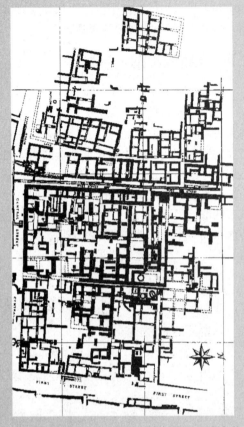

图 2.5　摩亨佐-达罗的部分城市规划。摩亨佐-达罗方格网规划的使用（如同在哈拉帕和其他印度河峡谷城市中那样）反映了一种规划方法，即宽直的主街以直角方式截断街道，形成了包括大量房屋的大街区

约为3.5万人。每个城镇的西部建有一个城堡，城堡建在泥砖平台上，并且周围建有城墙。与美索不达米亚城市的宗教地区相比，这种城堡中没有神塔那样的主导性宗教建筑。这种城堡中有一些用于典礼仪式的建筑物（如摩亨佐-达罗市的浴室），还有一些用于行政管理的建筑物（包括办公室和谷仓）。城堡选址于西边，在落日的衬托下，城市居民可以看到屋顶上的市民和典礼聚会的剪影[19]。方格规划中的东西向主干道通往城堡。住房有较小的单层建筑，也有配以中庭的较大双层建筑。工匠居住的街区则有排列成行的两室住宅。

中国北方

虽然考古发现相对有限，但在古都安阳的发掘中，发现了环绕城市的厚夯土墙。城市中心是建有高墙的官殿。官殿附近的富人住房是木质的，建造在高于地面的夯土台上。贫穷的居民住在窑洞中。城市的布局可能是经过规划的，因为所有发掘出来的建筑都朝向北方。

安第斯山脉和中美洲

玛雅城市最壮观的建筑是宗教等典礼性建筑，如高高的金字塔规划在宽阔的广场周围。寺庙、官殿、统治者和军事宗教精英的居住区都布局于城市中央。附近是富裕市民的住宅。更远处是大多数农业或手工业者居住的稻草顶木棚屋的低密度地区。

2.8　城市从城市起源地区向外扩散

随着时间的推移，城市化从城市起源地区向外扩散的过程，在世界上不同地区的内部及不同地区之间呈**非均衡发展态势**（见图 2.6）[20]。早期城市帝国的成长、扩张和延续是一个渐进且递增的过程。但城市化的扩散是一个不稳定的进程，譬如有许多文明在复兴或再殖民化之前就已退回到农业时代。

波斯人推动美索不达米亚城市向中亚扩散。在北方，亚述人建立了一个西至首都亚述、东至叙利亚和小亚细亚（土耳其的亚洲部分）的城市体系。到约公元前 1700 年，赫梯人等其他人群取代了亚述人，建立了自己的城市。公元前 1600 年，西方的麦锡尼人建立了城市居住区，譬如现属希腊的传奇城市麦锡尼城和底比斯城。

约公元前 2000 年，在现属以色列和叙利亚的地区发展起来的一些"迦南"小城邦被埃及人和赫梯人征服，这些小城邦包括提尔、贝鲁特、杰里科、加沙和大马士革。公元前 1200 年后，随着埃及和赫梯统治的崩塌，以色列人建立了许多小型的城市中心，后来发展成为像耶路撒冷这样的大都市。在西方，腓尼基人越过海洋，将城市化扩散到了西班牙。

在东方，约公元前 1750 年，现属印度和巴基斯坦地区的城市被雅利安入侵者摧毁，此后人们用了 1000 年才重建这些城市。印度从公元前 4 世纪末开始出现城市，孔雀王朝在全印度建造城市，为整个东南亚奠定了城市生活的基础。阿拉伯人于公元 8 世纪入侵后，开始了印度的穆斯林统治时期，建立了拉舍尔这样的城市。德里成为一个重要的行政文化中心。

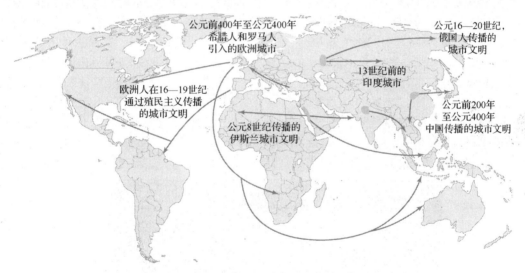

图 2.6　某些帝国的扩张所导致的城市扩张

中国周朝于公元前 1122 年替代了商朝，在接下来的 9 个世纪中，城市化从黄河地区向长江以东和以南方向扩散。公元前 3 世纪至公元 3 世纪，秦朝和后来的汉朝将城市化扩散到整个东亚，其中包括沿丝绸之路的扩散（见城市观察 2.3）。中国的下一个主要城市化时期是蒙古人入侵后，建造了许多城市，作为新蒙古帝国的一部分。受中国的影响，城市化后来传播到了朝鲜和日本。

日本的城市化始于公元 400 年的大阪建城，随后在公元七八世纪陆续建造了许多天皇都城。9 世纪建成京都时，达到了当时建城史上的顶峰。作为日本首都长达近千年，京都当时的发展规模空前。一段时期的衰落后，14 世纪末期随着"城堡城镇"的创立，城市化又开始复兴，其中一些城镇后来成为了巨大的中心城市，如江户（东京）。

在中美洲，玛雅和附近城邦（包括北方和

西方的萨波特克人、后来的阿兹台克人以及更南边的印加人）继续建造城市。16 世界西班牙对这些地区的殖民侵略，给这些城市文明带来了剧烈的变化，详见本章后面（和第 5 章）的论述。

城市观察 2.3　丝绸之路：长途贸易与城市扩张

　　丝绸之路源于贸易路线，最初在西方的美索不达米亚沿着新月形沃土发展，后来在东方的秦朝发展。丝绸之路是长途贸易促进城市扩张并沿贸易路线形成一个联系广泛城市体系的杰出典范（见图 2.7），它在公元前 500 年至公元 1500 年，将中国与欧洲联系起来。丝绸之路陆路部分的东方起点是古代中国的首都长安（今西安），长安当时是一个蓬勃发展的工商业中心。这个物品集散地首先为周边地区服务，然后沿丝绸之路向西出口。离开长安，丝绸之路沿着中国的长城延伸，绕过塔克拉玛干沙漠，穿越帕米尔高原，最后通过阿富汗和伊朗到达地中海，货物在此装船运往欧洲。

　　当时的商队规模很大，骆驼多达 1000 头，每头骆驼携带 226 千克的货物。除了最初让欧洲人感到惊奇的丝绸外，翡翠和白玉、天青石、陶器、火药、生铁、辣椒、水果和鲜花向西输送到欧洲，而黄金、白银、琥珀、象牙、棉花和羊毛则向东运输。与贸易同样重要的也许是人们沿着贸易路线所进行的文化交流，如技术、语言、艺术和宗教（尤其是著作、印刷和造纸）等。

　　商队及其贵重货物对安全夜间宿营地的需要，导致了沿线城市数量的增长，这些城市能给沿丝绸之路旅行的人们提供安全保障和贸易机会。商队城市有着坚固的防御工程，且规模相当庞大，例如乌兹别克斯坦东部的撒马尔罕和中国西部帕米尔山脉脚下的喀什。这些城市会定期开放集市，尤其是服务于丝绸之路的城门集市。

　　沿丝绸之路繁荣的贸易也产生了丰厚的利润，支持了整个帝国和城市文明。到约公元前 100 年时，西方的罗马帝国、东方的汉朝和两者之间的波斯（今伊朗）安息帝国，都从丝绸之路上来来往往的商业活动中获利颇多。

　　欧洲人脱离黑暗时代后，稳定的人口增长和有限的可利用土地，诱发了封建主义到商业资本主义的转变。随着时间的推移，欧洲人不断增强的海洋技术优势使其逐渐主宰了世界贸易。欧洲人的海洋发现开辟了新的贸易机会（包括绕过东南亚、环绕非洲通往印度的海上线路），最终导致了丝绸之路等古代贸易网络的消亡。

　　即使在今天，要穿越中亚沿丝绸之路向东行进也极为困难，因为今天伊拉克、伊朗、阿富汗等国的政治与军事形势非常复杂。如今，大部分丝绸之路已经消失，只留下了表明这一古代商队贸易线路网络重要性的遗迹，这条线路上的城镇就像珍珠串一样，跨过中亚荒凉的沙漠和山脉，一直向前延伸。

　　图 2.7　参观纽约自然历史博物馆的孩子们正在观看丝绸之路地图。这条道路早在公元前 500 年就已存在，是一直延续到公元 1500 年左右的横跨中亚地区的古老商队贸易网络，是长途贸易促进城市扩张的绝好例子，正是这种城市的扩张所产生的广泛城市体系，连接了当时各个大帝国所在的 4 个主要地区：欧洲、东南亚、印度和中国

从城市起源地区向外的城市增长和扩散，由技术和经济组织的重要创新推动，并随社会组织的变化而变化。人口变化（包括传染病和战争造成的人口减少）是一个因素。要支撑城市化的社会和经济基础，就需要有足够数量的工人。约公元前 1750 年的印度河流域证明这一因素非常重要，因为当时的人口减少使得雅利安侵略者突然终结了哈拉帕的城市文明。

人口与资源间的平衡也会影响到城市的兴衰。城市的增长最终会受制于社会资源的规模。例如，维护灌溉系统与增加人口以提高生产力的需要，对农业劳动力的影响巨大。随后导致的投资与军队规模的减少，严重削弱了帝国的力量和凝聚力。在西班牙人征服玛雅前的数百年，这种连锁反应可能导致人们抛弃了许多城市，同时也是苏美尔帝国最终崩溃的内因。

为应对有限的资源，人们采取的领土扩张和殖民化，通常强化并拓展了城市化进程。为了支持殖民化和长途贸易，满足不断增长的控制中心数量和不断完善的交通网络的需求，往往会产生等级分明的城市体系。希腊帝国和罗马帝国就以这种方式扩张，奠定了西欧城市体系的基础。

2.9　欧洲城市扩张的根源

2.9.1　希腊帝国城市

古希腊人起初从北方来到爱琴海地区。他们的建城理念从新月形沃土传播到地中海，到公元前 800 年，希腊人就已建成了雅典、斯巴达和科林斯等著名城市。

希腊人对宗教、商业、管理和防御的重视，体现在其城邦的布局中。城市的中心是高耸的卫城，卫城是一个防御堡垒，包括神殿、政府办公机构和仓库等。高耸的卫城之下是广场，广场周围有集市和政治聚会场所、更多的政府和宗教建筑、军事区、居住区，所有这些都由防御性的城墙环绕。雅典和历史更为悠久的欧洲大陆城市都有一种自然发展的特征，即未经规划的美索不达米亚城市发展模式。此后，无论城址条件如何，希腊城邦的街道通常都基于南北轴线按方格模式建造（见图 2.8）。

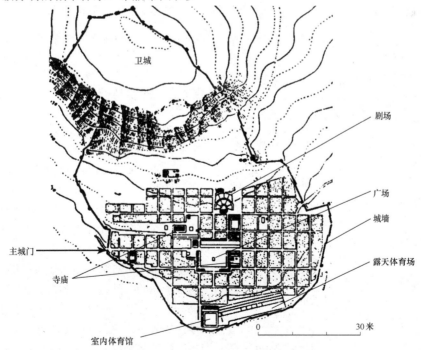

图 2.8　古希腊帝国普里埃内市（今土耳其境内）的典型规划。所用方格平面反映了一种规划方法

希腊早期的许多城市沿海岸线分布，这表明了长途海洋贸易对城市文明的重要意义。欧洲大陆的人口增长和有限的耕地，促进了海外殖民化和希腊城市体系的建立。一群群殖民者及其家人建立了独立的新城邦，这些城邦从爱琴海延伸到黑海、亚得里亚海，并沿地中海一直向西延伸到今天的西班牙（见图2.9）

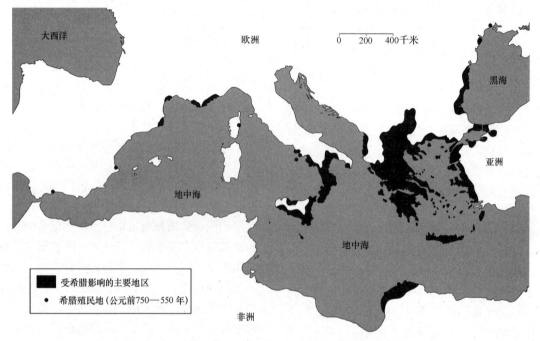

图2.9　地中海地区的古希腊城邦。注意早期的希腊城市是沿海岸线分布的，这表明了长距离海上贸易对城市文明的重要性

古希腊人发展了新型政府，其影响体现在随后遍布全球的民主化和参与式的城市管治模式中。作为希腊文化的部分产物，政治权威源于选举城市领导人的男性市民群体。尽管古希腊市民的生活依然在宗教环境下进行，但法律和政治决定却不再像美索不达米亚和埃及那样被表述为不可挑战的神圣命令[21]。

公元前338年，古希腊人被马其顿人征服，海外殖民化变得更为集权，并在城市大规模生产的基础上向东延伸到了中亚地区：

亚历山大大帝及其继任者在地缘政治上非常重要的地点建立了战略堡垒，而这些堡垒构成了古希腊文化与文明的中心城镇网络，并扩散到了当时所知世界的大部分地区。这一度是有史以来最伟大的"殖民主义"城镇规划与建设活动[22]。

但按今天的标准来看，古希腊城市的规模还很小。虽然雅典的人口数量可能有150000人，但许多大城市的居民数量通常为10000~15000人，而多数城市则仅有数千居民。

2.9.2　古罗马城市

公元前2世纪至公元前1世纪，不断扩张的古罗马帝国取代了古希腊文明。到公元2世纪，古罗马已在南部欧洲建立了城市，并奠定了西欧城市体系的基础（见图2.10）。

古罗马城市在某些方面与之前的古希腊城市类似（见图2.11）。它们以网格为基础，包含有一个适合于市场和政治集会的中央"广场"，城市周围建有防御性的城墙。这些城市虽然精心建设于新的殖民地区，并作为长途贸易系统的一部分，但其规模依然较小。虽然公元100年时古罗马的人口可能达到了100万人，但古罗马大城市的居民数量通常仅有15000~30000人，而大部分地方的人口数量不超过2000~5000人。

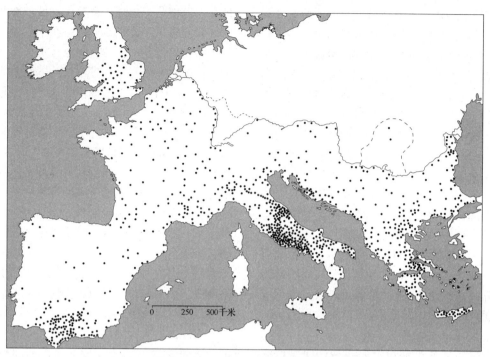

图 2.10　公元 200 年左右的古罗马帝国城市。古罗马人建立了完
善的城市体系和交通网络，为西欧城市体系奠定了基础

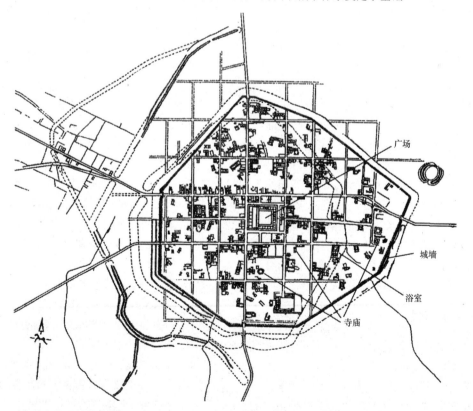

图 2.11　典型古罗马城市卡利佛（英格兰锡尔切斯特）的总体规划。格网平面的使用方式反映了规划方法

古希腊城市与古罗马城市的一个重要区别是，古罗马城市不是独立的，而是以罗马为中心在组织严密的帝国内运行，并被设计为不同的等级，体现了古罗马严格的阶级体系。另一个区别是古罗马城市更加集中于内陆地区，体现了它们作为控制中心的主要功能。很多现代欧洲城市的起源可追溯到古罗马时代，如伦敦、布鲁塞尔、巴黎、科隆、维也纳、索菲亚和贝尔格莱德等。

古罗马人在土木工程方面取得了令人吃惊的成就。重要城市之间彼此直接相连并与罗马相连，形成了有利于军事战略和贸易交流的发达道路系统。古罗马城市的地下水道和供水设施，明显改善了城市的卫生条件，并为此后的城市确立了标准。在古罗马，公共厕所是为大部分民众所建的。输水管道和淡水水库系统的输送距离超过 480 千米，每日为饮用和沐浴输送的水高达 170 万立方米 [23]。

古罗马人通过城市把权威和法律制度强加于整个帝国。他们认识到，采用军事力量来控制新占领土的任何企图都会引起游击战争，这不仅会分散军队维持和扩张帝国边界的使命，还会破坏商业的发展。因此，古罗马人在其帝国范围内纳入了土著部落（罗马化即等同于城市化），也就是把部落中心再开发成罗马城市并赋予它们各种政治地位。其他城市也被赋予了相应的经济地位和政治地位，并使前罗马城市或其他老城镇的老兵和市民定居于此。

在公元 5 世纪古罗马衰落之时，古罗马人已经建立了相当完整的城市体系和交通网络，它从西北部的英格兰一直延伸到东部的巴比伦。但早在公元 2 世纪时，帝国的人口就开始下降，因此造成了劳动力短缺、土地废弃、城镇荒芜，导致了欧洲中东部日耳曼地区的野蛮人入侵，最终导致了帝国的覆灭。

2.9.3 黑暗时代

西欧的黑暗时代是指古罗马帝国崩溃后直到公元 1000 年，城市生活停滞和衰亡的时期。但在世界上的其他地区，城市生活继续繁荣，包括始于公元 7 世纪下半叶"伊斯兰扩张"的城市建设 [24]。在接下来的几个世纪，麦加、麦

地那、巴格达、大马士革等已有城市都经历着戏剧般的重生；此时新城市也在不断建立，包括伊朗的德黑兰，伊拉克的巴士拉、摩苏尔、卡巴拉，北非的开罗、丹吉尔，以及撒哈拉以南的非洲（西部城市有马里的廷巴克图和尼日利亚的卡诺，东部城市有肯尼亚的蒙巴萨等）。

在长途贸易继续进行的欧洲部分地区，城市生活非常繁荣，如穆斯林影响下的科尔多瓦、格拉纳达、西班牙的塞维利亚等城市，或拜占庭控制下今天土耳其最著名的拜占庭城市（君士坦丁堡，后又改为伊斯坦布尔）等。公元 4 世纪末，罗马开始衰落，君士坦丁将罗马帝国的首都迁至君士坦丁堡。作为公元 360—650 年拜占庭帝国的首都，依靠其在欧亚贸易上的战略地位，这个城市发展成为当时世界上最大的城市，拥有约 50 万人口。

在欧洲的其他地区，日耳曼侵略者和后来的北方维京人利用了古罗马帝国崩溃后的权力真空。这种不稳定的政治局势事实上使得长途贸易不再可行，因此切断了城市的命脉，产生了孤立、破碎、人口减少的城市中心。幸存下来的大多数城市地区是教会中心或大学中心、防御要塞或行政枢纽。

- 教会中心或大学中心：有些罗马城市继续存在的原因是，教堂将特定的城市中心作为主教辖区（主教所在地），并在古罗马城市城墙内设立天主教堂。其他城市得以保存的原因是，它们是当时的教育中心和随后的大学中心，如苏格兰的圣安德鲁斯、英格兰的坎特伯雷和剑桥、比利时的列日、德国的不来梅、挪威的特隆赫姆及瑞典的隆德（见图 2.12）。
- 防御要塞：持续的战争威胁促使人们修建了城堡和其他防御工事，这些城堡位于以前未开发城市的欧洲东部地区，如意大利中部山顶上的城市，包括弗利尼奥、圣吉米尼亚诺和乌尔比诺（见图 2.13）。
- 行政枢纽：在封建等级制度下，高级行政中心主要有德国的科隆、美因茨、马格德堡，英格兰的温彻斯特以及法国的图卢兹（见图 2.14）。

图 2.12　苏格兰圣安德鲁斯，一个重要的教会中心。天主教堂建于
12 世纪，城堡（一个教区）约建于 1200 年，大学建于 1410 年

图 2.13　意大利圣吉米尼亚诺是为防御而选址于山顶的一个经典城市，它最初由伊特鲁斯坎人于公元前
3 世纪创建。城市以摩德纳主教和先知圣吉米尼亚诺的名字命名（他在第十世纪拯救了这个城市，
使其摆脱了野蛮人入侵的厄运）。城市的繁荣源于附近的弗朗辛格纳大道，它是一条繁忙的贸易、
朝圣路线。1199 年该城市成为一个城市共和国。敌对的家族在 11 世纪和 13 世纪建设了塔
楼，作为他们财富和地位的象征，且越高越好。原有的 72 座中世纪塔楼仅有 15 座得以幸存

图 2.14　德国科隆是中世纪的一个行政枢纽。15 世纪末，虽然科隆的人口不到 2.5 万，但已是一个重要的行政、商业和制造业中心，并有一座重要的天主教堂和一所已有 100 多年历史的大学

封建主义限制了欧洲城市的发展，因为它高度结构化和自足的本质鼓励将自给自足的乡村庄园作为定居的基本建筑单元。封建主义是一种严格的农业经济和社会组织形式，其基础是侵略解体后古罗马帝国的日耳曼部族的公社首领制。每个封建庄园的食品供应或多或少都是自给自足的，而且每个王国或封邑的手工业简单产品的原材料供应，也或多或少是自给自足的。虽然这是一个不大可能发生的开始，但还是形成了一个复杂而精密的城市体系，其最大的中心城市最终发展为全球体系的节点城市。

2.9.4　中世纪时期欧洲城市复兴

自 11 世纪开始，面对连续的人口危机、经济危机和政治危机，封建制度逐步弱化并开始土崩瓦解。造成这些危机的根本原因是，虽然人口稳定增长，但技术进步不大且可耕地数量有限。为了增加收入、扩张军备应对彼此间的战争，封建贵族开始征收越来越高的赋税。结果，农民（绝大部分是农奴，源于无人身自由的奴隶）或佃户（法律严格限定了他们迁徙、婚姻、遗产继承、购物或出卖劳动力的自由）被迫在市场上出售更多的产品来获得现金。这就培育了更广泛的货币经济，开启了基本农产品和手工艺品的贸易模式。同时开始了一些奢饰品的长途贸易，如辣椒、皮革、丝绸、水果和美酒。这种贸易使得城镇规模得以增长，活力得以提升。

依据起源，中世纪城市可以分为 5 类[25]：
- 古罗马起源的城镇，它们在黑暗时代要么得以幸存，要么在废弃后又被重建，如英格兰的伦敦和约克，德国的雷根斯堡（见图 2.15）。
- 城堡，指被加强的军事基地，演化成城镇后又获得了商业功能，如英格兰的牛津和诺丁汉，德国的马格德堡（见图 2.16）。
- 由村庄自然发展演化成的城镇，如英格兰白金汉郡的韦康比和汉普郡的维克汉姆（见图 2.17）。

图 2.15　从英格兰西苏塞克斯郡奇彻斯特市的这张俯瞰图中，可以看到古罗马时期的遗迹：南北向和东西向的主要街道，以及后来取代古罗马时期修建的防御性城墙的新城墙

图 2.16　英格兰牛津郡华灵福德的俯瞰图，这是一座中世纪的城堡，起初是一个军事要塞，后来由于具备了商业功能而演变成了城镇。市场位于两条主街交叉口（照片中央）的西侧，城堡（照片右下角）位于泰晤士河畔，当年的征服者威廉就是在此处渡河的

图 2.17　从这张俯瞰英格兰诺森伯兰郡沃克沃思的照片中，可以看到一座由村落自然演化而成的中世纪城镇。线状排列显示了这个村庄沿着与克洛凯河并排的一条崎岖道路延伸扩张的方式。如今依然可以看出教堂和城堡在中世纪时期村民生活中的重要性，它们今天仍是最醒目的建筑，雄踞于周围的建筑之上

● 巴士底型城镇，即法国、英格兰和威尔士规划的新城镇。建造这些城镇的初衷通常是战略性的，但发起人也将其视为可以获得收入的一种投资。巴士底型城镇的典型布局是由厚重的城墙所保护着的一座城堡。城镇为军事卫戍部队提供必要的服务，并使周围的乡村稳定下来。但通过市场税、租金和法庭罚款等方式可为发起人提供收入来源。就此意义而言，巴士底型城镇是既深思熟虑又相当普及的造城策略的一部分，它与 12—13 世纪时伴随着横跨北部欧洲的贸易增长而同时出现的城市增长而增长，这标志着封建主义向商业资本主义的过渡。作为规划的城镇，大多数城镇是按照格网道路规划布局的。吸引居民的主要原因是赋予他们城内的宅

基地和附近的农田。如英格兰赫尔河上游的勒德洛和金斯顿、威尔士的喀那劳，以及法国西南部的艾格-莫尔特和卡尔卡松（见图2.18）。

- 新建城镇，包括在欧洲规划的其他新城镇，它们要么预先确定了布局，要么未预先确定布局。大多数城镇地处路边或河边，便于发挥长途贸易优势的商业用途，如德国的奥芬堡和弗莱堡，以及瑞士的伯尔尼（见图2.19）。

所有中世纪城镇都拥有一些共同的内部结构特征：中心是用于集市的开放广场；在较大的城市中，广场周边是天主教堂或基督教堂、市政厅、行业公会、宫殿和精英的住所。城市中心附近是具有特定功能的专业街道或区域，如银行业、家具或金属工艺制造销售等。自然发展的城镇会有未经规划的、非常狭窄的街道和小巷。城市防御很可能是城市形态最重要的决定因素。城市发展不得不分阶段进行，每个阶段通常都从建设新的一圈城墙开始[26]。

图2.18　法国的艾格-莫尔特，一个中世纪的巴士底型城镇。从鸟瞰照片可以看到城市直线围墙内部的方格网街道模式和周围的田野与葡萄园

图2.19　瑞士的伯尔尼是一个中世纪的新建城镇。这张鸟瞰图显示了形成当代城市核心的原有城市的方格网道路模式，并显示了该城市位于阿尔河湾的区位是如何影响城市布局形态的

由于城市增长集中在城墙内部，人口密度很高，因此有限的空间导致同一栋建筑内的垂直分层具有不同的社会经济阶层。例如，由于没有电梯，商人或手工艺人的店铺可能在第一层；家庭成员居住在第二层，学徒工住在更上一层，仆人则住在再上一层的阁楼中（见图 2.20）。为了最大限度地利用临街立面，居住建筑和商业建筑通常以窄面或山墙面向主要街道。

崛起的区域专业化和贸易模式，奠定了**商业资本主义**城市化新阶段的基础。该体系中的关键人群是商人，他们提供了重建富于活力的长途贸易系统所需的资本，因此获得了商业资本主义的标签。

商人们创建了城镇。他们需要墙壁和墙壁修建人、仓库保管员和保安、制造贸易商品的工匠、制桶工匠、马车工匠、铁匠、船工和水手、战士和赶骡人。商人既需要围墙外的农民和放牧人，也需要围墙内的面包师、酿酒匠和屠夫。他们带来了自治权，将土地经济替代为货币经济……城镇招募人力，并赋予任何在城墙内居住了一年或一天的农奴的自由[27]。

商业网络的建立始于（意大利北部的）威尼斯、比萨、热那亚和佛罗伦萨，以及汉萨同盟的贸易伙伴。汉萨同盟是北海和波罗的海沿海地区的城邦联盟（见城市观察 2.4），是迅速从卑尔根遍及雅典及从里斯本遍及维也纳的非常复杂的贸易系统。长途贸易得以稳固地重建，但它更多地基于庞大的日常必需品，如谷物、葡萄酒、食盐、布匹和金属，而不基于奢侈品。贸易的增长促进了大量城镇的出现，商人开始在各处定居，以便充分利用欧洲的主要贸易路线，使得各地的经济主要注重于市场交换。

在 13 世纪后期的中世纪，欧洲出现了 3000 个城市，共有人口 420 万，人口增长率为 15%～20%。多数此类城市的中心通常很小——不超过 2000 人。巴黎是主要的欧洲城市，人口数量约为 275000 人。除康斯坦丁堡和科多瓦之外，仅有米兰、热那亚、威尼斯、佛罗伦萨和布鲁日的人口数量超过了 50000 人。这时的欧洲正处于全球扩张时期。

图 2.20　英格兰坎特伯雷市一条狭窄街道的景观，这条街道现在已成为步行街。
请注意每层楼的窗户的大小和装饰体现了社会阶层的"垂直"分布

城市观察 2.4　汉萨同盟城市

汉萨同盟的起源可以追溯至 12 世纪，它是北海和波罗的海沿海地区独立德国城邦的同业公会。汉堡和吕贝克最初签订的贸易协定，为日耳曼其他城市的商人们提供了一种合作模式。这是丹麦半岛两端的两个北方日耳曼城市（西部的汉堡和东部的吕贝克）间的联盟。吕贝克能进入波罗的海的鲱鱼产卵区。欧洲基督教徒周五不能吃肉而只能吃鱼，因此鱼在当时的食谱中比重很高。当时没有冰柜，装船运输这种珍贵的鱼产品时需要事先用盐腌制，而汉堡因为紧邻基尔的盐矿而很容易获得盐。吕贝克和汉堡的商人在两个城市之间挖掘运河开辟了一条贸易路线，他们把这条运河以盐的来源地命名，即基尔运河。

尽管没有达到现在欧盟国家间经济和政治合作的高度与广度，但汉萨同盟是第一个将欧洲地区的城市联合为一个同业公会的伟大合作行动。这些城邦签订商业协议，通过成员之间的特权来促进贸易，保护他们免受海盗和劫匪的侵害。随着时间的推移，越来越多的城市加入了这一同业公会，以追求贸易安全和会员权利所能提供的更多机会。该同盟还致力于与试图破坏其垄断地位的敌对港口城市交涉，以便进行多方面的协调，必要时会采取战争手段。

最盛期有多达200个城市加入了这一行业公会，势力范围从阿姆斯特丹到爱沙尼亚的雷瓦尔（塔林），从波罗的海沿岸的瑞典斯德哥尔摩到沿河的重要内陆港口城市，如吕贝克、汉堡、科恩（科隆）和马格德堡。作为现代股票交易先驱的这些外贸城市，把这个强大的同业公会的影响力扩展到挪威北海沿岸的卑尔根、哥特兰岛上的维斯比、伦敦、法兰德斯的布鲁日（比利时）以及俄国的诺夫哥罗德（见图2.21）。

商业资本主义和长途贸易促进了城市的扩张和贸易城市体系的发展。伦敦等一些贸易城市后来发展成为了具有全球统治地位的城市。同业公会将来自俄国和波罗的海沿岸的鱼类、食盐、谷物、原木、琥珀、皮毛、亚麻和蜂蜜运往西方，并将来自法兰德斯和英国的布料和产品运往东方。汉森同盟不仅有自己的财政和法律制度，还有自己的公民权利和个人权利。

16世纪初，汉萨同盟开始解体，主要原因如下：成员间的竞争和内部斗争削弱了它的力量，哥伦布和达伽马等地理发现开辟了新的贸易机会，波罗的海的渔类数量开始减少，改革运动引发了社会和政治动荡，来自荷兰人及后来英国人的贸易竞争不断加剧，以及奥斯曼帝国对贸易线路的不断侵蚀等。欧洲30年（1618—1648）战争期间，长途贸易的困难进一步削弱了同盟，并最终导致了它的灭亡。

有趣的是，尽管汉萨同盟最后一次集会发生在1669年，但它却从未正式解体。它继续存在于日耳曼的各个城市名称中，如汉莎-吕贝克和汉堡自由汉莎城。直至今日，汉堡和不来梅还是德国境内的独立城邦。同盟首先使用的日耳曼商业和行政术语、标准化的航海旅行和贸易管制仍在广泛使用，由此可看出其巨大的影响力。汉萨同盟城市的"阶梯式山墙"设计体现了同盟的建筑风格，这样的设计可使建筑看起来高挑并彰显主人的富裕（见图2.22）。

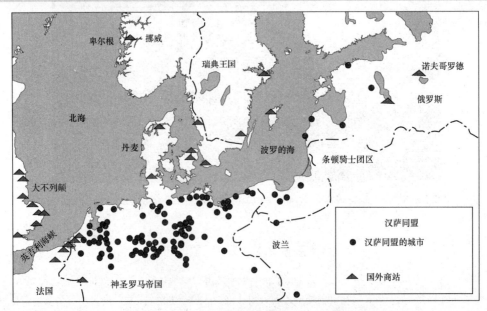

图2.21 汉萨同盟城市。汉萨同盟的各个城市及其国外的交易商站

图 2.22　比利时布鲁日的建筑立面，汉莎同盟城市建筑的特征是阶梯式山墙。
为了充分利用临街的一面，居住和商业建筑的短边或山墙面向主街

2.9.5　文艺复兴和巴洛克时期的城市扩张和稳固

14—18 世纪，不仅欧洲的城市和城市体系发生了根本变化，而且世界经济也发生了变化。文艺复兴时期（14 世纪中期到 16 世纪中期）的新教改革和科学革命引发了经济和社会的重组。中世纪时期，基督教堂和宗教教义在人们的生活中起主导作用，而在文艺复兴时期，人们对人类理性和成就的颂扬则居于首位。商业资本主义的规模和成熟度得以提高，侵略性的海外殖民使得欧洲人有机会塑造世界经济和社会。

西班牙和葡萄牙的殖民者最先将世界上的其他地区融入欧洲的城市体系。从 1520 年开始，殖民者只用了 60 年时间就奠定了拉美的城市体系。西班牙殖民者在拉美西部创建了自己的城市，这些城市重建于已征服的当地中心（如墨西哥的瓦哈卡和墨西哥城、秘鲁的库斯科和厄瓜多尔的基多）或原来人口密集的地区（如墨西哥的普埃布拉和瓜达拉哈拉、秘鲁的利马等）。西班牙帝国建设这些**殖民城市**的初衷是，将它们作为行政和军事中心，并以此为基础来占领和剥削新世界。与此相反，葡萄

牙殖民者在拉美东部建造的圣保罗和里约热内卢等殖民城市本质上更为商业化。尽管其动机是剥削，但葡萄牙殖民者建立的殖民城市都位于商业上最适合集中和出口矿产品与农产品的位置。

这种城市化和贸易扩张的一个主要特点是，在全世界建立了**门户城市**，以便于一个国家或地区与其他地区进行联系。这些**控制中心**管理着通往特定国家或地区（北美城市，见第 3 章中的城市观察 3.2）的出入口。欧洲人在扩展贸易网络和建立殖民地的过程中，在世界上的其他地区建立或扩大了数千座城镇。这些城镇绝大多数是受防御工事和欧洲海军保护的港口。有些城市最初是殖民贸易驿站和行政管理中心，但很快成长为向大陆内部进行殖民扩张的门户城市。欧洲移民从这些城市进入大陆，内陆制造的产品从这些城市输出。里约热内卢的发展基于金矿的开采，圣保罗的发展基于咖啡的生产，布宜诺斯艾利斯的发展基于羊肉、羊毛的加工和陶器的制作，加尔各答的发展基于黄麻、棉花和纺织品的生产，阿克拉（加纳）的发展则基于可可的生产等。

这些产品反过来又促进了欧洲城市的发展。在区位上，对新世界的剥削使得北海和大

西洋沿岸的港口城市具备了决定性的优势。到1700年，伦敦的人口数量增长到50万人，里斯本和阿姆斯特丹的人口数量也都达到了17.5万。欧洲大陆和地中海城市的增长速度相对较低。1400—1700年，威尼斯的人口数量从11万增长到了14万，米兰的人口则完全没有增长。

文艺复兴时期的特点是，形成了政治权利集中化的民族国家，因此城市体系的演化更加完整。最突出的例子是巴黎和马德里这两个首都城市，它们在国家的核心地位促进了政治的稳定，获得重要的行政功能后又进一步促进了城市的发展。省会和县政府所在地的崛起则进一步充实了国家城市体系的演化。

艺术、建筑和城市规划中引入新的元素后，欧洲城市的总体面貌和内部结构在文艺复兴时期发生了变化。尤其是在省会城市，艺术和建筑方面的繁荣使得公共场所大量使用了雕塑、喷泉和巴洛克建筑风格。商业资本主义为各种君主政体和各国贵族创造了更大的财富，而他们快速增长的消费能力导致很多城市建设了豪华的宫殿。文艺复兴时期，城市城墙的设计变得更复杂和更昂贵，例如可以强大火力打击敌军的星形城墙（见图2.23）。

图2.23　意大利的萨比奥内塔。这是贡萨格于16世纪中叶建造的一个理想城镇，它由一个中心广场、一个公爵府邸、一所教堂、一个花园、一个剧院和一些居民区组成，呈星形布置，周围是厚厚的城墙，城墙上刻着贡萨格家族的族徽

2.10　城市化与工业革命

18世纪中叶，大规模制造业开始在英国的中部地区出现。工业革命从本质上改变了商品（从纺织品到机械设备）的制造方式和制造地点，因此它成为城市增长的催化剂。以前农村的纺纱工和纺织工等个体在自己的房间内就可手工完成生产的所有阶段，而现在历史上首次在厂房中实现了整个生产阶段的机械化。最初，为机械制造提供动力的水源决定着工厂的选址。早期的工厂老板采用提供住房的方式，来吸引那些因工作时间长而必须居住在附近的工人，于是城市居民便围绕着新的工厂逐步增长。

工业化和城市是相互促进的（见图2.24）。工业革命产生了新的城市类型，且数量众多。工业经济所需要的正好是城市可以提供的：工厂、仓库、商店和办公室等基础设施，交通网络，大型劳动力市场和消费者市场。相应地，工业化改变了城市的面貌、内部结构和功能。在整个工厂建筑区域发展的同时，也导致了肮脏的烟囱、震耳欲聋的机器和工业活动的喧嚣（见城市观察2.5）。当工业原料和产品主要通过火车运输时，车站和铁路交通开始在这些城市中起重要作用，电车和地铁等新公交体系同样如此。工业时期还带来了**中央商务区（CBD）** 的发展，它为新公司提供办公大楼和企业总部，并建造了大片的工人住宅。在英国的城市中随处可见这种联排房屋，这些房屋通常很狭窄，且施工质量较差。

在欧洲和北美的工业化地区，农村发展和城市增长紧密相联（见图 2.26）。农业生产力受益于机械化和城市中开发的创新技术。生产力的提高解放了农村劳动力，因此他们可以到城镇中不断发展的制造业部门工作。更高的生产力提供了更多的食物去养活不断增长的城市人口。城市中制造的农业用具、农业机械、化肥和其他产品加快了这一过程，使得农业生产力得到了进一步提高。这种城市化是一个**累积因果**，是由于**外部经济、聚集经济和属地化经济**的发展优势使得特定地区出现了螺旋式增长。

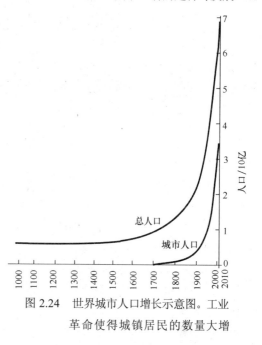

图 2.24　世界城市人口增长示意图。工业革命使得城镇居民的数量大增

城市观察 2.5　曼彻斯特：欧洲工业化的休克城市

曼彻斯特是 19 世纪欧洲工业化过程中的休克城市。1750 年时它还是一个仅有 1.5 万人的小镇，1801 年时发展为有着 7 万人的城市，1861 年成为有着 50 万人的大都市，1911 年时则成为有着 230 万人的世界城市。休克城市是指经济、社会和文化生活方面出现令人惊奇而纷乱变化的城市。曼彻斯特是一种典型的全新城市（即工业城市），这类城市的目的不是为了满足早期城市军事、政治、教会或贸易的需要，而是为了满足商品生产和销售的需要。因此，这类城市不得不处理居民的增长及由此带来的经济、社会和政治问题（见图 2.25）。曼彻斯特也是一座主导世界上的重大事务（经济、政治和文化）的世界城市。处于全球城市体系顶端的世界城市，很大程度上是作为世界经济的关键节点发展起来的。

图 2.25　曼彻斯特，欧洲工业化过程的休克城市

恩格斯这样描述了 1844 年曼彻斯特贫苦工人的可怕生活条件：

一个人在河岸崎岖不平小路上走着，穿过晾衣杆和洗衣队伍到达一群杂乱无章的单层小屋。大部分小屋都是泥地，工作、生活和睡眠都在一个房间内。在仅有 1.8 米长、1.5 米宽的小屋中，我看到了两张床，它们占据了除壁炉和台阶之外的所有空间。好几个这样的小屋都是空空荡荡的，门开着，居民斜靠在门柱上。门前堆满了大量的垃圾。我看不见人行道，但却能感觉到它的存在。这种棚户区的两侧分别是别墅和工厂，第三边则是一条小河……小河两岸布满了这样的棚户区[28]。

约翰·科尔在 19 世纪 40 年代游遍了英国的中部地区，他捕捉到了工业化过程中曼彻斯特工厂工人生活的深刻变化：

在 12 月的一个寒冷、潮湿、多雾的早晨，我到曼彻斯特休假。我比平时起床要早一些；就在那个小时里，繁忙城市的四面八方，制造业工人挤满了街道，匆忙赶去上班。我打开窗户向外张望，街道中点燃了数不清的灯火，穿过黄色浓雾送来一缕阴暗、惨淡、忧郁的光线。在不远处，我看见巨大的工厂，最初它们完全掩盖在黑暗中，当工作时间开始后，几分钟内就被灯光照得通亮。街道上既没有敞篷两轮车，也没有有篷货车，屋外几乎没有其他噪音。空旷的街道上怪异地响起了木鞋的拍击声。在长长街道的两侧，出现了行色匆匆的数以千计的男人、女人和孩子。他们不说一句话，只是把冻僵的手蜷缩在棉衣内疾行，沿着人行道走向沉闷而单调的工作岗位。渐渐地，人群越来越稀疏，啪嗒啪嗒的声音慢慢消失。六点，几百座钟一起敲响，街道又变得静寂无人，巨大的工厂吞噬了繁忙的人群。瞬间，每个方向都出现了低沉、急促和奔腾的声音，就像树林中山风的叹息。这是千万只大小不一的齿轮和飞梭的合唱，是千万台蒸汽机的喘息和奔涌的共鸣[29]。

工业化在欧洲传播开来后，城市化的步伐也加快了（见图 2.27）。城市中更高的工资和更好的机会吸引了大量的农村工人。欧洲的**人口转型**及死亡率下降也促进了城市人口的快速增长。人口增长进而促进了劳动力供应的大量增加，当移民将工业化和城市化扩展到世界体系的前沿时，就进一步提升了城市化率，这不仅发生在欧洲，也发生在美国、加拿大、澳大利亚、新西兰和南非。

但随着时间的推移，燃煤蒸汽发电技术的发明使得工业选址不再受现有人口中心或附近煤矿等资源的制约，因此工业家不再将工人吸引到工厂中。农业生产力的提高减少了农场从业者的数量，许多小农场被整合到了更大、更有效率的农场中，出现了大量丧失土地的小地主，造成了工人过剩。技术进步导致了过度生产，当工业化从英格兰扩散到欧洲大陆甚至更远的地区时，国际竞争加剧。产品价格的下降使得生产者为节省成本而降低了工人的工资。劳动时间长而工资低的工人为支付住房费用不得不处于挣扎状态，导致了过度的拥挤。棚户区中居民的生

活状况骇人听闻（见城市观察 2.6），公共卫生系统和供水系统很差，甚至根本没有，因此常常爆发霍乱和伤寒等疾病。

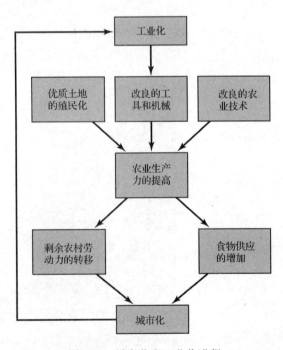

图 2.26　城市化和工业化进程

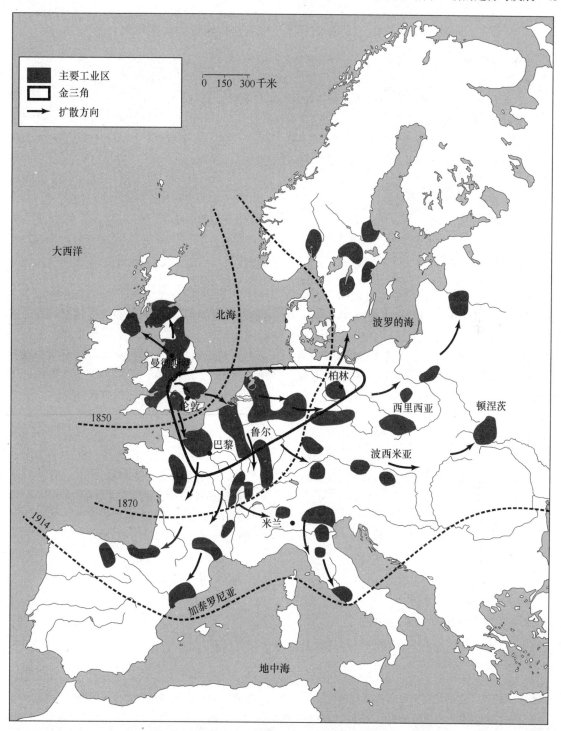

图 2.27　欧洲工业化和工业城市的扩散。欧洲工业化始于英国若干地区出现的小型工业区。这些地区的早期工业化基于矿产资源、水力和早期的工业技术。新一轮工业和交通技术出现后，工业化扩散到了拥有较好区位特征（紧邻原材料和能源、良好的通信设施、大型劳动力市场）的地区。"金三角"是欧洲的经济核心区域，它以伦敦、巴黎和柏林之间的地区为中心，包括英格兰东南部的工业地区、法国的东北部和德国的鲁尔地区

城市观察 2.6　19 世纪中叶苏格兰格拉斯哥的居住隔离

随着工业革命的进步，居住隔离也在发展。米切尔·帕乔内对 19 世纪中叶格拉斯哥中心棚户区做了入木三分的描述：

富人从老城区向西迁移，不仅将社会空间分化引入到了 18 世纪已经发生的异质化城市结构中，还释放了部分土地和住房用于其他用途。这些被社会精英抛弃的老城区被工人阶级占据，工人的数量随着新工业对劳动力的需求而快速增长。以前各个富裕家庭使用的住宅被"改小"，以便让大量穷人居住，条件极其拥挤……1861年，格拉斯哥 394864 人口中的三分之二居住在仅有一个或两个房间的住宅中，其中又有 60% 至少 4 人共用一个房间。

地产投机商见缝插针地盖起了"加层"和"后院"公寓，这些公寓要么加盖在现有的住房上，要么建在之前富裕家庭的花园中。19 世纪中叶，老城区中已到处可见这种劣质的住宅。笔者（1858 年）在附近的黑暗峡谷中访问过一个棚户，里面住着丈夫、妻子和两个孩子，床和壁炉间开了一个洞，宽约为 6 只鞋长，长为 8～9 只鞋长，高度不足以让人站直身体。每人 0.25 平方米的人口密度很常见[30]。

到 19 世纪，城市化已成为世界体系本身的一个重要部分。1800 年，9.8 亿世界人口中只有不到 5% 居住在城镇中。到 1850 年，世界人口的 16% 是城市人口，世界上有 900 多个 10 万人以上的城市。在由相互依赖的网络和等级联系起来的城市中，工业革命和欧洲殖民化导致了史无前例的人口集聚。作为商业资本主义的案例，欧洲和北美的工业化依赖于对其他地区的剥削。如第 5～7 章论述的那样，这种关系不可避免地产生了**国际分工**，这对欧美以外地区城市化的模式和进程产生了重大影响。下一章将介绍北美城市体系的发展基础。

关键术语

central business district （CBD）　中央商务区

city-state　城邦

colonial cities　殖民城市

Dark Ages　黑暗时代

Demographic Transition　人口转型

Fertile Crescent　新月形沃土

gateway cities　门户城市

gridiron street pattern　格网式道路

Hanseatic League　汉萨同盟

Industrial Revolution　工业革命

merchant capitalism　商业资本主义

Mesopotamia　美索不达米亚

organic growth　自然发展

shock city　休克城市

Silk Road　丝绸之路

复习题

1. 找到《遗产：文明的起源》六部系列节目的第一部，该系列节目由历史学家米切尔·伍德撰写和主持，由马里兰公共电视和英国中央电视台（1991 年）制作。该节目的第一部《伊拉克：文明的摇篮》精彩地介绍了 5000 多年前伊拉克南部城市文明的起源。它介绍了一些向城市生活的转变，如职业专门化、有组织的宗教、官僚政府和国际贸易等。

2. "考察城市内部结构的一种通用方法是，识别一座城市的布局是大部分未经规划的还是经某人或某些人详细规划过的。"在互联网上找到一幅你特别感兴趣区域的古代或现代城市地图。认识到所有城市都随时间而变化的同时，研究该城市的街道布局、交通线路和其他内部布局，判断该城市是规划过的还是未经规划的，亦或是部分地区渐渐地出现了规划的痕迹。哪种政治、经济、社会、技术和环境过程会影响到该城市的布局？查找该城市的城市规划史资料，判断你对地图分析得出的结论是否正确。

3. 芝加哥是北美工业化过程中的休克城市。请基于互联网和图书馆研究其成因。这个城市的区位有多重要？查找与芝加哥工业发展相关的一些巨大变化（人口增长，交通模式，制造、组装和配送等生产过程中用的到原材料种类）。

4. 充实电子资料夹。查找一些能帮助你充实本章所学内容的补充材料。请基于互联网和图书馆来研究美索不达米亚、希腊、罗马和中世纪的一些城市，了解建造它们的原因与方式。是否存在这些城市的遗迹？为什么？

5. 怎样才能从自己的角度深刻理解城市化的各个方面？针对本章所述的时间段，查找不同地点对城市生活的当代描述。为什么历史上不同城市居民的生活与现代相比差异很大？

　　20世纪20年代，内燃机商业化发展所释放出的社会、经济和政治力量，改变了城区的自然形态。在市中心确立其无可匹敌的主导地位和内部职能分工的同时，与轿车和卡车相关的一种新型交通地理逻辑，分散了城市的许多零售、批发、制造和办公功能，使得类似于1935年宾夕法尼亚州费城市的那种中央商务区（CBD）变得更加专业化，同时主导地位下降。

第 3 章

美国城市体系及其城市的发展基础

美国的城市化与经济和社会发展的步调一致。自欧洲人 17 世纪在北美大陆建立首批前哨基地以来，城镇在美国经济中就一直起着核心作用。在从工业化前的依赖性社会经济快速向全球化资本主义模式转型的过程中，城区的作用至关重要，城市已成为全球经济体系中的功能节点。在这一演变过程的每个主要阶段，人们开发新资源、新技术，组建新的商业组织，城市也随之变革以适应新的经济秩序。在一些城市中，这些变革顺次发生，结果依次叠加。其余城市的经济新体系并不总是有利可图的或合适的。因此，每个变革阶段对不同城市的影响方式不同，对城市居民的影响程度也不同。尽管如此，我们仍可在城市体系的演变中明确若干显著的阶段，这些阶段反映了第 1 章所述经济制度、社会制度、管理制度、技术体系和基础设施体系等方面的变化。

3.1　学习目标

➢ 认识美国城市体系历史发展过程中的重要阶段，了解这些阶段与经济、技术、人口、政治与社会变革之间的关系。

➢ 评价门户城市、转运口岸和腹地在美国边远地区城市化阶段中所起的作用。

➢ 理解塑造美国城市体系的城市增长及其变革的基本原理。

➢ 评价有轨电车和铁路在改变城市内部土地利用地理学方面的作用。

➢ 描述经济重构和人口变化对 20 世纪初期城市体系的影响。

3.2　本章概述

本章介绍美国城市体系演化的 5 个显著阶段，这些阶段共同构建了当代**城市体系**的基础。如我们将要看到的那样，城市居民既是经济发展、技术进步、人口变化、政治变革和社会变化过程的产物，也是变化过程的连续框架。城市化的每个后续阶段都带来了新的居住模式、新的城镇类型，以及城镇之间贸易和居民迁徙的新模式。但每种变化也给理解变化的主要过程带来了新挑战。因此，我们在跟踪城市体系发展的同时，还将跟踪城市化过程中出现的关键理念、概念和理论。

城市观察 3.1　边疆城市化和日常生活中的一些问题

在边疆城市化时期，人们的生活出现了一些我们今天或许能够认识的问题[1]。城市中心与其他地方一样，良好的水源对城市殖民者至关重要，但并不一定是为了饮用！啤酒厂往往是最先建起来的建筑物。殖民者通常把水当作最后的解渴手段；他们更喜欢啤酒（因此酗酒问题很严重）。水大部分用于生活和消防。实际上，马萨诸塞州 1638 年和 1646 年的法律禁止在"室外"或波士顿市政厅附近吸烟，主要原因并不是清教徒不能容忍吸烟，而是"抽烟经常会引发火灾"[2]。

1652 年，波士顿的卫生法要求所有垃圾必须填埋，还规定任何人只要"在任何公路或沟渠，或任何公共场所倾倒任何动物或家禽的粪便"，将被处以罚款[3]。在纽波特，厕所和下水道的排放问题非常令人讨厌，"因为一些厕所建在街边"，因而会往街道上排放，过往行人会有衣服溅满污秽的危险[4]。

很快，就需要警察来治理社区内一些居民的不检点行为、公开酗酒和犯罪活动等。毫不奇怪，警察的头衔和职能最早起源于欧洲，包括波士顿的治安官。1646 年，马萨诸塞州的法律是这样规定治安官的职责范围的：

每位治安官按其职责，有权对谋杀犯、杀人犯、肇事者、盗窃犯、抢劫犯、入室抢劫犯提出指控；同时有权在没有逮捕令的情况下逮捕酗酒者、骂人者、违反安息日戒律者、撒谎者、无业游民、夜晚游荡者或任何违反其他法律的人；还有权在任何有出售啤酒或葡萄酒执照的场所或任何其他可疑或混乱场所搜查逮捕对象并严加看管[5]。

在行使职责时，有些人会藐视治安官的权威。1643 年，约伯·泰勒在法庭上遭到治安官起诉时说"他对治安官的所有逮捕令不屑一顾[6]。"违法者既有男性也有女性。1672 年，法庭因基里安·奈特勾引单耳·赫领到其住所内并拥抱时，乘机拿走其钱包并偷走 7 先令而判其有罪[7]。同年，寡妇爱丽丝·托马斯因经营妓院并"频繁在其家中举行秘密而不合时宜的活动，以引诱好色且声名狼藉的男女，为其邪恶的肉欲行为提供方便"而被判有罪[8]。

第一个阶段是城市发展的初期阶段，即美国经济开始构建直至国家独立的边疆城市化阶段。

第二个阶段（1790—1840 年）是贸易或商业主义时期，期间出现了更广泛的**中心区位体系**或地方营销和服务中心体系。

第三个阶段（1840—1875 年）是响应初期工业化、农业机械化和移民运动的城市体系扩张与重组。了解这些变化后，我们将探讨主导城市增长、城市体系和中心区位空间分布的一些关键原理。

第四个阶段是工业化时期（1875—1920 年），我们将了解工业选址原则对城市体系的发展与适应的影响。我们还将了解城市与工业发展的内在不平衡性和不稳定性的过程与原因，这也是人们通过投资、撤资和再投资，进而持续改变城市环境的一部分。

第五个阶段（1920—1945 年）与福特主义的出现和批量生产汽车、卡车和飞机的时期相一致，这显著改变了城市体系的空间结构。这是商人对公司组织产生一些重大变化的时期，也是经济严重衰退的时期。我们将了解这些发展影响美国政治经济基本结构的方式，以及影响城市发展及城市生活根本的方式。

3.3　边疆城市化时期

虽然 16 世纪前北美已有许多小型城市（见图 3.1），但美国第一批较大的城镇都是作为欧洲的经济前哨而建立的。西班牙殖民主义者首先留下了印记。在西班牙殖民地法律（始于 1583 年，它规定所有新发现的土地都属于王室）的指导下，西班牙殖民者在佛罗里达和美国西南部建立了城镇，这些城镇的布局是中心广场周围布满了长方形格网的街道。最早规划的社区是新墨西哥的圣达菲，它是 1610 年作为新西班牙最北部边疆的行政管理中心而建立的。在此后的 150 年甚至更长时间里，西班牙殖民者建立了一系列"印第安村庄"（商业和行政中心）、"传教区"（宗教皈依中心）和"要塞"（军事前哨），所有这些城镇在其发展过程中都兼有商业、行政、宗教和军事等综合功能。西班牙殖民者建立的城市包括圣奥古斯丁、圣安东尼奥、圣巴巴拉、洛杉矶、圣地亚哥和旧金山。圣达菲建立不久后，荷兰殖民者航行进入哈得逊河口并建立了一个他们称之为新阿姆斯特丹的皮毛贸易站。相对于殖民化，法国人更热衷于寻求贸易机会，但当他们穿过北美五大湖并沿密西西比河系探索时，也建立了一系列贸易站，这些贸易站随后慢慢发展成小城镇，包括魁北克、蒙特利尔、底特律、圣路易斯和新奥尔良。

图 3.1　位于弗雷约斯峡谷的阿纳萨齐培布罗印第安部落遗址，新墨西哥州班德利尔国家历史遗迹。树木年轮分析表明该部落的房屋和中心广场建于公元 1383—1466 年

但英国的殖民化过程才是奠定美国最活跃城市体系的基础。建于 1607 年的弗吉尼亚州詹姆斯敦殖民地开始向欧洲出口烟草，并建立了美洲大陆第一个殖民地代表政府。邻近的

威廉斯堡建于 1663 年，它是一个与土著美国人隔离的避难所。1699 年的一场大火烧毁詹姆斯敦后，威廉斯堡成为弗吉尼亚殖民地的首府。烟草种植虽然有利可图，但却是劳动力密集型产业。自 1619 年首批非洲人被带到弗吉尼亚从事烟草种植业，至 1807 年英国禁止参与奴隶交易时，已有 60 万～65 万名非洲人被强制性贩卖到北美地区。

新英格兰地区的波士顿建于 1630 年，它原本是（英国清教徒）精神庆典的"山巅之城"，但很快就发展成为繁荣的商贸中心。罗德岛州的纽波特建于 1639 年，原是一群异教徒被流放到此地的避难所，由于拥有新英格兰南部地区最好的天然港口，因此也发展成为一个贸易港口。英国人于 1664 年从荷兰人手中夺取了新阿姆斯特丹并更名为纽约（即新约克郡），将它确立为纽约殖民地的首府，最后将这个大西洋沿岸最好的天然港口发展成为一个大型港口。查尔斯镇（即后来的查尔斯敦）作为卡罗来纳的首府建于 1680 年，威廉·佩恩于 1682 年建造的费城是宾夕法尼亚的首府（见图 3.2）。

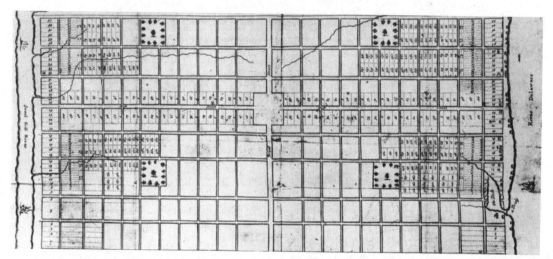

图 3.2　1683 年的费城规划，中央是南北向和东西向的主干道，主干道的交叉处是城镇的中央广场，广场周围是政府大楼和教堂等公共建筑。次干道和 4 个小型广场勾画出了格网状街区。预先规划的布局允许殖民者在离开欧洲前就挑选一个地块作为新居，从而推动了移民

这种萌芽阶段的城市体系以一连串的**门户城市**作为三类控制点来运营：①出口大宗日用

品的汇聚地；②进口生产资料的散发地；③新疆土的行政机关。在一定的时间内，每个门户

港口都单独运营，它们与欧洲城市的联系比互相之间的联系更紧密。随着殖民化的扩张，殖民点开始发展成为不同的等级。拥有更好资源、交通更为便利的地区开始扩张并获得了更大范围的服务。与此同时，优化大西洋两岸运输行程的需要，促使各个大型港口发展成为了一个沿海运输网络。波士顿（见图3.3）、查尔斯敦、纽波特、纽约和费城等少数城市因此发展成为主要的转运口岸，即贸易和转运的中转站。这些转运口岸规模扩大后，开始统领越来越大的腹地（市场范围），而腹地中的一些较小居民点崛起为服务本地市场的小镇。这些小镇随着时间的推移成为内陆的门户，既作为集散中心又为边疆农业提供一系列服务。到1775年美国大革命时，小镇中最著名的有哈特福德、米德尔顿和诺威奇（康涅狄格）、奥尔巴尼（纽约）、兰开斯特（宾夕法尼亚）和里士满（弗吉尼亚）。当13个殖民地州合并为美国联邦时，最大城市纽约市约有25000名居民，费城与纽约几乎一样大，约有24000名居民；其次为波士顿，约有16000名居民；巴尔的摩、查尔斯敦和纽波特都有10000~12000名居民。内陆的门户城市相对小一些，没有超过10000人的城市。

图3.3　1770年的波士顿在美国城市体系的初期发展阶段极为重要，其定位是转运口岸，是欧洲西北部城市与殖民化的美国之间的贸易和转运中转站

3.4　商业城市化时期（1790—1840年）

虽然1787年时美国只有1/20的人口居住在城镇，但以城市为基础的记者、律师和商人极大地影响了美国宪法，美国宪法的框架就是当年5月在费城制定的，它是一部鼓励城市制造业和贸易（并因此刺激了城市增长）的宪法，以阻止各州通过设定关税、铸造货币和发行信用凭证而带来的国家经济分裂。殖民地依据宪法获得的政治独立还从其他方面刺激了城市体系的发展：

- 原来殖民制度下美国城镇与欧洲港口之间已经建立的经济联系仍然可行且必要。

- 这意味着美国资本投资的比例越大，"流回"欧洲城市体系的利润越少。

- 这需要县政府、市政厅和州首府政府职能的扩张，当然还有哥伦比亚特区的建设，它于1790年被选为联邦政府的永久所在地。

- 这也关系到西部扩张（1785年和1787年的西北条例、1803年的路易斯安那购买案、得克萨斯的加入以及1846年从墨西哥获得的领土），需要像圣达菲这样的边疆城市发展为本地的服务中心。

最显著的增长发生在新奥尔良（见图3.4）、圣路易斯和其他河流港口等门户城市，这些城市地处河流的战略要地，联系着西部的新疆土和大西洋沿海地区的大城市。但美国东部海岸的商人并不想失去这种利润丰厚的贸易。他们的对策是开通了五大湖和哈得逊河、俄亥俄和密西西比河系的运河网，结果是两条东西向的贸易走廊交汇了：第一条走廊从纽约经哈得逊河、伊利运河（1825 年开通）延伸至五大湖的东部地区，布法罗、克里夫兰、底特律、芝加哥和密尔沃基成为重要的批发中心；第二条走廊从费城和巴尔的摩市穿山越岭延伸到匹兹堡和俄亥俄流域，辛辛那提和路易斯维尔成为重要的内陆门户。

图 3.4　商业时期的港口发展迅猛。新奥尔良因地处整个密西西比河流域的门户而迅速发展。图为该地区 1862 年左右的景象

随着城市体系的扩张和城市间贸易量的增长，特定城市和区域因其**比较优势**（在当地条件下，该地区的经济活动与其他地区相比效率最大）而实现了专业化。例如辛辛那提的猪肉加工业实现了专业化，赢得了“肉都”的称号。制造业开始推动东部主要港口的发展，同时东北部一些人口密度更大、发展更为集约的城镇（奥尔巴尼、洛威尔、纽瓦克、波基普西、普罗维登斯、斯普林菲尔德和威尔明顿）成为美国工业革命的摇篮。

移民为边疆城市、扩张的港口和内陆门户城市提供了重要的人口来源。到美国大革命时期（1775—1783），殖民人口已达 250 万，其中 50 多万人是非洲裔的美国奴隶，25 万人拥有苏格兰与爱尔兰血统，20 万人是日耳曼裔。同时，农业生产力的提高也是城市增长的一个愈发重要的原因。农场生产力的进步加速了城市化：①提供的食物支撑了日益增长的城镇人口；②释放了迁入城镇的农业工人，扩大了生产者和消费者的数量。

1840 年，美国的城市体系已经独立，并开始向一体化迈进。纽约人口增加到 391114 人，扩大了对费城（93665 人）的领先优势。同时，巴尔的摩和新奥尔良的人口已超过 10 万人，而波士顿的人口也超过了 93000 人。辛辛那提和奥尔巴尼等少数区域中心拥有 25000～50000 人，而路易斯维尔和里士满等较大的当地中心人口达到 2 万人左右（大致与华盛顿特区的人口规模相当）。大部分乡镇只有 15000 人或更少的人口，芝加哥略少于 5000 人。

3.4.1　商业城市内部

城市体系既是经济发展、人口变化、社会进步和其他变化的产物，又为这些要素的发展提供了框架，城市本身的空间形态和结构亦是如此。和城市体系的变化一样，不断演化的城市形态和土地利用必须与经济社会的发展规律联系在一起来加以理解。城市形态的演变不仅起源于经济发展和人口迁移的历史过程，而且起源于经济发展与人口增长阶段的相互作用，这些因素包括社会结构和生活方式的变化、建筑材料和施工技术的革新、城市交通的进步，以及土地所有权、土地利用法律和政策等法律法规的变化等。

城市观察 3.2　万斯商业模型

北美城市体系发展的一种模型是城市地理学家詹姆斯·万斯提出的商业模型。根据万斯的观点，外部影响（欧洲）和长途贸易对建立北美城市体系的几何等级结构重要性体现在 5 个显著的阶段（见图 3.5）。

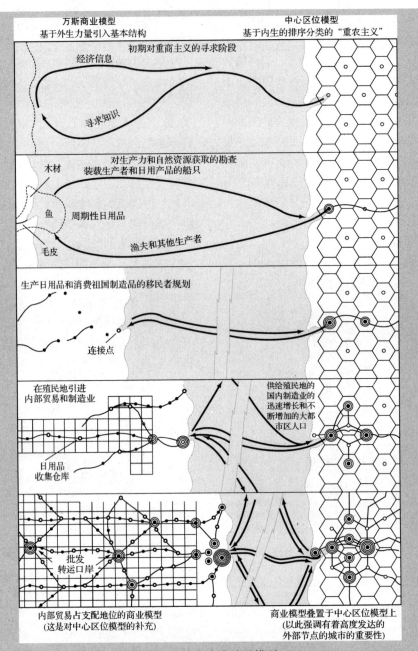

图 3.5　万斯商业殖民模型

1. 探险阶段。欧洲的创业者为寻找商业机会到北美的探险航行。
2. 自然资源获取阶段。殖民主义者为获取自然资源而建立的定居点，如纽芬兰大浅滩渔场的鳕鱼、新英格兰的木材和海狸毛皮。
3. 出现农业生产及沿海门户城市阶段。殖民者的永久居住地和农场关系到城市体系萌芽期的发展，既有利于谷物、腌肉、靛蓝、烟草和棉花等农产品对欧洲的出口，也有利于从欧洲进口制成品和奢侈品。沿海的港口城市（万斯模型的"连接点"）成为新兴城市体系中的焦点（见图3.5）。
4. 建立内陆门户城市阶段。对农产品出口需求的持续增长和殖民化的日益扩大，推动定居点进一步深入到了内陆地区。这既要求长途运输路线的发展，也要求在这些路线沿线作为战略要点的具有"大宗产品收集仓库"功能的内陆门户城市的发展（见图3.5）。这一阶段对应着前文所述的"边疆城市化"，其转运口岸和内陆门户城市的主要职能是作为出口欧洲的农产品的批发汇集中心。

5. 充实国内市场和城市体系阶段。国内市场增长到足以维持国内制造业发展的规模和种类。鉴于已有的人口数量和良好的交通，门户港口、转运口岸和内陆门户城市吸引了大量的经济活动。同时，殖民者从长途路线进行扩张，并建立农业定居点，开始支持次区域的乡镇市场体系。那些拥有更大市场和更发达销售网络的已建港口、转运口岸和内陆门户，成为能够提供高级、昂贵产品和服务的场所。因此，是长途贸易而非本地市场确立了纽约、波士顿和芝加哥等城市的空间类型，这些城市成为成熟的城市体系中的领导中心。

在城市发展的每个阶段，许多人认为交通系统的变革是城市形态和土地利用最重要的单一决定因素。交通系统决定了城市的密度和城市扩张的范围，表达了经济和社会变革的连续阶段的潜在能量。

步行城市　在商业城市中，经济发展的特质和快速且廉价交通工具的不足，使得具有独特土地利用模式的紧凑城市应运而生。人们步行行动，大多数货物都通过手推车或马车运输，导致步行城市中各种活动的杂乱无序。因为大部分城市都是海港或河港城市，滨水地区是经济活动的中心，聚集了商人的办公室、会议中心、仓库和码头。紧挨着滨水区的是宾馆、教堂、零售商店、公共建筑以及上流社会的家庭住宅。手工艺人、仓库保管员和工人的住宅混杂其中，并向外延伸到城镇的边缘。在城镇边缘通常建有占地面积大（如纺织厂）、用水量大（如酿酒厂）和气味特别难闻的工厂（如屠宰场、制革厂等）。

住房和工厂间几乎没有分隔。工厂主通常在工厂旁边修建住宅。手工艺人和仓库保管员住在工厂或仓库的上面或后面；劳工和雇工住在小巷里或阁楼上；仆人住在主人的楼上。在南方城市里，奴隶们住在主屋后面用围栏围起的房子里。随着城市人口数量和密度的增大，在工厂和少数民族聚居区的外围出现了专业化的飞地。例如，在 19 世纪初期，波士顿的北郊出现了一个爱尔兰人角落。但由于商业城市非常紧凑，富人和穷人、手工艺人和劳工的住房之间距离太近，没有飞地大到可以认为存在专门的隔离区域。

商业城市的模式　类似于步行城市，最著

名且最有影响力的模型是肖伯格的前工业城市模型 [9]，这种模型的社会金字塔结构（大多数是流浪者和工人，少数是手工艺人，更少数是社会精英）体现在城市的空间布局上（见图3.6）。

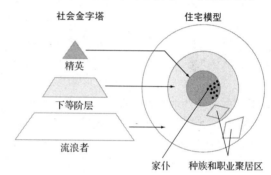

图 3.6　前工业城市中阶层结构和居住地之间的关系（据肖伯格）

这种归纳方式受到了万斯的质疑 [10]，万斯更强调职业聚居区的马赛克化，却淡化低收入工人所在边缘区的范围，把他们当作散布在这些不同职业聚居区中的寄居者。但重要的是，在总体结构中没有这么多细节。肖伯格和万斯描述的前工业城市都具有如下特征：

● 一个由精英阶层居住的核心。
● 大量职业分明但社交混杂的区域。
● 居住在后巷和城市边缘的贫困人群。
● 一切从人性出发：在步行城市中，家庭和工作通过就业机构紧密地连接成家族和家庭小集团。

这些特征是世界大部分前工业城市所具有的共同特点，能在 19 世纪初期的美国城市中找到，如南卡罗来纳州的查尔斯顿（1830 年成为美国第六大城市）[11]。但除了这些共同点外，实际上对于任何一种归纳模型，美国城市

都有例外，因为美国城市的历史很短，仍旧受到当地特殊和偶然因素的影响。它们发展得很快，没有时间"适应"欧洲中世纪和亚洲封建时代的典型前工业城市模式。在此之前，它们就已被工业化的革命力量所接管。

3.5　初期工业发展与城市体系重组时期（1840—1875年）

19世纪40年代，美国开始从贸易经济向成熟的农业和萌芽期工业经济转变，原因有二：一是引入了欧洲工业革命中心的工业技术方法和工商业组织，二是农业生产力水平的提高和始于商业时期的机械化提升了边疆土地殖民化的能力。由于农场只需要较少的劳动力，**进城移民**促进了城市化进程。同时，更高水平的农业生产力能够养活持续增多的外来移民，而这些外来移民也促进了城市的发展，并为新工厂提供了劳动力（见图3.7）。

从1840年起，欧洲移民开始大量涌入美国（见图3.8）。19世纪三四十年代发生在爱尔兰的大饥荒，英国"自由放任主义"政策导致的小农场合并为大农场，都推动了大规模移民。到1850年，与快速工业化和农业机械化

相关联的经济与社会变革，推动了各国人口的大迁徙，从日耳曼国家、法国和比利时到19世纪70年代晚期的斯堪的纳维亚、丹麦、挪威和瑞典也出现了移民潮；19世纪八九十年代扩散到了欧洲的南部和东部，包括意大利、犹太人以及来自奥匈帝国的斯拉夫人。

图3.7　一艘刚抵达纽约港的船，甲板上挤满了新来的移民。在前往美国快速发展的城市寻找工作前，他们要埃利斯岛上经过移民检查

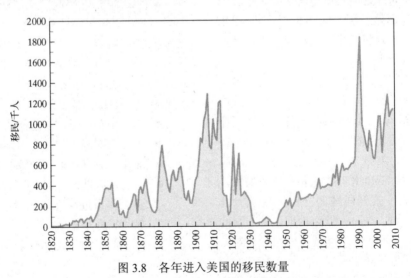

图3.8　各年进入美国的移民数量

由于许多新工业技术有特殊的区位要求（譬如接近原材料产地，或靠近各种不同的供应商或市场），这一城市化阶段带动了一批新城镇的发展，而以前一些很小的定居点也得以快速增长。新出现的城镇可以分为4大类：

1. 发电基地。它们吸引了大量耗能的工业。

在广泛使用燃煤蒸汽机技术和电力之前，水力发电非常重要。这就使得沿新英格兰地区的瀑布流域和阿巴拉契亚山脉的东部边缘出现了大量的工业城镇，如宾夕法尼亚的阿伦敦和哈里斯堡。

2．采矿城镇。它们能提供工业经济所需要的煤矿，如弗吉尼亚的诺顿等阿巴拉契亚山脉的煤田城镇。

3．交通枢纽。它们崛起于水道和铁路网所在的战略位置，如弗吉尼亚的罗阿诺克是一座典型的铁路城镇。

4．重工业城镇。它们对大量原材料的依赖使其与输出原材料的产地联系起来。作为当时一座重要的内河港口和批发中心的匹兹堡，由于地处煤田和铁矿附近而发展成为钢铁城市。

蒸汽动力船和铁路系统的发展，对于新工业经济和新城市体系的演化非常重要。芝加哥、辛辛那提、孟菲斯和纳什维尔等内河港口与滨湖城市之所以繁荣，是因为它们处于已有贸易路线和逐渐成形的铁路系统的交汇处。第一条铁路（1828 年修建的从巴尔的摩到俄亥俄的铁路）运行几年后，铁路网已延伸至所有内河水系的已建港口，并逐渐延伸至内陆平原的农业地区。铁路起初是对水路的补充，是普通货物的长途运输载体。

1869 年，铁路网延伸至太平洋，联合太平洋铁路（西起奥马哈）和中央太平洋铁路（东起萨克拉门托）在犹他州的普罗蒙特利对接。1875 年，铁路公司间激烈的竞争导致铁路网延伸至西部大草原，最远延伸到了明尼阿波利斯的圣保罗和堪萨斯城。因此使得城市体系扩展到整个美国大陆，大大促进了经济（和城市化）的发展。铁路使得松散的区域经济发展成为了全国性经济，而全国性经济使美国企业能够充分发挥巨大市场和无限资源基地的商业优势与**规模经济**。

同时，铁路的发展重新调整了城市体系的空间组织（见图 3.9）。铁路线向西延伸可以使大量的玉米和小麦直接运往东部，而不需要通过圣路易斯和新奥尔良的水路运输。因此，这

些增长变慢的城市连同较小的中转港越来越依靠区域贸易和服务功能。相比之下，那些沿着两条东西向的主要批发线路的城市（纽约—布法罗—底特律—芝加哥—密尔沃基和费城—匹兹堡—辛辛那提—路易斯威尔）却得益于贸易的增加和因铁路运输与水路运输间的激烈竞争而导致的运输费用的降低，这些城市的发展为制造产业带奠定了基础。

这一历史年表让我们归纳出了另一个关于城市体系发展的特征：在工业化初期，大多数工业发展及由此带来的城市增长，都出现在原有的最大城镇。

到 1875 年，城市体系已发展到超过 15 座城市，每座城市连同邻近各县的人数超过了 10 万。拥有 130 万人口的纽约位于这个城市层次结构的顶端，紧随其后的是五座拥有 35 万～45 万人口的城市：巴尔的摩、芝加哥、费城、匹兹堡和圣路易斯。拥有 10 万～15 万人口的城市包括雅典（佐治亚州）、波士顿、布法罗、辛辛那提、克里夫兰、底特律和曼彻斯特（新罕布什尔州）、新奥尔良、普罗维登斯、罗切斯特和锡拉丘兹。

3.5.1　城市增长的原理

现有最大城镇增长的主要原因是**先发优势**原理。该原理基于以下条件：

● 工艺工业和批发、交通活动使得企业成为其拥有者，并使用其资本和积累的利润来投资工厂和机器。

● 企业家的传统与技能、投资和贷款都容易适应工业的发展。

● 最大的劳动力市场。

● 最大和最丰富的市场。

这些现象都归结于城市工业发展过程中固有的一些基本原理。先发优势原理本身就是**外在经济**应用的一个特殊案例：地理位置使得成本优势利于各家公司的发展。外在经济源于具有适当技能的劳动力市场，可以获得良好的专业化商业服务，或道路、港口和公用设施等高质量的基础设施。实际上，外在经济的优势都源于盈利活动所需的全部因素而非个别因素。

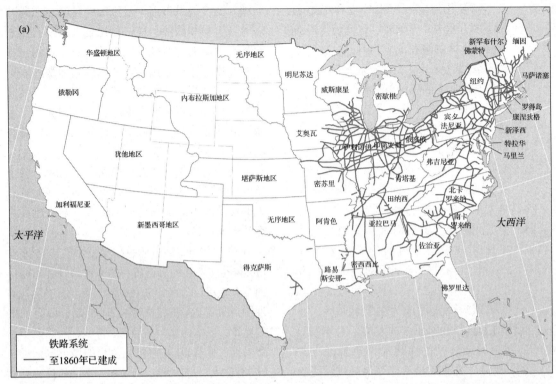

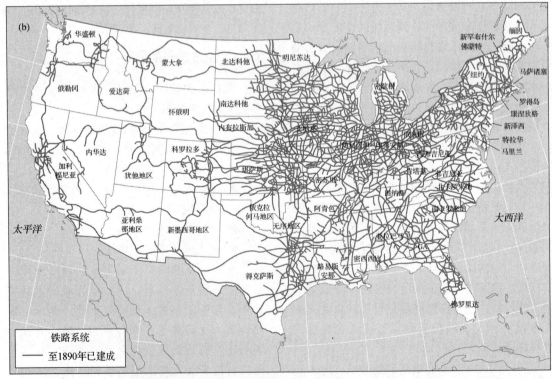

图3.9 (a) 1860年的美国铁路系统。图示轨道里程超过48000千米，其中大部分是短程路线。(b) 1890年的美国铁路系统。19世纪80年代铁路已经快速扩展，增加了110000千米以上的轨道里程。至1890年，整个系统的里程为263283千米

城市环境因此为公司获取外在经济提供了大量机会。从这一角度而言，外在经济经常被称为**集聚经济**或**城市化经济**。当外在经济局限于某种特定行业的公司时，就称为**地方化经济**。这种例子很多，如共享具有各种特殊技能（如造船工人、精密仪器制造工人）的劳动力市场，支持发展专业化技术学校，共同发展研究机构或营销机构，吸引专业化的分包商、供应商、分销代理和法律顾问。这些地方化经济有助于我们了解某些城市保持经济特色的原因：譬如，匹兹堡对钢铁制造业具有吸引力，阿克伦城对橡胶制品工业具有吸引力，代顿对金属制品工业和机械工业具有吸引力等。

3.5.2　城市层级和中心区位体系解析

在城镇规模和空间布局方面，美国与许多其他国家的城市体系有着一些共同特点。对社会学家而言，重要的是急需解释的必然规律。在商业时代和工业化扩张时期的各种规律中，存在着一贯的关系：①城市体系中城市的次序及其实际人口（根据人口规模），即所谓的位序-规模法则；② 城镇的规模和空间分布——中心区位理论基础。

位序-规模法则　在城市体系中，城市规模和位序的关系可表示为一个简单的公式，即所谓的**位序-规模法则**[12]：

$$P_i = P_1/R_i$$

式中，P_i 是城市 i 的人口，R_i 是城市按人口规模排序后第 i 位城市的位序，而 P_1 是城市体系中最大城市的人口数。因此，如果一个城市体系中的最大城市拥有 100 万人口，那么第 5 大城市应拥有 20 万人口，第 100 位城市应拥有 1 万人口等。将这种关系画到人口对数图上将产生一条直线，它反映了一种对数线性关系。将美国城市体系的位序-规模分布根据时间画成散点图（见图 3.10）后，可以看出美国城市体系总体上与位序-规模法则非常吻合。但符合该法则并不意味着每个城市均沿该曲线分布。一些城市的增长（如圣地亚哥等）使其从城市层级的底端上升到了顶端，而其他一些城市（如萨瓦纳等）的层级则下降了，或者至少相对下降了，因此其城市层级也随之下降。在特定的城市体系中，城市的规模和位序间总体上保持稳定。

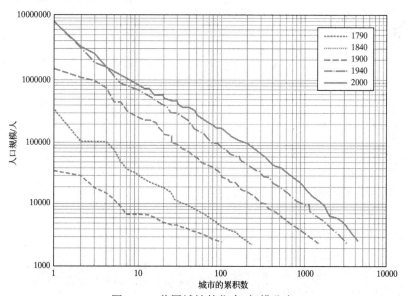

图 3.10　美国城镇的位序-规模分布

在有些城市体系（非美国的城市体系）中，最大城市的人口规模大到扭曲了位序-规模分布的对数特点。英国伦敦的规模是第二大城市伯明翰的 7 倍，爱尔兰都柏林的规模比第二大城市科克大了 4 倍。这些案例导致了**首位城市规律**："一个国家的首位城市总是相当庞大，它是国家实力与情感的象征。"[13] 但每个**首位度**的案例也存在一个最大城市接近位序-规模法则的城市体系。首位度的解释集中于经济发展水平和国家居住地区的大小，但这两者都未经实证检验。首位度更可能是图 1.4 中偶然提到的一个较好例子，因为每个案例都是在特殊环境中形成的。

中心区位理论　在城市体系中，贸易和营销对主要城镇的空间分布和规模的某些规律具有重要作用。这种规律部分是交通技术发展的结果：居民点演变成人们一天内可由河流、运河或道路到达的距离内。另外，城镇作为当地的服务中心（中心区位），导致了一种依据规模来解释城市距离的新方法。较小居民点向其居民及邻近居民提供的服务距离有限，它们的数量众多，相互之间的距离相对较近，且相当平均。大城市数量非常少且相隔较远，但能向周围很多地区的居民提供大量且多样的服务。在小居民点和大城市之间，还有一些中等规模的中心区位城市向中等规模的市场提供中等级别的服务功能。

很久之后，这些类型才被人们认为是有其内在原则和理想化的结果。德国地理学家瓦尔特·克里斯泰勒得出了关于德国南部城镇的规模和距离的惊人规律，这一工作影响深远[14]。为清楚并简单地说明其观点，克里斯泰勒首先假设了一个均匀的地貌，它未被河流、道路或运河分隔。在此情况下他的观点是，便利性在任何方向只与距离成正比。依照这一出发点，中心区位理论的基础是产品和服务"范围"与"阈值"的基本原则。

某种特定货物或服务的范围是消费者愿意前去获取的最远距离。专业化设备、职业体育运动和专业医疗护理（相对昂贵且一般需求较少）等"高级"产品与服务的距离达到或超过 160 千米，而零售商店和煤气站（易损耗或使用频率高、需求量大）等"低级"产品与服务的距离更短。因此，提供特定服务的中心区位的最大范围（或腹地）将是一个以服务距离为半径的市场区域。

一种产品或服务的需求阈值是指腹地潜在消费者的最小市场规模，即保证所提供产品或服务有利可图的规模。医院等高级服务的阈值为数万人，杂货店等低级服务的阈值仅为二三百人。

依据这些原则，我们可以假设一个城市体系中最小的居民点沿地貌均匀排列，且都提供相同的低端产品和服务（如一家匹萨店或咖啡店）。高级的中心区位逻辑上也能提供所有的低端产品和服务，但前提是消费者能利用所能提供产品和服务的最近中心区位。这样，就形成了一个中心区位的网络化层级结构（见图 3.11），其中每个层级的中心区位所提供的人口规模和服务数量差异甚大。

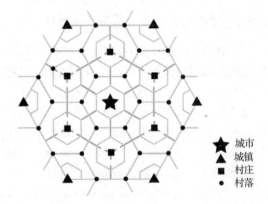

图 3.11　中心区位理论示意图

　　★ 城市
　　● 城镇
　　▲ 村庄
　　■ 村落

腹地之外的消费者　中心区位理论的一个主要缺点是，其研究主要关注中心区位功能，却未能解决城市规模和距离的其他重要影响，譬如制造业和长途贸易功能（如货物批发）等是大多数城市功能发展中必不可少的，无论是起源于农业、工业部门，还是起源于服务业部门。即使在 19 世纪中叶，中心区位的许多功能也依赖于生产和交换中的各个环节，即经过获取或开采，再经过加工、包装、出货和存储，直至零售配送。例如，在奥尔巴尼、布法罗和克里夫兰出售的产品可能来自美国的各个角落、欧洲的大部分地区或世界上的其他地区。

中心区位理论的另一个缺点是，它只提供了居民分布的静态模型（不能反映人口密度、消费能力、交通技术的变化），所描绘的景象是城市体系的"突然全部形成，而缺乏历史传承"[15]。

3.5.3　早期工业城市的内部

城市崛起后，其模式和空间结构的根本变化可能源于激烈的竞争，包括对工厂、仓库、商店和办公场所等便利性的最优性和最大性的竞争。工业化同时催生了 3 个新兴的社会阶层：工商业精英，负责企业运行的白领管理者，以及办公人员、操作机械的蓝领工人。接着，这些不同的阶层展开了对最好和最便利居所的激烈竞争。以金钱来衡量的社会地位，成为房租支付能力的同义词，因此一个人的住所显得前所未有地重要。

最终这些变化使得城市内外用地发生了转换，其特点是专业化的工业和商业占据着市中心的大部分区域，富人把拥挤、被污染的市中心留给了穷人，依据职业分类形成的居住区逐渐让位于依据收入形成的居住区[16]。不过，这需要行业、家庭、土地所有者花时间将自己归为这些类型。在未加管控的环境中，在土地所有权是一项公民自由而非一种经济或社会资源的法律框架下，他们更加需

要这样做。最重要的是，这些变化必须与没有重大进步的城市交通方式相适应。在整整一代人的时间内，城市充满了新来者，挤满了新工厂、新仓库和新机构，而又缺乏足够的交通工具使城市空间的结构更加合理（见图 3.12）。同时，在土地立法和土地开发方面确立了至关重要的先例。

3.5.4　城市化和公众利益

英国的早期殖民者非常渴望废除刻板且不平等的封建土地制度。他们发现了一个对土地所有权几乎没有任何限制的大陆（尽管有印第安人存在），建立了一个简单且基于个人自由的土地分配方法，即任何人都可拥有土地，但也要依法纳税，而对于谁可购置土地、谁可以继承土地及土地用途没有任何限制。1784—1787 年的西北条例和联邦宪法批准并汇编了这些原则，并（在第五条和第十四条修正案中）增加了一条原则：任何政府机构不得占用私人财产，除非经过了公正的法律程序且目的是为了公众利益，并且须给予补偿。

图 3.12　早期的工业城市波士顿。这幅照片反映了城市中心的昆西超市和法纳尔大厅，其中混杂了工业、零售、批发、商业和居住用地

城市观察 3.3　城市移民居住条件[17]

19 世纪后半叶，涌入美国大城市的许多移民的居住条件非常糟糕。术语贫民窟反映了美国大量移民人口的环境限制、空间隔离和社会问题间的相互关系（见图 3.13）。1867 年大都市区健康委员会对曼哈顿的住房调查显示，在 18000 多套住房中，每套住房中至少居住有 3 个家庭。许多住房是租赁房，以前由富有家庭居住的房屋现

在被分割成廉价的多户移民单元。被调查的住房中有超过一半被认为处于恶劣的条件中，其中1/3的住房环境恶劣的主要原因是疏于维护。

拥塞的房间、细分的住房、拥挤的地块和基础设施不足，是地主保持低租而不减少资产回报的普遍策略。当时的贫民住房条件报告中提到了房屋转租给代理来获得固定回报的方式。代理通过疏于修缮和服务的房屋却要求尽可能高的房租来获得最大回报。这种做法会使得不露面的房主逃避了其资产或租赁房的直接责任。

1870年，新成立的马塞诸塞州劳动统计局的首份年度报告中这样写道：

低收入的劳动者挣不到足够的工资租住更好的房子……而且没有比最差稍好的中间层次的房屋……这一阶层的劳动者实际上都被迫挤入他们现在聚居的恶劣避难所。事实上，就我们所知，那些低收入工作者在波士顿城内的居住区内根本无法找到体面而舒适的住宅。

图3.13　19世纪后期纽约的后巷。19世纪后半叶，许多涌入美国大城市的移民生活在非常糟糕的居住环境中。许多住房是租赁房，以前由单个富有家庭居住的房屋，现在被分隔为廉价的多户新移民单元

不管怎样，土地所有权确立为公民的自由权利对城市发展产生了深远的影响。19世纪，当公共土地都被处置后，国家的许多土地实际上已被土地投机商掌控：

那些私人资本拥有者、银行家或东部财富代理人有很大的优势。只要他们愿意，他们可以买下整个流域或有发展潜力的城镇。然后他们可以将其中一部分便宜地卖给居住者，而大部分保留的土地会在周围的土地开发后大幅升值[18]。

投机商通过向开发者贷款，增强了其影响力。开发者往往能够支付购买土地的现金，而没有足够的钱来建设住房等基础设施。因此，贷款使投机商得以控制那些他人所拥有的土地。进一步的后果是，投机商操纵了公共和私人的关键投资选址。土地所有权的高度集中和对土地利用决策的影响到了投机商的手中，"在全国形成了一个巨大的既得利益群体：使得人们认为在北美的每个城镇，政府的职责就是保护私人财产。"[19]

工业化的来临开始暴露出一些将财产所有权奉为一项公民自由的缺陷。在土地利用未得到控制且土地销售法规不足时，城市发展变成了一场混战。虽然个人自由得到了保护，但城市所提供的商业环境稳定性差、居住环境便利性差、个人环境健康性差[20]。这些考虑最终导致人们接受了土地利用区划法律和城市规划。

3.5.5　变革的工具：马车和铁路

各种工业用地的出现和成千上万的移民，以及大规模有威胁性的无产阶级的崛起，很快为社会经济的上等阶层提供了尽可能永久远离该处的强烈动机（富人为躲避酷热难耐且传染病流行的夏季，已把其全部家人送到乡下度假）。类似地，城市生活不断增大的压力和冲突也击垮了新兴的富裕白领阶层。

因此，为提供逃离的机会，人们开始出现对最早公共交通方式的强烈需求。在最早出现工业化的丑陋一面时，只有少数家庭富裕到能够负担使用私人马车和租车搬到奢华城市远郊的费用。直到小型马拉巴士、有轨马车系统

和短程载客铁路发展以后，其他人才能加入到迁移的大潮中。

有轨马车 1829 年，亚布拉罕·布劳尔在纽约建立了最早的马拉小型巴士服务，其服务于沿百老汇大街上下的旅客，票价统一为 12 美分。到 19 世纪 40 年代，纽约已有数百辆公共马车，在巴尔的摩、波士顿、布鲁克林、新奥尔良、费城、匹兹堡、圣路易斯和华盛顿特区，也出现了运输公司。1832 年，约翰·梅森在下曼哈顿建立了第一个马拉轻轨系统。1854 年，

巴黎成为欧洲第一个拥有有轨马车系统的城市，此时有轨马车已在美国广泛普及（见图 3.14），这就使得人们可以在合理的时间内（30～45 分钟）通勤 5～6 千米到达市中心的工作地点。但交通成本意味着只有少数小康家庭能够负担得起迁移到有轨马车郊区居住的费用。开发商在步行城市边缘建立的这些郊区，位于放射状的有轨马车和迷你巴士线路的终点站。当时普通工人每天的工资不超过 1 美元，而大多数往返一次的费用为 15～25 美分。

图 3.14 骡拉"有轨马车"，1905 年摄于佐治亚州华盛顿

铁路 虽然铁路主要用于城际交通，并对城市体系的发展具有重大影响，但对城市内土地利用的结构和构造方面也产生了一些惊人的影响。

- 铁路为城市中心土地利用的重新组合提供了催化剂。铁路公司需要市中心或接近市中心的宽阔平地来容纳火车站和必要的基础设施：机车库、调车场及货物处理设施。他们也有经济（政治）实力来保护这些地点。
- 一旦铁路发展起来，铁路设施就会对城市中心的土地利用类型产生影响，为现代**中央商务区**（CBD）奠定基础。火车站大量人流的漏斗效应，使其周围成为了旅馆、饭店和大型商场的主要场所。大宗货物（通常来自终点的不同部分）的运输，也使得火车站周围成为了批发

商仓库、办公场所和货栈的主要场所。
- 与此同时，一种关键的新型建筑技术（具有玻璃幕墙的钢结构）得以应用。这项技术与客用升降电梯（19 世纪 50 年代发明）一起推动了高层建筑的发端（见第 13 章）。结果导致了处于萌芽期的 CBD 就位于该地，因为只有这些少数的土地利用者能够负担这些技术的成本，如旅馆、保险公司和出版公司的办公楼等。
- 在城市的中心地带，铁路公司的基础设施给自然环境带来了根本性的改变，在铁路线和货场之间形成了形状古怪的土地碎片和无关紧要的街道。铁路公司确定了城市的特点，规划了城市的界限。"在城市设计中所能犯的所有错误，新铁路的工程师都犯过了，对他们

而言，火车的运行比人更重要"[21]。因此，将土地狭隘地理解为个人所有权（正如反对公共物品和环境质量等更加宽泛的概念一样）的后果就已在城市的结构中留下了印记。

● 铁路干线从城市中心向外辐射，它们经过宽阔的土地向前延伸，沿线吸引了货栈、工厂和仓库，赶走了其他活动，只剩下低劣的住房。这就建立了一条清晰的线性产业带。由于大量固定资本投入其中，城市的远期发展也不得不围绕这条产业带进行。

● 在其他地区，铁路的"幽灵"宣告了小片土地的永久废弃。铁路线交叉口和十字路之间的地区都用作废物堆积场和遗弃地块，通往城市中心的高架铁路下方通常作为临时场所或令人不快的场所。铁路甚至给铁路线穿过的居住区带来了两极分化，城市的社会地理分布沿铁轨的两边进行了"好"与"坏"的重新组合。

● 铁路公司对土地利用最重要的影响是，推动了通勤交通的发展。铁路公司认识到富裕中产阶级家庭的潜在需求，即逃离这个日益恶化的城市中心环境（其实这也是铁路自身带来的）。蒸汽火车的速度使得通勤车站和居住郊区可以建在城市以外的乡村地区，因此在大城市通勤路线上创建了向外扩散的珍珠项链似的**远郊开发**。

波士顿是按照这种模式发展起来的第一个城市，但纽约、费城和芝加哥很快紧随其后（19 世纪 50 年代）。到 19 世纪 60 年代，这种模式已扩散到美国的其他大多数大城市，大量人口卷入其中。1848 年，波士顿大约 20%的商业阶层从离市中心 19～24 千米的郊区住所乘火车通勤上下班。10 年以后，40 辆火车每天运载乘客往返于费城中心城区和日耳曼墩远郊之间。差不多同样数量的火车每天运载约 5000 名乘客往返于芝加哥和埃文斯顿[22]。但是铁路远郊区的关键特点不是其规模而是排他

性。单程 10～15 美分的票价使得只有成功的商人、企业家、医生、律师和其他一些新富阶层才能首先享受到这种通勤服务。

就像小型巴士和有轨马车一样，铁路从城市吸引富人和受过教育的人住在了火车站或公交车站周围舒适的地方。由于通勤者不得不步行到达车站，因此铁路郊区的占地规模倾向于相对适宜（743～929 平方米），以便使其周围有足够数量的居民，保证火车站或公交车站有利可图。

毫无疑问，所有这些都对城市生活的方式和节奏产生了深刻的影响。铁路使得牛奶、蔬菜、鱼、肉等易腐的食品得到了快速配送，因此明显改善了城市居民的饮食，但也导致了消费食谱和消费类型标准化的发端。同样，大宗建筑材料的运输开始导致广大地区的城市建筑千篇一律。铁路对调度和准时的需求导致了时间的标准化。1847 年英国曼彻斯特市政当局决定将当地时间调到与伦敦时间一致。到 1852 年，每个城市都做了这样的调时；在每个火车站，显示标准时间的时钟显得格外醒目。

3.6 工业的组织（1875—1920 年）

随着**有组织的资本主义**加速发展，交通和通信网络日趋高效，经济专业化的城市体系不断巩固，城市不同部分之间更加融合。钢轨取代铁轨的革新使得铁路能够以更快的速度运载更重的货物（导致工业在更大的城市集中），并为全国铁路轨距标准化提供了机会（导致城市间的贸易和分工）。同时铁路系统的发展速度惊人。铁路总里程从 1860 年的 4.8 万千米增加到 1890 年的 25.75 万千米，伯明翰、杰克逊维尔、孟菲斯和休斯敦等城镇崛起，成为区域性的中心城市，促进了萨瓦纳、查尔斯顿等殖民城镇的复兴。在整个大平原地区，铁路公司联合粮仓公司、木材经销商等，支配了低级中心区位的类型和设计。他们对交通极为渴望，因此通过颂扬早期在地图上标为"美国大荒原"的优势，来鼓励西部地区的城市化。

这一时期还出现了一些重要的人口变化。

死亡率的下降（更好的饮食、公共卫生健康的改善和科学医疗的引入）使得人口稳步地**自然增长**。同时，1890—1910年超过1200万移民来到美国，约占全国人口增长的1/3。但不久之后，在工会（考虑到移民对于工资和失业的影响）与美国保护协会和美国"革命的女儿"（考虑到移民对于美国的价值观和社会关系的冲击）等民族主义团体的压力下，制定了限制性法律。1921年移民法规定每年移民人数总额的上限为25万人，并基于现有白人比例对每个国家设定配额。1924年的新移民法又将每年的移民数量上限减少为15万人。

这些人口变化的总体影响是促进了现有城市的增长，充实了已有人居住的地区，推动了少数剩余边疆地区的殖民化。1870—1920年，西部地区城市的数量翻了两番，原因在于农业商业化伴随的小城镇崛起、主要矿产的开采（蒙大拿的铜矿、密苏里的铅锌矿和苏必利尔湖畔的铁矿）以及对煤的需求与日俱增。在这一城市等级体系的顶部，纽约及其周边县城在1920年拥有了475万名居民。波士顿、芝加哥、费城和匹兹堡等城市的人口数量达到150万人，而拥有50万人口的二级城市包括西部的洛杉矶、旧金山和西雅图，西南部的达拉斯，中西部的堪萨斯、密尔沃基、明尼阿波利斯-圣保罗和圣路易斯，以及东北部的巴尔的摩、辛辛那提和普罗维登斯。

但最重要的特点是，工业选址的逻辑方法影响了城市增长和发展的方式。在制造业投资先发优势的推动下，城市工业的发展实现了自我推动，其螺旋式的上升增长被称为**累积因果关系**（见图3.15）。1920年，制造产业带已成为国家经济的心脏地带（见图3.16），其中较大的城市发展成了大都市的中心，而较小的城市则为高度专门化且盈利丰厚的制造行业奠定了基础。

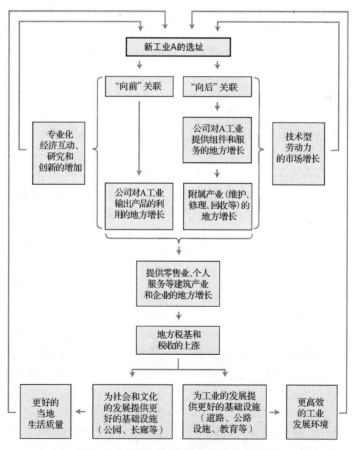

图 3.15 城市工业增长的自行推进过程

图 3.16　1919 年的制造产业带范围

总之，区域尺度上制造产业带的巩固是先发优势和累积因果原理运行的结果。由于拥有庞大的市场、良好的交通网络并靠近优质煤矿，制造产业带的优势得以充分发挥，如消费品需求的高涨，电报系统效率的提高，邮政服务、银行体系的合理化，燃煤热电站的出现带来了能源成本的降低等。其影响如下：

1. 地方专业化不仅适合本地市场，也适合全国市场。例如密尔沃基和圣路易斯的啤酒酿造商能够利用铁路系统和冷藏列车及机械化生产技术等创新成果。

2. 这种专业化为制造产业带城镇之间不断增加的商品流通提供了基础条件，使得区域内部的联系更加紧密。区域内商业金融的联系和专门技术，使得其对全国市场的新型工业活动特别有吸引力。而这也抑制了其他地区的城市变化，进而达到相应的工业化水平。

3.6.1　工业城市

我们可以毫不夸张地将工业时代的变化描述为一次革命。在这一历史时期，城市的人口和边界急剧扩展（见图 3.17），同时，土地利用出现了前所未有的专业化和差异化。更先进的基础设施、交通技术和通信技术将城市带入了规模经济、集聚经济和**劳动分工**的时代。因此，经济组织、社会组织和城市空间的组织也发生了急剧变化。

经济专业化和城市空间的重组　日益增大的人口密度，以及经济专业化、空间竞争和规模经济活动增长的压力，意味着城市土地利用变得高度专业化。土地利用者为在空间上相互隔离，根据其支付能力来选择工业、商业或居住等各种类型用地的最佳区位。当经济发展带来更多的工业、商业和人口时，不同土地利用的规模和强度不断增加，引起了对土地的激烈竞争和冲突。

工厂是新型土地利用制度的灵魂，它首先选择合适的地点，并主导了空间布局的各个方面。对于工业化的许多支柱行业如纺织、化学、钢铁而言，最佳选址是滨水地区，以便保证有充足的水量来供应蒸汽锅炉、冷却热表面，制作必要的化学溶剂和染料；最重要的是可以用来倾倒废弃物。

在工厂周围，投机商为工厂工人建造了住房。这与早期的工业时代不同，那时工厂主为自己的工人建造大量住房。随着较大城市的大规模工业化，工人希望找到市场价格的住房，结果就出现了一个**普遍性的住房市场**[23]：大规模租赁住房市场的出现，割断了工作和租屋之间的直接联系。

工人的工资限制了其住房的质量，他们发现自己是所有土地利用者中竞争力最弱的一个群体。因为绝大多数工人无力支付日常城际通勤的费用，所以留给工人住房开发商的选择不多：只能在工厂、垃圾堆和铁路之间的剩余空地上建造拥挤、简朴的住所。在竞争的市场中，建筑商和开发商不得不将成本和价格压至最低。这是通过在规模经济中标准化样板房和最小化单元面积来实现的。城市土地利用重组的结果是，产生了紧凑的地块、狭窄的小巷、没有公园和操场的实心街区，以及狭窄和缺乏变化的街道模式（见图 3.18 和图 3.19）。

在工厂的前面和工人住房的后面之间，城市土地利用的重组出现了两种趋势，即向外（**离心**）和向内（**向心**）运动。富裕的专业人士和白领家庭以及高级零售服务业一起迁到了近郊区和远郊区，产生了土地利用重组的向外力量。与此对照，大多数工厂、仓库、办公室、旅馆和特色零售活动聚集在专业化的中心地区，产生了向内力量。

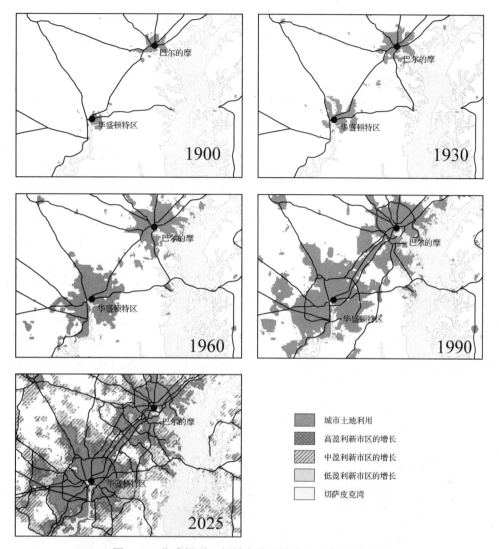

图例：

▨	城市土地利用
▩	高盈利新市区的增长
▤	中盈利新市区的增长
░	低盈利新市区的增长
□	切萨皮克湾

图 3.17　华盛顿到巴尔的摩地区的建成区的面积增长

图 3.18　纽约的一条小巷（"土匪窝"），
雅克比·雷斯摄于 1888 年

图 3.19　纽约廉价公寓的洗衣日

构建城市：网络化的基础设施   城市发展机会随着新技术的出现急剧增大，这些技术包括煤气灯、电气化、钢架结构的摩天大楼施工和升降电梯等。这些变化反过来为企业家带来了前所未有的致富机会，引进了各种新型的消费产品，资助建造了现代化的公路、隧道、桥梁、下水道和路灯等基础设施。

给水、排水、供气、供电、电报、电话、有轨电车和地铁系统等基础设施网络是城市变化过程的根本。当城市竭力发展并适应新型工业、新型制度和新型生活方式的时候，它们也在建设和重建其基础设施，塑造其环境，并将现代化和工业化的理念应用到城市化本身。这样做的方式是新技术、财政能力、权力斗争和社会政治偏见等共同作用的结果。

在此过程中，城市的整个文化也在发生转型。文化转型的第一个方面是不断进步和乐观向上的社会氛围。城市本身成为"电都会"，有新街道、桥梁、电话网、煤气厂和有轨电车系统，象征着不断进步的现代化潮流。电灯照明只是城市生活一系列急剧变化中的一种。19世纪伊始，煤气照明创造了一种新型的城市夜生活方式，也成为一种保障社会治安的更好手段。到19世纪末，霓虹灯闪耀的商场成为现代城市的"梦幻空间"，也成为社会发展和文化转型的标志。

文化转型的第二个方面是城市本身被视为能够合理组成一个单一系统的复杂"机器"。工程师和改革家把这种理念用于完善基础设施网络的运动中，这就给动荡且混乱不堪的工业大都市带来了秩序、理性和卫生。

最具影响力的先例之一始于巴黎，拿破仑三世主持了这座城市的改造和宏伟设计的综合工程。拜伦·乔治·豪斯曼于1853—1870年具体负责这项工作，豪斯曼拆除了中世纪巴黎的大型街区，留出空间给宽阔的林阴大道（见图3.20），并建造了许多公共开放空间和纪念碑。他建造的这座城市不仅更有效率（宽阔的大街意味着更大的交通流量）和更适宜居住（公园和花园给拥挤的城市带来了更多的新鲜空气和阳光，并陶冶了市民文化），而且远离了政治革命（宽阔马路难以封锁，并有利于军队和大炮的移动；纪念碑和雕像也能给市民自豪感和认同感）。

图3.20   1853—1870年巴黎的豪斯曼改造。这一城市改造和宏伟设计的综合工程，包括拆除巴黎中世纪的大型街区，为建造许多公共开放空间、纪念碑和宽阔的林阴大道留出了空间，正如图中通往凯旋门的林阴大道

豪斯曼的做法宣告了城市治理和规划中的一种技术思维与综合性方法。这种做法很快传遍欧洲，著名的有柏林、伦敦和维也纳。在美国中西部和西部的新建城市中，直线网格状道路成为一种范式，用来组织街道和公用设施的网络，为城市设立了一种前所未有的开放形态。以前认为街道用于当地的出入通道、非正式经济活动和社会生活等，现在工业大都市的街道

被认为是都市"机器"起作用的循环系统的一部分。街道的规模和设计进行了标准化的铺装、调配和管理。这些施工还引入了地下的给排水系统，以便为城市除臭和保洁（见图 3.21）。

土地利用区划法的出现　毫不奇怪，城市空间的急剧重组引发了一些严重的矛盾和冲突，这些问题在美国更加尖锐，因为土地私人所有是神圣的公民自由。不久，一些组织开始与他们认为是威胁、危害和公害的土地利用者作斗争。他们的目标是法律上禁止城市特定地区的特殊土地利用。因此出现了**土地利用区划**，这是一种监管机制，是美国城市中巩固土地利用的专业化和隔离的关键工具。

图 3.21　工人正在修理伦敦弗利特大街的下水道。1854 年，这些下水道每天要运送 33 万立方米的污水

土地利用区划的根源在于歧视。旧金山针对华人的歧视集中体现在洗衣店。19 世纪 80 年代，洗衣店已经从唐人街扩展到其他少数民族社区，许多洗衣店按照城市各地华人家仆的社会中心方式运行。白人群体认为这些洗衣店是"不良分子"的避难所，宣称它们是公害并存在火灾隐患，因此于 1886 年陆续关闭了 300 多家。但是在联邦法院判决吴益和诉霍普金斯案例中推翻了该法令，因为该法令将种族歧视的判决权交给了监事会。此决定以后，莫德斯托城很快想出了一种简单的办法来应对第十四条修正案的要求：将城市划分为两个地区，一个可以开洗衣店，而另一个则不可以。

各种针对洗衣店、妓院、穷人公寓、舞厅、马厩和屠宰房等公害区的类似法令，很快在其他城市被采纳。洛杉矶被分成 3 个地区：纯居住区、纯工业区和有限范围内存在工厂的居住区。

建立这种原则后，纽约出台了土地利用区划条例的原型。这一次，催化剂是针对犹太人服装生产商的歧视，他们开始从东部的根据地向第五大道的豪华商店蔓延。由于害怕增加的交通流量和数千低收入工人的出现会阻止富裕的消费者，第五大道联合会建立了一个支持区划法令的监管利益组织联盟。这些法令通过鼓励在小尺度上专门化和均匀性的设计来稳定各种类型的土地利用。由爱德华·巴塞特律师起草并于 1916 年通过的纽约市区划条例基于以下前提：对土地利用的限制是符合宪法的，因为可以使城市政府履行保护市民健康、安全、道德和普遍福利的职责。

这种哲学显然是对土地所有权作为公民神圣权利的重大调整，但这并不是一种退步。法律本身体现在地图上，所有的私人土地都被安排成未来土地利用的一种特定功能分类（而不是试图改变已有不符合区划的土地用途）。因而这些类型都通过细节加以描述，包括各种限制，如高度、楼层数、建筑总体特征、人口总体密度和最小公共开放空间等。

已有的土地利用者和投机商也同样认同这种方法。对于已有的土地利用者，法律保障其免受强行进入的新活动的威胁。对于投机商，法律使得未来的土地开发保持了相对的稳定性和可预见性。中等收入者住房的开发商也不用再为由于毗邻地区新建喧闹的沙龙导致价格暴跌而发愁。由于这些令人信服的优点，在纽约区划条例颁布的 10 年内，有超过 500座城市已经采纳了类似的条例。其主要影响在于保持了城市土地利用模式的稳定，消除了城市增长和空间重组过程中的许多紧张关系（主要在 1920 年后开始起作用）。后来，首先采用区划的城市开始产生影响，并且成为歧视不受欢迎社会团体的主要手段。

但土地利用区划一开始并未解决工业城市发展中的主要矛盾，即不断增加的中等收入阶层与工厂、铁路、仓库、"拥挤群众"和"普通"人关在一起的不安情绪。1888 年，城市交通领域引入的一种简单却非常有效的创新缓解了这一矛盾，这就是有轨电车。

郊区大爆炸——有轨电车郊区　吸取前任解决城市交通系统的大量经验后（包括克利夫兰和巴尔的摩的电力有轨系统，特别是德国的西门子系统），弗兰克·普雷哥完善了电动有轨马车，有轨马车通过车顶的电缆供电。1888 年春天，有轨电车在弗吉尼亚州的里士满开始运营。

第二年，亨利·惠特尼采用了这项发明，他此前已在波士顿建立了覆盖全市范围的集成有轨马车系统。使用电力驱动该系统，惠特尼能够延长其放射形路线，因为有轨电车的速度超过了有轨马车。1887 年，波士顿的电车路线总长刚刚超过 320 千米，到了 1904 年就已经接近 720 千米。斯普雷哥在里士满成功后不到 5 年的时间里，超过 200 个城市采用了这一系统。到 1902 年，全美城市的有轨电车路线总长达到 35000 千米。

有轨电车在 30 分钟内从市中心向外行驶16 千米变得可行后，就增加了居住用地的开发范围，为有轨电车郊区的发展开辟了道路。由于可以获得大量的土地，因此马上就导致土地价格下降，使得郊区的地块不再昂贵。可负担的土地和运行成本更低的有轨电车，保证了有轨电

车郊区的开发商立刻在庞大的中等收入阶层中找到了市场。开发商和有轨电车运营商一起形成了一波投机性郊区蔓延的热潮（见图 3.22）。例如，在 1890—1920 年，芝加哥的边缘附近就有约 80000 块新建居住区登记在案（尽管很多地块在登记后的一段时间内并未开工建设）。

图 3.22　1909 年旧金山市里士满地区的有轨电车。在这个新的"有轨电车郊区"，有轨电车路线的交叉口吸引了大量商业建筑，如办公楼和商店

有轨电车不仅能促进郊区城市化的发展，还从其他方面影响了城市的形态：

1. 数千个中等收入家庭的突然离开，为在城市中心重新安排非居住用地提供了急需的空间。
2. 有轨电车运行时的舒适性和低廉的价格，使得郊区家庭主妇可避开交通高峰乘车去购物，进而在市中心形成了专业化的高档购物区。
3. 跨城和绕城有轨电车路线产生了一系列交叉节点和换乘站点，其周围发展成了小的商业中心。这标志着单个中心的单一核心城市结构开始没落。
4. 在放射状有轨电车路线终点站的周围，出现了更大的发展节点。为了应对周末和假期乘客量的减少，有轨电车公司开始倡导外出的理念，如趣味公园、海滩、野餐草地甚至公墓。这些地方通常靠近电车的终点站（部分原因是支持电车发展商业权益的结果），而这又很快吸引了餐馆和便利店等大量辅助性的服务。

5. 有轨电车促进了远郊区和卫星城镇的发展。这些地方虽然已经通过铁路连接到主要城市，但在有轨电车开通到这里之前，它们都因为规模太小而难以维持自身的经济发展。有轨电车为当地更多的工人和居民提供服务，然后才有可能发展基础产业，吸引众多的商店和写字楼。通过这种方式，有轨电车成为了此后大都市的萌芽。

快速公共交通 在一些较大的城市中，大量有轨电车在市中心汇集造成的拥挤，推动了电力铁路系统的发展，电力铁路在与有轨电车分开的高架轨道或隧道中运行（见图3.23）。这些快速公共交通系统载客更多，行进速度也超过了有轨电车，因此城市发展进一步延伸到了乡村，进而巩固和扩展了放射状的城市形态。

地铁始于英国伦敦，1863年这个大都市的地铁开始运营，1884年地铁的内环线竣工，并与地面铁路的主要站点连接（见图3.24）。亨利·惠特尼于1897年在波士顿特莱蒙特大街的地下开通了2.6千米的地铁，并再次在美国引领了潮流。他的成功（运营第一年客流量超过了5000万人次）推动了于1904年开通的纽约地铁的发展。然而地铁的建设成本太过昂贵。惠特尼建造的地铁每91米的成本约为150000美元。因此除了1908年费城开通了地铁和轻轨铁路外，美国20世纪40年代又一次开通芝加哥地铁之前，再没有新开通的地铁。但在20世纪前后，高架电力铁路在波士顿、布鲁克林、芝加哥、堪萨斯城、纽约和费城等城市更受欢迎。

图3.23 19世纪初期纽约科恩提斯的高架铁路

图3-24 伦敦地铁是世界上的第一条地铁。图为1863年都市地铁的巴克尔大街站

大容量交通和房地产开发　大容量交通系统的演变和郊区房地产开发之间的关系极为密切。在有些城市，一家公司同时承担着交通线路和房地产的开发，如克利夫兰市的谢克海茨有轨电车郊区。交通线路通常先于土地开发，且在许多情况下交通服务最初预计会亏本。但由于交通便利的缘故，土地的大幅增值将超过初期的投资。

交通线路和房地产开发的联系在美国西海岸城市尤为密切。在加利福尼亚州北部，史密斯购买并整合了旧金山东部湾地区的有轨电车线路，并于 20 世纪初在奥克兰和伯克利购买了 52.6 平方千米的土地用于开发。在加利福尼亚州南部，南太平洋铁路的创建者亨利·惠廷顿在洛杉矶创办了太平洋城际电力交通公司。他买下了其交通沿线的土地并进行了郊区开发，同时避免了竞争者对其土地的控制，除非竞争者能与之合作。在惠廷顿的合作伙伴中，有一位是洛杉矶最大的开发商亨利·钱德勒。钱德勒购买了圣费尔南多山谷中的 192 平方千米土地，其面积与巴尔的摩差不多，太平洋电力公司也将交通线路延伸到该山谷。经过有力的游说后，洛杉矶出资 2500 万美元修建了专门的供水工程为该处的开发供水。该游说活动由钱德勒的岳父即《洛杉矶时报》的出版商哈灵顿·格雷·奥提斯牵头。后来钱德勒在洛杉矶的特洪农场和克恩县购买了 1100 平方千米（几乎与洛杉矶市的面积一样大）土地，现在仍由钱德勒集团控制。

经历了约半个世纪后，到 1920 年左右，公共交通极大地影响了城市的形态和发展。交通线路构成了人口流动和房地产开发的大动脉。交通站点成为商业和娱乐的节点，这些放射状的道路汇集到大都市的中心。居民区沿交通线路发展，小型商业区在线路分叉处或交叉处发展起来。

3.6.2　工业城市内部

工业化带来的变化对当时的人来说令人震惊。醒目的增长、密集的建设和重建、崭新的城市形态和功能，前所未有。回顾过去，我们能够认识到这些变化已经为现代城市的发展建立了自然样板。其中有 3 个维度特别重要：中央商务区的发展、基于租金原理的区位选择和不同类型社区隔离的出现。

中央商务区　直到今天，城市发展和演变的明显标志仍是 CBD。钢架结构施工、升降电梯和电话等技术的进步使得摩天大楼成为可能后（第 13 章），CBD 尤其成为进步、现代和财富的象征。从 CBD 的规模和差异程度可以判断出一个城市的地位。CBD 成了城市经济、社会、政治和文化生活的核心。CBD 内部的功能组织为城市中心设定了未来数十年的发展框架。

百货商店和购物区　铁路车站和交通线路交汇点塑造了 CBD 的早期发展，零售活动主宰了 CBD 内部的土地利用。更专业化、更高档的奢侈品零售商可以获取足够的利润，因此与城市中心区的任何其他潜在用户相比，可以支付更多的房产或租金。由于大多数顾客不愿意远距离步行购物（今天依旧如此），因此城市中心零售商们的选址决策受到了限制。因此，形成了一个清晰而紧凑的购物区，这种区域的半径约为 270 米，沿街店面的唯一活动就是零售。

购物区的正中心是宏伟的高层百货商店：纽约的梅西百货、布鲁明戴尔百货、罗德与泰勒百货；波士顿的乔丹·马什和弗雷内百货；华盛顿特区的伍德沃德和劳斯鲁普百货；费城的沃纳梅克百货、斯特劳布里奇服装百货；芝加哥的卡尔逊·潘恩·斯科特和马歇尔菲尔德百货；旧金山的爱马格宁百货；洛杉矶的布洛克百货等（见图 3.25）。这些商店是地标性建筑，同时它们也需要成为地标性建筑：因为只有在正中心的这一显眼地点，才能吸引大量的潜在顾客汇集于此，保证每天的销售额能够支付得起巨额的运营费用，进而存储和展示工业化所提供的适当样式和最好的质量。百货店的传统地点位于繁忙十字路口的拐角处，但其基本要求是接近火车站，尤其是城市中心的车站和有轨电车的换乘站。

其他商店也并非随意布置在 CBD 购物区内。商店专业化到即使那些全城独此一家的专卖店，也可让消费者找到它们。因此它们可以布局在购物区内的任何位置，甚至在商业区以外，目的是寻找更加便宜的地点，而较少关注其邻里。

图 3.25　费城斯特劳布里奇服装百货商店，摄于 20 世纪初

但大多数商店必须考虑其详细位置。因为那时（现在也一样）的消费者行为之一是比选购物：对于"天生购物狂"而言，好像只是为了享受这种乐趣。但在消费者行为中，少花费精力也同样重要。这就使得专业化的特种商店聚集在一起，如男士服装店（见图 3.26）。此外，店主还需要关注自己的商店和其他商店的联系。这就说明了卖鞋子和普通女性时尚用品的商店紧挨着百货商店的原因，因为可以吸引百货商店中的"过剩"顾客。相反，高档奢侈品商店不但需要集中，而且需要远离百货商店附近拥挤的人流。纽约第五大道在没有地铁和轻轨的 20 世纪 20 年代，就是一个相对而言不太容易接近而保持奢华的很好案例。

图 3.26　初期的 CBD。旧金山的干尼街延伸段（紧挨市场大街——主要的商业街）展现了初期的聚集和功能独立（1894 年）的表现形式。沿着这两个街区，有数家男士服装店和户外用品店、一家男性服饰和衬衫定制商、一家经营男士装饰品和衬衫的商店、一家帽店、一家手表店、一家雪茄店和一家男士俱乐部。或许最好将干尼街和布什街的繁荣理解为功能聚集的结果，因为绅士们在这里可以选购所有男士用品

城市中心办公区　在最大的城市中，购物者步行距离的限制形成了一系列"步行区"，由此构成了专业化的零售区。类似地，大城市可以支撑高级服务业的专业化集聚，如银行、律师事务所和医院等。这些办公区通常毗邻着购物区，因为它们也需要靠近交通线路的枢纽，以便雇员能够乘坐铁路和有轨电车上下班，外地访问者乘坐长距离火车来访问。在理查德·耶茨的小说《革命之路》中对上班族（当时仍以男性为主）是这样描写的：

这些穿着灰色斑点制服、领子上缀着扣子、迈着小碎步匆匆前行的男人们看起来是那么渺小、整齐划一而又带着一种滑稽的严肃！他们一群一群络绎不绝，快速涌过车站和街道，一小时后，他们都会停下来。市中心矗立着的那些写字楼会把他们吞没，这样，从一座楼向"峡谷"的对面望去，就像是在观察一个无声无息的昆虫馆一样，那里面有数百个穿着白衬衫的粉色小人，不停地传递着纸张，皱着眉头接电话，在春天冷漠而高高在上的浮云下，激情地上演着他们的小哑剧。[24]

办公区用越来越高的办公大楼塑造了 CBD 最醒目的地标。最早、最大的办公楼通常是为保险公司和出版公司建造的。除了满足大量雇员办公的需要外，这些摩天大楼也成为宣传公司的最好广告。但随着 CBD 作为更大的、日趋复杂的大量城市功能的组织中心出现后，

投机商不久就认识到中心办公区对于小公司的价值。写字楼为这些小公司提供了一个"地址"，使得这些小公司同样能享受到中心办公区所提供的奢华的大理石门厅和门童服务。

仓储区　在早期的工业城市中，批发和零售在 CBD 中通常紧靠在一起，有些甚至占用了同一建筑。工业城市的运营规模使得这种模式难以为继。慢慢地，批发商不但供应中心区的商人，也供应偏远郊区和卫星城镇的商人们。同时，他们需要靠近铁路货场以便装卸货车运载的货物，还需要靠近快递运输公司的装卸场（如迅速兴起的美国运通公司和富国银行等公司），并对货车运输的少数外运货物打包。结果是在 CBD 边缘靠近货场的位置出现了单独的仓储区，但有两种非常特别的批发仍然处在 CBD 内，即：①小体积而高价值的商品，如珠宝；②大体积且易腐烂的产品，如蔬菜、鱼肉等，每样都从交通方便的市中心直接卖给饭店厨师和小商店主。

市政厅和市民荣誉感　CBD 发展的另一个特点是市政厅及其职能。城市官员办公室位于城市中央，对官员和选民而言都非常便利，而城市中央也是城市中唯一最便利的场所。但将市政厅放在 CBD 的主要原因不是方便或效率，而是其象征意义。拥有新权力和新责任的市政府等同于一切事情的核心。他们的形象就是整个城市的形象。同理，市政厅及其他公共建筑应等同于或好于作为商业区地标的百货商店和办公大楼（见图 3.27）。

另外，市民的荣誉感也要求市政厅比竞争城市的更雄伟壮丽，同时要求用气派的百货商店、公园、雕塑来展现其最佳风采。因此，城市中形成了另一个特色鲜明的步行区：以市政厅为主，包括主要图书馆、中心邮局、法院、博物馆、会馆、剧院和画廊等，这些建筑构成了不同类别的便民设施。在该区域中既有律师事务所、职业学校、大学等，还有为川流不息的上班族和游客提供服务的设施，譬如快餐店、酒吧、烟草店和报亭等。

CBD 的空间组织　从观察的这些事实中，我们可以得出关于 CBD 土地利用组织的一般性结论。CBD 的空间总体结构决定于一个高密度的核心区（包括零售区、办公区、娱乐区和行政区）和一个低密度的外围区，其中外围区包括仓储区、教育区、旅馆、医疗服务区，以及专业商店混合区（如古旧书书店）和服务区（如针灸医生、图画设计者），外围区既没有功能上的联系，也没有足够的利润使其能在核心区内布局（见图 3.28）。

图 3.27　费城议会大厦：砖块和灰泥体现的市民荣誉

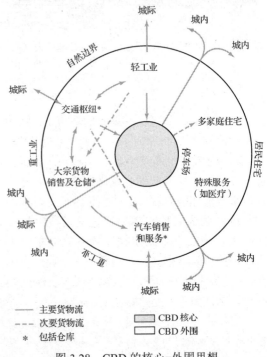

图 3.28　CBD 的核心-外围思想

然而，不同活动相对财产的持续变化、交通基础设施的变化以及建筑物不可避免的老化与遗弃，使得 CBD 变化剧烈。城市的核心倾向于扩展到外围，使外围区域成为更高级别的新元素，这就导致了一个同化区，而更远地区所保留的低级过时元素则导致了一个废弃区。废弃区往往会形成另一种经济专业化的天堂——邪恶和淫秽行业。在**过渡区**伺机成为 CBD 的过程中，外围本身与旧建筑和居住区有一定的重合。

土地价值和城市土地利用　CBD 的空间组织指出了在理解土地价值和土地利用模式过程中，便利性和和相对区位的重要性。20 世纪 20 年代中期，纽约的最高地价是百老汇临街地段，每米达 72000 美元。而 0.8 千米之外的地价则低于每米 10000 美元[25]。地价的这种梯度变化在每座大城市中都存在。1903 年，经济学家罗伯特·赫德提出了一个常被引用的观点：

因为价值取决于经济租金，租金取决于区位，区位取决于便利性，便利性取决于接近程度，因此我们可以省略中间的步骤，说价值取决于接近程度[26]。

赫德提到的经济租金（有时指**地租**或**区位租金**）需要细化，因为这一概念已成为试图从理论上总结土地利用模式的基础（参见第 8 章关于租金的讨论）。

首先，地租不对应于"租金"这一用法（更准确地说是"合约租金"）。地租是在使用这块土地的最小费用上追加的支付（此处指给土地所有者）。实际上它通常定义为某块土地上的特定活动产生的总收入，减去同样大小土地的总产值和交通费用之和（但并非所有活动都可用金钱来衡量，譬如家庭和公共机构就不能用利润来评价，但可以用满意度、可支配收入、效率和其他一些标准来衡量。因此效用常常取代收入）。地租反映了特定地块上特定活动的效用。因此，对每一处而言，很可能存在着能产生最高经济租金的一种活动，即最高和最佳利用。因此土地利用对应于可预见的土地价值。在一块特定的土地上可以产生最高效用的活动报价高于其他活动。每种类型的土地利用者都有各自独特的**竞争租金曲线**，它反映了距离城市中心（CBD）不同距离的场所准备支付

的价格（见图 3.29）[27]。

扇形和分区　实际上，工业城市的土地利用的确遵循着一定的普遍模式。霍默·霍伊特[28] 代表**联邦住房管理局**对美国 142 个城市 1878—1928 年间的租赁价值类型进行了比较研究，这是一个经典的研究。他开发了一个城市土地利用的**扇形模型**。其研究中的主要观点归纳如下：

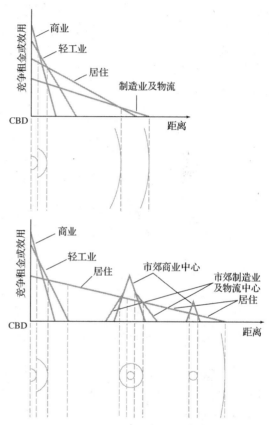

图 3.29　在(a)单一中心城市和(b)多中心大都市中，由基本土地利用折中模式建议的竞争租金曲线和圈层式城市结构

- 租金及由此产生的社会经济地位，在城市中主要呈放射状的扇形变化。
- 租金峰值通常出现在从 CBD 连续向外扩展的唯一扇形区内。
- 与中产阶级社区相关的中等租金通常出现在高租金、高地位扇形区两侧的扇形区内。
- 与工人阶级和低收入家庭相关的较低租金，经常出现在城市高租金扇形区的对侧。

- 随着时间变化,高租金扇形区有如下发展趋势。
  - 沿着主要交通线路向外延伸。
  - 沿着高地的背脊延伸,不受洪水威胁,能够看到城市全貌。
  - 向社区领导住处附近集中。

将这些归纳起来,霍伊特得到了城市土地利用的一个广义模型(见图 3.30)。此模型的主要论点是不同扇形区的**相对区位**。霍伊特主张,工业和仓储走廊的两侧通常被工人阶级的住房包围,中等收入者的住房是城市工人阶级住房区和精英集中的扇形区之间的缓冲区。

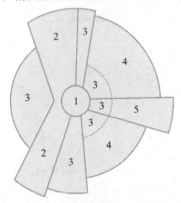

图 3.30　霍伊特城市结构模型。1 为 CBD, 2 为批发和轻工业区, 3 为低收入者居住区, 4 为中等收入者居住区, 5 为高收入者居住区

霍伊特认为,产生这些模式的关键动力是富裕家庭的行为。一旦 CBD 发展起来且工业发展走廊铺开,富裕家庭总是会首先寻找最适合他们的居住地:远离工业和 CBD 中的拥挤人群、免受洪灾的高地。随着城市的发展,高级扇形区沿着交通线向外扩展,这首先满足了最富裕阶层对于融便捷交通和郊区生活方式为一体的追求,其次满足了富裕阶层在富贵社区生活可获得的社会声望,因此形成了中上等收入家庭住所的代际流动。新一代富裕的家庭都将在城市真正的边缘购买或修建房屋,以便远离贫困家庭并享受田园风光。同时,中等收入者的住房在投机商所开发的周围扇形区内得到确认,因为他们清楚地知道潜在消费者对于"好"地点的需求。

过滤和空屋链　这种综合动力中最重要的部分是霍伊特模式所暗含的一种邻里发展和变化机制。这种机制的基础是为富裕阶层建造的新住房启动了居住的连锁迁移,向上**过滤**的是家庭等级,向下过滤的是社会等级。当为一个位于社会顶层的家庭量身定做一栋新房屋时,他们遗留的房子将由比他们社会地位低一点的家庭买走,而这个家庭的老房子可能将被社会地位更低一些的第三个家庭买走,以此类推,这就形成了**空屋链**,直到最后的空房处在无人想要的破败不堪的位置。

霍伊特认识到,至于发展和变化的过滤机制如何起作用,其实有一些特殊原因激励着最富裕阶层新建房屋:换句话说,为什么他们想离开建得很好、区位很好的房子?霍伊特的答案是住房过时。对于富人,他认为有数种过时的感觉会激起他们对新房的欲望。功能过时可能源于新厨房技术或家庭影院等新奢侈设施的出现。形式过时可能源于家庭规模和结构发生了变化,例如大家庭越来越少使得独立的大公馆不再流行。区位过时可能源于毗邻社区的土地利用发生了被视为侵犯性的变化,如居住开发的密度增加、公共交通的到来和商店的出现。最后,风格过时可能源于建筑风格发生了变化,最富裕阶层(尤其是新富)对此尤其敏感。

霍伊特关于城市土地利用的解释,对认识空间结构中社会维度的重要性产生了很大影响。此外,过滤的概念为分析邻里变化提供了一个有用的出发点。如第 9 章所示,实际上城市住房市场远比霍伊特所想的复杂。不管怎样,城市的规模、形态和演变动力都将再次随着新一轮经济变革和技术进步而变化。

3.7　福特主义、汽车、郊区化和大萧条时期(1920—1945 年)

内燃机和**福特主义**引入后的大规模生产,打破了第一次世界大战前管理经济和城市发展力量的平衡(见图 3.31)。汽车开始与交通系统竞争,开启了郊区化时代。拖拉机的使用让农民可以在更少人手的情况下耕作更多的土地,从而引发了农场规模的革命,并因解放了农场工人而刺激了城市化进程。在 20 世纪

20 年代，特别重要的是，大量黑人从南部的农村移居至北部的工业城市。由于一战后劳动力短缺，1916—1918 年的"大迁徙"使黑人大量流入北方的工业城市。这一波移民的原因如下：南部地区农业的机械化，南部地区对黑人的歧视和有组织的暴力行为，以及 1921 年和 1924 年移民法颁布后移民减少导致的北方工业城市劳动力短缺。

图 3.31　福特高地公园车间的 T 型装配生产线。福特工业生产的革命性方法与汽车自身的革命性效应一起，对城市化产生了深远的影响

其结果是美国的社会地理发生了决定性的重组，在北方城市中诞生了第一代黑人贫民窟。同时汽车与卡车使得偏远农村的居民能前往更远的市场或商店（或依靠邮政服务），进而导致了许多小城镇的停滞或衰落。从蒸汽机到内燃机转变的另一大结果是，煤矿中心和铁路中心的相对衰退。相反，俄克拉荷马和贝克斯菲尔德这样的油田城市则发展迅速。在城市层级顶部，航空客运强化了少数关键城市的商业管理职能的中心化，高速公路网的发展引发了数以百计的卫星城和睡城的发展，强化了**区域去中心化**的过程，重组了美国城市的整个结构。

不断增加的经济一体化水平和更加复杂的企业组织对城市发展模式也具有深刻影响。为了获取高额利润，竞争加剧时实力雄厚的公司开始收购其竞争者，即**横向经济一体化**的过程。此后，新公司获得成功的机会减少了。与此同时，更大的公司则通过**纵向经济一体化**（接收提供其原料的公司或购买其产品的公司，或两者兼有）和**斜向经济一体化**（收购那些生产活动与之毫不相关但收益很好的公司）的过程来获取更多利润。20 世纪 20 年代公司兼并大潮迭起，仅占全国公司总数 1% 的公司却拥有全国大约一半的生产能力。这种现象的长远意义在于，许多城市的财富可能不再取决于本地业主的决策。

3.7.1　城市化的重要转向：经济危机与宏观调控

在转型的效应显现之前，经济已经开始下滑，直到 1929 年 10 月的股票市场崩溃。供求不平衡问题前所未有，每个经济部门都卷入到了这场衰退中。虽然经济历史学家对此有着不同的解释，但他们普遍认同根本原因是经济内部的异常敏感性[29]。农业成为其自身成功的牺牲品，机械化极大地推动了生产力的提高，却导致一蒲式耳小麦的售价从 1920 年高于 1.8 美元跌至 1930 年的不到 50 美分。1930 年的斯姆特-霍利关税法试图阻止低价进口来保护美国农业，却导致了全球贸易的衰退。同时工业和金融市场由于股票市场的投机和复杂的企业兼并而变得很不稳定。因为害怕通货膨胀，胡佛政府对银行贷款进行了严格限制，这更加压制了对工业产品的需求。

最终结果是失业率从 1929 年的约 3%上升至 1933 年的超过 25%（见图 3.32）。前些年的城市-工业增长不均衡在衰退期显现出来，因此大萧条的强度在制造业产品的专业城市最为严重。例如，一些制造业城市的城镇失业率超过了 60%，如底特律和匹兹堡等大型重工业城市的失业率在 1933 年春约为 50%，而费城和西雅图等经济较为多元化大城市的失业率则为 20%～30%。同时，进城移民流入入暂时的停滞期，城市人口增长急剧减速。

20 世纪 30 年代经济的根本问题是持续衰退，期间的通货紧缩危机引起了国内外市场的崩溃。随后的形势（接踵而至的劳动力过剩、生产力过剩和资本过剩）就是尖锐的**生产过剩危机**。从总量上看，相对于投资盈利的机会，已经产生了太多的资本。从另一个稍显不同的角度来看，这种情况可以被解释为消费不足：相对于经济体系的生产能力而言消费者的需求不足。以前发生过过度积累-消费不足，但规模从未像大萧条时这般巨大。以前这一问题可通过将投资转换为固定资本（如用于生产的机械或用于消费的住房与冰箱等）来解决，这一过程有时也被称为**资本投资循环**的二级循环。在过度积累时期，某些固定资产的投资（特别是那些针对房地产的投资）变得相当有吸引力。这种投资发生后，过渡积累-消费不足的问题可被缓解。

图 3.32　20 世纪 30 年代失业工人在一个造船厂码头排队寻找工作。空前严峻的大萧条使得政府开始大量涉足宏观经济管理和城市与区域决策

但在 20 世纪 30 年代初，这种二级循环并不能吸收这些剩余资本。这场经济危机导致了政府不断加大干预经济的力度，利用税收：①引导资本进入三级循环（投资于科学技术，投资于教育和福利项目等社会开支；前者是为了维持经济生产力，后者是为了维持劳动力）。②调控消费需求来管理经济。公共开支被不断地用来刺激需求或通过公共工程的就业来吸收多余的劳动力。这种宏观调控的方法被称为**凯恩斯主义**（以英国经济学家约翰·梅纳德·凯恩斯命名）。

因此经济大萧条最重要的长期后果之一是，严重动摇了自由企业的思想体系，而这种思想体系在 20 世纪 30 年代前是未受挑战的经济和城市发展的基础。虽然胡佛总统认为从道义上不应干预商业体系的"自然"运行，但是许多投票者鼓励政府干预以提供救济、改革和复兴，并在 1932 年选举富兰克林·罗斯福总统作为凯恩斯主义经济管理平台的先锋。罗斯福新政所体现的进步干涉主义，不仅给城市与区域规划带来了第一次真正的实验，而且还导致了政府全面参与城市的发展。同时，这种宏观调控本身导致了政府对工人组织和大企业之间社会契约的调解，这对生产过程和工资谈判来说，是一种更有组织且适合生产力的方式，由此工人的福利也得到了应有的社会保障。这种方式昭示着有组织的资本主义的顶峰（见图 1.5）。

在第 10 章，我们将看到政府在影响城市动态发展过程中已经扮演着越来越重要的角色；在第 11 章中，我们将考察政府主导的规划与决策对城市发展模式的影响。

3.7.2　郊区的崛起

20 世纪 20 年代内燃机的商业化发展所释放的社会、经济和政治动力，为当今不断发展的大都市奠定了物质基础。轿车、卡车与飞机和电气与电话一起重新塑造了城市化的印记，通过复杂的土地利用，形成了多节点的庞大都市格局。在城市中心形成无可匹敌的主导地位和内部职能分工的同时，一种新型的交通运输理念导致了城市的许多零售、批发、制造和办公功能的去中心化，使中心商务区（CBD）变得更加专业化且主导地位随之下降。正如沿着交通线路辐射延伸的郊区重新绘制了社会地图一样，出现了一种新型的城市化，形成了人口密度大大降低、社会隔离程度增大并且更加多样化的郊区土地利用模式。同时引发这些新发展的轿车也削弱了旧的公共交通和步行交通系统，而工业城市的土地利用模式和功能组织正是以这两点为基础的。所有这些变化又对城市形式和土地利用的理解带来了新的挑战：新概念和新理论、理念调整和替代模型等。

美国的城市是以汽车为基础的郊区化的先驱和典范。根据记载，1894 年美国只有 4 辆汽车投入使用，1896 年为 16 辆，1900 年为 8000 辆，1910 年接近 470000 辆，1920 年超过 900 万辆，1930 年达到近 2700 万辆（见图 3.33）。

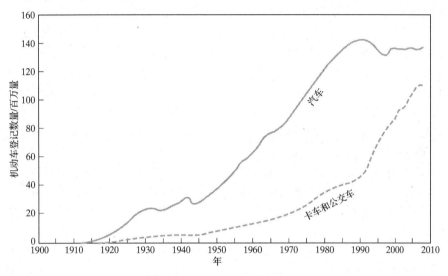

图 3.33　机动车登记数

汽车产量和保有量的第一次迅猛增长正是轿车代替马车和电动车作为交通工具的时期。在 19 世纪 30 年代和 40 年代，随着替代过程的完成，再加上大萧条和第二次世界大战的影响，增长率有所下降。

3.7.3　福特主义

在这一时期，亨利·福特对大规模生产和相应的大规模消费的远见卓识在汽车行业得以实现，这也是后来整个经济发展过程中福特主义的先行者。福特的远见卓识通过降低价格与提高工资相结合而得以实现，并从通过规模经济、流水线生产和"科学"管理（**泰勒主义**）而提高的生产率中获取了更高的生产力回报。结果之一就是轿车的价格大幅度下降，使得更广泛的阶层能拥有轿车，并吸引更多的人加入到了向位于有轨电车走廊和铁路远郊之间的郊区迁移的潮流中。福特 T 型车 1909 年的售价是 950 美元（等于普通工人 22 个的月工资）；1925 年下降到不到 300 美元（不到 3 个月的工资），当时福特公司工厂每个工作日能生产9000 辆轿车，即每 10 秒就生产一辆轿车。

3.7.4　铺平郊区化的道路

缺乏良好的公路及支持修建和改造公路的特殊利益联盟时，轿车的用处并不大。关于改造公路条件的第一波推动出现在 19 世纪 90 年代，来自骑自行车者、邮局和农庄——这是一个希望拥有更好便利市场的联盟。10 年后，汽车、石油、橡胶工业组成了良好道路协会（由城市工商业者组成的认为更好的公路能提高业务的联盟）使其更加巩固[30]。他们发起的运动导致了 1916 年《联邦资助公路法》的出台，该法要求每个州都要成立州级公路部门，以规划、建设和维护城市间的公路，并以此作为获得联邦资助的条件。1921年出台的第二部法律为长途公路网的整合提供了额外的资金。

到 20 世纪 30 年代，联邦资金被指定用于城市内部的道路建设和改造。但在此前的一段时间，地方联盟已经说服地方政府加快其道路建设和道路改造计划。州政府开始靠征收汽油税来为道路建设提供资金——俄勒冈州率先于 1919 年以每加仑 1 美分的税率征收汽油税。在地方政府的预算中，街道改造和公路建设已成为第二大支出项目（仅次于教育）。例如，芝加哥在 1915—1930 年以每千米超过 68 万美元的成本改造了超过 160 千米的街道[31]。到 1940 年，在全国的 480 万千米公路中，已有大约一半铺设了平整的硬质路面，但停车位问题仍未得到解决（见图 3.34）。

林阴大道 在规划大师罗伯特·摩斯的指导下，纽约市采取了若干最富有想象力和最先进的举措。摩斯将林阴大道的理念发展成为一种限制出入的休闲公路。该理念的雏形源于弗雷德里克·劳·欧姆斯泰德于 1858 年设计的纽约中央公园，而第一条完整的林阴大道则是威廉·范德比尔特于 1906 年兴建的长岛公路林阴道。摩斯看到林阴大道在汽车时代极具吸引力，通过用蜿蜒曲折、空气宜人的绿色廊道来代替破败的地区，能够改善现有建成区的环境质量。

图 3.34 随着私家车的大量出现，许多城市在工业和商业区的土地利用方便面临着新的压力，如停车场空间。照片拍摄于 20 世纪 30 年代后期的蒙特利尔市

从布朗克斯河林阴大道（1906—1923）开始，摩斯主持修建了总长超过 160 千米的有四车道、限制出入、华丽景观的林阴大道，这些林阴大道从北方的西彻斯特县到东部的长岛，使纽约的有车族可以直达海滩，那里的拥挤程度大大低于地铁和有轨电车沿线地区。20 世纪 20 年代和 30 年代，林阴大道在其他许多城市也多了起来，并且还修建了许多桥梁和隧道，使汽车能够到达以前无法到达的未开发地带，包括芝加哥鲁普区（CBD）北部的瓦克大道和旧金山市的海湾大桥与金门大桥。

大运量交通的衰落 被拥护者称之为"汽车机动性"的成功应当为公交系统螺旋下降式的迅速没落负责。在新兴"汽车郊区"的吸引下，通勤者纷纷离开靠近公交车站的高密度走廊地区。他们还吸引了开发商的注意力，结束了过去由开发企业资助公交公司的联姻关系。商店、办公场所、批发行业和工业纷纷外迁到"汽车郊区"，以利用不断增长的市场和更加便宜的土地，而公交系统由于固守在市中心而无法为后来出现的穿城和城市间通勤客流提供服务，失去了更多的地盘。

同时，数量不断增加的有车族用周日自驾游取代了周末的有轨电车郊游。公交公司因收入损失而被迫减少维护并放弃利润不高的路线，削减平日的班次并提高票价，所有这些都使得更多的通勤者转向汽车。随着街道上车流量的增加，有轨电车的速度减慢，这进一步增加了运营成本，又使得更多的乘客放弃电车而选择汽车作为交通工具。到 20 世纪 20 年代，在较老的更加拥挤的城市，约有 30% 的人开车进入中心商务区；而在密西西比河以西的新兴城市中，这一比例则接近 60%。

也有人认为是汽车-石油-橡胶公司之间的利益合谋加快了公交系统的消亡：

其运作方式是通用汽车公司、凡士通轮胎公司、加州标准石油公司和其他一些大公司，根据目标地点的不同，给一家称为全国城市干线的公司投资，由这家公司来讨好市议会和城市的行政官员，从而买下公交系统，例如加州的公交系统。然后他们会报废或出售有轨电车，并撬出铁轨使其报废，用漂亮而现代化的公共汽车来代替，这些汽车由通用汽车公司制造，使用凡士通轮胎公司的轮胎，烧的是标准石油公司的汽油[32]。

20 世纪 30 年代通用汽车公司创办了一家控股公司，通过这家公司和其他与汽车相关的公司提供资金收购了美国 45 个城市的有轨电车系统[33]。20 世纪 60 年代后期，通用汽车公司被芝加哥联邦法庭判定阴谋破坏公交电车系统，并代之以通用汽车公司垄断生产的柴油公共汽车。该公司高管都被罚款 1 美元。

但有轨电车系统消亡的一个主要因素是它们固定的路线无法适应变化中的都市格局和土地利用形式。公共汽车能绕过迫使有轨电车停在轨道上的交通拥堵，它们能沿着硬面街道到达新的居住区和周边的工作场所，而这些街道的成本并不由公交公司承担，而由个人承担（通过联邦、州和地方税收）。

3.7.5　郊区的增长格局

人们普遍相信，对汽车、道路和郊区蔓延的初期投资将美国经济从滞胀中拯救出来，并引发了"咆哮的 20 年代"的繁荣。这一波繁荣的出发地就是郊区。19 世纪 20 年代，郊区的增长速度首次超过了中心城市。在中心城市增长 19%、新增 500 万人口的同时，郊区则增长 39%、新增超过 400 万人口。

汽车型郊区　起初新兴的汽车郊区看起来只是依赖公共交通的既有市郊走廊的简单扩大，而且它们的功能也是如此，在就业和购物方面依赖于中心城区。但由于开发商不再需要考虑居民必须步行到公交车站所带来的局限，郊区开发的形式从一开始就大不相同。按照当时的标准，郊区的建筑用地要大得多（即使房子并不大且往往并不显眼），从而使密度大大降低。许多开发商干脆取消了人行道，一方面是为了省钱，另一方面是为了强调邻里的排他性。在某些情况下，网格布局让位于曲线形的街道，以减少交叉路口的数量，并被认为使邻里呈现出了独特而高档的外观。在每个城市中，这些填充郊区作为城市格局的一个独特元素生存下来：我们现在认为相对较高密度的郊区，房屋较小，邻里设施较少（见图 3.35）。大多数社区已深入社会的底层而成为工人阶级的郊区。

图 3.35　填充郊区作为每个美国城市的独特元素而生存下来。这些相对较高密度郊区的房屋较小，邻里便利设施也较少。就如新泽西州的这片郊区一样，大多数已深入社会的底层而成为工人阶级的郊区

但随着这些新郊区开始扩大，其形式受到了美国最高法院在土地利用区划法上标识案例的影响：1926 年俄亥俄州欧几里得村诉安布勒地产有限公司案。该判例裁定市政府有权阻止业主将土地用于分区指定用途之外的目的。法庭认定地方政府有权"消减滋扰"，对滋扰的定义广泛到包括影响一个居民区普遍福利的任何事情。结果，区划很快就不仅用来排除对居民区不受欢迎的土地利用，还用来排斥不受欢迎的人（通过设置较大的地块或户型面积下限）。

郊区开发的影响是深远的。不断增长的郊区竞相合并为市，以便能控制增长的步伐和性质。投机性的开发商因看到这些区划地图给土地市场带来了稳定而放下心来，大胆布局越来越大的分区，尽可能照搬福特主义的大规模生产技术，促进大众消费。

城市发展的总体格局不再依赖于星形的公交线路走廊，而是恢复了以前更加对称的形状（见图 3.36）。这些新郊区的地块面积更大，密度更低。建筑地块的平均面积从有轨电车郊区的 278 平方米增加到汽车郊区的 465 平方米；居民密度从有轨电车街区的每平方千米约 7700 人降低到汽车郊区的每平方千米约 3850 人。

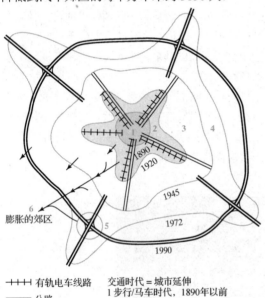

+++++ 有轨电车线路　　交通时代 = 城市延伸
＝＝＝ 公路　　　　　　1 步行/马车时代，1890 年以前
━━━ 高速公路　　　　2 有轨电车时代，1890—1920 年
　　　　　　　　　　　3 休闲汽车时代，1920—1945 年
　　　　　　　　　　　4 高速公路时代，1945—1972 年
　　　　　　　　　　　5 卫星城，1973 年至今
　　　　　　　　　　　6 膨胀郊区，1985 年至今

图 3.36　交通运输的创新和变化中的城市与都市区格局

规划型郊区　这种规模上的去中心化带来了前所未有的机遇和挑战。主要机遇是建立起新的发展格局，将零售、商业、工业和娱乐用地与住房用地整合起来。主要挑战在于如何避免不必要的交通拥堵并保持环境质量。虽然大部分郊区填充是完全无计划的，且除了对利润的短期影响以外，也未能意识到这些挑战和机遇，但仍然出现了若干关键的试验和革新，对城市化的后期阶段起到了示范作用。

实际上，这些创建有规划郊区的首批试验是为高收入和中等收入家庭设计的，在汽车型郊区出现之前，开发商最初是希望把他们集中在边远的火车站和有轨电车站周围。最著名的有新泽西州西奥兰治市的卢艾琳公园（1853 年）、费城的栗子山（1854 年）、伊利诺伊州的森林湖（1856 年）和纽约州的森林山花园（1909 年）。它们是设立僻静、富裕邻里想法的先驱，至少在低端服务方面是自给自足的；但它们同时也是紧凑的，布局和设计也不适合汽车。

20 世纪 20 年代中期，出现了多次在"汽车机动性"基础上建立规划型社区的尝试。其中最著名的有帕洛斯福德庄园（洛杉矶）、克利夫兰的谢克海茨、堪萨斯城的乡村俱乐部社区和佛罗里达州的两个"主郊区"：珊瑚阁小镇和博卡拉顿。虽然有各自的创新之处，但它们都由私营开发商为盈利目的而建，瞄准的是高中阶层的市场。它们的特点是密度极低（就当时而言），每平方千米约 750 个住宅单元，除了有购物设施外，还有高品质的绿化、娱乐设施（特别是高尔夫球场）、公共绿地和广场，以及旨在保护整个社区特色和外观的规定。

乡村俱乐部社区可能是其中最有影响力的。它由开发商杰西·克莱德·尼克尔斯创建，他后来成立了城市土地研究所，这是一家从开发商的角度关注城市土地利用和开发的独立研究组织。尼克尔斯受欧洲的花园城市运动和美国的城市美化运动（第 11 章）启发，决定整合一个足够大的项目，建设一个自给自足的社区。不过，尼古拉斯很关心盈利问题，因此一开始就针对住宅市场利润最丰厚的部分来创建社区环境：高端市场的客户有吸引力。他花了 14 年时间才获得了土地，然后在 1922 年开始建设 6000 套住宅和 160 栋公寓楼，最终容纳了超过 35000 名居民。

乡村俱乐部社区的中心建筑是乡村俱乐部广场（见图 3.37），这是世界上第一个以汽车为基础的购物中心。这里有瀑布、喷泉和昂贵的造景，在装饰性的砖墙后有着宽敞的停车场。尼克尔斯通过租赁政策，精心控制购物中心的商业构成，他把高档的零售店铺集中在开发项目的第一层，而律师、医生和会计则集中在第二层的办公室里。同样，乡村俱乐部区的住宅部分也进行了精心的造景和控制。密度被控制在较低的水平，街道呈曲线形，树木尽量保留，房屋背朝街道，建有车道和车库。

图 3.37　堪萨斯城乡村俱乐部广场

所有销售必须符合限制种族的契约规定，所有购房者都必须加入业主委员会，目的是确保草坪的护理并对街道和开放空间的总体保养与整洁进行监督。该社区一开始就取得了商业上的成功，尽管存在明显的精英化问题，但仍获得了建筑商、开发商和规划者的高度评价，他们纷纷从美国各地赶来一睹这一未来型社区的风采。

1923 年，一小群知识分子成立了美国区域规划协会（RPAA），其中就有刘易斯·芒福德、克拉伦斯·斯坦和亨利·赖特等若干建筑师与规划师。虽然美国区域规划协会的成员主要对城市化和区域发展的宏伟蓝图、长期愿景感兴趣，但他们仍通过创会成员之一的纽约房地产开发商亚历山大·宾创建了两个规划社区。第一个是阳光花园（建于 1924—1928 年），位于距离曼哈顿只有 8 千米的皇后区的未开发中心城市地带。在这里，斯坦和赖特设计了大型、无车流的超级街区，有很大的内部花园。

第二个是雷德朋社区（始建于 1928 年），它位于新泽西州费尔劳恩市，距曼哈顿 24 千米，在此斯坦和赖特抛弃了中心城区严格的网格布局，而采用了充满阳光的超级街区理念。通过层次布局的道路引导车流，大部分居民区几乎看不到车流。行人和自行车各行其道，并在质朴的桥梁下跨越交通主干道；住宅随意地聚集在形状不规则的空地周围（见图 3.38）。美国区域规划协会起初打算吸引不同社会阶层的居民混合居住，但雷德朋社区的吸引力很快便确立了其作为中上阶层家庭的通勤郊区；然后房地产经纪人自作主张地排斥犹太人和黑人，以维持房地产的价格[34]。尽管如此，雷德朋和乡村俱乐部社区一样，成为了城市设计史上的一个有影响力的里程碑。

郊区化和联邦政府的政策　郊区化和经济与城市发展的其他形式一样，在大萧条时期戛然而止。1928—1933 年，住宅建设活动下降了 95%。期间有 100 万个家庭因房屋贷款断供而失去家园。到 1933 年春，在所有房屋贷款中，有一半实际上已经违约，并且每天新增的房屋断供就有 1000 起[35]。胡佛政府的解决办法是建立一个房屋抵押贷款机构的信用储备（1932 年的**联邦住房贷款银行法**），并成立一个基金来给那些为低收入家庭建造或改建房屋的非营利组织提供贷款（1932 年的应急救济和建设法）。但这两项举措均未能有发挥应有的作用，它们的价值是开启了联邦政府在保护房屋业主产权和房屋质量方面发挥作用的先例。

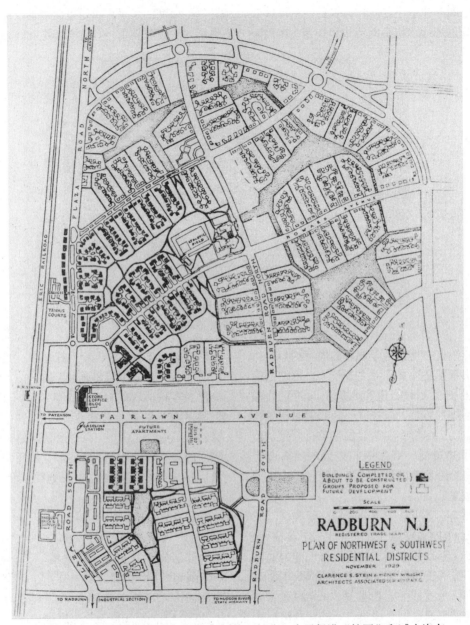

图 3.38　新泽西州雷德朋社区拟定规划的一部分。为了促进"社区"和减少汽车
的侵入影响，房屋均面向共同的人行道；街道的出口通向房屋的背面

　　罗斯福政府借鉴这些先例，不仅促使了汽车郊区的扩大，而且对美国城市化的本质产生了深远的影响。1933 年成立的**房屋业主贷款公司**（HOLC），为处于断供危险的数万个房屋抵押贷款提供了再融资，并为那些因断供而失去房屋的业主提供了低息贷款，使其摆脱了下滑的困境。次年，为通过刺激建筑业（一个劳动密集型的行业）来降低失业率，罗斯福设立了

联邦住房管理局（FHA）。

　　这一举措是向凯恩斯主义宏观经济调控转变的一个关键部分，并导致了所谓的**凯恩斯主义郊区**的发展。联邦住房管理局负责通过私营部门来刺激建筑行业，通过设置合理的条件来稳定房屋抵押贷款市场和促进健康的住房融资。联邦住房管理局不是通过借钱来实现这一目标的，而是对私营金融机构为住房建设或

购买住房提供房屋抵押贷款担保。这种担保给银行和储蓄及贷款协会以信心，从而发放更多的抵押贷款，并把贷款利率在基准利率的基础上下调一到两个百分点，这样就刺激了房屋业主的需求。联邦住房管理局的担保还通过降低首付并延长还款期限（相当于每月还款额减少）刺激了需求。联邦住房管理局为其担保贷款的融资住宅建设设立了强制执行的最低标准，以便消除郊区施工的粗制滥造。

当时，许多人把联邦政府对房屋业主的支持视为对捍卫财产制度的一种手段。保守派认为，通过长期贷款将更多的人纳入财产制度并为其融资，就能够达到更大的社会和政治稳定。房贷还款所代表的普遍债务令房屋"业主"反对任何可能殃及其房产价值或令其难以偿还贷款的任何社会和经济变化。

联邦政策重燃郊区的增长计划即刻见效。1933 年的新房开工量曾降至不足 100000 套，1937 年的新建房屋数开始达到 332000 套，1941 年则为 619000 套（见图 3.39）。推行"新政"的当局看到了一个新的机遇：规划郊区的开发，使人们从中心城区迁出，为清拆贫民区和重建腾出空间。

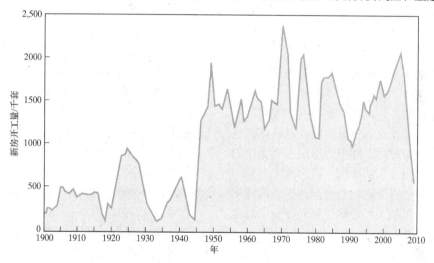

图 3.39　私人住宅的新开工量

为了实现这些目标，罗斯福于 1935 年设立了**移民管理局**，并任命雷克斯福德·盖伊·特格威尔为局长。特格威尔借鉴雷德朋社区的设计，设想建立约 3000 个能够容纳政府资助的、低成本住房的**绿带城市**。但资金只分配给其中的 8 个城市，而国会在私营房地产开发行业的强烈压力下，又将这一数字削减到 5 个。这 5 个之中又有两个受阻于地方采取的法律行动。只有剩下的 3 个绿带城市得以兴建：密尔沃基市西南部的格林代尔、辛辛那提市附近的格林希尔和华盛顿特区以北的格林贝尔特。移民管理局于 1938 年被撤销后，所有 3 个绿带城市在"二战"后都出售了给非营利公司，并在后来汽车郊区的持续扩张中被吞没。

商业和工业的郊区化　起初，商业和工业的去中心化慢于家庭的去中心化。卡车和公共汽车的数量直到"二战"后才真正开始增长（见图 3.33）。而一旦大量高度流动的人口出现在郊区，商业和工业的区位条件就发生了决定性的改变。郊区居民代表着从便利商品到包括昂贵服装和家具在内的所有商品的庞大且富裕的市场。同时它们拥有高素质的劳动力市场。

零售业是分散到新兴汽车郊区的第一批商业活动之一。虽然为复制乡村俱乐部广场的成功所做的尝试并不多，部分原因是需要巨额的投资。然而与汽车相关的零售行业采取了层次性的零售布局，每种布局都有独特的服务范围，且有着不同的市场区域。简而言之，汽车能使一种中心区位体系在中心区位内发展起来。

一些写字楼的开发项目分散到偏远的商业中心，并沿主要商业干道分布。开车出行的方式使这些地点对所有类型的商业服务和小型公司都具有吸引力。同时，为当地人服务的医生、牙医和律师等专业人士的小型办公室分散到了邻里的商业街道。

20 世纪 20 年代和 30 年代，批发行业也发生了转型。对于市场被中心城区采购商所主导的分销商而言，迁到租金更便宜的地方变得越来越有诱惑力。这些地区必须尽可能地靠近铁路货场区，因为分销商的进货要依赖于铁路车皮。但对于某些批发商而言（如百货商场的仓库），只要有卡车，就可以迁至城市边缘地带地价最便宜的地方。

然而工业的去中心化是货运业所带来的最重要变化。到 20 世纪 20 年代，工业的去中心化已存在压抑很久的强大压力。其中一个压力就是在租金高昂、拥挤的工业区和走廊地带经营的成本越来越高。此外，电力的出现使得多层厂房（这种设计是为了最大限度地提高蒸汽机的效率）变得过时。随电力出现应运而生的新型流水装配线技术的采用，需要水平布置工业厂房，这就使得土地的需求量达到了前所未有的水平。卡车使工厂能够迁移到便宜的周边土地，而轿车和公共汽车则能将工人运到工厂。

到 20 世纪 30 年代后期，几乎没有新工厂开在传统的中心城区的工厂区，同时许多老工厂因业主在郊区投资兴建效率更高的新厂房而关闭，因此开始了中心城区的第一轮去工业化和重组。工厂区缺乏投资，一些建筑已经有 50 年的历史甚至更老，变得破败不堪，处于半遗弃状态。附近的工人住房同样老旧，已经退化成贫民区，他们的问题因大萧条而突然变得严峻起来。位于中心城区边缘有轨电车沿线的高级郊区，则因为汽车在社会上和功能上变得过时，于是在社会阶层中下滑，模糊了既有的城市秩序。

在中心商务区内，市政和娱乐区所受的影响最小（虽然去中心化的确吸引了一些沿城市边缘分布的“边缘”行业，如地下酒吧、赌场和妓院等）。办公场所和商场的去中心化，使得中心商务区的办公和零售区变得更加专业化，更符合高端市场的需要。相反，百货商场则通过多样化来保持吸引力：百货商场变身成动物园（纽约的布鲁明戴尔和沃纳梅克百货公司都有庞大的宠物商店）、植物园（花卉店）、饭店（比市内任何其他餐馆都大的豪华餐馆）、理发店、肉店、博物馆（礼品和艺术品店）、邮局和美容院[36]。

为了分散风险，有些百货公司在中心商务区内新开了分店，为顾客提供免费的停车场。纽约的西尔斯大厦和芝加哥的蒙哥马利·沃德公司最先采用这种战略，几乎每个城市的其他商场也迅速跟进。然而，由于开车在当时被视为男性行为，因此这些新分店的商品种类有限，主要是家庭用品、汽车配件和建筑材料等。中心城区的商场随即开始突出女性的时装、化妆品、服饰用品和女帽。

土地利用的新模式　正是为了应对这种空间重组，昌西·哈里斯和爱德华·厄尔曼开发了一种模型，试图对土地利用空间重组产生的结果进行描述[37]。这种**多核心模型**基于超越城市中心商务区的工商业节点去中心化，是主要土地利用类别的相对区位的概念表达（见图 3.40）。哈里斯和厄尔曼主张，基于汽车的郊区工商业活动的新节点的分布，除了与周边土地利用的关系外，不以任何可以预测的方式排列。它们可能在公交车站或公路交叉口的周围发展，但如果它们是办公和零售中心，就会吸引中等收入社区的开发，如果它们是工业中心，就会吸引工人阶级社区的开发。

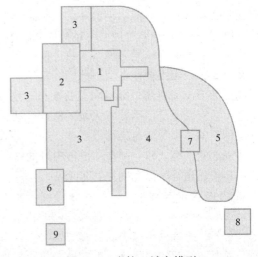

图 3.40　多核心城市模型

支撑这种模式的是一组根本性的功能关系，它体现在轿车和卡车所实现的移动性方面，以及电话和电力所实现的地方灵活性方面。这些关系的根本之处在于，某些行为组之间的相互吸引和某些土地利用方式被其他利用方式所排斥的趋势。结果是不规则形状土地之间的功能秩序非常宽松。回顾过去，我们可以看出哈里斯和厄尔曼有着不寻常的远见，多核心城市是当前城市化-都市蔓延理论以新的"生产空间"和"边缘城市"模式在美国独特表现的萌芽形式。

关键术语

central places　中心区位

comparative advantage　相对优势

incorporated　合并

initial advantage　先发优势

Keynesian suburbs　凯恩斯主义郊区

land use zoning　土地利用区划

Manufacturing Belt　制造业带

mercantile model（Vance）　万斯商业模型

multiple-nuclei model　多核心模型

pedestrian city　步行城市

primate city and primacy　首位城市和首位度

rank-size rule　位序-规模法则

sector model（Hoyt）　扇形模型

streetcar suburbs　有轨电车郊区

复习题

1．如何使本章所述城市化的各个方面对自己有意义？如果你生活在美国，那么你的曾祖父母或高祖父母可能是为城市的增长做出过贡献的早期移民。他们到达了美国的什么地方？他们从事的是什么职业？他们及其后代生活在什么城市？你有没有可以向其问这些问题的家庭成员？你甚至可以在你的学习档案中增加关于人或城市生活的合理记录。

2．上网查找你所居住城市或感兴趣城市的区划条例和土地利用区划地图。你能从规划者的目标中得出什么结论？在理解地图所示的土地利用模式方面，本章介绍的哪种模型和概念最有用？

3．如果有时间，请阅读一本能令你回味本章所述历史时期城市生活的经典小说。这样的小说有数百本，包括 Frank Norris 的 *McTeague*（New York: Fawcett，1960）和 Betty Smith 的 *A Tree Grows in Brooklyn*（Philadelphia: Blakiston，1943）。

4．整理电子文件夹。研究一个电力城市、采矿城市、交通运输城市或重工业城市的例子。了解该城市建立的方式与原因，以及该城市在 20 世纪发生了哪些事情。由于本章的主题以本地的历史事件为主，因此建议你从旧报纸中找一些补充材料。网上也许找不到 19 世纪和 20 世纪初期的报纸，但在图书馆中通常可找到它们的微缩胶片。你可把这些内容添加到你的学习档案中，并加入你对相关故事或主题的看法与观点。

　　亚马逊等大公司总部所在地的西雅图、华盛顿等城市，在"新经济"行业需求和新技术的推动下得以重塑。作为星巴克诞生地和总部的西雅图向后期资本主义转型的原因是，越来越多的人把更多的收入用于消费，如外出就餐和购物等。

第 *4* 章

城市体系和转型中的城市

第二次世界大战结束后，美国等工业化国家的经济和工人开始步入生产什么、如何生产、何处生产的一个截然不同阶段。因此，该阶段有时也指发达资本主义，其根本变化是制造业工人的比重下降，而服务业的就业人数明显上升。该经济增长阶段所带来的繁荣，使得越来越多的人在购物和外出就餐等方面的消费性支出增大。然而从 20 世纪 70 年代中期开始，经济活动的国际化打破了国家经济的"组织"基础，强化了经济，加剧了城市体系资本（尤其是大资本）重组的空间布局，在全球背景下重塑了城市的政治经济。

4.1　学习目标

➢ 解释大都市区扩张的原因。
➢ 描述"二战"后郊区的主要特征。
➢ 评价人口与社会文化变化对城市模式的影响。
➢ 讨论 20 世纪 70 年代以来与美国的**去工业化**相关且相互影响的问题。
➢ 认识并解释全球的信息和通信技术影响城市化模式的主要方式。

4.2　本章概述

本章介绍美国、加拿大、西欧、澳大利亚和日本等工业化城市体系已出现的变化，向发达资本主义转型导致的这些变化现在已成为全球化标志（见图 1.5）。和第 3 章一样，我们根据各个城市化时期来追溯美国城市体系的变迁，因为不同的城市化时期具有鲜明的城市增长模式，也具有鲜明的城市间相互作用的方式。

第一个时期为 1945—1972 年，对应于"二战"后的经济复苏和增长时期。我们将看到，第 3 章中谈及的城市演变原则和过程，通过发达资本主义的新技术和新产业运行时，是如何产生新结果的。我们还将看到这一时期的总体繁荣如何通过广泛的郊区化直接体现在城市形式上，郊区化与制造企业的衰落两者是如何影响中心城市的土地利用的。

第二个时期为 1973 年至今，它始于一个经济危机和经济重组阶段。在城市体系内，这体现为市政府、公司和工人在努力适应全球竞争与经济变化时，所面临的不同经济压力。老制造业基础迅速没落后，随之而来的是以数字技术为基础的"新经济"，它以先进商业服务、文化产品产业和知识型产业为主，所有这些均在国际分工、国际金融和新自由主义政治与政策主导的背景下发生。我们将了解这种趋势如何导致美国城市层级的功能性重组，如何在生活品质的变化中体现，如何影响近期的人口和社会变化，以及人口和社会变化如何影响这种趋势。同时，在"新经济"产业需求和新技术的推动下，在都市区人口社会经济层面日益加大的两极分化作用下，城市本身也完成了重塑。我们将了解这些趋势如何导致传统"郊区"的终结，以及如何在多中心都市区导致私有化、碎片化和彼此脱节的格局。

4.3　区域去中心化与大都市区扩张（1945—1973 年）

在 1945—1973 年美国城市的发展阶段，交通和通信技术的发展极大地影响了经济发展，使得结构性经济开始转向**发达资本主义**。该阶段城市体系的发展主要表现于州际高速公路系统的建立（见图 4.1）和区域与次区域间大运量喷气式客机航空网络的发展（见图 4.2）。网络效应在就业和交通两方面改变了城市体系的结构，产生了两个看似矛盾但实际上相互关联的结果：**区域去中心化**和**大都市区合并**。交通便利性的提高，加之便宜的土地、较低的税收、低廉的能源成本、地方支持及更温和且廉价的劳动力，使得西部和南部的城市得以快速成长。

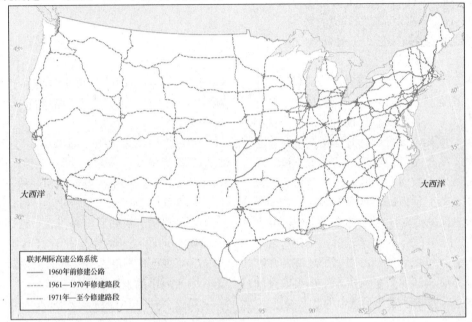

图 4.1　美国州际高速公路系统的发展

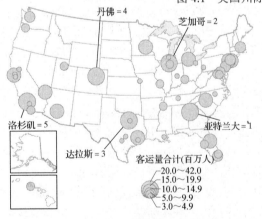

图 4.2　2009 年的航空客运量（百万人）

"阳光带"的大都市区吸引了大量劳动密集型的制造业和高增长、高技术产业，如电子产业、航天技术和石化产业等。受益于这些城市及其基础设施，这些产业得以立足于阳光带的城市中。与此同时，制造业带开始**集聚不经济**（效率低下基础设施成本的上升和生产力相对低下的过时机器）效应已超过了**先发优势**和**累积因果**所带来的效益，使得城市体系中的工作机会和人口从制造业带的"核心"分散到了南部和西部"边缘"的大都市区中心。

城市观察 4.1　"免下车"文化下的快餐和宗教[1]

在"二战"后美国空前繁荣的几十年里，彩色电视机、电动搅拌机和自动垃圾处理装置等已成为每个新郊区家庭的基本家居用品。但成功的最高标志是家用轿车。"你开什么车？"这个问题很好回答，其答案决定了人们如何看待自己以及他人如何看待自己，具体取决于轿车的价格、品牌、型号和使用年限。企业主们注意到了汽车拥有量的扩张，因此为顾客提供了各种"免下车"服务，如免下车旅馆、免下车银行和免下车影院等。

第一家免下车餐馆是位于达拉斯的烤肉店，它于1921年开业，因提供很受人们欢迎的田纳西烧烤猪肉三明治而出名。想出这个主意的是得克萨斯州人查西·G·柯比，他发现："有车的人都很懒，他们不愿意下车去吃饭!"因此烤肉店雇用小男孩提供路边服务，这些小男孩很快就有了"汽车小跑"的绰号，他们会迎着靠近的汽车跑过去，甚至在汽车还未停稳时就跳到踏板上接受订餐。由于小费是他们的唯一收入，因此在订餐时不会浪费一点时间，他们会快速跳下车，并在拿到食物后马上返回。在"金拱门"（麦当劳的标志）出现之前，在很短的时间里就有超过100家烤肉店开业，它们的标志是一头肥猪的剪影。直到今天，这家烤肉店仍有很多模仿者。从烤肉店的出现到今天，30%的美国人每星期至少在车里吃一顿饭。

与免下车快餐相比，免下车教堂并未大范围地传开，即未像快餐那样成为美国人的消费习惯。但免下车宗教活动也曾流行一时：

1955年初，在加州加登格罗夫市的郊区，美国归正会的牧师罗伯特·舒勒在几乎一文不名的情况下开始了其牧师生涯。由于既无场所也无成本，每个周日的早上他会租下"柑橘"免下车影院，并站在电影院的售货台上布道。教民们通过每个停车位配有的扬声器来聆听他的布道。在舒勒开始吸引人们前来领圣餐时，起初的权宜之计竟然成了一种美德，因为信众们觉得待在车里要比坐在教堂里的长凳上更为舒适，也更容易接受。良好的口碑蔓延开来："以自己的方式做礼拜，免下车也可以"，此后会众人数开始增加。1956年，舒勒盖了一座小楼，以满足室内服务和管理的需要。之后，免下车教堂仍继续为那些离不开车的信众提供宗教启示，并在后来建起的教堂中始终为那些不喜欢"步入式"教堂的人提供方便。到1969年，他的教堂已有6000名成员，建筑师理查德·诺伊特拉还为教堂设计了一座巨大的星形"力量之塔"，教堂的占地面积约为8.9万平方米，位于距迪士尼乐园不远的圣安娜高速公路旁。这座教堂被人们称为"耶稣基督的购物中心"……至1984年，舒勒的加登格罗夫社区教堂自称是"世界上最大的步入式和免下车教堂"。[2]

美国商业的重组既导致了经济体系的区域性扩散，也造成一定数量的大都市区合并。在较大的大都市区内，两个重要的经济功能——公司总部和研发机构逐渐地方化。这种地方化主要是为了响应：①并购后的公司重组；②城市体系内的差异化增长与经济专业化模式的转变。**控制中心**（拥有大量公司总部的城市）这种模式的转变，在亚特兰大、休斯敦（见图4.3）、洛杉矶等地区，体现为商业中心城市的快速形成；而在辛辛那提、底特律和匹兹堡等地区，则体现为制造业带城市的相对衰落。

图4.3　"二战"后的美国商业重组既导致了经济的区域去中心化，也造成了一定数量的大都市区的合并，这种合并促进了休斯顿等地区商业中心的发展

与此同时，纽约和芝加哥等企业总部所在地的地位得到了进一步巩固。至1970年，最大的500家工业企业中约有25%将总部设在纽约；在银行、保险、零售、运输、公用工程领域，最大的300家公司中也约有25%将总部设在纽约。财富500强的公司总部分布图表明，纽约和芝加哥持续保持了作为企业控制中心的主导地位（见图4.4）[3]。这种主导地位反映了"相对更好的区位和相对更有效的企业之间的累积与相互强化的过程"[3]。换言之，纽约和芝加哥之所以能够巩固它们在经济上的控制地位，是因为它们留住了企业人才，提供了大量的支持服务，通过州际高速公路和商业航空网络实现了全国范围和区域范围内的便利性。同时，在纽约和芝加哥之外形成的较大增长中心城市，公司总部的数量和比例也在不断增长，而且这些城市的地方化也很明显，其中最引人注目的是位于阳光带的休斯敦和亚特兰大，它们拥有强有力的地方优势和企业家资源（见图4.4）[2]。

图4.4　2010年财富500强总部所在地，图中点的大小和每个城市的公司总部数成正比

研发活动作为另一种高收益、高增长的经济活动，过去一直被分散布局，其模式依赖于母公司的布局。在发达资本主义阶段，随着超大公司联合体的出现，研发对于企业的成功变得至关重要。企业只有通过研发投入，开发新产品、更新已有产品来避免市场饱和的风险。长期的企业研发总是被位于总部聚集区的中心实验室吸引，在那里有企业顶尖研发人员间的互动。企业中的各个部门都有各自不同的生产线，而研发实验室也分布在各个部门中。这

两种因素促成了研发活动在更大的都市区范围内整合。其中最明显的变化（尽管在就业机会方面并非如此）是一些"创新中心"的研发活动得到了地方化，这些创新中心由于拥有实力雄厚的大学科研机构、良好的科学氛围和多样化的文化娱乐设施，吸引了大量的高端科研人才。其中最著名的例子是位于加利福尼亚州帕洛阿尔托市和圣克拉拉市之间的硅谷，位于波士顿附近128号公路地区和北卡罗来纳州之间的三角地带研究园区。

4.3.1　大都市区扩张

1945年后，美国小汽车的拥有量呈现出第二波增长态势。道路上行驶的车辆数量从1945年的不到2600万，骤然增到1955年的超过5200万，1972年则超过了9700万（见图3.33）。这期间路面铺设率与这一增长过程非常吻合，小汽车拥有量从5人/车下降到了2人/车。20世纪30年代，汽车动力引擎工程的进步极大地提升了动力/重量比，低价位汽车的平均最高速度也得到了提升，平均最高速度从20世纪20年代低于80千米/小时提升到了20世纪50年代超过128千米/小时。

其结果是郊区的迸发式增长。20世纪50年代，郊区人口的增长前所未有。美国的中心城市人口增长了600万（11.6%），郊区各县的人口同期增加了1900万（45.9%）。在几乎所有的城区，郊区县域的面积增长速度要远远高于中心城市（或城市群）的增长速度。然而，人口统计数据并不总能反映这种增长态势，原因在于南部和西部地区大量中心城市行政区划的合并。20世纪五六十年代，科珀斯克里斯、达拉斯、休斯敦、俄克拉何马城、菲尼克斯、圣地亚哥、圣路易斯等城市都从周边郊县合并了超过100平方千米的土地，因此掩盖了郊区的人口增长现象。

根据皮特·豪尔[4]的分析，我们可归纳出这段时期郊区空前蔓延的4个前提条件：

1. 自1926年欧几里得诉安布勒地产有限公司案后所形成的土地利用区划原则。它使得具有稳定不动产价值的整

齐划一的居住区成为可能。

2. 大萧条和战争年代未能满足的住房需求及战后的婴儿潮。战争期间曾经暂停了新的建设项目，因此到 1945 年累计有 300 万～400 万的居民住房需求。"二战"后，1600 万服兵役的男人和女人回归正常生活，导致了家庭数量和出生率的急剧增加。

3. 20 世纪 30 年代的新政期间，美国房屋业主贷款公司（HOLC）和联邦住房管理局（FHA）推出的廉价且长期的住房金融政策。1944 年的军人调整法诞生了美国退役军人管理局，该机构的主要任务之一就是为返美的退役士兵提供个人住房，它通过 FHA 框架下的一个按揭保险项目来实现，而 FHA 的借贷能力也借助于 1949 年颁布的住房法得到了极大的提升。

4. 新建和改善的道路交通系统。1956 年版的联邦援助高速公路法（FAHA）批准了 6.6 万千米高速公路的建设，每千米的造价超过了 62.5 万美元，90% 的建设资金来源于高速公路信用基金，而该基金的来源主要是汽车、汽油和轮胎等的消费税。这个高速公路网连接了所有的主要城市，同时对城市内部的交通网络进行了改造，城市内部的交通网络通常呈辐射状，城市这个"轮子"的外围则是环路或州际"环形公路"（见图 4.5 和图 4.6），这使得远离中心城区的地段有更好的通达性，特别是城区的径向道路与环路相交的区域。

上述这些城市郊区蔓延的前提条件鼓励了开发商"蛙跳"到郊区的外围，在新高速公路沿线附近交通便利的地点建造大型购物中心，并充分运用这些购物"天堂"作为新的大型居住社区的营销工具。工业园区也被吸引到新的公路干线和免费高速公路沿线，这些园区内的企业以轻工业制造、批发和仓储运营为主。而办公区则位于有较高声望和知名度的、风景优美及具有校园氛围的高速公路交叉地带。

图 4.5　图示围绕华盛顿特区的环路（I-495）在 20 世纪六七十年代的都市区蔓延发展过程中起了重要作用

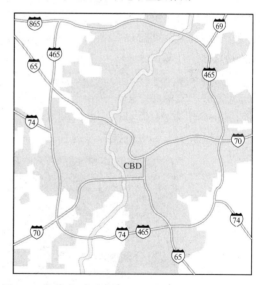

图 4.6　印第安纳波利斯"辐射状"格局的州际干道

4.3.2　福特主义郊区

"二战"之后，随之而来的这一时期的主要特征是住房建设的大幅增长（见图 3.39）。1933 年的新建住房开工量仅有 9 万多套，"二战"前的年平均开工量为 35 万套左右，而到 1950 年则跃升到200万套,直到最近的全球金融危机之前,平均住房开工量都保持在 150 万套以上（见第 8 章）。1945—1973 年，FHA 帮助了近 1100 万户居民拥有自己的住房，并且个人住房拥有量的总体水平从45%左右上升到了接近于65%。几乎所有的这种增长都是在没有任何总体规划或都市管理下实现的，因此也为未来埋下了问题和冲突隐患，相关内容将在后续各章中介绍。

在这一发展过程中，唯一贯穿始终的规划因素来自于主要目标是追求利润的开发商。多数开发商的开发策略都基于福特主义：为大规模消费进行大规模生产。该策略追求的是经济的规模、产品的标准化及精准的预制技术。与福特生产线相对应的是，开发商在建设住宅时采用**轻型框架结构**（见图 4.7）代替了沉重结实的横梁、角柱和起固定作用的榫铆结构。轻型框架结构采用机械切割的 5 厘米×10 厘米标准螺栓，并使用机械切割的廉价钉子来固定。结构的压力荷载分散到了轻便的板材上，因此外形轻巧、似乎不堪重负的轻型框架结构具有了足够的强度和稳定性。建筑物构件的标准化生产及对半熟练劳动力的需求，使得轻型框架结构的建造与传统建造相比可节省40%左右的成本。

新建郊区最流行的住宅形式是有低悬屋顶、宽大窗户的单层结构，有一个停车位或停车库。20 世纪末 21 世纪初，当时颇具影响力的《淑女屋》杂志就曾经推广过这种构造简单的木质小屋住宅。这种单层小屋最早是英国工程师为了适应殖民地孟加拉的热带气候而设计的。而后在 20 世纪 20 年代，美国房产开发商将这种房屋的建造进行了标准化。这种小屋净空不高、通风良好并配有花园，可以奢华，也可以简朴。由于轻型框架结构技术的应用，工人阶层拥有了"梦想"的家园（见图 4.8）

图 4.7 轻型框架结构。这种价廉、高效的结构对住宅建设行业来说是一次革命

开发商利用这种样式的单层小屋住宅设计和轻型框架结构技术，开始在各个不同规模的城市周边建设成不断扩展的大型住宅小区。莱克伍德小区是其中最早建设的最大一个小区，莱克伍德·帕克公司在洛杉矶南部 41.4 平方千米甜菜地上，开发了能够容纳 10 万以上人口的住宅区（见图4.9）。

图 4.8 开发商极力推动的郊区住宅区成为了私有住宅拥有者的"美国梦"

图 4.9　加利福尼亚的莱克伍德小区，这是一个拥有 17150 套住宅的大型项目。工程始于 1950 年 2 月，当年年末开始以每日 25 户的数量入住

毫无疑问，其中最著名的要数 1948 年亚布拉罕·列维特和其两个儿子威廉与阿尔弗雷德在长岛最早建设的莱维敦镇，他们是第一家运用流水线方法进行住宅区建设的大型开发商。通过新材料、新工具的应用，标准化的设计，较低的成本（早期的莱维敦科德角出售时，先要现付 100 美元，然后每月支付 57 美元），以及最后环节的精明营销手段，到 1951 年，这家开发商在城市郊区边缘地带建造了超过 1.7 万套住房。这是大手笔的城区建设，它标志着以精雕细琢和填充式增长为主导的城市发展过程的结束，同时也标志着郊区和远郊区规模化、粗放式的大片区域城市建设过程的开始。

图 4.10　长岛的莱维特镇，它以前是种植土豆的农田，1947 年开发后成为了可容纳 45000 人的住宅区

该城市发展时期恰逢战后的大繁荣和随之兴起的消费主义。1948—1973 年间的经济增长率达到了前所未有的水平，国民总收入（GNI）增长了 5 倍，收入中位数翻了一番还多（按不变美元计算），住宅房屋拥有率上升了 50%。历史学家丽莎白·科恩对这一时期美国"消费者共和国"的发展进行了跟踪研究：这是一个基于汽车、住房和家居制成品大众消费且被电视新媒体所称颂的社会。这是一个"情景喜剧郊区"的时代，一个牧场和错层式住宅房屋的民主乌托邦。幸亏有了欧几里得诉安布勒地产公司案，情景喜剧郊区才在地方政府的规划法规禁止修建公寓楼、复式住房、小面积住房或地块房屋以及商场和办公楼的情况下，得以不断发展。

联邦政府的介入，也对这种白人家庭居住的、以单户独立住宅为主的标准化郊区格局的形成做出了很大的贡献。联邦住房管理局（FHA）从一开始就明显倾向于这种单户独立式的由房主居住的房屋。为了帮助地方政府对单户独立式房屋群进行规划，FHA 建议进行标准化的分类设计，在国会通过了具有里程碑意义的规划批准程序 701 条款（1954 年联邦房屋法的一部分）后，该分类设计成为了全国城市郊区分类设计的模板。

在"二战"结束后的 10～20 年内，许多美国人形成了一种独特的生活方式和一种新的社会与空间秩序，称为"郊区式"。随着工业化城市的衰落，阳光带城市和郊区取而代之，成为了国家民族个性的摇篮。相对于人们身份认同的郊区新核心地位在冷战期间得到了强化，与苏联刻板的生活方式和简朴的生活水平形成对比的是美国民主乌托邦式的郊区生活方式和消费文化。正如罗伯特·博勒加德观察到的：

充盈的消费品、充分的就业水平、令人满意的高工资，以上这些普通美国人的日常生活方式成为了全世界人民生活方式的典范。郊区式生活提供了与这个国家"自由世界"领袖地位相称的生活方式，并使得这个国家的经济和政体成为富裕、民主与世界和平的最大希望[5]。

郊区不仅成为人们实现美国梦的希望之地，还是评论员戴维·布鲁克斯所说的人们不懈个人追求与不停歇消费的"天堂魔幻"之地。

为小汽车出行设计的福特式郊区的主要特点是：可以提供免下车服务的各种设施：可驾驶经过的银行和快餐店；专为免下车者提供服务的洗衣店窗口，人们可以留下要洗的衣服或取回已洗好的衣服；汽车剧场、汽车宾馆、加油站和迷你商店等。20 世纪五六十年代的郊区商店和购物中心不仅具有城区商店和购物中心的新形态，而且具有越来越大的停车空间，因此使得郊区的景观单调且贫乏无味。这些大面积停车空间使得主体建筑物不得不远离路边，而且为了吸引驾车者的眼球，建筑物的标志越来越大、越来越非比寻常，最后形成了经典的沿道商业区模式（见图 4.11）。

图 4.11　沿美国 412 号公路一侧分布的"汉堡街"，位于阿肯色州东北部费耶特维尔北面的小镇斯普林代尔。格兰迪·克莱在其著作 *Close up: How to Read the American City*（New York: Praeger, 1974）中对俄克拉荷马州诺曼的经典商业街做了描述（New York: Praeger, 1974）

福特式郊区的开发也有一些成功的案例，开发商在进行以汽车为导向的环境设计时，设法避免了不必要且无美感的负面效应，这些案例对之后开发商的行为产生了重要影响。在芝加哥地区，一些社区如森林公园、麋鹿园和橡树溪都建有宽敞的绿地，而不是像 20 世纪 50 年代那样的曲线街道、死胡同和购物中心。在华盛顿特区，开发商回归了传统的**绿带城市模式**，20 世纪 60 年代马里兰州的哥伦比亚新城和弗吉尼亚州的雷斯顿新城（见图 4.12）的规划中，为满足中上阶层的市场需要，优化了绿带城市模式。这两个新城都建成了数个可容纳10000～15000 名居民的"村落"，每个村落都有中心城区、娱乐设施和学校。"村落"之间是草地和林地，以及由步行道和自行车道组成的开放道路系统。

同时，在加利福尼亚州出现了一种截然不同的社区，其特征是具有各种形式的休闲娱乐设施，譬如乡村俱乐部、高尔夫球场、公园、棒球场、湖泊、游泳池和马场等。开发的每个阶段都被规划为一个"社区"单元，每个社区都拥有独立的学校、商业中心和完善的康乐设施。这些社区共同构成了一个具有不同功能的建筑群落，拥有以娱乐休闲为主的独特环境。相关的案例包括欧文社区（位于欧文牧场）、瓦伦西亚社区（位于纽荷尔牧场）和米申维耶霍社区（位于奥尼尔牧场）。

图 4.12　雷斯顿的住宅"村落"一隅，它是由私人在华盛顿特区弗吉尼亚郊区开发的一个新城，后来成为 20 世纪八九十年代在大都市区的边缘地区建设社区的典范

4.3.3　郊区生产和消费区域

始于"二战"前"填充年代"去中心化压力的持续存在，高速公路、更大载重量和更快速的卡车，以及更大生产规模的工厂和仓储空间，都需要更大面积和价格更为低廉的场地，而这些只能在郊区的土地上才能实现。虽然重工业通常都位于铁路沿线老旧且偏远的工业卫星城，但大多数工业生产的布局已开始变得比较"松散"，企业只要能够说服当地政府划出土地用于工业发展，就可以就地设厂开展生产。主要交通干道的沿线地带迅速成为企业设厂的重要场所，主要交通干道的交叉路口是第二种类型，开发商建设的工业园区是第三种类型（见图 4.13），而机场周边地区则是第四种类型的工业集中地。

地理学家艾伦·斯科特曾经将都市区的生产区域描述为"马赛克拼贴"，在这种马赛克式的区域中，任何一种要素都由特定或混合式工业土地利用类型组成，包括各种类型的工厂、仓储区、相关的办公区，以及面向工人的零售店和其他服务业 [6]。大规模产业集群的另一个重要特点是，公司之间的业务联系网络使得多家厂商聚集在一个工业综合体内，如位于洛杉矶郊区奥兰治县的航空和电子中心城。

人口和工业的分散化带来了零售业与办公业功能的变化。高速公路刺激了一个具有催化作用的新要素的发展，即综合购物中心。高速公路为新的大型购物场所必需的通达性提供了解决方案，使得各式各样的专卖店和高档零售店可以入驻大型购物中心。到 1957 年，美国大都市区周围分布有约 2000 个购物中心，这一数字到 1965 年增长到 8240 个，到 1970 年增长到 12170 个，而到 1980 年则超过了 22000 个。一些主要的百货公司分店进驻到大型购物中心，其中的连锁分店主要服务于中产阶层。与此同时，一些服务于周边地域居民的小型独立商店或特许经销店则关门停业。到 20 世纪 80 年代中期，除了机动车辆和汽油等商品外，大约 55% 的零售活动都是在购物中心进行的 [7]。

图 4.13　法国巴黎郊区的一个工业园区

4.3.4　中心城区的土地利用

郊区化的另一面是中心城区的相对衰落和中央商务区（CBD）的形成。不仅都市区制造业出现了去中心化，而且整体经济结构也发生了变化，从过去位于城市中心区的传统工业转移出来。1953—1970 年间，纽约市丧失了 20.6 万个制造业就业岗位，费城丧失了 10.2 万个就业岗位，圣路易斯丧失了 6.1 万个就业岗位，波士顿丧失了 3.0 万个就业岗位，而巴尔的摩则丧失了 2.5 万个就业岗位。随着批发业和零售业就

业岗位的丧失（例如，纽约和费城各自丧失了2.6万个零售业和批发业岗位，波士顿丧失了2.1万个，圣路易斯丧失了1.4万个，巴尔的摩丧失了0.5万个），全国各地的中心城市也出现了类似的情况。这些数字通常高于白领服务业工作岗位的增加。同时，白领就业者更愿意选择居住在郊区、工作在城区，而不愿意居住在老旧的城区。因此，城市中心区的人口开始减少。

中心城区就业条件和人口密度的变化，导致了土地利用和城市形态的急剧变化。老旧的厂房和仓储区被废弃或推平，铁路轨道和货场被分割，贫民窟被清除，与此同时，新的办公街区拔地而起，但它们通常并不建在原来废弃的土地上，因为白领服务业的区位要求不同于传统制造业。CBD内集聚了办公街区的摩天大楼，而老旧的工业区则破败不堪。无人居住的贫民窟和废弃的房舍（见图 4.14）造成了城市中心区大片土地的闲置。

图 4.14　就像这栋位于宾夕法尼亚州费城的废弃公寓楼一样，废弃的中心城区会把这种"衰败"氛围传染到周围地区，导致投资者不愿意进行再开发，甚至导致私营和公共部门的撤资

其他两个因素也造成了城市中心区的衰落。为了建设穿越城区的"放射状"道路系统，需要 61～91.5 米宽的道路用地。为了尽量减少对商业区或居民区的影响，道路一般穿过低收入阶层社区或废弃开阔空地、公园与河道沿岸（见图 4.15）。因此，至 20 世纪 60 年代末，社会骚乱和暴动（见第 15 章）进一步破坏了中心城区的大片闲置空地，结果就是人们所说的美国"面包圈式城市"（环状郊区包围着空洞的中心城区）。

就像许多这类特征一样，"面包圈式城市"只是一种夸张的说法，它仅反映了城市中最具戏剧性和象征性元素的变化。虽然 CBD 的重要地位相对有所下降，但 20 世纪五六十年代的城市中心区大格局相对来说并无太多变化，仍然是零售和商业活动的中心地带。与此同时，城市的格局还是出现了一些明显的调整。在与 CBD 相距最近的较高社会阶层居住的郊区，高收入阶层的公寓住宅和宾馆开始取代了高大陈旧的住宅楼，出现了住宅区与 CBD 核心区的同化。当 CBD 沿着这个方向缓慢发展时，那些被遗弃区域中的老旧旅馆就沦为了带有家具的出租屋，商店也随之易手。军需用品店、当铺和假发店取代了小裁缝店；出售廉价小物品、被烧坏物品和流行音乐的店铺取代了五金店和杂货店。

更广义地讲，"二战"后福特式城市的形成可视为工业城市扩展和演进的结果，CBD 被工业化元素和国际化元素所渗入，中心城区开始进入市区的复兴（见第 10 章）和升级（见第 9 章）；扩展的都市区外围形成了新的产业空间，导致了"外城"节点的开发。

图 4.15　这张佛罗里达州迈阿密市的照片清楚地显示了州际公路对城区的侵入式影响

4.3.5　城市人口与社会变化

随着经济、土地利用和其他方面的变化，人口和社会也开始出现了一些重大变化，随之

而来的是城市化模式的变化。人口变化最显著的标志是称之为婴儿潮一代的成熟。婴儿潮起源于 1945 年后出生率的明显增长，在 "二战" 刚刚结束后的相对稳定时期，美国与欧洲的人口实际是同步增长的。随后，因 20 世纪五六十年代早期社会经济的富足，使得那个时代的人们更早结婚、更早生育和拥有更大的家庭，婴儿潮得以维持一段时间。约在 1964 年，由于避孕药的出现，导致生育控制和家庭规划更加有效，婴儿出生率就突然降了下来。之后，20 世纪 70 年代的经济衰退和接踵而来的盛行于八九十年代的物质文化，使得婚姻和生育延迟，家庭成员减少，婴儿潮随之终结，随之而来的是 "婴儿荒" 的一代。许多城市（尤其是在西北欧）的自然人口增长率几乎为零（见城市观察 4.4）。同时，在 20 世纪 60 年代中后期，价格低廉且高效的避孕用品在人们社会观念的根本转变中，也扮演了重要的角色。人们性行为观念的变化导致了婚姻观和家庭观的变化，而这些观念的变化很快就带来了家庭形成模式的变化，进而直接影响了住宅空间的需求，以及与之相关的从学校到收容所等各种城市服务的需求。

城市观察 4.2　加拿大的城市体系

《经济学人》杂志智库专栏在 2010 年发布的全球 140 个最宜居城市排行榜中，将温哥华排在第 1 位（见图 4.16）。该排名依据 5 项指标为每个城市打分：社会稳定、医疗条件、文化与环境、教育、基础设施。排名前十的城市中，有 3 个加拿大城市、3 个澳大利亚城市和 4 个欧洲城市，依次为温哥华、维也纳、墨尔本、多伦多、珀斯、卡尔加里、赫尔辛基、日内瓦、悉尼和苏黎世。排名 29 位的匹兹堡市是美国排名最靠前的宜居城市，这很好地说明了这座城市从重工业时代开始以来所发生的巨大变化。排名靠前的城市往往是发达国家的中型城市，其人口密度较低。在这类城市中居住的人们既能享受到丰富多彩的文化和娱乐设施带来的愉悦，又远离了大城市（如排名 51 位的伦敦和 56 位的纽约）的高犯罪率和基础设施问题。

加拿大城市体系的最初发展，是在对法国和英国的大宗商品（毛皮和木材）出口这样的外部需求推动下形成的，如万斯的商业模型（见第 3 章）所描述的那样。后来，随着工业化的发展和国家丰富的资源，城市体系［沿南部工业走廊（加拿大人所称的 "主街"）分布的主要城市，如多伦多和蒙特利尔］逐渐扩展和成长[8]。

直到今天，大部分加拿大人仍居住在距离美国边境 320 千米以内的地区。1988 年的加美自由贸易协定使得城市进一步向南部集中，尽管加拿大政府努力使工业在整个国土内的布局更加均衡。例如，加拿大政府试图使轿车装配工业扩展到南安大略轿车生产区（包括温莎和滑铁卢）以外的努力，最后以失败告终[9]。最近，在去工业化的大趋势下，特别是 1994 年北美自由贸易协定（NAFTA）签订后，大量的工业外包到了墨西哥，且随着全球化的加深，进一步外迁到了遥远的中国。在许多城市，随着服务业特别是管理和营销等商业服务的增长，传统制造业的衰落因此得到部分补偿[10]。这将成为加拿大几个最大城市的经济增长点，这些城市因移民带来人口增长、城市扩张，而移民是推动加拿大人口增长的主要因素，并且很快将成为唯一因素。实际上，多伦多这样的大城市以其多元化的文化、完善的族群社区和环境而著称[11]。

图 4.16　加拿大温哥华市，在《经济学人》杂志智库专栏 2010 年发布的全球 140 个最宜居城市排行榜中位居第 1。在这类排名居前的城市如温哥华中，人们既能享受到丰富多彩的文化和娱乐设施带来的愉悦，又远离了大城市如伦敦和纽约那样的高犯罪率与基础设施问题

婴儿潮一代和城市文化　上述这些社会变化是以早期婴儿潮时期出生的年青一代为中心的。20 世纪 40 年代末出生的他们在 60 年代中期进入大学。他们成长在战后经济繁荣的大背景下，主张性开放、毒品和摇滚乐的新自由主义。这种自由主义促成了他们对"富裕社会"[12] 的表面满足与僵化且普遍的反叛情绪（"富裕社会"是 J·K·加尔布雷斯对那一时期社会的称谓），这种反叛由于民权运动和对 60 年代末美国卷入越南战争的不满而激化。由此引发了一场伴随激进的政治议程、追求自由与自我实现的强烈集体主义的城市反文化运动。

在 20 世纪 70 年代的美国，婴儿潮时期出生的巨大人口数量造成了空前激烈的社会竞争，人们不得不面对来自劳动力市场和住房市场等方面的压力。住宅价格飞涨工资却原地踏步。与此同时，出现了更多的单身家庭、人口数量少的家庭以及更多女性当家的家庭，这些新的家庭模式伴随社会观念的改变使得家庭数量增加，并因此导致对住房空间的更激烈的竞争。新的家庭模式、更多女性进入劳动力市场（20 世纪 60 年代社会变革的另一大产物）以及经济衰退加剧等因素结合在一起，进一步加剧了劳动力市场的竞争。

1973—1983 年，美国 35 岁以下年轻人当家的家庭年收入中位数下降了 11%，其中最大的受害者之一就是 20 世纪 60 年代后期的改革论者和集体激进主义者。自由主义让位于保守主义，现世的功利心态掩盖了探索和解放精神，而自我实现的人生哲学则被抑制，同时一种更为自私、自恋和物质化的文化却被培养起来，即被戴维·布鲁克斯描述为享乐主义和攀比型消费的"天堂魔幻"。这一转变给城市带来的变化，将在本书余下的大部分章节中加以诠释。对于城市体系总体状况最为重要的是，婴儿潮一代，同之前经历了经济重构时期的一代人一样，用自己的行动说话，他们从那些经济前景渺茫的城市中迁出，搬到对他们最具吸引力的阳光带城市，因为这些地区拥有不断扩张的高科技和国防经济，而十大"失败者"城市都位于传统的制造业城市。

老龄人口　现在已经进入 21 世纪初，美国 7600 万的婴儿潮一代已步入 40～60 岁的中年，他们的生活较为稳定，很少移民，处于中产阶层，是挣钱的最好时期，但他们将很快进入退休阶段。主要得益于私营与公共部门养老金计划的大幅改善（发生在繁荣的 20 世纪 60 年代），与他们的前辈相比，这一年龄段的老年人进入退休时期将更加富裕。由于经济保障加上因房价暴涨给房主带来的高额收入，许多老年人（但并非全部）有能力迁往"颐养天年之地"，在这些地方，城市化已经发展到了相当规模（通常都由老年人口的移民推动），出现了一些退休年龄人口比重较大的城市（如弗拉格斯塔夫、亚利桑那、那不勒斯、弗罗里达、美特尔海滩、南卡罗来纳州），并随之带来了当地经济的发展、政治和生活质量的变化。直到近期出现的全球金融危机和住房危机才使得情形有所改变。

年轻一代的重担 "生育荒"一代，即 1965—1980 年间出生的一代人，对城市化模式和城市文化也产生了重要的影响。这代人也被称为 X 一代，贴在他们身上的文化标签是"懒人"，因为他们之中的一些名人如最著名的涅槃乐队的库尔特·科班等，就是与车库摇滚乐及其所代表的反体制态度联系在一起的。在 1981—1995 年间出生的人被称为 Y 一代（新千年一代、回声潮一代、i 一代或网络一代），与 X 一代或婴儿潮一代相比，他们可能更加不努力和拜金[13]。"城市字典"网站最近增加了一个新词 Slackoisie，其定义是"自恋的年轻专业人士，经常抱怨工作，对长时间工作持批评态度，极度自以为是和强调自我权利。"然而，随着婴儿潮一代走向退休，X 一代和 Y 一代必须"接力"。婴儿潮一代的庞大人群数量（连同较高的收入以及与他们资历相关的福利）将会影响到 X 一代和 Y 一代的税收与医疗负担，以及其他福利成本，进而影响到他们的职业前景和工作的流动性。

新移民 移民人数的增长是对美国城市化模式具有重要意义的另一个人口变化趋势（尽管出现了全球金融危机）。最初，移民增长的主要原因是在 1965 年废止了由 20 世纪 20 年代移民法提出的移民人数上限和配额制度。即使不考虑非法移民数量（国土安全部估计在 1100 万左右），在过去的几十年里，移民人数大约占了城市体系人口增长的 1/3。与早期移民潮形成鲜明对比的是，20 世纪 70 年代以来的新移民主要来自南美洲和亚洲而非欧洲。2009 年获得合法永久居住权的 1130818 名移民中，40%来自拉丁美洲，36%来自亚洲（包括俄罗斯），仅有 9%来自欧洲。

同时，随着许多早期欧洲移民在美国社会的立足，他们的后裔开始搬出原来大都市区的核心地区，城市的种族构成随之发生变化。现在，柬埔寨人、哥伦比亚人、古巴人、多米尼加人、海地人、牙买加人、韩国人和越南人的聚居区，构成了许多美国城市中马赛克式的多元社区，置换或填充了从前移民潮形成的种族聚居格局。但是，这些新移民的目的地与早期移民的目的地之间存在显著的差异。纽约一直以来都是吸引移民的强力"磁体"，每年都有大量合法永久居住移民将大都市区选做最理想的居住地。如今其他重要的"磁体"包括西海岸、西南地区和东南地区的大都市区，历史上这些地区吸引的移民数量较少。以移民数占总人口的比例来衡量，新移民对洛杉矶和迈阿密的影响最大，而在传统的移民目的地中，纽约、华盛顿特区、芝加哥和波士顿是仅剩的仍然位于十大最大移民比例之列的大都市区（其余的城市为旧金山、休斯顿、达拉斯和亚特兰大）。简言之，新移民潮存在高度的差异化，并产生了巨大影响。第 12 章中更加详细地讨论这一主题。

城市观察 4.3 啃老的一代：为什么是我们？

在当今这个由媒体驱动的世界中，2011 年 1 月 31 日 ABC 家庭频道播出了电视剧《希腊人》的第 4 季第 5 集，这一集讲的是大学毕业生的失业问题，主题为"来来回回的家"。剧中，女生联谊会的阿什莉·霍华德和刚从虚构的 CRU 大学毕业的学生们正在努力面对离开大学舒适的象牙塔进入职场的残酷现实……阿什莉最好的朋友，联谊会的姐妹凯西·卡特赖特劝她现在就要考虑什么是最适合她的，并且接受任何有收入的工作。但阿什莉还没有准备好放弃她对事业怀有的梦想……我们这一代一直被灌输着这样一种思想：只要我们努力地工作和学习，长大后就能做我们想做的任何事情……于是我们上大学、努力学习，可是现在却毫无用武之地……这种对现实痛苦而真切的认识迫使众多新千年一代的青年放弃他们的梦想，搬回父母家，接受任何有薪水的工作。[14]

"二战"结束后，年轻人离开军队，开始工作和成家，之后出现了婴儿潮一代。现在，许多年轻人在大学毕业后，由于在严峻的就业市场中找不到工作，同时还背负着高昂的学生贷款和信用卡债务，不得不搬回父母家生活，于是就有了啃老族。根据 2010 年皮尤研究中心的报告，在 18～29 岁的年轻人中，有 37%或者失业，或者退出就业市场[15]。2009 年毕业的大学生平均要负担 24000 美元的学生贷款[16]。因此，当美国劳工联合会－产业工会联合会（AFL-CIO）的调查发现每 3 个年轻工人（不到 35 岁）中就有一个住在父母家时，我们不应该感到惊奇[17]。

4.4 经济危机、重构和新城市形态（1973 年至今）

4.4.1 经济危机和城市困境（1973—1983 年）

"二战"后，美国和西欧的经济繁荣时期在 20 世纪 70 年代初戛然而止。1973 年 10 月阿以战争导致阿拉伯国家对美国和其他西欧国家强制实行石油禁运，之后 OPEC 将油价提高了 4 倍，因此对美国经济体系所带来的冲击加剧了一系列长期的结构性经济问题，其结果是美国经济再次陷入经济滞胀时期。

20 世纪 60 年代，美国制造业的生产力年均增长率为 2%～3%，70 年代后期已经跌至 1%以下。70 年代末，美国家庭收入的实际购买力只比 10 年前增长了 7%。1970—1983 年，美国工人的平均周薪（以不变美元计）从 375 美元跌至 365 美元。20 世纪 70 年代后期至 90 年代中期，美国工人的平均周薪（以不变美元计）一直持续下跌。70 年代早期的失业率维持在 4.5%左右，到 1974 年上升到 8.5%，1982 年达到顶峰（近 10%）。20 世纪的美国在 1971 年首次出现贸易逆差，之后仅在 1973 年和 1975 年为贸易顺差。至 1983 年，美国的人均 GDP 排名已经滑落至瑞士、日本、挪威、瑞典和芬兰之后。

造成 1973 年石油价格提升 4 倍的 OPEC一广泛被认为是这次经济低迷的始作俑者。然而，事实上能源价格的突然上涨只是使得正在危害美国经济发展的一系列长期趋势得以加速显现。此次由于日本和欧洲企业不断渗入美国市场，以及来自新兴工业化经济体即 NIE（如中国台湾、墨西哥、中国香港和韩国）的低劳动力成本的竞争，美国市场需求下降和通货膨胀（滞胀）的形势变得更加恶化。与此同时，也开启了向新技术体系的转变。如同前面的转型期一样，许多基于新技术和开发新能源的新产业对环境提出了新的要求。适应了"原有"工业大环境的城市此时经历了经济和社会断层带来的冲击。

上述变化导致的经济危机对城市体系产生了巨大影响，美国的企业决定做出努力来适应新的经济形势。10 年间的企业重组和重新布局加速了就业岗位从中心城市的传统工业环境中（尤其是制造业带的城市）分离出来，同时刺激了拥有更低廉土地、劳动力和更低地方赋税的阳光带城市发展的新空间。

城市观察 4.4 当代欧洲的城市化 [18]

对许多到过欧洲的游客来说，最令他们感到惊奇的是，欧洲城市的老城区通常见不到摩天写字楼和高层公寓楼。欧洲的城市早在钢筋混凝土建筑和电梯出现使高层建筑成为可能之前就已经很发达了。为了减少火灾的蔓延，工业化时代的建筑设计规范要求建筑物保持在 3～5 层的高度。巴黎于 1795 年规定建筑物的高度不得超过 20 米，其他大城市也在 19 世纪规定了高度限制。直到今天，建筑物的高度仍是有限制的，只有在城市的重建区或城市边缘地区才能见到高层建筑，例如巴黎的拉德芳斯（见图 4.17）。摩天大楼也出现在某些特大型城市如伦敦的中央金融区。在之前的欧洲社会主义国家中，由于不存在土地私人所有，因此就没有城市土地市场。直到最近，最高的建筑物通常都是共产党和国家行政机构的大楼、宏伟的"人民议会厅"和电视塔等。

只要看一眼欧洲的地图，就能发现每个国家都形成了自己的首都城市和城市体系。历史上，特别是在工业化时期，农村到城市的移民曾经是城市增长的最重要因素。不过，这种形式的国内移民在欧洲已经基本停止。并且，随着近几十年来出生率的大幅下降，欧洲城市的增长在全世界属于最慢之列。

图 4.17　拉德芳斯的一座现代拱形建筑，位于以凯旋门为代表的低层建筑为主的巴黎市中心的边缘，它是作为法国首都城市的商业区而专门建设的边缘城市

即便如此，随着交通与通信基础设施的发展，欧洲的城市已经开始向外扩张并且合并成大都市区。欧洲现在有大约 50 个人口超过 100 万的大都市区。德国的莱茵-鲁尔大都市区的直径约有 110 千米，从西端的杜塞尔多夫和杜伊斯堡延伸到东端的多特蒙德。荷兰的兰斯台德都市区的直径与此相差不大，位于人口稠密的马蹄形区域，北端为乌得勒支和阿姆斯特丹，西端为海牙和鹿特丹，东南端为多德雷赫特。这两个大都市区之间相隔只有 100 千米，最终可能合并成为一个举足轻重的欧洲都市区中心。伦敦和纽卡斯尔之间的大都市区形成了另一个英国的连片都市区。

欧洲的城市区是在多种空间尺度下运行的城市网络的一部分。从 1989 年开始，之前位于铁幕两侧的城市的相互联系增强了。欧盟国家日益加深的政治和经济一体化已经对欧洲城市体系的发展产生了影响。例如，欧盟内部国家之间贸易壁垒的消除和欧盟经济的国际化带来了某些边界地区的人口增长。城市增长区横跨荷兰与德国之间、意大利与瑞士之间以及南莱茵地区的法国、德国和瑞士之间的边界。

欧洲的城市通过贸易和其他机制与全球经济的主要城市地区发生联系。欧盟内部的众多城市构成了国际贸易体系的一部分（不断发展的欧元区），它有将近 5 亿人口，国民收入总额超过了美国。

在欧洲的一些城市中，驻有许多主要国际机构的总部，其中大多数国际机构是"二战"后为了促进经济、政治或军事合作而建立的。日内瓦是联合国在欧洲的主要中心。巴黎是经济合作与发展组织（OECD）和欧洲航天局的总部所在地。维也纳是石油输出国组织（OPEC）的总部所在地。一些重要的决策机构位于欧盟的"首都城市"中：布鲁塞尔（设有许多官方机构，包括欧盟理事会和欧洲委员会）、斯特拉斯堡（欧盟议会）和卢森堡（欧盟司法院和审计院）。布鲁塞尔还是北约总部所在地。历史上，国际银行与金融中心一直设在伦敦和巴黎，现在还包括法兰克福、苏黎世和卢森堡。法兰克福是德国最具影响力的央行德国联邦银行的所在地，同时也是管理欧元的欧洲央行所在地，这就使得它成为了欧盟的金融首都。

伦敦是欧洲唯一可与纽约比肩的**世界城市**。伦敦和巴黎是世界最强的一些跨国公司的总部所在地。在全球最大的 500 家公司中，有 17 家把总部设在伦敦（占英国的 58%），包括 BP、恒生银行和劳埃德公司。巴黎甚至更多，有 25 家公司（占法国的 64%），包括安盛、克里斯汀·迪奥和威立雅。罗马教廷所在地梵蒂冈在罗马。米兰和巴黎是欧洲的主要时尚和设计中心，而伦敦则是欧洲首屈一指的保险中心。通过最现代的交通和通信技术实现的互联，一些城市的国际地位得到了巩固和加强。高速铁路网强化了伦敦、巴黎、布鲁塞尔、阿姆斯特丹和科隆的优势地位。伦敦、巴黎和阿姆斯特丹是最繁忙的空港。

同时，经济衰退带来的政治回应是从凯恩斯主义坚决地转向了宏观经济管理，带来了大都市管理观念的重大变化。1973 年后经济衰退的加剧，不仅使越来越多的家庭生活更加艰难，同时也使得在政治上和经济上对 20 世纪 60 年代轰轰烈烈开展的福利项目继续提供资金变得越加困难。以 1978 年加利福尼亚州的 13 号提案和 1980 年马萨诸塞州的 2½号提案为开端，引发了纳税人的"起义"，在选举中获胜的政治家提出，凯恩斯主义不仅带来了不合理的高赋税、过度臃肿的政府机构以及对普通民众工作和储蓄的阻碍，而且助长了对社会问题群体的软弱态度。这是从 20 世纪中期追求平等的自由主义向新自由主义的意识形态转变的一部分，而新自由主义最早的标志是英国的玛格丽特·撒切尔政府（1979—1990）和美国的罗纳德·里根政府（1981—1989）。

杰米·佩克和亚当·蒂克尔将这一过程总结为从"退回式"新自由主义到"铺开式"新自由主义的结合。"退回式"意味着放开金融和工业、取消公共房屋计划、私有化公共区域、削减再分配福利计划、剥离中央和地方政府多项传统的调节和监管职责、限制工会和政府机构的权力与影响力，以及削减对道路、桥梁和共用事业的实体基础设施投资。

"铺开式"新自由主义包括建立公私合作伙伴关系（PPP），推动中心城区的中产阶级化，设立自由贸易区、企业区和其他开放区域，在土地利用规划决策中坚持"最高最佳使用"原则，以及政府服务的私营化。布伦纳和西奥多认为，新自由主义对于都市发展的真正目标已变成"将城市区域作为市场导向的经济增长和精英消费行为的平台[19]"。

这样的结果在"掏空"中央政府能力的同时，迫使市一级政府不断从创业的角度来寻求就业机会和提高税收，政府的支出向企业倾斜，并且在规划方面也以房地产保值为导向。同时，城市规划的实践也开始偏离理论，并且与广义上的公共利益背道而驰：务实地根据经济和政治的局限进行调整，而不是致力于通过理念的进步来实现变革。公私合作伙伴关系已成为实现变革的标准机制，并且以零打碎敲的方式取代了规划的战略作用。

从企业的角度来看，许多大型公司采取了一系列的措施应对滞胀危机，包括重组生产过程、排除已有设备中的重复劳动、重新安排任务分工、关闭或调整在高成本地区的活动、在低成本地区（通常为海外）投资新的设备以及在非制造业部门进行多元化投资。在此次危机中，受影响最为严重的经济部门当属传统制造业，而影响最为严重的城市则为专业化制造业中心。在经历了"二战"后的区域去中心化之后，制造业带又跌入了以**去工业化**为特征的加速下滑期（见图 4.18）。作为去工业化象征的俄亥俄州扬斯敦，1977 年由于坎贝尔钢铁公司的倒闭，一夜之间就损失了 1 万多个工作岗位。在 20 世纪 70 年代，底特律失去了多达 16.6 万多个工作岗位（相对 1970 年，就业量损失将近 30%），同时附近的弗林特也失去了将近 1.6 万个工作岗位（损失为 23%）。

图 4.18　这个上锁的大门成为了去工业化的象征。照片摄于密歇根州威克索姆，它是一家于 2007 年关闭的通用汽车工厂

如此规模的去工业化带来了一系列恶性循环问题，即一种负面的循环累积因果效应（见图 4.19）。工厂倒闭导致附属产业就业岗位减少，这些又带来了零售业和个人服务业的不景气。失业和**不充分就业**导致了人们收入的降低和贫困度的增加，继而造成人口外迁。住宅和基础设施的老化、计税基数的疲软都透露出社区的日渐衰落，也就意味着城市政府没有能力维护或改进公共服务设施。一些城市由于税收的损失，加之基础设施维护和为民众提供服务和便利设施需求的增加，产生了财政危机，使城市面临破产的威胁（见第 10 章）。所有这些因素造成了令人气馁的投资环境，只有等到人们的工资和土地价格下跌到某一程度而出现某种**比较优势**时，转机才可能出现。然而，许多城市逐渐变得极不景气，生活于其中的民众也日益沮丧。

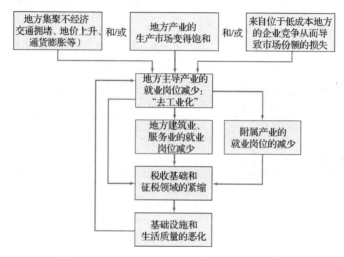

图 4.19　去工业化和经济衰退期的螺旋式下行

但将 1973—1982 年这 10 年描述成绝对的经济黑暗期可能也是一种误导。有些经济部门还是比较繁荣的，例如，1973 年和 1979 年石油价格分别提高 4 倍和 2 倍时，石化公司就创造了巨额利润。但是，由于多数经济部门无法提供诱人的投资前景，结果导致了典型的**生产过剩危机**，表现为同时并存的劳动力过剩、货币资本过剩和生产力闲置。

4.4.2　经济重构和新都市形态（1983 年至今）

正如经济和城市发展的前几个时期一样，新技术对于美国和欧洲的经济结构调整起到了至关重要的推动作用。自 20 世纪 80 年代开始，出现了三项非常重要的"宽容性技术"或**使能技术**：

- 生产过程技术，如电子控制生产装配线、自动化机械工具、机器人、计算机缝纫系统等，这些技术增加了生产过程的可分离性和灵活性。企业如今可以更轻易地从劳动力和土地成本的地域选择中获益。
- 交易技术，尤其是基于计算机技术的实时库存控制系统，增大了企业在区位和组织方式上的灵活性，使得企业可以在需要时直接购买原材料、零部件和信息，削减了大量调节性库存储备。
- 流通技术，如通信卫星、光纤网络、微波通信、电子邮件及宽体喷气式客机等技术，减少了配送的时间和成本，随着商业活动范围的扩展，开拓了更广阔的市场空间。

由于新的流通和交易技术使得大型企业有可能利用区位和组织方式的灵活性，因此在国内和国际范围内出现了大都市之间新的**劳动分工**。要特别强调的是，这些新技术的"时空压缩"效应反而强化了地域的重要性。空间阻碍的减小放大了各地区土地和劳动力市场的细小差别，因为新技术使得这些差别可以被迅速地利用。因此城市体系变成了一个劳动力、资本、管理、生产和消费的持续变化组合。同时，变化速率的加快，也带来了一些可能会影响到城市社会稳定性、公民忠诚度和人们存在感的严重问题（见第14章）。

城市观察4.5　澳大利亚的城市

　　澳大利亚人绝大多数居住在东部、东南部和西南部沿海地区约200千米长的狭窄条带区域内，包括悉尼、阿德莱德、墨尔本、布里斯班和珀斯等大型城市（见图4.20）[21]。沙滩在澳大利亚人的身份认同和娱乐活动中（包括日光浴和冲浪）有着特殊的地位。远离海岸的区域，居住点则非常稀疏，内陆的沙漠区尤为如此[22]。

　　进入20世纪50年代后，虽然大型城市的人群和商业活动开始向郊区分散，澳大利亚中心城市却从没有经历过与美国中心城市同等程度的投资缺口、基础设施老化和种族隔离等问题。同时，近期的经济转向商业和专业性劳务以及其他服务业如旅游业的调整，进一步强化了澳大利亚CBD的企业主导地位。

　　城市快速路系统和环线道路系统的相对缺乏，阻碍了澳大利亚边缘城市的发展。同时，尽管存在郊区化过程，但放射状的交通网络助长了中心城市活力的维持，推动了近期的城市复兴。与美国形成对比的是，针对澳大利亚城市相对严格的规划条例也对边缘城市的发展有所限制。澳大利亚的政府规划机构严格管理了城市扩张和城市廊道开发的土地释放量。此外，澳大利亚政府通过明确"中心区"的位置和土地出让，限制了已建城区边缘之外的某些投机的商业开发。

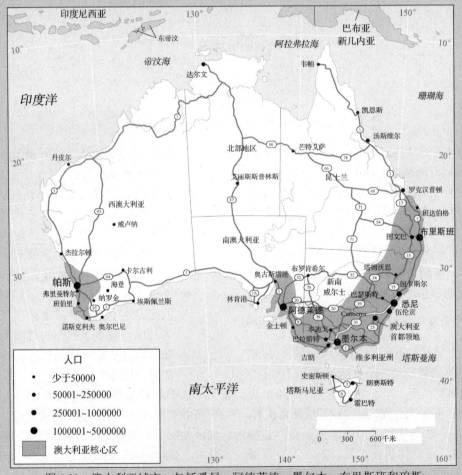

图4.20　澳大利亚城市，包括悉尼、阿德莱德、墨尔本、布里斯班和珀斯等几个最大的城市。澳大利亚的大部分人口都居住在沿海地区

　　这并不意味着经济结构的调整并未对澳大利亚城市产生影响。然而与美国城市所不同的是，澳大利亚去工业化的冲击力范围不大，以至于严重影响了"二战"后郊区工业化的发展。特别是对悉尼、墨尔本和阿德莱德等城市郊区的中心地区和远郊的影响尤为严重，这些地方过去曾提供了传统的制造业就业岗位，也曾有为产业工人和他们的家庭所开发的公共住宅。如今，这些公共住宅，以及在公共移民安置住所周围大面积的廉租房，接纳了相当部分的近期移民，他们中的许多人是从东南亚来澳大利亚的偷渡客或政治难民。但是，种族居住隔离在澳大利亚的程度并不像美国的底特律、密尔沃基等中心城市那么极端。

　　和美国城市一样，伴随着经济结构的转型，澳大利亚也经历了就业和收入的两极分化过程。但是，与美国城市发展趋势不同的是，在澳大利亚的城市中，商务和专业化服务就业岗位的增加与非常强劲的财富集中化相关。澳大利亚城市的一个特征就是高水平的住宅再投资伴随着城市近郊的高档化过程（见图 4.21）。

　　自 20 世纪 70 年代以来，随着澳大利亚的城市日益融入区域和全球城市网络，国家和州政府采取了新自由主义的发展战略，复兴老工业区的景观和城市中心区的滨水地带（见第 11 章）。如国家的"更美好城市"计划纳入了城市基础设施和其他项目的战略投资，以促使像悉尼这样的大城市在太平洋地区分享到更大份额的资金流量，并进一步提升其世界城市排名。但就美国、英国的新自由主义政策而言，"更美好城市"计划中的公私合作伙伴，以可负担住房条件为代价，推动了高档中心城区的复兴计划，即中心城区的奢华公寓、豪宅和节日集市。

图 4.21　悉尼罗克斯的高档住宅。罗克斯是澳大利亚最早的欧洲移民聚居地。与高档化相关的高额住房再投资一直是澳大利亚中心城区的不变特征

　　都市间新劳动分工的最重要方面之一涉及专业性服务和商业化服务的定位，而这些服务业增长已成为高端的和目前全球化的资本转向的主要部分。尽管这一增长大多发生在大都市区域，但最高比率的增长却出现在中等规模的都市区。同时这些增长的大部分都已地方化和专业化。例如，波士顿已成为计算机和数据处理服务、工程咨询、研发实验室的主要中心；华盛顿特区已成为管理咨询服务业的集中地；圣何塞成为人力资源服务、研发实验室、计算机和数据处理服务的集中地；罗莉-达勒姆、奥斯汀、奥兰多则是与高科技产业有关的就业集中地；亨茨维尔、科罗拉多斯普林斯和诺福克是研发实验室和与军事活动有关的私人专业化和商业化服务的集中地[20]。

4.4.3　世界城市

　　从 20 世纪初到 20 世纪 50 年代，在美国和西欧，城市体系的特征体现于大型传统制造中心的主导地位，而今专门服务业特别是生产服务业的都市区的关键作用成为了资本全球化时代城市体系的特征。随着全球化资本的发展，那些与全球经济体系紧密结合在一起的城市（虽然不必是最大的城市）被人们称为世界城市。**世界城市**一词由城市规划的先驱人物帕特里克·盖德斯于 1915 年提出。盖德斯用这个词来强调那些汇集了非常多全球商业活动的少数城市的突出地位。

　　世界城市一词实际上先于当今的全球化过程出现，这一事实说明了空间相互依存的变化本质。在资本主义早期（见图 1.5），世界城市的主要作用包括贸易的组织和殖民、帝国及地缘政治战略的实施。17 世纪的世界城市有伦敦、阿姆斯特丹、安特卫普、热那亚、里斯本和威尼斯。到了 18 世纪，巴黎、罗马和维也纳成为了世界城市，而安特卫普和热那亚的影

响力下降。随着工业革命的开始，柏林、芝加哥和曼彻斯特这样的城市也成为了世界城市，而威尼斯和里斯本则变得不那么突出。

自20世纪70年代中期以来，世界城市的主要作用与贸易流程及帝国权力部署之间的关联度下降，而更注重跨国公司组织、国际银行与金融、时尚、设计和媒体以及国际机构的工作。世界城市已成为各种金融与投资的组织、信息流和文化产品的创造和管理等相关活动高度集中的地区，这些活动共同支撑了世界经济与文化的全球化，包括新殖民主义和后殖民主义的过程。

世界城市架起了全球和地区之间的桥梁。它们具备经济、文化与机制方面的工具，能够将国家和州级的资源纳入全球经济体系中，同时又将全球化的活力回传到国家级和州级的中心。在这一过程中跑在最前面的城市，尤其是伦敦和纽约，被社会学家萨斯基娅·萨森称为"世界城市"。萨森观点的核心是，先进的商业服务和设计服务的聚集倾向于活力会产生独具特色的集群与区域，这样的集群与区域会成为影响力和创新能力的发生地（见图4.22）。同时，一些重要的社会因素会使这些集群得到强化，如与客户之间的人际交往、工作之余的饮酒和聚餐，重要的专业人士可借助这样的环境获得新的机会，谈论产品和实践信息，跟进各自公司的内部政策等。

但世界城市体系不只是小伦敦们和小纽约们的集合。任何一个世界城市都是一个前沿的经济功能的混合体，而不一定只是先进的生产性服务。同时，正如地理学家彼德·泰勒指出的那样，世界城市存在于一个复杂而多层次的网络中。例如，其中一层网络可能由航空公司、电话和互联网系统等基础设施构成，另一层网络由在全球范围内开展业务的两家公司和多家公司之间的关系构成；还有一层网络则由作为世界城市特征的独特集群和商业特区内部的社会与经济关系构成。

在日益互联互通的世界里，许多"普通"城市已发展出了某些世界或全球城市的属性：在信息和通信技术、医学工程、生物工程、媒体行业

领域的创新性生产集群环境；跨国公司组织内的小规模集中环境；国际银行与金融业，时尚、设计与媒体，国际非营利机构和政府机构。

图4.22 英国伦敦的白领们

利用在会计、广告、银行/金融、保险、法律和管理咨询领域的全球性服务企业的办公网络数据，泰勒和其同事确定了世界城市网络的总体整合水平，并对最高一级的世界城市进行了分类（见表4.1）。伦敦和纽约相互紧密联系，并且两者都与整个世界城市网络具有最紧密的联系。香港已成为整合程度第三高的城市。值得关注的是，除纽约外，列入表4.1中的美国城市只有芝加哥和洛杉矶。美国的城市在世界城市体系中所展现出的整合水平一直低于人们的预期，这主要是因为先进的商业服务在美国国内的市场非常大。这就意味着国外的公司很难渗透到美国市场，他们往往只在纽约设立为客户服务的代表处。这还意味着，美国的商业服务企业由于背靠很大的国内市场，全球扩张的动机并不强。

这些世界城市不仅在经济和人口特征上经历了重大变化，外在的城市面貌也发生了很大的变化。这些变化包括高档化、品牌社区、大规模城市改造项目、标志性建筑物，以及专门针对具

有高端符号化内容的商品和服务的"符号区域"，如旗舰店、购物广场、店中店、高端餐厅、咖啡馆、画廊、古董店和奢侈品零售店等。

表 4.1　世界城市的 α 等级

α++	α+	α	α-
伦敦	香港	马德里	华沙
纽约	巴黎	莫斯科	圣保罗
	新加坡	多伦多	苏黎世
	东京	布鲁塞尔	阿姆斯特丹
	悉尼	布宜诺斯艾利斯	墨西哥城
	米兰	孟买	雅加达
	上海	吉隆坡	都柏林
	北京	芝加哥	曼谷
			台北
			伊斯坦布尔
			罗马
			里斯本
			法兰克福
			斯德哥尔摩
			布拉格
			维也纳
			布达佩斯
			雅典
			加拉加斯
			洛杉矶
			奥克兰
			圣地亚哥

资料来源: Taylor et al., *Measuring the World City Network: New Developments and Results,* GaWC Research Bulletin 300, 2009; http://www.lboro.ac.uk/gawc/rb/rb300.html.

世界城市因其特定的商品、商业服务和与之相联系的公司而具有了特定的城市形象，并从中赢得了巨大的比较优势，如纽约的广告与金融业，伦敦的建筑、保险和银行业，巴黎的时装业，新加坡的物流，米兰的设计等。这些良好的形象通过媒体和电影的强化和放大后，形成了对竞争对手的进入壁垒。同时，成功的城市所带来的财富又帮助它们拥有了高端消费蒸蒸日上的环境，并进一步成为世界潮流的引领者。当然，世界城市的这些正面形象与它们的"前台区域"紧密相关，如金融区、文化区、设计区、娱乐区和符号区这些与国际接轨的主要环境。而世界城市的"后台区域"则较少得到宣传和记载，如高档化的社区、新波西米亚区和"普通"社区，以及与此相关的差异化、多样化和不平等问题。

4.4.4　全球化和城市变化

交通、信息、通信技术的网络化基础设施，例如电话系统、卫星电视、计算机网络、电子商务以及企业之间的网络服务，对于城市化与全球化之间不断增强的紧密关系来说至关重要。根据联合国人居署的报告[23]，信息和通信技术主要从以下 3 个方面加速了全球城市化的进程：

1. 信息与通信技术使得专业化的城市中心能够利用其高附加值服务和高科技制造业，将其影响力、市场和控制力拓展到地区、国家、国际甚至全球范围的广大区域。

2. 为了保持竞争力，全球经济创新的成长速度、复杂性和风险都需要科技基础设施以及与之相关的知识技术导向型文化的相对集中与聚集。

3. 都市区的市场增长在很大程度上驱动了对信息和通信技术的需求。世界城市，由于其现代化的文化、资本的集中、相对较高的人均可支配收入以及国际导向型公司和机构的聚集，在驱动网络化的信息和通信基础设施的创新与投资中，发挥了非常重要的作用。

与支撑此前各阶段城市化的早期技术体系的基础设施网络相比，现在的信息和通信技术不再由某个特定地区拥有、运营和控制，而由**跨国公司**依照国际市场标准进行设计、资助和运营。这些关键的网络化基础设施已与城市发展的区域过程相互分离，其影响极不均匀，进而导致了人们所称的"数据鸿沟"，因为它只选择性地服务于特定地区、特定城市和特定类型的都市环境。地理学家斯蒂芬·格拉汉姆和西蒙·马尔文将这一新趋势称之为**碎片化城市**[24]。

碎片化城市的特征是强烈的地域差异化，某些城市或城市的某些部分以差异化且快速变化的方式，进入前所未有的、日益复杂的经济技术交流系统中。传统的城市化模式被新的驱动力所覆盖，这一全新的驱动力主要是一些超紧密联系的人群、企业和机构的聚集体，他们通过互联网、移动电话、iPad、卫星电视以及各种信息服务的便捷接入，实现了无处不在且快速发展的宽带连接。我们可以辨识出"碎片化城市"所产生的几个独特的城市形态类别：

- 位于世界城市和主要区域中心的国际银行、金融和商业服务的聚集地，例如位于下曼哈顿、伦敦城区、法兰克福、香港和吉隆坡的商业区。
- 互联网和数字多媒体技术开发聚集地，大多位于发达国家的世界城市。例如旧金山城市中心区的 SOMA（南市场街）"多媒体谷"和纽约的"硅巷"（曼哈顿 41 号街南部）。
- 高科技产业创新的科技城市和集群，出现在发达国家世界城市（如伦敦、巴黎和柏林）外围的大学校园式郊区地带、发达国家的新兴和重建工业区（如南加州、德国南部的巴登符腾堡、法国的罗纳-阿尔卑斯）、新兴工业化国家中崭露头角的高科技生产和创新空间（如印度的班加罗尔、马来西亚吉隆坡南部的多媒体超级走廊等）。
- 为**外国直接投资**制造业而设置的地区。这些地区一般具有特定的基础设施、畅通的开发审批程序以及税收减免政策，甚至在一些地区对劳动力和环境方面的限制条件可以网开一面。这样的地区在发达国家的经济衰落区域已经出现过（如英格兰的北部和美国的部分制造业带），但更主要的是位于欠发达国家主要城市的市区或周边（如巴西的阿雷格里港和巴拉那已吸引了外资汽车制造商）。
- 后端办公区、数据处理、电子商务和呼叫中心的聚集区。这些已经出现在发达国家的传统工业城市（如美国的罗

阿诺克和英国的桑德兰）以及新兴工业化国家的许多城市，尤其是在印度、菲律宾和加勒比海地区等。
- 独具特色的物流园区。世界范围内主要城市的空港、通商口岸及**出口加工区**都是某个特定的聚集区。在这些地区，商品、货物和人群的精准且快速的流动，通过不同的运输模式得以协调和管理。

这些城市空间和环境通过复杂动态流的相互联接，成为了经济全球化空间相互关联的关键因素。它们被嵌入了这样的区域和都市中，其经济基础源于早期的技术体系，其社会文化结构源于更传统的根基。其结果是在世界上的许多地区，碎片化城市的当地效应正在改变着土地利用和空间规划的传统模式。

4.4.5　多核心都市

在 20 世纪中期之前，城市和大都市格局是通过土地竞争的结果和聚集与分离的环境过程来确定的，城市是紧密围绕着居于主导地位的中心商业区和交通枢纽区（见图 3.36）而逐步发展的。之后，城市的发展作为由于汽车带来的移动性增加和平等自由主义的兴盛两者结合的产物（以联邦政府大规模公路建设和住房贷款保险、通过城市高速公路而联系在一起的半自治区域的发达城市圈），取代了传统的中心城市和郊区之间的核心-边缘关系。每个城市圈往往具有半独立的功能，土地利用模式多样化，人口为 17.5 万～25.0 万。每个城市圈都有零售业、商务区和居住区，同时还有商务和零售的聚集区，为当地大多数市民提供了集中活动的场所。因此，大都市区的大多数居民除了因为一些重大体育赛事、大型演出等前去中心区外，平日里与中心城区并无太多相干。

城市观察 4.6　日本城市：东京和东海道大都市带[25]

　　"二战"后的数十年里，日本经济的惊人增长刺激了急剧的城市化发展过程。1950—1970 年，居住在 5 万以上人口城市中的居民比例从 33%上升到了 64%，总的城市化率达到了 72%。伴随着城市人口的爆炸式增加，大城市的数量和规模急剧增长。自 1970 年以来，城市人口仍在持续增加，但增速已大大降低，至 2010 年城市化率达 86%。

日本城市景观的一个显著特征是，主要城市在并不大的区域范围内进一步聚集。东海道大都市区容纳了约 9000 万人口，占日本总人口的 70%。该大都市区包括以下 3 个城市产业区：京滨地区（东京-横滨），将近 3500 万人口；阪神地区（大阪-神户-京都），超过 1800 万人口；中京地区（名古屋），将近 900 万人（见图 4.23）。

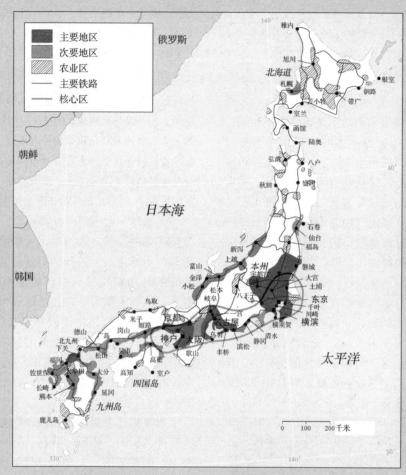

图 4.23　东海道大都市带。日本城市景观的一个显著特征是主要城市在并不大的区域范围内进一步聚集。东海道大都市带约有 9000 万人口，占日本人口的 70%，它由东京-横滨、大阪-神户-京都和名古屋 3 个主要的城市产业区组成

日本的城市体系包括以首位都市东京为核心的首都圈地区和遍布日本各地的其他地区。在 20 世纪 50 年代末至 70 年代初日本的快速城市增长期，大量的人口从农村向大城市迁移，尤其是向东京迁移。之后，农村向城市的人口迁移中，迁入东京的人口持续增加，因此也影响到了整个国家的人口迁移。

"二战"后即刻着手的东京城市发展规划并未得以全部实施。之后，城市经历了非常杂乱无序的增长，出现交通拥堵，城市布局没有章法。总之，城市的增长主要围绕着关键的次中心如新宿、涩谷（一个边缘城市，现在是城市政府所在地），以及沿主要交通干线（铁路和高速公路）从千代田区（帝国宫殿的历史核心区）向外辐射。

与美国许多城市截然不同的是，东京的 CBD 始终处于公司主导地位的角色。即使在中等收入阶层开始向周边地区分散以寻求可负担住房的时期，情形也依然如此。20 世纪 80 年代地价的螺旋式上升导致了 90 年代的经济衰退。在东京工作的人们每天乘坐世界上最繁忙、最拥挤的快速公交系统上下班，平均单向通勤时间为 2 小时。

　　2011 年 3 月 11 日发生在仙台的 9.0 级地震、海啸以及受损的福岛核电站，给居住在东京东北方向不到 320 千米的人民生活带来了严重破坏。据初步估计，对道路、房屋、工厂和基础设施造成的损失超过 3000 亿美元，因此其已成为世界上损失最惨重的自然灾害。东京市政府针对地震有应急预案，包括将市民疏散至大型公园等露天场所，如果发生海啸则疏散到更远、地势更高的地方。日本政府还针对地震区域制定了严格的建筑规范，并且采取了公共教育措施。然而，假设仙台的地震发生在东京，考虑到首都城市和整个大都市区密集的人口、国家的政治中心和繁忙的商业中心，那么地震灾害的生命财产损失将大大超过仙台地区。

　　如今，都市的传统模式已成为历史。地理学家皮尔斯·路易斯创造了**星云状都市**一词，用来描述因全球化资本下的碎片化都市导致的分离且分散的城市景观特质。星云状都市区碎片化而多中心，并且具有混合密度的、前所未有的城市形态与功能并置的特点。其主要特征是边缘城市，即由购物商场和写字楼组成的郊区核心，有时边缘城市的光芒甚至会使主城区黯然失色。边缘城市坐落于都市区外围的购物和办公区的节点集聚区，通常坐拥主要机场的中枢位置，有时也紧邻高速铁路站点，往往与城市快速路系统相连。典型案例包括华盛顿的杜勒斯走廊（见图 4.24）、伦敦的希思罗区、芝加哥的奥黑尔区、阿姆斯特丹的史基浦。结果是多中心都市区结构的出现，并且在全球范围内已有许多变体。

图 4.24　边缘城市的一个例子：华盛顿特区大都市区，它是从泰森斯角到杜勒斯机场之间的开发走廊的一部分

　　地理学家米切尔·迪尔强调：

　　现在已经不是由市中心来规划城市的边缘和不发达地区，而是由边缘地区决定市中心保留什么

的问题。碎片化的必然趋势已成为当代城市的主要驱动力……在当代的城市景观中，"城市中心区"实际上已经成为碎片化城市的外在表现，往往作为在意身份认同与传统开发商和政治家们的一种事后想法而嫁接到城市景观之上。在与去中心化无关的城市化过程中，"郊区化"的概念已然变得多余。[26]

　　爱德华·索雅用"外都市"一词来描述当今城市化的一些关键因素，包括边缘城市的扩张和与全球化相关的外部力量重要性的增强。传统的都市结构模式和传统的概念，包括城市、郊区和大都市等，已迅速成为社会学家乌尔里希·贝克称之的"僵尸术语"，这些体现从 19 世纪到 20 世纪后期人们经验的术语，已然成为分析性的类别，依旧左右着我们的观念，有时会使我们忽略当今正在发生的变化的要义。[27]

　　为了描述不断演进的城市化结果，出现了大量的新词汇，如后郊区化、郊外住宅区、外都市、繁荣郊区、大郊区、**隐形城市**、高新技术区、技术郊区、普通城市、卫星城扩张和购物中心-公寓城（见城市观察 4.7）。"都市郊区"一词描述的则是，位于郊区和远郊区的居民区与写字楼和高端零售业充分交织在一起的形式。同时，多中心都市则是一个包容性的词，因为典型的城市区经历了扩展和重塑，能够包容由五六个或更多的城市圈，同时甚至多达 50 种不同类型和规模的、物理上分离但功能上相互联系的节点中心构成的相互依存和日益复杂与广泛的网络格局（见图 4.25）。[28] 多中心大都市通过城市高速公路、干线公路、环形公路和州际公路相连接，本身在功能上已合并形成"巨型都市区"，并主导了国家经济发展（见图 4.26，同时参见城市观察 4.6）。的确，全球最大的多中心都市区已成为一个"160千米城市群"（都市区横跨 160 千米范围的地域），包含了由城市快速干道连接在一起的，由中心城市、城市圈、卫星城、繁荣郊区、办公园区（"无边界城市"）和远郊组成的松散联合体。

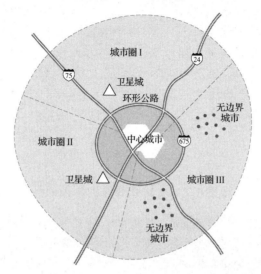

图 4.25　20 世纪变化的都市格局

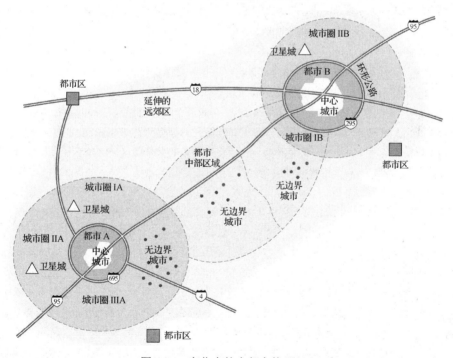

图 4.26　变化中的大都市格局

4.4.6　郊区的结束

都市区规模和结构经过长期的发展演化，城市功能被分散到了去中心化的整个城市地域中，郊区已不是传统意义上的郊区。同时，许多中心城市所谓的"中心"作用也仅局限在地理意义上，它们的经济和人口重要性与周边的城市圈相比已黯然失色。因此历史学家罗伯特·菲什曼认为"郊区"已经走到尽头[31]。

另一方面，中心城市不再是独一无二的"城区"。中心城市不仅经历了持续的去工业化过程和就业岗位及人口的去中心化过程，同时由于选择性再投资的进入，扭转了一些衰落区域螺旋式下行的走势，保护和保存了一些过去时代的城市遗迹，并且在曾经衰落的地区中引入了居住和混合功能的开发模式。中央商务区也经历了选择性的经济活动再中心化过程，因此带来了城区的复兴和新楼宇的建设高潮。

近年来，中心城市土地利用变化的关键之处是，与高端商务服务业相关的熟练就业岗位的增加，如广告业、银行业、保险业、设计业等，弥补了去工业化和零售业的去中心化过程中所减少的半熟练制造业岗位。就业岗位的变化和相应家庭结构的变化将在第 12 章详细分析。在此，我们应认识到，正是高端商务服务业公司填充了 20 世纪八九十年代城市高速建设时期兴建的办公空间，也正是这些公司的员工刺激了中产阶级化和城市历史保护（见第 13 章）的进程。

城市观察 4.7　从繁荣郊区到萧条郊区？[30]

从 1985 年到 2000 年后期次贷危机出现的这段时间里，美国都市区人口达到了两位数的增长，在都市区周边约有 10 万平方千米的农田和空地被开发，总面积比印第安纳州还大。

在这一时期，美国的多中心大都市的标准就是**繁荣郊区**，即具有最快增长速度的城郊辖区，通常坐落在美国西部环绕大都市区的州际环形公路沿线。繁荣郊区与传统的中心城市或早期的卫星城不同。虽然它具有住宅、零售、娱乐和写字楼等城市的大多数功能要素，但其布局不同于传统的城区形态。例如，繁荣郊区总是缺乏一个密集的贸易中心。因此，繁荣郊区与传统城市的差异更多地不在于功能，而在于其低密度和松散配置的空间结构。

弗吉尼亚理工学院都市研究所的罗伯特·郎给出了繁荣郊区的定义：繁荣郊区人口要过 10 万，在其所处的大都市圈里不是最大的城区，并且在近数十年里人口增长率超过两位数。虽然繁荣郊区遍布美国，但主要在西南部，并且有将近一半在加利福尼亚州（见图 4.27）。在超过 50 个的繁荣郊区中，最著名的是亚利桑那州的梅萨，它比传统的大城市如明尼阿波利斯、迈阿密和圣路易斯等都大。得克萨斯州的阿灵顿是第二大繁荣郊区，城市规模略小于匹兹堡，但比辛辛那提略大。即使是较小的繁荣郊区，例如亚利桑那州的阐德勒、内华达州的亨德森也都超过了传统的中等规模城市，如田纳西州的诺克斯维尔、罗德岛州的普罗维登斯和马萨诸塞州的伍斯特。

在繁荣郊区的发展过程中，城市化进程从快速增长到回落再到数月内回升，产业发展升级和城市化使得农村土地逐渐变成住宅小区、公寓楼群、荒凉的支线公路、大卖场、停车场、写字楼区和大型仓储式超市，其土地开发的特色是条带形的发展。在这些条带形区域的后面，是大街区的以单亲家庭为主的居住区。如同建筑师雷姆·库哈斯所说的"千篇一律"的郊区市容，大多数的建筑和城市设计缺乏特色。由于投资的快速回报和使用上的弹性要求，大多数的商业建筑呈现简易的块状箱式结构，除一些高档奢华住宅区外，规模经济造成了各方面的蛋糕模具式建设，以至于庞大但品味极差的建筑和巨无霸豪宅成了城市建设的标准。

近来的经济萧条和次贷危机使美国近半数的繁荣郊区从几十年来的两位数增长突然急刹车。对于最近几年中人口不断减少的繁荣郊区，现在也许应该考虑把"繁荣"两字用"萧条"来代替。现有 15 个这样的繁荣郊区，包括华盛顿州西雅图附近的贝尔维尤、佛罗里达州罗德戴尔堡附近的科洛尔斯普林斯、加州洛杉矶附近的富勒顿和科罗拉多州丹佛附近的雷克伍德，由于近年人口的减少导致总人口增长还不到 10%，繁荣时期正在走向终结。"他们将不再是'繁荣郊区'的状态"，罗伯特·郎说，"这也许标志着美国的环境发生了实质性的转变，已经不能指望郊区在传统的城市里继续发展了。""具有讽刺意味的是，如果它们想要发展，就必须作为城市来发展，这已和它们起初之所以变得这么大的初衷背道而驰了"，罗伯特·郎最后说。

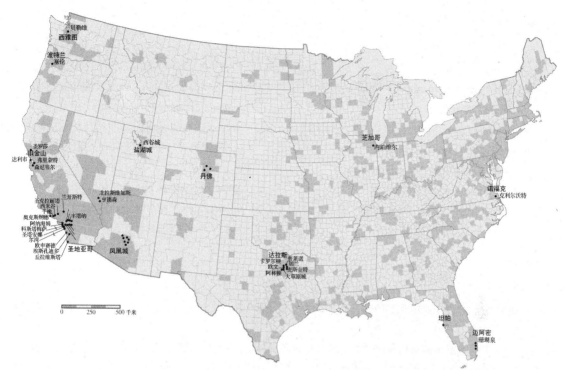

图 4.27　美国的繁荣郊区分布图。该图反映的是 2000 年时人口超过 10 万的 53 个繁荣郊区的空间分布状况，这 53 个繁荣郊区都不是所在都市圈中的最大城市，且在 20 世纪 80 年代和 90 年代人口增长率维持在两位数水平

这些变化带来了中心城市面貌的很大转变。当一些去工业化或零售业去中心化的地方缺乏重新焕发生机的机遇时，城市企业家就会介入，策划大规模、混合利用开发的途径来提升城市形象，吸引其他形式的开发资源。众所周知的案例有巴尔的摩的港口区、迈阿密的港湾区、新奥尔良的滨河路、萨瓦纳的滨水区、波士顿的昆西市场、西雅图的先锋广场和纽约的南街海港区等（见图 4.28）。

但在这些开发项目中，即使最大规模和最壮观的项目也遭遇到了融资难的问题，一方面是因为这类项目本身的高风险性，另一方面则是因为城市间过度建设的投资形成了激烈的竞争。同时，向服务业和信息经济的根本转型已在中心城市造成了大量的土地利用冲突和社会紧张局势。这些内容将在随后关于政治（第 10 章）和规划（第 11 章）的章节中详细介绍。

图 4.28　纽约市南街海港，众多高楼耸立的"主题市场"之一。通过滨水区域和历史建筑，营造出满足人们购物、散步和安全需求的氛围，吸引当地居民和外来游客

关键术语

annexation　合并

balloon-frame construction　轻型框架结构

boomburb　繁荣郊区

civic entrepreneurialism　城市企业家

cumulative causation　累积因果

edge city　边缘城市（或卫星城）

enabling technologies　使能技术

galactic metropolis　星云状都市区

greenbelt cities　绿带城市

metropolitan consolidation　大都市区合并

regional decentralization　区域去中心化

"roll-back" neoliberalism and "roll-out" neoliberalism　"退回式"新自由主义和"铺开式"新自由主义

splintering urbanism　碎片化城市

urban realms　城市圈

world cities　世界城市

复习题

1. 画图说明离你最近的都市区自 1950 年以来的中心城市和郊县人口变化情况。在图上标出你认为出现这些趋势的原因。

2. 更新资料夹。本章中的素材和信息非常适合使用各种地图来描述。例如，你可以选择你最了解的城市，在手绘、GIS 或电脑绘制的城市地图上，标出主要产业区、购物中心、商业街、郊区中心、主要高速公路，如果地图范围足够大，甚至可标出城市圈。人口、就业和失业数据在大多数图书馆和网络上都可以找到。然后可以设计一些地图、统计图表和曲线图，用以更新和详述不同城市的变化历程。以上这些主题是各类政府机构（特别是美国人口普查局和美国劳工部）网站上经常出现的内容。例如，《美国人口统计》杂志就提供了最新的人口变化数据。同时，在日常阅读中，应注意收集主要报纸和商业杂志上与这些主题有关的报道。尝试使你的资料夹具备均衡的内容和独特的视角。

3. 选择你居住的城市或感兴趣的美国城市，研究其就业结构。利用美国人口普查局网站的人口普查数据，创建一个各行业的就业文件夹，用表格或图表对这些数据进行总结分析。请问关于城市体系层次的城市功能，这些数据给出了哪些信息？

4. 思考你日常生活所依赖的城市之间在全国乃至整个世界范围的经济联系。例如，看看你所穿衣服的标签，它们的生产过程涉及多少个不同的地方？它们是如何到你手中的？每件商品在当地是什么价格？

第三部分 **3**

城市化和欠发达国家

自 20 世纪 60 年代以来，蕴藏着丰富石油与天然气的国家如阿联酋、科威特、沙特阿拉伯、巴林和卡塔尔等，迅速成长为一个全新的城市集团。照片所示为阿联酋的迪拜摩天大楼和骆驼赛场。

第 5 章

欠发达国家的城市化

从地理学角度看，当代世界城市化的最显著特征是，美国、英国、日本和澳大利亚等发达国家与拉丁美洲、非洲和亚洲等欠发达国家之间在发展趋势和发展前景上存在巨大差异。1950 年，只有不到 60% 的城市人口集中在发达国家。此后，随着大部分欠发达国家人口的大量增长，世界城市人口增加了近 4 倍。如第 2 章所示，欧洲经济发展与工业化很大程度上取决于对其他区域和人民的剥削。因此巩固这种关系的劳动力国际分工不可避免地从根本上影响了欠发达国家城市化的模式与进程。虽然每个国家由于不同的内部和外部因素经历了不同的城市化历程，但对于欠发达国家的人们来说，现在一个急需解决的问题是过度城市化问题，即城市扩张大大快于就业和住房增长的过程。

5.1 学习目标

➤ 通过发达国家和欠发达国家间的对比，描述当前的城市化趋势和前景。

➤ 解释人口变化、进城移民和极高的自然增长率如何共同促进欠发达国家的城市增长。

➤ 描述促使欠发达国家的人民和家庭从农场和乡村迁往城市的动机。

➤ 从依赖理论的视角及其对欠发达的概念化，对通向现代化的发展途径进行比较。

➤ 解释"过度城市化"的概念，并理解这一现象对生活在欠发达国家城市中的人们的意义。

5.2 本章概述

本章在全球视角和历史背景下考察欠发达国家的城市化。从目前的趋势可以看出，欠发达国家的城市人口增长率差不多是总人口增长率的 2 倍[1]。在世界不同区域的内部和外部之间，推进这种城市增长的因素各有不同。发达国家的城市化很大程度上是经济发展的结果，而欠发达地区的城市化是人口增长先于经济发展造成的。我们试图通过分析过去 50 年来的一些研究结果来解读城市化和经济发展之间的关系，并解释欠发达国家"发展不足"的原因。

城市观察 5.1   达卡服装厂一名年轻女工对美好生活的向往[2]

23 岁的马哈茂德·阿赫塔尔已经历了两种截然不同的生活。16 岁前，她生活在孟加拉国的一个村庄里。在这个包办婚姻仍较为普遍的国家，马哈茂德 15 岁就出嫁，并且很快生下了一个女孩，取名叫塔米拉。在塔米拉降生后的几个月里，由于营养不良、慢性痢疾和缺钙，马哈茂德给孩子喂奶成了问题。由于没钱买婴儿配方奶粉，她只得给孩子喂牛奶和水。孩子哭个不停，不管马哈茂德怎么哄都不行。一天晚上，塔米拉就突然不再哭了。这样的婴儿死亡在孟加拉国这样的穷国发生率很高，出生在最贫穷家庭里的孩子的营养不良率为 60%。

刚满 16 岁，马哈茂德的生活就发生了巨变，她和孟加拉国每年数十万其他农民一样，怀着对美好生活的憧

图 5.1　孟加拉国达卡一家衬衫厂的年轻女工正在工作

憬搬到了首都达卡。她的丈夫已经在那儿找到了工作，还帮她在同一家服装厂找到了一份熨烫的工作，他的工作则是"塑料袋工"，把衬衫包装在运输用的塑料袋中（见图 5.1）。贴有"孟加拉国制造"的衬衫在 GAP、"老海军"和"香蕉共和国"这样的连锁零售店中销售。

我们在农村的生活和现在的生活大不相同，马哈茂德说。我们在农村的时候没有任何收入。我大夫也没有钱。我们买不起足够的食物。现在我每个星期都能吃上肉。我可以买又大又好的鱼。我能买得起各种食物。现在我们可以计划要更多的孩子，在达卡把他们养大。我父亲梦想着我有一天能成为一名律师。我也有同样的梦想。如果我再生一个孩子，也许他（她）长大就能当一名律师。

殖民化和贸易的世界扩张使欧洲人影响了世界的社会与经济。虽然在欧洲人入侵之前不同地区处于不同的城市化水平，但殖民化和工业革命让人们史无前例地聚集在世界上互相依赖的网络化和等级化的城市中。我们使用殖民地城市化的 6 个阶段，来考察世界不同地区这个进程及其影响如何随时间而变化。我们依次研究了商业殖民主义、工业殖民主义、晚期殖民主义、早期独立、新殖民主义以及全球化和新自由主义。这让我们意识到欠发达国家许多城市的人们目前面临的一个亟待解决的问题：城市发展速度超过了工作机会和住房供给的过度城市化问题（见城市观察 5.1）。

5.3　城市化趋势与前景：全球化背景下的欠发达国家

2007 年，城市人口达到了一个里程碑：居住在城市中的人口占比首次超过了 50%。2010 年，世界城市人口已达 35 亿，预计到 2050 年将增加到 63 亿[3]。在世界主要地区中，美国和加拿大是城市化水平最高的地区，超过的 82% 的人口居住在城镇中。非洲（40%）和亚洲（42%）是城市化水平最低的地区（见图 5.2）。

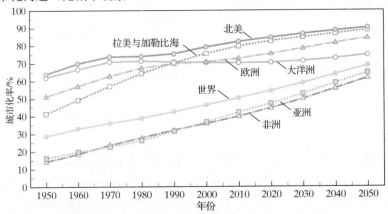

图 5.2　世界主要地区的城市化

把这些数据放在历史视角来看，1950 年不到 30% 的世界人口是城市人口。那年只有 75 个都市区拥有 100 万及以上的人口，其中只有 6 个超过 500 万。到 2010 年，有 442 个都市区拥有 100 万以上人口，其中 54 个人口达到 500 万以上。展望到 2025 年，将有 547 个城市拥有 100 万以上的人口，其中 500 万以上人口的城市约有 75 个。事实上，对不远将来的这种预测是，几乎所有城市的人口增长实质上发生在城市区域。例如到 2050 年，预计超过 69% 的世界人口是城市人口。

从地理视角看，当代世界城市化的最显著特征是，美国、英国、日本和澳大利亚等发达国家与拉丁美洲、非洲和亚洲等欠发达国家之间在趋势和前景上的巨大差异。1950 年只有不到 60% 的城市人口集中在发达国家。此后，随着大部分欠发达国家的人口增长，世界城市人口增加了近 4 倍。实际上，从现在到 2050 年，几乎所有的人口增长都源于欠发达国家，其城市人口预计将从 2010 年的 25 亿增加到 50 亿，即占 2050 年世界城市人口的 83%（见图 5.3）。

1950 年世界 25 个最大的大都市之中，有 10 个在欧洲和美国。到 1990 年只剩下 5 个，到 2025 年将仅剩 3 个。更为甚者，随着最大城市的人口数量增长，这些最大城市的区域也将不断扩张（见表 5.1）。

亚洲有这种趋势的一些突出案例。亚洲已经实现了从许多农村地区到许多城镇地区的快速演变。例如 1950—2010 年期间，亚洲的城市人口增长到了原来的 7.5 倍以上，接近 18 亿人口。到 2050 年，预计几乎 65% 的亚洲人都将居住在城市中（见图 5.2）。

没有任何地方能够比中国更能宣称代表这种快速城市化的趋势。几十年来，中国政府对人们的住所实行了严格的控制。政府通过将人们的工作岗位、学校招生甚至购买食物的权利与户口所在地绑在一起，使得农村居民移居到城镇几乎是不可能的。直到 1985 年，超过 77% 的中国人口仍然居住在农村，而现在农村人口接近总人口的 50%。

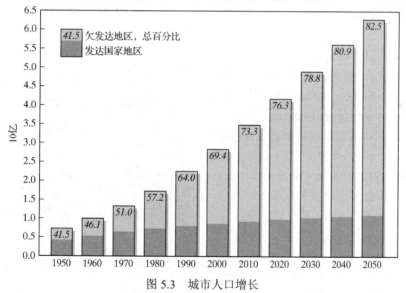

图 5.3　城市人口增长

表 5.1　全球 25 大贸易场所：世界最大的城市化地区，根据人口规模排序（百万人）

1950 年	人口	1990 年	人口	2025 年	人口
美国纽约	12.34	日本东京	32.53	日本东京	37.09
日本东京	11.27	美国纽约	16.09	印度德里	28.57
英国伦敦	8.36	墨西哥墨西哥城	15.31	印度孟买	25.81
法国巴黎	6.52	巴西圣保罗	14.78	巴西圣保罗	21.65
俄罗斯莫斯科	5.36	印度孟买	12.31	孟加拉达卡	20.94
阿根廷布宜诺斯艾利斯	5.10	日本大阪	11.04	墨西哥墨西哥城	20.71
美国芝加哥	5.00	印度加尔各答	10.89	美国纽约	20.64

续表

1950 年	人口	1990 年	人口	2025 年	人口
印度加尔各答	4.51	美国洛杉矶	10.88	印度加尔各答	20.11
中国上海	4.30	韩国首尔	10.54	中国上海	20.02
日本大阪	4.15	阿根廷布宜诺斯艾利斯	10.51	巴基斯坦卡拉奇	18.73
美国洛杉矶	4.05	印度德里	9.73	尼日利亚拉各斯	15.81
德国柏林	3.34	巴西里约热内卢	9.59	扎伊尔金沙萨	15.04
美国费城	3.13	法国巴黎	9.33	中国北京	15.02
巴西里约热内卢	2.95	埃及开罗	9.06	菲律宾马尼拉	14.92
俄罗斯圣彼得堡	2.90	俄罗斯莫斯科	8.99	阿根廷布宜诺斯艾利斯	13.71
墨西哥墨西哥城	2.88	印度尼西亚雅加达	8.18	美国洛杉矶	13.68
印度孟买	2.86	菲律宾马尼拉	7.97	埃及开罗	13.53
美国底特律	2.77	中国上海	7.82	巴西里约热内卢	12.65
美国波士顿	2.55	英国伦敦	7.65	土耳其伊斯坦布尔	12.11
埃及开罗	2.49	美国芝加哥	7.37	日本大阪	11.37
中国天津	2.47	巴基斯坦卡拉奇	7.15	中国深圳	11.15
英国曼彻斯特	2.42	中国北京	6.79	中国重庆	11.07
巴西圣保罗	2.33	孟加拉达卡	6.62	中国广州	10.96
英国伯明翰	2.23	土耳其伊斯坦布尔	6.55	法国巴黎	10.88
中国沈阳	2.15	伊朗德黑兰	6.36	印度尼西亚雅加达	10.85
合计	108.43	合计	264.04	合计	427.02

资料来源：United Nations, *World Urbanization Prospects:The 2009 Revision,* New York:Department of Economic and Social Affairs, Population Division （*http://esa.un.org/unpd/wup/index.htm*）.

中国如今正在迅速地弥补失去的时光。当已经决定城镇是社会主义体制经济增长的发动机后，中国政府不仅放松了户籍制度的管制，还起草了建立 430 多个新城市的计划。1980—2010 年间，中国的城市人口增长了 2 倍多，从 1.9 亿增长到了 6.36 亿，其中 75 万人口以上的城市从 20 个增加到了 133 个（见图 5.4）。

世界发达国家的城市化水平都很高，并已持续了若干时间（见图 5.5）。联合国的数据显示，比利时和冰岛的城市化比例在 90% 以上，澳大利亚、加拿大、丹麦、法国、卢森堡、荷兰、新西兰、西班牙、瑞典、英国和美国的城市化比例也都超过了 75%。尽管其城市化水平增长率与欠发达国家相比不高，但发达国家的城市人口到 2050 年预计仍将增长到超过 86%。

世界上很多**新兴工业化经济体**的城市化水平也很高（见图 5.5）。巴西、墨西哥、中国台湾、新加坡和韩国的城市化比例都不低于 75%，而且与发达国家相比，这些国家的城市人口增长率也很高。

图 5.4　位于珠江三角洲的中国南方城市广州经历了人口的迅猛增长（从 20 世纪 50 年代的 100 万增加到 2025 年预计的 1090 万），并计划到 2025 年成为世界最大的 25 个都市区之一。在广州繁荣的天河区中心广场上矗立着建筑塔吊，这里正在建设新的摩天办公大楼、公寓楼、火车站、地铁站和体育场

其他欠发达国家的城市人口增长率甚至更高。例如 1950—2010 年间，印度尼西亚雅加达的人口从 140 万人增长到 920 万人，到 2025 年预计达到 1090 万人。同样，在尼日利亚的拉各斯，1950 年的城市人口不足 30

万人，2010 年达到了 1060 万人，预计 2025 年将达到 1580 万人（见图 5.6）。印度的德里、孟买、加尔各答，巴西的圣保罗，孟加拉的达卡，墨西哥的墨西哥城，中国的上海，到 2025 年预计都将成为超过 2000 万人口的大都市（见表 5.1）。

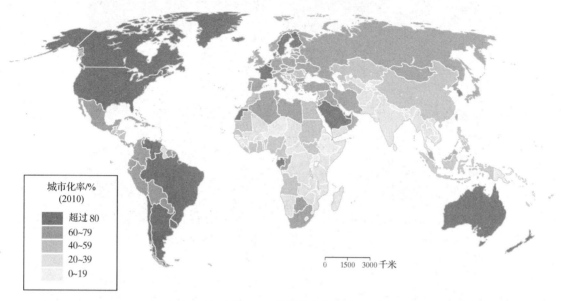

图 5.5　世界城市化

图 5.6　某些欠发达国家的城市化率很高，例如尼日利亚的拉各斯，1950 年的人口还不到 30 万，2010 年就达到了 1060 万，并且预计到 2025 年都市区人口将达到 1580 万

　　许多最大大都市的人口都以每年 4%以上的比例增长。如果用数字来表示，像达卡和德里这样的大都市人口每年增加 50 万人；每周排除死亡和外迁居民，人口增加将近 1 万人。伦敦从 50 万人口增长到 1000 万人用了 190 年；纽约用了 140 年；更近一点，墨西哥城、圣保罗、布宜诺斯艾利斯、加尔各答、里约热内卢、首尔和孟买用了不到 75 年。现在达卡、德里和拉各斯等巨型城市用了一半时间就实现了从 50 万人到 1000 万人的人口增长（见图 5.7）。

图 5.7　孟加拉国达卡市拥挤的交通，这是一座快速增长的大城市

5.4　促进城市发展的因素

在世界不同地区的内部和外部，推动城市发展的因素差别很大。发达国家的城市化很大程度上是经济发展的结果，而欠发达地区的城市化是人口增长先于经济发展造成的。

死亡率比出生率下降得更快（这是欠发达国家人口**转型**的一部分）是一种最新的趋势，这种趋势导致的人口大幅增长超过了工业化或农村经济发展的任何水平。在农村地区，这已经产生了快速增长的人口数量，使得这些地区面临着农业发展的困难。这被称为内爆式的城市化 [4]，在印度、孟加拉国、巴基斯坦、中国、尼日利亚等欠发达国家广大农村地区的就地人口增长几乎不引人注目。这些高密度农村地区的人口密度超过了 380 人/平方千米——这是界定为城镇地区的阈值。

进城移民是指贫困但为了追求更好的生活而移居到较大城镇的农村居民。他们的驱动力源于对就业的渴望，也源于对农村地区常常难以获得的教育、医疗、自来水等种种公共设施与服务的向往。总之，1970 年以来欠发达国家的大城市已吸纳了世界人口中 22 亿城市居民的 90%。

与其说进城移民是被实际的工作和机会吸引，还不如说他们是怀抱着绝望和希望迁入城市的（见城市观察 5.2）。由于这些移民潮的主流是青壮年，城市增长的一个重要的附加效应随之而来——人口的自然增长率较高。大多数欠发达国家城市人口的自然增长率超过了迁入率。平均而言，欠发达国家城市人口增长的 60% 归于自然增长。

政治和环境条件也能推动城市增长。非洲的战争导致了无数难民逃往城市。2002 年科特迪瓦爆发战争后，成千上万的人逃离冲突地区，到达阿比让、大巴萨姆、亚穆苏克罗。来自苏丹、索马里、刚果和埃塞俄比亚的难民离开肯尼亚的难民营，逃往首都内罗毕。逃离饱受战争摧残地区的很多人拒绝由拥挤肮脏的难民营提供的免费人道主义援助，而冒着在城市里遭受迫害和边缘化的风险，寻求更好的生活。但很多难民受到了剥削、骚扰，有的甚至被逼卖淫，生活状况非常糟糕 [5]。在毛里塔利亚、尼日尔和撒哈拉南缘的其他国家，当沙漠扩张吞噬了整个村庄时，荒漠化、过度放牧与政府不作为迫使村民迁往城市。

城市观察 5.2 逃离农村到非洲城市谋生[6]

在 60 年的人生中，12 岁就当母亲、18 岁就当祖母的法蒂玛·雅狄克，一直和丈夫、孩子和家里的那头长角牛一起，在中非共和国的北部过着游牧生活。为了养牛，他们不停地迁徙。一天，他们的颇尔族营地遭到了土匪的袭击，土匪杀害了她的丈夫和所有其他的男人，然后牵走了她的牛。由于颇尔族有牲畜，因此往往成为土匪袭击的目标。

吓坏了的法蒂玛和孩子一起向南逃到了雅洛克镇。在镇里安顿下来后，一家人靠拾柴、卖柴度日。但法蒂玛意识到，要想孩子有前途，他们就必须去上学。"直到现在，我的孩子还没有上过学，"她说："但我们已经没有牛了，他们必须得找工作，这样才能为上学做准备。"

但连年的冲突和暴力已使得中非共和国原本就很脆弱的教育体系破坏殆尽。许多学校被洗劫或遭到破坏，老师们也都搬到了首都班吉。于是，颇尔族的一群家长成立了一个名叫"姆博斯库巴协会"的小型非营利组织，并和其他家长一起创办了"兄弟"学校。学校现在已有 600 名学生，姆博斯库巴协会帮助支付教师的工资，并通过宣传活动鼓励颇尔族的家长把孩子特别是女孩送到学校上学。

5.5 城市化和经济发展理论

纵观历史，城市化与经济发展之间存在着一种联系：城市化水平较高的国家，其经济发展水平也较高（见图 5.8）。但不太确定的是因果关系的方向——经济发展能在何种程度上促进城市化，或者城市化发展到什么程度能促进经济。在发达国家，虽然城市化很大程度上是经济发展的结果，但这是一种互惠安排，即由经济发展驱动的城市化反过来也能刺激经济的进一步发展（见图 1.5）。过去 60 年里，试图解开这种关系并解释欠发达国家城市化与发展不足的研究可分为以下三类。

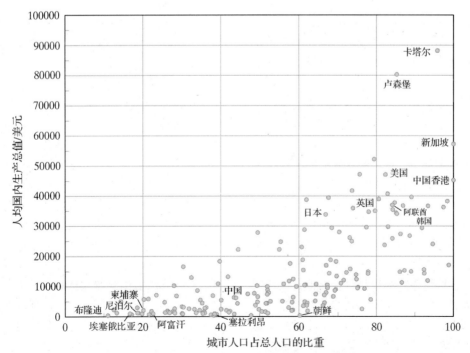

图 5.8 2009 年城市化与经济发展

5.5.1 现代化理论：发展主义方法

20 世纪 50 年代，欠发达国家的发展理念均源于欧洲的经验。这种发展主义方法是由"传统"农村社会向"现代"城市工业化社会转变过程的一种经济转型。罗斯托的经济增长阶段模型等许多模型都属于这种理论[7]。罗斯托模型中包含了欠发达国家达到发达国家经济水平的 5 个必经的连续阶段（见图 5.9）。

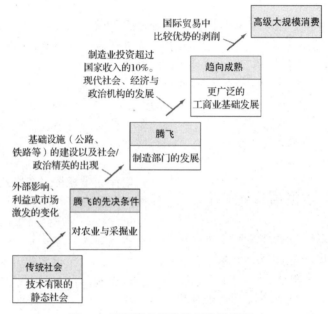

图 5.9   罗斯托的经济发展阶段模型

同理，缪达尔的**累积因果**[8]理论认为欠发达地区的经济应遵循欧洲工业革命时期的城市化模式（见第 2 章和图 2.27）。一个地区的经济增长会触发本地生产者无法满足的对食品、消费品和其他产品的需求。这些需求将为欠发达地区的投资者创造机会；企业家们将充分利用欠发达地区廉价的劳动力和土地资源满足这些需求。如果需求强烈，这些**扩散效应**将促使欠发达地区累积因果地螺旋式向上发展。

缪达尔的影响力模型受到了使用类似逻辑的后继者们的推崇。赫什曼的模型描述了**涓流效应**[9]。佩鲁强调了推进型产业（即经济高速增长地区）的重要性[10]，如工业革命时期的英国纺织业。当推进型产业增长时，其他相关产业也会被吸引，从而产生一系列的**集聚经济**。一旦**增长极**形成，一个城市的增长中心就发展起来了。这些理念从空间上表达在弗里德曼的**核心-边缘模型**[11]中。该模型展示了具有经济优势和增长的一个城市核心区，其周边的农业区域由于靠近核心区而不断发展，但更远的边缘区则处于萧条或衰退状态（见图 5.10）。

虽然这些发展模型过去已贯穿于公共政策和社会实践中，但现在人们认为它们过于简化。它们传承了"发展至上主义"的理念：尽管政治、文化、技术和其他特征有所不同，所有国家和地区要成为"现代"城市工业化社会，都将沿着相同的经济增长轨道行进。发展至上主义的一个重大缺陷是，未能认识到晚起步地区的发展前景，与那些享受早期**先发优势**而不受有效竞争和制约的地区的发展前景大不相同。欠发达的城市和国家必须在拥挤的赛场中竞争，必须克服由那些欧洲和北美地区先行者的成功所造成的重重障碍。因此现代化理论的最大问题是不容置疑的证据：欠发达国家的城市化模式无法遵照发达国家的老路，其城市增长也未产生期望的经济蓬勃发展。

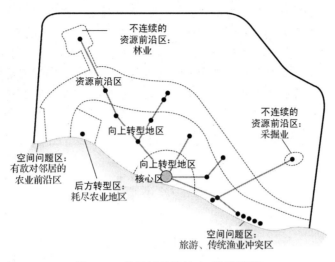

图 5.10　弗里德曼的核心-边缘模型

5.5.2　城市偏向与发展不足

1977 年，万克尔·利普顿在著作《穷人为何愈来愈穷：世界发展中的城市偏向》中创造了**城市偏向**一词 [12]。城市偏向描述的是一些欠发达国家中掌握权力的城市精英如何成功实施有益于城市的资源分配政策。在城市地区集中了资源，城市化率加快了，但是国家总体经济发展却受损；尽管存在进城移民，但很多穷人仍然居住在农村，加剧了城乡的不平等。

虽然这种城乡分割的观点在当时很有影响力，现在却被认为是一种简单归纳法，最多只能描述快速城市化的国家。作为现代化理论的案例，城市偏向理论的缺陷在于忽视了欠发达国家经济发展的国际制约。

数不清的批评性文章认为，发达国家的繁荣取决于世界其他地区的**发展不足**。欠发达国家在世界体系中的角色已经确立（而且被发达国家的经济和军事实力牢牢地控制），不能"参照"发达国家的历史经验。实际上，全球不平等的贸易体系、劳动力剥削和高额利益保证使欠发达国家及其人民变得更加贫穷。

安德烈·贡德·弗兰克等作者并不认同"发展不足是地理上孤立或未能包容西方技术、投资和价值观的结果"。相反，发展不足来自世界上发达和不发达地区之间人们相互关系的不平

等本质。图 5.11 所示是弗兰克所描述的体系。

正如某个时间点的一张世界照片所示，这个模型包含了一个世界大都市（当今的美国）及其统治阶级、国家和国际卫星城市及其领袖——如美国南部各州的国家卫星城市和圣保罗的国际卫星城市。由于圣保罗本身是一个国家大都市，因此模型还包含了圣保罗的卫星城市（如巴西累西腓或贝洛哈里桑塔的省级卫星城市）和区域性与地方性卫星城市。也就是说，拍一张部分世界的照片，我们就能得到一个大都市和卫星城的完整链，它包含有世界大都市、当地商业都市卫星城和庄园或乡村。如果拍一张整个世界的照片，我们就会得到一个完整系列的大都市和卫星城的星云 [13]。

当然，世界经济的不平等本质和一个都市的种种垄断实力，对其卫星城随着时间的推移已经发生变化，如从**商业资本主义**到 19 世纪或前殖民地政治独立后的**工业资本主义**的转变过程。但财富从卫星城向大都市的转移以牺牲其他地区为代价，继续加快着这些地区的人口增长。

弗兰克的方法是依附理论的一个范例，它在解释发展和发展不足的全球模式上影响很大。依附理论本质上阐述的是，发展和发展不足是同一个全球进程的两个对立面：独立的发展是不可能的，因为一个地方的发展要求另一个地方的发展不足。

伊曼纽尔·沃勒斯坦的**世界体系理论**[14]对依附理论提出了质疑：依附理论忽视了欠发达国家之间特征和进程的不同，却过度聚焦于这些国家如何被"锁定"在一个依赖的位置上。按照世界体系的看法，整个世界经济是一个不断演化的经济系统，这个系统是由一个核心、半边缘和边缘构成的国家层级结构。发达的核心国家利用其在世界经济的主导地位剥削边缘和半边缘国家。半边缘国家（如新兴工业经济体）在剥削边缘国家的同时，又被核心国家剥削。对欠发达国家的这种概念化最重要的是，这种层级的组成是可以变化的，从边缘到半边缘和从半边缘到核心的双向运动也是可能的。

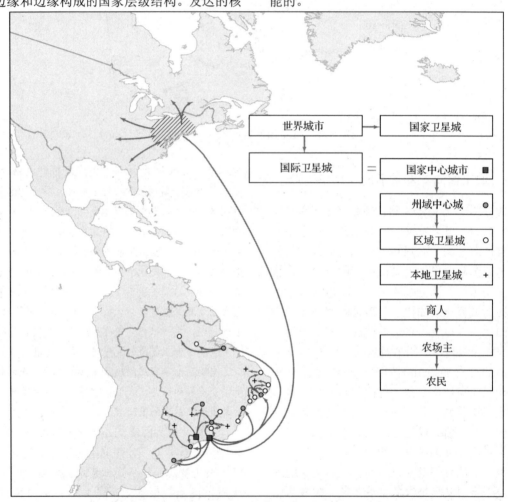

图5.11　弗兰克的依附模型

以城市为研究对象，边缘城市化模型使用政治经济方法，将依附模型和世界系统视角推广到了欠发达国家的国家城市体系[15]（见城市观察5.3）。这个6阶段模型描述了全球经济系统向欠发达国家的扩展如何产生强劲的城市化进程[16]。但这个模型与依附理论一样被认为过于武断；它暗示了将欠发达国家整合到世界经济的过程中，该模型识别出的城市发展相关问题似乎是不可避免的。例如，大卫·A·史密斯写道：全球分级体系中国家或地区之间的结构相似性可能导致平行的城市发展模式。但并非一直这样……真正的挑战在于识别当地的社会关系和产出，与全球政治经济等宏观结构进程的关联方式[17]。

城市观察 5.3　边缘城市化模型

边缘城市化模型描述的是全球生产和贸易体系如何产生一个强劲的城市化进程，这种进程影响着欠发达国家中单个城市或多个城市的居民[18]。

1. 当"传统"农业形式被干扰时，进城移民数量就会增加，这些干扰包括：商业化农业的引入、农村人口的财政税收、手工业的竞争压力，起初是廉价的进口产品，后来是国内制造商的产品。
2. 国内外企业的农村生产活动促进了交通枢纽和市场中心的发展，还推动了国家首都和主要港口城市的快速扩张。
3. 制造业的增长将生产集中于最大的城市中，刺激了国家政府机构的扩张以支持工业化进程，并导致高收入群体聚集于主要中心。
4. 工人们迁往大都市寻求就业机会，他们的劳动和开支支持了进一步的经济扩张。
5. 国家政府支持工业扩张，政府体系通过提供主要城市中心的基础设施和对特定群体的社会服务来得以维持。
6. 随着发展的加速，私人投资开始向外传播，以避免中心城市的土地价格上涨、劳动力成本上升和交通拥堵。政府可能会采取措施鼓励都市的去中心化来鼓励这种分散进程。

5.5.3　欠发达国家的新模式：发展机会

城市化和经济发展的当代视角特征是对早期思路的重大偏离[19]。

首先，依附理论出现了转变，即其研究焦点从欠发达国家发展的国际制约方面转变了。现在的研究重点是发展的国内机会、使用的模型、假设条件和实现目标等，这些都是欠发达国家内部的人员设计的。这种偏移与不断认识到国内发展环境的重要性有关，也和欠发达国家已经存在的经济和文化关系的潜在效益息息相关。

其次，对欠发达国家本土的社会和文化机构作用与经济联系结构等方面的重新重视，导致了对性别差异关注的复苏，即性别差异是如何影响经济发展的，又是如何受经济发展影响的。

最后，欠发达国家在**城市可持续发展**的背景下和全球尺度下，其环境与发展之间的关系正受到越来越多的关注。这代表着一个概念化发展的转变，20 世纪 70 年代以前转变到经济增长和"现代化"，20 世纪七八十年代中期依附理论转变到对环境的重视。

5.6　从历史的视角考察殖民城市化

我们先简单回顾一下欧洲人入侵前的城市化状态，然后再从历史视角聚焦于殖民地的城市化，并考察这个过程及其影响是如何随时间变化的。

5.6.1　遭遇欧洲人之前的本土城市化

首批创建基于城市的帝国的，并不是欧洲人（见第 2 章）。实际上，当西欧在**黑暗时代**处于城市停滞时期时，世界上其他地区正经历着快速的城市化。在欧洲人到来之前，政治、文化、经济和技术都较重要的大型城市体系，已在如今的欠发达国家兴旺起来。

公元 7 世纪以来，伊斯兰影响和穆斯林文化就主导着亚洲西南部的城市。公元 11 世纪到 16 世纪，阿拉伯的影响力延伸到了非洲并横跨撒哈拉沙漠的北部、南部和东海岸沿岸。在西非王国，马里、廷巴克图、延内和加奥等城市在横穿撒哈拉的长途贸易线路上蓬勃发展（见图 5.12）。再往南，摩加迪沙、蒙巴萨岛、桑给巴尔岛、布拉瓦约和大津巴布韦等城市是商业、文化交流、宗教和教育的重要中心（见图 5.13）。

在亚洲，15 世纪和 16 世纪的中国明朝城市文明非常繁荣。在东南亚，早在公元 1 世纪就已发展起来的中心城市沿长途贸易线路而繁荣，通常这些城市是内陆由精神领袖统治的神圣城市，或是沿海或沿河的中心，有的城市人口多达 10 万人。

在中美洲，位于墨西哥中部高地的阿兹特克城市体系是以公元 1325 年后的首都特诺奇蒂特兰为中心的（见第 2 章中的城市观察 2.1）。颜色鲜艳的高耸寺庙和宫殿让 1519 年抵达的西班牙入侵者动容（见图 5.14）。当时这个拥有约 20 万居民的城市比里斯本和塞维利亚还要大。阿兹台克人有一个高度分层的社会，它包括统治者、战士、牧师、有熟练手艺的黄金和金属工匠、商人，以及利用灌溉农业和梯田的农民。再往南，沿智利和哥伦比亚中部安第斯山脉的印加帝国在 15 世纪达到其顶峰。它的首都库斯科有令人印象深刻的古迹和 10 万～30 万的人口。印加帝国是由 170 个行政中心组成的体系，各行政中心由用来运输军队和农产品的精巧道路体系连接起来。

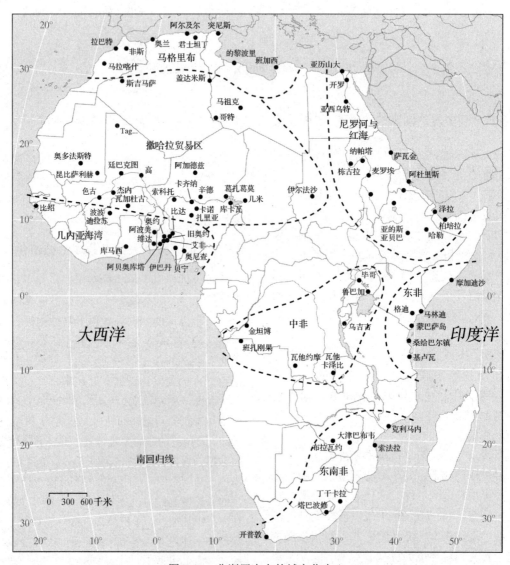

图 5.12 非洲历史上的城市化中心

图 5.13　大津巴布韦，罗兹维-穆塔巴帝国的首都，兴盛期为公元 4 世纪至 9 世纪

图 5.14　特诺奇提特兰（今墨西哥城北）自 1325 年起就是阿兹特克人的首都。当时城内人口数量约为 20 万，是当时世界上最大的城市之一。1519 年西班牙人入侵时，无不为这里高耸、色彩艳丽的宫殿和寺庙如太阳神庙动容

5.6.2　殖民城市化

发达国家的经济发展和工业化，很大程度上依靠的是对其他地区人民的剥削。自然地，这种关系导致的**劳动力国际分工**从根本上影响了世界上欠发达国家的城市化模式和进程。殖民国家在这些地区建立了**门户城市**。在努力对大陆内部建立经济和政治控制时，**殖民城市**被刻意建立或发展成为了管理、政治控制和商业中心。

一种类型的殖民城市是新城市，它"移植到"了以前没有城市居民的地方。这些城市为了明确履行殖民地的职能，对殖民商人、种植园主和政府官员配置了礼仪场所、办公室与仓库；为驻地士兵安营扎寨；为殖民者提供住所。当这些城市出现后，随着被城市就业机会吸引而至的服务人员、文员和搬运工的到来，居住和商业用地显著增加。纯殖民城市成了原定居点，如印度的孟买、加尔各答，越南的胡志明市，中国的香港和澳门（见图 5.15），印度尼西亚的雅加达，菲律宾的马尼拉，肯尼亚的内罗毕等。

图 5.15　澳门，葡萄牙殖民时期的建筑，这座城市是"移植式"殖民地的一个例子

　　另一种类型的殖民城市是嫁接有殖民功能的现有城市，以便利用区位优势和随时都可提供的劳动力优势。例如墨西哥城、上海（见图 5.16）、突尼斯和德里。这些城市中最为明显的殖民印记是城市中心的广场和公共空间、街道布局以及殖民时期的建筑与古迹。这类建筑与古迹包括：教堂、市政厅和火车站；州长和大主教的宫殿；富裕的商人、殖民官员和地主的住宅。

图 5.16　外滩。上海将英国的租界和建筑嫁接到了中国已有的城墙城市中

　　在很多城市的规划和建筑法规中也可发现殖民地的遗产。殖民地规划条例通常与殖民国本身保持一致。因为这些规定基于西方观念，因此往往不适合于殖民地。例如，大多数殖民建筑法规利用西方模式，即在一个居民区建设一栋小型家庭住房，这往往离工作地点有一定的距离。但是这种规定与大家族的需求不符，因为其家庭成员在家族企业进行繁忙的室内经济活动时，传统上工作和居住是在一起的。具有格网式街道布局的殖民规划，不允许混合土地用途的土地利用区划，以及符合欧洲气候的建筑规范，这都忽视了当地社区的特定需求和文化偏好。

　　金[20]提出了一种概念框架，用于分析内外部关系范围内不同时代的不同殖民城市。由于殖民城市的作用和功能可以根据分析的规模而变化，因此有助于使用大量空间制度来考察殖民城市：

1. 城市：城市本身的内部动力、城市功能和形态。
2. 地区：邻近地区范围内的城市——其地区生产体系、贸易关系、定居模式、运输网络和劳动力迁移。
3. 殖民化社会或领土：与殖民化社会或领土有联系的城市——社会分层和文化态度等方面的变化。
4. 大都市实力范围：与殖民的大都市实力范围内有互动关系的城市——通过贸易、投资和殖民政策。
5. 殖民帝国：在帝国内部承担作用的城市——作为行政中心、商业港口或交通枢纽。
6. 世界经济体系：不断变化的全球经济和全球城市体系中的城市及其区位。

对每个有殖民历史的国家，内因和外因导致了不同的城市化经历。时机非常重要——殖民控制被强加在世界各地的不同时期（见图 5.17）。种族和文化的地区差异，城市化的种类和水平，社会、政治、经济体系和环境条件，以及技术水平等，都影响着殖民城市化本身的进展，也影响着这些城市的居民。殖民扩张进入世界特定地区的动机也是一种因素。

西蒙 [21] 用理论阐述了殖民者和被殖民者之间关系的决定因素与演变本质。他明确了殖民和后殖民城市形态的 10 个普遍性决定因素：

1. 殖民的动机：例如贸易（商业主义）、农垦或战略性收购。

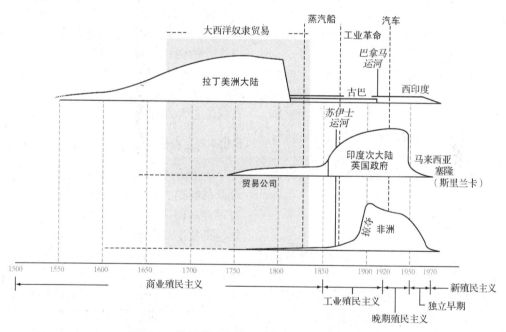

图 5.17　殖民统治与殖民城市化阶段的时期比较

2. 殖民之前定居的性质：例如孤立的村庄或永久的城市中心。
3. 帝国或殖民定居点的本质：例如即使少量长期定居，帝国控制要求有军事保障；殖民主义可能针对长期定居的重要程度。
4. 殖民者和本土人群的关系：例如消灭（澳大利亚和美国）、同化（最初征服之后的西班牙属美洲）或一些调解关系（大部分非洲）。
5. 本土城镇的出现或缺乏：例如过去已有的地区中心被破坏、忽视、新增或融合到一个规划的新城市。在以前没有的地区中心，新的殖民城市建设后，有时只为殖民者，有时为城市不同部分的殖民主义者和本土居民，有时为所有群体因而未正式隔离。

6. 反对殖民斗争的本质，获得最终独立的方式，新领导阶级对现有行政中心（特别是省会城市）的认可程度，既标志着被殖民的历史，也标志着自由和独立的成功。

7. 原殖民地精英保留经济主导地位的程度，或由熟练的外籍人士所补充或取代的程度。

8. 新的国家精英在国家融合、民族与阶级冲突方面的政策，以及国家融入世界经济的本质。

9. 经济功能，包括政府影响各部门的政策，例如私营、国营和非正规部门。

10. 在资本主义扩张政策或一些社会主义中央集权模式下，城市法律体系的改变程度。

虽然不是每个地区都有同样的经验，但在分析世界上不同地区的殖民城市化过程及其影响如何随时间变化时，德雷卡克斯·史密斯提出的5个阶段殖民城市化[22]加上1个阶段的全球化和新自由主义的顺序，是用来考察殖民城市化过程及其影响在全球不同地区随时间而变化的一个有用框架（见图5.17）。

5.6.3 商业殖民主义

为寻找金银等财宝，许多企业家在欧洲之外进行了最初的劫掠[23]。后来他们又将注意力转移到辣椒、丝绸和糖等欧洲贸易体系的贵重商品上。由于商业殖民是私营公司而非国营企业所为，因此未形成广泛的欧洲海外殖民地。这些公司仅能负担定居在现有沿海中心的少量永久代表，因此本土贸易和集散网络得以维持，并被整合到了欧洲贸易新体系中。商业殖民主义的本质随着当地的不同背景变化而变化。拉美地区早期的接触对阿兹台克和印加帝国的人们与城市造成了难以置信的毁坏。亚洲的经验与此不同，因为中国的皇帝不允许欧洲人直接接触中国产地

的贵重商品贸易。

欧洲人的殖民随着利润的增长而不断扩张。公司代表利用军队来控制本土贸易和集散网络，并保护仓库。后来，对品质可靠商品的需求迫使欧洲公司开始针对生产过程本身。例如英国、法国和荷兰等欧洲国家运营的各种东印度公司在这个过程中特别明显。

总体而言，商业殖民时期对单个城市和城市体系的影响有限。欧洲人通常局限于现有城市的小片地区，这些地区已被组织成民族区或职业区。殖民建筑风格在功能上是欧式的，但其设计和材料是本地化的。除了利马、马尼拉和开普敦等这些纯殖民起源的例外居住地，并没有建立新的城市等级体系。

1800年左右，欧洲人对海外商业活动的兴趣淡化，这导致了殖民城市化的转型（造成大部分拉丁美洲地区的独立）。拿破仑战争与很多欧洲冒险家和一些投机资本联系起来。贸易向生产的转移导致各个公司殖民活动的成本大增，迫使英国、法国和荷兰等东印度公司被清算并被政府接管，从而使得欧洲的工业革命获得了更大的利润。

5.6.4 工业殖民主义

19世纪70年代，为了响应欧洲工业革命对原材料的大量需求和不断增长的城市劳动力对食品的需求，欧洲投资又一次转移到海外。随着各国政府在夺取地盘或组织生产方面的介入，欧洲殖民开始对亚洲和非洲的城市与城市体系产生深远的影响。

在殖民城市中，功能和居住的分离愈演愈烈。虽然制造业被加以限制以避免与欧洲出口进行竞争，但仍有大量的商业和服务业部门服务于殖民政权的贸易与消费需求。功能划分的依据是阶级和种族。欧洲人及其机构主宰着对外贸易，欧洲侨民控制着本地的集散和流通，本土人只参与本地生产并受欧洲侨民的监督。这种功能的划分强化了早期种族与职业的住宅分离。很多欧洲人居住区用铁路线、阅兵场、警察营地和跑马场等自然障碍物与非欧洲人居住区分隔。当与本地社区已产生的社会分层结合在一起时，就形成了

极度复杂的居住分离模式。

工业殖民主义对马来西亚等一些亚洲国家城市体系的影响如此巨大，以致创造了新的城市等级体系。非洲则按照内部贸易线路，普遍重新定位于新型沿海港口的城市经济活动。对生产和分配的控制，赋予了这些城市在推动不断演化的世界经济和国际劳动力分工方面起着重要作用，这就支撑了 19 世纪和 20 世纪初欧洲工业经济的增长。但是，将经济和政治权力集中在特定城市是以牺牲其他城市为代价的，这就奠定了我们今天可以在很多欠发达国家看到的城市首位度的基础。

5.6.5 晚期殖民主义

"一战"和"二战"以及两次战争间欧洲的经济衰退，使得欧洲对殖民地国家**初级产品**的需求波动。为努力确保持续的盈利能力，欧洲大部分地区通过土地改革和机械化等手段所形成的**规模经济**来设法提高效率，迫使小生产者和小块土地所有者出局。这就激起了快速的进城移民，由于这些城市中服务业和工厂岗位能够接纳的工人增长缓慢，因此产生了更多的待业工人。欧洲人主导的规划进程允许**棚户区**不受控制地发展。与此同时，殖民规划和殖民建筑达到高峰，产生了基于田园城市理论（见第 11 章）的新型及重新设计的欧式地区，也产生了令人印象深刻的标志性建筑物，如市中心的市政大厅、大学与银行等（见图 5.18）。为逃离欧洲的经济萧条，欧洲进城移民中的蓝领和白领工人加速向殖民城市移民。这种国外侨民的流入，使得缓慢增长的、受过良好教育的本土居民群体越来越难跻身于行政或商业等中等收入职业。

5.6.6 早期独立

20 世纪五六十年代，独立运动迅速扩展到亚非的大部分国家。殖民势力消失后，本土居民进入城市，寻找那些原本被拒之门外的行政和商业部门的工作机会。在独立后的最初数年中，这些工作机会很有限，因为欧洲人仍然

控制着那些商业公司，并且"二战"后一个分崩离析的欧洲对初级产品的需求依旧疲软。

图 5.18 南非开普敦的市政厅与城市广场是殖民建筑与城市设计的一个案例

具有讽刺意义的是，欧洲面临的一个大问题是非熟练劳动力的不足。结果，来自原**殖民城市**的失业工人迁移到西欧以期寻找工作机会。最初，移民从原殖民国家迁移到原宗主国（例如印度人迁移至英国，阿尔及利亚人迁移到法国等），但这些迁移很快就扩散到很多其他落后的国家，特别是环地中海国家（如土耳其）。这些工人数量庞大、没有工会组织、工资低、且容易被威胁驱逐出境，因此非常顺从。20 世纪五六十年代，这些移民工人成为了欧洲工业主义者及其政府和国家经济利润丰厚的一大红利。移民输出国政府鼓励这种劳动力迁移，因为它可以减缓城市人口的增长，这些移民汇款回国可以增加外汇收入，而且他们还希望通过这种方式培训一些自己的工人。

这些欧洲工人的增长迅速且高度集中。至 20 世纪 60 年代末，联邦德国和法国总共有约 600 万外国工人，它们集中在工业城市中，从事着最卑微的工作。移民输出国也得不偿失：年轻且可培训的大量工人离开了；只有少数移民获得了有用的技术或培训；而寄回国的绝大部分汇款则投资于大城市的小型消费业，恶化了原本就已很严重的城市问题。至 20 世纪 70 年

代，越来越严重的欧洲经济萧条迫使大部分国家收紧劳工移民法，减少了移民工人的流入。

在早期独立时，大多数欠发达国家的经济形势少有起色。海外侨民公司和与殖民时代相同的商业与贸易关系继续支配着这些新型国家——他们出口廉价的初级产品、进口昂贵的制造业成品。

事实上自独立以来，很多国家并未深入重构所继承的殖民交通和城市网络。例如，非洲的许多铁路线的布局仍然重沿海而轻内地，这样虽然适合殖民者掠夺的需要，却不适合一个独立国家的运作。即使有些国家故意把新首都设在内陆地区，以促进城市体系的平衡发展并使人们摆脱殖民者把行政中心设在沿海城市的负面联想，也存在这样的问题（例如，坦桑尼亚将首都从达累斯萨拉姆迁至多多马，尼日利亚将首都从拉各斯迁至阿布贾，科特迪瓦将首都从阿比让迁至亚穆苏克罗，巴西将首都从里约热内卢迁至巴西利亚，巴基斯坦将首都从卡拉奇迁至伊斯兰堡等）。

独立早期城市社会方面的重大变化是，出现了大量无法保证工资收入的穷人，他们因此也无法为自己和家人提供住房、教育与医疗保障。为了生存下去，这些家庭创造了一种**非正规行业**，收入甚微的这种行业广泛分布于非法和违规的多种经济活动中（见图 5.19 和第 7 章）。

图 5.19　越南西贡卖日用品的妇女，
这是非正规行业的一部分

5.6.7　新殖民主义与新国际劳动分工

20 世纪 60 年代末 70 年代初，欠发达国家的工人融入世界经济体系的方式发生了巨大变化。由跨国公司推动的**新型国际劳动分工**，把生产过程中的劳动密集型部分从发达国家转移到了欠发达国家的城市。尽管已经取得了独立，但很多欠发达国家都经历了新殖民主义，这种新殖民主义是由原宗主国的跨国公司利用劳动力和剥削原殖民地资源所形成的。这样做的原因如下：一是由于工资、租金和进口原材料成本的上涨，生产率的下降和环境管制的增加，使得发达国家的城市生产成本提高。二是稳定的进城移民使欠发达国家城市的劳动力成本保持在较低水平。三是大的非正规行业代表着工人的后备大军，使得工人无法提出工资上涨的要求。四是技术的进步使得生产和管理分离开来。电子邮件、卫星通信和**集装箱化**使生产过程中的劳动密集型部分可以转移到欠发达国家的城市（见图 5.20），同时公司总部又能保留在发达国家的最大城市。最后，国际机构和国家政府支持这种新型国际劳动力分工，因为欠发达国家不断发展的城市所创造的新就业机会，可以帮助推动经济发展并保持社会稳定。

这种新型国际劳动力分工给欠发达国家的城市带来了多样而复杂的影响。一是经济的快速增长具有很强的选择性。只有韩国和中国台湾地区等相对较少的新工业化经济体（NIE）初期经历了高速的工业增长。随着这些早期新工业化经济体劳动力成本的上升，跨国公司开始寻求新的廉价劳动力供应，于是中国等新型工业生产者出现了。二是城市接受了大量的**外国直接投资**（FDI），这就鼓励更多的人加入了进城移民行列，并使得城市的已有问题更加恶化。三是对社会阶层塑造的影响相当大，新的带薪劳动力仍然相当保守，而非正规行业继续发展，因此引起了对城市不稳定的关注。四是与早期的独立相比，妇女以前所未有的速度加入到城市劳动力中。

图 5.20　智利瓦尔帕莱索市的集装箱码头。在船舶与附近火车与卡车的拖车之间，用自动化吊车装卸货物集装箱

5.6.8　全球化与新自由主义

基于**新自由主义思想和政策**[24]，过去数十年里欠发达国家的无数城市在经济和社会方面发生了许多变化，其中全球化则加快了这种变化。一种在英国和美国等发达国家（见第 4 章）牢固建立的新自由主义政策（即所谓的自由贸易、削减政府在社会项目上的开支、公共服务私营化和减少对私营企业的管制）很快输出到了世界上的其他地区。

欠发达国家的中央政府在采用新自由主义政策方面起着关键作用。为了在竞争日益激烈的全球经济中通过吸引外国直接投资推动经济增长，很多政府大量举债，以实现城市现代化，增加新的机场、会议中心和**自由贸易区**（FTZ）[又称**出口加工区**（EPZ）]（见图 5.21）。

图 5.21　中国南方广东省的一个出口加工区的大门

由于已经在国际银行和国际机构举债，很多政府不得不接受由世界银行或国际货币基金组织（IMF）制定的经济调整项目，作为进一步贷款的前提条件。这些结构调整的一个很重要的部分是，强加新自由主义政策，进一步缩减政府在社会福利等方面的开销。资金削减对城市的贫困居民影响最大，使已有的基本城市服务供应不足的现象更加恶化。联合国人居署强烈批评了一些国家的政府和一些国际组织，如世界银行和国际货币基金组织在全球化背景下的新自由主义政策：

> 关于城市和国家“正在掉队”和受制于巨大的非人性经济力量的广泛不安全感，给不作为和听任社会再分配和改善计划的枯萎提供了借口。最终，由于国家政府放弃了他们在促进公平、再分配、社会公正和社会稳定方面对公民负有的责任，反而为少数人的竞争力和财富考虑，这样就加剧了不平等。这也是那些以新自由主义理念为主的国际组织所造成的，这种理念在任何地方的应用几乎都没有实现当初的承诺[25]。

5.7　过度城市化

当前对于欠发达国家来说，很多城市面临的一个问题是**过度城市化**的进程，即城市及城市人口增长速度远远快于就业和住房的增长速度。

5.7.1　过度城市化和巨型城市

空前的城市化率与**巨型城市**的增长联系紧密。巨型城市可以用绝对人口这个非常显著的特征来加以区分。大多数巨型城市的人口在 1000 万人以上。巨型城市的案例有德里、孟买、圣保罗、达卡、墨西哥城、加尔各答、上海、卡拉奇（见图 5.22）。这些大城市的人口都比联合国成员国中 100 个国家的总人口还多。

这些巨型城市通常可以通过其在国家城市体系内的首位度和高度中心性来表征。当一个城市体系中最大城市的人口相对于第二大和第三大城市不成比例地多时，就产生了**首位度**和首位城市（见第 3 章中关于**位序-规模法则**的讨论）。**中心性**是指在城市体系内对其他城市的功能控制。如果城市在国家经济、政治和文化活动中占有着相当大的比重时，那么它在其城市体系中就具有很高的中心性。规模和功能中心性的结合使得不同国家的巨型城市之间具有相似性，和国内的较小都市地区与城市相比，这种相似程度更甚。

尽管大多数巨型城市并未发挥**世界城市**的功能，但在世界城市体系的顶层、省城和农村之间，它们确实起到了重要的媒介作用。巨型城市不仅起到将地方和省级经济与世界经济联系的作用，而且还是城市经济正规行业与非正规行业之间的重要联系纽带（见城市观察 5.4）。

图 5.22 世界主要城市

5.7.2 广泛的过度城市化

巨型城市因其不断增长的人口规模引起了人们的广泛关注。但在所有欠发达国家 10 万人口以上的城市居民中，只有 1/8 的人住在巨型城市里。

这就意味着大部分人口增长发生在 50 万人口以下的城市中。小城镇将消化未来大部分城市人口增长这一事实好坏参半。从好的方面说，应对人口增长的压力可能会变得更容易，因为小城市在城市决策和地域扩张方面比巨型城市更加

灵活。从坏的方面说，小城镇往往决策实施能力较弱，由于世界趋势是国家政府职能向地方政府下放，它们要承担的责任会越来越大。

欠发达国家城市大规模扩张的这种趋势具有全球意义。城市已经是几乎所有主要经济、社会、人口和环境变革的发生地。今后数年中，在欠发达国家的城市中所发生的变化，将会影响到全球经济增长、扶贫、人口稳定、环境可持续的前景，以及终极的人权实现[27]。

城市观察 5.4 在巨型城市生活的残酷现实[26]

雅德高克·泰勒是一名瘦削、表情严肃、目光游移不定、正在到处找工作的 32 岁年轻人，他和其他三名男青年合住在小巷里的一个 3 米长、2.5 米宽的房间。雅德高克是从 160 千米外的一个叫伊莱奥卢吉的约鲁巴族小镇来到拉各斯的。他拥有一所技术学院的采矿专业学位，梦想着能在这个大城市开始他的职业生涯。来到拉各斯后，他去了一家具有约鲁巴风格的流行音乐夜总会，并一直待到凌晨 2:00 才回家。"只是这一次的体验就让我相信我现在有了新的生活。不管你往哪看，都能看见一堆人。我喜欢这样。在农村，实际上你一点也不自由，你今天要做的事也就是你明天要做的事。"他用英语说，英语是拉各斯的通用语言。

但不久以后，雅德高克意识到，拉各斯报纸上招聘的数量不多的采矿业职位没有一个是留给他的。"如果你没有关系的话，就很难找到工作，因为应聘者远远多于招聘的职位。如果没有你认识的人说'这人我认识，给他一份工作'，那就非常困难。在这个国家，如果你不是精英，你会发现一切都很难很难。"他说。

雅德高克最后不得不打零工：兑换货币、叫卖文物、在仓库里搬一天货物挣的钱相当于 3 美元。有时他

也为一些西非的商人工作，这些人来到码头附近的市场后，需要找人帮他们找货物。刚来拉各斯的时候，雅德高克住在他儿时朋友的姐姐那里，后来他找到了便宜的住处，每月花 7 美元和别人合住，直到在种族骚乱期间房子被烧掉为止。失去所有家当的雅德高克搬到了拉各斯岛，这里的房租高多了，他每个月得支付 20 美元。

雅德高克尝试从非洲移民，但美国和英国驻拉各斯的大使馆拒绝给他签证。有时他也会向往家乡的宁静生活，但他从未认真考虑过要回到那种晚上很早就上床睡觉、单调乏味地混日子或一辈子干体力活的生活。他的未来在拉各斯。"没有退路，只有生存下来。"他说。

下一章我们将看到，全球化和城市化之间这种紧密关系意味着，许多欠发达国家中城市土地利用与空间组织的传统模式正在转型。正如我们将在第 7 章探讨的，当地的贫民窟等通常与社会无组织和环境恶化等严重问题相关。然而，很多邻里已能在极端贫困和拥挤的城市中形成以社区为基础的自助网络。

关键术语

centrality 中心性

colonial cities 殖民地城市

containerization 集装箱化

Demographic Transition 人口转型

dependency theory 依附理论

economies of scale 规模经济

free trade zones or FTZ（export processing zones（EPZ） 自由贸易区（也称"出口加工区"）

megacities 巨型城市

modernization theories 现代化理论

newly industrializing economies (NIE) 新工业化经济体

transnational corporation（TNC） 跨国公司

underdevelopment 发展不足

urban bias 城市偏向

urbanization by implosion 内爆式的城市化

world-system theory 世界体系理论

复习题

1. 如果可以在图书馆浏览光碟和视频，请观看由 WGBH Boston 和英国中央电视公司 4 频道于 1993 年制作的《美洲》系列片的第 3 集。视频《移动的大洲：移民与城市化》探索了墨西哥的进城移民，背景是驱动人们向城市迁移的本质过程和耗尽城市政府资源的有关社会经济问题。

2. 根据表 5.1 的人口数据，制作一张描绘 2025 年世界上 25 个最大都市的图形。列出你认为与图中空间分布相关的最重要因素，根据主要运作的尺度是由大都市尺度或国家尺度引起，还是由更大的全球进程引起，将这些因素归为两类。然后，思考你为这些大都市的城市居民和城市政府确定的社会、经济、政治和环境影响。

3. 挑选一个你感兴趣的有着殖民史的大都市，也许是拉各斯（尼日利亚）、圣保罗（巴西）或雅加达（印度尼西亚）。在网上查找一些历史信息，补充所选大都市在如下方面的细节：商业殖民主义，工业殖民主义，早期独立，新殖民主义。思考你找出的大都市历史资料与其他欠发达国家大都市不同的原因。

   充实资料夹。浏览联合国人居署的网站（http://www.unchs.org/），查找你不太了解的欠发达国家城市化进程与结果的补充信息。对于欠发达国家的城市经历与发达国家的如何不同及为何不同，可以找一些地图和数据来帮助思考。

从最早期的城市开始，世界上不同地区的城市结构和行为对环境状况等因素的响应就各不相同。以印度旧德里这条拥挤的街道为例，这头牛卧在街上，行人并不去打扰它，因为牛被印度教视为圣物。

第 *6* 章

欠发达国家的城市形态和土地利用

殖民政策、进城移民和过度城市化等历史上和当代的各种过程,塑造了欠发达国家的城市。不同地区城市的土地利用类型和功能组织仍保持着某种独特性,这反映了诸如历史传统、技术水平、环境影响和文化影响等因素的差异。但全球化对当地的影响正在改变着历史上的土地利用类型和空间布局。经济全球化和文化全球化正创造着经济发展和文化转型的新型城市景观。其中的一个重大问题是,信息和通信技术网络化基础设施的不均衡发展,加剧了经济和社会发展的不平等,这种不平等不仅发生在世界发达与欠发达国家城市的居民之间,也发生在欠发达国家自身的城市居民之间。

家,人们对领域和区位的竞争极大地影响了城市的形态和土地利用。总体而言,各种类型的土地(商业用地、工业用地和住宅用地)使用者都会竞争城市中最便捷的区位。本章介绍不同地区各种类型的城市形态和土地利用,例如拉丁美洲、非洲、伊斯兰国家、南亚、东南亚和东亚的城市。我们将用一些知名的描述性城市模型(对现实的简化),来建立反映这些地区间主要差异的简单映像。当然,这些相对静态的模型并不能完全反映城市历史上和现在的社会、文化、经济、政治、技术与环境的进程对城市及其居民所产生的所有影响(见城市观察 6.1)。

6.1 学习目标

➤ 认识形成城市内部结构的因素,了解这些因素如何共同作用形成全球各地的城市格局。

➤ 总结殖民主义历史对拉丁美洲城市的影响。

➤ 描述拉丁美洲城市棚户区居民所面对的挑战。

➤ 介绍非洲形成的各类城市。

➤ 说明伊斯兰城市的格局和土地利用为何体现了文化价值、经济需要和环境状况。

图 6.1　从泰国曼谷沙吞泰路曼谷城大厦中走出的商务人士正穿过 CBD 宽阔的人行道

6.2 本章概述

与世界上的其他地区一样,在欠发达国

自最早的城市开始(见第 2 章),由于受历史、文化、环境以及各个城市在世界体系中扮演的不同角色等因素的影响,一个地区的内部城市结构与世界上的其他地区存在很大的差异。但即便如此，欠发达国家的城市形态和土地利用仍然保留着某些普遍性的人口、文化、经济和政治发展过程的印记（见第5章）。

　　进城移民等近期人口迁移过程塑造了欠发达国家的城市形态和土地利用。如第7章所述，过度城市化会导致经济中出现了大量的非正规行业，因为新移民和找不到稳定工作的其他人群需要依靠不受政府管制或不向政府纳税的行当谋生。正规经济或非正规行业在地理空间上产生的二元结构或二者并存，在城市形态和土地利用中相当明显。

　　例如，"四等分法"将城市空间划分为不同的住宅区域。豪华住宅和公寓对应的是**中央商务区（CBD）**中提供待遇优厚工作和机会的正规行业（见图6.1）。与这些住宅区形成鲜明对比的是贫民窟和**棚户区**，其中的人们在非正规行业工作，他们往往因缺乏正规的教育培训而处于社会劣势地位，还因为性别、种族和民族而被定格在僵化的**劳动分工**中（见图6.2）。此外，殖民地的印记依旧很明显，这常常体现在城市中心的正式广场、公共空间、街道布局、殖民时期的建筑和纪念碑上。殖民地的遗产与城市的人口、文化、经济和政治变化的普遍过程一起，仍旧影响着欠发达国家大中型城市的内部构造与土地利用。

图6.2　巴西里约热内卢贫民窟中的儿童

城市观察6.1　海地帐篷城的生活[1]

　　清晨6:00，在首都太子港遭严重毁坏的总统府对面，住在帐篷城中的居民们在鸡鸣声中醒来。一些妇女和女孩已在排队等着上移动厕所，很多人在运水车到来时排队取水，留在帐篷里的一些人则在用小塑料盆洗脸。

　　日子就这样一天天过下去。由于没有工作，大部分人能干的也就是打扫卫生，或坐在那里聊天。在他们有点儿钱的时候，会从沿街叫卖的小贩那里购买一些糙米、玉米面、面粉、豆类、蔬菜、鱼干和香肠。太多人不得不适应长时间住在原本应是临时性居住的帐篷城里。

　　太子港和周边地区2010年发生的7.0级地震，共导致23万人死亡、30万人受伤、100多万人无家可归，整个城市的大部分变成了废墟。来自全世界的慷慨援助很快蜂拥而至。但所有人都认为，尽管政府和国际组织非常关注，也付出了大量的努力，但城市的重建和灾民向永久性住宅的搬迁进度仍太慢了。

　　地震发生后，数十万受到惊吓的灾民搬进了由政府或非营利性组织搭建的帐篷城中，更多的灾民则被迫住在自己于公园、足球场和学校操场中搭建的临时帐篷城中，因为他们没有别的地方可去。他们自制的帐篷非常集中，从上面看起来就像是用一块块塑料油布和床单拼起来的整体。更令人不安的是，在有条件的地方，用波纹钢或木材搭建的屋顶越来越多，这表明有些帐篷城正在随着时间的推移变成永久性棚户区。

　　有些观察者会问，这里的人为什么看起来并不饥饿？有些人的回答令人难过，在经历了两个世纪的贫穷、腐败和政治动荡后，海地的穷人在地震前的生活条件已经到了彻底绝望的地步，以至于无论在外人看来多么令人难以接受，住在帐篷城里实际上提高了他们的生活水平。虽然条件困苦不堪，但帐篷城往往能提供食物、干净的水、药品、儿童还能在临时搭建的帐篷学校中接受一定的教育。但随着夜幕的降临，帐篷中点起蜡烛时，人们会聚在一起做晚间礼拜，拼命地为自己和孩子祈祷，希望一切都能好起来。

图 6.3　在 2010 年海地太子港和周边地区发生 7.0 级地震后，一些幸存者不得不住在遭受严重毁坏的总统府对面的帐篷城里。在这次地震中，共有 23 万人死亡、30 万人受伤、100 多万人无家可归，大部分城市变成了废墟

6.3　拉丁美洲城市

今天，拉丁美洲许多城镇的内部结构还保留有过去殖民地的印记，这在城市的中心尤为明显。最常见的是 17 世纪西班牙殖民城镇的选址和规划依照国王的旨意（所谓的"独立法则"），它包含了能够体现西班牙罗马帝国遗风的设计特点。这种城市规划法规定了**网格状**的广场或矩形街区，再沿着相似的狭窄街道细分为狭长的街区。中心广场（贸易广场）被重要的建筑包围，如罗马天主教堂、镇公所、医院、官邸、商业和零售街道等（见图 6.4）。西班牙侨民居住在市中心附近，富人居住在广场周围，中低收入的居民住在更远的居民区中（见图 6.5）。而本土居民则住在城市边缘，靠近不受欢迎的地方，例如屠宰场和墓地。

西班牙人在追求他们的三大目标"上帝、荣耀、黄金"时，将城镇作为社会进行管理。罗马天主教派为了使得尽可能多的本土居民皈依，将他们强制迁移到了城市中。城镇有助于帝国的扩张，本土居民（被迫在矿山和田间工作的劳动者）在城市环境中更加容易被西班牙人召募和控制，因为网格状的街道模式利于迅速镇压暴动[2]。

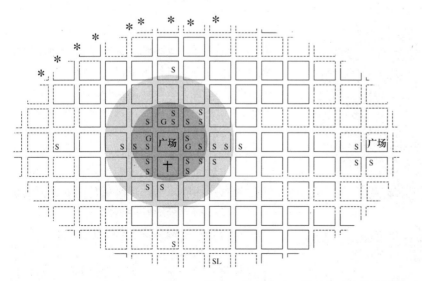

顶级西班牙人住宅

次级西班牙人住宅

建成区

城市边缘/
独立房屋和别墅

十　教堂
G　行政办公
S　商店
SL　屠宰场
＊　印第安人、园地临时结构

图 6.4　符合"独立法则"的西班牙殖民地城镇

尽管原来的广场在较大城市中能够作为历史或旅游胜地，在小城镇能保持许多商业和行政职能，但拉丁美洲的当代城市还是展现了一些城市形态和土地利用的新特性。图 6.6 中的模型展示了商业中心和与其毗邻的精英住宅区，四周环绕着一系列住宅区，住宅区品质随着与中央商业区（CBD）的距离增大而降低，这被称为逆同心圆模式[3]。

市中心区由一个 CBD 和一个市场组成，这表明拉丁美洲的许多市中心区形成了现代化的、功能全面的商业和零售区，并与那些容纳街边小商业的传统综合市场区有很大的差别。CBD 的支配地位表明道路和公共交通系统聚焦在市中心区，大量的富裕阶层也聚居在中心城市附近。CBD 的外围（具有林荫大道和公园的精英社区所围绕的商业或工业"脊背"）沿着交通干道向外扩展。这个区域有最好的城市服务和 CBD 周边的多数高端商业配置：高尔夫球场、餐厅和办公楼。商业中心外围的郊区购物中心或许可以同市中心区一较高下。独立的工业区沿着铁路或主要高速路延伸至郊区的工业园，工业园中有现代化的工厂、仓库和物流设施。

图 6.5　秘鲁库斯科，阿玛斯广场的中央矗立着孔帕尼亚大教堂

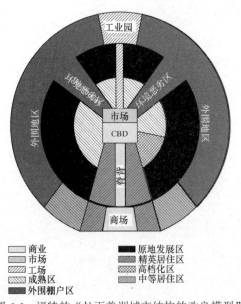

商业	原地发展区
市场	精英居住区
工场	高档化区
成熟区	中等居住区
外围棚户区	

图 6.6　福特的"拉丁美洲城市结构的改良模型"

CBD 周边的成熟区域由稳定的中等收入社区构成，其中配有齐全的道路、照明设施、公共交通、学校和给排水设施。新兴的中等收入半郊区住房群也与精英社区毗邻。CBD 和精英社区周边的成熟社区中，一些富有吸引力的历史街区出现了下层住宅高档化现象。再远一些的地方是原地增值区，包括有演变为成熟社区迹象的较低收入社区，因为汇率变动和货币贬值可以在一夜之间使银行存款缩水，很多低收入房主转而用存款购进建筑材料，来扩建住房以增加房租收入。这一区域长期处于建设状态，许多住房有半成品的房间或加盖的二楼。

上述建设区的边缘是外围的棚户区，这里住着刚来到城市里的贫困移民。这一地区有最差的住房，大多数人用废弃的材料——木料和废铁搭建棚户。这一地区几乎完全没有城市服务。令人不适的区域（沿被污染的河流和工业走廊）从 CBD 向外延伸。这个区域的棚户区与外围棚户区相连。在较大的城市中，环城公路连接着大型购物中心和工业园，但其发展受到基础设施扩建和外围棚户区改造等困难的制约。

　　然而，概括当代拉丁美洲的城市形态和土地利用仍十分困难，因为土地利用的管理制度很薄弱，甚至经常不受约束（见图 6.7）。图 6.8 以平面图的方式给出了结合有典型商业、居住

和工业模式的一种土地利用，反映了拉美地区不受土地利用区划条例约束的情况 [4]。这种土地利用的一些重要的特征是：经济由非正规行业支配的地区；广泛分布的独立商业场所，如小型杂货店、专卖店（家具、服装和家用器皿）和餐厅，这反映了大多数人没有私家车的事实；沿主要高速公路分布的带状商业区；贯穿城市的个体工厂进行着各种工业活动，低收入住房遍布城市的大部分地区，包括靠近市中心的环境差的地区，尤其是靠近老工业区的贫民窟。

图 6.7　里约热内卢的一张照片，展示了 CBD 区域和从山上绵延而下的贫民窟

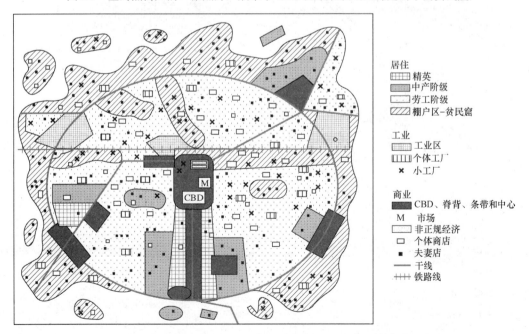

图 6.8　克罗利关于拉丁美洲城市主要土地利用的模型

与拉丁美洲南边的情形相反，20 世纪 90 年代初期，墨西哥加入了北美自由贸易条约（NAFTA），因此墨西哥北部的许多城镇经历了来自美国公司的**外国直接投资**（FDI）刺激的发展，这是此前边界工业区计划项目的结果。自 1965 年开始，这一计划允许许多美国企业在墨西哥进口免税的原材料和零部件来生产产品，只要这些由低报酬的墨西哥工人制造的产品能重新出口到美国。**全球化**的印记在阿雷奥拉和柯蒂斯的墨西哥边境城市模型中可以见到，如图 6.9 所示[5]。这些城市的典型特征如下：1950 年以前的"传统"城市核心顺着其北部边界被国境线截断；CBD 包含了一小块旅游区；边境加工厂靠近美国国界和机场。拉丁美洲部分城市近期城市化的一个标志性的特点是，**巨型城市**的扩张已经突破其城市和都会区的边界，形成了**扩展型大都市区（EMR）**[6]。在巴西，"多边形发展"反映出像圣保罗这样的城市，其压倒性优势在相对下降，因为在周边的较小城镇中，出现了新型经济活动的"集中

分散化"模式（见图 6.10）[7]。新型经济活动集中在圣保罗周边的地理多边形区域中，包括贝洛哈里桑塔、乌贝兰迪亚、隆德里纳、马林加、阿雷格里港、弗洛里亚诺波利斯和圣若泽杜斯坎普斯。巴西高端技术的主要增长极已在这个新的工业多边形区域中有所发展。

许多因素导致了圣保罗发展成扩展型大都市区，同时也阻止了巴西国内投资的分散化。这些因素包括：圣保罗都会区的非集聚经济和周边市中心不断的**集聚经济**。政府对圣保罗周边区域的干预包括：对基础设施的公共投资和对企业的政府补贴；圣保罗经济收入和研究资源过于区域性集中，限制了毗邻地区的发展。

6.4 非洲城市

尽管一直在尝试建立一个非洲城市结构的普遍模型[8]，但自非洲国家独立以来，其历史的多样化及城市结构的快速变化，使得将非洲城市分成六类描述更为合适[9]。

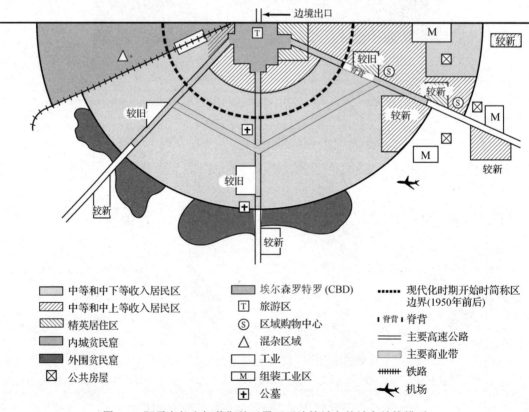

图 6.9　阿雷奥拉和柯蒂斯关于墨西哥边境城市的城市结构模型

图 6.10　圣保罗扩展型大都市区

1. **本土城市**：在与欧洲交往之前建立的绝大多数城镇是当地政权的行政中心，同时也具有手工业和贸易的职能（见图 6.11）。其中包括至少可以追溯到 10 世纪尼日利亚西南部的约鲁巴人城镇。稍大的城市四周有城墙，中心是宫殿和广场。有些城市如伊巴丹在欧洲人来的时候，人口就已超过 50000 人，但它后来也受到了殖民统治的深刻影响。1886 年，孟尼利克二世将更东边的亚的斯亚贝巴定为首都，随后成长为最大的本土城市。尽管埃塞俄比亚保持了政治上的独立，但其城市依然明显地受到了与欧洲交往的影响。

2. **伊斯兰城市**：非洲的伊斯兰城市（包括信奉伊斯兰教的尼日利亚北部的卡诺、坦桑尼亚的达累斯萨拉姆和索马里的梅尔卡）由非洲人或带来伊斯兰文化影响的侵略者建立（见图 6.12）。

这些城市因为是帝国的首都、宗教中心和撒哈拉沙漠尽头的市场而得到了繁荣。它们有着中东和亚洲其他地域伊斯兰城市的典型特征，包括主要的室内集市或街道市场（露天剧院）、清真寺、堡垒（要塞）和公共浴室。

3. **殖民（行政）城市**：非洲的许多城市可以追溯到 19 世纪晚期和 20 世纪早期的殖民地。这些城市是欧洲人出于行政和贸易目的修建的，最初并不作为居住地。如塞内加尔的达喀尔、塞拉利昂的弗里敦（见图 6.13）等许多城市，是殖民者和当地居民的重要港口。殖民地的交通运输系统（公路和铁路）将内地和这些沿海的贸易中心连接在一起，使得欧洲人可以维持政治和军事上的统治，榨取内地的矿产资源和农产品，并通过港口运送到世界各地。这些城市的明显特征是殖民者强制执行的功能和居住隔离。

图 6.11　埃塞俄比亚的哈勒尔是典型的非洲本土城市，是伊斯兰教
的第四大圣城，有 82 座清真寺。这个市场位于绍阿门的入
口处，绍阿门是这座城市 16 世纪城墙上的 6 个城门之一

图 6.12　尼日利亚的卡诺市是西非最古老的城市，在中央清真寺前
方的空地上，骑手们正在一年一度的多巴节上炫耀骑术

图 6.13　典型的殖民（行政）城市：塞拉
利昂的弗里敦港

4. "欧洲"城市："欧洲"城市是一种特殊的**殖民城市**。它是真正的殖民城市，因为殖民地原本的意义就是一个永久的新居住地。有些城市，如津巴布韦的哈拉雷（旧称索尔兹伯里，见图 6.14）、赞比亚的卢萨卡、肯尼亚的内罗毕，最初是作为欧洲人的居住地及为周边农村的欧洲永久移民提供城市服务而建立的。它们仿照欧洲的城镇设计，反映了欧洲城镇规划的思想。尽管它们的主要职能是行政和贸易，但同时也有一些满足欧洲移民生产、生活所需要的制造业。欧洲人强制执行明显的功能和居住隔离，使得生活和工作在这些城市中的非洲人被视为临时居民。"欧洲"城市最极端的表现是南非的种族隔离城市（见城市观察 6.2）。

图 6.14　津巴布韦的哈拉雷（原索尔兹伯里）是一个典型的"欧洲"殖民城市。照片展示了 20 世纪 30 年代斯坦利大街以东的景象

5. 双重城市：双重城市融合了本土城市、伊斯兰城市、殖民地城市和"欧洲"城市中的两种或多种城市特征。例如，卡诺就融合了古老城墙所包围的穆斯林城市及其外围殖民新城的特征。大喀土穆由尼罗河西岸的本土城市乌姆杜尔曼和对岸的殖民城市喀土穆组成。这些双重城市是相互依赖的，但在形式上又相互分离——每部分都有齐全的城市功能，但又在一定程度上各自独立发展。

6. 混合城市：混合城市融合了本土和外来要素。自国家独立以来，大多数非洲城市都成为了混合城市，它们更好地融合了本土、伊斯兰、殖民和"欧洲"要素。加纳首都阿克拉就是这种城市的一个典范[10]。在 16 世纪前建立时，它曾是一个本土城市，而在 19 世纪晚期则成为了殖民地的行政中心，它融合了本土、殖民地和现代化发展。阿克拉内部结构的阿耶蒂-阿托模型，展示了种族和宗教的城中区混杂了以收入进行划分的居住区的不规则模式。规划之外的高收入居住区外延，随着阿克拉的城市快速扩张。这样的发展趋势与早期非洲城市的逆同心圆模式（富人和中收入阶层紧邻政府中心居住，避免了长时间的通勤，而穷人只能居住在外围）形成了鲜明的对比。

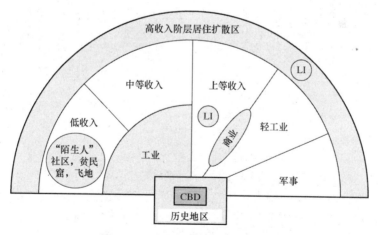

图 6.15　撒哈拉以南非洲城市模型

很多非洲城市的一个共同特征是，在同一个市政区域内存在两种飞地（本国境内隶属于另一国的领土）：贫穷的高度边缘化人口和富有的加入外国籍的精英人群[11]。城市精英与国际贸易联系紧密，而穷人被迫从事城市经济中的非正规行业。更大的整合很困难，因为非洲的正规行业还不能切断与世界其他地方不平等的政治、经济和文化联系，并使城市化惠及非洲城市和市民。从事非正规行业工作的人很难转换到更加繁荣的正规行业。与非正规行业的大多数人相比，正规行业的那些人相对来说更容易掌握现代技术。这种状况表明了正处于过度城市化阶段的城市的特殊问题，包括非洲撒哈拉沙漠以南地区的唯一特大城市拉格斯

（尼日利亚），以及其他快速发展的首位城市，如肯尼亚的内罗毕（见图 6.16）、埃塞俄比亚的亚的斯亚贝巴、津巴布韦的哈拉雷。

图 6.16　肯尼亚首都内罗毕，一座飞速发展的非洲首位城市。图中野生动物正穿过内罗毕国家公园内的一条尘土飞扬的道路，远处的天际线清晰可见

6.5　伊斯兰城市

伊斯兰城市建立在阿拉伯半岛、中东地区[先知穆罕默德（公元 570—632）统治下的伊斯兰帝国的心脏地区]以及伊斯兰教传播到的地方，包括非洲的部分地区、中南亚地区及印度尼西亚。传统伊斯兰城市的许多元素可在远至西班牙南部的塞维利亚、格拉纳达和科尔多瓦，尼日利亚北部的卡诺，坦桑尼亚的达累斯萨拉姆和菲律宾的达沃找到。

伊斯兰城市是在城市形态和土地利用上反映了文化价值（伊斯兰教）、经济必需品（贸易）和环境条件（干燥气候）的典型例子（见图 6.19）。传统伊斯兰城市的布局与设计的基本原理，与伊斯兰《古兰经》中的伊斯兰文化密切关联。尽管城市发展并无主要的计划可循，但一些基本原则可保证伊斯兰教对个人隐私和美德、公共福祉及事物本质的重视。

城市观察 6.2　用足球来对抗南非的种族歧视？

当南非被宣布为 2010 年世界杯的主办国时，人们纷纷庆祝，纳尔逊·曼德拉也禁不住流下了眼泪。他说："这次世界杯将有利于我们人民的团结。如果说这个星球上存在一种能够使人们团结起来的力量，那就是足球。"在因反对种族隔离政策而被关押的 27 年时间里，他经常和狱友们在监狱的空地上踢球[12]。

种族隔离政策由少数白人引入南非，这种体系的目标很清晰，即把"欧洲"城内的不同种族分隔开。1950 年，《群体区域法》要求对不同种族群体（白人、亚洲人、有色人、黑人）实施政府规定的空间隔离，不同的区域给不同的群体使用，这些区域的界限由清晰的自然分隔（如绿化带）、人工分隔（如铁路、公路、工业带）或缓冲空地界定（见图 6.17）。

10 个"黑人住宅区"占城市总用地的 14%（绝大部分是荒地），这是专门给占城市总人口 70%的黑人使用的。1952 年，《通行法》给了黑人男子到临时工作地点的许可。

少数白人通过种族隔离控制了多数黑人。在城市和农村的各种建筑物中，通过工作和婚姻，他们运用原始的地理方法成功实现了空间上的种族隔离。在近 40 年的时间里，一种体育运动妨碍了这一制度，甚至可以说预示着种族隔离的终结[13]。正如南非足球甲级联赛的终身主席李普勒·坦尼耐所说："足球作为一种反抗形式，起着非常关键的作用，它从未屈服于政府的政策而分裂。"虽然法律限制黑人在城市中的行动自由，但白人帮助黑人球队找到了足球场地。这是种族团结过程开始出现的少数几个例子之一，正是这种团结最终导致了种族隔离的终结。到 20 世纪 60 年代，顶尖的白人球队开始愿意和黑人球队踢球，以测试自己的能力。到 20 世纪 70 年代，由于黑人球队吸引的球迷更多，一些南非的大企业开始赞助比赛。

有助于种族隔离政策终结的国际压力，包括抵制体育运动（禁止南非足球运动员代表其国家参加国际赛事）、强制退出英联邦、贸易制裁和主要跨国公司自发的投资禁令。相当多的南非白人声明反对这一政策。20 世纪 90 年代早期，南非的种族隔离政策宣告破产。纳尔逊·曼德拉获释，F·W·德克勒克总统同意分享政治权利。1994 年，南非举行了历史上首次允许黑人参选的选举。纳尔逊·曼德拉当选为首位黑人总统。尽管已努力促成更大程度的融合，但种族隔离政策的阴霾未来几十年仍会在南非城市中存在[14]。白人精英仍然占据着富裕的社区，与此同时，大量贫穷的黑人生活在棚户区中。消除种族隔离的痕迹，减少黑人和白人间巨大的经济、社会和空间差异，还有很长的路要走。

一些观察家对南非城市的未来持乐观态度——规划师和政治家在他们工作的团体中密切合作，试图让人们都享受到城市服务并满足其他需求，尽管公共资源有限。这也是为什么政府为准备举办世界杯而采取的一些美化措施会出现那么多麻烦的原因。在开普敦，导致成千上万穷人搬迁的大规模贫民窟清理活动和提供"漂亮的正式住房机会"的 N2 门户住宅项目，让人不安地联想到种族隔离时代的强制搬迁。在世界杯的准备期间，搬迁和改造地点（见图 6.18）对应着施行种族隔离政策时有色人种和黑人的聚居地（见图 6.17）[15]。

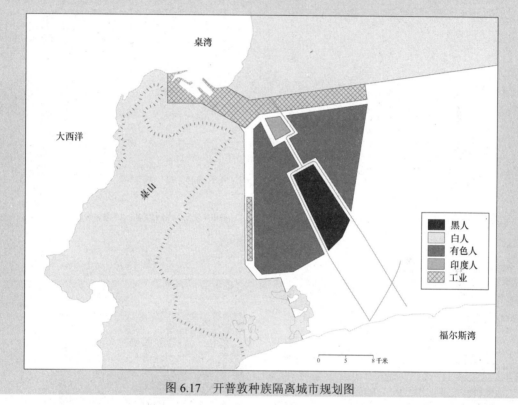

图 6.17　开普敦种族隔离城市规划图

私密性是伊斯兰城市建设的核心。伊斯兰教义禁止妇女被陌生男人注视。传统上，小街上的大门不能面对面；窗户必须又小又窄，而且在视线水平之上。死胡同用来限制靠近家门的人数，曲折的入口用来避免打扰的窥视（见图 6.20）。为了给自家生活提供私密的内部空间，大住房通常都围绕着庭院而建（见图 6.21）。

城市建设也非常重视其他权利。《古兰经》详细规定了邻里间的权利和义务，并将这种权利和义务限制在半径至少为 40 栋住房的范围内。在传统设计中，为避免看到邻居的住房，屋顶四周建有护墙，排水管也相应避开了邻居。大多数伊斯兰城市都位于炎热干旱的地区，因此这些城市结合应对强光和强热的方法为基本原则来设计，包括利用狭窄的通风街道、窗户上的格子、吸入空气至房间的风塔，以及庭院来增加阴凉地和通风（见图 6.20 和图 6.21）。这些措施形成了紧凑得像细胞的城市结构，但仍然保持着高度的私密性。传统的伊斯兰城市在沙漠绿洲发展起来，此后的贸易往来推动了其繁荣。

世界杯的公共投资
- ■ 新建或改造/扩大的建筑
- —— 改造的公路

社会边缘化/贫穷等级
- □ 低
- ▨ 中
- ▨ 高

城市空间重组
- □ 改造
- ▨ 迁出区（无家可归者、棚户区居民、街头小贩）
- ▨ 棚户区
- ▨ N2门户住宅项目
- △ 过渡营（为迁出的棚户区居民准备的临时动迁住房区）
- → 强制搬迁
- ⇨ 因抗议而未能搬迁
- ☆ 人们的抗议和抵抗

图 6.18　开普敦：为游客准备的世界杯

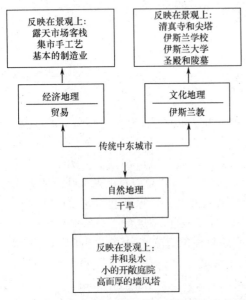

图 6.19　传统的中东城市

图 6.20　在许多伊斯兰城市，如坦桑尼亚的桑给巴尔，出于隐私的考虑和气候条件的限制，城市格局呈狭窄街道形成的迷宫状

图6.21　在伊斯兰城市中，大型住宅中央庭院的设计既考虑了隐私，又为一家人提供了遮荫场所，就像西班牙科尔多瓦的这栋历史住宅一样

图 6.22 所示伊斯兰大都市的内部结构模式揭示了一些重要特征[16]。城市的心脏是有城墙的古堡或城堡（堡垒）。通常，华丽的大门开向宫殿建筑、浴室、军营、小清真寺和商店。城堡的周边是旧城。旧城通常由具有几个瞭望塔的城墙围起。城门控制入口，以便详细检查陌生人，并让商人纳税。

11 世纪前，社会上仍只有统治者和民众，而几乎没有其他组织，这意味着对公共建筑和集会场所没有需求[17]。11 世纪后，由于清真寺的激增，伊斯兰大教堂（城市的主要清真寺）成为传统伊斯兰城市的主要特征。位于中心位置的清真寺群不仅是礼拜中心，也是教育和更广泛福利功能的中心。随着城市的发展，城市外郊逐渐建设了更小的清真寺，因此各自的祈祷活动不会受到影响。

最靠近伊斯兰大教堂的集市和街市，专营最干净和最有声望的商品，如书籍、香水、祈祷垫和现代消费品。靠近城门的集市专营庞大而且廉价的商品，如基本的粮食、建筑材料、纺织品、皮革商品、罐子和平锅。在这些集市中，每种商品都有自己的小巷。

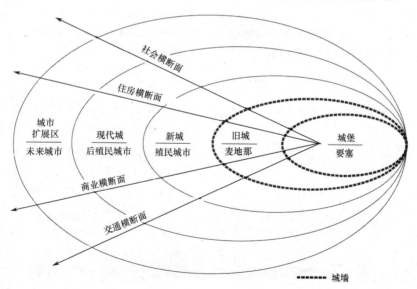

图 6.22　中东大都市区的内部结构

旧城的居民倾向于集中在有特色的区域，其中的许多区域都有大门。这些特色区域贫富混杂地居住着职业类似的犹太人、欧洲人、基督徒、异教徒，以及不同村庄、部落或地区的人。

在殖民时代，旧城城墙外的新城得以发展（见图 6.22）。城市的传统元素（清真寺、公共浴室和小商店）得以保留的同时，增加了现代化的便利设施和殖民风格的建筑——新政府大楼、宽阔的道路、旅馆、百货商场和办公楼。和其他城市一样，虽然在许多方面伊斯兰文化与西方文化存在着有意识的对抗，但当代伊斯兰城市仍打下了全球化的烙印。现在，旧城之外殖民时代的新城又被后殖民时代的现代城市包围（见图 6.22）；随着高收入家庭和核心家庭数量的增长，取代庭院式住房的是公寓楼。后殖民城市聚集了国际饭店、连锁商店、摩天大楼、写字楼、大学、工厂和高速公路。后殖民城市也成为现在进城移民的棚户区。

小村庄正在经历城市化的城市扩展区，已经发展成超现代化城市（见图 6.22）。新的工业园、国际机场和整齐的居住区，或者在埃及和沙特阿拉伯这些国家，又添加了新城。在小汽车拥有量不断增加的最富裕国家，形成了失控的城市蔓延区。

当代伊斯兰城市已经演变成组合城区（城堡、旧城、新城、现代城和城市扩展区），反映了城市形态和功能随着时间的变化。从城市中心穿越各城区的一系列横断面如下（见图 6.22）[18]：

1. 社会横断面：旧城因为富人的迁出已被边缘化。现代城正在吸引着大部分的新房产投资和最好的城市服务。即使是外国游客也居住在现代城中的旅馆，而只在空调汽车上简单地浏览旧城的风貌。

2. 住房横断面：旧城通常由传统两层楼的庭院住宅组成。现代城是多层公寓楼街区，现在是当代伊斯兰城市住宅区景观中最典型的特征。

3. 商业横断面：旧城中仍然有集市、传统工业和小规模的家庭手工作坊。现代城则有百货商场、国际和国内的特许经营商业。

4. 交通横断面：旧城中包含有行人、驴车和出租车混合的狭窄街道。新城中则反映了私家车和加油站与停车场等相关设施的发展。

城市化的一个新特征是，在现代石油和天然气产地附近诞生了一批全新的伊斯兰城市。阿联酋、科威特、沙特阿拉伯、巴林群岛和卡塔尔的城市就是典型的例子（见城市观察 6.3）。

城市化的另一个新特征是，由许多伊斯兰城市组成的不断融合的城市区域的发展。在这些大都市连绵区中，一个沿高速公路从开罗穿越沙漠向亚历山大延伸，另一个在伊斯坦布尔和布尔萨之间形成了土耳其马尔马拉大都市连绵区。

城市观察 6.3 波斯湾城市的雄心和全球经济衰退

20世纪70年代以来，一群全新的城市在阿联酋、科威特、沙特阿拉伯、巴林群岛和卡塔尔等国家的现代化石油和天然气产地附近得到发展[19]。石油美元支持了城市的建设。这些城市通常包含两片区域：布局和建筑风格体现当地特征的区域，包括以城堡为标志的较小历史核心区，以及可能保留的传统码头；包括高耸明亮办公楼、大型购物商场、公寓楼街区、扩展郊区和清真寺的现代城市区，它们一般位于核心区的周边[20]。

石油财富用来支付明星建筑师（如弗兰克·盖里和让·努维尔）设计现代城市与传统风格相融合的建筑。世界最高的摩天大楼于2010年在阿联酋的迪拜正式投入使用。这座160层高的大楼可在100千米远处看到（见图6.23）[21]。但庆祝活动和令人难以置信的高科技焰火并不能掩盖全球经济衰退和房地产市场的崩溃对迪拜产生的影响，这里的石油财富远不及相邻的阿布扎比。这座名为哈利法塔而非迪拜塔的大楼以阿拉伯联合酋长国兼阿布扎比统治家族的首领名字，因为阿布扎比为迪拜提供了数十亿美元的解困贷款。

像迪拜这样作为经济磁石的城市，吸引了远至印度、巴基斯坦和孟加拉国的技术工人，以及欧洲、美国和阿拉伯世界其他地方的技术工人，这一情况一直持续至全球衰退。关于非熟练工人受到剥削，以及他们在距离城市一小时车程的过度拥挤的临时营地中居住的描述有很多[22]。最常听到的故事是，职业中介来到农村招聘年轻人，与他们签订在迪拜这样的大城市的建筑工地工作的合同。中介告诉年轻人，他们每天工作8小时，一个月就能挣650美元。于是年轻人卖掉了家里的土地，用从当地放贷人那里借来的钱支付3700美元的工作签证费，他们以为只要工作 6 个月就能还清。当他们下了飞机，护照立刻就被建筑公司收走，并被告知每天需要工作 14 小时，每个月工资只有 150 美元。没有护照和钱，他们无法回家面对依靠他们的家人，也无法面对可能会把他们送进监狱的债主。为了还清债务，他们只能留下来工作，但由于房地产市场崩溃，建筑公司削减了工作，这些人现在已无选择，只有回家。

　　波斯湾地区的城市也面临严重的环境挑战[23]。迪拜这样的沙漠城市令人吃惊地拥有许多绿地：草地、公园、高尔夫球场等。这就好比是石油变成了水，而水又变成了绿地。而在沙漠地区，由于淡水是由巨大的海水淡化工厂加工得到的，这就使得这里的水在经济和环境方面都成为了世界上最昂贵的水。同时，由于迪拜发展得太快，污水处理厂的处理能力无法满足人们的要求，导致观光海滩受到了污染。

图 6.23　世界上最高的摩天大楼哈利法塔于 2010 年在阿联酋的迪拜正式投入使用。这座 160 层高的大楼可在 100 千米远处看到（见图 6.23）

　　迪拜的邻居——盛产石油的阿联酋首都阿布扎比的做法更为谨慎，这座城市分成了文化和环境可持续发展的多个区域。其文化战略是在萨迪亚特岛提供高端商务、住宅和旅游开发项目，包括卢浮宫和古根海姆博物馆的分馆。环境战略包括马斯达尔城，这座城市被设计为世界上第一个碳中性生态城市，这与迪拜的哈利法塔形成了鲜明的对照。

6.6　南亚城市

　　殖民力量和传统力量这两种主要力量，影响了南亚城市的城市形态[24]。

　　殖民地的城市模式不仅包含目前世界上其他殖民地所具有的土地利用类型，而且还具有印度次大陆殖民地的特点（见图 6.24）。南亚地区的典型殖民地城市的发展通常涉及以下几点。殖民地城市通常以港口为核心区，因贸易和军事增援的需要，供远洋船舶进出和停泊的濒水地区通常为最佳地区。港口附近的围墙拱卫通常作为军事前哨的堡垒。港口中包含有农产品原料加工与出口的工厂时，就构成了殖民贸易的最初基础。因堡垒之外容纳有为港口和殖民统治服务的本地工人，因此通常会出现本地城市极度拥挤、没有规划且服务设施不足的状况。

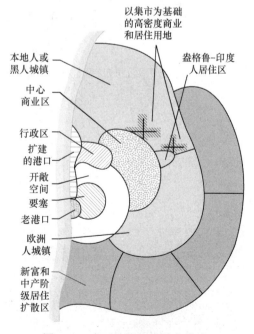

图 6.24　南亚殖民地的城市模式

西式 CBD 毗邻堡垒和本土城市，里面通常具有政府行政管理、商业零售和公共建筑等。欧洲城市与本土城市沿不同地方或不同的方向延伸。欧洲城市具有低密度的特点，拥有宽敞的平房、优雅的公寓、规划完善的林阴大道和良好的城市服务与娱乐设施。在堡垒和欧洲城市之间是空旷的土地，用于军事检阅或欧洲人的娱乐场所，如板球和赛马。盎格鲁-印度人的殖民地坐落于本土城市与欧洲城市之间，欧洲人和印度人通婚留下的基督徒后代居住在此处，他们始终无法被任何一个社区完全接纳。独立以来，殖民地城市已扩展到开垦的低地或未开发地区，为本地精英们创造了新的生活空间。

在南亚沦为殖民地前，集市城市是繁荣的**城市体系**的一部分，具有殖民时代前的城市特征（见图 6.25）。集贸城市如今的城市形态反映了其作为早期贸易、政府、管理和宗教朝圣中心所扮演的重要角色。主要十字路口具有商业聚集地的典型特征。十字路口周围是富人或商人的居住地，他们通常住在自己的商店，或仓库的上面或后面。

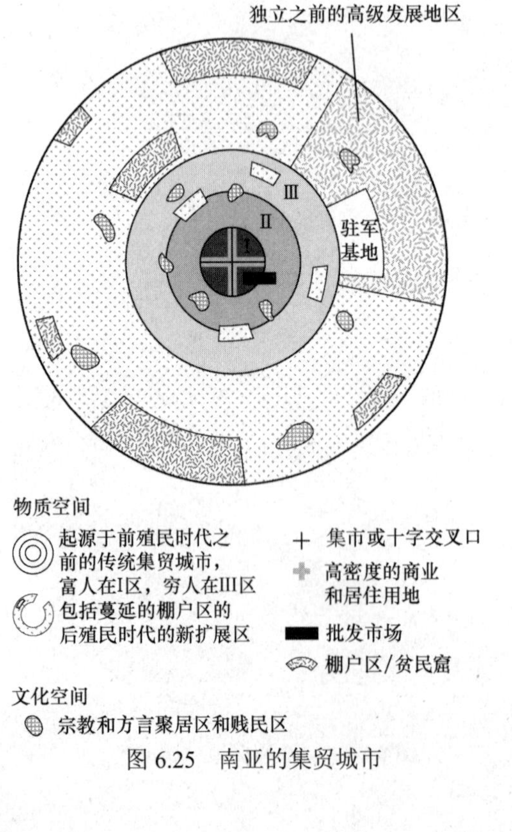

物质空间
起源于前殖民时代之前的传统集贸城市，富人在I区，穷人在III区
包括蔓延的棚户区的后殖民时代的新扩展区

+ 集市或十字交叉口
+ 高密度的商业和居住用地
■ 批发市场
棚户区/贫民窟

文化空间
宗教和方言聚居区和贱民区

图 6.25　南亚的集贸城市

集市或城市中心虽然以商业活动为主，但还是包含了各种类型的土地用途。由于家庭收入的大部分花在基本的必需品上（食物、衣服和住房），因此绝大多数街道都包含有兜售食品或服装的零售商店；街头商贩也随处可见。随着集市的发展，零售和批发业应运而生。不同的零售商有着特定的区域——纺织品店和裁缝、谷物店和面包店、珠宝店和当铺，因为当时大多数人没有冰箱，街头小贩通常兜售那些人们每天都买但不易保存的食物（如蔬菜、肉类和鱼类）。小城镇的公共或非营利性旅馆提供便宜的住宿，而较大的城镇旅馆住宿通常受西方的影响。内城核心的周边是富人区的住宅，具有仆人、清洁工、采购工和搬运工分开居住的住房。

穷人的住房形成了第三个区域，在这个区域之外，居住着本地精英和中等收入群体，构成了殖民时代的"驻军基地"，该地区包括许多城市功能，如法院、警察局、监狱、医院和公共图书馆。根据居住区形成时间和土地的开发程度，种族、宗教、语言和种姓社区形成了一个个特别的地区。"贱民"总是居住在城市外围，这里通常是最破烂的棚户区。在殖民城市，许多传统的贸易城市随着城市的发展得以扩张，政府、合作社和私人机构建立了高收入的发展计划，主要供当地的精英使用。

规划城市代表了第三类南亚城市形态。经过规划的古代城市，如摩亨朱达罗和哈拉帕未能保存下来（见第 2 章）。前殖民、殖民和独立时代的规划城市，为城市后来的发展奠定了基础。前殖民时代经过规划的典型城市是斋浦尔（见图 6.26），它建于 1727 年，由斋浦尔王公规划建设。城市规划在殖民时代的例子是詹谢普尔，它是第一个围绕在印度周边的钢铁城（见图 6.27）。

随着城市的发展，殖民城市、传统集贸城市和规划城市的各种城市元素得到了相互融合。传统集贸城市的布局受殖民管理需要的影响，而殖民城市中也添加了传统集贸城市的元素。很多集贸城市和殖民城市在外围地区形成了扩展新区。原来规划的城市核心区经过长时间的演变，意外地出现了许多未经规划的传统元素和半规划的现代元素。传统的集市通常沿现代 CBD 发展，甚至是在加尔各答和孟买等已发展成为巨型城市的前殖民中心的地区。在南亚，这些巨型城市的发展已远远超出了城市边界，它们彼此形成了大都市连绵区。

印度也一直通过提供低廉的服务来吸引呼叫业务（电话销售、技术支持），其价格比传统提供此类服务的国家或地区（如爱尔兰、加拿大、澳大利亚、中国香港和菲律宾等）低 30%～40%。虽然欧洲和美国（如瑞士航空、英国航空、通用电气和美国运通等）首先在印度建立了后台处理和呼叫中心，但印度的公司现在也为跨国公司提供外包业务（见图 6.28）。

图 6.26　印度的斋浦尔，1727 年由斋浦尔王公主持建设，是前殖民时代规划城市的代表。这是从简塔·曼塔（由王公修建的一座天文台）上看到的城市的古老部分，以粉红之城著称。城市宫殿位于城市中央

图 6.27　塔塔钢铁厂的这张照片摄于 1952 年。印度的詹谢普尔被规划为印度第一个位于钢铁厂周边的现代城镇，是英国殖民地时代规划城市的代表

图 6.28　印度班加罗尔一家呼叫中心的雇员，印度提供国际客户所需的服务

尽管南亚的许多城市仍处于世界经济的边缘，但有些城市正在吸引外国投资，以提升就业机会。印度的班加罗尔和海德拉巴等城市，通过将重心放在提供受到良好教育的英语人才和提供完备的通信基础设施上，吸引了许多**跨国公司**的入驻（见城市观察 6.4）。因此，印度已经成为全球软件业和后端产业处理中心（如会计、医学移植、薪酬管理、法律档案维护、申请保险和信用卡）。在全球经济中，

城市观察 6.4　印度呼叫中心工人一天的生活[25]

23 岁的布拉格·阿罗拉在英国一家跨国公司设在孟买的呼叫中心工作。他拥有德里大学经济学学士学位，每周的收入约为 75 美元。

下午 4:00。为了与英国的上班时间同步，布拉格需要上夜班，因此要在下午起床。他和其他三名呼叫中心的工人合住一套公寓。

下午 5:00。早/午餐：印度饼（一种夹有蔬菜的面包）、印度豆糊汤（扁豆汤）、辣味炒拌菜（一种炒菜）和米豆蒸糕（一种浸入咸酱汁的蓬松米果）。

下午 5:30。布拉格和朋友们一起放松，玩电脑游戏、购物或看电影。

晚上 11:00。坐公共汽车到上班地点，原本需要 20 分钟，但通常会出现交通拥挤现象。

午夜 12:00。10 个小时的上班时间开始，首先要开团队会议，设定每位员工的目标，然后戴上耳机。

布拉格回复有关信用卡的电话，譬如支付问题等。员工们必须尽量使每次通话的时间保持在两分半以内，系统还会监测客户等待的时间（这意味着员工需要寻求帮助）。这个呼叫中心共有 2000 名员工，每天晚上要完成 700 件工作。

早晨 5:00。休息半小时，在拥挤的食堂中吃饭：饭菜和午餐类似（中餐也很流行）。在工作间隙，员工还可以有两次 15 分钟的休息时间。

上午 10:00。布拉格下班。上班时间很难适应，因为每隔几周都要改一次；几乎每次都要工作到早上。他每周工作五天，但休息日不固定。

上午 11:00。就寝。

6.7 东南亚城市

东南亚最早的城市起源于约公元 1 世纪，它是印度和中国的影响力开始在这一区域扩散的结果[26]。得到发展的城市有两种：宗教城市和贸易城市。

宗教城市不仅是内陆的农业首都，而且是精神统治的中心，其中包括柬埔寨吴哥窟这样的雄伟寺庙。这些宗教城市根据星象来选址和设计，有时也会根据宫廷国师的建议频频更换位置。这些城市的兴衰取决于农业收成和统治者的军事成就。

与之相对的是，贸易城市建在具有复杂国际贸易体系的繁华海岸或河港。最大的城市拥有人口 5 万～10 万。种族精英们居住在围城之内，而土著人和外国贸易者居住在围城之外。

欧洲人到来后，建立了东南亚殖民城市及其城市体系。在与欧洲人接触的早期，欧洲人为更好地控制亚洲贸易，使得殖民城市体系和新门户城市开始发展[27]。19 世纪，西欧国家因为快速工业化导致了对市场和原料的需求，因此开始重视东南亚殖民地。这推动了包括港口城市、行政中心、矿业和贸易城镇的更大殖民地城市网络的形成，它们相互连接，成为了一个交通系统扩展的生产区域。

殖民港口城市主要面向欧洲。事实上，这些城市都位于已有的居民区——西贡（越南胡志明市）位于华埠的中国村庄附近；新加坡位于马来渔村附近；巴达维亚（印度尼西亚雅加达）位于已有的贸易中心位置。

殖民城市通常采用格网来规划道路。城市核心集聚着商业和管理功能。欧洲人特有的居住区位于由不同种族组成的"城中村"中心的外围。沦为殖民地之前的有些城市的城市形态元素（宗教、军事、法院功能位于市中心，市场和商人位于市郊）得以保存，例如马尼拉的旧堡垒和仰光的大金佛塔与佛教寺庙[28]。

除了较大的规模和增长速度，经济活动和土地利用的极度混杂是大殖民港口城市的主要特征（见图 6.29）[29]。港口区（殖民时代的经济活动中心）保持了后殖民时代的重要性。

现有的各个城市服务和商业/零售业集中区［譬如政府区域，拥有外国银行、办公楼、商店和现代饭店的西方商业区，一个或多个高密度的"外侨"商业区（通常是华裔或印度裔，包含有各种小型商贸区，既进行商品的加工和出售，又作为住房和仓库）］，不再是单一的商务中心区。

除了殖民时代靠近行政区的精英居住区外，为容纳近期发展形成的新高收入人群，城郊等区域也得到了开发。同样，除了靠近城市核心容纳不同种族群体的中等密度社区外，如今也出现了新的中等收入郊区；封闭式社区位于城市中令人不舒服的区域（如沿被污染河流）和建筑物密集区的边缘。市场果蔬业密集的边缘地区为城市市场供应新鲜的产品。为了吸引跨国企业并促进就业，在城市外围还建立了新的产业区。

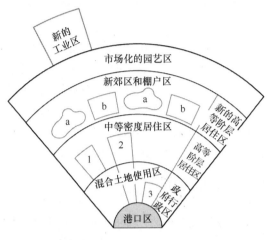

1 = 外国人商业区
2 = 外国人商业区
3 = 西方人商业区
a = 棚户区
b = 郊区

图 6.29　东南亚的城市

与亚洲的其他地区和拉丁美洲类似，东南亚近期城市化的显著特征是，巨型城市蔓延越过了城市和大都市的边界，形成了扩展的大都市区域。雅加达、曼谷和马尼拉等巨型城市现在正处于扩展大都市区域的中心。

扩展型大都市的发展正在形成像阿米巴那样没有固定边界和地理范围的一个无定形空间形态，它有很长的区域边界，从城市中心算起的半径有时长达 75 ~ 100 千米。整个范围（由中心城市、交通走廊内的开发区、城市边缘的卫星城镇和外部区域组成）由经济上融入大城市区或扩展型大都市区的各个区域组成。整个范围内有大量的城乡行政辖区，每个辖区都有自己的行政机构和法律法规。任何行政机构都不对整体规划和管理负责[30]。

雅加达的扩展型大都市区，以区域内各个城市名首字母组合而成的 Jabodetabek 命名（Jakarta，雅加达；Bogor，茂物；Depok，德博；Tangerang，唐格朗；Bekasi，贝克西，见图 6.30）。Jabodetabek 拥有 2500 万以上的人口和成千上万的工厂，它们是印度尼西亚工业就业的象征。

图 6.30　印度尼西亚雅加达正在扩张中的 Jabodetabek 大都市区的中心

巨型城市周边是距离城市中心仍在通勤范围之内的"城市边缘"郊区。再远就是麦基所说的乡镇，它包含有城市边缘和连通主要城市交通走廊沿线区域内的农业和非农业土地利用的混合区域（见图 6.31）[31]。乡镇区域具有如下 6 个特点：

1. 大量从事小农水稻生产的人口。

2. 在此前以农业为主的地区，非农业活动不断增加。

3. 依靠两轮摩托车、巴士和卡车这些较便宜的交通工具，提升了人流和物流。

4. 土地利用类型高度混合，包括农业、家庭手工业、产业区和郊区居住开发区。

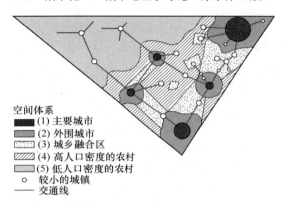

空间体系
■ (1) 主要城市
▨ (2) 外围城市
▨ (3) 城乡融合区
▨ (4) 高人口密度的农村
▨ (5) 低人口密度的农村
○ 较小的城镇
—— 交通线

图 6.31 亚洲大都市区的空间分布图

5. 女性在非农业劳动力中所占的比例不断增加。

6. 在政府管理失效和难以执行的地区，出现了"隐形"或"灰色"的非正规行业活动区。

在亚洲，主要城市中心附近高密度农村地区的精耕细作演化，为扩展型大都市区的发展提供了先决条件[32]。这些先决条件包括：用来重新安置实业公司的大量劳动力；交通和通信的大大改善，增强了城市中心附近区域的可达性，并在某些情况下带动了两个主要城市中心之间走廊的发展；扩展型大都市区内的地区对分散活动（如劳动密集型产业和住房）具有吸引力。

虽然这种城市化似乎是重复 19 世纪和 20 世纪早期发达国家的经历，但两者有着截然不同之处[33]：亚洲国家缩小城乡差距的速度要比发达国家快；技术的飞速发展，推动了物流、人流和资本的流动，进而促进了扩展型大都市区的发展；此外，快速工业化和经济增长主要集中于扩展型大都市区，尤其是边缘区域。

6.8 东亚城市

"二战"后，东亚城市的内部结构出现了明显的不同，这些不同不仅体现了中国、朝鲜和蒙古社会主义制度的影响，而且体现了韩国、中国台湾地区、中国香港特别行政区和中国澳门特别行政区资本主义制度的影响。

城市观察 6.5 上海——一座世界城市，中国经济的"龙头"

2010 年，人口估计已达 2000 万的上海是中国最大的城市。它位于靠近长江入海口的黄浦江畔（见图 6.32）。

上海是世界三大制造中心之一，是亚洲最繁忙的国际港口，在 1949 年新中国成立时就已有 100 万以上的人口。上海的发展由其作为亚洲主要的鸦片、丝绸和茶叶贸易集散地的角色推动。1842 年鸦片战争末期，英国人首次利用这种方式开发上海。1847 年法国人也到达上海，到 1895 年，上海的大片区域被划分为许多殖民租界区。城市的标志景观位于外滩，那里有纪念性的新古典风格建筑，包括主要的国际银行和贸易公司（见图 5.16）。

这些外国人曾经榨干了这个城市的财富，现在社会主义政府官员开始负责其经济发展。为了解决中国区域发展的不平衡问题，上海的税收很重，75% 以上的收入给了中央政府，所剩不多的收入用于城市再投资。因此，尽管此段时间内工业发展较快，但上海却因活力不再而逐渐衰败。

20 世纪 80 年代，当中央政府意识到上海公共建设需要大量投资时，上海此后就出现了巨变。作为 14 个"沿海开放城市"之一，上海建立了经济区和几个经济技术开发区，以此来吸引国际投资。此外，黄浦江以东约 520 平方千米的低密度农田、工厂和住房用地被指定为浦东新区（见图 6.32）。上海将成为促进整个长江流域（"龙身"）发展的经济引擎（"龙头"）[34]。

图 6.32 在巨型城市上海，黄浦江东岸最显著的位置坐落着东方明珠塔和浦东新区，扩展大都市区一直延伸至远方朦胧的雾里

浦东新区被官方明确为 20 世纪 90 年代的国家级开发工程，这表明官方认识到了上海对于中国整体发展的战略重要性。国家级开发工程这种称号允许城市政

府采用包括减税在内的广泛激励措施，来吸引国内外企业的进驻和投资，并利用中央政府的资金来建设公共设施[35]。跨越黄浦江的新大桥、内外环路、地铁线、下水道工程和排名第二的国际机场都得到了规划。浦东现在已是数十亿美元的出口产业区、科研教育的集中区和新的居住社区。而陆家嘴办公区成为了城市的新中心商业区和国家的金融中心。

上海的显著增长不仅稳固了其作为中国最大城市的地位，而且推进了其作为世界城市的作用，它是一个在资本、货物和信息流中支撑全球经济的关键节点。但世界城市是两极分化的，上海也不例外。这里存在赤贫和犯罪滋生之地，而旁边就是豪华公寓楼和高档百货商场，以及蔓延到郊区的高层公寓楼和社区，这里上演着 2000 万市民的各种故事。

由 4 名 22 岁的年轻人组成的朋克乐队正在上海市中心的一个名叫 0093 的地下防空洞排练。这个全部由女性组成的乐队的成员在市中心一栋新建的高层建筑内合租了一套公寓，从那里她们可以看到黄浦江对岸的 2010 年世博会会场，以及世博会结束后留给人们参观的博览中心、文化中心和后滩公园。共有 190 个国家和 56 个国际组织参加了此次展览，展示了城市发展各个方面令人惊喜的成就：城市居民、城市生命、城市星球、城市足迹和城市梦。虽然这次国际博览会吸引了超过 7300 万参观者，但大部分来自中国大陆。在一栋新摩天大楼的建筑工地上班的一名 26 岁的农民工，从悬吊在市中心上方上百米的高空也能看到世博会的会场。在每天沿南京路步行到工地的途中，他会路过那些令人炫目的商店，而他要把大部分收入寄回给农村的家里。一位 91 岁的老奶奶正在为一家人做红烧肉，一只老鼠快速穿过房间。她对上海传统里弄的衰落表示担忧，由于庭院式住宅已经变得过分拥挤，她担心这会被拆除，这种丰富的社区文化也将不复存在。为了给新的开发项目腾出空间，许多老上海邻里区已被拆除，包括附近给 2010 年世博会的变电站腾出空间而拆除的一个社区[36]。

自由市场城市的内部结构反映了一直与世界经济相联系的高度工业化和城市化水平。这些城市的形态和土地利用揭示了资本主义经济制度的运行，包括财产的私人所有制、私人投资决策的重要性、较高的生活水平、对私人汽车的日益依赖，以及有时依据社会经济基础形成的明显社会分层[37]。

与之相对的是，20 世纪 40 年代末到 70 年代末，中国、蒙古和朝鲜的社会主义城市规划反映了集中和社会组织高度标准化的共产主义理念，即高度整合了无阶级社会和基于国家和地方自给的政府经济计划[38]。1949 年后，向社会主义模式转变的城市内部结构的变化包括：市中心的零售业集中区成为了政治-文化-管理功能区，标准化了住宅的建设，采用了自给自足的邻里单位的概念。

毛泽东政策融合了新旧两种中国城市形态和土地利用。达特等人关于中国传统城市与 1949 年后社会主义发展相结合的模型概括了这一融合（见图 6.33）[39]。中国传统城市保留下来的要素，体现了依据宇宙哲学来进行城市规划设计的理念。具体表现为：城市呈方形，四周环绕着城墙和护城河，每段城墙上都有 3 个城门，城墙内东西向和南北向各有 3 条道路。政府建筑和皇宫由于其地位的重要性，通常位于城市中心。宗教和商业土地的利用则排名第二。基于人们的社会地位或职业，住宅用地呈分化型。

1949 年后的变化包括：在东西向增加了贯穿于城市的许多又长又宽的林阴大道，从而奠定了城市道路系统的基础。街道以革命英雄的名字或事件命名。城市因街道被划分为不同大小的地块，每个地块包含许多独立的邻里单元——包括住房和其他用途的大块矩形用地被围墙围起。建筑物按行和列排列，基于居住、办公、服务和其他功能，它们又被划分为许多子区。大部分建筑的外观都类似于火柴盒。为方便人们集会，大型广场建在城市中心附近，广场中心矗立着纪念碑，例如革命英雄的雕像。政府大院建在通向市中心的主路两侧，沿街有党政大院、革命历史展览馆和一些商业大楼。大型工厂和工人住宅区位于外围郊区，大学则集中在城市市郊的某个区域（见图 6.33）。

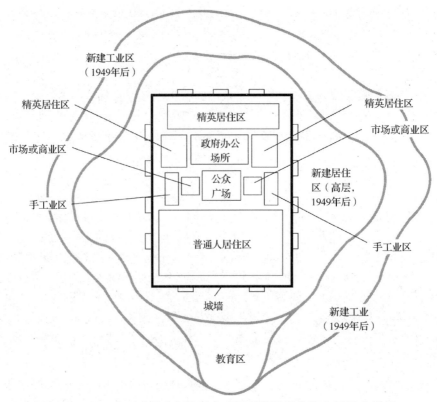

图 6.33　1949 年后在社会主义制度下得到发展的传统中国城市模型

与亚洲其他地区相比，东亚整体上受殖民侵入的影响较小。尽管如此，与欧洲人和日本人的接触，对中国例如上海和天津等港口城市有重大影响。1842 年签订的《南京条约》把香港岛割让给了英国，并赋予了英国人在少量中国港口城市的居住权。然后修订条约（门户开放政策）给予了其他国家类似于英国的权利。由于被迫签订了更多的条约，到 1911 年约有 90 个城市对外开放。这些城市通常位于沿海地区、长江流域和北方地区（见图 6.34）[40]。

对外开放后，这些殖民租界城市成为了东亚当时最大的工商业和交通中心[41]。它们通常包括 3 个区域。租界：港口和军事基地最初沿海岸或河流而建，工厂和仓库随后而建。随着贸易增长，商业区和西方精英居住区也在增加。华人居住区：大多数中国人居住在用中国传统城市规划理念设计的旧城中。缓冲区：这里成为中国精英非常满意的居住区，例如高级中国官员、商人和外企的高级雇员。

1945 年日本战败后，除香港（英国）和澳门（葡萄牙）外，东亚的殖民时代结束。从那以后，以殖民租界为基础的城市内部结构也发生了巨大变化，因为它必须向能体现社会主义规划思想的方向转变（见图 6.35）。西方居民的住宅区成为办公楼或党政首脑的住宅，作为工业扩张的一部分，增加了新的港口，邻里单元建在旧城周边地区的适宜空地上，并在外围的郊区建设高层住房。

20 世纪 70 年代后期，中国开始改革开放，此时城市的发展日益需要自由市场的力量和全球资本的投资（见图 6.36）[42]。如在诸如韩国首尔和中国台湾地区的台北这些城市发生的情形那样，中国较大城市的内部结构都有所调整，以包含拥有高楼大厦和豪华酒店的新商业中心区。从马来西亚吉隆坡的石油塔超越芝加哥西尔斯大楼成为世界第一高楼开始，亚洲开始竞相建设世界性的高楼。接着，马来西亚石油塔被 2003 年竣工的台北 101 大楼超越，而后者的第一位置在 2010 年又被哈利法塔取代（见图 6.23）。

图 6.34　广州市中心明显可以看到殖民时期的痕迹，1859—1860 年这里是英法的租界

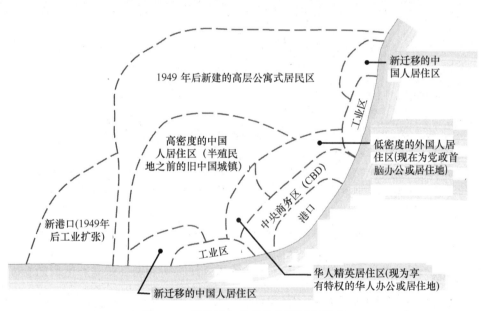

图 6.35　以租界为基础的中国城市模式

中国的大城市也对老的中心城市商业区和住宅区进行了大规模改造，城市中心区保留的较老城区的外观，会令人联想到社会主义之前的过去，并且很受游客的欢迎，大大增加的城市交通被环路疏导到了城市的周围，卫星城则吸收了新增的人口。

诸如此类的全球化印记在东亚的巨型城市和延伸的大都市区域中最为明显。巨型城市如中国的上海和北京、韩国的首尔，在政府官员和商人进一步促进世界经济一体化的有利时机，共同采取努力，在经济、社会和内部结构方面均发生了巨大的转变（见城市观察 6.5）。如亚洲的其他地区和拉丁美洲那样，东亚巨型城市的增长也超越了城市和大都市的边界，形成了延伸的大都市区域（见城市观察 6.6）。

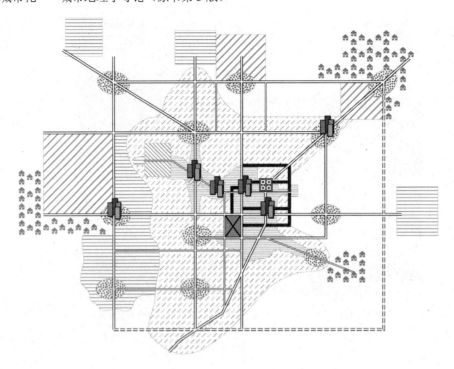

旧城墙路径

旧管理中心，现已成为旅游景区

重新开发的商业区域，居民被重新安置到郊区的新房中

旧通商口岸。一些建筑仍作为住屋使用，另一些经修复用于商业用途

重整后的中央商务区，现包含时尚的国内外商店和餐厅

公众广场。周末有提供点心和娱乐活动的摊点

毛派工作单位区域。很多单位保留了下来，但工业区日渐与住宅区分离，在主要的十字路口开设有本地零售和娱乐中心

经济开发区

高层酒店、餐厅、娱乐和办公建筑

别墅和高端住宅开发区。

为重新安置工人而建的新住宅开发区（中高层）

新商业中心

计划建设的高速公路

图 6.36　中国国际大城市模型

城市观察 6.6　世界最大的大都市区——外国直接投资和珠江三角洲区域的发展

以香港、广州和澳门这 3 个主要大都市为中心的珠江三角洲，是一个人口约 1.2 亿的扩展型大都市区（见图 6.37）。由于 1978 年后"改革开放"引发的自由经济改革，中国政府将这一区域打造成资本主义增长的"引擎"。随着排外投资立场的逆转，中国成为外国直接投资的磁石，珠江三角洲也成为国内外直接投资最密集、经济发展和城市化最快的区域。

在珠江三角洲，1997 年前曾是英国殖民地的香港，是一个拥有人口 700 多万的世界级金融、服务和物流基地（包括世界上最繁忙的集装箱港口和国际航空货运中心）的大都市（见图 6.38）。由于认识到了香港作为经济发动机的重要作用，中国政府遵循"一国两制"的原则，将其设立为拥有自己的货币、立法机构和法律体系的特别行政区。

香港通过施行低水平的企业税等激励措施，成功吸引了外国的直接投资，这促使中国政府将附近的深圳和珠海设立为两个最早的经济特区（见图 6.37）。设立作为出口加工区（EPZ）或自由贸易区（FTZ）的经济特区的目的是，通过提供廉价的劳动力、土地和税收优惠，吸引跨国企业及其资本、技术和管理方法。因此，很多香港企业都把其劳动密集型生产转移到了深圳或珠海，或者将生产转包给了中国大陆的"后厂"，而香港则扮演着"前店"的角色，专注于市场、设计、原材料采购、库存控制、管理、技术监控和财务安排[43]。后来，整个三角洲都被指定为开放经济区，当地政府、个体企业和农民在经济决策上拥有更高程度的独立性。这一政策的转变以及香港和广东省政府官员间合作的增加，意味着所谓的"前店后厂"关系已转变为合作伙伴关系，在这一关系下，不仅广东的制造业得到了发展，其服务业也得到了发展。

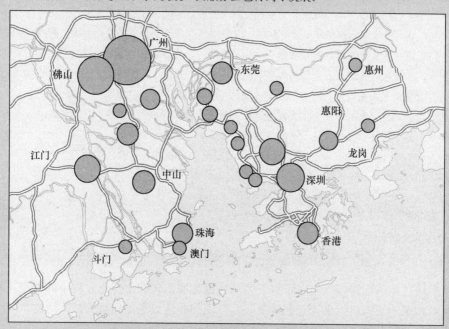

图 6.37　香港、广州、澳门等大都市中心所在的珠江三角洲有约 1.2 亿人口，是世界上最大的大都市区

图 6.38　香港，一个有着 700 多万人口的都市，是世界级的金融、服务和物流基地

中央政府权力的下放也允许区域增长的农村人口向城市转移以寻求生产线工作，或者留在农村使作物种植多样化，转向更赚钱的商品蔬菜种植业、家畜养殖业或渔业等农业活动。经济自由也允许农村工业化，包括低技术含量和劳动密集型的小型传统产业。由于土地和劳动力相对廉价，以及区域和本地政府为满足本土和跨国公司的需求在交通和通信基础设施方面的巨大投资，在香港、广州和澳门之间的三角地区已经出现了一个特别重要的经济区。新基础设施包括了枢纽机场、高速收费公路、卫星地面接收站、港口系统、轻轨网络和新的水务管理系统。这些基础设备反过来又吸引了商业区、技术园区、金融中心和综合度假区，它们分布在城市松散且无计划的扩张区内。随着农业和非农业活动的强烈交织以及城乡之间的紧密互动，结果形成了一个特色的扩展型大都市区，里面很多的小城镇在推动城市化进程中发挥了日益重要的作用。

与此同时，人们开始担忧珠江三角洲的长期可持续发展。其中一个问题是，该地区的增长取决于国外的直接投资，而这些投资来源、规模和目的地随时间的变化可能极不确定。

其他担心则与经济发展和城市化对三角洲地区的环境与农业的影响有关。数百万低技术工人很差的生活质量和工作条件也引起了国际社会的关注。下面这首名为"工厂女孩"的小诗是广东一名年轻的女农民工的个人生活写照，她每天工作 13 小时，中间有两次休息时间可以吃饭，每月收入约为 40 美元。

从潮湿、肮脏的走廊上，从食堂排得长长的队伍里，从机器的隆隆声和难以忍受的工厂噪声中，阳光飘过，星光飘过。

在生产线上不停地哭喊着，工厂女孩忍受着疲惫和艰辛。

每个宁静而孤独的夜晚，工厂女孩都疯狂地思念她的村庄。

她能听到山羊的呼唤。她经常梦到妈妈柔软、温暖的臂弯，她能闻到古老、幽静的花园的芬芳[44]。

如本章所述，全球化和城市化之间的密切关系，意味着传统的空间组织模式正在转变。在第 7 章中，我们将看到欠发达国家的城市居民在城市化和全球化过程中的内在问题，以及空间和地点是如何起关键作用的。

关键术语

agglomeration economies and diseconomies 集聚经济和不经济

apartheid 种族隔离

colonial concession zone 殖民租界区

desakota 城乡融合区（城乡结合部）

export processing zone（free trade zone） 出口加工区（自由贸易区）

extended metropolitan region（EMR） 扩展型大都市区

foreign direct investment (FDI) 外国直接投资

front shop, back factory model 前店后厂模式

growth pole 增长极

informal sector of the economy 非正规经济部门

inverse concentric zone pattern 逆同心圆模式

maquiladora 边境产业

overurbanization 过度城市化

rural-to-urban migration 进城移民

squatter settlements 棚户区

复习题

1. 请空闲时阅读一本关于欠发达国家城市生活的小说。这类小说有上百种，包括有关印度孟买的畅销书，如维卡斯·史瓦卢普的小说《问与答》（New York: Scribner），该书已改编为电影《贫民窟的百万富翁》，它于 2009 年荣获了 8 项奥斯卡奖。

2. 在南非开普敦这样的大城市举办世界杯这种大型活动，对当地居民来说可能喜忧参半。挑选一个在你感

兴趣的欠发达国家城市举办的大型活动（奥运会、世博会等），在网上搜索这次活动对该城市及其居民造成的正负面影响。

3. 浏览网络，查找尼日利亚拉各斯逐步发展为撒哈拉以南非洲第一大都市的过程中，不同时期的地图。研究其发展范围和方向，并思考驱动发展的最重要的社会、经济、技术和政治进程。

   充实资料夹。逐一列出并注释本章所述每个欠发达国家的城市结构模型。列出使用这些模型的优缺点，以帮助理解欠发达国家城市的内部结构。

　　快速城市化给很多欠发达国家的城市居民带来了大量的问题。普遍的贫困化、居住面积不足、城市公共服务缺乏、交通问题和环境恶化都使得许多城市的居民生活条件恶化，就像这位来自孟加拉国达卡市的女士，她住在新建的豪华高层建筑附近的帐篷里。

第 7 章

欠发达国家的城市问题和对策

快速的城市化不仅给许多欠发达国家的城市居民带来了大量问题，而且削弱了城市作为经济增长引擎的作用。普遍的贫困化、居住面积不足、城市公共服务缺乏、交通问题和环境恶化都使得许多城市居民的生活环境欠佳。在城市可持续发展的大环境下，为应对这些问题，人们已经采取了相关的措施并取得了一定的进展。政府干预非常重要，因为在这一方面，作为理念的城市可持续发展与作为实践过程的城市管理相吻合。政府也可以帮助建立民主机构并建立参与式的规划过程，以推动当地贫困居民的参与，因为他们是城市化问题的受害者。

7.1 学习目标

➢ 解释欠发达国家的居民如何及为何陷入贫穷。

➢ 找出非正规经济活动的主要类型及每种类型所吸引的工人种类。

➢ 评估住房不足和城市服务缺乏对欠发达国家城市居民的影响。

➢ 解释艾滋病对非洲儿童的双重威胁。

➢ 说明城市可持续发展包含哪些内容，以及为何城市可持续发展是应对本章所述城市问题的有吸引力的一种框架。

7.2 本章概述

本章并未列出欠发达国家的所有城市问题和应对措施，而主要说明城市化过程是如何给城市居民带来问题的，以及空间和区位是如何发挥关键作用的（见城市观察 7.1）。值得我们特别关注的重要问题有 5 个，即城市贫困、居住面积不足、城市公共服务缺乏、交通问题和环境恶化。

全球化和城市化的紧密联系意味着传统的空间组织模式正在发生转变。对这些城市中居民产生的局部影响与社会两极分化和环境恶化的问题密不可分。这些问题在大面积的贫民窟、**巨型城市**中的违章居住区、高失业率和高非充分就业率、人们寻求经济生存的非正规部门中非常明显。

如果当前趋势持续，那么欠发达国家快速增长的居住区将可能要面对这些城市化问题。当然，**新兴工业化经济体**（NIE）和盛产石油国家的城市也面临着严峻的困难。例如，伊斯兰文化及其设计城市的多项原则并不总是能够应对当前高速城市化发展的巨大压力。本章着眼于非洲、拉丁美洲和亚洲最贫困国家必须面对的最严重的城市问题。

城市观察 7.1　缩小数字鸿沟：跳过有线电话阶段，直接过渡到无线电话阶段

在南非的阳谷耶，贝科维·苏尔凯尼的生活和她母亲过去的生活基本差不多。她每天花 4 小时从河里打水，并用从附近捡来的柴禾露天生火做饭，用蜡烛照亮自己简陋的小屋。但贝科维的生活和其母亲的生活有一个根本的不同，那就是当她想和400千米外一家钢铁厂工作的丈夫说话时，可以用自己的手机给他打电话。

"这是必需品"，正在用塑料桶洗衣服的她停下来，一边从花围裙中掏出她的粉色诺基亚手机，一边说。"我把购买通话时间列在日常购物清单上"。为了这部丈夫从工厂那份工作中省下的钱所买的手机，贝科维每月要花1.90美元购买宝贵的5分钟通话时间。在非洲的移动通信公司Vodacom架设起手机通信塔之前，贝科维靠写信和丈夫保持联系，往往一封信要等上几个星期。最近的公共电话亭也在16千米以外，而且电话常常是坏的。贝科维和附近的其他手机拥有者每次给手机充电时，要向一位名叫内尔的邻居支付80美分，内尔的家里有一个汽车蓄电池，她定期乘公共汽车把电池拿到32千米外最近的加油站充电[1]。

正是在许多像贝科维这样的人的支持下，非洲成为了世界上移动电话增长最快的市场。国际电信联盟2010年的报告显示，非洲手机用户的增加数高于世界上的其他任何地方。无论是打电话、转账，还是查看庄稼的市场价格，个人移动电话和"村庄移动电话"都正在使非洲所存在的众多鸿沟逐渐"弥合"。虽然缺少互联网接入，银行分支机构太少，本地的医疗设施不足，教师和课本缺乏，道路质量差，但移动电话正在为数以百万计的非洲人创造各种个人和经济上的可能性（见图7.1）[2]。

图7.1　南非的青年学生用手机来弥补学校计算机的不足

无论有无政府机构或非政府组织（NGO）的帮助，许多人已经能够建立自助的网络和组织，这是在非常贫穷和拥挤的城市里形成社区凝聚力的基础。同时人们也意识到城市化的问题必须要放在城市可持续发展理念的大背景下来考虑，否则城市问题将会使所有应对措施付诸东流。

城市所面临的一部分困难来自"全球化悖论"。城市中的居民、商人和政府官员必须团结一致来应对世界经济中的国际竞争；但城市中的人们还面临来自内部持续不断的社会和经济分裂，这妨碍了他们建立联盟、整合资源并建立良好管理机制的能力。

在过去的十年时间里，城市治理方面出现了应对"全球化悖论"的4种变化：权力分散和正式的政府改革；地方社区参与城市政策的制订和执行；多级管治和公私合作；面向过程的和基于地方的政策。如我们所见，尽管其中的一些变化并不新颖，但引入这些变化的基本原理的确是崭新的。

7.3　城市问题

7.3.1　贫穷

按2005年的价格，由世界银行所定的国际贫困线标准为1.25美元/天。低于国际贫困线的人数从1981年的19亿下降到了今天的14

亿 [3]。极端贫困人口的这种减少，部分体现了国际社会、非营利组织和其他各界为达到联合国千年发展计划关于从 1990 年到 2015 年期间使低于国际贫困线以下的人口比例减半的目标所做的努力。但极端贫困人口的下降并不均衡，仍有数以百万计的人陷入贫困，特别是在撒哈拉沙漠以南的非洲和南非。同时，贫困越来越多地成为一种城市现象。在刚果民主共和国、津巴布韦和海地这样的国家，50%以上的城市人口的生活水平在本国的贫困线以下。

贫困人口之所以陷入贫困，有各种各样的原因，包括缺乏教育、健康状况不佳、环境资源恶化和导致公共开支浪费的冲突与管理。在某些国家，由于政府官员腐败猖獗，公共财产被腐败的政客转移到瑞士银行的账户，而城市的监管者因受贿而不依法对新的建筑执行建筑法规，造成建筑物垮塌而导致许多家庭家破人亡。在独裁者的压迫下，数十年被迫生活在贫困之中的许多人已开始走上街头，发起民众起义，这种起义的风潮从突尼斯的西迪布济德省的街头开始兴起，并迅速扩散到了整个北非和中东。

在全球化的大背景下，尽管有些恐怖分子头目并非在贫困环境下长大，但众多的追随者往往来自也门这样极端贫困国家的贫困家庭。某些人道主义团体担心过于狭隘地注重于对抗恐怖主义容易忽视普通人所处的可怕社会与经济条件。在也门，石油资源正在枯竭，但却没有石油经济的计划，水资源如此缺乏，以至于许多人预言萨那将成为史上第一个干涸的首都城市 [4]。

在欠发达国家，内外因素相结合影响城市经济，塑造着劳动力市场。在国家经济中，城乡经济通过人口、商品、服务、货币和信息的交流而相互作用（见图 7.2）。许多城市正以前所未有的速度发展。主要推动力是农村的**"推动"因素**——人口过剩和就业机会匮乏，而不是城市的**"拉动"因素**——丰富的就业岗位和更好的生活品质。由于**自然增长率**较高且大量人口迁移到城市，就业岗位供不应求，造成了大量的失业和非充分就业。**非充分就业**是指人们的工作时间少于专职时间，尽管他们情愿多工作一些时间。非充分就业在欠发达国家中的比例难以准确计算，估计占总就业劳动力人数的 30%～50%。

城市经济和农村经济既彼此独立又相互合作。二者通过贸易和其他交换形式与世界经济联系（见图 7.2）。根据**新国际劳动分工**，在欠发达国家的不同地区，城镇和城市在国际经济流中发挥了关键但通常也不平等的作用。这些国际经济流将乡镇中心与国家城市网络联系起来，最终将其纳入**世界城市**和全球经济之中。

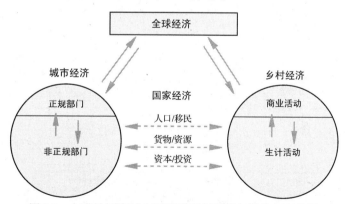

图 7.2　欠发达国家城市经济的空间和部门间的相互作用

根据以现代化理论为基础的假设，20 世纪 70 年代许多政府推行**新自由主义政策**来促进城市经济的发展，包括财政和其他刺激措施吸引**外国直接投资**（第 5 章）。公职官员试图利用新国际劳动分工吸引一些跨国公司。这些跨国公司能在低成本地区生产从而获得更多的利润 [5]。

跨国公司在做区位决策时考虑的一个重要因素肯定是廉价劳动力，但从国际市场对产品的高质量要求来看还有其他因素——受过教育并可培训的工人、便捷的交通网络和可靠的服务设施（如水和电）都非常重要。这意味着非洲撒哈拉以南最贫穷的国家和其他地区被忽略了。20 世纪 70 年代，少数有吸引力的地区得到了飞速发展，最著名的是亚洲"四小龙"（中国香港、新加坡、韩国和中国台湾）以及墨西哥和巴西。此后，国际投资也促进了其他国家的经济增长，最显著的是中国。随着时间的推移，国际投资转向更大的城市中心，加强了固有的投资模式，使得本已非常严重的城市首位度和城市**不均衡发展**问题继续恶化。

对国际资本的依赖和全球经济趋势给劳动力市场带来了不稳定性。这进一步将城市和乡村经济区分裂为更大的非正规部门和更小的正规部门（见图 7.2）。**过度城市化**导致了一个大型的非正规部门，因为那些无法找到稳定工作的人们不得不转而寻求不由政府监管的临时工作来谋生，这被称为二元论，或是城市空间中正规的经济部门和非正规的经济部门的并存在建筑环境中非常明显：高耸的现代化写字楼、公寓和豪华住宅通常与提供高收入工作和机会的动态正规部门相关；住在这些高楼大厦里的人与住在贫民窟和**棚户区**的在非正

规部门工作的人形成鲜明对比。这些人由于缺乏教育和正规培训，没有被社会认可的学历而处于劣势，且因性别、种族和族裔而被严格地进行了**劳动分工**（见图 7.3）[6]。

但非正规经济部门的定义比较含糊，它包括财富和贫穷、生产力和效率、剥削和解放（见城市观察 7.2）。**非正规部门**的 4 类主要活动吸引了不同类型的工人（见图 7.4）。

图 7.3　尼日利亚首都拉多斯的棚户区

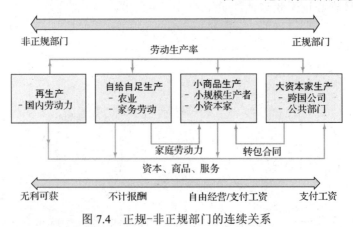

图 7.4　正规-非正规部门的连续关系

1. 自给自足活动中的商品和服务，如服装和缝补，主要用来维持生计而非赚取利润。
2. 个体经营的小规模生产者和零售商依靠生产或销售来获得收入——属于这一

类的典型工人有街道小贩、技工和食品摊贩。

3. 小资本家在非正规部门中发现更多的机会获取利润，因为他们可以逃税并钻就

业法律法规的空子,如最低工资标准和安全工作环境。

4. 犯罪和社会不良活动,包括贩毒、走私、盗窃、敲诈和卖淫。

在许多城市,超过 1/3 的人口在非正规部门工作,一些城市甚至超过了 2/3(见图 7.5)。

从全球范围来看,到 2020 年以前,在非正规部门工作的人口数量将会增长,预计占总劳动人口的 2/3。虽然非正规部门的工作(销售纪念品、骑三轮车或缝纫)从世界经济的角度来看可能处于边缘地位,但它们却维持了全球近 20 亿人口的生计。

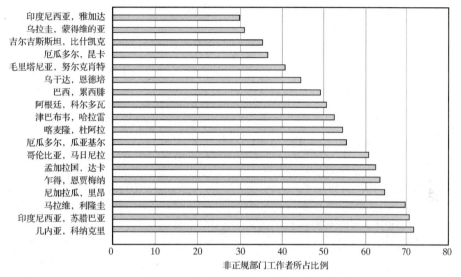

图 7.5　典型城市的非正规就业

在许多欠发达国家,在不受监管的非正规部门工作的劳动力包括世界上最脆弱的工人——妇女和儿童(见图 7.6)。在极度贫穷的环境下,每位家庭成员必须工作赚钱。正规部门的产业经常利用这一点,采取在非正规部门中几乎无法执行的劳动标准。许多公司利用分包计划生产,不是在工厂而是在家庭雇用童工。表 7.1 列举了许多导致妇女在欠发达国家的城市经济中无论是在正规部门还是在非正规部门都处于劣势地位的因素。

城市地理学家意识到,正规部门和非正规部门是相互联系的——非正规部门是城市经济中正规部门的一项重要资源。在非正规部门工作的工人生产了大量廉价商品和服务,降低了在正规部门上班的工人的生活成本,使雇主可以维持最低工资标准。虽然这种安排并不能促进城市经济增长,对缓解贫困也没有帮助,但它使得许多公司在全球经济体系中保持了竞争力。对外贸出口型企业来说,非正规部门尤其提供了相当可观的间接产品补贴。当这种补贴通常以低价形式卖给发达国家的消费者时,最不发达国家城市中的最贫困家庭不得不求助于应对日益恶化的贫困的策略(见表 7.2)。

图 7.6　街上兜售口香糖的小男孩

表 7.1　欠发达国家中导致城市妇女劳动者处于劣势地位的因素

1. 妇女生育角色，特别容易与家务劳动相联系

2. 男性养家糊口和妇女操持家务的老观念

3. 在传统经济观念上，妇女被认为技能水平低下、能力不足和/或教育水平较低

4. 妇女更多地被视为"被动"的工人，被雇主认为不太可能形成组织或反抗剥削

5. 妇女在性别类型上被认为非常灵巧，能够从事重复性的工作

资料来源：R. B. Potter and S. Lloyd-Evans, *The City in the Developing World*, Harlow, UK: Longman, 1998, pp. 166–67.

7.3.2　住房不足

社会两极分化是城市化的一部分，并被全球化趋势所加剧。联合国人居署将社会两极分化视为当前世界上种族隔离和土地利用模式中一项间接却又关键的决定性因素——从城市的"四等切分"到空间上划分和分割的城市聚居区。在欠发达国家，这些独立的隔离地区包括受保护的富人区、中等收入居民区、低收入居民区和少数族裔居住区。

表 7.2　应对日益恶化的城市贫困的家庭策略

扩大经济来源
- 将更多的家庭成员转变为劳动力
- 增设新的业务
- 种植粮食满足自需
- 增加废物利用以便使用或转售；寻觅野生食物
- 出租房屋

限制消费
- 减少或取消消费项目，不买新衣服、肉或"奢侈"食物和饮料
- 购买便宜的食物和二手衣服
- 小孩从学校退学
- 延迟医治
- 推迟修理或更换家用电器
- 推迟房屋修理或改善
- 减少社交活动，包括下乡探亲访友

改变家庭消费
- 推迟或停止生育
- 扩大家庭规模，让妇女和已婚子女继续工作，并让老年妇女也去工作
- 迁居

来源：C. Rakodi. *Poverty lines or household strategies? A review of conceptual issues in the study of household poverty*. Habitat International 19(4), 1995, p. 418.

城市观察 7.2　无视性别：玻利维亚的拉斯肖丽塔塔斯[8]

在玻利维亚拉巴斯市郊埃尔阿尔托区，艾马拉族的大部分女性仍穿着点缀有蕾丝首饰的传统浅色披肩、多层裙子，并在结着发辫的头上悠闲地戴着一项标志性的黑色圆顶礼帽。这要追溯到 19 世纪，一名来自曼彻斯特的精明商人用一船圆顶礼帽引领了这一时尚。

到了 21 世纪，玻利维亚仍然非常重男轻女，妇女的识字率和经济地位均落后于阿根廷和智利这两个邻国，这两个国家已有女总统当选。但在埃尔阿尔托，有些女性能体验一种全新的自豪感和尊敬——成为女摔跤手！拉斯肖丽塔塔斯是女性自由摔跤表演者，每个星期日的夜晚都有大量观众付费观看她们的自由式摔跤表演，地点在埃尔阿尔托最大的公共体育馆（见图 7.7）。如果运气好，她们一晚上可以挣 15 美元，虽然还不足以让她们放弃白天的工作，但足以支付账单，并说服她们的丈夫支持她们从事这种第二职业。

"让她们上来!"，"让她们上来!"，就着音乐的节拍，观众不耐烦地喊着。这时，场内的灯光暗下来，主持人上场对着麦克风宣布她们的名字，同时更衣室的门帘分开，"妖精"和"女魔"在雷鸣般的掌声中出场。她们一边摆动着裙子，一边走向摔跤台。音乐戛然而止，她们快速摘下圆顶礼帽并脱下披肩，然后扑向对方。"女魔"抓住了"妖精"的辫子，把她举起来掷向围绳。观众大声吼着"小心"，但为时已晚。正当"女魔"摇摆身体，迈着舞步庆祝时，突然面部朝下趴在了台上，她被跃起的"妖精"压在身下。观众们疯狂了。"她被消灭了"，主持人歇斯底里地喊道。但"邪恶的女魔"不日还会回来和"多情的妖精"再战一场，因为在墨西哥摔跤这项运动中，不存在最终的失败。

图 7.7 拉斯科丽塔斯的这些玻利维亚女摔跤手已经模糊了性别差异

图 7.8 中所示的城市住房供给类型 [9] 描述了欠发达国家城市住房的几种选择。私人住房（如业主自住、出租和雇主提供）和由总房屋供给中的一小部分组成了事业单位公共住房（政府建设或资助）。"流行"的住房类型（包括贫民窟和违章建筑区）包含了城市的大多数居民——极端贫困者、未就业者、永久失业者和无家可归者。

联合国估计世界上约有超过 15 亿人的城市居民生活在拥挤的房屋里，大多在欠发达国家的贫民窟和违章建筑区中（见图 7.9）。在这些国家，一半以上的房屋不达标，其中 1/4 的住房是临时建筑，超过 1/3 住房不符合当地建设房屋的标准 [10]。

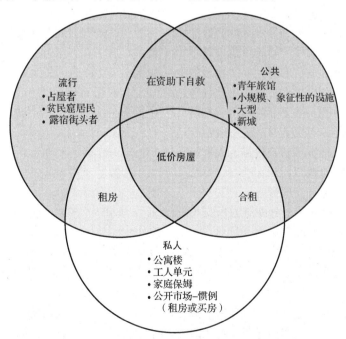

图 7.8 欠发达国家低价城市住房供应的形式

图 7.9　印度新德里穷人就巨型水管搭建的棚户区

非正规劳动市场和贫民窟与违章建筑区并存：由于很少有工作能提供稳定的薪水，大多数人无力支付体面房屋的租金或房屋贷款。失业、不充分就业及贫困导致了过度拥挤。过度城市化地区已经无力提供廉价住房，这远远超过了开发商和政府部门提供新低价住房的能力，必然会导致尽量提供不稳定庇护所的贫民窟和违章建筑区的大量出现。

从技术上讲，贫民窟至少是永久性的合法住房，尽管随着时间的推移开始变得越来越不合标准。但违章建筑区是在土地上非法建造的临时建筑，既没有所有权也不可出租。这种房屋建在人迹罕至的地区（被废弃的场所、贫瘠的土地，甚至是墓地和垃圾场），厕所通常是露天的，没有电或自来水等基础设施。人们用一切可利用的材料搭建棚户，如瓦楞铁、厚木板、泥浆、茅草、焦油纸和纸板等。智利、土耳其、印度、阿根廷和巴西对违章建筑区有不同的称谓。在最糟糕的地区，因过度拥挤、卫生设施极差、缺乏维护与管理，导致了疾病肆虐和较高的婴儿死亡率。

由于违章建筑区的蔓延，大多数政府一开始想彻底根除它们。受西方住房专家和发展经济学家的煽动，许多城市试图通过大规模的驱赶和清除方案来消灭这种盲目的城市化。在许多城市，包括雅加达（印度尼西亚）、加拉加斯（委内瑞拉）、拉各斯（尼日利亚）、加尔各答（印度），在很短的时间内，成千上万人在政府勒令下被迫离开贫民窟和违章建筑区。他们的家被夷平，让位给公共工程、土地投机、豪华住房、城市改造，有时甚至让位给吸引参观者和旅游者来改善城市风貌。为了准备诸如奥运会、世界杯足球锦标赛、世界博览会等大型活动，政府强制清除人群，以便为美化工程让路。据估算，在过去的 20 年里，奥运会已经赶出了 200 万人以上。

多数城市因财力不足而无力为低收入者建造新的廉价房，用来取代已经被拆除的房屋。无家可归的人们没有选择，只有在城市的其他地方建设新的违章建筑区。

强拆贫民窟收效甚微，这引起了人们对此类政策的重新评价；这种房屋如今被视为对贫困的一种理性反映。贫民窟和违章建筑区为农民工提供了廉价的住所，并在社区服务和非正规部门提供了就业机会。意识到这种住房的积极作用并看到当地居民为此所做的诸多改进之后，城市政府部门开始支持他们，而不是派警察和带推土机的市政工人去强拆 [11]。但这些基于社区的努力是有限的，仍有许多还没有形成自助组织的违章建筑区。

7.3.3　城市服务匮乏

非正式劳动力市场的影响在于城市无力提供基础服务（见图 7.10）。由于非正规部门不产生税收，因此用于提供足够的卫生和教育服务或用于保持清洁安全环境的市政资金非常有限。

图 7.10　埃及开罗由于缺少基本的城市服务和非法倾倒，一条小巷的水沟里布满了垃圾

尽管全球无法保障充分水源的人口数字已首次降至 10 亿以下，但美国人 5 分钟淋浴所用的水比发展中国家贫民窟居民的平均日用水量还多这一事实仍令人心痛 [12]。许多国家把离住处 91.5 米以内有水龙头或配水管作为水源"充足"的标准，但这并不能保证附近的家庭能有良好健康的充足用水。一些城市的居民往往为了接满一桶水而排起长队，因为公用水龙头或配水管每天往往只用几小时。2009年，由于季风雨季未如期到来，印度博帕尔 180万居民的用水实施了定时供水，每隔一天只供水 30 分钟。住在贫民窟中的 10 万居民由于没有自来水，只能依靠水罐车送水。为争抢用水而爆发了争斗，有些人因被愤怒的邻居指责偷水而被砍死。

有些人从主供水管道中取水，还有些人试着收集从主水管的通风阀中漏出来的水。许多妇女被迫半夜起来，步行 1.6 千米到最近的泵站取水，因为那里经常有人从基座上拆下一些砖头，这样水就能稳定地流出。很多人没有其他办法，只能使用受污染的水或质量没有保证的水。在欠发达国家，只有不到一半的居民（仅在特别富裕的地区）能自己将水管接入家中。

污水处理设施也很糟糕。欠发达国家中的居民住宅中连有下水道的仅稍高于 50%[13]。绝大多数下水道将未经处理的污水直接倾倒于附近的河流、湖泊或海洋。圣保罗有超过 1600千米的臭烘烘的露天下水道；未经处理的污水从城市的贫民窟排到比灵斯水库（主要的城市饮用水水源）。雅加达完全没有污水处理系统，但计划将要建造一座。同时，化粪池为大约 1/4的城市人口服务；其他人使用坑式厕所、污水坑和路边的水沟。尽管 9 亿印度人在这个国家的很多河流中朝圣和沐浴，尤其是恒河，但排入这些河流中的污水只有不到 30% 是经过处理的。每天竟然有 2650 万立方米未经处理的废水流入印度的河流中；流经德里市的亚穆纳河，有近 189 万立方米的污水流入其中。主要问题是印度的人口增长速度要快于新建污水处理厂的进度。

如果没有厕所（在大城市经常如此），人们就不得不用桶来解决，并且要在夜幕降临后倾倒于排水管或下水道中。否则，他们就得在地上铺一张纸或塑料袋，蹲下就地解决，然后扔到狗或猪出没的垃圾堆里。这些粪便包有时被称为"飞行厕所"……今天，有数以百万计的人因接触遗留在野外、路上、街道上或河岸边的粪便而得病……[14]

在欠发达国家，只有 30%～60%的城市生活垃圾被收集起来。以达累斯萨拉姆为例，该市只有 35%～40%的垃圾和固体废物被收集和清除，剩下的以非正规方式回收，倒入沟、渠或河中，或干脆任其腐烂。即使收集起来的生活垃圾也可能会带来问题。由于新自由主义政策采取垃圾收集私营化，导致私营的垃圾收集公司利用市政府在监管上的宽松，将垃圾倒入未经批准的地点，引起恶臭并危及附近居民的健康。在最坏的情况下，工人要在没有靴子和手套的情况下用手来捡垃圾，而这些垃圾中会有腐烂的猫、狗尸体。如果这些工人病了，他们没有医疗福利来治疗经常会发生的头痛、咳嗽和腹泻，以及腐烂垃圾引起的细菌感染。

虽然听起来很可怕，但这些问题为非正规部门的就业提供了机会。街头摊贩从私人水箱或钻井经营者那儿获取自来水，然后以每罐水多少加仑来卖出。他们一般根据公共用水情况来取 5~10 次水，在一些城市街头，小贩取水达 60~100 次甚至更多。同样，许多城市有非正规的污水处理机构。譬如，在亚洲的一些城市，有人用手推车在晚上运走垃圾。这样安排的问题是，垃圾被不合理地处理掉，最终污染了那些穷人们赖以生存的河流或湖泊。

在新兴工业化经济体国家或地区中，如新加坡、韩国和中国台湾，受过良好教育的劳动力是经济增长的重要因素[15]。但在许多国家，特别是对农村居民来说，接受教育仍然是一个问题，因为教育中心集中在城市。增大教育投资对中等收入人群的益处要大于贫困人群，对男人的益处要大于女人。虽然对女性的偏见在每个国家都不相同，但在伊斯兰城市和最贫穷的家庭里尤其突出。

城市化不一定会改善卫生条件，因为身体健康状况与贫穷紧密关联[16]。美国已经意识到了许多问题，特别是城市卫生问题[17]。

- 城市的卫生模式和农村地区不同，因为城市人口会导致流行病学转变：由传染性疾病变为非传染性疾病。世界卫生组织预计到 21 世纪 30 年代，与城市化相关的社会经济变化将使抑郁症、心脏病和交通事故成为欠发达国家一些城市的首要医疗负担，这和当前的呼吸性疾病、腹泻和早产儿的生存条件有所不同。
- 许多传染性卫生问题，包括艾滋病，在城市中仍相当严重。事实上，城市化也导致了城市中艾滋病患者的增加，特别是在撒哈拉以南的非洲（见城市观察 7.3）。在城市中，小孩对传染性疾病特别敏感，包括急性呼吸道感染。
- 贫困的城市居民受到农村地区相关健康问题的困扰，如食品不足、卫生状况恶劣，另外还有城市中特殊因素造成的健康问题，如由于过度拥挤和糟糕的工作环境导致的压力。
- 城市贫困人口的医疗负担只有在城市总体不平等的大环境下才能被完全认识。

城市观察 7.3　可怕的人员死亡：撒哈拉以南非洲城市的艾滋病

据估计，到 2008 年年底全世界约有 3300 万人感染艾滋病，其中 2200 多万艾滋病患者在撒哈拉以南的非洲[18]。尽管该地区人口仅占全球人口的 13%，但却占感染人口的 67%。新增艾滋病感染者中有约 70%在撒哈拉以南的非洲地区。艾滋病已经夺走了这里 1500 多万人的生命，使 1400 多万儿童成为孤儿。在受灾最严重的国家，如斯威士兰和博茨瓦纳，预期寿命下降了一半。在斯威士兰，人口预期寿命竟然只有 32 岁，这是非常让人难以置信的。

感染率在城市中很高是因为大量人口集中在高度密集的地区，增加了艾滋病的传播速度。卖淫、多个性伴侣以及青少年怀孕在城市比在农村地区更普遍。在撒哈拉以南的非洲城市，除了这种毁灭人类的悲剧，艾滋病的传播在多方面加重了经济问题，并消耗了十分有限的公共资源：[19]

- 因艾滋病而减少了熟练工人的数量，特别是在他们最年轻力壮的时候。
- 由于缺乏熟练工人，使生产成本提高，进而影响了国际竞争力。
- 由于政府税收的降低和私人储蓄的减少，新就业岗位生成缓慢。
- 高公共支出必须用于监控、预防和卫生保健。

研究表明，贫困中的快速城市化与以艾滋病为主的城市特征是有关联的。非洲的困境又特别令人苦恼，因为生活在国际贫困线（1.25 美元/天）以下的城市居民比重尤其高。譬如在坦桑尼亚和尼日利亚，城市贫困率分别为 70%和 55%。在一些城市，如金沙萨、拉各斯、卡拉奇和达卡，超过 50%的居民生活在贫民窟和违章建筑区。

最近在肯尼亚内罗毕的一项研究表明，住在贫民窟的居民在年龄很小时就有性行为，且有不止一个性伴侣。和其他城市居民相比，他们基本不知道使用避孕套或其他防护措施来防止感染艾滋病[20]。贫民窟的 3 个特征，即贫困、社会环境接受卖淫行为及家庭里没有隐私，导致了孩子们提前社会化，从而过早地发生性行为，这使得孩子们认为性行为是他们可以在很小时就可以参与的行为。

艾滋病对非洲的儿童而言是一种双重威胁：一方面会引起父母的死亡，使他们变成孤儿；另一方面儿童自己也会感染。在撒哈拉沙漠以南的非洲，每年约有 50 万儿童死于艾滋病；大部分在 5 岁生日前死亡。大部分儿童感染艾滋病毒的途径是在出生或哺乳时传染的。儿童也会因性接触而传染。同样年龄的女孩比男孩的传染率高得多。因流传于整个非洲的残酷迷信，即和处女发生性关系能防止或治疗艾滋病，许多女孩被强奸，有些女孩则以收费为条件自愿发生性关系[21]。

撒哈拉以南的非洲经济持续恶化。在城市中，特别是青春期女孩为了维持生计而从事高风险性行为的可能性不断增长，这有感染和传播艾滋病的危险。绝望迫使一些妇女依靠性关系补充家庭收入来支付房屋租金、学费和其他生活必需品；许多妇女通过增加性伴侣数量来增强她们的经济保障。

内罗毕研究强调住在违章建筑区的低收入人群，特别是易受艾滋病感染人群的需求，由于他们相对隔离的地理位置、低收入以及不合法或非正式居住，而无法获得较好的卫生服务、计划生育服务设施、教育和基本设施。研究结果表明，在贫民窟和违章建筑区，如果不同时改善居民的经济和生活条件，那么改善居民的生殖健康状况非常困难。

7.3.4　交通问题

尽管欠发达国家的城市政府为了保持交通与人口增长的速度一致，通常会在交通基础设施方面花掉几乎所有的预算，但交通状况仍然很差并且快速恶化。欠发达国家的城市总是交通拥挤，但近年交来交通拥挤已经变成交通大瘫痪（见图 7.11）。大都市的私家车供应和使用数量急剧增加。不仅人和车的数量增加了，而且这些城市不断变化的空间结构也提高了对交通的要求。传统的土地利用模式被现代工业内在的集聚趋势和现代社会内在的隔离趋势所代替。其中最重要的变化是把家庭与工作分离开来，很多人开始乘公交车上下班。

图 7.11　泰国曼谷拉查丹利路的交通。欠发达国家大城市的道路已变得十分拥挤。但近年来，交通拥挤已变成交通瘫痪

整体趋势是人们对汽车的依赖增加，城市密度下降。图7.12表明了三种类型的城市中城市形态和主要交通系统之间的关系[22]：

1. 传统的"散步"或"步行"城市的人口密度为62500～12500人/平方千米。

2. "公交"城市的人口密度为43750～62500人/平方千米。

3. "汽车"城市的人口密度为6250～1250人/平方千米。

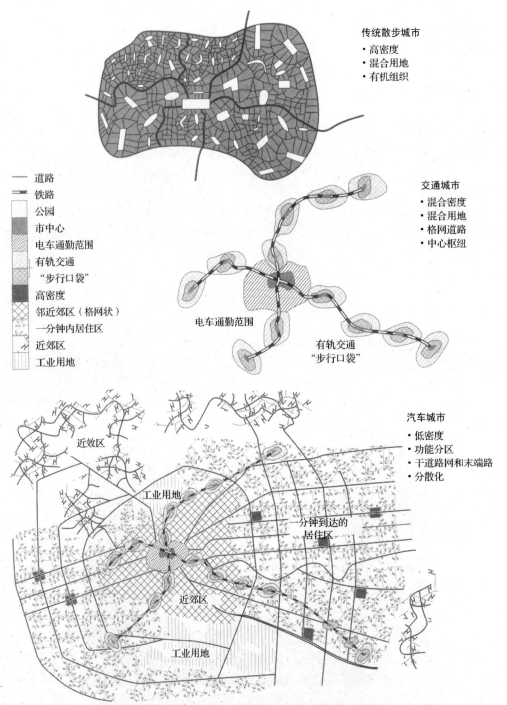

图7.12 根据主要交通运输模式划分的不同城市类型

欠发达国家由传统的"散步"城市向"汽车"城市的变化趋势已导致了前所未有的交通问题。尽管采取了一些创新措施，但许多城市的交通系统正在失灵，原因在于道路维护不足、交通堵塞、交叉路口的长时间耽搁和频繁的交通事故等。许多政府部门在新建昂贵的高速公路和道路拓宽项目上投资巨大。由于新的道路趋向于延伸至城市中心（城市中心通常是大多数工作、服务和休闲设施的聚集地），因而导致交通系统最终失效，因为它把交通工具视为由机动车、自行车、畜力车、手推车等构成的一个拥挤并混乱的混合物。北京、曼谷和墨西哥城都存在世界上最严重的一些交通问题（见城市观察 7.4）。如从曼谷的廊曼国际机场到城市中心的 24 千米路程需要 90 分钟。2010 年北京发生了一次可能是迄今为止世界上时间最长的交通拥堵，从 8 月 14 日一直持续到 28 日，当时因为道路施工和运煤车的拥堵，位于内蒙古自治区和北京之间的 110 国道几乎完全陷入瘫痪，数以千计的车辆受阻，对于身陷其中的人而言，每小时能有 16 千米的速度就谢天谢地了。许多司机每天只能开 1 千米，有些则被堵在那里达 5 天之久。住在公路沿线的人们利用了司机的困境，以近乎拦路抢劫的高价向他们出售水、方便面、香烟等。这些交通阻塞对国民经济的代价可能非常高昂。在印尼的雅加达这个世界上最大的没有快速公交系统的城市，其车流的平均速度为 12.8 千米/小时，每年因交通延误造成的成本按印尼政府估计为 14 亿美元，按世界银行估计则为 49 亿美元。

城市观察 7.4　如何配给可能适得其反：墨西哥城"无车日"的规定 [23]

墨西哥城的孩子们在画一幅关于天空的画，他们将天空画为黑色。这些孩子还很年轻，还不会表达政治诉求，只是把自己看到的画出来而已，因为汽车的使用，墨西哥城是空气污染最严重的城市之一 [24]。在墨西哥城，每天堵车可以绵延数千米，驾车穿城的时间长达 2~4 小时（见图 7.13）。

图 7.13　墨西哥城的改革大道。墨西哥城每天下午的高峰时段，饱受交通拥挤和雾霾的困扰

墨西哥城政府于 1989 年出台了一项限制汽车使用的规定，即在一个星期中的某天禁止使用汽车。"无车日"（今日不通行），车牌尾号为 1 或 2 的车禁止在星期四上路，车牌尾号为 3 和 4 的车禁止在星期三上路等。

这一规定具有争议性。支持者认为有汽车的人应该对缓解交通堵塞和大气污染问题做出贡献。反对者认为这不公平，因为一部分人比其余人更容易避开禁令。

最终，这项规定因适得其反的效果而失效，它产生了道路更加拥挤和污染更加严重的现象，因为有能力购买第二辆车的人能有效地绕开对第一辆车的禁令。在墨西哥城，汽车的使用和交通拥挤现象实际上因为这项规定而变得更加严重[25]。尽管购买第二辆车主要是为了在第一辆车被禁行的那一天使用，但整个家庭中因为汽车的增加，驾驶人也增加了。这项规定导致了更多而不是更少的污染，除了高级小汽车排放更多尾气外，人们还倾向于购买技术标准较低的二手汽车。虽然墨西哥城在 1990 年引入了排放测试，试图解决旧车的高排放问题，但很多驾驶人会买通测试技术人员或开另一辆车去测试而作弊。

7.3.5　环境退化

由于贫困、住房条件差、服务和交通基础设施与服务匮乏等问题带来的压力，欠发达国家城市不能在环境问题上投入很多资源（见图 7.14）。由于人口的快速增长，这些问题也迅速升级。工业垃圾和生活垃圾堆积在湖泊和池塘，污染了河流、河口和海岸带。化学品从不受控制的垃圾场流出，污染了地下水。对木材和家庭燃料的需求，使许多城市周边的森林被砍伐殆尽。环境的恶化当然直接关系到人类健康。人们生活在这样的环境中，痢疾、呼吸道传染病和肺结核的发病率非常高。与住在附近农村地区的人们相比，城市人口预期寿命较短。非法建筑区的孩子在 5 岁前的死亡率大概比出生在富裕国家的孩子高 50 倍。

大气污染提升了许多城市的危险级别。随着现代工业部门和汽车拥有量的增加，由于未强制执行有关污染和汽车尾气排放的规定，在大城市中，每天都有成吨的铅、硫氧化物、氟化物、一氧化碳、氮氧化物、石化氧化剂和其他有毒的化学品排放到大气中。木炭、木材和煤油这些被低收入家庭用作燃料和生火做饭，也极大地降低了空气质量。根据世界卫生组织（WHO）的估计，全世界每年因空气污染而早逝的人高达 20 亿，患有呼吸、心脏感染、肺部感染甚至癌症的人比这一数字还要高。最近对 18 个巨型城市的研究表明，所有这些城市都至少有一项空气污染指标超过了 WHO 的标准[26]。按照 WHO 的标准，13 个城市被评为空气质量差，5 个被评为一般。根据一项多污染物的指数，污染最严重的巨型城市为孟加拉国的达卡、中国

的北京、埃及的开罗和巴基斯坦的卡拉奇。

这种污染不仅让人不舒服，而且很危险。在达卡，据估计每年有 15000 人早逝，数百万人因空气质量差而患有呼吸道病、心脏病和其他疾病。

图 7.14　泰国曼谷的昭披耶河，垃圾漂浮在小船下

由于贫困人口通常须住在靠近他们工作的地方，与工业设备近距离接触会造成另一系列的危险。1984 年，印度博帕尔联合碳化公司工厂发生了一起全世界最可怕的事故，导致将近 4000 人死亡和 500000 多人受伤，大部分是附近非法建筑区的居民。糟糕的住房条件、贫穷和城市环境问题的相互关系反映了以下多种问题：

● 更多的与疾病和死亡有关的事件，都和住房拥挤、建设落后、处于不安全地区（由于自然或其他危险因素），以及自来水设施、污水处理和垃圾处理等服务设施不完善密切相关。

● 住房质量差，通常是将就居住的、临时的、破烂不堪的、维修不足的，容易着火的房屋。

● 收入低再加上土地价格和房屋价格的上涨，导致过度拥挤和无家可归。

● 土地的非法占有和使用伴随着驱逐和破坏，打消了他们投资于改善住房的动机。

● 最贫穷的人通常处于社会的最底层，他们最不可能将自己对于环境和其他问题的看法表达出来[27]。

7.4　解决城市化问题的对策

7.4.1　城市的可持续发展

在可持续发展的大背景下，城市经济发展和环境条件之间的关系正日益引起人们的关注。人们比以往更加认识到在**城市的可持续发展**理论背景下如何对城市化问题做出响应。对欠发达国家城市化问题做出的响应必然涉及城市可持续发展的以下几个相互关联的部分（见图 7.15）：[28]

● 经济：最可持续的经济活动通常是在满足城市政府部门对劳动力和税收要求的条件下，将城市外部的力量应用于区域的、国家的及世界的经济活动。非正规经济部门的工作有其作用，但政府的就业政策也是必要的。解决贫困对城市

居民幸福安康和城市本身的繁荣来说都是根本的。

● 环境：灰色议程和绿色议程[29]包含缓解城市环境的问题，如污染、土地退化（见表 7.3）。这对欠发达国家城市的穷人很重要，因为环境问题并不是奢侈品。两个议程均注重人类行为的复杂性和意想不到的副作用。灰色议程更注重短期、局部和与健康相关的影响。它强调减轻与卫生条件差、拥挤、供水不足和有害的空气与水污染，以及本地固体废物收集相关的健康威胁的必要性。绿色议程更关注长期、分散和生态方面的影响。它强调在区域和全球尺度上减少城市生产、消费和产生的废物对自然资源和生态系统的影响。两个议程的核心都是防止污染。两者都认识到促使主要关心其他问题的人也能够考虑环境影响。两个议程均关注平等：灰色议程主要关注现阶段低收入人群的负担，而绿色议程则关注可能会给子孙造成的负担。这种可持续发展的有些问题，如水和空气质量等，属于城市范围内的问题，应当主要由政府的规划部门负责。其他涉及可再生资源和不可再生资源的问题，则可能更多地关系到每个人和家庭。

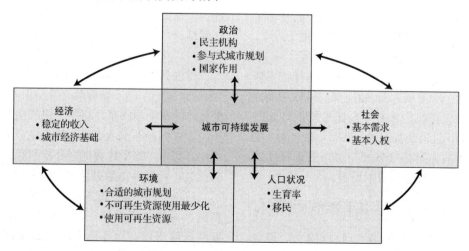

图 7.15　城市可持续发展系统构成

表 7.3　关于城市可持续发展的灰色和绿色议程的特征

	"灰色"环境健康议程	"绿色"可持续发展议程
议程中优先级较高问题的特征：		
一级影响	人体健康	生态健康
时间	短期	长期
规模	本地	区域和全球
受影响最严重的	低收入人群	子孙后代
对以下因素的态度：		
自然	进行控制以满足人类的需要	保护与适应
人	合作	教育
环境服务	增加供应	减少使用
对以下因素的强调：		
水	供水不足和水质差	过度利用；需要保护水资源
空气	人对有害污染物的接触量大	酸雨和温室气体排放
固体废物	收集和清理不足	产生量过多
土地	低收入家庭拥有住房不足	因城市开发而失去自然栖息地和农业用地
人体废物	从生活环境中安全清除排泄物（和废水）的设施不足	污水失去养分，且将污水排放到河道中会污染水体
典型倡导者	城市学家	环境学家

来源：G. McGranahan and D. Satterthwait, *Environmental Health or Ecological Sustainability: Reconciling the brown and green agendas in urban development.* C. Pugh, *Sustainable Cities in Developing Countries*, London: Earthscan, 2000.

- 社会：社会基本需求涵盖住房、食物、教育和卫生等一系列问题。政府在满足城市需求中起重要作用，如新建学校、医院和提高人权。社会参与机会和自我创新也同样很重要。

- 人口状况：异常高的城市人口自然增长率和大规模的**进城移民**，不仅超越了城市政府部门所能提供的资源，而且加重了城市化的社会和种族差异复杂程度，进而威胁到城市的可持续发展。

- 政治领域：政府职能是城市可持续发展的一个重要方面。政府部门可以帮助建立民主机构和社会全民参与的规划进程，包括最贫困者。政治大舞台原则上是城市可持续发展与城市管理在实践过程中相辅相成的场所。

7.4.2　"全球化悖论"和城市治理的近期变化

为了实现可持续的城市规划和管理，联合国 [31] 将注意力转向欠发达国家城市面临的"全球化悖论"。由**全球化**和新自由主义所造成的激烈竞争与碎片化，给城市造成了相互矛盾的影响。城市居民、商人和政府官员必须团结一致才能应对国际竞争，提高在世界经济中的竞争力，而不能仅依赖于比政府更高层次的援助。同时，社会和经济分化的加剧，削弱了城市居民加强联合、整合资源和优化政府结构的能力。正如在许多欠发达国家的城市和大都市区那样，当城市急剧变化而对决策能力的要求提高时，这一处境就变得特别困难。

过去几十年里，在试图解决欠发达国家的"全球化悖论"时，城市政府管治出现了 4 个变化。[32] 在不同国家，这些变化的相对重要性不同，它们并不预示更多传统政府管治系统的终结。其中一些变化如地方分权和政府改革酝酿已久，新兴事物是引导它们的关键。

1. 地方分权和正式政府改革：虽然有一些对城市产生影响的议题，如农村贫困和进城移民等可以在国家层面上提出来，但许多城市问题却源于自身。这一原则强化了向地区和当地政府下放权力的趋势。在拉丁美洲许多国家，地方分权还意味着加强城市政府官员的权力。

区域规划——如拉丁美洲地方发展培训支撑系统（SACDEL）支持地方分权。资金支持和援助来源于拉丁美洲国家的国家政府，如哥伦比亚、哥斯达黎加、厄瓜多尔和秘鲁，以及世界银行的经济发展组织和联合国人居署等。规划从萨尔瓦多的圣萨尔瓦多区域中心开始，为那些负责提高拉丁美洲地方政府管理能力的公有和私人培训机构提供培训和援助[33]。

大都市也在不断尝试进行规范的政府改革，包括建立战略规划、经济发展、城市服务以及近期新增的环境保护等方面负有重大责任的政府结构与部门。进行这些改革的根本目的在于，树立高效的、低成本的提供城市服务和基础设施的长远目标。迫切改革的理由是制定和执行当前应对环境退化、社会性排外、犯罪和暴力等都市化问题政策的需要。

联合国强调创立新的政府委员会来为社会边缘群体发声，尤其是对城市中少数民族聚居的地区。例如，1994 年，玻利维亚通过了《民众参与法》，建立地方自治委员会，使盖丘亚族（印加人的后代）和艾马拉族（印加以前的族群）的少数民族代表在分配城市资源中发挥作用。1993 年，印度通过了宪法修正案，在当地政府中为女性争得了 1/3 的席位。2009 年，印度政府采取了进一步措施，成为第一个为女性保留 50%席位的国家。在新的政府委员会中委任女性代表是一个良好的开端，但在许多欠发达国家妇女权利仍受传统性别关系的制约。

2．地方团体参与城市政策的制定与执行：欠发达国家通过运用模型、假设和既定的目标，强调内在的发展机遇。这一转变与当前背景下对发展的重要性认识的不断提高和在城市政策制定与执行方面给予民众参与途径支持的不断提高密切相关。

让更多的城市居民参与进来（特别是以团体为基础的组织的参与）在城市规划中变得更加常见。通过帮助政策制定合法化，居民参与到政策的制定和执行中来（包括男人和妇女），使公共政策执行更加有效，同时对社会团体的各种需求做出积极响应（见图 7.16）。这对于那些由于地方公共机构无力提供基本城市服务，使得人们不得不自发组织起来承担自助饮水和卫生设施建设的城市而言尤为重要（见城市观察 7.5）。

图 7.16 马拉维琴亚蒙亚姆社区自助卫生委员会的妇女在建造厕所，努力提高该社区的卫生条件

当坦桑尼亚达累斯萨拉姆的市民发现当地政府在经济和技术上无法改善供水问题时，他们开始自己寻找经济上可以负担的途径[34]。当地居民成立了以社区为基础并选举成员的组织，如 1991 年在面积超过 13 平方千米的吉吉唐亚马社区，为 30000 人口成立了吉吉唐亚马开发社区（KIJICO）。在世界银行等外部组织的参与下，KIJICO 和市政府间的谈判结果是，居民可在多个项目上得到援助，包括打一口深井和连同配套水池与水泵在内的 14.5 千米长的水管网络，容量约为每天 120 立方米。

奥兰吉是巴基斯坦卡拉奇的一个违章建筑区，人口约为 100 万，没有公共卫生设施系统[35]。1980 年，奥兰吉引水示范工程帮助社区建成了围绕每条小巷的一小群家庭引水工程。这个引水工程帮助居民进行实地调查、起草规划、估算成本。居民筹款安装下水道。由于越来越多住户的加入，当地政府开始提供一些财政支持。从那时起，居民建造了超过 72000 个公共厕所并铺设了 40 万米长的排水管道。

3. 多层次管治和公私合作：多层次管治针对一系列的共同开发，包括合股和投资。地方分权提高了各自的责任感，在城市政策制定中满足了政府不同层次的需要。在许多城市，多层次管治不仅包括公有机构，而且还包括私营公司、非营利机构及非政府组织（NGO）。由于新自由主义私有化政策，在许多非洲国家供水系统被私有化时，私营部门通常也参与进来。基于社区的一些组织也可能参与，因为他们在法律上代表人民，并掌握当地问题的第一手资料。NGO 也能起到非常重要的作用，因为他们对程序管理非常了解，或是因为他们对政府部门负责。虽然多层次管治是因为实际原因而产生的，但它已日益被视为政策制定和执行的一个新途径。

城市风貌 7.5　城市社会运动和妇女地位：印度孟买的马哈拉·米兰

在欠发达国家许多城市中，贫困居民正通过自助的方式改善生活条件[36]。当社区组织建立了广泛联系时，就可能发生**城市社会运动**。城市社会运动被认为是基于领土身份认同的社会组织，它通过集体行动来促进解放。这里解放的含义包括满足基本需求（包括住房和城市服务）、发展尊重保护环境意识、减少歧视（包括种族、民族、宗教、性别、社会经济地位或居住地区），以及获得城市决策制定和执行的权利。

理论家如曼纽尔·卡斯特认为，真正的城市社会运动的一个基本特征是寻求社会变化[37]。其他人如舒尔曼和范纳尔逊[38]认为欠发达国家的穷人不可能实现社会改革，因为他们不能克服来自政治和社会的约束。然而，城市社会运动通常代表的唯一机制是为了改善穷人的生活条件，这在欠发达国家开始变得非常普遍。由于妇女占贫困人口的比例很高，因而在许多国家包括印度，女性在城市社会运动中的参与度很高。

1985 年，最高法院的判决授权大孟买市政公司拆除市内的人行道住宅。人行道住宅是巨型城市中最原始的非正规定居点。如其名称所述，这些棚屋建在人行道上，沿城市街道呈带状分布，与建在非中心空地上的大型棚户区相比，它们更容易遭到拆除。由 500 名贫困妇女联合起来组织并成立的马哈拉·米兰（在印地语中意思为"妇女联合起来"）成功地阻止了人行道住宅被拆除的命运。[39]

今天，马哈拉·米兰已成长为一个分散的妇女联合网络，激励着妇女们参与社区和城市事务。例如，这些妇女们成立了一个危机信贷基金，定期把小钱存起来，为贫穷社区内的妇女提供紧急情况下的小额贷款，譬如在某个家庭需要借钱购买药品治病时，或打工者失业而其家庭需要贷款来买食品时。即使不识字也不要紧，他们会用不同颜色的纸片代表不同的金额，来记录存了多少钱。

虽然这些贫困妇女所存的钱不足以提供居住地点改造或购房用的大额贷款，但她们通过管理自己的储蓄和贷款学会了一些技能并收获了自信。在一些非营利组织的帮助下，她们扩大了贷款范围，成立了一个基金，为非正规经济部门的生产性企业，如蔬菜和水果销售、地毯修复、废布回收和垃圾回收等企业提供微型贷款。因为这些妇女对拟成立的微型企业的生存能力、借款人的信誉和贷款的条件，包括利率等考虑得很仔细，她们能实现几乎 100% 的还款率。

例如，在 1989 年，居民、国家和地方政府机构以及非政府组织（NGO）合作建立了马塞塞妇女自助项目，在乌干达郡加地区的马塞塞贫民窟建造了 700 所房屋。由于市政府提供了土地，并且该项目通过一个国家级政府部门从一个非营利组织获得了一笔贷款，这些妇女获得了有保障的土地使用权，并且可以用十年期的贷款来购买建筑材料。这些贷款是通过一个循环贷款基金提供的，只要先前借的贷款能够偿还，就能继续发放新的贷款。一共建造了 300 套新房，但由于缺少收入，20 年后只有 60 笔贷款得到偿还，这就严重限制了动用循环贷款基金向其他居民发放新贷款的能力[40]。

4．过程导向并基于区域的政策：今天的城市管治是各种各样的参与者与政府机构合作的一种体制，这使得政策制定变得非常复杂。因为今天的政策制定不仅要联盟和妥协，同时又要讨论和争辩，这反过来也依赖于恰当的协商程序。这是达成协议的一种新方式，至少有部分政策内容是决策制定过程本身的结果。这些集体行动的新方式不再发生在中央政府层面。由于政府无法在下级政府层面上解决和处理问题，因此需要整合有效公共政策不同部分的需求，所以基于区域的管理代替了国家管理。

可以用某种基本标准来衡量管治方面的变化，这些变化表现在解决"全球化悖论"方面和决策并推动欠发达国家城市向城市可持续发展的转变上[41]。这些标准包括城市居民生活质量（包含贫困水平、社会排外和人权）、不可再生资源和废物的利用、可再生资源（包含淡水资源）利用的规模和种类。

在欠发达国家，尤其是特别贫困国家的城市及其政府，经常面临资源极其有限而引起的一大堆棘手问题。正如我们将在第 15 章中看到的那样，即使在像美国这样的发达国家，尽管城市已高度繁荣，但城市化引起的问题依然存在。

关键术语

Brown Agenda　灰色议程

decentralization of government power　政府地方分权

digital divide　数字鸿沟

dualism　二元论

epidemiological transition　流行病学转变

Green Agenda　绿色议程

globalization paradox　全球化悖论

international poverty line　国际贫困线

natural increase　自然增长

push and pull factors　推拉因素

slums　贫民窟

subsistence activities　自给自足行为

sustainable urban development　城市的可持续发展

underemployment　非充分就业

urban social movement　城市社会运动

复习题

1．进入 YouTube 网站观看一段说明非洲、亚洲或拉丁美洲的人们克服城市问题的视频。关于这些问题，有哪些令你吃惊之处，这些人又是如何试图克服的？

2．从网上收集一些数字图片，证明欠发达国家城市中严峻的住房、交通和污染问题。为数字图片加上附注，并用简短的幻灯片播放出来。

3．由于快速的增长和较高的非充分就业率，在世界边缘的大都市墨西哥城（墨西哥）、圣保罗（巴西）、德里和孟买（印度）、达卡（孟加拉国）、雅加达（印度尼西亚）、卡拉奇（巴基斯坦）和马尼拉（菲律宾），我们会发现 21 世纪"休克城市"的竞争者。利用互联网和图书馆资源，列举其中一个大都市显著却又令人不安的经济、社会和文化变化。思考当今欠发达国家这种"休克城市"与 19 世纪的曼彻斯特（英国）和芝加哥的相同之处和不同之处，并说明原因。

充实资料夹：收集一些你特别感兴趣的记载欠发达国家城市问题的官方数据。在每年编辑出版的《全球人居报告》或《世界城市状况》中，联合国（联合国人居署）提供有所选城市的经济和社会指数，你可以在图书馆或联合国网站（http://www.unhabitat.org/）上找到相关资料。

城市变化的进程

　　建筑环境在城市化的总体背景中之所以特别有意义，是因为它体现了城市建设者们如土地所有者、金融家、开发商和政治家的决策。在英国伦敦，公共资金撬动了数十亿美元的私人投资，通过世界上最大的单一市区重建计划，使之前废弃的码头区现在以金丝雀码头的时尚办公大楼为中心，呈现出新的繁荣景象。

第 *8* 章

城市开发进程

虽然每个人的目的和动机差别很大,但将城市发展视为人们作为决策者来参与的过程是非常有益的。尽管城市建筑物和城市设计对城市不同区域形成独特的特点非常重要,但建成何种结构、何时开建、建于何地等方面的决策权,并不在城市建筑师或设计师的手中,而在开发商和政客等城市缔造者的手中。当不同群体在具体发展问题上相互影响时,就为城市建设构建了组织架构。人们将这些架构称为"建筑规范结构",并通过它们来创造和改变已建环境。城市发展的整个过程是一个复杂的涵盖投资、撤资和再投资的潮涨潮落过程。

8.1　学习目标

➤ 解释房地产市场的投资流向如何受租金、市场情况和宏观经济的投资周期等因素的影响。

➤ 描述美国房地产行业的演化,解释美国的城市如何受该行业的组织和动态变化的影响。

➤ 解释城市环境的实际建设所涉及的不同的人和中介机构(如政府机构和银行)的作用及相互之间的联系。

➤ 了解提供给客户的日趋多样化的各种商务和住宅型"建筑产品"。

8.2　本章概述

本章介绍建筑环境的生产过程和主要的参与群体。在城市化大背景下的整个建筑环境的创建中,建筑环境变得特别有趣的原因是,它反映了城市缔造者如土地所有者、金融家、开发商、建筑工人、政治家、技术官僚和设计专家的决策。城市景观可视为土地开发过程中的高潮,它针对的是改变大都市形态、土地利用和建筑(见第3章、第4章和第13章)框架的所有关键人物。要理解这些过程,就要了解这些关键人物、他们的动机和目标、他们对市场需求的理解以及他们彼此间的关系(见城市观察8.1)。相应地,还要考虑在建筑环境中投资的关键性前提条件:对预期项目回报的满意度。因此,我们首先介绍财产、区位、租金和投资间的关系。

城市观察 8.1　住房危机的两面:踩滑板和取消住房赎回权[1]

在最近一个阳光明媚的周六清晨,23 岁的麦克的脸上挂着灿烂的微笑,他刚刚用滑板完成了一个翱翔动作,杂耍般地跃向半空,落地后又滑到了游泳池的另一侧,这里是加利福尼亚州弗雷斯诺市的一处因取消住房赎回权即"断供"而被收回的住宅。滑板爱好者用房地产跟踪网站或"谷歌地球"的卫星图片来查找带有游泳池的断供住宅。在全国范围内,曾经是郊区中产阶级成功标志的游泳池,现在已变成了住房危机的象征,由于肮脏的积水招来了发臭的藻类、腐烂的污泥和到处乱窜的老鼠,这里变得臭气熏天。麦克也是不速之客，但至少他带来了便携式气泵、铲子和拖把，准备把游泳池彻底清理一下。滑板爱好者承认他们的做法并不合法，但他们认为自己在帮助改善环境，因为游泳池中的死水是携带西尼罗河病毒的蚊子滋生的温床。麦克这样的滑板爱好者还坚守着滑板者的规矩：既不制造垃圾也不涂鸦，只用游泳池而不用房子（见图 8.1）。

图 8.1　在断供住宅的游泳池里玩滑板

汤姆和安妮·史密斯夫妇及他们的两个孩子还能回忆起住在那栋房子里及在游泳池中游泳的美好时光。他们用 20 万美元的住房贷款买下了房子，当时汤姆是一名互联网推销员，收入还不错。随着房子的净值上涨，他们又借贷了 10 万美元来支付信用卡账单并修建游泳池。后来，由于汤姆突然下岗，他们无法继续偿还贷款，于是银行收走了房子。他们不得不搬到汤姆的姐姐家住。她那只有两间卧室的公寓要住这么多人实在是太小了，但汤姆夫妇由于有断供的信用记录而毫无他法，而且也没有钱来租房子住。汤姆感到非常郁闷，并对房子被收回感到内疚。"在我用房子抵押贷款时，我承诺会偿还，但突然之间我们就没钱了。然后，我不得不看着孩子的眼睛，告诉他们必须离开他们喜爱的房子和游泳池。"

8.3　财产、区位、租金与投资

一般来说，建筑环境中的投资取决于：

- 协调金融机构来有效地管理资本，对不同时期资本投资流动的主要回报率做出回应。
- 采用**凯恩斯主义**经济管理原理、社会福利原则和消除冲突的办法，或新自由主义意识形态、竞争和自由市场原则，进行政府干预。

还要认识到，建筑环境投资在某种程度上取决于更大背景下的其他投资机会。这个更大背景的一个重要方面与建筑环境的作用相关，它关系到维持经济循环的**资本投资循环流动**；另一个重要方面是，建筑环境中的投资作用是对偶发生产**过剩危机**的反映。

当三个过剩因素同时出现时，就会出现生产过剩危机：劳动力过剩（失业和未充分就业人群）、生产力过剩（闲置的工厂）和资本过剩（持有利润、利息和红利的投资者在生产性企业无法找到足够合理、安全、有利可图的投资机会）。此时，资本似乎从最初的循环（投资制造业）"转向"第二次循环（投资固定资产如房地产）或第三次循环（投资科学、技术和社会基础设施如教育），从而缓解因消费不足而产生的结果。

地理学家戴维·哈维率先将这些循环概念化，并指出了建筑环境和城市建设过程在资本主义总体走向中所起的重要作用[2]。哈维不仅指出对建筑环境的投资在生产过剩时期非常关键，而且指出它是资本积累成功的前提条件。如果不能更新和拓展建筑环境，经济将会停滞，社会冲突将会加剧。

这一更大背景的第二个重要方面源于财产供给、现行利率和财产投资当前收益率之间的整体关系（见第 3 章中关于租金的讨论）。以对住房投资为例，住房租金与市场条件之间的相互作用会影响到流向建筑环境的资本，具体影响方式有如下 4 种[3]：

1. 住房供应不足时，若利率与住房建设的利润高度相关，就会出现抑制资本流向新住房建设的金融阻力。但持续的住房供应不足会使住房租金升高，因此反过来会导致对闲置土地的投机性投资。最终，持续的住房供应不足将导致从住房建设中获得更多利润，进而导致对住房的投资再次增加。

2. 若利率与住房建设的利润高度相关，但住房空间充足，住房租金就会下降，此时会出现对住房建设投资减少的趋势。这一趋势一直持续到住房供应减少到租金再次升高的临界点，导致对住房的投资最终增长。

3. 住房建设的利润较低且住房空间不足时，土地征用和建设在需求得到满足之前将持续高涨。通常建设会超过这个临界点，导致建设过多、高空置率（不仅指新建住房）、利润较低和租金较低。

4. 利率与住房建设利润关系不大时，尽管有很多住房空间，仍会出现投机性增长。这种增长（至少在理论上）还会导致对住房现有投资的过高估计。

这一投资机会背景的第三个重要方面是，大城市内部的规模运作和当地存在的房地产市场。尽管利率在大城市范围内通常不会改变，但其余市场条件会发生变化。对特定类型空间的需求，如对居住、商业、零售、工业空间的需求，会因大城市的不同部分而发生巨大变化。同时，大城市的不同部分由不同程度的资本投资（"资本化"）财产构成。在某些地区，新的高度资本化的财产会排除许多开发意向。

大城市的边缘和大城市中的孤立地带是未开发的宝地，吸引着各种开发意向。当早期的资产出现投资不足并随着时间的推移开始贬值时，更新投资才可能提高租金。

地理学家尼尔·史密斯将最后一种情况描述为**地租差**。第 9 章在解释绅士化的邻里变化过程时，我们将了解地租差的重要性。但此时可以充分意识到它们在**非均衡发展**的整个过程中所起的作用。非均衡发展是在任何规模上资本主义发展的基本特征。投资总是流向投入少而收益高的区位，当其他条件相同时，回报率将是最高的。在财产开发案例中，资金从土地和建设成本高的地区流向成本低的地区，从收入低的地区流向收入高的地区，从投资不足的项目（如老房子或 20 世纪 60 年代关闭的商场）流向能在相同地区获取更高租金的项目（如公寓或用来替代传统城镇中心商业街的新商场）。所以对建筑环境而言，随着投资、撤资、再投资同时发生或相继发生，存在一种持续的不稳定过程。

历史上，美国城市的房地产开发项目主要是地方事务，由房地产推销商、金融公司或投资商按照具体的项目组织，并由地方性的小型建筑公司按合同进行施工。20 世纪 30 年代，随着住房抵押贷款市场的稳定和联邦住房管理局设定全国最低标准的住房贷款，更多的建筑商成为了马克·威斯所称的"社区建筑商"——集设计、监理、融资、施工和市场销售于一体，但有各种新式细致分工的开发商[4]。这些社区建筑商是如今主导美国都市区建设环境的设计与施工的开发-建筑公司的前身。20 世纪 30 年代和 40 年代的社区建筑商，率先推行了强制统一的建筑控制线、前院和侧院的契约限制、地块覆盖率和建筑面积标准、最低施工标准，并在绿化创新、街道布局和规划中提供零售和办公建筑、公园与娱乐设施、教堂与学校等。第二次世界大战后，社区建筑商将这些功能扩展到了为中等收入购房者提供的开发项目，实现了"二战"后郊区开发的"民主乌托邦"。当然，这种民主乌托邦也是开发商的乌托邦，他们可以获得持续的高市场需求量、充足的土地、相对便宜的资本、宽松的环境法，并且开发项目很少遇到**邻避主义**的反对。

最近，该行业的发展已经跟上了其他生产与服务行业的趋势（并购、纵向和横向整合、产品多样化、新技术开发、及时交付和利基营销），经营方式复杂而先进的大型上市公司以极大的优势主导着市场的格局。小型企业的盈利能力因这些大企业的存在而受到了规模和业务范围方面的限制。小企业也很难应对邻避主义的迅猛抬头、处理费用的高涨，以及日趋复杂和执行日趋严格的环境法规。

与此同时，从里根政府时期开始的新自由主义改革削弱了工会，极大地改变了住房金融系统，放松了资本市场并削减了企业税的法律：对于大公司而言，现在仍然是开发商的乌托邦。20世纪80年代和90年代后期到21世纪前5年的房地产繁荣，再加上第4章所述的多中心大都市的新形式，为大型企业带来了数十亿美元的利润。同时，尽管房地产市场在2008年出现了崩溃（见城市观察8.2），开发商的长期前景仍然乐观：到2025年，美国将增加约2800万套住房，同时会增加约4500万个工作岗位，为房地产开发的无限期游戏推波助澜。每年将需要建造200万套住房，非住宅型建筑每年的施工量将超过2.8亿平方米。从2000年到2025年，在房地产开发方面将投入高达30万亿美元。到2025年为止，在已完成的住宅建筑中，有一半在2000年还不存在。开发商一致决定并实现的所有这一切，将不仅决定着商业上的成功，还将影响美国城市的形态和外观的演变。尤其是大都市区的前沿项目，更是独立开发商在"供方美学"思想下的产品决策的结果，受到市场研究和住宅建设市场最大企业的生产决策的重大影响。

城市观察8.2　全球金融危机和地方撤资

20世纪80年代和90年代，"新经济"的繁荣推动了房地产市场的发展，特别是高端市场。这一时期的住房抵押贷款利率创下了40多年来的新低。然后，随着2000—2001年".com"投机泡沫的破灭，由于房地产业成为资本的避难所，房地产市场又迎来了进一步的繁荣。".com"繁荣的崩溃使房地产投资对富裕家庭变得更有吸引力：人们会尽可能快地在价格上涨时买入，因为信贷行业的竞争越来越激烈，条件也越来越宽松，提供各种住房抵押贷款组合以帮助那些超出其能力的人能买得起房子，包括只付息抵押贷款、分级支付抵押贷款、财产增值式抵押贷款、分享增值抵押贷款、阶梯利率抵押贷款等，使市场压力增加，最终导致了21世纪头几年的房地产市场泡沫。

传统上，银行和储蓄贷款公司使用从客户那里吸收的存款来发放抵押贷款。在联邦机构的介入下，这种方式往往能限制它们所能发放的抵押贷款金额，在市场上造成一种自然的稳定效果。然而在21世纪头几年的房产建设热潮下，抵押贷款发放公司采用了一种新模式，即将抵押贷款在债券市场上出售。这样一来，就很容易为更多的借款获得资金，然而，产生这种现象的新自由主义政治气候很容易导致滥用，因为银行不再有动力仔细甄别借款人。这些新型的抵押贷款包括向信用记录不佳且收入记录不良的人（NINJA，也被贬称为三无人员：无收入、无工作和无财产）"次级"贷款，而这些人是那些有联邦机构担保的"基础"贷款发放公司需要尽力回避的。这类贷款还包括"高额"抵押贷款，即为价格超过联邦政府417000美元抵押贷款上限的房产提供的贷款。这些业务被证明对银行非常有利可图，他们每售出一次抵押贷款就挣得一笔费用。自然，他们会鼓励抵押贷款经纪人出售更多的这类贷款。2005年，1/5的抵押贷款属于次级贷款，这种贷款在那些努力在大城市昂贵的住房市场上首次购房的新移民中很流行。

问题在于这些"次级贷款"是"气球"贷款：前两年的还款金额是固定的，然后就开始变化，并且还款额越来越高。这样就会难以避免地导致违约，而随着不良贷款的累积，抵押贷款的贷款方自身的还款义务也无法履行。由于金融的国际化，第一个受害者是一家英国公司：北岩银行。与此同时，住房断供和收回的浪潮开始席卷整个美国。还贷出现了巨额拖欠，并且出现了大范围的住房收回，通常这些住房的价值已远低于初始贷款。

　　后果主要体现在两个层面上。首先，在宏观经济层面上，全球银行业陷入危机，因为次级贷款已经和所谓的 CDO（债务抵押债券）或 SIV（结构性投资工具）等产品绑定在一起，而这些产品已经转售给了遍布全球的其他银行和金融机构。人们曾希望这种金融重组能够分散与这些贷款相关的风险，同时贷款方能避开联邦政府对他们的贷款与资产比例的限制。然而，在金融服务业似乎很少有哪个经理能完全了解他们买入的到底是什么，并且各个风险评估机构严重错误地低估了与这些贷款相关的风险。结果，全球大量的银行遭受巨大损失，导致风险规避和贷款缺乏流动性（资本），即所谓的"信用紧缩"。到了2009 年，全国最大的住房建设公司解雇了数以万计的员工，新房完工量总共只有 21 世纪头几年鼎盛时期的 1/3 左右。

　　其次，在微观层面上，许多社区因住房空置而变得萧条。信用紧缩对数以百万计的家庭造成了严重影响，并且许多家庭集中在美国的特定地区。按照占所有贷款发放的比例，在美国的以下两个地带，次级贷款超过贷款总数的 40%：中西部腹地和南方。按照绝对数量计算，加利福尼亚州、伊利诺伊州和俄亥俄州受这次贷款危机的影响最大；在单个城市中，克利夫兰受贷款违约、住房收回、住房遗弃和社区萧条的影响尤其严重（见图 8.2）。

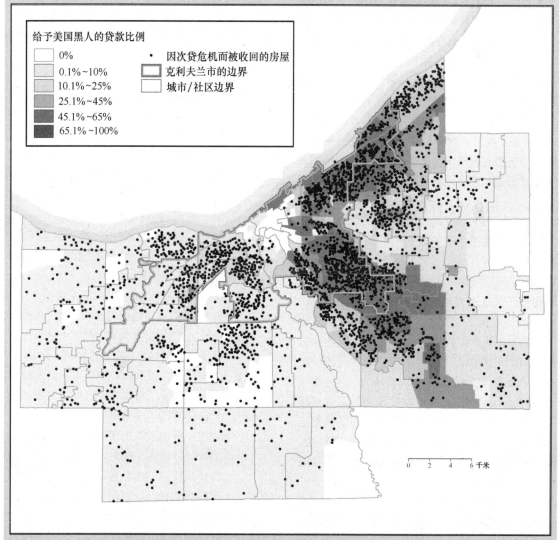

图 8.2　2005—2008 年克利夫兰市因次贷危机而被收回的住房

同时，美国黑人所受的影响更大。次贷危机不但没能缩小白人和黑人在财富和住房拥有率方面的差距，反而剥夺了黑人社区的大量财产。实际上，信贷紧缩是一次使财富大规模抽离美国黑人社区的再分配。这是一个极其严重的问题，因为美国黑人的住房拥有率经过几十年的种族歧视，以及不利于美国黑人买房的贷款和分区政策后，已经有了大幅度的增长。自住房和出租物业的大量收回，导致许多美国黑人家庭失去了住房、储蓄和信用，他们的社区则出现了住房价值跳水和驱逐房客的现象。

8.3.1　土地与财产的投资类型

涉及财产所有者的住房时，他们的行为会变得不够理性，因此建筑环境的不稳定性更大。有些人并不将财产简单地视为金融资本，而视为社会身份资源、政治影响或"零用钱"，因此他们未能对市场条件的变化做出反应或反应迟缓。对土地和财产的投资，同时受投资目的（土地或财产的利用价值或其未来的交换价值）和制定投资决策的时间范围（现在或将来）两方面的影响。正如安妮·海拉解释的那样，"获取土地并建造房屋的目的是，可用来占有（使用价值）或产生货币报酬（交换价值）。出租房屋可获取年租，出售房屋可获取资本，即购买价格和再次出售价格的差额。投资者购买不动产并开发它，是希望满足当前的需求或获取短期收入（现在），或者从长远来看能获取利润或收益（未来）"[5]。

8.3.2　作为金融资产的房产

在许多观察者看来，当前的城市开发过程被投机者主导，他们试图预测价格的变化，并在有利的市场形势下进行买卖。例如，他们可能通过游说支持或反对规划许可来操纵市场。他们的投资来源是通过不同途径借来和筹集的资本[小投资者购买房地产信托投资基金股票（REIT）的积蓄；为建筑项目成立的股份公司、金融机构和公共机构的资本]。投资的主要目标是资产增值。投机性开发商的主要兴趣是作为金融资产的土地，实际上他们的确把土地视为金融资产。戴维·哈维认为在当今社会，财产开发所带来的利润原则上与投资债券、股份和股票所带来的收益并无不同：

在每个案例中，用于投资的钱都是会产生利息的资本。土地成为一种虚拟资本，土地市场仅作为可产生利息资本循环的一个特殊分支运作，但它具有一些特殊性质。此时，土地被当做一种纯粹的金融资产，它被买进和卖出以产生租金收益[6]。

结果是可以带来利润的资本通过土地市场不断循环，追求更高的未来地租。尽管哈维将这一变化视为整个经济演变的一部分，在巩固将财产作为商业资产的趋向中，还存在6种特别重要的趋势[7]：

- 经济全球化使得财产市场更加国际化，竞争更加激烈（特别是办公楼和高档住宅区），抬高了租金但也增加了不同地区租金的差异度，向更多投资者（包括国际投资者）开放了地方财产市场。
- 城市形态与土地利用快速重新组合（见第4章），增加了当地财产市场的竞争，进而增加了财产所有者理性地回应不同市场条件所带来的压力。
- 巧妙利用广告和营销策略推动财产投资，不仅可以吸引更多的投资者，还可以增强人们将财产作为一种"普通"资产或商品进行投资的意识。
- 放松对规划和开发的控制（见第11章），允许投资者进一步将财产作为一种"普通"资产来对待。
- 新投资者（跨国公司、养老基金等）的参与和新专家（房地产管理者和财产投资分析师）的出现，向人们宣传了一种在财产市场更为精明的态度（租金最大化）。
- 直到全球金融危机时金融市场的管治解除，才废除了财产市场之间的许多体制和法律障碍。这些市场在以前是彼此分隔的。解除管治还增加了财产市场内部的竞争，抬高了租金，吸引了更多的投资者，使他们更容易将财产视为一种简单的商业资产。结果是战后人们对投资建筑环境的总体趋势不断上升，尽管仍存在周期性的波动，且21世纪后期撤资现象时有发生（见图8.3）。

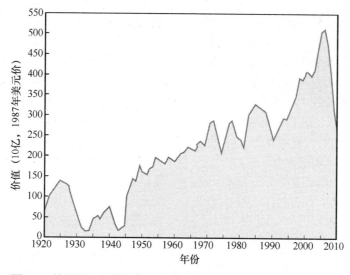

图 8.3　美国每年新增的私人住房价值（按 1987 年不变美元计）

8.4　建筑规范结构

建筑规范结构的概念基于如下观察：除了供求的一般原则以及出租和投资的普遍理论外，每个建筑计划都是众多人群和协调机构共同作用的结果。因此建筑环境的建设必须考虑某些特殊的决策制定者和机构之间的功能联系。表 8.1 列出了城市发展过程中所涉及的一系列重要决策制定者或"城市缔造者"。本节介绍最重要的城市缔造者。在土地开发过程的背景下继续研究他们之间的整体功能的联系前，还需要特别关注他们的动机和局限。

表 8.1　城市开发：美国的决策类型和某些决策制定者

1. 工业和商业的区位决策：
工业企业执行官
商业公司执行官
2. 开发决策：
开发公司经理（开发商）
土地投资商和土地所有者
公寓所有者和房东
3. 金融决策
商业银行家
储蓄和贷款协会会长（"存借机构"）
保险公司经理
抵押贷款公司经理
房地产投资信贷（REIT）经理

续表

4. 建设决策：
建筑商和开发-建筑商
建筑和工程企业经理
建筑转包商
5. 支持决策
商会经理
房地产经纪人
租赁公司经理
公寓管理公司

资料来源：J. Feagin and R. Parker, *Building American Cities: The Urban Real Estate Game, Englewood* Cliffs, N. J.: Prentice Hall, 1991, Table 1.1.

8.4.1　城市缔造者

在任何情况下，建筑环境的创建都是许多人共同努力的结果。他们有自己的目的、动机、资源和局限，并且通过一些不同的方式彼此联系。郊区住房开发过程被描述为"一种受影响可被任意移动的三维蜘蛛网"[8]。这同样适用于中央商务区（CBD）、办公楼和工业空间的开发过程——尽管在每个案例中，网络的结构和组成不尽相同。让事情更加复杂的是，每个人群中还包含许多个体。例如，在任何规模的城市中将会有数百个重要的土地所有者、数十个开发商和建筑商。一些人在开发过程的网络中为自己做事，其他人可能代表顾客、大型企业或公共机构，而有些人可能一次扮演着多个角色。例如，土地所有者可能会非常积极地参与土地细分和住房建造，但城市政府官员可能既扮演着管理者又扮演着企业家的角色。最终开发过程网络中所有的参与者必须在市场条件和政治约束的具体地方历史背景下进行运作。

铭记这些注意事项后，就能了解这些参与到建筑环境创建过程中的人们的典型特征，还可能得出一些关于开发过程网络中每个主要人群的作用和目标的基本规律[9]。

土地所有者 土地所有者位于城市开发事件链的起点。土地所有者包括三种主要类型，并具有不同的特征：

- 第一种类型是不动产所有者，拥有"过去的"金钱，他们的祖先在历史发展早期获取了大面积的土地。收益性对这一类土地所有者十分重要，但收益性常常因社会和历史渊源而不断地调整，要从长远视角来制定关于土地出售的决策。
- 第二种类型是产业用地所有者，主要由商业农场主把持，他们对城市边缘地区的转变过程至关重要。他们制定决策时通常会在短期商业利益和长期生活方式之间保持平衡。保持农业用地和生活方式常常意味着需要交更多的税，原因是扩张的相邻城市区域导致的土地价值上涨，或者还可以向投资商或开发商出售部分（或全部）土地来获取土地增值利润。作为回应，美国许多州和地方政府颁布了有利于农业的税法。
- 第三种类型基于金融所有权关系，由房地产公司、保险公司和养老基金等金融机构主导。如我们所见，金融机构越来越重要，储蓄和利润被引向长期投资，大型跨国公司进入房地产行业。但财产公司不太注重财产的长期价值，而主要关注能否带来中短期利益的城市土地市场开发。

尽管这些群体都倾向于在城市缔造者网络中采用不同的行动方式，却都通过两种广泛的方式影响城市建设过程的最终结果：①通过地块的大小和空间模式来影响，将这些地块转交给投资商和开发商；②通过附加条件来影响，这些附加条件可能会对开发的后续属性加以限制。就地块的大小和空间模式而言，当然大多依赖于土地持有的总体模式。例如，洛杉矶周边的大型农场和教会土地已形成统一的郊区粗放用地开发的基础；但在东部城市，土地持有的早期模式是分立的，开发比较零碎。然而，由于税收体系的结构，土地所有者通常会选择在扩张时期出售较小的地块。结果是开发商通常和许多不同的土地所有者签订"分期付款契约"，来保证建设用地的充分供应。就开发的空间模式来说，其结果可能是一种明显的随机型城市扩张。

因为许多土地所有者通常一次只出售所持有土地的一部分，因此对已售出土地上发生的事情很感兴趣。售出地块用途的任何变化，很可能会影响到剩余土地未来的交换价值。对土地所有者来说，在过去出售地块时带有附加条件——**限制性契约**的行为非常普遍，以便限制后续的开发状态。这类契约有时会明显地歧视低收入人群或不被看好的土地使用人群。随着社会态度的改变和更为严苛的法律反对歧视，限制性契约不再像从前那样盛行，但它们并未消失。这种行为隐性地规范了一些限制性条件，例如规定最小地块的规模或较低的居住密度，以此来确保更富裕居民的发展。

投机商 投机商尽力在土地开始快速增值前以相对较低的价格购入土地，然后在价格涨到最高时卖出。社会学家约翰·罗根和哈维·莫罗奇将投机商划分为三类[10]：

- 第一类是侥幸型的投机商。这类人继承财产或出于特定用途购买财产，然后以更加有利可图的方式将其出售、出租或作为其他用途（譬如房主可把一套靠近商业中心区的破败公寓出售给想要建高层办公楼的开发商）。
- 第二类是活跃型的投机商。这类人通过预测土地使用和土地价值的变化模式，相应地买入和卖出土地。典型的活跃企业家通常是中小投资者：个人（非企业）通过运用当地和社会网络来发现谁要做什么及在何时何地做，试图监控更大投资者的投资和撤资行为。

● 第三类是战略型的投机商。更大的投资者不仅依赖于预测改变类型的能力，而且希望为了自己的利益去影响或控制变化。"他们的策略是通过影响决策制定的更大竞技场来创造级差地租，这类决策制定将决定地方优势。"[11] 例如，他们可能会试图影响高速公路的线路或快速交通站点的位置，以此改变土地利用区划图或专业规划，或者鼓励在特殊便利设施或服务上的公共支出。

开发商　开发商的主要作用体现在决定新建设项目的性质和形态上，将大地块划分为小地块，配置专用的必要基础设施（如道路、给排水管道、供气和供电线路），并将小地块出售给建筑商。这些活动通常列在详细的"细分地块"标签下。但许多开发公司已将业务从划分土地的工作扩展到了包括土地集中与投机、设计、建造及市场营销等方面。因为在特定地点开发何种项目是由开发商决定的，因此他们可以声称自己是城市缔造者中最重要的团队之一。

开发过程　图 8.4 显示了整个开发过程的主要步骤。最初的开发活动包括选址、项目概念化（无论是居住区、私人规划的社区、办公园区还是其他区域）和概念可行性评估[12]。选址和项目概念化在开发过程的伊始就相互关联、相互影响。第一步对于城市建设过程的结果非常重要，因为开发商会将自己的判断和解释体现在地形上。在其他条件相同时，开发商会选择最容易生产和有效需求（市场中间阶段）最安全的赌注。鲜有开发商愿在创新型项目上下赌注，因为让金融家和客户相信潜力胜过风险更为困难。就居住开发而言，这种传统方法在住房市场中被称为"典型"住户（或至少是开发商心中的"典型"住户）。

在 20 世纪六七十年代，这种方法使得三居室单户住宅的郊区住房特别流行（见图 8.5），而对非典型家庭的供给很少，因为这些家庭一般不在新郊区的范围内。仅在 20 世纪 80 年代，当市场顾问了解到社会变化——"典型"家庭在人口中只占少数，开发商开始迎合有钱的单身人群、离异者、退休人群和"丁克一族"（DINK），增加豪华公寓、连体别墅和类似标准的保留项目。

开发商在选址的过程中，十分关注区位、规模、土地购置费用、公用事业与市政服务的可用性，因地点自然属性而需采用特殊设计或建设的可能性，以及相邻土地使用者对项目的可能反应。对大多数居住性开发而言，场地费用是决定性因素，尽管拟建项目的特性还会引起美学方面的考量：

建筑商建造低价单元楼时，主要考虑的是尽量降低费用。他们尽量提供不带装饰的基本住房，因此树木较少的平地是最理想的。反之，高价住房的建筑商会寻找拥有自然或社会设施的地点。在崎岖地带和植被覆盖率越高的地方，建造住房的费用也越高。但建筑商不约而同地发现完工后的房子具有更大的增值性。当单元楼以更高的价格售出时，建筑商和土地划分者可能会在沼泽外建造池塘，或者在非常平坦的地区将路挖得很低，并把多余的泥土堆在工地上。被低价住房建筑商视为限制性的因素，在高价住房建筑商进行交易计算时却被视为积极的因素。

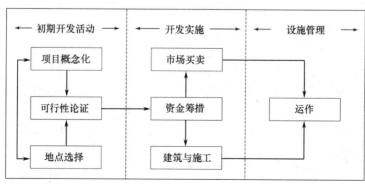

图 8.4　开发过程

图 8.5　大规模低价住房取决于能得到多大面积的廉价土地，可以采用福特式大规模生产法则

开发前的最后一步是论证开发的可行性。这一步骤通常需要和当地的规划师合作，以便符合区划法规和法律条款；拜访社区领导，收集对拟议项目的反应；进行详细的市场分析；起草可供选择的方案设计；研究这些方案可能引起的任何技术问题；计算投入与收益[13]。

第一阶段后完成，开发商就进入项目的实施阶段，包括融资、市场营销、设计和建造（见图 8.4）。融资包括说服他人相信项目的可行性。通常，开发商要和未来住房所有者一样，减少现金流部分的支出：开发商的资产权益。银行或其他后援或资助团体（养老基金、保险公司等）可以弥补差额，但他们可能会要求改变项目性质。开发产业被高度"折中"，这意味着开发商的资产权益与住房所有者的资产权益相比，通常只占总开支中的较少份额。

开发项目规模变大时，市场营销会逐渐变得复杂。除了专业的市场研究外，在这一阶段开发商还要尽早地开始促销。如果有可能，完成的空间将在建设之前出售或出租。在极端的案例中，尽管风险很高，但为了吸引有声望的客户进入该项目从而吸引其他租户，开发商可能会买下这些客户已有的租约。

设计和施工阶段始于按图表制作的详细合同图样，接着是投标过程，在该过程中，会会邀请众多承包商对设计、建造和景观等各方面进行投标。时间安排在这一阶段至关重要。

贷款利息会随着项目的展开而增加。延迟盈利的任何项目都会增加利息，导致重大损失，尤其是建造的后期出现延迟时。尽管完成典型的综合用途项目通常需要 10 年左右的时间，但项目能否存活则取决于尽快产生收入，以免断供（丧失赎回权）。项目建成后，开发商就须寻找租户、管理租户、收取租金，进行日常维护并管理该项目，或将住房卖给新的业主。这是该过程的设施管理阶段（见图 8.4）。

实际开发过程还有一些变化，但这些变化取决于项目的规模与属性，以及开发公司的资源和业务范围。许多开发商专门从事某种特定的项目，如郊区的小区、专业规划社区、办公地块、综合使用开发、宾馆和工厂等。尽管有些开发商会活跃于好几个地区市场，但许多开发商只在某个大都市市场从事专门的活动。

建筑商　如我们看到的那样，开发商有时会将业务扩展到建筑领域，但更常将业务转包给普通的建筑承包商。同时，许多中小建筑公司也会购买土地并自行开发。当与开发公司合作时，主要依靠公司的规模和内部组织结构。在"二战"前，美国约 1/3 的新房都是由地方性的小型总承包商为新房主承建的，还有 1/3 是由经营性建筑商为投机目的而建造的，这些建筑商平均每年建造 3～5 套住房。剩下的 1/3 则由大中型社区建筑商建造，这些建筑商的建房能力不超过每年几百套。

美国现在仍有 8 万家住房建筑商，大部分建筑商都很小，但最大的建筑商正在迅速变大，市场份额越来越高。1986 年，100 家最大的建筑商的市场份额（按新房销售量）为 24%。在房地产繁荣期达到高峰的 2006 年，这一份额为 44%，其中最大的 10 家建筑商就占 25%。最大的 20 家建筑商从其余建筑商那里夺走了市场份额。1986 年，最大的住房建筑商普尔特住宅公司售出了 9500 套新房；到 2006 年，这家公司已排名第三，售出了 41487 套新房。2006 年最大的建筑商为 D·R·霍顿公司，该公司在 26 个州的 77 个市场一共售出了 53410 套住房。在这 20 家公司里，10 家最大的建筑商在 2006 年共售出了 29.6 万套住房，相当于得克萨斯州埃尔帕索都市区的住房总量。

大公司越来越占据主导地位的原因是，土地和资本的获取、并购、战略联盟、地域多样化、生产方法的改进和产品创新等。房地产行业合并的最强驱动力是获得土地的重要性，不仅要在合适的区位获得土地，还要获得足够面积的土地，以便开发商能实现规模经济效益。大公司有着巨大的优势，因为他们会花大量的时间来购买土地并获得必要的许可来进行开发，即他们有进行情报搜集、物色土地和处理财政和监管文书工作的人员。大公司之所以占上风，还因为他们有收购黄金地段的财力。一块土地动辄以 3000 万美元的价格成交，1.5 亿美元的成交价也时有所闻。在交易达到这种程度的情况下，大部分大公司实际上购买的是土地期权而不是土地本身。这样，这些公司就能在市政府拒绝给予建房许可时退出交易。公司越大，就越需要在开发前保有**土地银行**，目的是为了保证项目的顺利流动。在任何特定的时间，像托尔兄弟公司、霍夫纳尼安公司和普尔特住宅公司这样的企业，都控制着足以建造数千套住房的土地。

大型上市公司还能获得大笔的投资，且与依靠银行的小型私营企业相比，资金的利率更低。信用评级机构青睐于顶级住宅开发商，加上许多开发商以期权而非直接拥有的方式获得大部分土地，使得顶级开发商能以较低的利率保证更大的信贷额度。大企业在交易融资和风险管理手段方面也越来越有创造性，特别是通过合资的方式。纵向和横向整合也扩大了规模和范围效益，强化了大企业在行业内的结构性主导地位。最大的一些房地产公司同时还将部分供应链转移到公司内部，目的是缩短交房期（住房的平均完工时间），并对建筑行业紧张的劳动力供应施加更大的控制。

大型房地产公司还应用了新技术，并对生产方式进行了改进，以降低成本，使住房的售价低于中小型房地产公司。例如，托尔兄弟公司采用了从其国内工厂运来的预制墙板和屋顶桁架系统；普尔特住宅公司推出了混凝土预制地基，以代替现浇混凝土地基。更具革命性的是，大房地产商实际上并不建造任何住房，至少在技术角度上如此：几乎所有的体力劳动均外包给了分包的电气、框架、屋顶、粉刷、砌筑和水暖公司，不少这样的公司以流动方式跟随大公司从一个开发项目转移到另一个开发项目。这些承包商按照大公司的设计和管理规范来进行实际的建造工作。

消费者 消费者（家庭和工商业企业）是开发过程中的需求方。在建筑环境中，空间需求是一个重要且复杂的主题，其完整论述见第 9 章和第 12 章。

但在当前背景下需要指出的一点是，消费者的偏好和行为是在社会环境下形成的，这一社会环境"由行业的资本家和开发公司的资本家及顶层管理者掌控的市场所塑造……生产的自然结构对个人选择设定了限制条件。另外，有权势的投资者及其联合公司通常会通过广告、公共关系和大众传媒来影响与操纵市民的偏好"[14]。

还要强调的是，人们并不需要总是独自作为消费者来应对那些由商业决策制定者和管理者强加的选择。如我们将在第 10 章将看到的那样，个人可以通过抗议特定的开发项目，通过参与推动增长、不增长或慢增长政策，或通过参与业主委员会来影响开发进程。

房地产代理人、金融家和其他专业协调人员 房地产代理人、金融家及其他专业机构的人员作为推动者、中介人和专家，在开发过程中至关重要。各路专家参与其中，包括测量师、市场分析员、广告经理、律师、产权保险代理、评估师、财产经理、工程师、生态学家和地质学家。但在这些"交易专业人士"中，最重要的是抵押贷款金融专家和房地产代理人。他们的活动不仅包括住房的实际建造，还包括邻里变化的持续过程。第9章将详细介绍这一变化的"看门人"。

政府机构　开发产业既是地方政治的重点，也是地方政策的焦点。20世纪70年代以来，美国地方经济发展与**增长机器**政策密切联系，同时地方经济发展与开发公司及公共机构之间开展了前所未有的合作。如第11章谈到的那样，城市政府已逐渐转向一种**经营城市**的新文化，它在项目开始时着重强调**公私合作关系**，结合了公共资源、法律力量和私人利益。这一转变在城市管理方面形成了一种零散投机性的投资风气。地方政府官员（拥有从州和联邦机构划拨的额外资金）会对诸如商业中心购物大厦、假日市场、新体育馆、主题公园和会议中心等项目给予资助，因为他们认为这些项目具有提升地产价值、加速零售资金周转和促进就业的作用（见第10章）。如果项目成功，那么这类计划就能够造福于整个城市；但即使经济业绩很差，它们也会被视为一种"亏本出售的商品"，可以支撑城市形象并吸引其他类型的开发。

联邦层次的政务不太关心开发，但就像第4章中有关州际高速公路系统和联邦担保抵押贷款的例子那样，联邦政策是影响城市开发的重要因素。因此，联邦和地方层次的政治家和政府官员（见表8.2）做出了许多与开发相关的重要决策。第10章和第11章将探讨几个案例，其中开发过程贯穿于城市的政治和政策。同时，值得注意的是，美国与其他国家相比有所不同，美国在某种程度上并不经常干预市场，对地产开发过程的管治较弱且不太集中，这是美国土地法规定下私有财产神圣不可侵犯的另一产物（见第3章的论述）。而且，如我们在第4章中所见的那样，20世纪80年代，联邦的许多责任是去中心化的；涉及联邦监管的许多领域是去管治的，它作为全面紧缩和重建的一部分，标志着抛弃了过去的凯恩斯主义经济管理政策。

表8.2　城市开发：美国的决策类型和典型政府决策制定者

1. 公用设施服务、建筑规范、土地区划、免税、助推器及推动增长的行动：
市长和城市委员会成员
县政府官员
地方区划和规划委员会官员
特定地方机构官员
2. 住宅供给、再开发及税收决策：
国会议员
美国住房和城市发展部（HUD）官员
地方和州政府官员

资料来源：J. Feagin and R. Parker, *Building American Cities: The Urban Real Estate Game, Englewood Cliffs*, N. J.: Prentice Hall, 1991, Table 1.2.

8.4.2　房地产业的市场反应

像许多其他产业一样，为了应对全球化和经济结构转型，房地产业在过去40年里已发生了天翻地覆的变化。同许多其他产业的生产者相比，开发商和建筑商已发现了有利的前景，即减少对大规模生产和消费的**福特主义**战略的重视，采取更灵活的方法，旨在寻找有利可图的市场新定位。同时，投资类型与公司架构和专业架构类型一起，已变得全球化（见城市观察8.3）。本节介绍并解释一些变化，指出它们是如何把新元素融入建筑环境之中的。

城市观察8.3　城市开发的地方行为越来越罕见

对建筑环境的投资日益强调大规模项目开发，并且因为这一趋势，城市开发变得更为国际化，越来越不把它仅视为一项地方活动。以圣玛丽斧头街30号为例，这是20世纪80年代初期以来，在有强烈遗产保护意识的伦敦中心区建设的最高建筑物，是1980年竣工的高塔和2011年竣工的46层高赫伦大厦（虽然这三座大楼与后来竣工的教门大厦相比都相形见绌）以来，在2.6平方千米内的伦敦城历史街区内第三高的摩天大楼。地处伦敦金融和保险街区 40 层高的圣玛丽斧头街 30 号大楼呈圆锥形,以便风从周围轻易吹过(见图 8.6)。该建筑已获多个奖项,包括 2004 年英国皇家学会斯特灵奖。此外,很多电影如《哈利波特与混血王子》中都有它的镜头。

上文所说的项目涉及了许多国际公司和/或其分公司。开发商和最初的所有者是一家瑞士再保险公司。设计者是由诺曼·福斯特爵士领导的英国福斯特建筑事务所,该事务所的作品还包括巴黎的蓬皮杜中心和香港的汇丰银行大厦。总承包商是瑞典的斯堪斯卡建筑集团;结构工程商是英国的 Ove Arup & Partners 公司;机械和电力工程师是希尔逊·莫兰;外墙的设计者是瑞士的 Schmidlin 公司;外墙维护系统的供应商是荷兰的 Lalesse Gevelliften 公司;钢结构供应商是比利时和荷兰的合资公司 Victor Buyck-Hollandia;钢质圆顶的供应商是奥地利的 Waagner Biro 公司;电梯供应商是芬兰的 KONE 公司;电梯工程商是新泽西的 Van Deusen & Associates 公司;塔楼和升降机的承包商是纽约的 Universal Builder Supply(UBS)公司(见图 8.6)。这些巨型企业的重要程度取决于他们力排众议的能力和对开发模式的控制,如来自市政府的本地竞技场、来自当地"增长机器"的影响和来自邻近地区与环境组织的声音。

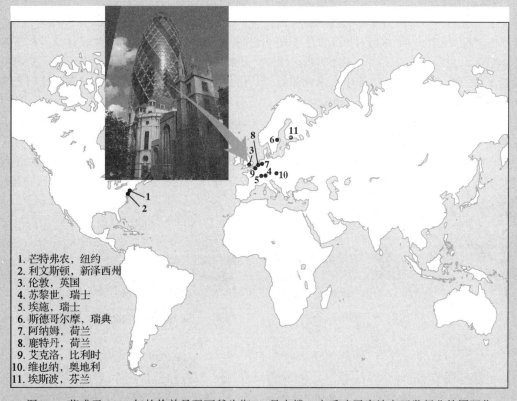

1. 芒特弗农,纽约
2. 利文斯顿,新泽西州
3. 伦敦,英国
4. 苏黎世,瑞士
5. 埃施,瑞士
6. 斯德哥尔摩,瑞典
7. 阿纳姆,荷兰
8. 鹿特丹,荷兰
9. 艾克洛,比利时
10. 维也纳,奥地利
11. 埃斯波,芬兰

图 8.6　落成于 2004 年的伦敦圣玛丽斧头街 30 号大楼,它反映了房地产开发行业的国际化

为了充分利用当地重要承包商、设计专家、建筑公司的关系网络,大型国内和国际开发公司经常与当地伙伴联合投资;但规模大且实力强的合伙人倾向于迅速学习,通过建立当地分支或自行承担更多的项目来获取经验。一个典型的例子是 46 层的赫伦塔,其承建商瑞典斯堪斯卡公司曾是圣玛丽斧头街 30 号摩天大楼的总承包商。但就赫伦塔而言,斯堪斯卡集团不再把项目分给多个分包商,包括机械、电气、水暖、IT、桩基、钢板层、吊顶和工程等,而是采用了公司所称的"总施工与建造服务解决方案"。但赫伦塔仍是一个国际项目,因为建筑设计由美国的 Kohn Pederson Fox Associates(KPF)建筑师事务所承担,结构工程设计由英国的艾拉普工程顾问公司(Ove Arup & Partners)承担。

用国际化来描述英国房地产开发巨头杰拉德·罗森恰如其分,他是欧洲最受人尊敬的开发商,也可能是最后一位英国大富豪。罗森因卷入 20 世纪 80 年代英国最大的金融丑闻而闻名:企图通过大规模操纵股票市场而使吉尼斯公司股票价格上涨，并企图以 27 亿英镑收购苏格兰的饮料公司 Distillers。罗森被判有罪（这次判决遭到了欧洲人权法院的批评）并入狱 6 个月。由于公司过度扩张，罗森只能依靠从富有的国外朋友如比尔·盖茨（微软公司总裁）、鲁珀特·默多克（澳大利亚媒体大亨）和阿曼的苏丹那里借钱才勉强避免了破产。罗森在之后的几十年里努力重建自己的公司和声誉，在经过耗资数百万英镑的公众咨询后，决定批准建造赫伦塔就是一个证明。反对建造这栋摩天大楼的声音来自英国政府的英格兰文化遗产机构（正式名称是英格兰历史建筑和古迹委员会）和威斯敏斯特市议会，理由是这栋大楼会影响从滑铁卢桥上观看圣保罗大教堂的景观。

新产品 房地产业通过追求产品差异和利基营销来回应更具灵活的需求。在商业领域，产品差异使宾馆经营呈现出多种形式，如豪华的全方位服务、会议度假服务、长期入住服务（带有成套的厨房和洗衣设备）、经济适用型服务和全套型服务。办公楼开发商通过生产自认为奢华的建筑（见图 8.7）来应对不断发生变化的商业氛围。在商业开发领域，不同的市场同样具有不同的形式，如高级商业中心画廊和商场（见图 8.8）和"大卖场中心"（由诸如沃尔玛等大型承租者主导的社区购物中心，辅以一家或两家其他零售商以及一些补充性商家，如专业零售商、餐馆、银行或其他**消费者服务**）。对开发商来说，另一条新"产品线"是专业化商业广场。例如，医疗类商业广场被设计用来为忙碌、有钱的消费者提供一站式服务，它提供（内科）医生、咨询师、治疗人员、医疗实验室、药房、门诊、健康中心、保健食品店和咖啡馆。

同时，商业区和工业园的开发商正在提供"弹性空间"：前面是带有"设计者"标签的单层结构，该结构后面带有船坞，内部空间可以作为办公室、研发实验室、储藏室或制造间使用（见图 8.9）。也可"改造"市场中的老产品，以增强它们的灵活性和适应性。商业区和工业园已被打造为"经规划的企业环境"，它带有日托设施、健康中心、散步小径、餐馆和便利商店、奢华的内部装潢及赏心悦目的外部景致。

图 8.7   法国巴黎的科丽妍办公楼开发项目是开发商努力在高档商业和专业服务领域赢得独特市场利基的一个优秀例子。大楼内玻璃屋顶的中庭有一座横跨于装饰性游泳池上方的弧形木桥

图 8.8   内华达州拉斯维加斯的高档购物中心

图 8.9　"弹性空间"：20 世纪 80 年代开发商推出的新型生产线。这一概念结合了"带有设计师标签"的办公室正反面进料区域和内部空间，它们可被随意组合为办公、工业或仓储空间

在居住方面，一些开发商通过重新定位，从单身"起步房"转而修建更多的多户家庭项目（如商业区那样，这些项目用服务来包装，在这类案例中有安全系统、门房服务、运动设备和自行车道等），或者建造更为昂贵的住房来满足"上升"的市场，其基本产品（单身家庭郊区住宅）因夸张的主卧室、成套的浴室用具、大理石地板和标志性的景观特色而引人注目。

处于住房市场最顶端的是投资性住房，它们通过最奢侈的"设计师"特征与其他住房区分开来，拥有精心设计的主卧室、装有水疗设施的浴室（蒸气浴、漩涡式澡盆、桑拿浴）、健身房、游戏室、家庭影院、书房、带有餐具室的"美食家"厨房、温控酒窖、多分区空调系统、多媒体室，以及触控式家用电器和安保系统（见图 8.10）。目前，"带有设计师标签"的特征加入了环保因素，如无毒建筑材料和太阳能辐射地板。

图 8.10　消费者数量增加和日益增长的物质主义所带来的高端居住市场的一连串投资性建筑物，通常被海关大楼样式所主导

开发商已经开始青睐大型的私人规划社区，因为这些社区在设计和产品类型上有更大的弹性，这使得开发商能够迅速应对不断变化的市场需求（例如，出生于生育高峰期的一代人希望寻求无须过多保养的小户型住房）[15]。这些社区的基本特征包括"明确的界限；稳定但不单一的特征；在开发过程中由单一开发实体全盘操控；私人拥有的娱乐设施；通过一个主要社区团体执行合同、条约和限制"[16]。它们是 20 世纪 60 年代所规划的社区的直接产物，是产品差异化和利基营销的一种极端产物。通过发掘新的、更灵活的土地利用分区管治，开发商可以将项目合并，吸引居住市场十分有利可图的部分，但也保留了开发区组成和时间安排上的灵活性。

这类社区提供了附带大量设施（包括高尔夫球场、网球场、游泳池、运动区、慢跑跑道、礼堂、健身房、购物中心、日托中心，以及具有壮观大门和用电子钥匙操控的安全系统）的幽静环境。住房通常是高价的单身住宅、高档城市住宅和公寓单元楼，以及提供给单身青年或年长者的较小单居室住宅或公寓。这一切都采用高档的郊区风格：仿都铎式建筑式样、仿佐治亚风格式样、新殖民式样和大型科德角风格式样等（见图 8.11）。

整体效果通常体现在精心布置的景观环境中，它可能包括一个有天鹅栖息的湖泊，或一处由剩余林地、人工湿地和野花构成的新保守主义者的聚集地。景观由一群身着高档运动服的慢跑者和忙碌的货车构成。这些货车运来从网上订购的奢侈品，它们或者是由设计师定制的衣服，或者是来自家庭装饰网站的商品。精心挑选的社区名称营造了一种体现差异性、世袭性和正统性的品味。广告形象是高尔夫、马术和田园式风光，让人不会对产品使用者的身份和品位产生任何怀疑。

图 8.11　一处专业规划的新式私密社区的联排住宅。注意，窗户、房门、屋顶轮廓等的多种式样显示了这个项目的不同之处

很明显，建筑环境中设计的重要性正在增加。正如一位开发商所言，"我的建筑就是产品，它们就像是透明胶带或包装膜那样的产品。人们首先关注的是产品的包装。我出售空间并出租空间，必须精心包装才能有足够的魅力吸引客户，才能赚更多的钱"[17]。尽管当今社会敏锐地察觉到了这类观点，但它并不新颖。如第 13 章介绍的那样，与包装相比，设计更为重要，它包括超越开发商世界的语言和意识形态。接着，我们可以"阅读"这些"由设计师打造的"邻里，它们正是我们这个时代的产品，也是社会关注物质主义和社会差异的载体。如第 12 章所述，美国的城市居住模式中已明显出现了这些特别的主题。

关键术语

active speculator　活跃型投机商

circuits of capital investment　资本投资循环

city makers　城市缔造者

foreclosure　断供

ground rent　地租

land banks　土地银行

niche marketing　利基营销

NIMBYism　邻避主义

overaccumulation crises　生产过剩危机

rent gap　地租差

restrictive covenants　限制性契约

serendipitous speculator　侥幸型投机商

structural speculator　战略型投机商

structures of building provision　建筑规范结构

sub-prime mortgage　次级贷款

复习题

1. 对某个单独的项目来说，关注其开发过程的各个阶段是很有趣的。涉及这一内容的两本书是 Douglas Frantz 的《从零开始》（New York: Henry Holt, 1991）和 Karl Sabbagh 的《摩天大楼》（New York: Penguin, 1989）。

2. 上网访问 Alex Blumberg 和 Adam Davidson 的博客 Planet Money（This American Life 和 NPR 新闻），网址为 http://www.npr.org/money/。文章 The Giant Pool of Money 深入浅出地解释了房地产危机和华尔街金融风暴间的关系，以及银行会向既无工作也无收入者提供贷款的原因。

3. 思考语句"对建筑环境而言，随着投资、撤资、再投资同时发生或相继发生，存在一种持续的不稳定过程"。你能从最近的城镇或都市找到阐释这一说法的例子吗？

   更新资料夹并收集更多的资料。本章所涉及的问题有一个很好的资料来源，即重要大都市的任何一份报纸上都会刊登房地产新闻。房地产版面通常每周刊登一次，并且经常包含不同城市缔造者的活动和相互作用的独到见解。寻找相关特征，阐述财产处理作为一种商业资产和开发行业对城市变化中展现的机会的反应。你或许还可发现关于空置率、土地与财产价格的数据，你可以利用这些数据来说明不断发生变化的城市地理的每个方面。

近距离观察邻里就会发现，每个邻里都是一种稳步变化的产物：人们的来来往往、生生死死、增加与替代、废弃与毁坏等，这些变化以特定的速度引领着每个邻里社区集体朝某个方向前进。城市地理学者对康涅狄格州纽黑文等城市的动力机制进行了探讨，重点剖析了在塑造和重塑邻里的过程中，人们在房地产市场中如何运营、人们居住的流动性起何种作用。

第 9 章

邻里的变化方式

如前几章所述，在世界上的许多地区，较大都市区的总体形态已从一种相对明确的单中心结构，演变成一种"星云状"的蔓延形态，这种形态是一种碎片化且有多个节点的多中心结构，其特点是在城市新区周围又出现了边缘城市与繁荣的郊区。根植于这种分解式城市主义框架下的是万花筒式的居民邻里，它按照人们的社会经济背景、家庭类型、种族特点和生活方式错落有致地排列。如果仔细观察这些邻里社区，就会发现每个邻里社区都是稳步变化的产物：人们的来来往往、生生死死、增加与替代、废弃与毁坏等，这些变化以特定的速度引领着每个邻里社区集体朝着某个方向前进。本章详细考察这种动力机制，重点剖析在塑造和重塑邻里的过程中，人们在房地产市场中如何运营，人们居住的流动性起何种作用。

9.1 学习目标

➢ 阐述邻里在多种因素（包括存量住房的自然老化与过时、人群老化和居民构成变化）作用下发生变化的方式。

➢ 认识促使人们在邻里投资或撤资的因素。

➢ 解释与其他国家的城市相比，美国城市缺乏公共住房的原因。

➢ 阐明影响人们和家庭做出搬迁决定的因素。

➢ 描述城市的重要专业人士在影响和限制人们做出选择居住地点和迁居决定方面的作用。

9.2 本章概述

本章分析邻里变化的方式和原因。首要任务是阐明影响邻里变化的不同因素：居民老龄化、家庭从邻里迁入/迁出、自然环境老化。我们可以看出，每个因素都有不同的周期性。总体效应可以用邻里生命周期来概括。

建立这些基本动力机制后，下一项任务就是考察另一个重要的动力机制：住宅权属模式发生变化，它将更大范围的政治经济学与当地住房市场背景联系起来。这时出现了一个重要问题：与英国等其他发达国家的城市住房市场相比，美国为低收入家庭提供的公共住房数量为什么如此有限？

另一个重要问题是对空间亚市场存在的关注。在亚市场中，邻里变化的动力耗尽。在这些亚市场中，主要的人群当然是家庭，本章中间部分的主题是他们关于居住地或是否迁移的决定。在这部分我们将知道，按照社会经济背景、家庭类型、种族特点等分类的特殊类型家庭，将如何把他们在行为方面的相似性与邻里变化过程关联起来。

尽管在空间亚市场中，家庭的需求模式被认为是邻里变化的基本动力，但房地产代理商、抵押融资人等重要的看门人行为也会对其产生影响。正如我们所看到的那样，有时他们是社会和种族歧视偏见的代理人。

邻里生命周期、住房亚市场、家庭行为及社会看门人等所有概念将在本章的最后部分综合分析，以解释邻里向高档化转型的特性，包括社会变化、传统内城居住环境改善等各个方面。

城市观察 9.1　社区风光不再，我仍安之若素：疯狂的帽匠？

加利·威特寇斯基先生的"老帽匠"店是美国仅剩的几家手工制帽店之一，目前仍位于历史悠久的波洛尼亚社区，尽管它已处于衰退之中（见图 9.1）。波洛尼亚是一个波兰移民最集中的纽约东部社区的名字，这里有着 8 万波兰移民的后裔，他们的祖辈早在 19 世纪 70 年代就已抵达纽约州的布法罗。当时为这些新来的移民修建的一些狭长的"波兰小屋"一直保留到了现在。这样的一栋一层半隔板小屋往往要住进不止一家人，这些移民不得不轮流睡觉。不过，作为虔诚的罗马天主教徒，他们捐款建了许多教堂，其尖顶在几千米外都能看得到。当时在百老汇街和菲尔莫街交叉口一下子出现了数百家商店。而当附近的百老汇市场在 1888 年开业时，这片购物区已可和布法罗市中心的主街媲美。

今天，百老汇市场设法保留了一些家族拥有和经营的企业，延续了销售生鲜农产品的传统，让人回想起市场初期的样子：西班牙的橄榄、意大利的奶酪、非洲的椰枣、苏格兰的熏鲑鱼和英国的鳗鱼冻。但这片社区已经发生了彻底的衰退。在第二代和第三代波兰裔美国人沿着社会经济阶梯向上发展，并在空间上从市中心向周围社区并继而向郊区的社区迁移时，就开始了这一衰退过程。教堂失去了教众，许多店铺也跟随客户外迁，于是这片社区就变得萧条了。

但威特寇斯基留了下来。他的网站列出了从业 35 年来，数十部找他定做过帽子的好莱坞电影，包括《革命之路》中的莱昂纳多·迪

图 9.1　威特寇斯基的"老帽匠"店是美国仅剩的几家手工制帽店之一，位于历史悠久的波洛尼亚社区。尽管社区已经衰退，但对他而言还是再熟悉不过。这位制帽匠对这里有一种强烈的归属感

卡普里奥和《夺宝奇兵 3：圣战骑兵》中的哈里森·福特所戴的帽子。他给自己起了一个假名，叫加利·怀特，因为人们告诉他，那些有钱的客户如果听到他的波兰姓氏，可能就不愿意来了。他的店铺网站实际上还解释了俗语"你怎么疯狂得像个做帽子的？"的由来，他解释说，这么说是因为传统制帽工艺需要用水银对帽子做特殊处理。这样就会使接触这种化学元素的制帽人变得精神错乱。今天，由于存在明显的健康危险，水银已不再使用。但即使这样，加利还能做一个疯狂的帽匠吗？未必！尽管社区已经变化，但对他还是再熟悉不过，有一种强烈的归属感。距其店铺几个街区之外，就是他从小长大的伦巴第街，他就来自那里一个典型的纽约东区波兰裔罗马天主教家庭。

在威特寇斯基的青年时代，那个社区从早到晚都是鲜活的。报童们守在街角，向赶地铁的工人和乘客们叫卖《纽约每日新闻报》和如今已经不存在的《布法罗快报》，这一站是本市最大的慢车站。顾客们在百老汇街 998 号的萨特勒百货商店浏览着货架，这家店就位于菲尔莫街的东段，距离"老帽匠"店很近。食客们在百老汇烧烤店享用着周五的炸鱼。和萨特勒百货商店一样，这家店也已关张。老社区现在只存在于记忆中。夏天，威特寇斯基有时会站在外面的人行道上一边打磨着帽子，一边和停下来观看的游客聊天。他仍然喜欢这里的人。有时住在附近的小孩会突然造访，但威特寇斯基知道，现在的百老汇与菲尔莫地区只是还残存着从前的影子而已。[1]

9.3　邻里变化

如图 9.2 所示，虽然邻里变化动力机制的各种因素彼此高度依赖并相互影响，但仍可以分开来看。邻里变化最明显和最确切的方面是住宅的**自然退化**。任何邻里的自然退化率主要受两个因素的影响：初始建筑物的质量和后期维护水平。反过来，这两个因素与居住者的社会经济背景和生活方式有关。虽然城市结构的碎片保持 100 年以上并不少见，但在美国，大多数情况下 50～60 年被认为是较为合理的期望寿命。一般来说，新住房的每个部分或其生命周期可以用随时间变化的折旧曲线来描述（见图 9.3）。但应该承认此类曲线只是平均值，它掩盖了自然退化的不均衡性。由于维护和改善的差异，修路、再开发、翻新、废弃、火灾损毁等当地效应，即使是同时建设且初期质量相同的住房，它们的退化也是不均衡的。折旧率的不均衡性为邻里的社会变化设定了一个重要的前提条件。

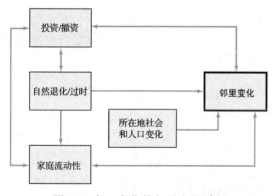

图 9.2　邻里变化的主要决定因素

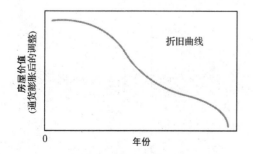

图 9.3　郊区住宅区的假定折旧曲线

住宅的结构过时和技术过时与自然退化密切相关。它们是居住者或潜在居住者对住房需求和期望共同作用的结果。当房屋不适合当代的需求时，就会发生结构过时。过时不一定带来废弃或拆毁，但它经常会带来居住者变更并导致自然寿命缩短。例如，在许多城市的第一代郊区即 1910 年前建造的住房，由于临街和汽车停车库缺乏，因此对于许多潜在的居住者来说已不适用。同时，到 1920 年，大家庭模式逐步消失，而且家政服务成本急剧提高，使得独立式大厦的处境类似于无政府主义状态，进而使得许多大厦被转为非居住用途。当住房的功能设计与设备、邻里基础设施被淘汰时，就会出现技术过时。厨房设计与设备、加热和冷却系统、游泳池、自行车道和社区中心等，也是导致这些变化的重要助推器。

大部分住宅区是为相对同质的特定群体开发的，因此住宅区所在地的社会人口变化（如特定的区域内既定人群所经历的变化）的根本点与原"定居"群体（如第一批居民）逐步变老有关。但是，在家庭生命周期的一定阶段，人们将流向不同类型的住宅或城市的不同部分。一些不愿意或不能搬迁的家庭可能会住到接近房子本身寿命的最大值 60 年，25 岁时房子建成直到 85 岁死亡时房子已不存在。家庭生命周期变化引起居住地变化，这一趋势意味着人口变化周期通常比自然退化或自然过时的时间短。

因此，接着数轮**过滤**后，将带来居住者阶层组合的变化，通常这是年轻人和温饱家庭向邻里涌入的结果；另外，最初"定居"群体的高龄化、自然退化、结构过时、技术过时，将共同改变邻里，到一定程度时会进一步诱发邻里变化，最终会使得社会经济、人口、种族或生活方式等各方面存在明显差异的群体涌入同一邻里。

9.3.1　再开发和再投资

所有这些变化反过来会转化成不断变化的投资机会。在其他条件相同的情况下，大多数邻里在一定时间内会吸引一定数量的投资，这些投资来自户主和业主的更新与改善。自然退化、过时和社会变化也会阻止人们的行为，此时可能发生撤资，如故意疏忽道路维修，将住宅、公寓建筑和空地推向市场交易，或干脆放弃。然而，其他条件并非一直都是等同的。

城市观察 9.2　家庭生命周期

图 9.4 显示了中产阶级家庭生命周期的一个理想模型，从中可以看出几个可识别的阶段，每个阶段都有着与人的空间需要、便利性方面的具体偏好、房屋使用权类型、区位环境和迁移倾向相关的独特家庭构成特征。

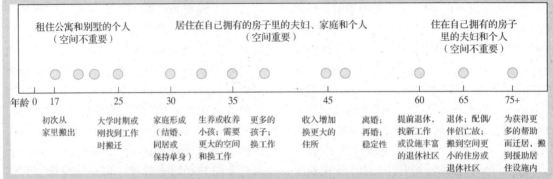

图 9.4　中等收入家庭居住迁移和住房偏好的一个家庭生命周期模型

根据这一模型，典型的**家庭生命周期**始于一个以单人家庭或以不到 20 岁或 20 岁出头的单身青年的社区家庭为基础的短暂阶段。譬如迈克尔和艾米丽这样的青年，他们离开家去上学或找工作。在这一阶段，住所的大小对于这些年轻人而言并不重要，重要的是找工作和享受城市设施的便利性。同居或结婚后的前一两年可视为这一阶段的延续，像迈克尔和艾米丽这样的青年此时年龄差不多为 25 岁。随后，无论是夫妇还是单身，一旦生下或收养了孩子，家庭的真实需求和预期的需求都会发生明显改变，这时，居住空间与便利性的相对重要性正好相反，并且安全、安静的居住环境更受重视。随着时间的推移，在他们 30 多岁和 40 岁出头时，随着迈克尔和艾米丽的家庭收入的增加，他们会进行一系列调整。

在他们的孩子到了上初中或高中的年龄时，能否获得优质的社区配套设施，特别是学校和社会福利设施等，就变得越发重要。与此同时，家庭的收入也应该有所提高，一方面迈克尔在工作中会得到提升，另一方面艾米丽在当了一段时间的家庭妇女后也可能重新回去工作。由于收入的增加，使得家庭有能力搬到郊区或远郊区的新家。但在他们 50 岁出头时，迈克尔和艾米丽的离婚和再婚，又会引发更多的调整。有些中年人在经历离婚或失业后，会搬到他们已经老迈并往往鳏寡的父母家里，以陪伴和照顾老人为条件，寄居在父母的房子里。在"空巢"阶段，由于家庭的空间需要明显下降，可以通过邻里关系和眷恋感来防止许多夫妇或鳏寡者搬到更小的房子里；住房专业人士最近开始越来越关注那些希望保住自己珍惜的房子、留在自己所珍视的社区的家庭，他们对现有的住房进行改造，以满足家庭结构变化的需要。与此同时，随着老年人的经济独立能力自 20 世纪 60 年代以来的不断增强，居住的独立性和相关的住房选择也在不断增加，如援助性居住场所或专门的退休社区等（见图 9.5）[2]。然而，对于迈克尔和艾米丽这样的人

图 9.5　老年妇女正在凤凰城都市区边缘太阳城内的一个游泳池里享受水中的有氧运动，这里是专门的成人社区，它以积极向上、度假式的退休生活方式为主，有 40000 名居民，是全国最大的退休社区

来说，最后的居住改变要在他们 60 岁后期或 70 岁时到来，这时他们要搬到子女家中或援助性居住设施中。

该模型与传统住宅的流动性和城市结构相关的现有证据相吻合。但须强调的是，这是一个理想化的模型，因为它存在固有的家庭中心倾向，并且偏重于中等收入家庭（例如，对于选择单身的人而言，须采用不同的假设。同样，对于低收入家庭而言，买房不应视为一种选择）。因此，如果要把家庭类型对万花筒式住宅的影响绘成敏感性的图表，那么首先应把家庭生命周期的概念和相关的社会经济背景、民族与生活方式等关联起来（见第 12 章）。

首先，邻里变化的速度和性质具有差异性，这影响着房地产开发商对投资地域的前景。例如，一个邻里的自然条件相当好、社会和人口方面非常稳定，这些特点通常意味着稳定性，无须大的再投资。但这类邻里的再开发或再投资时机也可能已成熟，因为这个区域资产的现状回报率和对邻里特色变化或土地利用变化的邻里进行投资所产生的预期回报率之间存在差异。简而言之，从已建低收入住房得到的预期利润，可能大大低于在相同区位投资新购物大厦所获得的预期利润。

其次，邻里变化也与市场需求变化有关。例如，一个邻里可能这样变化，即房地产商在改建方面适度投资（从租赁公寓到高档公寓、从工业阁楼到居住阁楼、从城市大厦到殡仪馆等）可占有新市场或占有扩张的市场。

9.3.2　邻里生命周期

根据对邻里变化的观察，我们可尝试性地根据给出构成邻里生命周期的典型顺序和相互关系。自然退化、过时、当地的社会人口变化、过滤引起的社会人口变化等因素相互作用，产生了生命周期的五个阶段。

1. 郊区城市化。生命周期的起始阶段，其特点是具有相对较高社会经济背景的年轻家庭所居住的低密度、独门独户住宅。
2. 填充。在闲置土地上增加了多户家庭和出租房，增加了邻里密度，降低了社会与人口的同质性。
3. 衰落。生命周期中的最长阶段，在这一时期，住宅缓慢而稳定地退化与折旧，地方老龄化，人口流动增加。
4. 稀疏。结束阶段的开始，密集的群体流动带来了社会与人口变化，许多居住单元被改建与拆除。
5. 更新、修复和高档化。复兴阶段突然地结束了生命周期，并以新的住宅形式开始了新的生命周期，特点是反映了邻里相对中心区位的高密度住宅。在某些情况下，新居民或原有居民的高档化，可通过改建与再投资的方式来延长邻里的生命周期。

这个例子清楚地表明，住房既是邻里变化的决定性因素，也有助于我们将万花筒式的住宅视为连续生命周期的不同阶段中，邻里部分并置的结果。位于中心城区的新排房、高级公寓和公寓与一些邻里相符：至少经历了一个结构折旧的周期后，现在已处于再开发阶段。附近的一些老房子对大多数家庭来说，由于缺乏基础设施而在技术上过时。因此，最底层的社会经济群体将"入侵"这类连续的邻里。

一些邻里经历了自然退化周期，而一些邻里则伤痕累累地矗立着，部分已废弃。在其他邻里，**城市更新改造**为国内住宅工程项目预留了空间，开始了其自身的新一轮生命周期。尽管原有的中心城市住房已按更高标准改建，但自然退化循环仍未完成。作为剩余邻里的基础，为 19 世纪的有钱商人和实业家所建的大住宅邻里，通过进一步细分和多种占用解决大单元的结构与技术折旧问题，已沿着社会经济阶梯向下过滤为公寓区。小巧但精致的住宅仍然是邻里高档化的基础：沿着社会经济阶梯向下缓慢地过滤，但搬入的中等收入年轻家庭通过投入费用和/或辛勤劳动使其得到了改善。

在更远的地方是城市中等收入居民的郊区，因为它们大部分建于 20 世纪 60 年代，仅稍微遭受了自然退化、结构与技术过时。大部分郊区的"定居"群体基本上不变，但类似的家庭也在不断地加入。主要例外是，处于稀疏阶段的最内层老郊区，因大量年轻家庭的迁入改造了一些房屋，废弃的房屋则让位给了商业开发和高速公路的改造。最后，在多中心城市区域最外围开发形成的最新郊区，代表了处于第一个生命周期开始阶段的邻里家庭。

9.4　住房市场

任何关于居住流动和邻里变化模式如何发生的思考，都需要提及住房市场的经营和住房作为商品的特殊性质。正如地理学家大卫·哈维所说，"住房固定于地理空间之中，转手的频率低，是一种不可缺少的商品，是积攒财富的一种形式，在市场上容易演变为一种投机活动……另外，房屋对于使用者具有许多不同的价值，最重要的是它使得使用者与城市景象各方面发生联系。"因此，用市场术语来说，住房市场因超越了为人们提供居住庇护所而常被住房服务代替。住房服务的 4 个主要方面如下：[6]

1. 庇护所和私密性。
2. 住宅规模、质量以及居住点声望带来的满意度和社会地位。
3. 环境质量，包括自然环境质量（树木、景观、公园、人行道、自行车道）和社会环境质量。
4. 到达工作场所、学校、购物、交友、运动和休闲娱乐设施，以及其他服务与福利设施的便利性。

这些服务的总体效用通常是指住房的**使用价值**。因为这在很大程度上依赖于特定家庭的需求和偏好，所以人们按照社会经济背景、家庭形态、生活方式等方面赋予某个特定住宅的使用价值将发生变化。

住房作为储藏财富的方式又增添了住房服务的第五个方面：

5. （业主的）权益——住房投资的金融回报（特别是在住房的市场价值与未偿还的住房抵押债务总额间的差值），这

（对自有住房来说）是免税的。在此背景下我们应该注意到，住房的权益价值与其他房地产投资的权益价值一样，随着房地产泡沫膨胀爆裂而潮涨潮落。通过权益增值获得的非劳动所得的潜力，与住房的使用价值一起，共同决定了它在市场中的**交换价值**。

在这一点上我们面临的事实是：并非所有住房市场都是针对自有住房的。房屋使用的其他形式，特别是私人出租，占据了每个城市可住房屋的大部分。因此，考虑一系列亚市场要比整个城市住房市场有用。**住房亚市场**组成的变化可以从住房类型、价格范围、区位等对住房亚市场进行划定，它既是城市化过程的产物，也是社会空间分异的决定因素。但住房权是最重要的因子。

9.4.1　城市化和权属变迁

房屋所有权的增加不仅是城市住房变迁的最主要方面，也是美国城市生活的社会文化演变最重要的要素之一。作为"美国梦"的核心元素之一，拥有住房的理想在 20 世纪 30 年代时就已根植于人们的心中。作为大萧条时期政治的产物，美国梦最初的概念基于个人自由，特别是通过个人的聪明才智和努力沿着社会流动的通道向上，怀着这样一种抱负，成功的一代能够实现经济状况和社会地位的稳步上升。在房地产利益的驱动下，美国梦的概念中很快就加入了拥有房屋的理想。尤其是房地产经纪人，通过制定和安排系统性的策略，"正常化"了关于住房和社区的概念，令美国的"中产阶级"家庭为之向往。正如索尔斯坦在其《房地产经纪人的国家》一书中所强调的那样，"房地产经纪人这个半职业半专业的概念取决于'住宅'这个理念和文化对象的存在……很大程度上由于房地产经纪人的文化和政治手段，在低密度郊区的开发地带拥有占地面积 1000 平方米的单户住房成为了'美国梦'，而大多数美国人都相信这一点。"[7]

从 1915 年左右到 20 世纪 20 年代，房地产经纪人和各政府机构与民间团体合作发起

了单户住宅拥有运动。他们通过"拥有自己的房子"运动，力图强化人们对"住房是一种优先的耐用消费品，值得为之付出和举债"这一理念。这一场把美国变成普遍拥有住房的国家的运动"只是将公民道德与财产所有权联系起来的长期的共和传统的极致。美国这个共和国，正是通过为所有公民提供一栋自然环境下的住宅，而避免出现倒退性破坏的历史时期、阶级斗争和城市腐败：美国文明是以空间而非时间为基础建立的。"[8]

当大萧条前夜住房市场崩溃时，美国房地产经纪人协会与胡佛总统的白宫住宅建设和住宅拥有者会议展开密切合作，以确保政府支持对房地产减税，并获得联邦抵押贷款贴现银行对长期抵押贷款的支持。这些都成为罗斯福政府雄心勃勃的"新政"计划的关键要素。

美国城市自有住房的比例从 1920 年的 20%上升到了 1940 年的 44%、1960 年的 60%、1980 年的 66%、2010 年的 68%（见图 9.6）。这种发展趋势主要有 4 个主要原因：

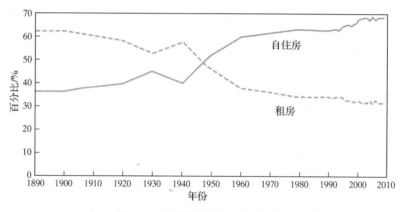

图 9.6　美国的居住单元占有趋势

1. 社会的广大阶层富裕度不断增加，使得更多家庭有可能拥有房屋所有权。与此同时，房地产开发与建筑业的**规模经济**和其他创新，降低了郊区独户住宅的成本，增强了自有住房的基本负担能力。

2. 对房屋所有权利认识的不断增加，具体现象如下：
   ● 以财产权为基础，树立社会地位，实现独立的美国梦。
   ● 实现独立居住，追求排他性的社会战略和政治战略。
   ● 通过住房权益收益获取金融利益。反过来为沿住房"阶梯"向上流社会流动提供资金。
   ● 在许多情况下实现以家庭为中心的生活方式。

3. 对房屋所有权的经济和政治重要性认识的不断增加。该因素包括以下几个方面：

● 房屋所有权在资本流通中的作用：传统上为进入自有住房亚市场而积攒的大量首付创造了累积的资本金，金融机构够利用这些资金，为企业家提供贷款来投资工业项目，与此同时，现有按揭贷款的利息付款确保了（潜在）投资资金的稳定额外资金流，金融机构能够自主买卖抵押贷款，使用它们作为融资杠杆，为投资资本提供来源。最后较重要的一点是，住房促进了资本流通，设立了一个平台，创造了不同类型的消费，如从建材到装潢，再到花园维护，在不同产业中推动了资本流通，刺激了投资、生产、消费、盈利能力的循环。

● 房屋所有权作为经济调节机制的功能：如第 4 章所述，住宅建造业规模及其与日用消费品市场有关的**乘数效应**的关系，已使得它成为过去凯恩斯主义经济管理的一个重要杠杆：政府能够通过管制促进经济增长，或在必要时控制经济的增长。

- 房屋所有权在推动社会政治稳定中的作用：如第 4 章所述，在私有财产交易市场获益的人越多，他们越不可能做出威胁经济和政治稳定的行为。按揭贷款债务负担越多的人，其个人和社会激励将越多，为了保障并提升财产的交换价值，支持就业的稳定性（甚至以放弃提高工资为代价），在经济和政治事务方面会采取保守方法。

由于对房屋所有权经济和政治方面的认识不断增加，美国连续数届政府都在积极培育房屋所有权的增长。总体而言，美国针对如下方面制定了两个主要的系列政策：

- 培养和保护涉及房屋所有权融资的储蓄与借贷机构。另外，给为住房建设或购买而提供按揭贷款的私人机构提供保险（见第 4 章），这些机构本身享受公司法与税收

方面的特权和迁就。

- 鼓励家庭购买住房而非租房。收入税收政策的两个特殊方面相当重要："合格"居住产权按揭贷款的利息付款在税收率运用前允许被扣除；免除资产净值利润的资本收入税。

4. 出租单元的利润率急剧下降。这种下降是下面数个因素共同作用的结果：

- 提出和实施了更加严格的建筑标准和住房法规，因此排除了最低廉出租单元的供给。
- 在私人住宅出租方面，租客的相对较低收入增长使得房东很难收到租金。
- 租金管制法规的提出，起先主要是在"二战"期间为了使住房的投资资本和国内劳动力转移到国防工业。
- 出租存量住房的自然退化不断增大，特别是那些建于 19 世纪的房屋。
- 税收政策无法吸引房东维护或改善出租财产。
- 由于政府给予房屋所有权财政优惠，导致租房需求下降。

城市观察 9.3　卡布里尼-格林：宝贵的家成了公共住房一切弊端的象征 [9]

　　2010 年 12 月，最后一位房客和她 4 个最小的孩子搬出了芝加哥臭名昭著的卡布里尼-格林社区的一栋高层公共住房单元。在联邦政府的"希望六号"项目资助下，所有中高层大楼正在被拆除，取而代之的是低层、穷富混居、市场价的公寓住宅楼和联排别墅，并为公共房屋的住户预留了一些单元。卡布里尼-格林社区从前的居民已大部分搬到本市的其他地方，或搬进了以市场价出租的公寓，在政府提供的住房券的资助下，他们能够租得起这样的房子。

　　最后一名房客安妮·瑞克斯是一名 54 岁的助教，她在亚拉巴马州里弗维尤市的一个一室棚户家庭长大。21 岁时，因她在西区的房子毁于火灾而搬入卡布里尼-格林社区。她的女儿塔莎今年 29 岁，是一名建筑工人，在南区有一套两个卧室的公寓。她至今仍记得火灾后的那段生活。"我们当时无家可归，在街上游荡了几个月，睡在亲戚朋友家，有两个星期甚至睡在库克县医院的候诊室里。在那儿我们碰见一位母亲带着 7 个孩子，也没有地方可去。我们设法加入政府的各种援助项目，但都失败了。然后我们就搬进了卡布里尼社区。我觉得妈妈非常喜欢那里，因为只有在那儿我们才不至于露宿街头。"

　　这个后来成为公共住房一切弊端象征的社区曾经是安尼·希克斯宝贵的家。现在它已不复存在。像她这样的居民感到失去了与自己联系紧密的社区。多年来，为了应对共同的艰难处境，卡布里尼-格林社区的居民组织起来向芝加哥市政府施压，以解决黑帮暴力和受忽视的问题，并且彼此间互相保护和支持。他们甚至向法庭起诉，试图确保在"希望六号"计划资助下拆毁他们的高层住房之前，先建好迁居的房屋。

卡布里尼-格林社区的高层住宅建于 20 世纪 50 年代后期和 60 年代早期，它是以清理有"小地狱"之称的贫民窟为目的的城市重建努力的一部分。卡布里尼-格林社区最后住进了 15000 人。该公共住房项目以第一个被罗马天主教廷册封的美国公民圣弗朗西丝·沙维尔·卡布里尼的名字命名。这个社区的迅速没落不可避免，因为芝加哥住房当局用于维护这些建筑和解决犯罪问题的经费来自租金，而由于居民都是穷人，因此租金维持在较低的水平。卡布里尼-格林社区在 1981 年引起了全国的关注，当时发生了一次黑帮争斗，导致了 11 名居民丧生。1992 年，年仅 7 岁的戴维斯在牵着母亲的手步行去学校的途中被流弹射杀。1997 年，被人们称为"X 女孩"的 9 岁女童在惨遭强奸、窒息和被人在喉咙里喷入杀蟑螂的毒药后，于一栋高层住宅楼的楼梯间内被发现，她当时已失明、瘫痪并且不能说话。

在芝加哥曾经还有许多这样的供穷人居住的高层公寓，现在大部分已不复存在。动刀动枪的现象在其中的大部分地方都随时可能出现，比在卡布里尼-格林社区更常见。但之所以卡布里尼-格林社区显得如此引人注目，原因是它靠近房地产开发的黄金地段，周围全是富人区。卡布里尼-格林社区存在于芝加哥市中心高楼大厦的阴影之中。从密歇根湖看去的天际线正是权力精英数钱、交易和享乐的地方。卡布里尼-格林社区的存在从一开始就是一种罪过。随着周边房地产价格的日益飙升，卡布里尼-格林社区不断地受到挤压。在芝加哥这个城市，每一代人在成长的过程中都本能地知道：有些街道是一定不能越过的。而卡布里尼-格林社区周围街道的界线越来越分明。[10]

因此，出租房日益减少，大量出租单元逐步被拆除、废弃、转卖成自住房，或转变为非住宅用途。久而久之，自住房和出租亚市场的相对重要性在美国城市完全逆转。

9.4.2　公共住房

美国城市的公共住房明显缺乏。由于私人市场无法在为低收入家庭提供像样的住房同时仍能赚钱，大多数发达国家的城市都提供大量的"公共住房"来解决由住房需求导致的问题。例如，在欧洲，公共住房在一些国家的住房存量中所占的比例较大（荷兰为 35%、奥地利为 25%、丹麦和瑞典分别为 21% 和 20%），在其他国家则较小 [德国为 6%，匈牙利为 4%（在大规模私有化后）]。在大多数国家，公共住房的比例在过去 10 年中有所下降，因为公共住房的供应量的增加赶不上私人住房的建筑量或社会住房的私有化或拆毁量。[11]

在美国有 120 万个公共住房单元，占所有住房单元的比例不到 1%。[12] 然而，令美国公共住房显得特殊的重要特点是，更多的公共住房是以向私人房主提供房租补贴（"住房选择券"计划中的 220 万个单元）的方式间接提供的，而不是由政府住房机构以公共住房单元的形式直接提供的。此外，还有 170 万个受援助的多家庭单元（私人拥有，基于住房项目）。

尽管美国城市仅有 510 万个财政补贴住房单元（占所有住房的比例不到 4%），但对公共住房的需求与荷兰、奥地利、丹麦和瑞典相当。尽管幸运地躲过了战时轰炸的破坏（不像欧洲和日本的很多城市），但美国的城市也出现了住房需求的尖锐问题。20 多年后，贫民窟在每个大城市内依然存在。一系列研究表明，中心城市约有 1/3 的家庭需要基本的住房，但他们却无法负担[13]，无家可归者的数量惊人地上升。因此，分析美国城市化无法产生更多公共住房的原因是有帮助的。

有段时间公共住房的发展实际上成为了房地产市场的实体部门。授权公共住房的首部法律于 1937 年在大萧条后新政的政治气候下通过。尽管公共住房在意识形态上普遍认为是令人不快的（正如在大多数其他国家一样），但经济大萧条的重重危机被视为创造了这种额外的需要，这样的政策由于创造了就业机会且没有住房补助，因此在政治上被人们极力"兜售"。这样的政策奠定了联邦政府在城市住房领域的地位，但直到"二战"后更加广泛的国家级宏伟规划出台时才开始实施。1949 年的住房法将公共居住房屋建设和贫民区清拆计划联系起来，开创了国家性的保障贫困住房补贴

（见图 9.7）。不同利益群体（主要立法者，他们有不同的议程和不同的假定）联合起来强烈反对该法案，使之发生了偏移。政治自由主义者（考虑清除贫民窟和提供公共住房）把法案视为消除贫民窟和给穷人提供新宅的一种方式，企业主体（主要考虑贫民窟的清除）把法案视为提高市中心财产价值的一种方式，而当地政客（将贫民窟的清除等同于城市更新改造）把法案视为支持课税基础和吸引那些迁移到郊区的富裕消费者与纳税人返回的一种方式。

图 9.7　根据 1949 年住房法建设的公共住房。照片上描绘的休闲气氛很快就恶化到令人难以忍受的程度，因为美国公共住房被视为"问题"家庭的摇篮

1949 年的住房法案授权建造 81 万套使用寿命超过 60 年的低租金套房，这一计划对美国城市的住房总体影响很小。但在 1949 年的立法制度下，建设 81 万套住房单元需要花 25 年的时间才能实现，建成住房的质量较差，且被限于城市中的一些最贫困的街区。同时，公共住房的建设速度被城市的贫穷规模和廉价的私人出租单元自然退化的速度所吞噬。到 20 世纪 70 年代中期，公共住房已变成失败的代名词，建立公共住房实体计划的期望已经消失殆尽，至少在可以预见的未来如此。反思一下，我们就能了解公共住房无法在美国扎根的原因：

- 一些异常强烈的自由企业的道德标准（见图 9.8）。公共住房计划引起了人们对"渐进式社会主义运动"的猜疑。由此看来，关于公共住房争论的关键时期发生在臭名昭著的麦卡锡对共产主义支持者政治迫害期，这很重要。

图 9.8　明显具有爱国主义和民主主义理想的自由市场宣传画，它由工业、金融和房地产企业组织，目的是减少美国公共住房立法的"渐进式社会主义运动"和其他自由的城市政策

- 种族偏见和歧视使普通民众不愿意支持这样的计划。因为受益者可能主要为非洲裔美国人和西班牙裔人。
- 来自组织严密、资金雄厚的许多协会的反对，这些协会包括：全国房地产董事协会、全国住房建筑商协会、美国储蓄和贷款联盟、美国商会、美国抵押银行协会和美国银行协会。

● 设置了管制公共住房建设与管理的过多限制性条件。因为限定了建设成本（1949—1965 年限定为 2400 美元），因此房屋中不向租客提供浴室门、马桶盖、淋浴设施等。严苛的租客鉴定方式通常伴随着这样的规则：一旦房主的收入超过规定的最低收入的 25%

或以上，就必须搬出。因此，公共住房仅是为积贫之人建造的豆腐渣避难所。随后，公共住房就被戏称为"临时贫民窟"，其居民也被冠上了无能和不良分子的污名。不少人深感被贴上了标签，没有归属感，更没有关爱家庭和邻居的动机。这些现象给公共住房建设的反对者们的论断提供了论据——公共住房是社会问题的温床（见图 9.9）。

图 9.9　自我实现的预言：资金不足和过多限制性租赁管制导致许多公共住房项目失败，包括正在拆除的芝加哥卡布里尼-格林社区

20 世纪 90 年代早期，联邦政府推出了一个名为"希望六号"的改善计划，旨在将卡布里尼-格林社区这样最糟糕的公共住房项目改造成穷富混居的开发项目。城市获得了社区拨款，按新郊区项目设计原则起草了设计，并进行了公共住房项目的规划、拆毁和重建。重建项目预期是高密度、低楼层、便于行人通过且通公交的社区。截至 2010 年项目拨款结束时为止，共拨出了超过 250 笔"希望六号"重建项目款，总金额超过了 60 亿美元。对这一计划的主要批评是，它并不要求一一置换 10 万个拆毁的住房单元，因此贫穷的租户迁出后，往往会失去原来经济适用的住房。该计划令人诟病的另一点

是，它是作为城市新自由主义战略的一部分而实施的，这就使得"希望六号"重建项目实际上为"困难"社区的高档化打下了基础。

在"希望六号"计划结束之前，"邻里选择"计划已经启动，并在 2010 年拨款 6500 万美元。"邻里选择"计划是"希望六号"的后续计划，它不仅延续了注重公共房屋改善的政策，还包括应对贫困集中现象的一种更加全面的方法，具体的做法是增加日托中心、公园、人行道，甚至农产品市场，在学校改革、公共交通和增加就业机会等方面相应地投入，将政策扩大到周边的邻里。

城市观察 9.4　欧洲城市的公共和私人住房[14]

欧洲的公寓生活十分普遍，即不同收入阶层的人们拥有或租住公寓。欧洲城市的人口密度高，城市空间极其宝贵，地价也高，公寓便成了优化土地利用率的最佳选泽。传统上，在高度限制范围内，城市并非向外延展，而是向上伸展。

多楼层公寓最早是在文艺复兴时期的意大利北部为迎合富人需求而修建的。至 18 世纪初，公寓住房已蔓延至欧洲大陆及苏格兰的大城市。发明电梯前，社会分层在单个建筑中是垂直的。富有家庭住在较低的楼层，穷人则居住较高楼层的小公寓里。平行社会分层也出现在了公寓街区，高价的大单元位于建筑群的前排，廉价的小单元位于后排。18 世纪末，工业革命刺激城市化进程加速，公寓街区延伸至中等城市。投机商们为中等收入人群和低收入人群分别建了大规模的标准住房和廉租房。

独门独院的带阳台两层楼房是英格兰、威尔士和爱尔兰等地居民的标配。联排住宅最早出现在 16 世纪的伦敦，当时的伦敦明文禁止多个家庭分租一栋新建房屋，以此来限制城市的拥堵。联排房的变体——又窄又高，每层有单元房的楼房，在北海沿岸城市（从法国北部的鲁昂和里尔，到德国北部的不来梅和汉堡等城市）随处可见。

20 世纪 30 年代的大萧条期间开始出现严重的住房短缺，这种短缺因两次世界大战期间的缺乏建设和重大破坏进一步恶化。20 年代初公共住房计划始于维也纳，"二战"后逐渐扩展到整个西欧。现代建筑及城市设计理论融合了低成本生产技术，这使得在战争中毁掉的历史建筑和市中心破旧的 19 世纪房屋被千篇一律的高楼大厦取代。

20 世纪五六十年代，多数政府采取了都会去中心的政策，将公共住房分散至地价低廉的城市郊区。现代高层公寓街区集中在城市周边的大片土地上。谢菲尔德的希尔公园、法国北部的萨塞勒及科尔瓦尔勒的乔维勒开发区内均有 1000 栋以上的公寓，人口密度高达 30000 人/平方千米。

传统上，西欧政府的公共住房建筑经费要高于租金补贴。欧洲的公共住房不像北美的公共住房那样担负污名，因为欧洲社会上的极贫人群住不起公共住房，分布于欧洲各大城市的极贫人居住在私人廉租房里。这些劣质的住房出现在潮湿的地下室、阁楼、破败的后排公寓里。只有特定类型的政府资助开发的公共住房才会被冠以污名，譬如为改造位于城市边缘农村移民聚集的棚户区以及西班牙、意大利、法国和德国战后避难所而推出的住房工程。

历史上，城市和国家所提供的公共住房数量通常因需求的紧迫性和政治倾向而定。如果城市住房严重短缺且由自由党执政，则公共住房数量最高。譬如，苏格兰的爱丁堡和格拉斯哥，公共住房的数量已增至总住房存量的一半以上。至 20 世纪 70 年代，公共住房占英格兰、法国、德国住房总量的 20%~30%，占意大利的 10%。瑞士富裕和保守城市中的公共住房仅占总量的 5%，甚至更少。然而，20 世纪 70 年代后，因政府施行削减预算的私有化计划，公共住房数量和百分比已经有所下降。

一般来说，与资本主义制度下发展起来的城市相比，在中欧和东欧社会主义制度孕育的城市中空间隔离更少。当然，战前社会精英居住的大厦成了政治中心——政党官员、外国使团和各类机构的驻地。但住房被视为权利而非商品，每个家庭都有权以合理的花费获得住房。

面对"二战"后住房的严重短缺，20 世纪 50 年代至 70 年代，社会主义政府开始大规模建设典型的 11 层多家庭居住的预制住宅小区。这些面积小（42.75~60 平方米）、质量差、普遍不受居民欢迎的住宅小区通常是集中建造的，有时会在城市郊区形成巨大的混凝土幕墙。正因如此，城市人口密度（中欧和东欧的人口密度明显要高于北美）的增长点实际上是在郊区（见图 9.10）。

住宅小区通常是一个建筑群，形成了由 3~4 个公寓街区组成的邻里单元，街区呈四边形排列，周边有商店、绿化带和儿童玩要区（见第 11 章）。按照社会主义规划理念，建造这些公寓的目的是推动社会成员的互动。但在政府意识到以实体建筑推动社会建设

图 9.10　德国德累斯顿的原社会主义郊区住房

只是徒劳之后，邻里单元的概念和住宅小区的建设在 20 世纪 80 年代中期被废止。

9.5　居住流动性和邻里变化

居住流动性作为城市社会地理学的核心内容之一，概括了以下 3 个方面的联系：单个家庭与社会结构之间的联系、家庭生活世界与生活履历之间的联系、内部文化建设过程与城市空间模式之间的联系。大量的单个家庭对居住地的选择决定了城市的社会区域。20 世纪 60 年代，美国中心城市快速转型和财政基数缩小的困境，其部分原因是由中产阶级家庭大规模向郊区转移造成的。同样，20 世纪 70 年代，专业人才中的"丁克族"逆向迁移至高档中心小区，使得一些城市的市中心出现了意料之内的复苏。但个体与整体水平之间的关系是双向的，原因在于预先存在的城市空间机会和家庭背景限制了个体的选择模式，如收入、家庭生活平台、种族

地位、生活方式等都在某种程度上限制了住房选择，实质上减少了个体的选择范围[15]。

这段引文摘自社会地理学家戴维·莱伊的著作，引文恰如其分地阐释了居住的流动性与城市居住结构间的整体关系。尽管人口迁移积极推动了构建和重建居民区的社会及人口组成，但它也受限于已有的社区模式。图 9.11 是对这种关系的描述，突出了家庭流动与居住结构之间的双向影响。这种杂居现象被视为居民流动长期累积的结果，进一步来说也是住房机会和家庭需求与期望共同作用的结果。反之，人们的需求与期望又受到莱伊所称的家庭背景（收入、生活方式、户型、种族等）和人们关于住房信息知识与理解的影响。

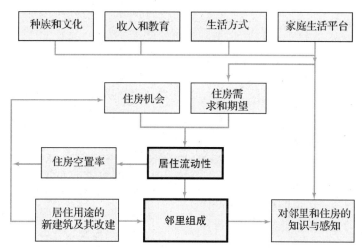

图 9.11　住房需求、居住流动性和邻里变化之间的关系

9.5.1　迁移者、滞留者和邻里变化

我们可以严肃地考察这些关系，但只有在城市居民流动率保持在一个合理的水平时，这些关系才有意义。事实上，在大多数美国城市，家庭地址变更极为频繁：每年每 12 个家庭中就约有 1 个变更地址。自然，这个数据掩盖了不同都市间、市中心和近郊间、邻里之间、不同产权所属间（如房主与租客）的巨大差异。

以上差异表明居住的流动性是有选择的进程，一些社区被没有迁移意向的家庭主导，

这类居民称为滞留者。滞留者中，自有住房、中老年人家庭、中低收入家庭占多数。这些家庭对城市杂居格局的主要贡献在于增强了特定社区的稳定性。而迁移者既可能巩固社区结构，也可能引发变化，年轻的家庭、租赁者、社会经济阶层中最高或最低的人，最有可能成为迁移者。

年龄增长、生活方式的改变、经济收入的变化等会导致迁移者与滞留者间的相互转换。另外，研究表明存在独立的持续居住效应，某个家庭在特定地方居住的时间越长，就越不可

能移居，主要原因在于邻里之间产生了情感依附，并形成了稳定的社会网络。第 14 章中将详细探讨情感依附；值得注意的是，研究还表明，当地人之所以为当地人，世界人之所以为世界人，是因为他们天生具备这样的倾向。

9.5.2　城市新来者的影响

城内迁移（都市内部迁移）和其他各类迁移（城际迁移、非城市户口移入，城市圈内向城市中心迁移）之间的差异，是与居民流动模式相关的另一重要议题。在典型的美国城市，城际移民、向内迁移人口、外来移民总计占流动总人口数的 1/3，这个比重远小于过去，彼时的移民和外来人口不但极大地促进了城市规模的扩大，还支配着社区的动态变化。

如今的长距迁移之影响可归为两大类：低收入者和中高收入者的到来。传统上，低收入移民和外来移民流主要集中于有廉价住房的闹市区社区，民族和来源地的不同导致了极大的本土化差异。另外，这些移民流中的一部分正朝着第一代和第二代郊区迁移，已建成的种族社区为新来的移民提供了便利。位于美国弗吉尼亚州阿林顿公园的小西贡区就是一个很好的例子，它是华盛顿哥伦比亚特区郊外一个有着 60 年历史的社区，类似的移民流反映出了连续的**链式迁移**的重要性，这意味着一批被本国的朋友或亲戚鼓励和帮助过的移民，又会鼓励另一批朋友或亲戚移民，帮助他们在初来乍到之际安排食宿和求职。

而中高收入移民群体产生的影响则较少集中在空间范围。当然，他们在空间行为上表现出的规律性十分明显。因职业和地理的缘故而移民的迁移者，没有足够的时间对新家精挑细选。除此之外，他们愿为谋求更好的职业或发展前景而进行迁移。如果他们选择买房或租房，那么他们倾向于购买易出售的房子。最后，经验告诫他们，他们可能与新搬入的社区的价值观和生活方式格格不入，这使得他们更愿意选择郊区或整体开发区的新建社区，以便进入社区生活。通常在迁居后的一两年，他们便会更加了解新城市的地理环境。

9.5.3　城市内迁移

城内流动人口至少占整体流动人口的 2/3。除了移民的持续迁移之外，还有大量常住人口的内部调整，如新组家庭、家庭破裂、环境变化引起的迁居。多数迁居的距离不会太长——约为城市直径的 1/6～1/4。这表明人们保护地方关系的重要倾向，尤其是与孩子、朋友和学校间联系。家庭迁居倾向于质量更好、邻里水平更高的社区，这种变化越来越明显。迁居模式有着明显的单方倾向，大量家庭只能滞留在城市的同一区域或象限内。多数城市的范围过大，因此他们会优先考虑熟悉区域的空置房屋。

关于居住的流动模式，邻里住房和社会经济属性的地理相互关系分析也表明，除了这些宽泛的概括之外，城内迁居主要由房屋类型（由房屋自有者的入住率、单个家庭离所的概率、每栋寓所的房间数等来衡量）而非房屋质量（由房屋价值、房屋年代、每栋寓所盥洗室的数量等来衡量）[16] 决定。同类研究还表明，家庭状况而非社会经济状况与房屋类型（以及因此导致的迁居）有关，这就突出了家庭生命周期变化对居所流动的重要影响（见图 9.4）。根据我们关于城市格局变化和居所划分变化模式的知识，自 1950 年以后，这些关系变得越来越脆弱，导致居所流动模式和逻辑日渐复杂。

城市观察 9.5　西欧城市的邻里稳定性 [17]

西欧城市的社区具有明显的稳定性。欧洲人的流动频率比北美人低得多。房主保留着他们由混凝土、砖和石块建成的典型实体房屋。这样，尽管郊区城市化，但大城市中心或附近的老社区仍然能长期存留。

由投资开发商为 17 世纪、18 世纪、19 世纪早期的富人建造的广厦仍然是稳定的高收入社区，如伦敦市中心的贝尔格莱维亚、布鲁姆斯伯里和美菲高档住宅区（见图 9.12）。而高档郊区社区形成于西部老工业区，通常坐落于工业烟囱和居住烟囱的逆风方向。

事实上，在工业革命以前的西欧城市，富人仍然居住在市中心及其附近。至 19 世纪末，对城市土地征收更高的税将极贫人群和移民排除在了城外。19 世纪后半叶这种传统得到了加强，原因在于以巴黎为首的各大城市将贫民窟和从前的城墙改造成了林阴大道和壮观的公寓。

但在西欧，自 18 世纪以来，城市规模急速扩张到郊区地带，对独立的村镇形成了包围之势。然而，这些离散的市中心成为了扩张后城市内部的主要住宅区，因其维持在长期演变中形成的社会经济特色、主要地标和商业街。19 世纪后半叶，这些郊区住宅建筑群**合并**形成了独特的城市小区，小区内有商业街和市政机构。

图 9.12　位于伦敦中心贝尔格莱维亚区的贝尔格雷弗广场。由投机开发商为 17 世纪、18 世纪、19 世纪早期的富人家庭建造的这类漂亮公寓大厦，仍保留为高收入社区

近几十年来，政府提供资金支持老工业城市的改造，以期吸引富人入住，从而复兴部分中心区域。重建大型市中心计划的成功，促进了周围下层住宅的高档化。将有潜力房屋改造为富人居住区的需求，抬高了该区域的房价，排除了低收入人群。

9.5.4　迁移原因

通过对个体家庭行为的调查，以及对家庭为何迁居这一问题的探讨（在区分自愿与非自愿迁移、"推动"、"拉动"因素的基础上进行探讨），我们便能更好地理解其中的复杂性（见图 9.13）[18]。

非自愿迁移在整个城内迁移中占比很高，达 15%～25%。除家庭控制性因素外，他们因超出家庭控制的事件被迫迁居，譬如财产破坏、政府**征用权利**、拖欠房租被逐出、拖欠贷款以及火灾或洪水之类的无妄之灾。除这类纯粹的非自愿迁居外，一些意想不到或意料之外的因素也会致使人们迁居，如离婚、生病、死亡或公司迁址（工作地点的变化，如因为办公区迁离市中心）。这类迁移平均约占全部城市内部迁移的 15%。

迁　移					
非自愿/强迫	自　愿				
	调　整			诱　因	
● 拆除	住房因素	邻里因素	区位和便利性	就业状态改变	生命周期影响
● 征用	● 空间	● 质量	● 工作场所	● 工作变化	● 家庭组成
● 驱逐	● 质量/设计	● 自然环境	● 购物、学校、福利设施	● 退休	● 婚姻变化
● 灾难（洪水、火灾）	● 成本	● 社会构成	● 家庭/朋友		● 家庭规模变化
	● 使用期限变化	● 公共服务			

图 9.13　家庭迁居的原因

纯粹自愿迁移的原因多种多样。最大原因在于改变房屋类型和质量的调整性迁移倾向。经典的移民理论把这些原因划归为**推动因素**和**拉动因素**。目前援引频率最高的推动因素是空间缺乏感，或者准确地说，是没有足够的空间满足家庭需要。这种因素突出了家庭生命周期变化的相关性。其他高频引用的推动因素包括：房屋养护和维修成本、住房结构和技术过时、社区的自然环境面貌（如社区公共设施保养不够、交通问题严重等）以及社会环境特性（如孩子过多或过少、街头生活过多或过少等）。目前援引频率最高的拉动因素是与职业转变相关的因素。其他拉动因素包括商店、福利设施和交友的便利性、重点学校和公共服务的吸引力、住宅亚市场的转换机会（通常从租赁到自有），以及以追求特殊生活方式为目的构建的特定环境的吸引。

9.5.5 理解家庭行为：迁移的决定

当然，实践中存在各式各样的因素，要么"推"动要么"拉"动着家庭的迁居。另外，

这类单纯的推拉因素影响并非构成家庭迁居的全部原因。即便已经开始搜索潜在住所，最后也不一定会迁移：他们对需要和需求的认知可能会调整住所甚至社区本身。图9.14给出了造成这种调整的可能原因，其依据是城市地理学家拉里·布朗和埃里克·摩尔首先提出的家庭重置和搜索过程的概念模型（也符合我们在第1章中论述的行为方法）[19]。

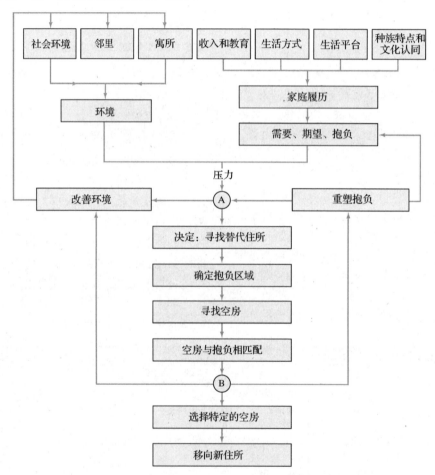

图9.14　居住区位决策过程的一个模型

从这个模型我们可以看出，一个家庭在某种程度上会获得其当前居所的效用：家庭自身情况、居所本身与邻里质量以及与属性的产物。这种效用也许不是积极的，但源于各种推拉因素互相作用下的压力，"压力源"也许会减少居所的实际效用，以至于家庭感到必须做点什么（见图9.14中的A）。

行动的一个方向就是直接解决居所和邻里的不足，譬如改造居所，增加额外的空间，或者改装厨房等。邻里的不足可通过以下方式解决：参加或建立居民联合会、直面棘手的邻居、采取政治行动等。

如果这种措施不可取或不成功，那么就采取第二种措施：作为一种对现有情况妥协的方

式来改造家庭自身。计划要孩子的家庭也许会延期或不要，家庭生活方式也许被限制或改变，或者更加有可能降低对家庭的信心和期望。人的年纪越大，就越会降低期望值，以便能够适应现实生活。因此，这是年龄较大家庭趋向于成为滞留者的重要原因。

9.5.6　理解家庭行为：寻找其他生活场所

第三种措施是寻找其他生活场所。图 9.14 表明，这一行动过程分为 3 个阶段：①定义"抱负区"（取决于所寻找新居所或区位的特点）；②寻找落在抱负区内的居所；③比较可能的替代居所。这些阶段重要的原因在于，在每个阶段不同家庭的行为表现是不一样的，因此反映并维持着社会与居住场所的排异过程。拥有不同家庭生活履历与收入限制的家庭，会从各自不同的家庭目标出发去寻找空置房。另外，一些家庭对自己所要追寻的目标会有更加清晰的想法，部分原因取决于家庭成员的性格，但主要取决于他们构建思维的能力（一部分是教育功能）和对住房及邻里种类的总体知识与经验。

寻找过程自身与家庭的社会经济属性紧密相连。搜索通常不会覆盖整个城市或整个住房市场，而只发生在家庭的意识空间范围内，这是其行动空间与信息空间共同作用的结果，这两个因素都与工资收入、教育及职业地位紧密相关。因此，一些家庭依靠本地搜索空间范围内人们的口述，而另一些家庭则会系统地阅读报纸上刊登的广告，还有一些家庭则依赖于大范围内的邻里拜访和地产商制作的在线演示。

但搜索并不是信息范围与质量的简单函数。由于不同家庭面临的障碍和限制程度不同，因此搜索过程也有所不同。缺乏人员运输对于直接与社会经济地位相关的一些人而言，明显是一种障碍。更为重要但仍尚未清晰的一点是，社会经济地位与时间相关。每个家庭必须在以下两者之间找到平衡：①是否可能在全力搜索之后做更好的决定；②费用——这样做所产生的实际花费和心理花费。尽管时间有限，但由于未能成功而产生的焦虑也许会导致家庭期望区域的变动、搜索范围的限制或使用信

息源的改变。时间的压力也许还会简单地导致人们做出不理智的决定，搜索持续的时间越长，家庭对于住房市场的了解就越多。尽管从中可以得出这个结论，但当人们购买其他物品时，错过机会的成本要远远大于所获取额外知识的价值。

在识别出可能的替代居所之后，家庭一定要做一种选择。尽管研究表明伴随着搜索过程的不断进行，多数家庭已不再严格涉及原先的固有模式，但对家庭抱负区域的界定做得越好，这个决定就会越清晰可见。当然，他们也许会做出极大的妥协。在最终的决定中，邻里质量（对于有学龄儿童的家庭来说，则表现为邻里学校的质量）似乎更重视住房质量或可进入性，同时，内部风格和式样远远重于外部风格和式样 [20]。那些无法找到落在抱负区域内空房的家庭（见图 9.14 中的 B）则必须采取另外两种行动之一，即要么解决他们现有居所或邻里的缺点，要么重新定义抱负和需要。

对大型综合性房地产市场上人们行为的实证分析表明，他们的搜索样式会受到极大的限制。譬如，大多数家庭无法在他们可承担的价格范围内找到任何一个与房产市场较近的居所。当然，他们只在单一房产市场寻找，并尽可能尝试降低搜索费用和不稳定性。搜索趋于瞄准周边他们熟悉的社区和工作地点等关键节点，大多数家庭都执意将搜索范围限定在一两个他们更偏爱的本地区域 [21]。

在图 9.14 中，有一个不明显但很重要的因素，即住房市场存在的歧视和偏见。大多数学者都赞成这是形成居住区位模式以及负担能力、工作地点、家庭喜好和家庭信息的一个非常重要的因素。但是，在万花筒式居住形势的总体背景下，这种偏见到底有多重要，还存在着很多争论 [22]。偏见和歧视发生的各种方式将在下节讨论。

9.6　住房市场的看门人、偏见与歧视

住在哪儿和何时迁居，不仅受收入、搜索过程中遭遇的挫折和人们行动过程中相互依赖的限制，也受影响住房供应及住房信贷的关

键群体的决定和行为的限制。在第 8 章中，我们已了解单个家庭、投机者、开发商、建筑商、房地产经纪人和公职人员是如何被称为"城市缔造者"的。然而，城市的建造并不随着房子被建好并卖掉而结束。面对新的需求和机遇，人们夜以继日，资本不断投资，不断重塑社会人口面貌（这样做的不可避免的结果是改变自然面貌）。在这个过程中，居于核心的是交易专业人员，他们推动了居住的流动：房产经纪人、抵押信贷商、保险代理商、评估商、房产商等。

尽管这些交易专职人员使自己看起来好像是社会的中立者，但在某种条件下他们也许充当着"社会看门人"的角色，推动着特定群体的居所变动和一些邻里的住房贷款，但同时也约束着另一些群体的迁居，限制着其他邻里的可用资本。这种监管并不一定是人们有意识地影响人员流动和资本流转的结果。在某些情况下，交易专职人员甚至未能意识到其行为的监管结果 [23]。然而，尽管他们的角色在市场中的作用很重要，但他们的职业环境的动态变化与约束性可能会不可避免地引起某种偏见。

每种职业都趋于形成具有自身特点的职业观或世界观，专职人员在每次作出决定时都会受到这些观点的影响和引导 [24]。这些职业观是一系列因素的产物，包括：

- 新成员的选择（包括吸引有一定背景、兴趣和倾向于从事某种职业的自我选择）。
- 通过教育和培训灌输的价值观、态度和偏好。
- 专业期刊、杂志和网站公布的关于事业成功的标准。
- 薪酬体系和职业规划。

但在每种职业内也存在着故意的歧视领域：为了不让特定群体成员进入特定邻里的住房市场，或为了限定资金流向对某房产或邻里的资助而有意行使职业权力和影响。也许这种歧视只是个人的想法，但更可能的却是，它揭露了社会对个人或公司财政收入的一种偏见。尽管美国的公民权利法将这种行为视为非法，但大多数美国城市仍忍受着前人权时代住房歧视的烙印之苦。除此之外，这种歧视仍然是住房市场的一种地方病，因为很难将其诉诸法律。

9.6.1 作为社会看门人的房地产代理商 [25]

理解房地产商职业行为的关键，在于理解他们的奖励机制，后者通常是建立在售出价格基础之上的佣金。因此，实际上，房地产代理商更愿意出现这种情形——房价越高，他们的回报率就越高。但是，这绝非一种普遍现象，在很多条件下，高价房往往与回报率背道而驰，反之亦然。此外，地产商会发现他们的工作主要是在同一房产市场中分别作为买方和卖方的代表，因此，这不仅分离了他们的忠诚度，而且使他们对于询价的态度复杂化。其结果是，房地产商对居住万花筒现象形成了十分敏锐的洞察力，并将其视为一种不得不仔细管理和开发的机遇结构。高价的邻里（及由此而形成的潜在的高佣金）必须被监管，以便应对降低交换价值所带来的变化，拥有低回报率的邻里也必须被仔细监管以应对迁移信号，低价邻里必须被监管以应对高档化信号。对某些缺乏道德感的房地产商（只是该行业中的极小部分），鼓励或规划这种变化只是一小步。

该方面最重要的活动一直是**控制迁居**：跟随时代的步伐，为了不损害本地价格，他们阻止自己的家庭向拥有不同社会经济背景、不同种族或不同性取向的邻里迁移。1955 年，房地产商公开解释了这种控制迁居的情况：

人们通常想进入更高阶层的社区，但我们并不向他们展示那些区域的住房。如果他们坚持，我们就试着用各种原因来劝阻他们。这种做法已让我有意失去了很多售房机会。但从长远来看，它将是值得的。因为通过这种做法，社区的人们会尊重你，并且他们会为你的商业铺平道路 [26]。

结果是被称为"砰地关门"的歧视，这主要是反对非洲裔美国人。1968 年，公民权利法案第八条（公平住宅法案）宣布这种行为非法，但歧视仍然存在。1989 年，美国国会研究服务报告描述了"旋转门"是如何代替"砰地关门"的：

这种新技巧（很显然是为了规避法律上对歧视

的禁止）根本上在于欺骗一小部分申请者，使其相信作为租赁者和所有者的自己是受欢迎的，但是保留相关可供住房的信息……在某种销售情境中，申请者也许会被告知卖方已接受了另一份出售合同，或者被告知房主已经改变想法，将其住所撤出销售市场。这种方式可以使申请者离开，并坚信真的没有可用房源了，而且完全没有意识到自己已被歧视。可以这样说，黑人和西班牙籍申请者被领进去，而后又被引出来[27]。

2009 年，美国住房和城市发展部（HUD）及其授权的州和地方机构在执行公平住房法等法律时，共收到了 10242 件投诉。最常见的投诉缘由是歧视残疾人（44%），其次是种族歧视（20%）[28]。有关住房歧视的投诉通常会超过 10000 条，当然，还有大量的投诉并未报告。有人估计美国每年发生的住房歧视事件高达 400 万起。[29]

每隔 10 年，HUD 都会主持一项住房歧视的"配对测试"研究。在 2010 年制定了反对歧视 LGBT（女同性恋、男同性恋、双性恋和跨性别者的统称）人士的新标准后，HUD 的下次研究不仅像往常一样注重对少数族裔的歧视，同时首次解决了针对 LGBT 歧视的问题。2000 年，住房与城市发展部进行的一项"配对测验"研究，一共有 4600 对测验者（一部分是少数族裔，另一部分是白人）在美国 23 个大城市中，让他们扮演相同住房的申请者，参

观房地产或租房代理商，要求获得一些出售或出租的住房广告信息，这种方法为少数族裔和白人在搜索住房过程中所遭遇的不同提供了直接证据，并帮助我们厘清了住房歧视的变化程度。

对比 2000 年和 1989 年城市住房销售市场的研究结果表明，黑人和西班牙裔人在购房过程中受到的歧视有所下降（见表 9.1）。但在 1989—2000 年，建立在社区中黑人不断增长基础上的控制迁居——在推荐房子的情况下，社区黑人约占 10%；在引导参观的情况下，黑人约占 8%。因此，总体上 2000 年黑人购房受到的歧视降低，但他们仍然倾向给黑人和白人推荐不同的社区。黑人更有可能被引导到黑人占多数的社区，而白人更有可能被推荐到白人占多数的社区。特别地，西班牙人在申请融资时，要面对来自房地产代理商的严重歧视。1989—2000 年，有利于白人的融资援助（如融资、推荐贷款银行、讨论首付比例等方面的服务）比例从 33.3% 增加到了 38.6%。

2000 年城市住房出租市场的研究结果显示，黑人在租房过程中受到的歧视略有下降，但西班牙裔人在租房过程中受到的歧视仍未呈下降趋势（见表 9.1）。例如，对比 1989 年和 2000 年，对于同样的房子，西班牙裔人比白人更有可能被引领到更高房租的房子。除此之外，2000 年，在搜索房屋的过程中，西班牙裔人在租房过程中比美国黑人受到歧视的可能性更大。

表 9.1　美国城市住房市场中房地产和租房代理商对少数族裔的歧视（1989 年和 2000 年）

	1989 年	2000 年	歧 视 案 例
购房者			
黑人	29.0%	17.0%	白人购房者能更多地参观现有房源，获得白人社区的展示、更多的融资信息、帮助和鼓励
西班牙裔人	26.8%	19.7%	白人购房能更多地接受融资信息和帮助，获得非西班牙裔人社区的展示
租房者			
黑人	26.4%	21.6%	白人能更多地接受现有住房单元的信息，有更多的机会去参观现有住房，能得到更多的租房激励
西班牙裔人	23.7%	25.7%	白人能更多地接受现有住房单元的信息，有更多的机会去参观现有住房；相似质量的房子，白人比西班牙裔人能得到房租报价更低的房子广告

资料来源：The Urban Land Institute, *Discrimination in Metropolitan Housing Markets: National Results from Phase 1 HDS 2000*, Washington, D.C.: U.S. Department of Housing and Urban Development, 2002.

有证据表明，住房歧视现象因网上广告的出现而增加。[31] 投诉的增加是网上租房广告的歧视现象引发的，大部分广告歧视有小孩的家

庭，而按照联邦《公平住房法》，这样做是非法的。克雷格分类广告网站（Craigslist）上发布的网上租房信息，对少数族裔歧视的报道也

在不断增加。由于 3/4 的租房者用互联网来搜索空房，因此这已成为一个大问题[32]。

当然，住房歧视现象并不只是出现在美国。例如，在瑞典，研究者根据网上发布的租房信息进行住房歧视研究后发现，瑞典也存在针对族裔和性别的歧视[33]。他们用带有明显族裔和性别特征的名字创建了 3 个虚构的租房者。这些潜在的租房者按照房主在网上发布的空置公寓出租信息发出求租申请。使用阿拉伯男性姓名的租房者收到的回应和看房许可，比使用瑞典男性姓名的租房者少得多。使用瑞典女性姓名的租房者最容易在网上找到公寓。

在房地产市场上，控制迁居和"旋转门"策略并不是不法地产商采取的唯一干预手段。当地的亚市场可以通过**街区降级**来控制，借此蓄意压低价格，并在市场恢复稳定前，暂时允许房地产商或他们的合作人尽量多地买下房屋所有权，然后卖给新的购房者。他们会采取多种方式压低价格：使少数族裔的住所迁向收入较低的白人社区，譬如以惊吓策略为补充，旨在加快"白人迁居"，以便伪造虚假的出售信号抑或驱迁列表。更为极端的是，他们会雇用外人从事破坏性的卑鄙之事，旨在发出邻里之间萧条的信号。或者通过购房播下邻里价格下降的"种子"，结果却是使房子闲置或被忽视。当居民看见邻里价格下跌时，更多的人会把他们的房子投入市场。地产商或他们的合伙人获得了足够的房子后，要么将房子一栋栋地卖给那些高收入群体，要么为了一个大项目，将它们全部卖给某一家开发商，获取更大的利润。

9.6.2　作为社会看门人的抵押金融经理

少数族裔在处理涉及申请贷款的接洽时，也同样遭遇了都市房产市场上的歧视。银行官员和储蓄贷款协会经理常常依据决策制定体制运行框架，这些体制受到公司政策、全国已确立的货币市场利率和联邦法律清晰而严密的限制。但这些贷方在分配抵押时，仍然享有大量的决定权，这就是为什么他们能够扮演重要角色来决定"谁住哪，新房建造价格，以及社区是否存在"等的原因[34]。

商业贷款机构的主要对象不仅有借款人，还有投资者。由于非常规财产（如果出租者违约，则卖掉它非常困难）或者由于一无所成的邻里财产（如遇违约，则转卖同样困难）具有风险，因此资金绝不会冒险贷给弱势家庭。风险最小化意味着这些机构极其注重信誉，尤其强调家庭收入的稳定性。在实践中，则趋向于支持中等收入家庭，但对于工薪阶层、个体户、女户主家庭来说，保证贷款安全却非常困难。风险最小化还包括根据陈见对申请人和财产进行分类。由于抵押信贷员从传统上而言倾向于占统治地位的白人、男性、中等收入者和有家小的已婚家庭，因此这种刻板的印象往往不利于少数民族、女户主家庭、其他非传统家庭以及有非传统生活方式的人。

对财产形成模式化印象的最简单方式是，以邻里质量为基础，鉴别"高风险"邻里，并以此为依据，决定是否贷款。这种做法被称为贷款歧视，也会导致对少数民族、女户主家庭及其他弱势群体的偏见，因为后者常常被视为高风险邻里。由贷款歧视所带来的更深层次的问题是，它成为了一种实现自我的预言，因为没有按揭资金的邻里会变得越来越衰败，危险因而也就越来越大。我们可以概括出拒绝抵押贷款在七个不同阶段产生的后果[35]。

1. 实际上，歧视区范围内的廉价住房是许多低收入家庭难以获得的，他们很难或根本不可能获得固定的贷款，因为贷款需要支付高额的定金和利息，且偿还期限很短，只有这样才被认为是安全的。

2. 被拒绝抵押贷款的差房子，逐渐被闲置或忽视，由此而形成的邻里衰败难以停止。

3. 在邻里衰败到难以获得家庭维修贷款的程度时，这些地方会出现快速的自然退化，有时甚至会被遗弃。

4. 随着条件越来越恶化，财产保险费也变贵了，并且更难获得。邻里商业开始破产，只提供必要的服务，现金的重要来源开始流出邻里。

5. 面对财产价值加速下跌的情形，那些有才之士开始迁出，只留下老年人和贫困家庭。

6. 城市的财政部门认为，尽管公共服务需求还在增长，但邻里衰败就意味着房产税收入的减少。

7. 由于整个城市消耗了如此多的税收收入，因此要么削减整个城市的公共服务，要么增加税率，或者两者皆取之。

鉴于这些问题的严重性，以及少数民族邻里之间遭受严重伤害的事实，美国颁布了一系列法律来消除这种歧视。这些法律包括 1968 年的《公民权利法》（联邦公平住房法）、1975 年的《住房抵押披露法》、1977 年的《社区再投资法》和 1989 年的《公平住房与平等机会法》。然而，许多城市仍受到邻里衰败的不良影响。这种邻里衰败主要由贷款歧视引起（或至少被贷款歧视强化）。

有证据表明，住房贷款歧视因住房危机而增加了[36]。随着断供现象的增加，全美各地的私人公平住房中心记录的抵押贷款方面针对少数族裔的歧视案例，比住房危机之前增加了。此外，在最近的研究中，仍不断有歧视现象的记录[37]。根据美联储公告中记录的一次 2010 年的研究报告，2009 年美国黑人在申请传统购房贷款时遭到拒绝的比例（32.3%）约为白人（13.1%）的 2.5 倍，而西班牙裔遭拒的比例（25.6%）则为白人的 2 倍[38]。

2009 年无党派的美国进步中心对 14 家大型贷款机构的数据所做的研究表明，2006 年 17.8% 的白人在向大银行贷款时会被给予高利率的住房贷款（按照美联储的定义，指年利率高于同期国债利率至少 3%），而西班牙裔为 30.9%，黑人则为惊人的 41.5%。即使在考虑了信誉或收入差异后，这种贷款歧视仍然存在。高收入的美国黑人和西班牙裔借款人被给予高利率贷款的可能性（分别为 32.1% 和 29.1%）约为高收入白人（10.5%）的 3 倍[39]。根据美联储公告中记录的 2007 年的另一次研究，53.7% 的美国黑人和 46.6% 的西班牙裔被给予次级贷款，而白人则只有 17.7%[40]。虽然这种

总体差异的一部分可以用基于家庭收入、信用评分和贷款-价值比率差异的审慎审核来解释，但差异如此巨大，并且研究后来发现，在收入相同的情况下，少数族裔和白人之间仍存在差异，这就使得人们对金融机构的贷款行为提出了重大的疑问。

贷款歧视的证据还可以从其他来源获得，从记录中可以发现有些抵押贷款经理是如何针对少数族裔社区发放高风险、高成本贷款的。以 2008 年的巴尔的摩市长和市民诉富国银行一案为例，两名银行雇员的宣誓书表明银行采取了下列行为：

- 以巴尔的摩和马里兰州乔治王子县的黑人社区（而非白人社区）为对象发放次级贷款。
- 以为银行员工提供高额财务激励的方式，让黑人借款者转向次级贷款，尽管这些借款人实际上有资格获得优质贷款。
- 以黑人教堂为平台，派黑人银行员工进行次级贷款的推销[41]。

联邦支持的抵押贷款［联邦住房管理局（FHA）、美国退役军人管理局（VA）和农场主家庭协会（FmHA）］拒绝率显示了相似的比例。这种情况引起人们关注的原因是，FHA 贷款弥补了住房泡沫破裂以来，由黑人和西班牙人购房者使用的一个不成比例上升的融资份额。2008 年，联邦政府担保的贷款，分别占黑人和西班牙裔贷款申请者的所有购房贷款的 51% 和 45%（相比而言，白人申请者只有 27%）（2001 年的比例较低，分别为 42%、38% 和 19%）[42]。此外，近年来，美国住房和城市发展部意识到 FHA 项目已被贷款方和卖方滥用，后者尝试欺骗首次购房者，利用 FHA 贷款实施"房地产投机"的诡计，从而导致了住房危机。房地产投机包括以超低价格购买劣质财物，随后经过简单包装，甚至不做任何包装，以远高于其价值的价格卖出。房地产投机的受害人主要是那些毫无戒备的、收入微薄的首次购房者，以及少数族裔中的首次购房者。

9.6.3 作为社会看门人的保险代理商

少数民族在申请住房保险时也同样遭受到了城市售房市场的歧视。保险业的歧视远没有贷款业的歧视那样引人注目，但其影响同样深刻。除非潜在的购房者首先获得了财产保险，否则贷方不会提供贷款。因为有保单，即使房子被破坏或彻底摧毁，也能使贷方的信贷风险最小化。

那些经历过保险问题的家庭一般位于少数族裔高度聚居的中心城区。中心城区存在比郊区更大的风险因素，如陈旧的木质结构房屋、仍未更新的电热系统及较高的盗窃率[43]。保险调查理事会通过对美国 8 个主要城市成本损失的最新研究显示，索赔频率、索赔规模和由此产生的每栋受保房屋的行业成本，城市的保险客户都比郊区的客户高[44]。与此同时，大量的证据表明，存在着建立在歧视基础之上的财产保险歧视现象。

由于受目前数据的限制（保险行业不属于房屋贷方的联邦披露范围），因而很难系统地确定歧视的程度。但国家保险委员会主席协会（管理保险业官员执行法律的贸易协会）对美国 33 个城市的数据进行分析后发现，除了控制损失风险因素和其他人口因素之外，在保单数量和成本方面，邻里的种族构成是极其重要的[45]。全美公平住房联盟通过对 9 个城市的大型保险公司进行比较，发现了非法歧视的存在：芝加哥（83%）、亚特兰大（67%）、托莱多（62%）、密尔沃基（58%）、路易斯维尔（56%）、辛辛那提（44%）、洛杉矶（44%）、阿克伦城（37%）、孟菲斯（32%）[46]。公平住房机构整理了一系列针对一些美国大保险公司（和出借人）的诉讼和行政控诉，反对由他们所引起的数以百万美元的债务。最近，在改善保险歧视方面取得了新的进展，包括部分保险公司的志愿教育、业务指导和极高的主动性。同时 1994 年还建立了国家保险特别工作组（2004 年改名为邻里工程保险联盟），它由保险公司、政府管理者和社区团体组成，承担着发展保险行业与社区团体之间伙伴关系的任务。

城市观察 9.6　霍克斯顿的连续转型[48]

就像多数大城市区域中心城市里的邻里社区一样，针对结构性的经济变化、投资和撤资的周期，随着其在城市基础设施和空间组织的整体框架演变过程中的情境变化，以及迁入和迁出本区的人群的差异，霍克斯顿也历经了一系列的转型。在 17 世纪末期，霍克斯顿由于恰好位于伦敦的城墙之外，房地产开发商和伦敦的绅士阶层都将这里视为既远离城市的污垢与肮脏，又距离市中心很近，是通勤极其方便的场所。于是，这里转型成为了一片高档社区。这一阶段的明显标志就是一些至今仍然保留的乔治王时期的住宅区和正式的街道布局，如查尔斯广场和霍克斯顿广场。

工业革命带来了又一次转型。19 世纪中期，霍克斯顿已成为了工人阶级的社区和伦敦家具业的中心，工厂和仓库的四周都是为了容纳快速增加的流动人口和移民而仓促建造的房屋。19 世纪末期，霍克斯顿已然衰败，其人口因贫穷和肮脏而声名狼藉。在 20 世纪的大部分时间里，尽管已经移除了最差的贫民区住房，并免费提供了公共住房，但霍克斯顿仍然是一个典型的中心城市问题地区，其制造业基础急剧缩减，居民陷入了穷困的恶性循环。霍克斯顿现在仍然是全伦敦最贫穷和最衰败的地区，这里的学校简陋、失业率高居不下，且过时的建筑环境和半遗弃的建筑占主导地位。然而，自 20 世纪 80 年代中期以来，随着高档化进程对这片地区的影响，这里也因经历了双重转型而闻名。

导致霍克斯顿区高档化的原因是，自 20 世纪 80 年代末以来，一些有理想的画家、年轻的设计师及音乐家们在本区的工业大楼和建筑中找到了便宜的居住及工作场所，使这里具有了一种"新波西米亚"风格。于是，这里的街道开始被用于试验性的展览，并且这种潮流也吸引了画廊和艺术品经销商。很快，这片区域的气氛也开始吸引了一些时尚的图形设计公司、独立的唱片公司和工作室、室内设计公司、摄影工作室和画廊、建筑公司及新媒体公司，它们都驻扎在区内的老家具工厂内。废弃不用和老旧的工厂及仓库都被改造为办公室、画廊、书店及咖啡馆。阁楼空间则被翻新为公寓。

设计师们之所以搬入霍克斯顿区，目的是向自己以及包括客户在内的其他人宣示自己追随潮流的决心。对于设计师应该引领什么样的生活方式，他们有自己明确的想法，而这反过来又影响了整个区域的氛围。"时尚叛逆"成为霍克斯顿的标志性身份认同：破烂的衣服和狂乱的发型。对于男性而言，标准的打扮则是老款的李维斯牛仔裤搭配印有无名唱片公司商标的 T 恤衫；另外，还要剪一个"霍克斯顿鱼鳍头"，这身装扮才算完整。霍克斯顿的女孩则刻意让其装扮显得土，以搭配印有金发女郎的 T 恤衫、塑料饰件和裸踝靴。

少数受政府的中心城市改造计划资助的项目，强化了这一高档化过程，包括对仓库的基本修整以及对一家老发电站的重新装修。与此同时，包括减少对开发的控制、削减对工人阶层家庭的社会援助服务，以及公共住房存量的私有化在内的政府新自由主义政策，都有利于现有的多重文化工人社区逐渐转型。取代他们的是各类"创造型"青年，他们都被这里廉价的租金、"新波西米亚"风格的社区氛围和建筑环境的真实感所吸引。废弃的仓库已开始被改造为阁楼和酒吧以及俱乐部，其中包括一家名为"伦敦学徒"的前卫同性恋俱乐部，它地处霍克斯顿广场附近。媒体对该区的报道忽略了那些不太引人注目的方面及贫穷家庭的迁移，而极力将霍克斯顿渲染为一个既前卫而又创新的示范文化区。例如，1996 年，《时代》杂志将霍克斯顿称为"地球上最美好的地方"之一。

这些都强化了霍克斯顿的时尚特征，但却给引领这次转型的核心人物——那些"新波西米亚人"带来了难以承受的经济负担，因为他们之中的大部分人没有足够的财力或信用购置自己的房产，保护自己不受租金上涨的影响。随着房地产价格开始攀升，许多人被迫继续向东搬到更为便宜的住所。取代他们的是一群更富裕的"绅士"，他们有足够的财力和信用来买下并改造这些阁楼公寓，并光顾数量不断增加的画廊、高档咖啡馆、面馆、寿司店和意大利熟食店。由于离不断扩张的伦敦银行和金融区很近（不到 1.6 千米），霍克斯顿也已初具夜间经济的雏形，这里的餐馆、俱乐部和酒吧吸引了越来越多富裕的办公室职员。结果，又发生了第二次转型，这次转型正在使霍克斯顿从一个文化生产区转变为一个文化消费区，从前卫的"新波西米亚"风格转变为又一个高档社区（见图 9.15）。

图 9.15 由于离不断扩张的伦敦银行和金融区很近，霍克斯顿已初具夜间经济的雏形，这里的俱乐部、酒吧和餐馆（如杰米·奥利弗的"15 号"）吸引了越来越多富裕的办公室职员。结果，又发生了一次转型，它正在使霍克斯顿从一个文化生产区转变为一个文化消费区，从前卫的"新波西米亚"风格转变为又一个高档社区

9.7 合力的后果：高档化案例

前文中已经谈到了不同的邻里自然退化、资本流的波动、家庭行为的多变性、制度限制的变化和主要看门人的影响，因此邻里变化难以预测也就不难理解。由于同样的原因，这种变化也很难被解释，学者、城市规划人员、决策者和政客们对此常常各执己见，莫衷一是。

图 9.16 概括了邻里变化的主要影响因素（符合第 1 章中谈到的结构主义方法）。在此，家庭被视为一系列相互依存的人群组织中的一个单元，其行为被金融环境、法律框架、公共政策、制度实践和职业观所影响。图 9.16 中并未显示出某一邻里变化典型或范例中个别因素的相对重要性，因此我们以不同因素为侧重点，采取不同的方式来解释邻里的变化。这里我们将低档住宅的高档化作为一种特殊的邻里变化来进行考察，

并对图9.17中描述的各种因素进行解读，进而揭示这些因素是如何与经济、社会、文化、政治和城市变化等广泛变化相互作用的。

低档小区在高档化的同时，也是：

……一种自然、经济、社会和文化现象。通常会涉及中产阶级或从前高收入工薪阶层邻里或混居"阴影区"对原有社区的"入侵"，使原有居住者移居或让位。这涉及对高度退化住宅存量的自然翻新和修复，或为满足新房主的需求而进行的升级。在此过程中，受影响地带的住宅，无论是否革新，都将大大升值。这种邻里转变过程通常涉及一些从租赁到自有产权的转变[49]。

虽然在纽约和伦敦这样的**世界城市**以及由老城市中心演化而来的区域**枢纽中心**（如美国的明尼阿波利斯、费城或英国的曼彻斯特和格拉斯哥），高档化呼声最高，但到了21世纪初，这类现象事实上已蔓延至全球各地[50]。美国关于这方面的研究表明，这类现象还在持续增加，每年约有90万个家庭迁居，其中城市家庭占1%~5%[51]。

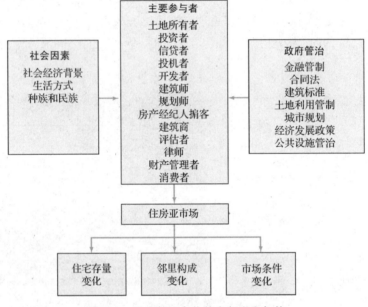

图9.16　影响邻里变化的参与者和机构

图9.17　旧金山里士满区高档化邻里的住房，这是图3.22中有轨电车邻里一部分

迁居会带来一些相应的实际困难，尤其会给低收入家庭和老年群体带来困难。即便有些人找到了相当或更好条件的寓所和社区，但绝大多数家庭搬迁到了居住条件和社区环境更差的住所。租金持续攀升，少部分家庭尚可承受，多数家庭却难以负担。这对低收入搬迁者的打击尤其沉重，他们找到的房子和社区大都差强人意，而且对他们来说避难所费用的增长比例是最高的。对老年搬迁群体而言，研究表明他们特别艰难[52]。

事实上，高档化的重要性在于它对城市变化的定性意义、象征意义和意识形态意义。高档化使邻里特征发生了巨大变化，这极有可能引发社会冲突。由于它利于改善当地的建成环境、鼓励新的零售活动、扩大地方的税收基数且无须过多招募公共资金，因此它已成为城市意识形态变化的标志和前景。由于它加速了资本积累，满足了高收入群体的消费模式，同时也导致了弱势家庭的迁移，因此它已成为城市重建的象征以及城市思想解放的前兆。因为它被视为多种因素的产物，所以在对比生产与消费、供应与需求、资本与文化，以及性别与社会经济背景方面来解释邻里变化方面，它已成为理论界争论的焦点。

这些争论的领域十分重要，其部分原因在于它揭露了同一因果关系的各因素彼此相关时是如何显得与众不同的，但最重要的原因在于它揭露了图 9.16 中各因素在图 1.4 所描绘的经济、社会、文化和政治生活轨迹中，是如何与其他更多相关变化产生联系的。争论围绕两大主要观点进行。第一种观点与戴维·莱伊尤其相关[53]，他强调职业、社会及文化转变在影响需求模式方面的重要作用。这种人文主义的争论优先考虑人文机构与顾客偏好，下文将说明这一点。随着越来越多的专业、行政、管理和技术工人联合起来，连同中等收入利益团体的政治化以及后现代文化敏感性的产生，潜在的绅士开始崭露头角。因为大批这样的潜在绅士在中心城区工作，同时也因为他们的后现代敏感性，他们十分抵制市区或郊区的现代居所，而更偏爱一些充满历史、人文、种族和建筑多样性的环境，因此他们被老城的中央邻里

所吸引。一旦有了充足的数量，绅士们就选举那些能够提供更好的安全、改善环境以及保护历史建筑的人为代表，通过地方政治影响力来巩固邻里并吸引更多的绅士，这样就能够强化他们的生活方式。当商业投资者们通过投资诸如高档服装店、别致的酒吧及带咖啡馆的书店等来巩固这一过程时，房地产商和按揭信贷经理就通过紧跟趋势来进一步强化了这一过程。但从这种观点来看，关键性人物是那些发起并维持这种"高档化"需求的个体家庭。

相比之下，高档化的另外一种解释主要与尼尔·史密斯相关[54]，他认为最重要的参与者和倡导者是房地产代理商与开发者。这种结构主义争论给予资本主义经济发展优先权，尤其是旨在降低利润下降率的资本流动方面，下文将说明这一点。经济活动和家庭的郊区化逐步改变了传统土地价值的倾斜度（一步步从 CBD 降到城市的外围）。尤其是相对于 CBD 和郊区节点，城市中央邻里的地价不断下降，形成了地价"低谷"。"二战"的结束，加剧了这种低谷，导致了城市中央邻里的贬值，在早期的市场条件下，从分配的土地使用中获取的租金要明显少于从新使用者中收取的**地租**。这种情况即**地租差**，它是高档化的根本前提条件，后者由三种类型的开发商倡导：①专业开发商，他们购买所有权，重新开发，然后转售以获取利润；②居住开发商，他们买下房产，变更所有权，然后居住；③土地所有者开发商，在重建之后将所有权租给房客。与此同时，高档家庭的角色不会被视为个体消费者的偏好，而更多地视为与文化与政治动态变化交织在一起的社会经济关系。不同城市的变化程度不同，高档化被纳入城市政府的**新自由主义政策**。因此高档化是被公共部门政策直接推动的私营部门资本的回归城市运动。史密斯认为这一运动（伴随着放松管制、**私有化**和 20 世纪八九十年代的其他新自由主义改革）是社会上的权势人群继 20 世纪 60 年代社会改革后，对城市生活中道德和经济下降的一种新形式的复仇。

结合以上两种观点，可以得出住宅高档化出现的 3 个条件[55]：

1. 潜在的绅士群。这个群体可以追溯到世界主要城市中专业、行政、管理和技术人员的产生与集聚。这是与**发达资本主义**出现前夜相关的**劳动分工**在社会和空间上重组的结果。

2. 市中心可高档化的潜在住宅供应群（地租差理论）。但地租差的存在不一定会导致高档化：如果没有一群潜在的绅士和可利用的按揭贷款，那么无论地租差有多大，开发商的愿望有多么强烈，这种高档化都不会发生。此外，如果一些城市合适的住宅数量不足，像美国的达拉斯、菲尼克斯和其他新兴的南部与西部城市，那么这种高档化也会受到限制[56]。

3. 潜在绅士对市中心住宅的有效需求。对市中心环境的偏好：一方面是市区服务业机会的增长，另一方面是人口和生活方式的变化。很多那里的妇女开始工作，单一家庭和没有孩子的双职工夫妇不断增长。这些人有较高的收入，市中心更接近工作地点和餐馆、艺术馆及其他设施[57]。

最后应指出的是，其他理论家还强调其他方面。例如，利斯·邦迪和艾伦·沃德在阐释这种高档化现象时，都强调了阶级和性别的相互作用[58]。从这一方面来看，位于中心城区的双职工家庭可以解决家庭和工作地点间的距离问题，将已婚中等收入女人和男人的有报酬、无报酬劳动与有很好报酬的工作联系起来。当然，这种发展与其他广泛的社会人口迁移紧密联系，包括家庭生活的重新构建，如孩子出生的推迟、家庭规模的下降、与孩子之间的空间更加狭窄。这些趋势使得富裕的小家庭准备以高昂的价格购买房子，与市中心区房子对换以获取差价，这要比只为了一份市中心的工作获得的利润更多。

在他们这种移居的差价基础上，拉里·诺普和米奇·劳力亚等学者把同性恋引入到了方程中[59]。他们认为许多北美城市传统制造业岗位的下降，CBD 的行政、管理和**生产性服务业**工作的不断增长，吸引着大量第一代和第二代已经公开的男女同性恋者来到中心城市。在多种原因影响下，同性恋群体（尤其是男同性恋者）与从事这些类型的工作数量比例并不协调。由于这些工作的经济吸引力，再加上他们在郊区受到的对同性恋者的歧视和憎恶，使得中心城区对男女同性恋者充满了吸引力。此外，经济不发达社区便宜的和更新的住宅给同性恋群体（同样，特别是男同性恋者，因为他们作为男性所挣的工资更高）提供了机会，他们有机会发展地区和经济基础，从而建立政治声望，开发社区资源。

然而，沙龙·朱金和罗莎琳·德意志等则强调先锋的作用和"社会景象"的变换，社会景象中特别强调唯物主义[60]。他们认为在更大的都市区内，后现代主义使得艺术先锋很少出现高文化水平的精英人士，更重要的是其作为文化中介机构。政治家、投机者和开发者逐渐把先锋艺术和文化视为任何一个新项目的关键因素。同时，先锋人士自身的生活方式集身份、外表、自我展示、流行设计、装饰和象征于一体，他们的重要性不仅使人们在低租金地区重新定居，同时也为这些地区提供了流行的设计，他们为新的、富裕的、审美的职业服务工作者照亮了前行的道路。

从事高档化研究的学者们都承认，经济和文化过程都在起作用，因此问题是哪个因素是最重要的。这看起来像是某种深奥的学术讨论，但它对城市政府的邻里规划、社区群体的政治行为和受高档化影响的个体来说，还有重要含义。用结构主义理论来解释，如果资本的支配力量无穷大，那么没有资本市场运行的大范围改革，人文机构能取得的成就相对较小。然而，如果更多的重要性被赋予到文化运动的自主角色，那么在人文主义主张看来，这就能够影响资本主义发展本身的性质。但该研究中更清晰的结论是，在不同的城市，经济和文化因素的相对重要性一直在不断改变。在柏林，地缘政治是一个影响因素，1990 年的国家统一增大了地租差，因此出现了大量的住户迁移；在墨西哥城，这种高档化并未像纽约市那样高度资本化或形成广泛性。在加勒比海地区，这种移居和全球资本投资不断增长的相互关系通过旅游行业开始渗透，因此当地的高档化独具特色[61]。

关键术语

action space 活动空间	household versus neighborhood life cycles
awareness space 意识空间	家庭生命周期和邻里生命周期
block busting 街区衰退	information space 信息空间
chain migration 链式迁入	redlining 贷款歧视
depreciation curve 折旧曲线	revanchist city 复仇城市
eminent domain 政府有偿征收	spatial submarkets 空间亚市场
exchange value 交换价值	steering 控制迁居
gentrification 高档化	use value 使用价值

复习题

1. 根据你对自己所在邻里的了解，你认为它符合本章所述的邻里生命周期概念吗？你能看到周边的哪些重要变化？这些变化如何与附近邻里的变化相联系？如何与城市的其他地区相联系？

2. 列出你的家庭（或你所了解的家庭）在城市中进行的居住迁移。如何解释这些迁移：①个人行为；②集体行为？

3. 学术期刊有时会刊登一系列关于许多重要议题的学术争论文章，如克里斯·哈姆雷特和内尔·史密斯之间关于高档化的争论。在这个例子中，哈姆雷特最开始的论文回顾了高档化的主要理论，史密斯对哈姆雷特的观点进行了反驳（认为其观点类似于"盲人摸象"），哈姆雷特回应了史密斯的论点。利用图书馆资源尽力找到这三篇论文，你是同意哈姆雷特的观点还是史密斯的观点？还是你有自己的观点？这些文章刊登在《英国皇家地理学会会刊》上，请按时间顺序阅读它们：(1) Hamnett, *The blind men and the elephant: the explanation of gentrification* 16 (1991): 173-89；(2) Smith, *Blind man's buff, or Hamnett's philosophical individualism in search of gentrification* 17 (1992): 110-15；(3) Hamnett, *Gentrifiers or lemmings? A response to Neil Smith* 17 (1992): 116-19。

4. 更新资料夹，对阅读时遇到的问题做好笔记，并不断回顾图 1.4 所提供的整体框架。阅读更多资料后，你会发现翻阅资料夹的早期部分会有好处，因为有可能添加新内容。

　　从历史角度来说，越来越大且越来越复杂的城市（如旧金山），使得城市政府的职能范围越来越广，甚至包括制定城市基础设施、商品和居民服务的规则与条款，而这些规则与条款对社会地理和城市的建成环境有着直接且深刻的影响。

第 10 章

演变的政治——城市化和城市治理

本章考察城市地理变化引起的城市治理和城市政治。为与本书的总体方法一致，本章的重点是城市化进程与政府职能转变之间的关系，以及城市发展过程中不断变化的政治关系。我们关心的是归纳城市变化对政府治理的影响，而不关心政府机构的细节、政治参与结构或城市领导者的政治生涯。类似地，本章将透过"符号政治"（报纸上让政治人物赚足眼球的"热点"问题）[1] 去聚焦于长期的政治问题，因为这些政治问题决定了"谁得到什么、何时得到及如何得到。"[2]

10.1 学习目标

- 熟悉城市治理演化过程中的主要阶段，以及其与工业化、城市化、不同社会群体经济和政治实力变化之间的关系。
- 讨论新自由主义意识形态的出现是如何影响规划者、地方政治家、开发商和民间社会团体的。
- 讨论中心城市中与财政紧缩相关的问题，并解释许多城市服务的私有化问题。
- 说明城市政府日益企业化的后果。
- 比较城市中的几种主要政治权力模型，以及地方政治中的权力性质特点、治理特点和冲突特点。

10.2 本章概述

本章旨在讨论：（1）在城市经济基础的演变过程中，不同群体拥有的财富如何变化，以及城市本身如何产生新的问题和挑战；（2）随着城市规模的扩大和结构的复杂化，政府如何扩大职能范围来针对越来越广泛的基础设施、商品和市民服务制定相关规定与条款——这些因素直接且深远地影响着社会地理和城市建成环境。

不难发现，在社会空间变化、城市问题演变和城市政府职能范围转变的共同作用下，不同类型的当权者轮番上台，这里所说的不同，指的是他们的动机和目的不同。市政府的执政风格和取向体现了城市的变化，反过来也促进了城市发展性质和方向的改变。在最广义的层面上，可以识别城市和城市体系总体演化的不同阶段的城市治理与城市政治的演变特征（见图 1.5）。本章首先按照第 3 章和第 4 章所述的发展时期，总结美国城市治理和政治的历史。

接着重点介绍 20 世纪 70 年代以来（与第 4 章下半部分所述的时期对应）影响美国的企业家型政治和新自由主义。最后从城市治理和政治概念的理论角度出发，回答前文所述变化带来的 3 个普遍性问题：（1）城市内部权力如何构成、城市结构在城市化进程中如何演变？（2）如何理解中央政府在城市发展中所扮演的角色？（3）如何解释城市变化模式和城市化进程中发生的地方性冲突？

首先我们梳理一下城市治理这一概念。城市治理不同于城市政府，在治理这一概念下，权力既存在于政府机构和组织内，也存在于政府机构和组织外。在多数情况下，治理的定义涵盖了 3 个主要群体：政府、私营部门和民间团体。城市治理既重视"过程"，也承认不同动机个体和群体的相互作用对城市决策制定的影响，因为治理的核心就是调和不同的动机与偏好。联合国人居署如是定义城市治理：

城市治理是个人与机构、公共与私人规划和管理城市共同事务方式的总和，是协调冲突与不同利益并促进合作的连续过程。它不仅包括正式机构，也包括非正式组织和公民的社会资本[3]。

城市观察 10.1   时代广场的迪士尼化

纽约时代广场可以说是北美最大的迪士尼商店。之所以与迪士尼关联起来，是因为时代广场本身已迪士尼化。"迪士尼化"指通过消除不愉快的因素，甚至包括历史因素，以一种干净的方式使一个地方变得更具市场价值和更有吸引力。该词通常为贬义，因为它可以描述一个地方是如何沦落为乏味的主题公园的。

对时代广场而言，这种改变始于 20 世纪的前几十年，当时这里还是一个活力四射的文化中心，到处是剧院、音乐厅和豪华酒店。这里是人们集会和举行庆祝活动（譬如庆祝棒球队赢得总冠军）的好去处。但时代广场在 20 世纪 30 年代的大萧条时期开始走下坡路，之后更是臭名昭著，不仅因为街角经常发生卖淫嫖娼、贩毒等行为，还因为一些低俗行业的存在，如性用品商店等。1994 年朱里亚尼担任市长后，通过关掉一些破旧的商店，清除毒贩和其他一些犯罪分子，建设对游客有吸引力的高档商业设施，为时代广场的净化做出了贡献。

在时代广场的大清理中幸存下来的为数不多的店铺中，有一家名为"吉米之角"的酒吧，它位于 44 号街。老板是 80 岁的吉米·格利，他曾是一名拳击教练，以及位于 42 号街一栋大楼二层但现已关闭的"时代广场体育馆"的主人，穆罕默德·阿里·乔弗雷泽和麦克·泰森等著名拳击手就是在这里培养出来的。如今，他对时代广场的评价是："这里就像一个弹球机"。但他并不想念那些吸毒者、色情用品店和罪犯。他说，"所有人都喜欢现在的时代广场。"[4]

虽然时代广场对游客而言变得更干净也更安全，但迪士尼化也使它失去了本来的面貌。"吉米之角"的一名顾客在网上的一则评论表达了对过去的一种怀念："再也无法恢复从前的样子了。如果我是古迹保护委员会的负责人，我一定会把这里当作历史文物来保护，因为这里值得保护的东西太多了，至少要把时代广场的一小部分保护好。不需要时髦，也不需要很酷，只要保护好就行。"[5]包括"地狱厨房"在内的附近社区的居民已察觉到迪士尼化对时代广场的负面影响，其中就包括高档化。一位在"地狱厨房"社区生活了几十年的女演员说[6]："我们就像一块肥肉那样令房地产商们垂涎三尺，如果我们不警觉的话，这里就会变成下一个哥伦布大街。"

但现实是，时代广场如今在经济上获得了令人难以置信的成功，这可从那些巨幅的动感霓虹灯和 LED 广告、高达七层楼的弧形 NASDAQ 招牌看出（见图 10.1）。这里是摩根士丹利、维亚康姆和康泰纳士等巨头企业的总部所在地。迪士尼只是众多零售店中的一家，还有空中邮政、永远 21 和鹰牌服饰等，这些名牌连锁店纷纷在这里开设耀眼的分店，希望每天经过时代广场的约 150 万人中能有人成为他们的顾客。但这种看似自发的、令人惊叹的经济上的成功同时又有一点矛盾之处。正如时代广场联盟总裁蒂姆·汤姆金斯所说："具有讽刺意味的是，这里在许多方面是自由市场资本主义的缩影，但和这个国家的几乎所有开发项目不同的是，它的转变更多地是政府介入的结果。"[7]

图 10.1   时代广场。游客们尽情游览迪士尼化的时代广场，这里安全、干净，这里有巨大的动感霓虹灯和 LED 广告、无数的购物和娱乐场所

10.3　城市治理历史

经济、社会、文化、技术和其他因素在相互影响的同时，既塑造与重塑了城市地理，也是城市治理全方位改变的结果和原因。本节描述 5 个不同时期的主要特点：

1. 自由放任主义和经济自由主义时期（1790—1840 年）。
2. 市政社会主义和机器政治大行其道时期（1840—1875 年）。
3. 经营城市和政治改革时期（1875—1920 年）。
4. 平均自由主义和大城市碎片化时期（1920—1945 年）。
5. 城市作为增长机器和服务提供者时期（1945—1973 年）。

10.3.1　自由放任主义与经济自由主义时期（1790—1840 年）

城市治理和政策演化的初始阶段与商业城市的兴起大致同步。彼时，经济自由主义盛行，经济自由主义是自由放任主义的一种，

其背后的理论基础是自由市场可使公民利益最大化。随着人口激增、公民选举权逐步扩大，以及精英和富人对城市政治权力垄断的打破，这一阶段也是"平民时代"。盛行的自由企业理念削弱并分解了城市政府职能。政治生活中盛行的机会主义也导致了系统的普遍性腐败，其特点是"一人得道，鸡犬升天"。因此，城市治理和政治不但无法对城市发展起到直接或正面的推动作用，反而间接地造成了城市生活的紊乱，整体经济增长常常伴随着社会的两极分化，以及不断加剧的城市混乱、疾病和拥挤。

大多数美国当地政府的基本构架可追溯到这一时期，当时设置了县、市和学区来辅助州政府履行职责。市是为提供必要的地方服务而设置的。单独设置学区的目的是出于对未成年人的公共教育的重视，以便保障学区拥有独立于其他政府单元的经济和政治自由。这种地方政府架构中的一个例外是起源于殖民时期的城镇，城镇在新英格兰地区仍很普遍。基于对"公共利益"的理解，新英格兰城镇的特色是：选举代表来管理地方事务，通过镇民大会来实现民主参与（见图 10.2）。

图 10.2　新英格兰镇民大会

19 世纪早期，地方政府主要由当地望族的少数人掌控，领导者的职能仅限于提供必要的卫生保障和法制环境。地方财政收入主要来自于财产税、各种罚款和收费。这一制度的主要缺陷是，道路、下水道和桥梁等巨额工程的支出常受制于当年的税收情况。城市化进程的加快使得这一缺陷更为明显。而**法人组织**的出现，使得被动且循规蹈矩的城市

政府转变成了经济发展的积极推动者，从而弥补了这一缺陷。

法人组织的重点在于承担有限责任，因而能够借助于发行债券来进行**债务融资**，推行法人组织后的地方政府具有可靠的偿债能力：通过发行债券来新建基础设施并改善服务，刺激经济增长，进而增加各类其他税收和财产税来偿还债券（见图 10.3）。彼时的商业城市都通过推行法人组织来角逐中心城市的地位。因此，美国的城市治理和政治，逐渐变得依赖于由负债融资、经济增长和渐增的资产总值组合而成的脆弱网络。

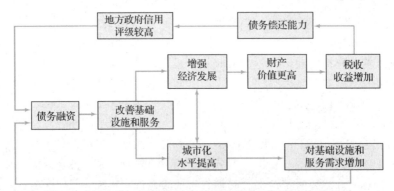

图 10.3　城市化、经济发展和负债融资之间的相互依赖关系

10.3.2　市政社会主义和机器政治大行其道时期（1840—1875 年）

城市治理和城市政治演变的第二个阶段，与早期工业城市的形成大致同步。此时，自由放任主义已衰落，地方政府权力加强，职能范围扩大，经费支出增加（原因在于负债融资增多），这些都是为应对威胁城市的三大问题（火灾、疾病和暴动）做出的调整。同一时期也兴起了**机器政治**：魅力型领导者掌控着等级分明的政权组织，并依靠工人阶级的支持来施行家长式的城市管治（见图 10.4）。

图 10.4　1872 年选举之前，控制民主党政府的后台老板特威德在纽约的腐败现象漫画

拥挤和失控的发展导致市民没有有效措施来预防火灾与传染病。同时，自由市场出现了赤贫的劳动大军，其生活条件如此之差，以致反叛和混乱成了长期的威胁，当然有时这也会成为现实。这些因素足以使大多数人相信**市政社会主义**，即地方政府干预并引导规范市场，并确保重要服务项目和基础设施的正常供应（现在通指**集体消费**）。因此，治理应着力于如下两个方面：一是通过规范商品和社会环境以改善市民生活，二是建立社会福利体系，根除滋生贫穷和社会混乱的土壤。

时代的巨变致使大量新晋的企业家（商人、制造商、建筑承包者和房地产投机商）开始争夺政治权力，以引导公共政策向有利于自己的方向扩展。在这一阶段，城市政治动荡混乱，导致成功的关键在于依靠组织。政治团体和工会组织的重要性日益显著，这反过来又催生了新式的政治领袖。新式政治领袖的政治地位与组织利益密切相关。在工人数量庞大的大城市里，组织成了用选票换取成功政客承诺的工作岗位与利益的"机器"[8]。

机器政治使得庇护和腐败成为了城市治理与政治的痼疾。矛盾的是，组织机器的腐败在某种意义上推动了城市的现代化步伐。组织的领袖们敏锐地意识到改善基础设施既能带来通常的经济效益，也能为自己赢得声誉。务实地讲，如果执行不到位，为规范新兴基础设施而制定的住房法、建筑条例和地方法令越多，滋生腐败的可能性越大。值得注意的是，南方城市因其工业化水平滞后，而被排除在了机器政治的潮流之外。南方城市未能吸引大批移民，未赋予黑人选举权，也不像东北部的工业中心那样赋予了工人阶级选举权。

10.3.3 经营城市和政治改革时期（1875—1920 年）

种族组织和工人阶级的利益与新城市精英的利益之间不可调和的矛盾，在工业城市时代十分明显。城市的商业和精英利益团体组织起来，试图恢复城市秩序，进而"完善社会环境"；并将市政府的工作重点转向了吸引投资者——这就是**经营城市**。同时，工业城市时代晚期，逐步壮大的中产阶级依靠进步时代（1895—1920 年）的政治运动登上了历史舞台。他们支持通过改革来消除腐败和城市机器政治，为城市进步奠定了基础。

新城市精英试图以反腐为契机来推翻政治机器。无独有偶，同时期出现的移民社区（机器政治的基本力量）被定性为社会问题的温床。报刊编辑、作家和改革者们彼此争论，争论的焦点在于"草根阶层"的道德败坏影响，并强调盎格鲁-撒克逊人的优越性。

同时，19 世纪 70 年代和 90 年代的经济萧条也使得城市政治的内容出现了极大的变化，由此产生的新兴城市精英联盟将最终替代腐败的机器政治，并选举出有能力改进城市商业环境进而吸引新投资的代表。每个城镇（无论大小）的领导人都开始意识到：现代工业经济建设将涉及剧烈的空间重组，在这种环境下，要发展经济，就要在吸引制造业和商业投资方面战胜竞争对手。这一时期美国城市演进的最大特征是，公民利益更多地以整体经济利益为衡量标准，而非以平等、社会公平、公民权利、民主或社会福利为衡量标准。

与这一背景相反的是，19 世纪 70 年代和 80 年代出现了改革的共识。宗教和道德改革强调使用自制力来消除赌博、卖淫和社会动荡等现象（见图 10.5）。教育改革重视学校参与、管理重组，以及通过改变课程设置来向市民灌输权力、民主与勤奋的理念。住房和公共卫生改革强调物质条件的改善是提高道德水平和社会福利的先决条件，也是提高工厂效率和生产力的必要手段。

进步时代 从 19 世纪 80 年代到 20 世纪 20 年代，改革运动主导了全国的地方政治，这就是进步时代。进步运动被同时出现的几大潮流强化。地方政府对专家智囊的需求，随着每次科技创新以及公共活动范围与规模的扩大而日益明显。市政府必须制定管道和电缆的铺设路线，并建立电车系统，需要检验员对新式建筑、电梯和电气工程进行规范与质检，需要会计师处理日益繁杂的城市预算，更需要行政官员来协调市民运动。这些新型的职业人才利用专业协会和商业杂志使自己在社会上合法地立足，他们从一开始就意识到了支持进步运动就是维护自身的利益。新兴的社会学家和其专业组织也加入了这一队伍：他们认为在进步运动中需要对城市生活的各个方面进行细致的求证与分析。同时，报纸和流行杂志的发行量因纸价的下跌和印刷工艺的提高而大大增加。尽管进步运动的思想所带来的影响通常不及丑闻、曝光及对贫民窟生活的揭露，但它却公开表达了进步改革的目标。

图 10.5　明尼苏达州麦迪逊的妇女正在举行禁酒运动。明尼苏达州于 1919 年同意全国禁酒令，直到第 21 次修正案通过一年后的 1934 年，才废除本州的禁酒令

到 20 世纪初，进步运动已取得了一些实际的成果。在飓风重创得克萨斯州加尔维斯顿市不久后，州立法机构在这一紧急情况下，授权由商业领导人组成的委员会来履行城市议会与市长的职责，委员会中的每位成员分管与负责部分地方事务，因此加尔维斯顿成为了第一个以商业模式运营的城市。这种政府组织模式随后被永久性地采纳。到 1915 年，采用委员会城市治理模式（在这种模式中，市长通常是负责公共安全的委员会主席）的城镇和城市超过了 450 个。同时，一些城市也建立了全城范围内不分党派的投票选举制度——阿克伦城、波士顿、底特律、洛杉矶和纳什维尔是第一批实施这种制度的城市。

1908 年，弗吉尼亚州的斯汤顿引入了这种经营式的城市政府组织模式。经营式城市政府组织模式在 1914 年被俄亥俄州的代顿采用后，得到了迅速传播。负责制定政策的是选举产生的议会和主要官员（如市长），由议会任命的城市经理则全权负责政府的日常事务。如今约有一半的美国城市由城市经理来管理与运作。

19 世纪 90 年代中期到 20 世纪 20 年代，许多城市引入了改革波及范围最大的市政服务模式，这种模式体现了工业时代的核心精神——专业化和科学化的管理理念。到 1920 年，较具规模和较为工业化的所有城市都在以某种形式的市政服务运作。如城市治理的许多其他方面一样，南方的城市在这方面也是例外。

合并　城市的地理空间通过加速**合并**来实现转型，以期跟上这一时期盛行的经营城市和高效理念（合并未开发的土地）。经营城市是这种合并的重要动机之一。城市人口开始随着电车系统的出现和住宅建造技术的改进而日趋分散，但城市却坚信人口会重新集中。

进步理念的作用仍然不容小觑。合并为政府部门的**规模经济**搭建了基本框架，规模经济意味着经济发展的同时造福于郊区和中心城市，也意味着有更大的人口基数来分担中心城市的基础设施建设和政治管理成本。远离城市边缘地带的中产阶级选民数量的增加，削弱了机器政治的发展潜力，因此规模经济也促进了城市的进步。更具诱惑力的是（至少对于实施合并策略的政府来说），郊区的持续扩张可以增加税收。合并促使城市维护甚至增强了经济增长的微妙网络关系，增大了房产价值和债务融资（见图 10.3）。最后，房地产利益集团及相关产业企业家（如建筑商和他们的供应商）坚决支持合并，因为合并会增大投机发展的机遇。他们尤其希望合并未开发的土地，因为这意味着最终会在这块未开发土地上建造各种城市公用设施和康乐设施。

当然，郊区居民意识到一旦合并就意味着必须缴纳更高的税收。他们还必须和城市居民共享学校和都市服务，这有时会造成冲突。反对合并的呼声随着郊区投资发展日益复杂（伴随着配套设施的改善）以及郊区自我意识的增强而越来越高。然而，公民参与这种决策制定的机会仍然有限。州议会通常认为大都市的发展不应受到小区域的妨碍。不管怎么说，随着郊区居民选举力量和政治影响力的增强，州议会退出强制合并指日可待。

10.3.4　平均自由主义与大都市碎片化时期（1920—1945 年）

1920—1945 年，大规模汽车生产的郊区化促使各郊区开始相互联合，并因此迅速形成了具有排他性和竞争性的政治特色。这一变化的必然结果是：城市中心区不仅失去了大批受过良好教育的中产阶级选民与纳税人，也失去了一批关键的潜在政治领袖。20 世纪 30 年代初期，经济大萧条使得民众开始欢迎政府提供商品与服务的政策，这进一步扩大了地方与联邦政府的作用与权力，也改变了城市政治的性质。

20 世纪 20 年代起，城市化进程开始加速。如第 3 章中所述，廉价汽车的大规模生产与联邦抵押贷款保险政策的结合，极大地转变了大都市的空间动态。郊区人口增长的速度首次同时在相对层面和绝对层面上超过了市中心。迁入郊区的中产阶级不但想要远离中心区的贫民窟，也希望借此逃避中心区的重税，还希望建立独特的城市治理与政治环境，进而弘扬中产阶级的价值观与偏好。

郊区社区的许多居民开始先发制人，主动请求批准郊区合作（不必像城市那样，因为村庄的合作足以确保他们的声誉、地位与独立性），而不是消极反抗。与此同时，州议会在意识到选民空间分布的变化后，更不愿意在合并的问题上开罪郊区选民，于是渐渐地达成了这样一个共识：合并需征得所在区域居民的同意。其结果是，市中心常处于独立且敌对的政府机构形成的包围圈中（见图 10.6）。从地缘政治学角度来说，美国大都市区已被分裂，这种分裂不仅削弱了市中心处理城市变化与发展等政务的能力，还加剧了社会空间的隔离。

图 10.6　大都市区增长与政治碎片化的过程

大都市分裂对中心城市处理城市变化发展能力的削弱，主要体现在以下几个方面：

- 中产阶级郊区化削弱了富有经验和学识的政治领袖与改革者的联盟。郊区居民过去积极参与城市事务，而今则更为关注郊区事务，以致力于建立和维护小范围的区域性公共利益。
- 中产阶级的大量流失，不仅直接减少了中心城市的税收来源，还使其陷入了潜在房产税流失的窘境。当然，中产阶层的流失也增加了负债融资的难度，进而削弱了市中心提供安全、高效的经济发展环境的能力。由于无法为新的发展提供空间，中心城市的环境日益老化，因为需要更高的维修与消防开支。

- 与此同时，中产阶级的流失、低收入者与移民的涌入，增加了中心城市政府的负担，市政府需要提供更多的服务与社会控制功能。
- 中心城区政府仍然要负责为大都市提供艺术馆和博物馆等各种娱乐设施，也需要负责道路、停车场、公用设施及由郊区通勤与购物者所带来的治安等方面的费用。

所有这些变化与趋势都让中心城区的财政入不敷出，因此无可避免地陷入了**财政紧缩**的困境（见图 10.7）。自此，这些问题和矛盾与财政紧缩共同塑造了中心城区前所未有的政治与地理特性。

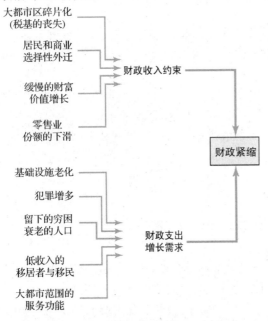

图 10.7　中心城市政府的财政紧缩

大都市分裂的第二种后果是社会空间隔离的加剧，这是中产阶层政治独立的必然后果。中产阶级政治独立后，开始设置障碍来隔离低收入群体。中产阶层隔离低收入家庭的目的，在于排除低收入家庭对其在学校和社区中建立的资产价值、生活方式与道德秩序等的威胁。

解决这一问题的主要方式是进行**排他性区划**。通过精心地制定**土地利用区划**的有关法规，郊区的行政辖区可以使"不良分子"难以迁入或无法迁入。始创于旧金山的用于排挤华人的区划策略，1916 年在纽约经过发展后，被用于排除不受欢迎的工厂，这种区划策略很快被郊区社区采纳，用来隔离不受欢迎的社会群体和不乐见的土地利用。到 1918 年春，纽约成了民众与官员研究如何运用区划策略的圣地[9]。美国商务部于 1924 年起草了一个区划法规范本，来作为全国性区划的基本工具。1926 年，最高法院正式批准了欧几里得村诉安布勒地产有限公司案的区划的合法性。这一判决具有里程碑意义，因为它认为土地利用区划是地方政府**管辖权**的合理利用。然而，事实上最高法院在判决中走得过远。判决规定，地方政府为保护单一家庭居住地周边的环境特征，而采取的抵制由低廉公寓、商业活动及工业性质的土地利用所带来的地产价值偏低、消极外部性等活动，是完全合法的。规划师与改革家们也支持这种区划方案，因为他们认为区划为控制城市增长提供了一种方法，并能形成高效的土地利用形式。但在郊区管辖区域内引入区划法规的主要动机是，通过人为地提高住房消费，排除令人不悦的社会群体的进入。这种做法很快导致了如下后果：限制了新的建设数量，最小化了地块大小，最大化了开发密度，禁止建设公寓，这些后果又进一步加剧了大都市社会空间的碎片化。

中产阶级所在郊区的政治独立，同样也造成了大都市区碎片化产生的第三种后果，即大都市区政治生活的碎片化。政治学家肯·牛顿观察到，当处于同一个政治区域时，社会群体会倾向于互相争斗，而当被分为不同的辖区时，争斗的可能性就会降低。"当群体处于同一政治系统、政治机构时，很容易表达政治诉求上的不同。但当群体被政治边界划分开，不再为同一个选举而竞争、不再为控制同一个当选政府而斗争、不再为同一个政治单位进行公共政策的竞争，或不再为同一个市政预算而争论时，这将更容易表达政治差异。"[10] 这一民主退步反过来表明，社区政治倾向于低调，而在整个大都市区则更是无影无踪。大都市区市民的派别主义意味着为地区问题作出决策甚至思考地区性问题都是不易的。这种问题所造成的后果是，人们因缺乏可以处理大问题的政治结构而更关注于小问题。大都市政治上的零散化，强化了相邻政府之间的竞争而非合作。不仅郊区管辖区之间会相互竞争，而且郊区管辖区也与中心城市争夺土地使用权，以便提高税费，减少对公共服务的需求。除了采用土地利用区划外，当地政府还通过提供整套的税收措施和"全套"服务来提高竞争力。这一后果可以用**财政重商主义**这一术语来表达，这表明各政府间存在着有如 16 世纪、17 世纪时各个国家之间那样残酷而又激烈的竞争。

新政　20 世纪 30 年代初期，大萧条导致的经济困难推动了联邦政府的改革。罗斯福新政不仅重构了联邦政府与城市间的关系，而且带来了大都市层面上的政治重组。新政带来的明显变化体现在其规模上。新政之后，所有城市都发现自己已成为各种巨额联邦资助项目的受益者。反过来，新政也使得联邦政治与地方政治间的关系更为紧密，这种关系持续了近 50 年。

这种发展部分要归功于大萧条时期遇到的经济困难。在大萧条时期，许多城市都受到了不同程度的打击，而那些专业化的工业城市更是经历了严峻的经济和社会困难。为缓解各种压力，许多城市政府付出了大量的努力，如提供救济、提高民众就业、开展公共事业计划等。但经济衰退仍然导致了资产价值的下跌，使得城市资产税的税收急剧下降。面对财政崩溃的境况，各个城市政府于是在绝望中向州立法机构寻求帮助。

解释大萧条时期城市与联邦政府之间这种紧密关系的原因有如下两个：

1. 联邦政府承诺担负以下责任：保证国家经济增长，维持国民需求，最大限度地降低失业。在推行**凯恩斯主义**的经济管理策略下，城市成为实现这些承诺的重要目标，因为在大城市背景下的公共开支，可以产生潜在的**乘数效应**。
2. 城市化进程使得大都市区的选票对总

统选举团的组成越来越重要，而选举团的组成决定了总统选举。

有关新政时期的具体政策与计划将在第 11 章详细讨论，其中有些政策对城市化中的政治经济具有非常重要的作用。第一种政策是联邦政府加大了对公共就业与基础设施的投资，这只是刺激经济增长的一系列政策措施中的一种途径。第二种政策是为贫困人群和失业人群提供救济，补贴个人收入并防止社会动乱。第三种政策是取缔城市贫民窟，并为居民建设新家园。第四种政策是联邦支持住房抵押保险，这是刺激经济增长的另一种途径。综上所述，这些政策与计划不仅对城市的发展模式产生了巨大影响，而且改变了政府内部之间的关系，在城市内部形成了新的政治联盟。这两方面的转变都在美国城市化进程与结果中留下了印迹。

同时，新政还在城市内部形成了新的合作关系，即自由的改革家与以前完全支持政治机器的蓝领选民之间的合作。政治学家约翰·莫伦高普有力地指出，这一合作关系代表了支持增长联盟，该联盟在全国范围内普遍成立并奠定了现代的政党政治：

国内城市发展项目……成为了现代民主党的主要产生方式，由此建立的支持增长联盟成为了国家与地方政治的重要特征。国家政客和联邦政府在地方政治中所起的作用日益重要，而当地政治家、项目管理人员、项目受益者们则融为一体。由此便形成了一个全新的国家政治架构[11]。

10.3.5　城市作为增长机器和服务提供者时期（1945—1973 年）

贫民窟的拆除和公共住房项目的建设，是新政中得以直接保留的部分内容（关于联邦制下城市政策的详细内容，以及与城市化、城市变化理论相关的说明，详见第 17 章）。对**城市改造项目**的资助，为支持增长联盟的发展提供了一个很好的平台。20 世纪 50 年代，市区复兴成为全国城市领导人的口号。虽然不同城市增长联盟的特点不尽相同，但一般都包含有商业元素（开发商、银行家和金融家）、蓝领阶层利益（工会组织）、自由主义利益（规划师和公共福利机构），以及由地方政府（城市经理和政治领导）和联邦政府（城市更新执行者）共同组成的代表。具有经济力量的投资者显然是联盟的主角，他们组建起联盟使之成为**增长机器** [12]，使中心城区恢复繁荣。然而，如果仅

基于商业利益集团和地方政客形成的联盟，增长机器不可能繁荣发展。20 世纪 50 年代，城市改造项目成为城市治理与城市政治的主要内容，并在交织有各个相互依存的利益团体的网络中不断前行（见图 10.8）。

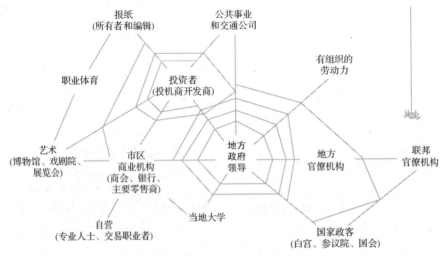

图 10.8　增长机器政治的网络

很明显，到 20 世纪 60 年代早期，增长机器导致的后果并不完全是正面的。尽管大部分增长机器中的成员仍然很开心，但很多市民却开始感到增长的利益导向不平衡。他们所在的城市正被剥夺自己的身份，独特的老建筑已被乏味的现代办公室、公寓大楼和混合用途的开发区所取代。损失最大的是城中村附近的居民，官方认为这种城中村破坏了市容（见图 10.9）。更新改造项目

中尤其缺乏可被居民支付得起的住房，这无疑重重地打击了整个社区；为了给高档住房和商业用地腾出空间，被迫搬家的人遍布了整个城市。城市改造对低收入家庭强加了严重的心理成本，消除了社会结构和街坊邻居间的情感支持，迫使人们在充斥着陌生人的地方独自重建生活。与此同时，由于搬迁的家庭被迫进入高档市场，因此还面临着租金急剧上涨的问题。

图 10.9　1962 年明尼阿波利斯市的中心区。20 世纪五六十年代的城市改
造，拆除了横跨 25 个街区的 200 栋建筑，约占整个市区的 40%。
照片所示为一处临时停车场，它此前是未被拆除的担保贷款大楼

改造社区最终导致了一种新型的军事化激进主义，其力量足以改变城市的政治生态。虽然改造机构一直都在非常小心地赢取社区内各组织的支持（事实上，只有这样做才能获得联邦的援助），但他们发现底层阶级中的新型反对组织和联盟对改造计划的反对日益增多。到 20 世纪 60 年代，生育高峰期出生的一代人和他们特有的反传统文化思想与解决公众利益的集体主义方法，也开始步入青年期。这些激进主义分子发现自己处于正规政治架构和增长机器中相互依赖的利益集团所形成的网络之外，而他们及其支持者代表的是**城市社会运动**的先锋，因此这成为了 20 世纪 60 年代"人民力量"深入城市政治的一个缩影。他们采用的方法主要是挨家挨户的游说、社区内部的会议（大部分都是）与和平示威的斗争活动。他们最终成功消除了人们反对改造项目的观念。人们也采用书本来支持更新，如简·雅克布斯的《美国大城市的生与死》[13]。反对改造、缓慢增长、社区主导和环境敏感等观点，逐渐融入到了城市政治中。

社区群体成为了更新改造机构的代表，住房建设得以开展。社区群体也实现了部分胜利，例如取消了在密尔沃基公园东部建设高速公路的计划，解除了剥夺湖滨地带的威胁（见城市观察 10.2）；此外，产生了邻避主义，尽管这一主义最终产生在中产阶级所居住的郊区而非中心城区，但邻避主义和更为极端的香蕉主义（不要在任何地方建设无意义的任何东西）的时代已经到来。同样也很重要的是，社区组织与城市官员联合起来控制改造项目，使得地方领导网络更为强大。

黑人权利和黑人政治　城市的社会地理、黑人社区和各类涉及黑人的事务，给更新改造计划带来很大困扰。确实，把黑人社区从中央商务区周围迁出是增长机器的目标之一，因为主要参与者敏锐地意识到必须要保护房产价值，同时要为以服务白人顾客为主的高档商店和吸引人的娱乐设施创造良好的环境。但改造计划中对黑人社区采取的激进政策，违背了反歧视和反隔离的大背景。

城市观察 10.2　密尔沃基取消了"不知通往何处的高速公路"[14]

"不借助于地震的力量就能摧毁一条高速公路真是了不起"，一位曾在 2003 年新城市主义大会上获颁密尔沃基城市公园东部改造计划特别奖的法官说道。公园东部的高速公路究竟是什么？事实上它并不是真正的高速公路，而是已废弃建设环绕密尔沃基市区高速公路的剩余路段。当 20 世纪 70 年代的市民开始抗议时，公园东部的高速公路已完成大约一半。市民的抗议使得高速公路各路段连接的建设工程停了下来，其中的湖滨路段也未建设完成。这使得公园东部的高速公路实际上成为了一条限制车辆进入社区的支线（0.8 千米长的高架路段）。高速公路未得到充分利用，而对高架路段下方和周围未得到充分利用的土地进行改造，则具有很大的潜力，因此密尔沃基城最终拆除了这条高架路，设立了增税融资区，目的是向把该地区土地与当地街道网络重新连接起来的基础设施提供金融支持（见图 10.10）。

图 10.10　2003 年正处于拆除过程中的公园东部"不知通向何处的高速公路"（20 世纪 70 年代计划建设的环绕密尔沃基市区高速公路的残留路段）。改造计划准备把早前占地约 9 万平方米的帕布斯特啤酒公司总部改造为集居住、消费和娱乐于一体的综合大楼

城市化已把非洲裔美国人置于消费大众社会的希望与挫折之中，以及美国梦的各种机遇和社会流动性之中。城市化还把大量的非洲裔美国人带入了城市，因此他们足以采取有效的集体行动。20 世纪 60 年代早期，这种行动的方式主要是非暴力抗议（见图 10.11），其中一个较好的例子是亚拉巴马州蒙哥马利发生的抵制巴士公司的运动，该运动于 1955 年由罗莎·帕克斯抗议发起，由马丁·路德·金领导，运动持续了整整一年。这次运动采取了抵制、静坐和游行等形式。最高法院最终宣判亚拉巴马州的种族隔离法无效。1964 年，在约翰·肯尼迪被暗杀后，继任的约翰逊总统成功地促使国会通过了废除种族歧视的民权法案。第二年，在南方的部分地区，国会授权联邦机构登记了曾被非法剥夺选举权的选民名单。

1964 年也是贫民窟开始暴乱的标志。贫民的期望不断增加，但却长期得不到满足，而反黑人激进主义运动（白人害怕失去学校、住房和工作上的领导权）也使得黑人的生活压力激增。白人警察的挑衅导致了暴力事件和社区的动乱。1965 年，黑人穆斯林军事和分裂组织领袖马尔科姆被暗杀。1968 年，马丁·路德·金被杀；总统候选人罗伯特·肯尼迪也被暗杀，他在其兄当政期间是首席检察官，也是推动白宫民权立法的司法部长。

图 10.11　1965 年，正在亚拉巴马州塞尔玛通往蒙哥马利的道路上进行民权运动的非暴力抗议者

以上事件对黑人从政的影响巨大，因此他们从非暴力抗议中形成的团结形式，进化到了于集体性"黑人力量"背景下的自我进步实现。非洲黑人独立国家的崛起，激发了他们的民族自豪感，奠定了黑人的政治团结、社会团结和文化团结的基础。例如，黑人领袖杰克逊教士组织了咄咄逼人的联合抵制，以说服白种商人聘用非洲裔美国人并和黑种商人做生意。与此同时，他们组织黑人公开登记选举，以便在选举时最大限度地利用黑人的力量。随着黑人选民和社区领导人在城市政治中频频亮相，黑人文化、黑人历史和黑人问题受到了尊重和关注。

为社会公平和空间平等而斗争　黑人从政并不是变革的唯一源泉。20 世纪 60 年代的暴动和城市混乱塑造了一种新型的黑人从政基础，而由城市蓝领阶层和自由主义改革家组成的新政联盟也趋于成熟。约翰逊总统实施了"向贫困宣战"计划，试图建立新政愿景中描绘的"伟大社会"。1966 年，约翰逊创立了美国住房和城市发展部（HUD），这是管理城市事务的标志性事件，此后美国对城市的政策不断增加，联邦对城市的帮助也不断增加（见第 11 章）。截至 1969 年，针对城市的联邦项目有 500 多个，每年拨款的总额增加到了 140 亿美元。而 20 世纪 60 年代初期，这样的项目只有 44 个，拨款总额不到 40 亿美元[15]。

由这些举措形成的政治风气，加剧了某些与都市治理相关的问题。一是**议席分配不公，**

即选区边界与都市增长所带来的流动人口分布不匹配问题。由于存在这样一种选举体系，因此各选区选民的数量差异就削弱了民主。例如，拥有 2000 个选民的选区和拥有 3500 个选民的选区相比，对于单一选民所拥有的影响力，前者就要大于后者。这种情况就是议席分配不公的一个例子。城市化不可避免地会使人口年复一年地跨选区重新分布；在大部分选民支持反对党的地区，控制选区边界的立法机构就能够创造出更大的选区。

一个臭名昭著的议席分配不公示例是，在国会选区、州参议院选区和众议院选区，都偏向于支持乡村区而反对大城市。从 1962 年到 1965 年，最高法庭作出的一系列反对议席分配不公的决议，导致了"选区重划革命"，它规定州与州之间的选民数量差别不能超过 0.5%。这不仅是对议席分配不公情况的一种改善，还增强了城市选民在国家和州的政治作用的效果。

但最高法院的规定并不适用于本地辖区，因此使得各城市行政区之间的选区范围差别较大（在亚特兰大、芝加哥、费城和圣路易斯等城市，这种差别高达 30%），这种差别有效地剥夺了大量选民的选举权。如果议席分配不公的团体涉及城市内部的穷人，就会出现更为严重的分配不公问题。制定政策和解决问题时，都会从对郊区社区有利的角度来考虑，包括制定影响房屋出租和垃圾回收政策的问题、不良土地利用和设施如何解决的问题，以及针对郊区社区强行征收月票所得税的问题[16]。

与地缘政治相关的问题是选区划分的不公正现象。这种现象出现在团体或政党根据支持者或反对者的集中情况来操纵选区边界时。虽然这样做可能会完全满足严格分配议席的标准，但依据城市社会均衡系统仔细划分的选区界线所带来的选举结果仍有误差。不公正划分选区的证据虽然很难找到，但从反对黑人社区这一点却能找到有力的证据。研究表明，在规模较小的黑人社区城市中，不公正选区划分的常见形式是划分成"分裂型"选区（这种选区分散了反对党的选举力量，使得中立选民在很多议席中只占有很一小部分）。相反，在其他城市中，在非洲裔美国人社区规模大到足以确保有两个或更多个选举代表时，选区的划分通常会使非洲裔美国人主导的区域数量最少，而将剩下的非洲裔美国人选区分散到白人主导的选区中；纽约和芝加哥的美国国会选区、密尔沃基和费城的州参议院选区、亚特兰大的城市议会选区，此前都是这类选区划分的例子[17]。

与此同时，20 世纪 60 年代的显著特征是地方自治精神，它加快了特区的创建速度，并使得大都市行政区互相重叠。由于在金融或法律上适用于自治市的规定对特区无效，因此建立特区就成为了解决一系列问题的办法。社区也可通过多设一层政府来为某一目的（消防或污水处理）增加负债或税收。特区还具有使地方社会组织参与到特殊功能区建设中的潜在优势。1942—1972 年，美国的非学校特区的数量由 6229 个增加到了 23885 个。截至 1977 年，美国最大的 35 个都市区平均有 293 个各种性质的独立行政区（许多特区功能有限，譬如为圣路易斯动物园创建的特区）[18]。

然而，大都市空间不断分割和分层所带来的问题，要远多于其所解决的问题。对于大都市来说，地方自治所带来的管理上的便利，很明显已被其所带来的问题抵消。这些问题包括：财政收支不均衡、公共服务不足和分配不公、官僚机构的产生以及政策间的冲突等。在交通、规划、供水、住房和公共健康等领域，也难以形成规模经营和区域协调。政府行政区的快速增加，使得人们难以及时了解与他们密切相关的各种政策，难以及时参与政治，导致某些个体和某些利益集团控制了许多特区。

大都市区的政治碎片化与郊区社区的合并同时进行，它产生的问题使得大都市的治理和管理难以维系（见第 11 章）。有些改革方案可以使政府结构和社会经济现状恢复原貌[19]，具体包括：把重要功能上交给上一级政府；各政府间达成协议，由行政区相连的政府合作提供特定的服务；把两个或更多的行政区合并为一个多功能的行政区。然而，这些改革是暂时的和例外的，因为现实中有太多的既得利益。

10.4　企业型政治和新自由主义（1973 年至今）

在城市治理和政治演化的最近阶段，经济重构和空间重组使得城市治理和政治性质发生了重大的变化。20 世纪 70 年代的**滞胀**加剧了中心城区的衰落，政府承担着从基础设施建设到福利提供等各方面的支出，但同时却丧失了通过税收和发行债券来增收的能力。后果是"财政危机"加重了，1975 年纽约市的财政危机首次成为了一个重大的问题。在公共支出的压力下，公共服务、公共物资和基础设施的质量不可避免地下降了，而这又造成了更大的压力，迫使有钱人自己来花钱。人们对其孩子能否上"好"学校的担心，促使人们对设有社区幼儿园和小学的高档社区的需求增加。越来越多的人开始购买私人安防系统，让孩子们参加私人开办的课外培训课程与活动，把时间花在商场里而非当地的操场上。花钱购买私人服务的人，由于人性使然，往往不愿意再为他们认为不需要的公共服务付钱。同时，他们也不愿再为那些按照社会地位和地域而重新分配的计划付钱，转而开始支持某些政策专家和政治人物的观点，这些人认为各级政府都已经变得太大、花费太多。因此，**新自由主义思潮**开始深入城市政治中。新自由主义思潮认为，政府的作用应尽量弱化，它假设的自由市场不仅是经济组织的理想状态，也是政治和社会生活的理想状态。

劳动力市场的"灵活性"成为了一种新的传统智慧。新自由主义的支持者认为，那些旨在将资源再分配到贫穷的区或市的政策，必然会导致富人交税过多而不利于企业家的领导精神，进而减少资本投入，使生产力下降。他们的观点是，在必要情况下，为了保证企业家盈利空间的最大化，必须牺牲社会性目标和监管标准。这种观点认为，经济的发展一旦形成了潮涨之势，就会使所有的船只浮起来，无论是城市、乡村、中心城市，还是郊区。一旦经济大潮在任何特定的位置不能再上涨到足够

的高度，人们就会"用脚投票"，搬到更繁荣的城市或国内的其他地区。

因此，城市治理的重点不应放在贫困、环境恶化和交通拥挤等都市问题上，而应放在如何提供"良好的商业环境"来吸引更多的投资上。如地理学家大卫·哈维所强调的那样，城市治理已从管理转移到了企业主义。

20 世纪 70 年代和 80 年代，美国的政治思想中还出现了一种很强的自由主义元素。个人自由和私有财产所有权的神圣性，是旨在打破土地使用分区合理性的新自由主义意识形态的基石。在 20 世纪 80 年代的政治环境下，公众对智慧型管理进步性的认同感已经消失，取而代之的是更多地强调个人的自我表达和对中央权威的抵触。无论是在民粹政治领域，还是在法制和经济领域，土地利用区划的传统理由（在公共利益的规划中减少干扰并提升效率）越来越不被人们接受。相反，区划被描述为对土地开发权的一种不平等分配。自由主义的理论家们开始形成这样一种观点，即城市的区划实际上是对房地产所有者开发权的"攫取"，而这是不应出现的，或者至少应给予经济上的补偿。

这种思想的后果是，在"掏空"中央政府能力的同时，迫使市政府在寻求就业和税收方面的进取心日益增强，在支出方面向企业倾斜，并倾向于能使财产保持高价值的计划。尼尔·布伦纳和尼克·西奥多认为，新自由主义在都市区尺度上的隐含目标，已变成"将城市空间作为市场导向的经济增长和精英消费行为的平台。"[20] 结果，规划实践也开始偏离理论，并背离了广泛意义上的公共利益。城市政策变成了务实地根据经济和政治局限进行调整，而非致力于通过观念的进步来实现变革。**公私伙伴关系**已成为实现变革的标准机制，它取代了各个交易计划的战略作用。规划越来越多地开始适应生产者的需要和消费者的需求，而与合理性或公共利益标准等重要理念的关系越来越小。

新自由主义的兴起不可避免地影响了公民社会的进程与活力。公民社会的概念已随时间发生了改变，但一般的理解是，它包括了政

府以外的社会的所有要素，即作为个人和制度性政治的正式体制之间的调解机构的准政治要素。这些机构包括商业组织、工会、业主协会和各类志愿者团体，譬如慈善和环保协会等。虽然这类组织本质上的"政治性"属性相对较少，但许多组织由于偶尔会诉诸群体行为或政府媒介举行运动，因而实际上已变得"政治化"了。实际上，在政治学家中，有个学派认为私人团体在提出和决定公共辩论议题方面有很大的影响力。[21] 该学派认为，政治家和官员在搞清楚各个团体对任何特定问题的立场而作出官方决策之前，通常都会静观其变。因此，市政府本质上扮演着私人和局部利益冲突的裁判角色，进而以形式主义的方式来决定重大问题。

城市观察 10.3　增税融资 [22]

对其倡导者而言，增税融资是自城市中出现街道以来，城市所发生的最伟大变革——如丹佛前沿经济战略中心最近指出的那样，"增税融资补贴对城市而言，就像是城市开发的信用卡：先把项目买下，然后用未来的税收支付。"但所有持有信用卡的人都知道，滥用的诱惑也很大 [23]。

随着联邦政府于 20 世纪 70 年代开始减少为城市开发提供资金的职能，以及新自由主义意识形态占据主导地位，企业型城市政府越来越倾向于**增税融资**（TIF）。TIF 是城市为改造项目融资的一种机制，它直接与这些改造项目的成功挂钩。如果城市的某个区域经过改造后对私营开发商有吸引力，就会带来新的开发项目，那么从该区域获得的税收预期就会增加。增税融资利用税收的增量（改造后的税收和不改造的预期税收之差）来为最初的改造项目和其他行为提供资金。

美国法律授权实施 TIF 的地区，最开始仅限于"衰败的"地区，但逐渐开始包括任何能产生明显经济效益的地区。在这些地区，城市采取的第一个行动是，在改造之前先确定某个特定区域所征收的财产税的情况。在进行可行性研究和成本收益分析之后，城市会设立增税区（TID）并维持一段时间（通常是 20 年），然后制订发展计划，与民间开发商签订发展协议，借钱（通过贷款或发行债券）来改善地区的发展。具体措施包括：获得产权，准备开发备用地块，为开发商和新兴企业提供贷款，改造设施如建设新的道路和路灯，提供新的服务如街道保洁和保安巡逻等。改造启动后，税收将随之增加，城市会把超出改造前税收的部分拿来偿还贷款或债券。

从理论上讲，增税融资很有吸引力，政府不会损失任何税收，因为在没有新增税收的支持下进行改造，税收就不会增加。但增税融资也有其弊端。如果改造未产生预期的税额增加（该税收原本计划用于偿还贷款和债券），城市将陷入困境。在某些情况下，TIF 在对财产估价和税收进行评估时，会将上限设定为采用 TIF 前的水平，此时其他在一般情况下接受财产税的公共团体（如学区、特区、自治郡）为了 TID 的存续，将不享受增税带来的收益，或直到贷款和债券都支付完毕才能享受这种收益，而改造却增加了它们提供服务的需求。如果在无必要的情况下采用 TIF（譬如在未设置 TID 时也能进行改造的地区），那么由于需要偿还贷款和债券，政府本来在任何情形下都可以收缴的部分或全部增税收益，现在却缩减成了一般性收入。对普通公民来说，这也可能带来"透明度"不足的问题，因为 TIF 债券不是"一般性义务"债券，无须投票表决就可以发行。市民会担心城市因过度依赖 TIF 而背负高额的 TIF 债务。但"TIF 就像任何其他工具一样，到底是有益还是有害，则取决于如何使用……，就像一个漏勺，用它来挡雨不太管用，但用来捞面则刚好合适。" [24]

10.4.1　财政危机

如我们已了解的那样，由于财政紧缩，大都市的碎片化会使得许多城市面临长期的财政问题——受到税收下降和市政支出增加的双重夹击（见图 10.7）。第二次世界大战后，这种压力变得更大，尤其是对于美国东北地区的老工业城市来说。高速公路和都市蔓延使得中产阶级和雇佣者们带着他们应缴纳的税搬出了市区。在他们持有的房产中，只有一小部分在城市改造中被更换为更大或更奢华的新建筑；其他部分则持续衰败，最糟糕的情况下甚至会陷于**螺旋式衰退**或废弃状态（见图10.12）。房产税的总收入也相应减少。销售税也会减少，因为大批零售商由于中等收入群体的郊区化而被吸引到郊区。在20世纪60年代较大的中心城市，零售额因通货膨胀的影响，下降了15%～30%。但与此同时，人们对中心城市服务的需求却以前所未有的速度增加。支持成长联盟的福利政策要求提供更多服务的整体趋势，增大了中心城区的财政支出；此外，中心城区面临财政支出增长的原因还有如下几个：

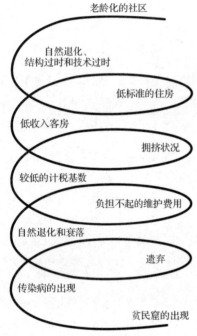

图10.12 街区衰败的螺旋式结构

- 原有道路、下水道、供水管网和桥梁等基础设施，已有75～100年的历史，达到了设计的使用寿命，而修复或重建它们给城市财政支出带来了巨大的负担。
- 犯罪率上升相应地增加了警局、监狱和法庭方面的财政支出。
- 移民比例上升、独居老人、单亲家庭、中心老城区的失业者，需要城市支出更多地投入到特殊的公共服务和设施上。

- 联邦政府福利政策的成本开始传递到地方政府。例如，联邦国民医疗补助制度为靠福利生存的人们提供了免费的医疗保障，但州政府必须为此支付50%的费用。不久，州政府便开始把部分费用负担移交给了下级城市。

20世纪70年代，美国城市财政问题的根源在于长期的财政紧缩。财政紧缩单方面并不会导致经济危机。把财政紧缩推向危机边缘的，一是都市经济地理重构时发生的转型，二是中心城区的政治经济随着这种重构产生的变化：

一方面，中心城区的居民并未因中心城市新的经济增长而获得足够的就业机会与收入。工业领域的工作被郊区化的工会工人占据；建筑领域的工作由限制性的行业工会统治；新办公室经济依靠的则是受到良好教育、比较有钱的郊区劳动力，工业投资已成为多区位工厂网络的一部分，这样就减弱了从当地工厂投资中获得的乘数效应。由于地区经济增长的收益被外地获得，这就意味着因结构性失业而不得不向政府要工作和服务的贫穷人群无法缩减。

另一方面，处于上升期的中心城区办公室经济要求对城市空间进行重构，以使人和信息能以最高的效率流动。这就需要向公有资本投入大量资金，以用于轨道交通、停车服务、城市更新以及更传统的基础设施[25]。

随增长机器的兴起而诞生的新兴管理和财政形式，使得这些基础设施投资常陷于各种冲突和政治辩论中。这些新形式包括：自治特区、银行委员会、新税收形式和增税融资债券。因此，出现了城市支出的两个主要方面：一是要建设私人部门所必要的可盈利基础设施；二是要为城市居民提供服务和就业。这两个领域（分别属于社会工资和社会资本）在结构上是分离的，第一个领域被选举政治和过度的政治赞助所支配，第二个领域则处在官僚机构之中，这些机构被因高效而得以幸存的公共管理者所主导[26]。

城市观察10.4 财政紧缩和美国中心城市

纽约是第一个遭遇财政危机的城市。1965—1970年，由于享受社会福利的人数翻了一番，城市预算也随着翻了一番。到1975年，纽约的累计赤字已达25亿美元，而仅通过贷款已无法弥补预算缺口。最终，纽约州立法机构而非联邦政府解救了纽约。纽约州立法机构设立了紧急财务监管局，让其控制城市财政。监管局由州长主持，由各大银行代表控制。同时成立了市政援助公司（不可避免地被称为大型市政援助公司），向纽约提供相应的贷款以偿还债务。这些机构强制实施了一系列严格的措施，预示着其他地方政府也将紧随其后。

1975—1978 年，纽约解雇了 6 万多名公务员，削减了薪水，采取了工资冻结措施，对某些市政服务也开始收取使用费，减少了预算分配，缩减或合并了许多市政部门。同时，银行业因问题严重而说服联邦政府极不情愿地归还债务或提供抵押品。很明显，这样做的唯一原因就是避免城市破产，以及因此引起的全国性银行业危机。这种发展轨迹非常重要，因为它再次令人们一心关注经济的发展，而把对城市事务的处理留给了银行、房产投资商和金融企业家的代表们。

纽约的故事在其他一些城市如巴尔的摩、波士顿、克利夫兰、底特律、费城、圣路易斯等反复上演，尽管有时候的形势并不那么严峻。随着一系列紧急救助和开支紧缩政策的实施，以及国家从经济危机中复苏，危机得以解除，但**财政紧缩**却一直延续下来，因此使得中心城区非常脆弱。[27]例如，1991 年，康涅狄格州的布里奇波特和切尔西（波士顿大都市区）都受到了破产的威胁。在费城，城市的财政厅严重缺乏资金，以至于每周都要召开例会来商讨哪些账单可以支付。距第一次面临危机约 25 年后，纽约再次面对不断增长的赤字和财政危机，尽管相对于促进经济发展的功能，其服务提供者的功能已居次席。这一次，城市巨大财政赤字（2002 年时约为 60 亿美元）的部分原因是，发生了一些城市无法控制的事件——"9·11"恐怖袭击、股市下跌、国民经济衰退、金融业问题和丑闻。然而，如同 1972 年时那样，联邦政府仍不情愿提供帮助（除了"9·11"恐怖袭击的赔偿）。城市通过将房产税提高到 18.5%和其他一些激进措施，弥补了预算缺口，恢复了经济的发展，直到 2007 年下半年大萧条到来为止。在此之后，全国的城市都在财政紧缩的困境中挣扎，就连为最基本的服务提供资金也变得困难起来。纽约市 2012 年、2013 年和 2014 年的预算缺口分别为 36 亿、60 亿和 66 亿美元。进一步削减预算将产生恶劣影响，因为该市在如下方面的预算已压至最低：设施维护，养老金和市政工人的医疗福利，为收留无家可归者、调查家庭暴力并提供家庭日托服务的各个团体提供资助等[28]。

10.4.2　财政紧缩和新自由主义

20 世纪 70 年代中期开始的经济和城市重构影响了城市的治理和政治，而中心城市的财政问题仅是其中的一个方面。短短几年内，政治经济在整体上已被彻底改变。地方政治中出现了新保守主义，即新自由主义。这既是长期以来经济和社会发展趋势的产物，也是 20 世纪 70 年代中期经济和财政形势动荡的结果。这种思想放松了政府的管控，并通过减少公共服务支出降低了税收，使经济得以在自由的环境中复苏。这种新自由主义受到了中产阶级选民的大力支持，因为他们认识到今年自身收入稳步增长的步伐已经停滞。不仅如此，他们还认为自己纳税所换来的只是一支无能、臃肿而又爱管闲事的官僚队伍，以及一群依靠社会福利而生存的"寄生虫"。当然，这种新自由主义也得到了整个商界的拥护，他们很自然地认为降低税收和政府管治，能使他们加速回到盈利的轨道上来。

因此，在私人企业和中产阶级之间诞生了新的政治联盟，人们对这种联盟的反对相对较少，因为它诞生的背景已摧毁了本可能存在的对手。非工业化和与之相关的经济地理上的变化，严重削弱了工人阶级的团结性，特别是隶属工会的工人。在经济不断集中化和国际化的形势下，公司重组使得工人越来越处于不利的地位，并使得他们仅能在地区内竞争；而公司却可以将生产和投资转换到不同城市、区域和国家。由于社会福利和现代主义的技术统治并不能解决战争、犯罪、贫困和环境恶化的问题，因此中产阶级所代表的进步因素已不再具有曾经的道德效应。一旦人们感受到了经济衰退的危机，就不会再信奉进步思想，同时人的道德缺陷会进一步削弱这种进步因素。

证明新联盟诞生的最初也最有力的证据体现在"纳税人的反抗"中。在加利福尼亚州，第 13 议案规定减免 60%的房产税额。在曼彻斯特，第 2.5 议案限制财产税不得超过地产估价的 2.5%。艾奥瓦州和内华达州也通过了类似的议案。在亚利桑那州、夏威夷州、密歇根州和得克萨斯州，选民投票通过了严格限制公共支出的议案，同时各地群众都声明不愿为市政发展而批准发行债券。1980 年，原加利福尼亚州州长，曾作为新保守主义领军人物的罗纳德·里根当选为总统，这标志着新联盟在全国范围内的成功。

因此，城市被迫重新考虑它们的角色，而不论是否存在财政困难。重新考虑的产物是公共服务支出上的**财政紧缩**。例如在奥克兰，面对新保守主义倡导的第 13 议案，市政府关闭了一个消防站和 4 个图书馆分馆；削减了警察局刑事侦查的预算，减少了公园维护、课余活动工程、图书馆和博物馆的开馆时间以及街道的清洁与维护，并削减了 100 多个行政岗位[30]。到 20 世纪 80 年代中期，许多古老的中心城市解雇了 10%～15% 的市政工作人员。波士顿和辛辛那提解雇的工人人数超过 20%，而圣路易斯则超过了 40%。

随着这类紧缩在全国范围内被效仿，又出现了许多新情况。在强调服务和公共管理成本效益的同时，却忽视了人们的需求、空间平等和社会公正。维持公共服务的重要手段变成了自愿捐助，尤其是在邻里安全、基础教育和图书馆服务方面。但自愿捐助并不平衡，大部分情况下仅凸显了都市空间的两极分化和碎片化。其他缩减的部分包括成本回收项目、合作生产计划（公共部门和非营利组织合作）以及"生产强化"战略（通过改良组织管理模式而提高劳动生产率）。然而在美国，最重要的趋势大概要数公共服务的私有化（不是其他国家常见的那种通过售卖公共资产实现的私有化），因为它清楚地反映了城市治理的新风向。

10.4.3 私有化的城市[32]

1988 年，私有化委员会在对总统的报告中指出：私有化"有可能会被未来的历史学家视为 20 世纪后期美国政治经济生活中的最重要进展之一"。委员会提交这一报告的对象是里根政府，它得出这样的结论并不令人惊讶。但确实有支持这一结论的依据。根据州政府议会

的估算，20 世纪 70 年代每年由私人部门提供的服务不到 300 亿美元，到 80 年代早期已激增到 800 多亿美元，90 年代则增到 1500 亿美元，地方政府的中心数据库中包含有 35000 多个州或地方私有化的例子。

这些数据所反映的趋势，公共和私人部门都已通过实实在在的利益感知到了。对城市政府来说，私有化的主要优点在于：

- 减少了市政的直接支出。
- 与私人部门共同承担了金融风险。
- 公共部门可以获得熟练的技工。
- 能够利用私人部门的效率，例如节约建设时间和成本、提高生产率并产生规模经济，以降低纳税人的成本。
- 在不增加税率或使用费的情况下，可维持原有的服务水平。
- 能够提高服务质量。
- 可简化官僚机构繁杂的办事程序，进而提高灵活性。

对于私有公司来说，私有化带来了新的市场、新的资本投资出路和新的商业机遇。其中至关重要的是时机。当政府面临紧缩和财政困境时，私人投资参与到公私伙伴关系中并非偶然。因为两者都是生产过剩的产物。简单地说，国内市场、国际市场和房地产市场的环境变化，把私人部门带向了公共部门，而意识形态和财政上的变化又把公共部门带向了私人部门。

在美国，私有化进程在基础设施建设工程中体现得最为明显。联邦政府和地区政府越来越深刻地意识到基础设施的老化和缺陷可能会对都市经济发展造成影响。现在，私有化被视为向某些工程提供资金的优越途径，如果仅仅依靠公共部门，那么这些工程可能就会在计划阶段夭折。整体而言，私有化活动资金的最大去向是基本公共设施的建设。最重要的工程包括：规模巨大的污水处理和下水管网、供水管网以及资源回收和垃圾再利用工厂的建设。20 世纪 70 年代，美国环境保护局（EPA）提高了水质标准，许多城市通过私人部门运作和维持这些工厂。随着 1981 年实施对私有化相关企业的税收激励政策，大型工程公司的利益

得到了强化。到 1985 年，已有 15 个都市选择了私有化的污水处理工程。全国范围的一次调查表明，到 1988 年，有 1/3 的地方政府已将部分道路、桥梁和隧道私有化[34]。1/3 的政府也把供水交给了私人部门负责，近 1/4 的政府已使污水处理系统私有化，近 1/5 的政府已把房屋建筑和修车场私有化。

从此，公共服务的私有化速度不断加快，并达到了非常可观的程度。根据地方政府的调查，如今 80% 以上的美国城市都拥有某种私有化的公共服务。但对于不同种类的服务，地方政府订立的合约则大不相同。50% 以上的地方政府将这些服务都承包出去：商业垃圾收集、交通工具牵引和存储、法律服务、医院管理经营、托儿所设施经营以及流浪汉庇护所[35]。大规模承包给私有部门的服务还包括：家庭垃圾收集和循环利用、公车与救护车经营与维护、街道维修、街道照明、数据处理、庭园设计和车辆修理等。其他一些服务，出于服务质量和社会责任的考虑，则难以承包出去。只有不到 5% 的地方政府把以下服务承包给了私人：预防犯罪、公安与消防专用通信、火灾预防/遏制、交通管制和停车管理、公共卫生系统的检查或监狱和看守所服务等。

在公共部门活动减少的同时，城市政府提供更多更新服务的意愿和能力不足，这就导致了另一种私有化的出现：提供服务的私人部门不与或不正式与公共部门签订合作合同。在安全领域，私人部门提供服务的最显著例子是：私人保安"官员"在商场和写字楼巡逻，私人保安保护高级住宅区的开发。

但仍存在一些与效率和私有化意愿相关的严重问题，这些问题尤其要视私营合同商是否能够而且愿意降低成本而定。当然，最明显的危机是公共垄断正被私人垄断所取代。以下是引发人们关注私有化方面的原因[36]：

1. "低价中标"。一开始合同商的叫价会比实际成本低，以此确保顺利签订合同。在城市解散了自己的服务体系后，合同商就会抬高价格以弥补初期损失并形成垄断。

2. 破产或劳动纠纷导致服务中断。尽管私有化合同中所包含的条款会使得合同商因合同期未到而无法解除合同，但问题是如果合同商已丧失了提供服务的能力，城市该如何处理服务中断的问题。

3. 公共部门中的"首要"工作已被私人部门的"次要"工作代替，特别是给妇女和少数民族带来了安全性低、收入低和利益少的问题。私有化效应对公务员这一职业的影响包括职业中断和错位，从而影响了道德准则和工作效率。

4. 主管机构、政治家和地方合同商相互依赖，特别容易滋生腐败。

5. 私有化强调成本效率。这本身并非坏事，但会使人们对公共利益范围的定义变得更为狭隘，因此须引起关注。

私托邦 私利主义政治或许在业主委员会（又称共同利益社区）控制之下的郊区开发项目总体规划上体现得最为明显，这些委员会实际上起着私人政府的作用。目前，在最大 50 个都市区市场上的至少半数房屋，以及加利福尼亚州、佛罗里达州、纽约州、得克萨斯州和华盛顿特区的几乎所有新开发的房屋，都要受业主委员会的强制管理。在亚利桑那州，仅皮马县就有超过 800 个委员会，代表着约 100000 名业主。这些委员会被描述为各自为政的"私托邦"，"其主导的意识形态为私利主义，最高权威为合同法，财产权和财产价值是社区生活的焦点，而同质性、排外和驱逐是其社会组织的基础。"[37] 私托邦是一些供富人家庭居住而圈起来的高档社区，依照法律其处于"束缚性制度"（即掌控自然环境和社交举止的契约、控制和限制）的控制之下。这些束缚性的制度通常由开发商设计，目的不仅仅是保护景观和保持城市设计的整体性，还包括对居民住房的细节及居民的个人行为加以控制。开发商于是就成为了善意的独裁者，强制推行对景观和社区的总体规划。

对消费者而言，这些束缚性制度提供了一种降低不确定性、保护资产价值的方式，最重要的是为构成其生活方式的物质消费建立起了自然框架。这些契约、控制和限制性规定非常详细，即使是在花园的篱笆、阳台、热浴盆、晒衣绳、门和邮箱的颜色等方面，变通的余地也很少。大多数委员会禁止除房地产海报之外的所有标牌，限制屋外或停车道停放车辆的种类，有些甚至规定了车库门不关的最长时间、透过窗户看到的家具类型、圣诞树彩灯的颜色和客人来访的最长停留时间等。大多数协会会限制居民最多可以养多少只宠物及宠物的类型，在花园、行车道、街道和公共场所允许的行为，以及是否允许在家里做生意等。按照美国法律，束缚性规定必须严肃对待，因为如果业主委员会不严格按照规定执行的话，就会有人起诉他们独断专行和反复无常。业主委员会有权通过罚款来使违规者服从。如果业主拒不服从，他们还有权扣留房产，甚至可以威胁收回房产。

结果，如今总体规划的郊区开发区在文化上形成了与世隔绝的空间，成为社会再生产的"净化"平台，表现为炫耀性消费和社会地位的分隔。总体规划的私有社区内部政治的特点，可以总结为邻避主义以及增长、缓慢增长、不增长的冲突。社会学家塞塔·楼认为，这些共同利益社区由于社会纽带较弱，且在同质化的人群中传播人际联系，往往会提倡"道德上的极简主义"——不愿意亲自卷入任何类型的政治冲突。只有在居民们确信道德权威的负担将由别人承担，从而保证他们本人仍保持匿名状态而不会卷入的情况下，才可能参与任何类型的政治。[38]

10.4.4 郊区的邻避主义、智慧型增长和地缘政治

邻避主义的争吵在整个郊区的地方政治中是一个习惯性因素。郊区的业主尤其保守，因为房子往往是他们的最大一项资产，而房子又往往与周围邻里的命运联系在一起。结果是，在他们参加地方政治选举时，往往会试图从阻止那些可能对他们的邻里产生影响的改变。除非只有极少数居民认为对一个邻里的自然或社会构成的改变会威胁到其房产价值（或邻里的"特色"），否则邻避主义就会发声而演变成政治问题。只要可能面临不希望出现的改变，选民们就会迅速传播另类的布告、传单和鼓动性电子邮件，而且为了强调语气，往往会采用大写格式并加上多个感叹号。争论的焦点几乎总是围绕着房产价值，以及密切相关的美观和社会排斥问题。

譬如，出于对庞大和炫耀的追求，有些成熟社区中夹杂了一些过大的新建房屋，又称"麦氏豪宅"，这不仅在社区中引发了邻避主义的争吵，还掀起了旨在改变分区条例的政治运动。譬如，马里兰州的切维蔡斯高档社区在 2005 年强制房屋施工延期 6 个月，以便留出时间决定如何处理在一些已有统一规定的区域出现过大单一家庭住房的情况。2006 年，洛杉矶市议会通过一项法令，将桑兰-土古尔地区占地面积小于 743 平方米的房屋的建筑占地面积限制在 223 平方米以下，或建筑占地面积（FAR）的 40%以下，以数额较大者为准。康涅狄格州的卡纳地区在 2005 年出台的规定中，限制了新房的高度，而得克萨斯州的奥斯丁地区则将将新建房屋的 FAR 限制为不超过 40%，并规定最大建筑占地面积为 232 平方米，如果是增建，则增建部分的建筑占地面积不得超过现有总建筑面积的 20%。

社会和人口的变化也引起了类似的反应。在距华盛顿特区 56 千米的弗吉尼亚州马那萨斯地区，出于房价的原因，一些大家庭决定一起住在为单一家庭设计的房子里。许多这样的家庭包含了在马那萨斯工作的移民，他们用其他方式在合理的通勤范围内找不到可以买得起的房子。这原本是完全合法的，直到一些邻居开始向马那萨斯的市政厅发起投诉。市政府的反应相当歇斯底里，他们专门设立了"住房过度拥挤热线"，同时市长向弗吉尼亚州州长发信，宣布该市已处于紧急状态。由于这样的做法不奏效，马那萨斯市政府决定对"家庭"进行重新定义，通过了一项区划法令，实际上将家庭成员限制为直系亲属，即使家庭成员的人数低于该市规定的房屋居住人数上限[39]。

与此同时，城市和郊区之间的分界处已成为土地利用的战场，"开发商、长期土地拥有者、短线土地炒家、政客和房地产经纪人，以及另一些希望使社区保持吸引力并在财政上可控的长期土地拥有者、政客、环保主义者和新加入者之间互相争斗"[40]。规划理论家多洛雷斯·海登注意到一个悖论：有时邻避主义成功阻止新开发项目反而会加速郊区的扩张，使他们不希望看到的开发项目向绿地进一步推进[41]。这当然是在规划和开发时采取地区性方法的另一个理由。

区划的争议 许多在郊区问题上的政治争议围绕着如何通过控制地方分区法来提供保护，或者赢得某种优势。对于那些位于指定用于低密度居民区开发区域内的富裕社区，区划法可作为一堵看不见的墙，将不受欢迎的家庭和土地利用项目挡在外面。只有已在城市辖区内拥有房产的人，才有资格针对区划规定提起诉讼，因此外人无法促成改变。因此，正如詹姆斯·邓肯和南希·邓肯夫妇在纽约州白德福德社区所做的研究中指出的那样，区划"在保护一个地方的美学化生活方式的实行方面起着积极的结构性作用。它试图在一个区域的界限内保持充分的社会同质性，并维持一个（相对）可防卫的空间，以实现共同的地方感和景观感[42]。"同时，低密度的区划推高了房价，将薪水不高的主要人群，如教师、护士、紧急服务人员等"排斥在区外"，这样就加剧了都市区的交通问题。

从地方市政府的角度，排他性的区划是和其他辖区在财政健康方面竞争的一个重要工具。目标是通过区划和其他土地利用规划工具，将累赘人口（需求高但缴税能力低的人口）和有害的工业排斥在外，而吸引富裕和经济上自立的人口，以及能够承担高工资的无污染经济行业。对于选举出的郊区辖区委员会而言，除了通过精心定位的增长而实现收支平衡外，还须要考虑选民对低税率的偏好，以及他们对房产价格的敏感程度。结果就造成了倾向增长机制的联盟与缓慢增长或不增长机制联盟之间的冲突。

弗吉尼亚州的娄顿县就是一个典型的例子。20 世纪 90 年代的快速增长使该得县的人口从 86000 人增加到了 170000 人，对于本地建筑商、开发商和本地商会的其他成员而言，这是一个繁荣期，但对于本地居民以及慕名迁入的新居民而言则未必如此，他们见证了交通拥挤的不断加剧，以及政府在教育和公共服务的提供方面所面临的越来越沉重的压力。在 1999 年的选举中，选民们在名为"支持停止扩张选民组织"的草根市民团体领导下，推举了一组支持缓慢增长机制的代表。新领导迅速对一系列未开发土地进行了重新分区，实际上将占该县 2/3 土地的西部限制在传统分区之外，通常将开发商在娄顿县西北地区的住房开发量限制为每 80000 平方米不超过 1 套（对于周围绿地面积多的组团分区，每 40000 平方米不超过 1 套）。增长机制联盟的激进派在弗吉尼亚州最高法庭对区划提出质疑，法庭最终以技术理由判其胜诉：该县在其区划公告中并未明确规定待分区土地的边界。同时在 2004 年的选举后，在增长机制联盟一派竞选捐款的支持下，娄顿县新一届增长机制联盟的官员上台。新县委员会最先颁布的新规之一，就是取消现任委员会主席（慢速增长的一名拥护者）的纲领设置权，而将该权力赋予了副主席（一名倾向于增长的拥护者）。

"智慧型"增长 现在出现了一种与这些持续却不受欢迎的政策不同的"第三条路线"政策：鱼与熊掌兼得，即"智慧型"增长的理念。智慧型增长倾向于增长，它只在项目相对较小且侧重于具备足够基础设施的指定战略地点。换句话说，这仍是过去的那种规划，只是因为在新自由主义经济下不能公开这样提，故悄悄地换了一种说法而已。智慧型增长坚持公共利益、土地利用负面影响最小化、正面影响最大化、公共财政成本最小化和社会财富最大化的原则。尽管规划界在新自由主义面前节节败退，且饱受困扰，但它仍被奉为至宝。

美国的智慧型增长联盟是一个全国性联盟，现已吸收了数十个成员组织，包括美国农场托拉斯、美国规划协会、新城市主义协会、康涅狄格州千人协会、宾夕法尼亚州万人协会、山岳俱乐部和公共土地信托基金会。美国环保局的发展、社区和环境司，与美国国际城镇管理协会和可持续社区网络等非营利与政府组织，联合组建的一个智慧型增长网络，为智慧型增长制定了十大基本目标（称为"原则"）：混合型土地利用，利用紧凑型（密度较高）的邻里设计，创造居住机会和选择，创建可步行的社区，培养具有独特地方感的独特社区，保护开放空间、农田和关键性的环保区域，加强和针对现有社区开发，提供多样化的交通方式选择，使开发决策做到可以预测、公平并具有成本效益，开发商决策时鼓励社区和利益相关者共同合作。

最著名的是，1995 年至 2003 年担任马里兰州州长的帕里斯·格伦邓宁将智慧型增长作为其竞选纲领的核心。他在任时任命了一名州政府官员来掌管开发政策，对交通、住房、环境质量等所有与增长有关的州政府机构进行集中管理。格伦邓宁坚持政府本身要在智慧型增长政策方面以身作则，将州政府机构办公场所只设在市中心和镇中心。他把投向公路的州政府资金重新投向公交系统和高密度区域的基础设施，提倡由开发商出资在未开发区域修建供水、污水处理和其他基础设施的政策，同时在指定的高密度区域进行建设的开发商会得到简化审批过程和费用降低的优惠政策。

显然，这样的政策对于倾向增长的利益集团而言是粗暴的，是一种不受欢迎的挑衅行为。自由主义和新自由主义势力的智囊团们，如传统基金会和理性基金会等用大量的文章来提醒人们注意智慧型增长"被滥用"（有时被描述为精英主义，有时则被描述为社会主义）的反美国动机、对自由市场机制的破坏以及对个人选择的限制；他们为游说者们提供了一系列让立法者感到不安的要点，以便在说服他们的时候使用，并为当地报纸的社论专栏作者提供论点。开发商则干脆增加对地方选举的倾向增长派候选人的竞选捐款。但是，令智慧型增长派感到沮丧的是，对其政策最有效的挑战来自于市民自己的邻避主义反应。例如，在马里兰州地铁站附近的住宅和零售项目，本来能够促进人们充分利用公共交通，属于智慧型

增长的理想选择，但却由于附近邻里的反对而不得不永久停建或缩小规模。即使在指定用于智慧型增长住宅开发的区域内的项目，也遭到了本地居民的反对。枫树草坪农场区是马里兰州哥伦比亚市以南 5 千米、面积 2 平方千米的一片区域，位于巴尔的摩和华盛顿都市区的正中，其一面是一条 6 车道公路，其他三面则被一些分区环绕，属于典型的智慧型增长区域。但这遭到了周围居民的反对，其中包括山岳俱乐部霍华德县分部的前任主席，他们认为拥挤的街道和学校已令自己不堪困扰，因此必须保住该区内剩余的开放空间[43]。在经过了 32 次公开听证后，枫树草坪农场项目于 2004 年开工。与最初拟定的 3 套住房每 4000 平方米（在美国郊区相当典型，但对于智慧型增长而言则属于较低的密度）的密度不同，最终批准的密度是 2.2 套住房每 4000 平方米。在格伦邓宁于 2003 年离任时，他的政府所做的结论是，马里兰州的农地和林地开发速度并未明显放慢。

10.4.5　城市经营和政治形象

经过 10 年的经济调整和大城市改造后，到 20 世纪 80 年代初期，国民经济已开始从过去滞胀的危机中复苏过来。如第 4 章所述，我们发现 20 世纪 80 年代以后的经济调整是建立在更加灵活多变的经济地理基础之上的。市政领导人和地方性的商业利益团体能够迅速地感受到这种灵活多变性。他们同样十分机敏地意识到：在经济全球化的作用下，联邦政府更难采取投资的阶段化管理模式。于是，地方政府不得不和大企业投资者合作，并通过为投资创造条件的方式来刺激和吸引私人企业。

总体而言，市政府必须变成企业式的政府。这种新的治理方法已建立在公私伙伴关系基础上（切勿与工程和服务的私有化混为一谈）[44]。公私伙伴关系的形式多样，但它们通常由带公共性质的私营开发组织管理，如发展局、经济开发公司和地方性开发公司等。

这些机构以合作的名义在当地政府和一部分资本所有者之间，组织了一个公开联盟并使其合法化。他们常常在未通过公民投票或缺乏具体项目立法认可

的情况下施行他们的决定。在动用公共资金和准许税收特许权方面，他们享有极大的自由选择权[45]。

在谋求为经济增长创造前提条件的过程中，公私伙伴关系通过多种机制来援助私人开发：削减税额、发行免税的工业收益债券、金融租赁、取消销售税以及实行"免税期"（作为对地方投资的回报，商业交易可以免除几年的地方税）等。公私伙伴关系同样包括企业在真正合资时把公共资本当作风险资本，在整合土地时行使公众的征用权，建造旨在满足私人开发需求的公共基础设施，为方便私人开发而篡改法令，以及为了城市发展而增加联邦补助。

但具有讽刺意味的是，由自由主义改革家和工薪阶层组成的民主支持增长联盟，最终加速了城市管理和政策的私有化。1978 年，卡特政府实行了城市发展行动拨款计划（UDAG），目的主要是希望通过刺激中心城区的经济发展来缓解财政压力，这个拨款计划使得落后的城市能够获得联邦资金，并且只要这些联邦资金是用来引导那些带来工作和税收的私人投资，就可以自由地决定它们的用途。有了这一计划的资助，城市便能够与私人开发商建立合作关系，并获得数以百万计的投资支持。虽然随后的里根和老布什政府都实行了新自由主义，但即使到 20 世纪 80 年代后期，这一计划仍然保持着较高的资助水平。里根政府和两届布什政府都尽了最大努力来推进城市治理的私有化进程，如改革联邦税法以及削减政府的多种治理功能。在争取民权、实施劳动法、普及职业健康与安全以及保护环境方面，行动都大大缓和。

城市经济发展战略　在全球经济背景下实现城市企业化治理的基本方法有 4 种，每种方法都高度依赖于公私伙伴关系、高层次的地方城市经营和城市形象的塑造[46]。

1. 努力保持城市作为现代化生产和制造基地的吸引力。这种策略通常需要增加对基础设施建设的投资，因为后者对工业发展极为重要：道路和桥梁的修建、高科技工业园和专科学校的建造，还需要提供多重诱人的政策，如削减税收、增加补贴以及特定目的的

基础设施建设。这类政策常会引起城市之间的竞标大战，尤其是在引入主要跨国公司的国际"流动"投资方面。

2. 努力使联邦政府的支出资本化。联邦政府是重要的雇主和合同商。从第 4 章我们可以看出，处于阳光带的一些城市，其经济基础依赖于联邦支出，尤其是在军事和航天方面。随着 20 世纪 80 年代以来经济的"军事化"和 2001 年 9 月 11 日后"反恐战争"的实行，政府支出的流向显示了影响城市发展的一个极其重要的催化剂；应将城市发展与来自于政府合同商和合同分包商的地方化的乘数效应关联起来。尽管通过现有的防御和航天工业布局以及国会拨款的现状，这种支出流向基本上表明了政府的功能，但地方经营城市者们仍试图通过公私伙伴关系来加强基础设施建设（如研发基地及研究型大学的建设）。

3. 努力获得或维持城市在企业管理、政府、金融及商业服务中的关键性控制与指挥作用。这一策略常常涉及提供机场、国际通信网络、会展中心、旅馆等一些昂贵的城市基础设施。它还要求城市必须通过公私伙伴关系来确保高档办公室的建设，并保证周围配有高端的娱乐设施。

但增强城市作为**指挥控制中心**这一重要地位标志是市政府自身要担负起的重要责任。会议和展览中心能够吸引商人和游客，使他们通过在宾馆中住宿、在商店和饭店里消费（须交税）来促进商业繁荣，并让他们在城市中得到商业机遇。公私伙伴关系遍及全国（从加里、印第安纳到纽约）。它们彼此激烈竞争，底牌是高大而壮观的会展中心。

4. 努力把城市打造为购物天堂。在强化其他三点时，企业主义也同样重要。美国的消费与物质主义概括起来就是"生活质量"，它不仅能创造就业机会、增加

收入和税收，而且能确保投资的前景。同时，这些投资与高薪员工密切相关（无论是在生产活动、政府研究领域，还是在管理和商业服务领域）。

这种企业主义在城市景观的变化中表现得最为显著。公私伙伴关系促进了整个环境的变化。这一变化对于正确看待美国社会不断增强的新物质主义来说十分必要：建造文化之"锚"，例如建造博物馆、翻新 20 世纪之交剧院和 20 世纪 20 年代的电影院。其他包括修复底特律已毁坏的伍德华德大街娱乐区，如翻修了 1928 年建造的福克斯剧场、可美里加公园、新底特律老虎棒球体育馆、福特足球场、新底特律雄狮足球体育馆。另一个例子是建立了以表演艺术为特色的文化区，包括匹兹堡交响乐剧场，于 1927 年在重修之前，该剧场在重修

大型购物商场、艺术长廊和具有游园风味的市集广场构成了第三大重要组成部分。此类开发的范例是 1976 年波士顿开放的昆西超市，以及 1977 年开放的、坐落于东区市场的费城艺术展览馆。无论城市大小如何，都会进行此类开发。另外，巴尔的摩的港口区商店（见图 10.14）、新奥尔良的河边小路、西雅图的先锋广场和纽约的南街海港，都是众所周知的典型范例。作为某种形式公私伙伴关系的产物，这类开发成为了高端办公室、观光商店、"即兴"零售商店、宾馆、音乐厅及艺术长廊的聚

之前曾是匹兹堡金三角的一家电影院[47]。

城市要想巩固其作为顶级中心区位的地位，似乎还须获得主办职业联赛的特权并配有一流的观看设施。正因为职业运动的场馆有时成为了更新计划的重要组成部分，因此企业化的市政府借此良机吸引游人、区域观光客及各类潜在的投资者。这些投资者要么对劳动力有较高的要求，要么为了取悦顾客。例如，20 世纪 70 年代后期，明尼阿波利斯面对着可能失去"双子"棒球队和"维京"足球队的危险，为与球队老板一起共度难关，发行了一种特别的债券来资助市区体育馆的建设。由于"柯尔特"足球队从巴尔的摩搬到了印第安纳波利斯，因此巴尔的摩赞成资助"黄莺"棒球队（见图 10.13）建设一座新的球场，并放弃其从球场特许经营的收入中获得的股权。

集地。它们的规模及留住观光者的能力使其成为企业型城市的优势资源。戴维·哈维将其描述为近代城市化的"狂欢面具"，这些观光胜地（以适当的方式）吸引资本及人潮，同时转移他们对城市的持续衰败现象和附近街区的社会权利丧失问题的关注（与第 1 章描述的后结构主义方法吻合）[48]。它们是"大事件"（如音乐会、民族节日和户外展览）和详细规划的"活力"（建立在农贸市场、街边娱乐活动等基础上）的发生地，它们全部受到了城市或开发商单独的或二者共同的预算资助。

图 10.13 球迷正在巴尔的摩坎登公园的"黄莺"球场观看棒球赛，这座球场由市政府出资修建和运营

图 10.14 巴尔的摩港口区。它是城市化"狂欢面具"的一部分，通过城市经营和公私伙伴关系建立

由于新自由主义在意识形态上已赢得了

"常识"的地位，因此现在离地理学家尼尔·斯

密斯的"复仇主义"和社会学家沙龙·朱金的"卡布奇诺和解"只有一步之遥：通过城市政策和规划，以创造"良好的商业氛围"为由，从低收入社区和低收益地区收回城市空间。辛迪·卡兹在写到纽约市公私伙伴关系性质的中央车站合作项目时，为这种计划所追求的方式给出了一些例子，并且表明某些特定人群及其活动是如何以确保公共空间的"秩序"、"干净"与"安全"的名义而遭到忽视的。她指出，该项目（1998:42）：

> 导致中央车站及附近的人都被迫迁出，这表明他们即使享有对这座城市的权利，也是不平等的权利。他们中的许多人，包括擦鞋者和小贩们，在车站挣着微薄的收入，对别人没有造成任何伤害，但他们的存在似乎并不符合中央车站的新形象，这里有一家占了近1/4层的迈克尔·乔丹高级牛排店、一家歌帝梵巧克力店，以及多余但无处不在的星巴克咖啡馆。他们这些人，与当今纽约众多的中产阶级和工人阶层一样，对新自由主义的构建者无能为力，他们见证了对城市大学无休止的攻击、朱利亚尼政府在1998年对出租车司机的折磨和对街边小贩的限制，以及高得令人难以承受的房租，哪怕是最小的商业店面。然而，如果这些人群失去了一席之地，那么这座城市的质地也即驱动力和特质将不复存在。如果中央车站变成了像一部迪士尼影片那样刻意制作的项目，并且其商业上的吸引力和任何高档商场那样没有什么不同的话，那么公私伙伴关系的"手术"或许可以认为是成功的，但病人将会死亡。[49]

这四种企业化治理方法催生了"重商风气"，这种"风气"体现在城市规划本质和政策出路的一些根本变化中，包括土地利用区划规划和历史文物保护的更为灵活且绅士化现象的产生。第11章将详细介绍土地利用规划，但这里需要注意的是，在企业型城市的政治经济中，我们可以发现土地利用规划、历史文物保护及地区绅士化问题的根源。

包装政治 城市治理的日益企业化，使得城市景观的重建、重新包装和品牌重塑经常成为大城市优先考虑的问题。许多城市出现了标志性的文化场所、会议中心、大型综合开发项目、滨水建筑、文化遗产场所和大型运动与娱乐综合设施等。这些针对消费而非生产的开发项目，旨在为了满足后工业经济的需要而提供新的经济基础设施：商业服务、娱乐与休闲设施和旅游景点。这些项目总是和城市品牌的表达密切联系在一起。同时，它们也毫无例外地是当地房地产、金融和建筑利益团体之间结成的"增长机制"联盟的产物，这种联盟通过宣传增长和消费的理念，参与到与当地政府土地治理、政策和决策相关的政治策略中。

纽约是新自由主义时期最早的例子之一，当时为了应对20世纪70年代的财政危机，首先成立了一个旨在为这座城市打造新形象的精英联盟。除了市政府在财政上比较脆弱外，纽约当时还以城市混乱、经常停电、罢工频繁、社区废弃、地铁站涂鸦和高犯罪率著称。在媒体、房地产和旅游行业的企业家的一些举措的基础上，特别是更好纽约促进协会建立的"大苹果"品牌和新成立的《纽约》杂志将这个城市描述为年轻人生活、工作和购物的好去处的努力，约翰·林赛市长组织了第一个公私伙伴关系，其宗旨很简单，即改变纽约的城市面貌，以迎接1976年的200年国庆：把出租车洗干净、清扫街道，并在机场和火车站分发金苹果徽章。1977年，纽约州商务部发起了"我爱纽约"活动，并通过米尔顿格拉泽设计的简单图形使其变得世界闻名。米莉姆·格伦伯格在《打造纽约品牌》一书中认为，这不仅是形象改善的开始，还是旨在改善这个城市的商业和旅游环境的政治与经济关系重组的系统化战略的开始。

城市政治与企业型治理和包装政策密切相关，它的一大显著特点是，出现了"经营市长"这种特殊的政治领导方式。这些领导人中包括20世纪90年代的鲁迪·朱利亚尼市长，他推行了激进的执法和震慑战略，对涂鸦和逃票等轻微不法行为进行了高调的打击。他的理论是，这样就能够发出一种信息，即我们要维持秩序，从而提高这个城市中中产阶级的生活品质。他的继任者米切尔·布隆伯格继续进行了城市景观的重建、重新包装和品牌重塑，支持新体育场的建设，采取了促进措施来吸引和支持大型活动的举办，譬如共和党全国代表大会和纽约时装周等，为本市建立一个首席营销官的职位，在"世界第二家园"的口号下搞城市营销。城市生活再次变得流行起来；工业衰败被重新粉饰为浪漫，市区重获昔日迷人的风采。雅皮士以其开拓城市"新边界"的观念，使中心街区毫无例外地"重获"城市税收基地的美称[50]。像底特律市复兴中心（见图10.15）这样的工程，曾被成功地描绘成使往日衰败的中心城区的经济基础和社会结构重生的重要组成部分。在从牛仔服到汽车的日常用品广告宣传主题中，也增强了城市形象的魅力。中心城区再次成为高档销售和服务活动的聚集地。不可否认，城市形象这一现象的发生确实作出了巨大（且难以衡量）的贡献。

图10.15　底特律市复兴中心

10.5　治理、政治和城市变化

考察城市变化、城市治理及城市政治的演变关系后，现在概括一下最重要的概念和理论。我们在此引用了政治学的部分内容，但只涉及该学科的一小部分概念和理论。通过对城市发展经验的考察，我们发现了3个问题。第一个与权力相关：城市这一竞技场中的权力结构如何？权力结构如何随城市化动力机制的变化而变化？第二个与治理相关：如何理解地方政府在城市发展相关问题中扮演的角色？第三个与地方政治的发展相关：如何理解与城市化结构和进程相关的地方性冲突？

10.5.1　地方权力结构

事实上，从一开始我们就必须认识到：不同的城市拥有不同的权力结构，且城市的经济基础和人口结构与权力结构的差异密切相关。但这里讨论的焦点是归纳性的权力结构与类型。在这一抽象层面，经典范例之一是精英模式[51]。在精英城市中，小部分人处于权力金字塔的顶端，他们做出了几乎所有重要的决定。这些人主要来自于商业圈和工业圈，他们构成了一支稳固的精英团队。没有他们的支持或帮助，是无法取得这些成就的。当选官员并非绝对处于权力"底层"的傀儡，因此只能依靠某些强大个体的庇护和容忍生存，而后者则常常对外保持低姿态。精英模式认为这种领导权的合法性是由下一级让与的，而不是被上一级强加的。换言之，城市中多数人消极、被动，这反映在他们为了换得领导对公共利益的追求而放任领导的支配权，当然，他们自愿接受这一关系。投票箱就是严重权力滥用的见证。

这一视角产生了一个很严重的问题，即在公共利益问题上达成的共识是否得到了这些人有意识且自由的赞同，或它是否是扼杀反对意见的产物。后者则构成了新精英模式的基本要素，这表明要缓解人们对强势精英的反对，有三种主要方法[52]：

1. 心怀不满的团体不能表达自己的诉求，或是因为他们预料到强势精英会进行报复，抑或是因为他们相信即使表达了自己的诉求也无济于事。
2. 那些权势之人拒绝对弱势团体的政治诉求给予积极回应。例如，通过建立委员会或开展耗时很久才能得出结论的调查，他们能有效地拒绝回应。
3. "偏见动员"。包括利用精英的价值观、信仰及对普通大众的看法。因此，其中一例是，以威胁个体自由或经济发展之名，公开拒绝一些人提出的改变需要。在这种背景下，大众传媒的影响就显得尤其重要。如果有这种影响，那么精英团体就能够限制人们对那些已被认为是"安全"的事情的考虑，这样社区也许就不会积怨连天或提出诉求。

地方权力结构中存在一种完全不同的模式，即多元模式。它假设权力是分散的，即各利益集团在不同时期处理不同问题时分别占支配地位[53]。在这种模式中，我们发现一些"权力群体"构成了多样、自主而无等级的团体，而曾控制了一些城市的商业精英只是其中的一支。从根本上说，这种权力结构是竞争性的，它吸引了大批参与者，并通过精英而获得大众的支持来确保基本的民主。这种竞争艰难地维持着社会的平衡，即工人、协会与商人之间的制衡，消费者与零售商之间的制衡，租户与地主之间的制衡等。此外，这些团体的会员彼此交错，既增进了团体间的联系，又有利于缓和地方的政治关系。

这种多元模式可用来描述美国城市普遍的政治生命循环。这种生命循环包括 4 个"时代"。第一个时代与商业城市基本处于同一时代，政治由"贵族"寡头主宰。第二个时代是工业化初期，传统的地主和商业领导人中的精英被推至一旁，而移民社区中的企业型领导人——老板和他们的机器，则主导政治。第三个时代在 20 世纪初期的改革年代变得繁荣昌盛，新兴中产阶级和商业利益团体重新掌权。在第四个时代，职业型政客产生，作为联盟的建造者，这些"先前的最低级政客"以趁机利用美国城市政治中天然的多元主义为己任。

地方权力结构的**合作者模式**提升了政府的地位，使其成为权力游戏中的一个重要玩家[54]。在这种模式中，权力依赖于私人组织（劳动力组织、社区团体、商业领袖俱乐部）与当地政府各分支机构之间形成了共生关系。这些重要组织一起参与正式的决策过程（通过委员会代表、董事会任命、核定执照、给予补贴、授予特权的方式），城市政府须下放一定的权力以换取合作与支持

（包括降低成员的要求、在公共活动中作贡献）。从被分割的社会经济组织角度来看，合作者模式认为社会由职业政客和技术专家控制，他们能够扩大并巩固自己的权势范围。

最后一种模式源自当代美国都市社会经济的碎片化。它紧随 20 世纪 80 年代以来的社会文化碎片化及都市空间重构而来。后者有时会使得奠基了支持增长联盟的多元主义易于受到无组织的多边冲突的侵害。在这些冲突中，各团体为了多重问题而彼此陷入无休止的斗争。由于种族和民族分歧，工人阶级团体决裂；中产阶级团体也分裂为增长、不增长和缓慢增长三类；同时市区的商业利益集团与郊区的开发商分裂；大商业团体和小商业团体分裂等。这些都导致了超多元化的产生。在超多元主义背景下，无组织的多边冲突反映了权力关系的不稳定。特定的利益团体只能够在狭小的范围和特定的时间内行使权力，他们竭尽全力追求利益，同时在自己的管理下更加自由，并且对彼此的容忍无法达到多元模式下的程度。虽然超多元模式下的联盟十分必要，但它们仍然难以长久维持，并且都是特别安排的。

我们已了解这些模式的真实情况，即对真实情况的粗略描述，而真实情况中的权力关系更为复杂多变。它们是模式抑或"理想的类型"，能够帮助我们概念化城市动力机制中的特定方面。在这种背景下，另一种有用的概念是城市政权——由于城市官员（包含被选举的及被任命的）所代表的占主导地位的利益集团的联盟不断变化，产生了依赖于前者的权力结构这一观点；通过确保主要团体能够获得特别的利益并制定对其有利的政策，或者确保主要集团能够获得"副利益"，城市官员们可因此保留自己及联盟的权力[55]。随着经济条件的转变，城市政权也变幻莫测，如同市长和商业执行官们来来去去。城市的治理也在不同的政体间交叉。然而，总趋势却是朝着多元或超多元模式迈进，因为城市政府的政治基础受到了削弱（如政党地位的降低及来自郊区社区的竞争），同时商业也越来越分散（即经济多样化与"流动"资本）[56]。对于那些在城市政体内

建立联盟的城市，其市长须为此种趋势承担责任（进而就能解释为何会出现"经营市长"）。

10.5.2 地方政府的角色

上面描述的每种权力结构都包含了对与城市发展相关的当地政府所扮演的角色的解释。

在精英眼中，政府被视为这样一种机构：它能被操纵、影响、改变，或在某种程度上，它会为了经济社会生活中最顶端的中心利益集团而改变。因此，对于社会底层人士来说，政府既是压迫者，又是商业利益集团利用的工具。

从多元或超多元的视角来看，地方政府被视为一个被动记录和应对多种需求的机构。它不可能长久地被控制或操纵；它不是压迫者，而是掮客和协调者。

从合作者的角度来看，政府又是一个相当重要的机构：它是弥合社会上各种分裂势力的唯一方式。它是追求多种目标的一种常见手段。因此从这种观点来看，地方政府既是演奏者，又是指挥者。

另一种思想则强调技术专家和官僚在地方市政服务中的自主作用。这种观点源于社会学家马克斯·韦伯对 19 世纪现代化进程中产生的"官员独裁"现象的仔细观察。在这种观点下，城市化变得复杂不堪，以至于当选官员不得不更加依赖于具备专业知识的公务员；进一步而言，日常情况下，本地政府受公务员控制，他们的专业观念及对部门的忠诚度，对许多本地政府的活动方式有着重要的决定作用。这种解释反映了城市治理中的管理者模式所具有的特征。在这种模式中，公务员因促进政策的实施而成为了社会的管家。

但从某种意义上讲，这些解释都很有限，因为它们既未考虑地方政府和国家政府之间的关系，也未考虑更广泛的问题，即与整个经济社会变化相关的涉及政府角色的问题。对于这类视角，我们必须求助于结构主义方法 [57]。从这一视角来看，对于国家政府而言，地方政府被视为一个相对自主的附属品，这二者都以行动来应对社会中盛行的阶级利益权衡问题。从大范围来说，地方政府维护大商人的利益，同时又通过改革战略"收买"工人阶级。实际上，地方政府的行为被认为是为如下 3 个关键作用之一服务的，这些作用与经济和社会相关。

1. 通过如下 4 种方法，维持和加强私人生产与资本积累：
   a. 提供基础设施。
   b. 采取措施缓和生产重组中的空间变化。例如，进行规划或开始城市改造工程。
   c. 采用公共学校和技术训练项目方式进行人力资本投资。
   d. "需求调整"，例如通过签订公共工程合同来保证市场的稳定和安全，否则将会给市场带来不稳定和无法预测的情况。
2. 采用如下 2 种方法通过集体消费来重塑劳动力：
   a. 改善穷人的生活条件（如资助公共住房和交通工程）。
   b. 增加社会文化设施（如公共图书馆、公园、艺术展览馆）。
3. 通过以下 3 种方法来维持公共秩序和社会团结：
   a. 警察服务。
   b. 安全项目和社会服务。
   c. "合法机构"，例如地方学校和市民参与计划。

10.5.3 地方冲突的类型

尽管已说明了本地政府所扮演的角色，但少量的地方性冲突仍然无法避免——冲突不仅存在于争权夺利的主要利益集团之间，也存在于个人、社会团体和社区之间。虽然政府机构采取了措施来缓和城市化带来的变化，但当人们遭遇它们时，仍会对其做出反应，这就导致了冲突。这里讨论后一种冲突，即日复一日的当地政治的冲突（包括正式的和非正式的）。在这一层面上，多数冲突集中在两个方面：一是对由私人引起的变化实施公共管理，二是对提供给市民的多种服务和设施的质量及形式实施公共管理。那些在特殊活动中占股最多或有最多"地皮"的人，是最积极参与这些活动的人，这一点不足为奇。尽管还没有正式的理论来处理这类冲突，但我们仍能总结出一般性的理论。

　　冲突由变化引起，这些变化包括城市经济发展的动力变化，与人口及地方老化有关的变化，以及人们的价值观和期望的变化。更让人感到特别的是，三种社会空间的变化也会引起地方冲突：

- 都市区分散化（新郊区和远郊区发展）。
- 自然重构（土地利用变化、内城区改造）。
- 人口构成变化（居民流动、老龄化等）。

有了以上条件，我们就可发现美国不同地区具有不同的冲突。例如，人们对中央商务区（CBD）的选址冲突涉及重新开发、历史文物保护和交通等方面；除了教育方面的冲突外，已建居住区相对而言冲突较少；除了与历史文物保护与改造相关的冲突外，其他各种冲突在近郊和远郊居住区随处可见。同时，我们还可了解都市区的具体冲突的强度如何发生变化。例如，交通冲突通常在两类地区被本地化：近郊区、远郊区及重组的城市中心街区；相反，"文化"问题（例如某一民族占领另一民族的领土）在**过渡区**最为严重，而在郊区则逐步减少。

关键术语

annexation　合并

debt financing　债务融资

exclusionary zoning　排他性区划

gerrymanderin　不公正的选区划分

growth machines　增长机器

incorporation　法人组织

malapportionment　议席分配不公

metropolitan fragmentation　都市碎片化

municipal socialism　市政社会主义

NIMBYism　邻避主义

privatization　私有化

public-private partnerships　公私伙伴关系

reapportionment　选区重划

special districts　特区

urban regimes　城市政权

复习题

1. 随着城市的变化，"公共利益"的内涵如何变化？你自己对其是如何定义的？

2. "中心城区被独立和敌对的政府所环绕"这种情况在今天可以找到例子吗？如果可以，不同的行政区之间会涉及哪种冲突？

3. 在你所在的城市或小镇，能找到任何企业型治理的例子吗？你所在的地方政府的经济发展部门可能会在网站上宣传其政绩。地方报纸的商业版也会报道企业型治理的成果。你所在地区建设了哪些工程（包括大的工程如会议中心或体育馆），由这些工程的发起者和支持者，你能发现什么？

　　整理你的资料夹。城市报纸提供的第一手资料能很好地说明本章所涵盖的内容。如果你能在旧报纸上找到政治漫画的例子，就可以解释诸如机器政治、合并或改革这些议题。当今报纸的商业版上包含有很多新故事，主题涵盖城市议会、分区规划和高速公路维修的公告、地方经济发展的探讨等。你能发现一些什么例子，它们和本章所讨论的内容与概念有何关联？

    对城市变化和城市发展规划进行管理的观念经历很长时间后才被大多数人所接受，在这一漫长的过程中，涌现出了一系列理论思想与实践先例，这些实践给城市留下了许多印迹。经济发展的每个后续阶段，除了引发对过去问题的重新解读外，还会带来新的挑战，进而促成政策制定和规划方面的创新。这一过程使得城市决策和规划领域获得了非凡的创新，是当前城市政策制定者和规划人员必须珍视的宝贵遗产。

第 11 章

城市政策与规划

无论是有意的还是无意的城市政策与规划，都会给现代城市留下层层的地理烙印。对城市变化和城市发展规划进行管理的观念，经历了很长时间才被大多数人所接受。但在这一漫长的过程中涌现出了一系列理论思想与实践先例，这些实践都给城市留下了印迹。经济发展和城市变化的前后相继的每个阶段，除了引发对老问题的重新解读之外，还会带来新的挑战，进而促成政策制定和规划方面的创新。这些非凡的创新，是当前城市政策制定者和规划人员必须珍视的宝贵遗产。过去应对城市挑战的经验教训对我们的城市政策制定与规划会产生重要影响。甚至我们在城市政策制定与规划过程中运用的制度工具，也是这份遗产的一部分。我们必须认识到，和城市化的其他方面一样，它须与社会空间变化的连续、相互依存的过程联系起来。

11.1 学习目标

➢ 比较欧洲和美国早期（19 世纪）城市规划先驱的观点。

➢ 阐明时代进步的关键要素，探讨慈善、志愿精神、家长主义等概念，以及规划策略影响贫民窟生活条件的方式。

➢ 了解罗斯福新政的作用及其对美国城市的影响。

➢ 描述最高法院和联邦政府对美国"二战"后的规划策略发展过程所起的作用。

➢ 描述欧洲和美国的一些主要城市为促进城市的可持续性发展而采取的一些措施。

11.2 本章概述

本章旨在强调城市政策与规划既是城市变化的产物，又是城市动态变化的调节机制。第 10 章回顾了城市变化、城市治理与社会政治三者的相互作用关系，现在我们将关注重点投向主要问题和转折点。城市政策和城市规划的兴起是根植于城市化的中心矛盾艰难发展起来的，而这种矛盾是由堪称自由企业资本主义熔炉的城市所产生的自然和社会副作用。资本主义国家经济大萧条和随后政府通过政府干预来对自由企业政策的调整，成为城市政策与规划萌芽阶段结束的标志性事件。"二战"后，城市规划与政策的发展迎来了一个非常短暂的"黄金时代"。然而，城市可以有效地进行规划和管理的理念，受到了随后兴起的新自由主义的挑战。空间分离的都市空间经济结构的重构压力，加速了城市政策和规划"黄金时代"的结束。但这并非否认现代都市区城市决策和规划的重要性。相反，正如我们将看到的那样，城市决策和规划已经或至少暂时从广大公共利益中分离了。

11.3 城市政策与规划的根源

现代西方城市政策与规划可以追溯到欧洲的文艺复兴及巴洛克时期（14—18 世纪）。

这一时期，艺术家和知识分子梦想着心中的理想城市，富裕而有力的统治集团则致力于各种奢华标志物的建设，以彰显他们的财富、权力和天命。受古希腊、古罗马的古典艺术形式的启发，文艺复兴时期的城市规划致力于精心设计，以显示其城邦和教会权力的强大与荣耀。14 世纪，这种思潮由其发源地意大利开始向外传播，到 17 世纪已基本传遍欧洲所有大城市。

在文艺复兴时期，军事装备取得的巨大进步（如加农炮和大炮）促成了有规划的城市再发展热潮的兴起，建筑物普遍呈现出明显的军事防御特征，如防御工事、几何形堡垒、开阔的军事缓坡（具有开阔倾斜状射击区的一种斜坡，它对进攻方而言无任何遮蔽）。这些新建城墙内，城市按照宏大壮丽的新型审美观进行重塑，这种审美观的特点是平面几何造型、街道景观、宏伟宫殿和花园的设计强调引人注目的

视觉。这种发展状况常常达到这样一种规模，其所确定的城市的格局一直延续到了 18 世纪甚至 19 世纪，直到过时的城墙和/或缓坡被公园、铁路线、环城公路等新的再开发形式所取代。

当转入**自由竞争资本主义**（见图 1.5）后，社会经济变得愈加复杂。国家统治者及城市领导者开始关注城市规划和政策，既强调秩序、安全和高效，同时又显示新的权力和威望。其中一个重要的先例就是由乔治·豪斯曼男爵于 1853—1870 年在巴黎主持实施一个相当复杂的城市再开发计划。

豪斯曼的理念影响深远，并被广泛效仿，直到 20 世纪初现代主义运动（第 13 章）的崛起。现代主义认为，城市及其建筑也应该像机器一样设计并运转；城市设计、城市规划、城市政策等不能只简单地反映主流社会的文化价值观，相反，它应帮助创造一种全新的道德规范和社会秩序。

城市观察 11.1　为了竞争不惜代价：城市企业主义是否走得太远？

当一名政治人物高调反对采用提供公共补贴的方式来吸引公司进驻他的城市时，你会觉得有些不对劲。但这正是密苏里州堪萨斯市市长法克豪斯所做的事情。他是一名无党派主义者，同时又是一名现实主义者，但他自称为资本主义者。

作为市长，我制定了一系列强有力的举措，核心是创造就业，而不再是高楼大厦，不再是关门的酒吧和餐馆，更不是将纳税人的钱送给大公司，让他们赚取更丰厚的利润。这是一个痛苦的过程。我为此已失去了一些朋友，也未交到很多新朋友，反而多了一些死敌。但我必须这样做[1]。

堪萨斯市的政治和区位情况是市长提出这一立场的背景。他的城市跨越州界：堪萨斯市在密苏里州境内，而郊区增长则主要发生在市界以外——州界另一侧的堪萨斯州境内。这位市长指出，随着 21 世纪前 10 年后期出现的经济萧条：

过去堪萨斯市和其郊区间的那种非正式竞争，随着堪萨斯州的《促进跨堪萨斯州就业法》（PEAK）的通过，现在已变成一种危险的游戏，因为挖经济墙脚现在已成为堪萨斯州全州性的行为。这一法律为跨越州界从密苏里州迁移到堪萨斯州的企业提供巨额补贴[2]。

这位市长认为，只是为了鼓励企业跨越州界从堪萨斯市迁移到郊区社区而动用公共补贴，并不能为本区的居民创造任何新的就业机会。公司迁移所发生的巨额成本，譬如政府拨款和减免税收等，会影响到为改善地方竞争力而出资修建学校、公园和公路的能力。这位市长认为：

政府这种给企业提供优惠的政策伤害的不仅仅是堪萨斯市这个城市。这种政策还削弱了堪萨斯市都市区在全国和全球舞台上的竞争力[3]。

2008 年的大堪萨斯市商会主席鲍勃·雷尼埃支持市长的观点，也认为通过减免税收来吸引公司进驻的做法已经失控，导致用于城市基础设施和服务的公共资金大大减少。

同时，现有企业（有时是直接竞争者）则要足额缴税，并承担那些企业迁移的费用。堪萨斯州的企业现在正要求平等，并且威胁要迁到密苏里州。而那些我们努力争取并留住的企业，是受我们这里的高生活水平、我们这个世界级城市的便利条件的吸引而来的：国际机场、职业橄榄球队和棒球队、面积很大的动物园和活力四射的艺术景观[4]。

从现代主义运动开始至今，城市政策与规划的历史最好应视为一个连续不断的危机与响应的故事（见图 11.1），而不是某一运动的兴衰，也不是理念和实践的延续。人们认识到诸如经济、社会、政治、环境的每个危机，都会引起一个与之相对的响应，这种响应对城市政策与规划的理论与实践都将产生重要改进。这一系列响应措施的形成，不仅受危机本身的影响，也受过去响应经验（反馈圈）的影响。

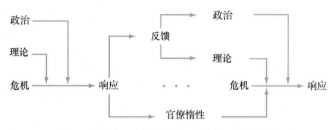

图 11.1　城市决策与规划的危机-响应模型

11.3.1　主题和视角

城市政策和规划的危机-响应模型的演进发展，是一个连续不断的博弈过程，这种博弈不仅要考虑到城市化中的主要矛盾（城市既是经济的必需品，又是社会、环境的潜在祸害），还要考虑到财产所有的民主国家所固有的各种矛盾与紧张。在美国，按照法律规定，私人财产所有制是排在第一位的，这就使得与其他国家相比，城市政策与规划工作在美国变得更加困难。由第 3 章可以看到，神圣的私人财产所有权很好地保护了某些特定个体（即房地产所有者）的权利，但对商业活动而言，城市应有的秩序降低了，城市对于多数居民的便捷性降低了，城市应有的健康也相应降低了（考虑最大的可能性）。

城市规划人员和政策制定者的紧张、矛盾还源自需求。一方面，他们控制着一定的公共空间以发挥其应有的作用（为了使城市更加高效、便捷、健康）；另一方面，又要防止制定过多的规则而抑制资本主义经营。

城市政策与规划的兴起始于**理性主义**的日益盛行。理性主义表现在对许多问题的关注上，如效率、秩序、目标、目的及成本效益等，其中最重要的是对进步与发展的关注。在这个过程中，理性主义获得了里程碑式的成就，其本身也日渐复杂。为此，我们有必要比较一下理性主义和相关的其他主义，如早期社会科学中的**环境决定论**、高雅文化中的反城市主义、先锋城市设计师的精英主义、专家政治论者的管理主义、当地政治家们的实用主义及企业管理主义等。这些丰富的思想及实践，不断塑造、改变着城市的空间。

最后，我们不会照搬老一套，认为城市政策与规划的作用是反对资本主义及其商业运营。诚然，最初的城市政策和规划的确是用来控制放任自由的经济及城市发展的。但正如城市规划历史学家理查德·福格桑所言，这一点不足以推断城市规划本质上或效果上是反对资本主义的。虽然城市规划是对资本主义内生的诸多力量的一种回应，但其一方面保证了城市发展过程的稳定，另一方面通过减弱市场力量，使资本主义系统得以维系 [5]。也正是中产阶层及各种商业利益关系，使得政府有能力通过规划、公众努力和政策等来实现城市的健康、安全及社会福利。

11.4　开端：慈善活动与改良运动

这里没有必要赘述 19 世纪城市化阶段城市条件的糟糕情况。对于欧洲的城市状况，查尔斯·迪肯斯进行了生动的描述，查尔斯·布斯和弗里德里希·恩格斯进行了系统的归类（见第 2 章有关城市化和工业革命的一节）[6]。而美国城市自然条件的状况则和欧洲一样糟糕：

人们像猪一样地生活，吃着腐败的食物。由鹅卵石、花岗岩或木头铺成的粗劣人行道长达数千米。下水道少得可怜，基本没有冲厕，木构建筑物在大多城市中心依然普遍存在，住房防火条件极差。城市供水系统因此不得不过多地考虑防火的要求，对公众健康和可饮用干净水的要求则考虑甚少[7]。

上述恶劣条件不仅威胁着贫民窟和工业区的居民，更威胁着城市中的每个人。火灾、疾病、民众暴动等频发，贫民窟更易发生此类事件，使得每个人都感到惶惶不安。雇主们闷闷不乐，因为雇员的身体日渐衰弱（由此导致生产效率低下），也因为害怕民众暴动而采取的暴民统治（19 世纪 40 年代波西米亚、法国、德国、匈牙利、瑞士等国的革命是最好的见证）；拥有大量财产者也倍感忧愁，因为他们的财产总是受到火灾威胁；体面的中产阶层也忧心忡忡，他们害怕道德的败坏，害怕犯罪与酗酒风气的侵染；每个人都惶恐不安，因为生命总是受到各种疾病的威胁，如流感、肺结核、百日咳、猩红热、天花、霍乱、伤寒、黑死病等。

11.4.1　早期的欧洲传统

种种忧虑是危机感产生的先决条件。19 世纪初期，这种危机感在欧洲得到广泛宣传。在大不列颠，最早真正关注这种忧虑并做出努力的是个人而不是团体，即身为济贫法理事会首任部长的埃德温·查德维克。他领导的相关运动直接促成了皇家城镇健康管理委员会的成立。委员会在 1842 年发表的一篇报告，使进步思想得以广泛传播。人们的思想进一步解放，并纷纷自发组织了各种协会，如城镇健康协会、助贫清洁协会、改善劳工阶层生活条件协会、改善大都市区工薪阶层生活条件协会。起初，这些协会仅仅停留在讨论问题并提出解决方案上。不久，在样板房的启示下，他们开始建设各种示范工程，提供工薪阶层可以负担的合适住房，这些工程往往也能获取较小收益。

问题是这种工程的效益太低，并不能引起投资商的广泛兴趣，城市危机因此进一步加剧。到 19 世纪 60 年代，许多富有的慈善家采取了开明的态度，如格治·皮波第、吉尼斯家

族等。他们为工薪阶层建设了许多住房，这种投入虽然会有一些收益，但就当时而言利润相当低微，一般在 5% 左右。1860—1890 年，仅皮波第信托公司在伦敦就建有 2 万多所公寓，目前有些公寓仍在使用中（见图 11.2）。

图 11.2　皮波第信托公司在伦敦科芬园地区附近建造的公寓

这种慈善行为对最贫困者（负担不起房租者）并未造成重要影响，对条件更坏的工业地区影响也很小。庆幸的是，它引起了上流社会对工业用地问题的关注，如怎样才能创造一种双赢的环境条件，既能在劳动力市场上获益，也能在住房市场上获益。关注大量贫困家庭才能减少贫民窟的数量，而贫民窟则会威胁每个人的健康与安全。

埃比尼茨·霍华德与田园城市　维多利亚时代，文化领域对工业化及城市问题的反应充满了浪漫主义色彩，这在文学、诗歌、艺术及建筑领域最为抢眼。在这些浪漫主义思潮中，人们对乡村生活充满向往。维多利亚时代的中产阶级继承了欧洲贵族的义务感，当这种义务感、家长式统治制度与浪漫主义融合后，人们想象出了一种全新的生活图景，即通过规划，建立一种将工业生产与田园牧歌式环境相结合的社区。19 世纪早期，社会主义实业家罗伯特·欧文在苏格兰建立了一个模范工业社区——新协和村，并实施严格的家长式生活制度。到 19 世纪中叶，家长式模式与慈善思想相结合，产生了建设示范社区的浪潮。这些社区主要有：纺织制造商提图斯·萨尔特在英格兰建立

的索尔泰尔公司城，钢铁巨头阿尔伯特·克虏伯在德国建立的 Margarethenhdhe，巧克力生产商乔治·吉百利在英格兰建立的规模更大、耗资更多的郊区小城伯恩维勒，利佛在英格兰建立的日光港城镇。

1902 年，埃比尼茨·霍华德出版了《明日的田园城市》一书。该书不仅总结了上述各种实践经验，还提出一条基本原理，即通过规划设计，田园城市不仅可以融合乡村（自然、美丽、清幽）与城市（工作、宜人、交际）的优点，还可避免两者的缺点（见图 11.3），这对当时的浪漫主义思潮很有吸引力。霍华德所设想的社区是一个和谐的、自治的社区，并将逐步成长为一个城市，其规模须易于管理。

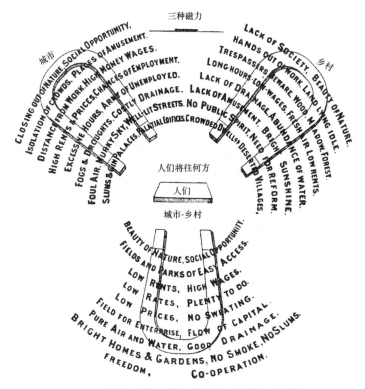

图 11.3　埃比尼茨·霍华德关于田园城市的观点

按田园城市模式新建的自给自足的城镇，必须在已有城市的通勤范围之外。其规模必须足以向城镇居民提供工作岗位，以避免居民与中心城市的频繁通勤。但同时其规模也不能过大，以免产生目前各大工业城市表现出来的社会、环境问题。霍华德的多中心**城市体系**思想虽然没能实现，但其在功能上则相当于业已存在的拥挤大都会。

每个理想的田园城市，应将用地规模控制在 25 平方千米左右，人口规模控制在 3 万左右。建成区面积约 4 平方千米，中心是公共花园，周边布置公共设施，如市政厅、法院、图书馆、博物馆、医院等，通过放射状林阴大道

很容易到达这些设施（见图 11.4），这个步行城镇内部既包括一个集中的居住区域，还包括一个独立但易到达的工厂与仓储区，它们通过环形铁路线相互连接。建成区外围必须保持永久的绿化带，一方面限制城市的无序蔓延，另一方面在保护农业的同时为城市居民提供良好的休闲娱乐环境。

霍华德自投资金，与人合作创办了田园城市先锋公司，在距离伦敦北部 29 千米的地方建成了第一个完整的田园城市——莱切沃斯（见图 11.5）。依据霍华德的田园城市方案，在事先设定地点布置了道路、公园、工厂，并邀请私人开发商建设了住房（采用了仔细推敲的控制标

准）。这项兴建计划得到了来自各方人士的支持。自由主义者支持它，是因为它实现了包含牧歌主义与安定有序思想的乌托邦式的理想；实用主义者支持它，是因为它强调土地利用控制和向心发展；保守主义支持它，是因为它为私人发展房地产业提供了更多的空间。其他田园城市实践还有德国德累斯顿的海勒劳、比利时布鲁塞尔附近的费洛雷阿尔、意大利的提埃坡罗。虽然田园城市以强调独立于中心城市为其基本思想，但其构想的图景亦促成了田园式郊区的日渐产生。这方面的案例主要有英格兰曼彻斯特郊区的维森邵尔、伦敦西北部的花园郊区汉普斯特德、德国法兰克福附近的罗梅斯塔特、瑞士巴塞尔的希尔维、意大利米兰城外的米兰尼诺。

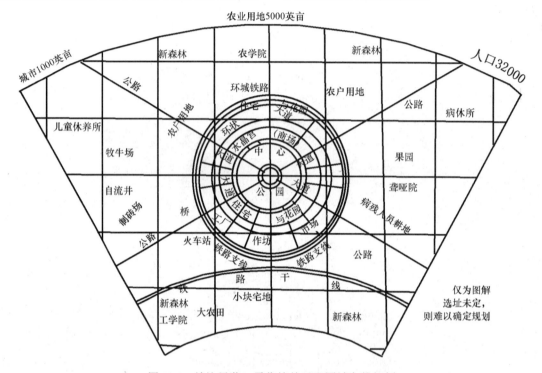

图11.4 埃比尼茨·霍华德关于田园城市的规划

图11.5 位于伦敦北部的第一个花园城市莱彻沃斯。围绕中央公共绿地建设的市政建筑如市政厅和公共图书馆等，至今仍吸引着喜欢在阳光下野炊和踢球的市民

田园城市概念的流行使其成为美国城市规划发展时期的一个重要元素。由美国区域规划协会发起建设的阳光花园及雷德朋社区是这一规划思想实践的最早代表，其影响深远。但一位美国社会学家兼规划师克拉伦斯·佩里发展了田园城市的基本思想，提出了**邻里单元**的思想，并在世界范围内被广泛采用。佩里为纽约罗素塞奇基金会工作，居住在森林山花园——基金会在郊区的一个模范社区，建于 1911年。在珍妮·亚当斯与定居救助之家运动的深刻影响下，佩里认为邻里社区是培养道德秩序和社区精神的重要载体。在森林山花园的生活，使佩里认识到物质规划对邻里生活相当重要。基于上述考虑，佩里设计了一个邻里社区蓝图（见图 11.6），其周边是高流量的城市道路，社区则围绕中心小学、本地商店和公共机构而建。

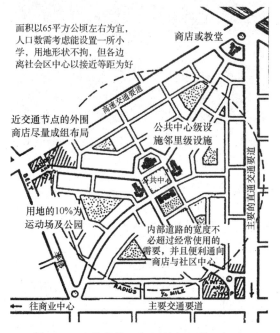

面积以65平方公顷左右为宜，人口数需考虑能设置一所小学，用地形状不拘，但各边离社会区中心以接近等距为好

商店或教堂

高速交通要道

近交通节点的外围商店尽量成组布局

公共中心级设施邻里级设施

用地的10%为运动场及公园

主要的直通交通要道

内部道路的宽度不必超过经常使用的需要，并且便利通向商店与社区中心

往商业中心　　主要交通要道

图 11.6　克拉伦斯·佩里的邻里单元概念

帕特里克·盖迪斯与科学规划　20世纪早期，当自然科学宣布一个个新发现时，社会科学和城市化的有关研究仍处于萌芽时期。在这种背景之下，苏格兰邓迪大学的生物学教授帕特里克·盖迪斯提出了具有很强说服力的观点。在自然科学方面，盖迪斯赢得了广泛的尊

敬，而在社会科学方面，盖迪斯同样言行一致，不入俗套。他是一位活跃的住房改革活动家，并与社会各界保有良好的联系。城市的各种生长形态，深深地吸引了盖迪斯。他常常将城市的发展比喻成油斑、珊瑚礁等，认为它们虽然看似有序，但实际都是无序、无目的的。在这方面，他是一位本能的反自由城市化者，这是其所属的年代决定的。基于这种逻辑，盖迪斯认为需要对城市发展予以管理，就像一个农夫管理农场或牧场一样，必须去除差的作物才能让好的作物健康成长。于是他得出结论：城市的成长与发展必须依靠规划，这就预示着需要对城市当前的资源进行调查研究，以摸清底细。

这是盖迪斯对城市规划领域的第一个重大贡献，虽然这只是他的一个业余爱好。至于如何调查，盖迪斯有一套自己的办法。在爱丁堡的一个观景塔上，盖迪斯利用相机收集了有关城市生活的照片。受法国社会学家黎伯勒著作的影响，盖迪斯相信，通过分析城市调查获取的信息，可以弄清资源的可达性、人们对环境的反应特性及当地的文化根源特性。

根据法国地理学家维达尔·白兰士的著作的观点，盖迪斯还认为，调查必须在城市的区域框架背景下完成，这是盖迪斯对规划领域的第二个重大贡献。在《城市的演化》一书中，盖迪斯认为区域是城市经济、社会、政治生活重构的基础；城市与区域是相互依存的，必须对其一起规划和管理。盖迪斯特别提到应借助于电力与内燃机等新技术的离心力量。

11.4.2　美国：雅各布·里斯与住房委员会

雅各布·里斯在 1890 年出版的著作《另一半人是如何生活的》中，首次指出了城市化不加规划控制的危害。书中图文并茂地描述了被许多"尊贵"家族视为土地寄生线虫的纽约贫民窟的贫穷与衰败状况，给社会对一般市民和特殊移民的偏见火上浇油[8]。然而，对美国城市居民生活质量关注的这一举动，并未成功地引起社会的回应。在整个 19世纪，开明的改革者与空想社会改革家们不

断合作，通过小册子宣传关注市民生活质量的思想，但在改变人民观念和政府实践上收效甚微。直到里斯的著作出版发行，人们对这种卓越思想的看法才发生重要转折。人们清醒地认识到，如果任由城市住房市场自由发展，城市住房将不会自然平衡；即使城市管理者和政治领导集团支持移民与低收入民众的民意，贫民窟问题仍难以解决。

里斯对低廉住房区拥挤生活状况的关注，直接促成了先于 1894 年和 1900 年成立的两个住房委员会。两者均明确了人们的普遍认识：贫民窟是各种恶习的滋生地，是城市衰败的根源，是道德秩序的重要威胁。第一个委员会希望通过引入相关法规来预防过度建设，但这一法规很快就被投机开发商打破。

1900 年成立的委员会，其思想和行动在美国城市规划史上虽然未得到应有的称赞，但影响深远。与同时期欧洲的类似委员会相比，该委员会极力反对政府操控，限制公众对住房市场的干涉。他们认为这种行为将导致行政机构无谓膨胀，滋生政府的保护思想，降低私人投资的热情，所有这一切仅仅会"改善少数享有特权人士的生活条件"[9]。委员会认为，解决问题的最好办法，是通过执行法规化的建筑标准，来严格规范私营开发商的行为。

这种方法虽能避开"直接产生贫民窟"的困境，但穷人仍无力支付房租来获得像样且卫生的住房。对于这部分人，只有依靠志愿者、慈善家和理想主义者等来缓解其贫困、增强其受教育水平、防止邻里感情的淡漠，并为发展中的各种问题出谋划策。这样，中上阶层参与的最终效果，在进步时代的改革上留下了永久的印记。这次改革逐渐形成了 20 世纪城市政策的制定与城市规划的编制结构。第一个案例将介绍 3 个相互关联的运动：定居救助之家运动、公园运动与城市美化运动。通过了解这 3 个运动，我们可以清楚了解上述改革的实际效果。

11.4.3　进步时代的改革

中产阶层起初对城市贫困问题的回应是采取慈善行为与志愿行为（见图 11.7）。到 19世纪末，仅纽约就有超过 1300 种组织形式的慈善救助[10]。其中，有一部分慈善机构建立在民族主义基础之上，因此在一定程度上表现出功能与空间的一致性。但这些救济完全是针对个人或家庭的，因此通常表现出明显的分散性与不协调性。与此同时，一些真正的实践者开始清楚地认识到，贫民窟问题涉及邻里、学校、工厂等社会地理背景，是一个集体性问题。随着这种认识的增长，影响深远的定居救助之家运动随之而生，并主张慈善关注的焦点须是邻里和社区。

图 11.7　救济性质的城市政策。过去救济是唯一选择，后来开始针对"值得的"穷人

定居救助之家运动　定居救助之家运动的支持者们相信，生活在弱势群体之中可以帮助他们更好地为弱势群体提供服务，有助于建立与弱势群体的友谊，了解需要帮助的人的需求，有效促使贫困阶层达到中产阶级的家庭生活标准及相应的教育目的。1884 年，在英国伦敦的一个贫民窟建立了汤因比大厅，这是这场运动的一个示范。斯坦顿·柯依特于 1886 年在纽约市的贫民区建立了邻里行会（后更名为大学睦邻之家），这是该场运动在美国的第一个实践案例。另一个有名的早期案例是珍妮·亚当斯在芝加哥建立的赫尔之屋（见图 11.8）。

这场运动的思想，被证明正是许多热情的志愿者（主要是妇女）所寻求的。他们为失学者提供再教育机会，组织夏令营活动，建立邻里游乐场以激发孩子的天性，提供婴儿日托服务，实施教育计划来帮助"堕落的"女性，为老人建立俱乐部等。志愿者们还通过社会调查来佐证他们的这种革新观念，同时也开展禁酒运动。在美国，这种定居救助之家在 1891 年共有 6 个，到 19 世纪和 20 世纪之交达到 100 多个，到 1910 年已达 400 多个。

图 11.8　珍妮·亚当斯（1860—1935）建立的芝加哥赫尔之屋。她是定居救助之家运动的领导人之一，并于 1931 年与他人共获诺贝尔和平奖

这一时期，社会理论家们反复强调道德混乱和**社会解组**的危害，这并不偶然。瑞沃特·帕克（芝加哥人文生态学研究的代表人物，见第 12 章）十分赞赏邻里中心的思想，认为其有助于塑造居民的品质，有助于社区生活的管理，有助于共同社区生活原则的形成。1915 年，帕克在其发表的文章中指出："社会居住区的目的就是要重建城市生活。"[11]

遗憾的是，定居救助之家运动志愿者们的爱心、牺牲与服务感，却容易腐化变质，形成所谓的恩赐心理、家长式作风或福音主义的狂热行为。小说家辛克莱·刘易斯将其视为"由僵硬微笑着的谨小慎微而支撑起的标准"[12]。其他慈善工作者对这些志愿者亦加以责难，认为他们只是过度热心、假装投入感情，并担心那些没有经验的慈善工作者不但不能帮助解决问题，反而会威胁正常的道德秩序。

面对上述矛盾，许多城市建立了各种社团来组织协调慈善工作，这些社团通过培训慈善工作者使其适应严格的工作规则，让学员参与各种有记录的实践活动，使慈善关怀工作更加有效。除此之外，还培养工作人员分清"值得的"贫困者与"不值得的"贫困者的能力。这一思想已经成为基本成果保存至今，不仅渗透到了专业城市规划者和政策制定者的思想中，还渗透到了传统的社会知识理论中。

公园运动　进步时代给我们留下的另一份财产，并不像我们对待慈善与福利政策的态度那样难以捉摸，而是切实可以感觉到的城市公园与公共空间网络系统。如第 13 章所言，公园运动植根于牧歌式的古典主义美学观，它受田园思想及精神源自自然思想的启发。这种思想早期表现在 19 世纪的乡村公墓建设上，而由小弗雷德里克·劳·奥姆斯特德指导建设的纽约中央公园，则是 19 世纪中期的代表作。

19 世纪后期的改革运动，继续沿用了牧歌式古典主义思想中的设计主旨与理论基础，希望以此来培养劳工阶层珍视忠诚、美丽、健康、洁净与自然秩序的情操。建设公园与公共游乐场（见图 11.9）是早期努力的第一步。1893 年，珍妮·亚当斯在芝加哥的定居救助之家设立了一个真正意义上的儿童游乐场，这一实践成为了此后公共广场建设潮流的榜样。在接下来的20年里，各种公园、游乐场、公共空间在美国城市不断建成，它们不仅为儿童而建，也为每位市民而建。

这一时期公园建设的基本思想，从解决贫民窟的恶臭与疾病问题，转到了提升娱乐（针对大众）、审美情趣（针对中产阶层）和财产价值（针对社会上层）方面。

图11.9　20世纪初的早期定居救助之家娱乐场

但对改革者而言，公园与公共空间的潜在作用，是为城市社会传播文明的价值观与社会秩序（见图11.10）。通过公共空间，劳工阶层不仅可以接触到自然的活力，还可以接触到其他阶层的礼貌与文明举止。可以说，公园将成为一种普遍的道德力量，是民主与兄弟间情感的源泉，"公园可以滋养人们对美和秩序的愿望，向周围环境散发温和与宁静。"[12]

图11.10　洛杉矶林肯公园。精心设计的目的旨在促进文明价值观与社会秩序

在安得烈·杰克逊·唐宁、沃尔特·惠特

曼和赫尔曼·梅尔维尔等重要知识分子的支持下，公园运动很快得到了社会各方的关注。19世纪和20世纪之交，在巴尔的摩、波士顿、芝加哥、克利夫兰、纽约、费城、圣路易斯、旧金山、华盛顿特区等城市，各种大型城市公园相继建成。如纽约市有11座这样的公园，面积约为0.4平方千米或更大。波士顿则首先规划了大都市公园系统：以公园为珠、以道路为线的"翡翠项链"。各种小型公园在城市中激增：观景公园，动物园，为漫步而建的公园，为划船、野餐、滑冰、团队运动而建的公园，滨水公园、闹市区的袖珍型公园（见图11.11）、邻里公园等。

这场公园运动意义重大，它的巨大成功巩固了家长式作风在城市政策制定与规划中的地位，确立了环境决定论为城市规划的重要元素。这次运动带来了城市日常生活形式的真正改变。最重要的一点是，将早期规划艺术确立为一种半自动活动：作为代表的公园管委会，被赋予了设计监督、融资管理、建设维护、日常管理制度建设等职责。这些公园管理委员会是20世纪早期设置的城市规划管理委员会的先驱，是构成大都市的特区。

图 11.11　纽约布莱恩特公园。一个占地面积仅有 0.36 平方千米的闹市区袖珍公园

城市美化运动　公园运动的思想同样也促成了城市美化运动在 19 世纪末的兴起。1893 年，丹尼尔·彭汉在芝加哥博览会上，充分发挥了学院派的风格特点。这一尝试正好契合改革者的愿望：希望将公园运动积极且文明的影响进一步扩大，直至影响到整个城市环境本身。彭汉等城市美化设计者采用的新古典主义词汇，为整个美化运动带来了保守主义元素。学院派建筑和纪念碑的符号与图案，不仅唤起了人们对欧洲城市如雅典和罗马昔日辉煌的回忆，而且有助于美国盎格鲁-撒克逊式的统治，以及大规模移民时期公共结构及社会经济变化的合法化。

与此同时，在城市美化运动的框架下，宽阔的林阴大道和放射状的道路系统一一建成。这既得到了雄心勃勃的城市发展者的欢迎，因其为经济发展提供了有序的自然环境；又得到了土地所有者的欢迎，因为通过城市中心大面积的土地再开发，他们有望提升自己的财产价值。

城市美化运动还促进了城市规划管理委员会的发展，并使人们意识到需要一批技术专家来做相关的规划工作。但大部分规划工作是由自大的建筑师完成的，他们更为关心的是建筑本身的宏大。丹尼尔·彭汉建议："不做小型规划。"由其主持的芝加哥规划图文并茂，并于 1909 年成书出版。这是真正意义上的大都市规划，该规划提出：通过区域环形道路系统连接芝加哥城；建设放射状的高速公路和**林阴大道**；建设 24 平方千米的大型纪念公共用地及一系列的公园、游船码头；实施沿湖发展策略。该规划是芝加哥城市的扩展计划，是关于其发展的构思框架，是美化城市的卓越设计，是符合领导者心意的作品，是给居民留下深刻印象的发展策略。美中不足的是，它未能解决城市贫民窟住房、社会病等根本问题。

11.5　城市实践

20 世纪初，一些不拘泥于旧制的美国学者受帕特里克·盖迪斯科学规划思想的影响，开始以更加开阔的视野来考察城市问题。1909 年，第一届国家城市规划会议在华盛顿特区召开，与会者多数是政府官员和慈善机构的代表，另有少数建筑师、景观规划师和工程师。会议一致认为，城市建设是一个逐步实现的过程，其主要通过房地产交易活动来实现，但不采用以保护社区长远利益为目标的公共政策。

与会者坚信一些关于城市发展的政策是必需的，特别是那些具有前瞻性而非应对性的政策。但与会者并未就这一政策的内容达成统一。就像理查德·福格桑所言："这些规划者希望直接找到一种制定决策的系统方法，他们称之为'规划'，但不明白其确切的含义"[14]。

在逐渐抛弃自由主义城市化思想并经历城市住房改革的艰难探索和公园运动，尝试推行新古典主义审美观后，城市政策与规划的各个社会团体找到了明确的目标：须建立一个高效、严谨的城市空间结构，以利于各种社会生活与经济活动，也即"城市实践性"。这一观点要求人们改变关注的焦点，即从关注城市化的不良后果（贫穷、贫民窟、无序）转到关注城市促进繁荣与传播文明的功能上：

规划导向的改变，最终将使人们重新评估环境重组的潜在作用，使一种新认识开始萌发：通过人类知识的进步、国家调控机制及福利政策的发展，美国城市将变得平稳有序[15]。

要实现这些目标，首先须努力建立一个经济、高效的土地利用和道路交通系统，以及一个精心协调的基础设施系统。虽然实施这种策略花费巨大，但得到了商业团体的大力支持。主张城市实践与福特主义、泰勒主义的引入几乎同时出现，这并非巧合。由于上述规划可以带来间接的利润与资金累积效益，因此很快受到各地商界领军人物的重视。

当城市规划委员会忙于贯彻实践性思想时，对城市政策与规划颇感兴趣的一些学者，开始专注于区域经济重组和大都市分散化的研究。这种重组与分散化，不仅改变着美国的城市体系，也改变着单个城市的形态。在此背景下，刘易斯·芒福德的研究脱颖而出，其清晰而有效地陈述了盖迪斯和霍华德的思想，并促使更多的人关注城市政策与规划：方法是"越来越多，而非越来越差"。就如我们在第 3 章中了解的那样，1923 年成立的美国区域规划协会（RPAA），芒福德对其贡献巨大。尽管 RPAA 在社区规划方面的直接成果相对平淡，如阳光花园和雷德朋社区，但其间接影响极其深刻。20 世纪 20 年代由其成员宣布的许多思想，对罗斯福新政产生了重要影响。在国家社会生活与经济中，新政赋予了城市政策与规划中心角色的地位。

11.6 罗斯福新政

罗斯福新政，是罗斯福总统对 20 世纪 30 年代早期滞胀危机的应对策略。该新政使城市政策与规划的现代形态初具雏形，但并未形成连贯或完整的理论框架。在恢复国家经济的艰难历程中，计划常常是即兴的，甚至是相互矛盾的。然而，罗斯福新政促进了国家民主进程，进而促进了国家经济的有序管理，城市社会不安得以平息，并创造了协调的生产消费环境。

罗斯福新政时期是城市决策与规划得到空前试验的阶段。少数改革者与专业先驱们在概念、技术和实践上取得的成就，充分表明制定政策与规划是城市化过程中政治经济的一个重要特征[16]。毫无疑问，决策与规划已成为整个政治经济的必需部分。1933 年成立的国家规划理事会（1935 年更名为国家资源委员会）将基于调查而规划的科学理念应用到了各个领域：从改善公共工程到教育、失业、健康、养老保险、区域发展、技术评估等。

城市政策与规划的形态，受罗斯福新政中的许多提议影响极大：

- 市政工程管理局（CWA）、公共工程管理局（PWA）授予各地方政府建设高速公路、桥梁、机场、公共建筑、下水道和水利工程的权力（见图 11.12），希望借此来扼制经济萧条。主要表现在直接增加了工作岗位，间接为经济发展改善了基础设施。

- 工程进展管理局（WPA）通过地方办公网络，直接雇用劳动人口，希望快速降低失业率。为达到这一目的，主要在高速公路建设、给排水系统和娱乐设施上做出了努力。

- 联邦应急救灾局（FERA）授权各州实施下岗救助策略，并为其提供相应的贷款，从而刺激了公共工程的建设，而这些工程多与城市相关联。

- 根据 1934 年的国家住房法案而成立的联邦住房管理局（FHA），继承了住房业主借贷公司的职能。通过提供联邦抵押保险，一方面防止了抵押拖欠，另一方面通过鼓励私人住宅建设创造了工作岗位。

图 11.12　由工程进展管理局（WPA）出资建设的工程曼哈顿道路

- 公共工程管理局下属的应急住房分部开展了贫民窟清除与公共住房建设计划，希望借此减缓大城市贫民窟地区环境的急剧恶化。根据 1937 年的美国住房法案，该分部成为了后来的美国住房局。
- 移民管理局在其很短的存在期内，一度是美国最具权威性和革命性的规划机构。在雷克斯福德·盖伊·塔格韦尔的领导下，美国区域规划协会的诸多观念，通过绿带城市计划得到了大力推广。该计划试图将城市中心区的贫民窟改造为公园绿地，并吸引更多的城市居民进入。然而，诚如第 3 章所言，政治上的反对意见使该计划实施的规模受到了限制，而移民管理局自身也过早夭折了。

罗斯福新政建立了强有力的政府干预并得到了民众的普遍接受，而不是将其视为一次特殊尝试，遗憾的是，公众的参与度明显不够。强制式的经济管理与社会救济，日益偏离了城市实践所期待的美好愿景。罗斯福新政并未促使全面综合规划的产生，反而造成了规划的破裂与分化。规划与政策管理部门逐渐与规划实施脱节，空间政策与社会政策也相互背离，人们一味地追求短期目标，而不顾长远目标。因此，原本与经济管理和增加就业相关的这些政策，无意间促进了第二次世界大战后城市决策与规划黄金时代的到来。

11.7　重建和增长时期的政策与规划（1945—1973 年）

"二战"结束的 30 年里，城市决策与规划成了西方政治经济中的重要因素。这是一个推崇技术专家与规划决策的时代，许多实践者比以往更看重公众的信赖，希望公众相信他们有能力为广大市民、各类商业及工业提供公平且高效的环境。欧洲这一时期的重点是战后重建和经济复兴，而美国的重点则是促进经济增长。对两者而言，城市规划与决策、城市治理与城市发展均要求以空间合理化为先决条件，而空间合理化则是这一时期福特主义生产系统的内在要求。

11.7.1　欧洲的复兴规划

在战后的欧洲，深刻影响专业化规划产生背景的主要是 3 个社会政治运动。这 3 个运动均抱有一个共同的信念，即认为规划是必需的，除此之外，三者之间基本不再有共同点。第一个运动受家长式作风与理想主义者的支配，他们继承了盖迪斯与霍华德的规划思想。第二个运动受保守的乡村保护主义者的支配，他们多关注城市化与工业化对有限农业用地的侵占，而农业用地正是独特景观得以存在的根本。第三个运动受工业化地区的政治代表们的支配，他们的经济基础在战争中受到了严重破坏，而今则受到来自海外的激烈竞争。

专业化规划最杰出的倡导者当属帕特里克·阿伯克隆比爵士，在英国发生的上述3个运动与他都有广泛的关联。阿伯克隆比爵士主要关注城市的快速蔓延问题。由于战后经济衰退，各种建材及劳动力十分廉价，相对于工薪水平，这一时期的房价较以往（或此后）更易

被民众接受。随之而来的城市快速蔓延问题日益严重，而这又导致了农业用地的严重流失，交通日益拥堵，上班路程日益增长。阿伯克隆比爵士指出这些问题后，提出需要控制城市的发展。这一战略思想在其主持的大伦敦规划中得到了充分体现（见图11.13）。大伦敦规划影响深远，主要包括三大战略：在城市外围设置"绿化带"严格控制城市扩张；清除城市中心贫民窟与复兴城市中心的工业；通过在城市绿化带外建立一系列新城来承担中心城区的部分工业与住房。

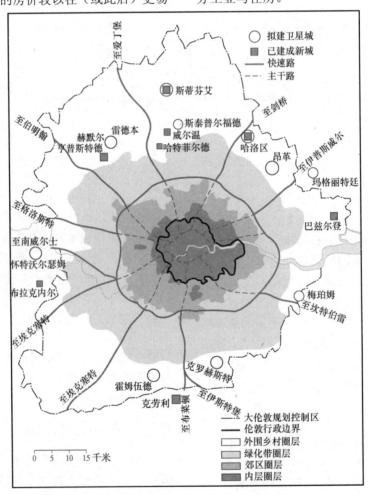

图11.13　阿伯克隆比爵士的大伦敦规划

阿伯克隆比爵士的大伦敦规划中，倡导去中心化，将伦敦中心城区的100多万人口分散到外围的8个新城，1947年成立的激进劳工管理机构实施了这一策略。由于与勒·柯布西耶强调专业与科技的现代主义思想相近（见第13章），阿伯克隆比爵士的大伦敦规划思想迅速取得了广泛影响。苏格兰的东基尔布莱德和卡安伯尔纳恩分别建立了新城，为

从格拉斯哥分散出来的人口提供了住房。法国重点发展了巴黎附近的 5 个新镇，以及里尔外围的东里尔。在荷兰，海牙的过多人口被分散到了附近的祖特尔梅尔，阿姆斯特丹过多的人口则被分散到了附近的比基莫梅尔。丹麦的哥本哈根及瑞典的斯德哥尔摩也均采用了上述策略。

在德国，柏林的过多人口被分散到了附近的麦卡什维特社区，慕尼黑的过多人口被分散

到了皮尔拉赫，法兰克福的过多人口被分散到了诺德施泰特。鲁尔北部的武尔芬和马尔新镇，主要针对采掘工业的扩张规划设计，为本地规划的人口提供住房。与此相反，有些新镇建设，则是为了刺激衰退或偏远地区的发展，如南威尔士的昆布兰、苏格兰的格兰罗塞斯及英格兰东北部的艾克里弗和彼得利等。在建设过程中，政府虽然对住房与商业给予了大力扶持，但并未获成功。

城市观察 11.2　欧洲城市中可见的城市政策与规划遗产[17]

虽然没有哪两个城市是完全相同的，但在城市政策与规划的作用下，欧洲的城市还是表现出了一系列的共同特征，这些共同特征与其他地区城市的特征有着明显的不同。

高密度与紧凑的形态： 在中世纪，城墙的限制使得城市的发展保持了高密度特征。在当今西欧的大城市里，这种特征在多种要素的相互作用和影响下，得以永久保存。欧洲城市规划，对以低密度开发为特征的城市扩张的控制，有着悠久的历史传统，其可以追溯到对早期郊区建设的严格控制。而紧凑的城市形态及价格较高的石油在一定程度上也表明，汽车的普遍使用在欧洲相对较晚。

复杂的街道形式： 中世纪时期，以狭窄街道和小巷为代表的城市规划思想一直持续到汽车时代的到来。中世纪时期，城墙外的市郊沿着道路从城门向外辐射发展。19 世纪，由于受到豪斯曼思想的影响，许多城市（如慕尼黑、马赛、马德里等）设计了放射状或径向的林阴大道来作为规划郊区的发展轴线。

城镇广场： 广场是希腊、罗马及其他中世纪城镇的中心，常常作为城镇的重要开敞空间而得以存在。一些中世纪的城镇广场保留了露天集市的传统。大型的露天广场在中欧和东欧的一些典型社会主义城市中，是政治集会的场所。今天，像在西欧一样，很多中央广场和历史建筑，随着社会经济的变化，新增了现代商业功能，如旅游、办公和餐饮等功能。

主要地标： 西欧城市中心的历史性地标，多为宗教、政治、军事、教育和文化等方面的象征。许多教堂、雕塑仍然保持着原来的目的。一些市政厅、皇家官殿、技工会所等也已改成了图书馆、艺术长廊、博物馆等。如今，这些城市的地标已不再是市政厅、教堂，而是大型跨国公司的办公大楼和大型体育竞技场等。在中欧和东欧的社会主义城市中，充满了各种大型建筑，如"婚礼蛋糕"式风格、红色五角星和英雄主题的雕塑等。自 20世纪 80 年代起，在消费文化的影响下，社会主义政治标志正逐渐被广告牌所取代。

低矮的天际线： 西欧城市的部分较老地区，令北美游客铭记在心的是它没有常见的摩天办公大楼和高耸的公寓建筑（见图 11.14）。钢架结构及电梯的使用，使建设高层建筑成为可能，但在此之前的很长一段时间里，城市中心区已经得到发展。在总体规划及建筑设计中，考虑

图 11.14　阿姆斯特丹低矮的天际线。东欧城市老区一个明显特点，表现在市中心没有摩天大楼及高耸的公寓

到减小火灾的蔓延范围，对建筑高度进行了限制。这使得城市建筑在工业化时期保持在3~5层之间。1795年，巴黎将城市建筑的高度限制在19.8米，其他大城市在19世纪则采用了高度限制政策。如今，高度限制政策仍然实行，高耸的建筑仅在再发展地区及城市外围可见，如巴黎的拉德芳斯。但在伦敦等一些特大城市的商业金融中心地区也建设了摩天大楼。

在欧洲的社会主义国家中，土地未实行私有化，由此不存在土地市场。跨国公司也不在这些地区办公，因此以高耸的商业建筑为特征的中央商务区（CBD）并不存在。直到近期，这里的最高建筑仍多为共产党和国家行政大楼、人民大会堂和电视塔等。

热闹的中心区：欧洲城市具有高密度和紧凑的特征，这得使城市中心区活动繁忙，熙熙攘攘。集中于中心区的公共交通系统（公共汽车、有轨电车、地铁）的广泛使用，更是促进了中心的繁荣。

在大城市里，独特的功能占据着独特的地区。如政府办公和大学占据公共事务区，银行、保险公司占据着金融办公区，步行零售地区延伸至火车站，博物馆、艺术长廊分布在文化区，剧院、红灯区则分布在娱乐区。另外，城市中心区的建筑都具有多种用途，如零售商店、办公地，饭店上层一般都是公寓。市中心区的另一个显著特点是分布着许多大型百货公司，如伦敦的哈罗德和柏林的西区购物广场。现代市区购物中心则有伦敦的韦斯特菲尔德和布拉格的弗洛拉宫。与此同时，郊区购物中心也日益普遍。许多沿海城市或沿河城市，通过翻新过去的港口和工业建筑，重建混合用途的滨水地区，如里加的卡普色拉和汉堡的港口城。另外一些城市则通过修复荒废的历史建筑，将其改为节日集市。这些集市往往有着别致的小商店、旅馆和街头艺人，如伦敦的科芬园。

11.7.2 美国的经济增长规划

"二战"后，推动美国公共政策的动力逐渐终止，这是大商业与工人组织"阶级调和"的结果，联邦政府的治理则使这一调和结果得以实现[18]。这一现象是福特资本主义诸多特点的一个显著方面。调和的结果是雇主与工会之间达成了无形的协议：高报酬与好的工作条件，将获得管理驱动下的生产力的提高。

在战后经济持续增长的背景下，这一协议看起来理所当然，而在该协议基础上产生的政策目标主要有两个：（1）巩固经济增长，使协议得以继续存在；（2）再分配经济增长获得的利益，抑制（或消除）全面增长的不平衡。

上述方法已经取得了一些重要成果。第4章中已经指出，各州之间的高速公路系统促成了城市体系的发展，而这为整体国家经济的发展提供了重要框架。我们还可以看到联邦抵押保险公司是如何继承罗斯福新政的一些思想来巩固管制条件下的经济发展的，而这是通过战后郊区扩张的形式得以实现的。在第10章中，我们可以看到罗斯福新政产生的**支持增长联盟**，如何将新政中的思想用于更新中心城市的结构与经济基础；快速的经济发展与人民的

日益富裕如何促进**集体消费**（教育与其他公共服务）的增长；人们日渐增长的期望及持续受到各种排挤与不公，如何促成社会福利与收入补给等方面投入的增加。

这里回顾1945—1973年有关城市政策与规划的相关立法提案，有助于我们了解这一时期城市政策与规划的基本情况。但首先我们必须承认立法机构在建立各种法规方面做出的贡献，而这些法规正是各种城市新政能够发挥作用的基础。

11.7.3 美国的法院与城市政策

在美国，将战后一些社会政治思潮转变成里程碑式的社会决策，美国的最高法院功不可没。而城市政策与规划框架的形成，则受到这些社会决策的重要影响。这些社会决策大多建立在对宪法第十四修正案的解释上，修正案有一部分这样写道：

任何州都无权建立或实施法律，来剥夺美国公民的基本权利与豁免权利；未通过法律程序，任何州都无权剥夺任何人的生命、自由与财产；在法律赋予的权限之内，任何人都应受到法律的保护。

这一宪法条款，确保了城市作为各州政府合法代表的地位。战后经济、社会、大都市变

化等方面的压力，特别是 20 世纪 60 年代的种族冲突，给法庭带来了一连串的案件。有 3 个特别事件对城市政策运作影响较大，即废除学校种族隔离、开放式小区和赋予选举权。

废除学校种族隔离　谈到学校种族隔离，我们需要提到的里程碑式事件是 1954 年发生在堪萨斯州托皮卡的布朗诉教育委员会的案例。在该案例中，最高法院宣布种族隔离学校违反宪法。然而，这一判决有点模棱两可，仅认为使用政府资助的学校不可以种族隔离，并未规定所有学校必须实行种族融合。这一模糊不清在 1968 年的格林诉新肯特县学校委员会的案例中得以厘清。在该案例中，法院裁定，学校必须尽可能多地混合各个种族的学生，仍处于种族隔离状态的学校必须采取积极的行动，让各个种族的学生达到一个合适的比例。相应地，这一裁决要求法庭判决者面对美国城市人口构成复杂的这一现实。这样一来，公共汽车送小孩上学的计划得以推行，从而保证各学校各种族学生构成的平衡（斯旺诉夏洛特马肯堡教育委员会，1971）。然而，在大部分地区，法院方都回避了一些决议，因为这些决议会造成大都市内的种族隔离。

限制性契约　住房政策中的一个重要案例是雪莉诉克雷默。在该案例中，最高法院在 1948 年裁定，有关种族的**限制性契约**是违反宪法第十四修正案的。最高法院在 1968 年的琼斯诉梅耶的案例中扩大了上述裁定内容，以确保任何种族的人都有"购买任何白人可以购买的东西，居住在任何白人可居住的地方"的自由。

法院同样处理了一些由公共住房及排他性区划引起的问题，但这些判决在面对地方政策与规划的实践上，并未严格要求判决的实施效力。在1972年的NAACP诉劳雷尔山案例中，法院宣布取消了一个**排他性区划**的条例，认为任何市政当局都有义务为低收入者住房提供合理的共享空间。在 1977 年芝加哥的都市住房开发公司诉阿灵顿高地的案例中，法院裁定带有区别的排他性区划本身并不违法，只有包含了歧视性内容的排他性区划才是违法行为。

当然，这一裁决给人们留下了很大的理解空间，也造成了大都市社会分化的继续发展，这些内容在第 10 章已有所阐述。

公民权　我们已经谈到了最高法院在 20 世纪 60 年代发生的"议席再分配革命"中所扮演的角色。其中最重要的一个案例是 1962 年的贝克诉卡尔案例。1965 年颁布的联邦选举权法案，标志着公民权立法的通过。在该法案颁布后，最高法院确定，在种族差别这一特殊案件中（艾伦诉州选举委员会，1969），任何公民的投票都具有同等重要性。1973 年提出了选举问题的另一方面，在怀特诉瑞翟斯特一案中，法院裁定种族构成混杂的地区（一名以上立法者代表同一地理区域）因实际上稀释了少数民族的投票权，违反了第十四修正案。1986 年，法院采用了在更大背景下阐释投票结果而非纯粹的算术几何划分方法，加强了少数民族的投票权利，并考虑到地方选举形式及少数民族争取选举代表的成败经验。

11.7.4　联邦政策提案

"二战"后的几十年里，美国政府在社会目标方面的投入急剧增加，譬如肯尼迪政府的新边疆政策，约翰逊政府的对贫困宣战与伟大社会政策（见第 10 章）。在实际操作过程中，这些资金多以扶助款项的形式发放到各州及地方政府。20 世纪六七十年代，对于国内政策与规划，不同政党在政治理念上产生了分歧，分歧主要表现在资金发放方式及附属条件上：民主党人士认为，必须保持大型商业和劳工组织之间的协调，因此资金必须合理分配到中心城区及蓝领阶层居住的社区；而共和党人士认为，资金应尽可能多地发放到乡村和郊区及阳光带的城市。这些资助计划及相关政策提案多是为解决城市问题而设立的，主要内容如下：

- 1949 年的住房法。该法是一部基础性法律，主要是为了帮助清除城市中的衰败地区，从而集中土地以利于再开发和建设公共住房。
- 1959 年的住房法。该法除了其他作用外，还为大都市层次的总体规划的准备工作提供联邦政府支持。

● 1962 年的联邦高速公路资助法。该法授权城市地区的交通设施规划可以获得联邦政府的资助。这一法律的实施，刺激了各地土地利用与交通规划的开展。

● 1964 年的经济机会法。这一法律建立了经济机会办公室，办公室的主要目的是促进基于邻里的经济发展。该办公室仅将 25% 的基金用于公共部门，剩下的部分直接划拨到了邻里群体或私人组织或非营利组织（大学、教堂、民权组织、住房、家政服务机构、联合组织），希望通过这些组织帮助经济发展和大都市转型情形下的各种受害者。

● 1965 年启动的先发工程。这一工程希望通过资助相关教育计划，促进认知发展，从社会、情感及物质条件等方面努力，提高低收入者小孩的健康与幸福水平，打破中心城区的**贫困圈**（见图 15.6）。

● 1966 年的示范大都市发展法。联邦政府、各州、各地方的公众及私人，都在努力改善城市生活质量，对抗城市贫困与不利状况。该法律竭力促成这些努力的集中与协调，可以说是那一时期理性思潮的产物。通过"对各地区进行积极的区分评估"的方式对"区位贫困"而非"人口贫困"做了批判。从这一方面来看，示范城市计划受到了螺旋式邻里衰败（见图 10.12）和本地化贫困圈（见图 15.6）的强烈影响。

● 1969 年的国家环境政策法及 1970 年的环境质量改进法。这两个法律要求联邦政府在制定影响环境的相关政策和规划时，须采用系统的、多学科的方法。这两个法律还要求环境影响评价报告（EIS）中要包含拟建大型工程的环境影响。1970 年的洁净空气法创立了环境保护局，并授权其制定

项目周边环境质量标准。

● 1970 年的城市大型交通援助法。该法律提供了首个联邦政府对城市大型交通的长期资助的承诺。1970 年的联邦资助高速公路法极大地提高了各地方高速公路规划权限的影响力，1974 年的城市大型交通援助法第一次授权可将联邦资金用于交通运作的开销。

毫无疑问，这些联邦政策极大地影响了城市化进程。这些政策虽然并未达到预期的目的，但其出台不可避免地改变了城市的发展模式，同时改变了后续变化赖以产生的社会、政治、经济背景。换句话说，它们仍然是**社会空间辩证关系**的另一种展现形式。

但这并不是说这一时期城市化的任何维度，都被成功引导到了理性的依据规划的变革，或者说都被制定政策这种方式成功地控制。除了城市化本身的复杂性外，国家与地方政府的治理工作体系的差异也降低了成功治理的概率。特别是在美国，政治拨款的影响逐步减弱和扭曲了政策的预期效果。另外，政府的层级制度和各种外在的参与使得资金资助这种形式进展缓慢。

11.7.5 福音派官僚

1950—1975 年，整个美国和欧洲的政府都开展了一系列的发展计划，如住房、城市更新改造、土地利用区划、交通规划、环境质量评价、城市总体规划等。这些计划不仅为规划师提供了大量的工作，还提高了城市规划专业的吸引力，促进了城市规划专业的发展。城市规划师因此也成为各级政府与各种工程之间不可或缺的纽带，导致了城市规划师的数量大增，并提升了他们对于实现更优秀、更安全、更美丽、更高效城市的自信。

在该领域发展的同时，高等教育也如影随行：在美国，有关规划领域的培养计划，20 世纪 50 年代中期约有 20 个，到 70 年代末则增长到 90 个，其中 20 个有博士学位授予权。同一时期，正式取得资质的规划师数量从 100 人/年增加到 1500 人/年。在高层次的规划领域，

涌现出一批有能力、有热情的规划师和景观执行人员，尽管此类人员不多，但具有较高的权威性与影响力，譬如罗伯特·莫斯在第二次世界大战前就于纽约树立了权威，工作于理查德·李管理部的爱德华·罗格在康涅狄格州的纽黑文，埃德蒙·培根（演员凯文·培根之父，见图 11.15）在费城，戴夫·卢克在圣保罗的明尼阿波利斯，威廉·瑞恩·德鲁在密尔沃基，也都各自竖立起了自己的权威。在推崇专家技术规划的黄金时代，这一批规划师倾向于选择大胆而令人兴奋的思想来实现他们的大规模规划实践。这些思想主要包括霍华德、盖迪斯、柯布西耶、莱特、斯泰因等人的思想。

图 11.15　20 世纪 60 年代费城规划局局长埃德蒙·培根（右）和职员欧文·瓦塞尔曼（左）、达蒙·蔡尔兹正在评价贝聿铭设计的社会山公寓楼群模型

　　在整个规划职业领域，充满了一种福音主义精神。规划师坚信，城市应该也必定能成为更好的地方。规划师对规划有一个共同的定位，即它既是长期而缓慢开端的产物，也是第二次世界大战后激烈而爆炸式发展的结果。因此，通过自我选择与正式教育等方式，规划师都怀有自由理想主义、乌托邦主义、环境决定论、设计决定论、清理情怀、未来主义、城市环境审美关杯等方面的强烈元素。

　　在社会科学研究及其理论（包括行为理论、区域经济、区域科学、计量地理学、系统分析和交通模型）的最新进展的协力推动

下，城市规划的黄金时代在一个真正的宏大规模下拉开序幕。各地的城市规划者们在土地利用的严格划分、清除贫民窟、大规模的城市与商业复兴项目、城市高速公路以及（在欧洲的）新城镇和公共住房计划等现代化原则基础上，通过战略规划对城市进行了重新塑造。

　　但结果往往是一群平板状的大楼和停车场建筑，这些建筑采用风格粗野的钢筋混凝土形式，由高架通道和露天楼梯将行人与车流分开。早在 1961 年，简·雅各布斯就在其《美国大城市的死与生》一书中对这种通过规划而营造的现代化的可取之处和有效性提出了质疑。雅各布斯的理由是，城市规划带走了城市的生机和活力，在摘下其已经硬化的心脏的同时，取而代之的仅是以高层公寓社区形式的一种"极端沉闷的凋敝"。她指出，规划者坚持对土地利用分隔的教条，已导致了城市生活生命和机遇的丧失。她认为，城市如果交给规划者们，就会变得"空旷、缺乏人气，像一个大公园。它们会有长长的绿色景观。它们会显得稳定、对称而有序。它们会显得干净、壮观，令人印象深刻。它们将具备一个精心维护的庄严墓地的所有特点。"[19] 在短短的十几年内，公众的信心就已被一系列旷日持久、耗资不菲、最终却又流产的开发事迹，以及围绕许多大开发计划的腐败丑闻而大受打击。

　　即使是在他们认为最为杰出的时刻，规划师也不得不正视他们的失败。他们坚信的福音主义与环境决定论思想使他们陷入了"官僚政治攻击"的困境。典型情况是，在城市更新与高速公路建设中，规划师希望改善相关社区的生活，但这些社区却敢怒而不敢言。在规划师未了解这些情况之前，理性与建立高效、整齐的土地利用形式的期望，使得他们成为了社会的守夜人。

11.8　新自由主义政策与规划

　　如前所述，新自由主义时代在 1973 年后才算稳固建立，到 1978 年，针对美国的发展

需要，卡特政府抛弃了美国城市政策架构的理念。1978 年发表的第一份《国家城市政策报告》，促使联邦政府从城市事务中解脱出来。同年，卡特总统本人在年度国情咨文中非常清楚地反映了这种新态度。他说："政府不能解决我们的问题，不能设定我们的目标，也不能规定我们的远景。政府不能消除贫困，也不能提供繁荣的经济、消除通货膨胀或是拯救我们的城市。"[20]

这就放弃了城市政策与城市规划，仅仅保留作为城市发展的一种方法。里根政府充满热情地继续推行这一政策，目的就是要在任何层次上减少政府对私有企业的限制，尽可能焕发各企业的活力。因此，促进经济发展不再围绕城市来提出各类法案。《美国八十年代的城市》这个重要的政府报告清楚表达了这一状况。自由企业市场，是分配城市土地的最好方法，也是投资决策的最好方法，这样的投资可以让所有人都获得最大的收益。该报告指出，政府对城市与邻里的救助，只会阻碍自由企业市场长期效率的发挥。[21]

20 世纪 70 年代后，新自由主义思想支配着西方国家的政治经济。西方国家普遍断言新自由主义是对国家有益的少数几种思想之一，它设想的自由市场不仅是经济发展的理想条件，也是政治与社会生活的理想条件。这一思想使得政府资助大幅削减，随之而来的是解除管制与*私有化*的相应增加（见第 10 章和第 4 章）。1981—1988 年，联邦政府对城市与区域发展的资助资金降低了约 60%。研究表明，资助资金的减少加剧了社会的分化和地方财政压力。大部分负面效应可在大城市的中心老城区见到。人们对这一结果并不感到惊讶。当然，这种不公平发展到一定程度后，便被描述成一场"新的阶级战争"[22]。规划和城市设计在与监管或社会性支出相关的问题的影响下，已越来越多地从作为一种支撑职业身份和信誉的方式，向着有利于精心谋划的碎片化高档社区的方向推行。规划部门不再制定和实施战略性规划，沦落为只负责为分区和综合用途型"市中心"开发项目（这些项目是房地产开发商利用 21 世纪初的信贷繁荣推出的）加盖"橡皮图章"。所有规划者的合理期望不过是让开发项目通过主题设计显得更具艺术性（第 13 章），或至少不那么低俗（通过"智慧"增长，第 10 章）。

产权运动　自由企业和新自由主义思潮鼓励土地所有者、开发商挑战政府的根本权力，即通过体现公共利益的规划和公共工程来保证公共健康、安全及福利的实现。在美国，这种权力总是受到第五及第十四宪法修正案的限制，即禁止公共机构将私人财产没有适当补偿地"作为"公用的权力。

在新自由主义时代到来时，法院已经趋向于支持涉及大范围社区问题的公共利益，特别是这些问题涉及社区健康、安全、福利问题的事项，并基于专业分析与公众支持的综合规划。20 世纪 80 年代后，由财产所有权运动带来的各方力量的日渐增长，使得这些规则受到了挑战。该运动还迫切要求立法规定，在任何政府行为造成土地所有者利益损失及被政府剥夺了相关财产权利的情况下，政府都须对受害者予以补偿。20 世纪八九十年代，最高法院裁决的一系列案例（第一英吉利福音教会诉洛杉矶县，1987；诺兰诉加利福尼亚沿海委员会，1987；卢卡斯诉南卡罗来纳州沿海委员会，1992；多兰诉提加市，1994），均具有维护财产所有者权益、抵制州政府相关政策的特点，尽管在 2002 年的太浩赛瑞亚保护委员会诉太浩区域规划局的案例中，宣判发展的延期偿付有效。与此同时，财产所有权运动还支持立法机关提出零售业相关议案，如果该类议案能够通过，就可阻止各级政府对零售业的约束和限制。

11.8.1　提供优惠待遇的规划

20 世纪 80 年代后，新自由主义思想的繁荣，严重损害了城市政策与规划的职业特质与信誉。为了与政治经济保持一致，城市政策制定和规划变得破碎不堪。同时，规划也抛弃了通过综合规划来改善城市的观念，取而代之的是稳定的导向性规划。规划实践脱离理论研究，也不再考虑公众利益。规划逐渐同生产者所需、消费者所想相结合，对公共产品的理性思想或标准的考虑越来越少。

当城市重构急需规划这种全局性的政策框架，但遗憾的是，人们却失去了对规划的信仰。如前所述，面对城市日渐破碎化的经济转型形式，城市必须在多中心大都市的模式下为工业与市民就业提供一种全新的混合模式。经济转型和社会分化也急需通过一种综合的方法加以控制。然而，当前城市规划的主要目标是提供就业岗位，而不是使城市变得更具实效性、更美丽、更完整。

城市观察 11.3　凯露诉新伦敦市滥用国家征用权案

苏塞特·凯露梦想着能拥有一套海景房。她于 1997 年买下了一栋位于泰晤士河长岛海湾入海处的粉色房屋，并进行了修缮，从此她可以尽情地欣赏窗外的美景。这片丰富而有活力的邻里体现了美国人理想中的社区和对房屋拥有的梦想[23]。

辉瑞公司于 1998 年接受了包括在前 10 年只需支付 1/5 财产税在内的优惠政策后，在康涅狄格州的新伦敦市新建了一家制药厂，并于 2001 年开始投产。市政官员创办了新伦敦开发公司，以购买附近由 115 套住房组成的邻里，并将土地出售给了一家开发商，该开发商在这片土地上规划了一家旅馆、一些零售商店和公寓楼，建成后将产生更高的税收。苏塞特·凯露和其他 14 户居民拒绝出售房屋，于是市政府发起国家征用权诉讼迫使他们出售房产。这场官司一直打到美国最高法院，后者于 2005 年做出了其最具争议的裁决之一：判新伦敦市胜诉。桑德拉·戴·奥康纳法官在其异议意见书（合议庭法官对多数法官做出的判决所提出的不同意见）中这样写道：

从现在起，任何房产都可以为了另一个私人团体的利益而被征用，但这一判决的负面影响不容忽视。受益方很可能是那些在政治中有着非同寻常影响力和权力的公民，包括大型公司和开发商。至于受害者，政府现在已经获得许可，可以将产权从拥有资源较少的一方转移到拥有资源较多的一方。这种离谱的结果不可能是我们国家的缔造者们想要看到的。

这样的结果在很多方面很荒唐。市长当时声称收到了 4000 封对其进行死亡威胁的电子邮件。市政府最终同意将苏塞特·凯露的房子搬到另一位置，并为其他房主提供大笔额外的补偿。但他们的社区就此消失。新伦敦市和康涅狄格州为购买和拆毁这些房子花了近 8000 万美元。这次诉讼的恶名使得开发商对这一项目失去了兴趣，并且由于经济萧条而无力获得融资，最终不得不放弃这一项目[24]。

2009 年，也就是辉瑞公司的减税优惠期到期前两年，该公司宣布将在两年内搬出新伦敦。听到这一消息后，迈克尔·克里斯托法罗考察了这片清理后的土地，在成为这场对抗国家征用权的高调战斗的焦点前，这里曾是他父母居住的邻里。"看看他们都做了什么。为了发展经济，他们把我们的房子偷走了。罪魁祸首是辉瑞，现在他们也走了。"[25]

苏塞特·凯露对失去房子这件事仍痛苦不已，后来她以 1 美元的价格将房子卖给了保护主义者阿夫纳·格雷戈里。阿夫纳·格雷戈里从城市的另一端搬到了苏塞特·凯露的房子里，他打算把房子变成反对滥用国家征用权的象征。令苏塞特·凯露感到欣慰的是，在最高法院的裁决后，9 个州通过了限制使用国家征用权的法律，同时有 43 个州实行了更强烈的产权改革。

振兴区思想进一步发展了规划的优惠性质。振兴区思想由地理学家彼得·霍尔在英国首次提出，该思想希望在城市内建立一个尽可能多地享有各种特权而不受政府控制与约束的特别区域，如税收减免、厂区补助等。更广泛地说，城市更新依赖于公私企业的合作，而不是城市战略规划。规划企业化的结果是，规划师成了商人而非管理者。

城市观察 11.4　伦敦码头区的城市改造 [26]

　　19 世纪晚期到 20 世纪中期，伦敦码头区成为大英帝国的贸易中心。从伦敦塔桥沿泰晤士河岸向下游几千米的范围内，码头和码头区形成了几个有特色的街区（见图 11.16）。下游方向紧挨伦敦塔桥的是外观优雅的乔治王时期的多层仓库，用来存放高价值的货物，这些货物与伦敦这个帝国首都的商品贸易有关：象牙、茶叶、毛皮、烟草、植物油、香料和其他进口货物。继续向下游是用于处理和存放大宗货物（如热带水果和蔬菜、煤炭、牛饲料、化学品、水泥和纸等）的设施。再往下游是新建的更大码头和巨型冷藏库，为全球贸易提供现代化的基础设施。这种商业行为依赖于数量巨大的码头工人，他们和家人挤住在码头周围邻里区域内廉价且不符合标准的房子里。

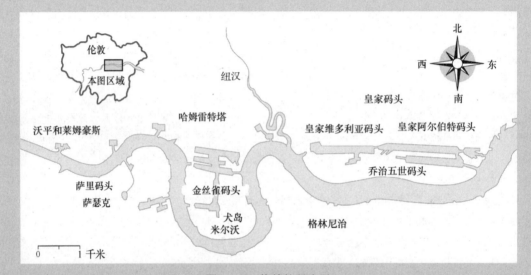

图 11.16　伦敦的码头区

　　这些城市建筑和社区留下来的不多。由于劳工问题和鹿特丹及其他欧洲港口的竞争，以及更下游的位置兴建了集装箱港，码头区在 20 世纪六七十年代迅速衰落。就业人数从 20 世纪 50 年代的 30000 人下降到了 1980 年的 2000 人。由于废弃不用的码头离伦敦市中心非常近，因此既令政府感到尴尬，又是一笔潜在的巨大财产。于是在 1979 年，政府采纳了地理学家彼得·霍尔的主张，在码头区的中心建立了一小片试验性的企业区，目的是通过减免某些税收和放宽规定来吸引新企业进驻。第二年，政府创办了伦敦码头区开发公司（LDDC），掌管码头区面积为 20 平方千米左右的一片区域的经济重建规划。这家城市开发公司拥有大量的资源和很大的权力，政府的部长们认为，为了能在较短时间内对面积如此之大的区域进行重建，这样做是必需的。LDDC 从伦敦的哈姆雷特塔区、纽汉和南华克区接管了对开发区的规划权，并被授权了可以在必要时通过国家征用权来获得土地的权力。伦敦的金融市场恰恰也在这时开始全球化。基于自动化和信息化的金融交易需要面积更大的现代化办公场地，场地要求布置灵活，楼板要厚，以便在吊顶内安装最现代化的技术设备并在地板下铺设电缆。在伦敦这个中世纪建造的城市的市中心，金融中心区内这样的场所很少，且很少有机会能够新建这样的场所。1985 年，世界上最大的房地产开发公司，加拿大的奥林匹亚与约克公司为码头区制订了一个雄心勃勃的开发计划，新建洋区建成后将新增数百万平方千米的办公面积。尽管开发计划曾一度陷入财务困境（奥林匹亚与约克公司曾陷入债务危机），但重建工程仍得以继续。

　　从 1981 年成立到 1998 年关闭 LDDC 为止，政府在土地收购和改造（包括环境治理）及提供公用事业和交通基础设施（包括新建多条公路和一个无人驾驶的轻轨系统）方面，一共投入了 18.6 亿英镑的国家补贴。这笔公共资金撬动了 77 亿英镑的私人投资，于是，经过这个世界上最大的单一城市重建项目，今天伦敦的码头区呈现出一片新的景象。新码头区的中心是金丝雀码头的那些时尚办公楼和配套的办公综合设施，白天这里集中了众多国际金融和出版公司的职员（见图 11.17）。新开发区的周围是清理一新的沿岸区和重建的仓库，现在已改建为昂贵的公寓楼和综合零售设施。但新的商业和专业服务工作、高端零售设施以及高档的住房，并未满足包括许多失业码头工人在内的其他长期居民的需求。

图 11.17　与格林尼治大学校园内的斯蒂芬·劳伦斯画廊教堂隔河相望的伦敦金丝雀码头开发区

综合利用开发与集群区划　在近来的规划实践中，最重要的一个改变是规划采用了新的土地利用区划方法，以适应开发商对灵活性的需要。曾经作为规划实践基石的欧几里得区划（以欧几里得诉安布勒案例为基础），如今被认为是浪费、单调与僵化的典型。现在，许多规划师与规划委员会将综合功能区划（开发商实现类似西雅图西湖中心大组块项目的重要方法，见图 11.18）视为达到各种目标的一种有效方法。这种方法可以提升城市的税收，实现城市复兴，增加使用公共交通的人数。在城市中心地带，综合利用区划正与激励性待遇相结合。通过允许开发商适度提高建筑物的高度与密度，这些地区可以获得一些特色建筑（如特别设计的建筑立面与屋顶），还可以获得一些便利设施，如日托中心、居住空间、提供各种日常服务的空间等，这都有助于保持该地区的多样性与活力。

在郊区，为了解决生硬的欧几里得区划带来的问题，采用了集群区划方法。该方法将一系列的控制规则应用到整个地块（规划开发单元，PUD）而非某一单体建筑所涉地块。通过 PUD，开发商可以在整个地块范围内估算密度与利润，从宏观层面合理布局一些开阔的空间（如高尔夫球场），保留一些具有地方特色的构筑物（如池塘与老厂房）。集群区划融合了居住与非居住要素，混合了多种类型的住房，并能随房地产市场的变动进行相应的调整。对开发商而言，由于生产的多样性与灵活性，PUD 将为生产提供**规模经济与范畴经济**，而这一切都在一个可预见的规则框架内。对规划师而言，集群区划为纳税人无偿提供的服务与娱乐设施，有望促进高税率产业的发展。

图 11.18 西雅图的西湖中心。它采用综合发展摸式，通过缜密的规划，
融入了相互促进的零售、办公、旅馆、停车、文化休闲等内容

城市观察 11.5 竞争区域主义 [27]

在美国，城市企业化现象已普遍存在。在新自由主义政策下，为了达到增加就业、提高税收等目标，各个地区在吸引私人投资方面展开了激烈竞争。但这种竞争缺点甚多，包括巨大公共资源转移到（如拨款）或漏失到（如税收减免）受到激励的公司，城市经济收益较预期的过少，城市花费与收益的分配日渐不均，落后城市付出更多而收益却更少。上述这种竞争的结果是只有一个城市能够获益。因此从区域或国家层面上看，如果只是利用公共资金在不同地区间转移投资，总效益将为零。另外，公共投资从教育、科技、交通、通信基础设施等领域转移出去，会使城市在国内与国际上的竞争力下降。

认识到上述缺点之后，许多政府的官员达成了一致，认为有必要消除一些不经济的竞争。但由于没有哪个地方政府能确保其他地方政府不向各个公司提供优惠，因此每个地方政府都单独行动，为各个公司提供此类优惠。对于这种集体行动上的不恰当，合作理论（如重复博弈论、囚徒困境理论）深刻地阐明了这一问题的本质。在一个简单的两人游戏中，每个选手都有选择合作或竞争的自由，在这种情况下，最好的结果是相互合作，最坏的结果是相互竞争。然而，由于任何一方都无法保证对方会合作，因此两者均选择了竞争。

区域合作（竞争区域主义）也许可以为大都市层面上的类似上述囚徒困境问题提供一种解决办法。其论点如下：

当前，美国经济应视为基于大都市区的、各地方经济区的共同市场。当然，这些地方经济区不仅相互紧密依赖，而且相互竞争，既在本区域内竞争，也在世界上同其他地区竞争。新的领导合作关系及网络的形成，使他们认识到，他们努力的重心应该是把整个区域当作一个整体，而不是孤立地关注中心城区及其郊区。[28]

竞争区域主义具有许多潜在的功能，如能够通过区域营销来吸引更多的投资，减少不经济的竞争，帮助大都市地区调动所有力量来处理社会、经济分割局面，提高其发展成功的概率，使该区域在国际经济中占有一席之地并获利。

在整个美国，人们越来越认识到区域发展观，特别是中心城区及其郊区的相互合作，对经济能否持续发展至关重要……但这不同于服务运输的区域化运动，也不同于呼吁建立新大都市的政府。相反，它要求所有城市及其郊区竭力找到各种新途径，使所有公共实体、私人实体能够代表整个区域协作发展，而非相互竞争[29]。

美国的一个例子是丹佛都市区经济开发公司（丹佛都市区 EDC），这是一个公私合作的包含 70 个市、县和经济开发组织的商会会员组织，旨在促进整个丹佛都市区各个地方的私营部门的经济发展，同时减少私营部门投资之间不必要的竞争。"我们吸引企业来到这里的想法是独特的。丹佛都市区 EDC 的经济发展合作组织致力于保持整个区域内的经济活力。作为地区的代表，每个商会会员都准备，也能够首先代表丹佛都市区说话，其次才是代表各自的社区。"[30]

欧洲的一个例子是法国的里尔都市区城市共同体（LMCU），它是一个由里尔都市区内 85 个市镇和村庄组成的共享区域决策和投资网络。LMCU 投资于公共交通、供水和污水处理项目，以及城市改造、体育和文化设施，目的是在改善区域内的生活质量的同时，促进区域内的经济发展和新企业在区域内的投资。对单个地区而言，上述措施的优点是：公共资金不作为各类投资的激励措施，而用于更具生产效率的活动，如提高劳动力的工作技能。另外，通过减少不必要的激励措施，除可以使单个地区受益外，还可使整个国家经济受益，表现在减少公司因政府的优惠补助而多次迁移，减少公司及公共资金在无收益领域中的使用。

但这一解决方案仅仅是将竞争从地方之间转移到了区域层面上，除非通过如下策略来提高区域的**竞争优势**，譬如使商业投资环境得到进一步改善，各地区实行特色经济发展，区域作为一个整体来吸引投资，从而消除一些特殊地区内各行政区的竞争，否则区域之间的争取投资的竞争将会继续。在私人市场，竞争与合作本不是相互排斥的，通过战略联盟形式的合作实际上也是一种竞争，乔纳斯在南加利福尼亚发现了这一事实的存在[31]。20 世纪 80 年代的"乞丐—你—城市—邻里"竞争状况到 1990 年转变成了"乞丐—你—区域—邻里"[32]。由此可以明显地看出，地方层面上竞争的缺点完全会在区域层面上重现。因此可以说，区域间的激烈竞争并不能在国家层面上产生更多的投资或更高效的经济发展。

11.9　健康宜居城市规划

出现反对新自由主义的运动和现代主义规划衰败的现象并不奇怪。概括地说，自由主义的理念在各种关注健康和宜居城市的规划运动与提案中得到体现。一个明显的案例就是健康城市工程，该工程由联合国世界卫生组织（WHO）欧洲办公室于 1987 年在欧洲发起。建立健康城市网络的目的，一方面是要全面提高市民的生活质量（社会、经济条件等方面），另一方面是要提高物质环境质量，从而有利于人类的健康。健康城市的主要战略在 21 世纪健康议程及 21 世纪地方议程（WHO 的主要政策框架）、萨格勒布健康城市宣言、面向可持续发展的欧洲城镇宪章即奥尔堡宪章中都有明确表述。这些文件的目标是使整个欧洲的各个地方政府参与到创造健康城市环境的工作中，并通过多种形式的政治承诺、制度变革、创新举措等予以实现。该项工作的中心是处理环境公平、社会可持续发展、社区授权、城市规划等方面的问题。

已有 90 多个欧洲城镇被指定为 WHO 健康城市，它们通过国家、地区、大都市和主题健康城市网络相互连接。加入该网络体系的城市，率先实行了多项计划，包括城市环境健康状况与城市健康规划、社区发展计划、帮助弱势群体计划等。

11.9.1　可持续发展与绿色城市主义

健康城市网络和市政府为减少温室气体排放所做出的努力，只是关注城市环境这一更广泛运动的一部分。为城市的**可持续发展、绿色城市主义**目标而做的规划，主要涉及为人们主要生活方式的改变提供便利（如步行、骑车、减少物质消费）；自然环境保护与恢复；新技术的应用（如公共交通、集中供暖，绿色建筑设计）。

在健康城市理念的影响下，可持续发展与绿色城市主义应用的例子大部分出现欧洲，特别是北欧。欧盟通过立法与决定，强烈支持可持续发展思想，其中特别值得一提的是 10 年环境行动计划。大部分西欧国家都制定了国家可持续战略，并且许多地方政府也执行了多种环境敏感政策与战略。譬如城市中心地区的步行化，限制了汽车通道，通过改变街道形式来降低车速，为城市集约发展而做的土地利用规划，建设城市绿色走廊与森林，设置便于到达学校及购物之地的自行车通道和专用道，提供绿色空间、具有环保意识的人士居住的生态村庄，完整的轻轨、有轨电车、地铁、公共汽车系统。

城市观察 11.6　城市本身采取环境可持续行动

全世界的大城市，从纽约和墨西哥城到上海和东京，都在采取行动和进行合作，通过一系列能源效率和清洁能源计划来降低温室气体的排放，进而解决气候变化问题[33]。许多城市的人口比一些小国还多，但过去，这些城市在联合国气候变化的讨论中却没有发言权。现在这些城市的市长开始发声。近期的会议包括在 2010年 11 月联合国坎昆大会后召开的世界市长气候峰会和一年一度的世界最大城市市长的 C40 气候峰会（2011 年在圣保罗召开）。

市长们说，他们对气候变化的紧迫感比各自国家的领导人还要强。部分原因是，在洪水、干旱或暴雨袭击城市时，市长必须代表市民做出反应。城市消耗的全球能源量高达 60%，而温室气体的排放占 70%[34]。城市人口目前占世界人口总量的一半以上，预计到 2050 年将达 69% 以上。市长控制着交通、供水和废物处理、街道照明和建筑物的能源效率方面的政策。基于这些理由，他们认为他们在应对气候变化方面理应发挥战略性的作用。

例如，洛杉矶市的气候行动计划制定了美国所有大城市中最有进取心的目标之一：到 2030 年，将温室气体的排放量下降到 1990 年的 35%。这些行动从只影响市政设施的行动，如利用风力来发电、改善市政大楼的能源效率、将市政府车辆改为更清洁和能源效率更高的型号、将路灯更换为高效的 LED 灯、减少水的消耗等行动，到促进企业和社区改变的行动，如购买节能设施可享受折扣等[35]。

实现城市可持续发展的最具创新性的方法，发生在弗莱堡南部边界，这是一个坐落于德国西南部的大学城。这一带有着悠久的城市可持续发展史，市政府在 1994 年购买了卡尔捷沃邦的一个兵营，决定将其打造成为模范环保和社会工程，并设立了一系列雄心勃勃的目标：无车生活、划出优先供应合作建筑项目的小地块、禁止独立式住宅及高于四层的建筑、广泛使用生态建筑材料和太阳能、建筑样式多样化、严格管控家庭能源消费（见图 11.19）。

建筑地块出售给了小业主合作社，每个合作社包含 3～21 家住户。共居团体负责房屋的具体建筑设计，并在共同的计划下满足他们的特定需求和愿望，并经常寻求额外的环境和社会目标。例如，这里还有为卡尔捷沃邦居民的访客专门设计的住所，避免人们建造很多卧室很少用到的大型公寓。很多单元都配有太阳能集热器，整个地区都与一个原料为木屑的热电厂的供暖网络联网。

图 11.19　德国弗莱堡市的卡尔捷沃邦

或许卡尔捷沃邦最激进的区域政策是那

些关于无车生活的政策。除了主轴线，卡尔捷沃邦的每条街道都是"玩耍街"。这些街道常常被视为门廊的延伸，且常作为邻里社交的场所。一些街道被设计为自行车街道，允许单向通过慢速驾驶车辆和双向通过自行车；此外，还有发达的步行路线网络。虽然卡尔捷沃邦允许使用汽车，但其使用和所有权都受到了非常严格的限制。这一地区的中央主干线，同时也承载着连接弗莱堡市中心的有轨电车线，其最高车速限制为 32 千米/小时，其他地方实行的都是步行速度（5 千米/小时）。在私人住宅区停车也被禁止：车辆可以进入住宅区，但仅限于接送人员。有车的居民必须在外围的多层社区停车场购买或租赁停车位。驾车访客也须将车停在停车场，并像在市中心的停车场那样缴费。约 40% 的卡尔捷沃邦住户决定不买车。他们可以参加汽车共享组织（这家组织的车也停在外围停车场），会员可以在弗莱堡市内免费乘坐公共交通，乘坐有轨电车享有五折优惠。如果住户决定购买汽车，则须一次性交付 20000 美元的停车位建设费、月租费和财产税。

大部分美国城市并未在可持续发展规划或绿色城市化做出上述努力。城市扩张，汽车支撑的城市发展模式导致城市土地占用速度远远超过城市人口增长速度的这一趋势，在美国相当普遍，但俄勒冈州的波特兰及明尼苏达州的明尼阿波里斯-圣保罗则是明显的例外（见城市观察 11.7）。尤其是相较欧洲城市，大多数美国城市和都市区往往会排放大量的二氧化碳，消耗过多的能源和资源，产生大量的垃圾，破坏大量的敏感性生境和生产性农地，造成高度的交通堵塞，给基础设施的运营强加了高额成本。

11.9.2 大都市区治理与规划

从第 10 章可以看出，美国大都市区在政治上的碎片化分隔，往往和郊区合作相关联。这种碎片化分隔使得大都市治理与规划的主张难以长期保持。大都市范围的规划（包括提供服务的规模经济及相应的基础设施规划）导致了治理本身的革新[39]。由于存在地方政府控制规划的传统及诸多既得利益者的现状，这些革新已经十分有限且非常特别。

城市观察 11.7　美国的可持续都市规划举措

20 世纪 60 年代中期，双子城大都市地区（明尼波利斯-圣保罗）面临着一系列严峻的城市挑战：未充分处理的污水排向公共水域并污染了地下水供应；由于公共车费上涨、乘车人数的减少、车辆老化，私人经营的区域公共汽车系统迅速衰退；城市扩张正威胁着休闲与农业活动；社区之间日渐增长的财政分歧使一些地区难以提供基本的公共服务。来自 7 个县的 186 个不同的市和镇政府组成的大都市区，试图跨行政边界来处理这些问题，但收效甚微[36]。

为了解决问题，明尼苏达州立法机构于 1967 年成立了双子城大都市区理事会，由地方长官委派成员来规划协调这个包含 7 个县的大都市地区的发展。立法机构还建设了区域污水处理和交通系统，并制定颁布了利税共享法律以减少社区间的财政分歧。

大都市区理事会的区域发展框架目标如下：保护城市核心区；在预测人口、家庭及雇佣数量的基础上，在城市外围分阶段进行新的开发，并使各区域可提供的服务容量一致；按照既定的发展规划增加区域基础设施，如污水处理厂等；保护远离市中心的一些土地，以供农业、农村和休闲所用。

为了鼓励开发与再开发，大都市区理事会创立了大都市区城市服务区（MUSA，见图 11.20）。根据区域发展框架制定的大都市综合规划，对区域排水、交通、公园和机场等系统进行改进，以满足生活在大都市区城市服务区范围内居民的需求。而在农村地区则建立了低密度的乡村服务区以保护农业。这个区域发展框架包含了充分发展的城市地区、发展中的城市地区、独立的增长中心、乡村中心、商业性农业地区和普通乡村地区。在此框架范围内的每个地方政府，都须根据上述发展框架的要求，制定详细的土地利用规划。尽管 MUSA 已通过合理扩张来满足发展需要，并控制盲目的城市扩张，但还是有一些新开发蛙跳式地分布到了邻近的县区，特别是沿着包含 7 个县的大都市区之外的州际高速公路分布。

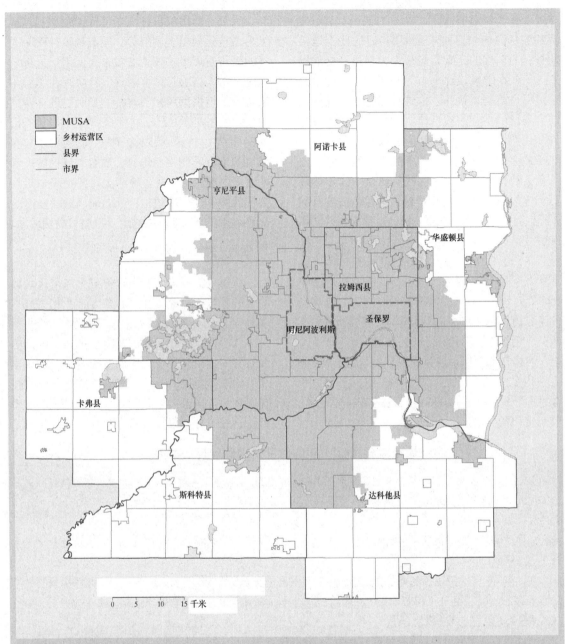

图 11.20　2030 年明尼阿波利斯-圣保罗双子城都市区的都市区城市运营区（MUSA）和乡村运营区

　　1971 年的双子城财政分配法案引入了大都市区税务共享这一条，以便所有社区都能在区域增长中分一杯羹。这样，商业和工业财产增长部分所得税收的 40% 就被转移到中心基金，然后根据人口数量及地方人均财产与大都市区人均财产之比等实际情况，将基金分配到各个地方。利税共享政策的实施，使大都市区范围内的财政分歧大为减少。而由商业和工业扩张（大部分在郊外地区，如包含美国商城的布卢明顿）产生的税收，则不成比例地分配给了低税收、高服务需求的地区（位于城市核心区，如明尼阿波里斯-圣保罗）。

　　俄勒冈州波特兰市的独特之处是，其都市区的市政府是美国唯一由本区选民直接选出的。都市区议会包括波特兰都市区内的 3 个县和 25 个市，负责开放空间和公园的保护、土地利用和交通的规划，以及废物处置

和回收的管理 [37]。和双子城都市区议会一样，波特兰都市区政府以公共交通为主的开发计划旨在推进多样化的出行方案，因此现在 90% 的本区居民的居住地点距公交车站都在 0.8 千米以内。

16 个月前，我搬到波特兰市中心居住后，就很少开车了。大部分情况下，我只需步行或骑自行车，偶尔会坐一下公交车。波特兰市在市中心和其他核心区的邻里区内提供的自行车和行人设施，使我的生活方式不仅有利于自己的健康，还有利于地球的健康（玛丽·沃格尔，波特兰市民）[38]。

两个或多个行政管辖区整合到了一个单一政府中，其中的一个例子就是印第安纳波利斯的城乡联合，其在 1969 年创立了政府间协议。譬如，协议某一地方向都市区其他地方提供服务（如供水），或协议多个行政区联合提供都市区层次上的功能和服务（如火灾与应急响应），或将关键职能转交给更高（大都市）级别的政府（见城市观察 11.7）。

和欧洲相比，美国对健康和宜居城市的关注很有限，这表明如果说美国人以前对城市政策和规划的期望值太高的话，那么现在他们的期望值也许太低了。尽管我们知道城市化是广泛、深奥且复杂的相互关联的集合体，这种集合体我们也不能希望去完全"塑造"或"控制"，

但我们也看到革新是可能的，城市的结果也能够被成功地调整。但通过本章和以前的章节，我们清楚认识到，改革不得不来自于大社会，而不是来自于政策与设计行业。

正如社会学家珍妮特·阿布·卢格赫德所主张的：

如果我们要获得更好的城市，如果我们应该得到更好的城市，那么我们就不应该静静地等待技术与行政上的"安排"……我们必须从更深层次上理解塑造城市的动力与过程……虽然这些力量是我们的态度、制度和社会结构的集体产物，但它们远远超出了规划师与行政管理人员的控制能力。要想改造我们的城市来获得更好的社会形象，我们必须改变社会本身 [40]。

关键术语

building standards　建筑标准

City Beautiful movement　城市美化运动

cluster zoning　集群区划

collective consumption　集体消费

competitive regionalism　竞争区域主义

enterprise zones (EZs)　振兴区

environmental determinism　环境决定论

Garden Cities　田园城市

garden suburbs　田园式郊区

green urbanism　绿色城市主义

neighborhood unit concept　邻里单元思想

Park Movement　公园运动

scientific planning　科学规划

settlement houses　定居救助之家运动

Tenement House Commissions　住房委员会

复习题

1. 抽空阅读一本与本章所述城市政策和规划内容相关的小说。埃里克·拉森的小说《白城魔鬼：改变美国的集市中的谋杀、魔术和疯狂》(*The Devil in the White City: Murder, Magic, and Madness at the Fair that Changed America*, New York: Crown, 2003) 通过将两个真实人物的真实故事交织在一起，生动地再现了 1893 年的芝加哥：美国城市美化运动参与者、1893 年芝加哥世界博览会建筑的设计师丹尼尔·彭汉，以及以此次世博会为饵杀人的连环杀手贺姆斯。

2. 到网上搜索报纸的新闻报道，找到一篇与城市企业化案例相关的报道，譬如地方政府通过减免税收等方式来吸引大企业进驻某个特定城市。读完这篇报道后，列出向私营企业提供公共补贴的利与弊。

3. 你是否认为美国必须有涵盖整个大都市地区的唯一规划权威机构？哪些案例可以用来支持或反驳这种大都市规划？

4. 充实你的资料夹。思考你所处的城市。根据你现在的城市地理知识，你应能认识或了解所处的城镇。你能否找到一些已被融入城市景观的城市政策？你能否找到一些受当地规划或政策影响而表现出来的城市发展特点与形式？你所处的城市在发展上是否存在某些方面能够或应该予以规划，以获取不同的结果？

第五部分

5

市民与区位

　　美国城市中邻里空间分异的基础是人们在社会地位、家庭类型、民族和生活方式上形成的居住隔离。这两个在其邻里骑车的孩子都来自中产阶级家庭，他们都住在郊区的好房子里。

第 *12* 章

居住万花筒

与欧洲城市相比，对美国城市化最形象的比喻是一个"熔炉"系统。基于此，美国城市一直吸引着一批批来自国内外的移民，并将大量不同背景的人组成一个多元化的社会，该社会使用相同的语言，共享民主自由事业的意识形态。虽然现实已经形成了这种印象，但人们对这件事情仍有一些争论。显然，城市的大量发展动力与这些过程有关，在这些过程中，新来者之间以及新来者与现有群体之间相互影响，获得文化认同，同时为经济和社会成功而奋斗。在这些过程中，人们自我分类并被分类成城市组织的不同部分，形成了邻里分异的马赛克模式（见图12.1）。通过分异、同化、再分异的协同过程，城市的不同部分和不同类型的住房逐渐演变成（至少在一个时期内）不同社会经济状况的家庭、不同规模和结构的家庭以及不同民族和种族背景的人们。

12.1　学习目标

➢ 了解社会距离和自然距离间的关系如何影响人际交往。

➢ 了解影响隔离分异的主要因素。

➢ 评价芝加哥人类生态学派对城市居住生态的贡献。

➢ 认识 20 世纪 70 年代以来影响城市社会生态的主要经济、人口和民族趋势。

➢ 说明分异生活方式和注重消费如何影响居住模式。

12.2　本章概述

本章在审视 20 世纪 70 年代以来经济重组和社会变化促使居住分区重新布局前，先分析美国和欧洲城市居住分区的"古典"布局。首先分析城市社会互动和居住分异的主要特征。在此背景下，城市居民的中心问题是自然距离、社会距离和社会互动模式间的关系。如我们所看到的那样，将有若干充足的理由来解释为什么自然距离和社会距离持续作为对社会互动和居住分异互相强化作用，而绝不仅仅是地域性那么简单。

基于这些关系，我们将看到：美国城市邻里分异的基石是居住分异，其分异在于社会地位、家庭类型、种族特点和生活方式。相比之下，欧洲大陆城市内部的种族渊源通常并不单一，部分原因在于缺少实质性的少数民族（至少与美国相比如此）。建立这些"古典"尺度和居住分异模式后，我们将深入了解近来的变化，因为这些变化反映了政治经济和都市区形态变化所带来的新机遇与限制。我们也将看到新的社会群体、新的家庭组织方式和新的生活方式是如何打下了深深的社会烙印的。

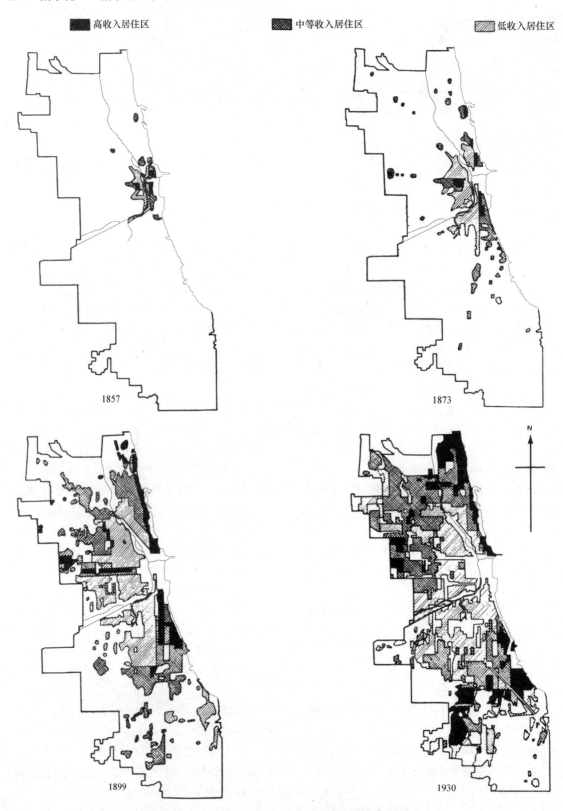

图 12.1　1857—1930 年芝加哥社会经济区的演化

城市观察 12.1　法国贫民区穆斯林说唱艺人的生活节奏 [1]

法国说唱艺人阿卜杜勒·马利克出生于法国的一个刚果籍父母家庭，在斯特拉斯堡郊区的诺伊霍夫公屋区长大。这座布满涂鸦且像迷宫一样的高层公寓楼里住着 5000 多人，他们的小型卫星接收天线调到阿拉伯语电视台的可能性和调到法语台的可能性一样高。虽然现在马利克住在巴黎，并已成为一名成功的说唱艺人和创作者，但其家庭和其说唱乐队新非洲诗人（NAP）的成员仍住在诺伊霍夫。

每次马利克回到这里，都会和 NAP 的两名成员（他的哥哥比拉和朋友穆罕默德）开车经过公屋区，车上的音响播放着他们创作的音乐。其中一首歌的内容是，"9·11" 恐怖袭击使得马利克感到身为穆斯林是一种耻辱。"我不是原教旨主义者，也不是极端主义者，对我来说，政治和信仰并不相干"。在说唱音乐声中，一些年轻人冲上来欢迎他。他们将手放在胸部，对他表示尊敬。他们认为他的音乐源于权利被剥夺、犯罪活动、救赎和宗教活动的真实体验。

马利克指着其朋友福阿德在一次斗殴中被刺死的地方。当他还是个孩子时，他停在一扇窗户前看着那些毒贩穿过堆满注射器的过道，躲避警察的追捕。在他脑中浮现的一些人脸，有一天会出现在他的歌词里。他看到了那栋曾作为清真寺的底层公寓，自从他从天主教改信伊斯兰教后，曾去那里做过礼拜。马利克、比拉和穆罕默德现在都已是"大哥大"，他们利用自己的名气给后人做出了榜样……（但）法国仍然到处是诺伊霍夫这样的火药桶，它们是由世俗且分层的主流社会和背井离乡来到法国的移民（主要是阿拉伯人、非洲人和穆斯林）之间的冲突造成的 [2]。

但很多人认为，这也是法国说唱乐和嘻哈音乐最好的地方，它挑战的不仅仅是艺术，还有社会和文化的自满和误解。前嘻哈乐队老板兼制作人、"C2C 船员"乐队的传奇主唱 20syl 认为：

这是源自少数族裔和被遗忘的人们的声音。这也是一种质疑自我和质疑世界的很好方式。这就是自由，音乐和艺术本该无拘无束，没有界限 [3]。

12.3　社会互动和居住分异

马赛克居住模式定义了城市，它为都市形态和土地利用注入了生活品质、灵魂与血肉。马赛克居住模式是以下述内容的产物：

- 友谊、关系、婚姻和社会互动的类型。
- 独特生活世界和社区的复制。
- 当地政治活动的需要。

但与真正的马赛克模式不同的是，城市居住类型并不是一成不变的。它们确实表现出了能使自身永存和自身增强模式的惯性，但从长远来看，它们也是变化的，以适应新的经济、人口、社会、文化和政治环境。因此，一种更加形象（但仍有待完善）的比喻是万花筒，因为万花筒能不断地重新布局不同的碎片。绘制这些布局和重新布局的地图是地理分析的基本任务，提供描述性模型对城市化进程有关的理论与假设进行测试和检验是有价值的。

从根本上说，城市居住分异的动力是城市的社会互动，这种社会互动形成了社会经济背景、人口和文化的结构体系（见图 12.2）。这些动力是复杂的、多维度的。尽管社会互动由具有相似社会经济资源和文化价值的人们间的密切关系支撑，但这种密切关系的来源（生活方式、年龄、种族等）是相互依赖且不断变化的。

基于主次关系来区分社会互动非常有益。

- 主要关系包括亲人间和朋友间的关系，亲人间的关系建立在忠诚和责任的基础上，朋友间的关系则建立在吸引力和共同兴趣的基础上。
- 次要关系更具有目的性，包括因特定目的而聚集在一起的不同个体间的关系。次要关系通常划分为两类：一类是具有内在满足感的互动（情感性互动），另一类是实现某种共同目标的互动（工具性互动）。情感性互动通常围绕不同类型的志愿协会进行，如运动会、业余爱好组织、联谊会、志愿组织。另一方面，工具性互动通常出现在商业协会、工会、政治团体内。但这种分类只揭示了部分内容，大量的社会互动既有情感性特征也有工具性特征，譬如出现在民族、宗教和文化级组织内的互动。

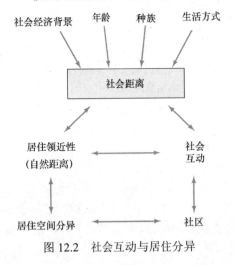

图 12.2　社会互动与居住分异

城市内特定群体间的社会互动程度是社会距离的函数，社会距离在概念上可理解为人们对其他群体的态度。较小的社会距离体现于人们自愿将其他群体的成员作为潜在的婚姻对象，而较大的社会距离则体现于人们自愿将其他群体的成员当成朋友、邻居、同事和同胞，更大的社会距离则体现于另一个城市或国家的游客。这种尺度指出了社会距离和自然距离间的紧密关系。社会距离越小，人与人之间的亲近程度（他们的居住相邻性）越大。相反，居住相邻性越大，社会互动的可能性也越大。

社会互动、社会距离和自然距离之间的关系并不像看起来那么简单。社会距离和自然距离彼此紧密交织而很难分开。同时，在现代技术和大众传播的"日益缩小的世界"里，自然距离的影响程度正迅速降低[4]。个人流动性的加大以及个人计算机、互联网和手机时代的来临，进一步削弱了人们间的邻里关系。中等收入阶层和高收入阶层共同居住在城市中，不再有明确的地理界限，他们已成为"世界公民"，因为对他们而言距离具有"弹性"。与此同时，甚至"当地人"也已发现自己很少受到居住相邻性的限制。随着社会服务和经济安全的日益提升，本地支撑体系变得越来越不重要；而随着日

常生活节奏差异的变大，让更多的人参与到邻里生活将变得日益艰难[5]。

与这种论点相反，我们必须意识到差别性的居住邻里仍然存在。对许多社会群体来说，邻里持续提供着社会生活的原料，而对相对稳定的群体（如穷人和老年人）来说，邻里实际上是仅有的社会互动机会。更大的流动性甚至恰巧会促使本地的邂逅，进而产生社会互动；大多数住户纯粹出于安全目的与邻里建立联系。

不管属于哪种情况，社会距离与自然距离对社会互动和居住分异起到持续推动作用的原因都有很多。地理学家罗恩•约翰逊认为自然距离限制了面对面接触的社会互动，最简单的原因是旅行既耗时又费钱，并列举了如下例子：

持续的社会交往建立在共同兴趣的基础上。尽管他们可能非常专业——特殊的业余爱好组织，但许多社会交往都以兴趣为基础，特别是抚养孩子的问题反映了共同的价值观和生活方式。反过来，这些共性又反映了人们的收入、职业和教育背景。人们之间的这些标准越相似，他们的共同点就越多，他们从正式的社会交往（地方团体、教会等）或非正式的社会交往（早茶、鸡尾酒会和桥牌俱乐部等）中获得的利益也就越大……显然，集聚和分异是达到这种目的的手段，因此要确保邻里成为有潜在价值的社会交往方式，即使这种潜力从来未被人们认识到[6]。

社会学家杰拉尔德•萨特尔斯给出了居住分异持续存在的其他原因[7]：

- 使具有不同价值观和态度的社会群体间的冲突最小化。
- 使空间集聚导致的政治诉求和影响最大化。
- 相对同质的居住群体具有较大程度的社会控制能力，如集体的自我控制和自我监管。

12.3.1　地域性

萨特尔斯对居住分异解释的本质是**地域性**思想：特定的群体试图在局部区域建立控

制、主导或排他的某种趋向。群体的地域性主要取决于人们利用空间的逻辑，即作为群体成员或得到群体认同的焦点和标志，或作为调节社会交往的手段[8]。在许多方面，地域性被视为前工业化城市的严格社会秩序向工业化城市的竞争性和社会流动性转型的产物。在前工业化社会，社会的相对稳定性和群体成员结构的刚性，可促使人们通过外貌举止来有效地保持社会距离——社会学家琳·洛夫兰创造一个丑陋的行话词，即"外貌排序"[9]。

在工业城市快速变化的环境下，以及从其他地方涌入大量陌生人的背景下，外貌的区分可能带有欺骗性。城市成为舞台，人们可以在此翩翩起舞，他们的背景和社会信用在这个混乱的社会中未受到任何挑战。与此同时，经济竞争越激烈，城市中就会吸引越多的人，新职业团体所造成的社会距离敏感性就越强。外貌不再是可靠的向导，空间秩序（群体地域性）开始成为建立和维持社会距离的一种方式。因此，出现了划分地盘的街道犯罪团伙、少数民族彼此敌视的种族隔离（见图 12.3）、富人生活社区的排外等。但现代城市社会和经济生活的流动性使得在如此极端的层面上维持地域性非常困难。

图 12.3　北爱尔兰的贝尔法斯特。这幅政治壁画是忠于英国王室的准军事集团阿尔斯特青年军（UYM）用来宣扬其政治主张的众多宣传画之一，阿尔斯特青年军是阿尔斯特防卫协会（UDA）组织的青年派，该组织往往会以阿尔斯特自由战士（UFF）的名义，宣称对针对共和党目标和恐怖组织发动的恐怖袭击负责

12.3.2　居住分异的基础

居住分异主要包括 4 个相关的社会维度，即社会地位、家庭类型、种族特点和生活方式，每个维度均会影响人们对社会距离的感知。在介绍居住分异的类型和强度之前，我们首先需要了解社会分裂的本质。

12.3.3　社会地位

社会地位的构成和动力机制不仅是社会互动和居住分异的中心，也是城市政治和城市变化振荡的中心。纯粹从经验层面来看，个体的社会地位可以根据教育质量、职业和收入来解释。

但从概念层面来看，个体的社会地位通常涉及价值和文化的共性，因此使用社会的阶级这一术语来谈论更为恰当。对于大多数理论家来说，这些共性扎根于经济组织和社会结构。例如，卡尔·马克思对阶级进行了基本的划分，即资产阶级（见图 12.4）和靠出卖劳动力的无产阶级。研究现代城市环境下社会关系和社会结构的伟大理论家是马克斯·韦伯，他赞成以控制和拥有财产与资本为标准的更精确的阶级分类，并认识到了差别（特别是在人数众多的无产阶级内部），这种差别是由可出售的技能和随之带来的消费品、居住条件和个人经验（见图 12.5）造成的。当代社会理论家根据马克思和韦伯的社会阶级思想，得出了许多有必要在此简要阐述的重要差别[10]。

图 12.4　美国许多大城市的中心地区仍保留着精英住宅区，住宅区的周边是 19 世纪富有的本地工业家建造的大厦。该案例来自威斯康星州的密尔沃基市

图12.5　社会经济状况的分异是"高档"生活社区的一种特性——旧居住区已被追求中心城区环境和生活方式的富有家庭"入侵"与改造。在华盛顿特区的乔治城，老城中的房子形成了精英社区

　　首先，**阶级结构**是指在任何给定时间内，社会中阶级地位的正式分类。阶级结构按社会劳动分工和经济组织框架下人们所处的地位进行分类。阶级结构的广义分类基于相对异质的群体，譬如由不同职业构成的中产阶级。阶级结构的狭义分类（如职业）有时指**阶级派别**。

　　但人们并不了解这种正式的分类。相反，"人们体验到阶级，是因为阶级以某种特殊方式成为了生活的一部分，人们通过直接体验和感受周边的环境，逐渐意识到了阶级的力量"[11]。

　　正是这些体验构成了**阶级形成**的过程，促使了人们集体意识的形成。尽管许多经验仅限于阶级结构和阶级派别，但也有许多体验是由其他因素造成的，地理学家大卫•哈维将其命名为**阶级结构化**。根据哈维的观点，这些因素包括：（1）社会劳动分工决定了正式的阶级结构；（2）社会流动性的制度性障碍；（3）权威体系；（4）特定时期与地点的主导消费模式[12]。

　　在今天的城市中，这几个因素与社会地位、社会互动和居住分异模式直接相关，包括本地的婚姻或生活方式，以及社会化和模式化的社会进程。到目前为止，强化阶级结构、阶级形成和阶级构造的最重要因素是教育制度。教育是技能的重要决定因素，而技能决定了一个人在劳动分工中所处的初始位置。其中美国教育制度的空间组织尤其重要。大多数孩子会在邻里学校上学，学校由地方选举的董事会经营，董事会则主要依赖于地方资助，而资助通常源于地方财产税。随之在学区之间和学校之间出现了教学质量与教育类型的差异。因此，学校附近的学区就成为阶级构造和居住分异死循环的重要原因。"好"学校所在的区域通常拥有教育水平高的富裕人群，他们通常会选举具有进取心的学校董事。这些成功的学校对于拥有学龄儿童且受过良好教育的富有家庭而言具有很大的吸引力。因此，拥有"好"学校的富有中产阶级社区会继续保持这种势头，不断吸引大量这种阶层的人员。

由房地产市场主导的经济竞争是确保社区稳定性的基本机制，但地方政治家也会施以援手，他们希望能够保持教育质量，并将那些在财政和态度上可能会威胁到教育环境的家庭排除在外。有了这种稳定性后，学校的设置就成为了**社会再生产**的重要因素，因为学校会教会学生相关的技能，而这些技能是高薪、高地位职业的保证。而服务于弱势社区的资金不足的学校，则是低收入家庭社会再生产的一个因素。

婚姻模式也涉及社会再生产和居住分异的循环链。配偶选择的研究（不包括使用相亲网站的人）表明：在 1.6～3.2 千米的居住范围内选择配偶的比例很高，而当距离变远时，选择配偶的比例就会持续降低[13]。婚姻的**距离衰减效应**反映了以空间分异来确保社会再生产的作用。人们一般趋向于和社会地位相当的人结婚，由于邻居的社会地位相当，因此通常会从邻里寻找自己的另一半。

家庭、学校和邻里环境对于整个社会化进程都非常重要。社会化会向人们灌输组织规范、态度、价值、着装要求和言谈举止。这个过程不仅会产生强化社会再生产过程的局部收敛，而且有助于人们在城市居住区域内定位自己的身份和性格。这种过程广泛而深入，以至于成年的新来者经过一段时间后，都会遵守地方规范。这种现象就是人们熟悉的**邻里效应**，研究人员很难追踪和量化这种效应，但有证据表明邻里效应会以不同的方式起作用，譬如影响生活方式的选择和选举模式。

最后，我们应该注意到，社会互动和居住分异的这些自我强化模式得到了进一步巩固，它是空间分异模式化的结果。由于许多人通常不和其他社会群体混居，因此他们基于不完整的过时知识创造了自己的模式，并经常夸大某些属性。群体间的差异变大后，感知的社会距离随之变大，进而保证了居住分异的必要性。

12.3.4　家庭类型

家庭是居住组织的基本单元。家庭对于理解居住分异同样非常重要。例如，在美国，尽管由父母和孩子组成的郊区传统家庭单元不可能消失，但其他形式的家庭正在增长。单亲家庭已占所有家庭类型中的 17%。而 27% 的单亲家庭为单人家庭。其他发达国家也正发生类似的变化，相应的社会、经济、人口和技术进程已在第 4 章讨论过。美国城市中的其他常见家庭类型有：无子女的异性恋夫妇、同性恋夫妇、孩子长大后离家的"空巢"家庭、再婚父母和以往婚姻所生孩子构成的家庭、以及如大学同学等一起合住小团体（成员之间不一定涉及性关系）。

不同家庭类型的成员有着某些共性，尤其是住房需求和偏好。另外，家庭规模也须和住房空间匹配，每种家庭类型一般都有特定的住房需求和偏好。住房需求和偏好的相似之处导致了空间集聚和群体间更大范围的互动，这是导致空间分异的另一个因素。

城市观察 12.2　种族的社会建构[14]

绘制和分析不同群体之间居住分异与经济差异演变的城市研究人员（如美国人口普查局）所面临的困境，是缺乏按种族进行分类的长期且可靠的数据。但基因研究并未发现任何区分人类族群的生物学基础。确切地说，种族是根据外貌特征（特别是皮肤颜色）、祖先遗产和文化历史人为把人类划分为不同群体的社会建构。

19 世纪，欧洲人对殖民地的居民人为地进行了等级划分，并将自己置于这种划分的顶部。这种社会建构不可避免地会把有些人划分为下等人，而这种划分经常会转化为对这些人的经济和社会剥削。美国在人权运动之前，种族的社会建构导致了根据种族划分人群并区别对待的法律建构。

但种族作为社会建构并不能解释一个人的行为或经济地位。类似地，种族主义和由此产生的种族歧视并不是一成不变的人类本性，它根植于社会认知的一系列态度，而这些态度又与政治文化、经济环境有关。

因此，通盘考虑政治文化和经济环境对于理解社会居住分异特别重要，譬如在美国和英国，制度歧视把种族主义引入到了住房保障制度中。尽管这些国家因人权运动进行了相关的改革，但制度歧视仍持续渗透到了法律框架、政府政策（其中涉及城市扩张、公共住房和郊区开发）、城市**土地利用区划**条例中，以及建筑者、土地所有者、银行家、保险公司、评估师和房地产代理商的惯例中（见第 9 章）。

这种制度歧视导致的排他性惯例加深了种族主义和种族歧视程度，住房隔离实际上导致了学校、购物区和游憩设施的隔离。这样的空间分异反过来又导致了种族主义的社会蔓延和城市内部不同群体间的经济不平等。

研究家庭类型和居住分异之间关系的一种有用方式是**家庭生命周期**过程。当人们进入家庭生命周期的不同阶段时，他们倾向于迁移到不同的居所和城市的不同地方（见城市观察 9.2 和图 9.4）。

12.3.5　种族特点

术语种族特点涵盖了具有种族、宗教、国籍和文化特征的任何群体，意指城市中因历史原因或移民浪潮而出现的少数民族。在某种意义上说，美国重要的族群包括非洲裔美国人、华人（见图 12.6）、意大利人、犹太人、墨西哥人、波多黎各人和越南人。术语特权集团有时用来描述主流社会，族群在此矩阵中寻找自己的位置。特权集团本身并不是同一种族，但通过种族、宗教和国籍的特别结合，即使数量上不总占优势，在文化上也是主导的。例如，美国许多城市的白人是盎格鲁-撒克逊人特权集团（见图 12.7）。现有的证据表明，大多数少数民族通常和特权集团是高度隔离的。另外，这种隔离程度可能超过了群体社会经济状况方面的预期。换句话说，某些少数民族较低的社会经济地位部分解释了居住空间存在较高程度分异的原因。少数民族和特权集团的空间分异程度变化情况，主要取决于同化过程及其所需要的时间。同化并不是简单的一方吸收另一方的文化的过程。特权集团和少数民族的文化通过同化过程而发生变化，创立了新的身份混合体。但总体而言，同化程度是特权集团和某少数民族群体之间社会距离的函数。因此，我们可以把少数民族视为明显的阶级派别，通过在家庭、学校和邻里环境下发生的社会化和其他群体的固有印象，使之服从社会再生产和居住分异。

图 12.6　从居住、商业、文化制度和街头生活的角度来看，旧金山唐人街是一个完整且密集的少数民族区域

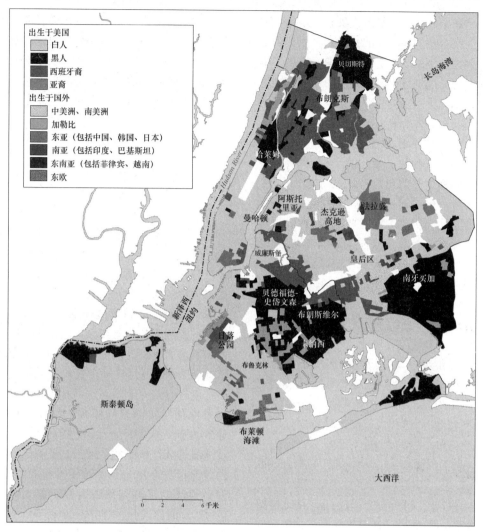

图 12.7　2009 年纽约的种族分布。除了展示种族熔炉的图景外，可以看到出生在美国的白人群体（特权集团）与西班牙裔、亚裔和非洲裔美国人以及外国移民群体在空间上几乎无重叠

因此，少数民族的同化速度和程度以及居住分异取决于如下因素的强化效应：（1）外部因素，包括房地产市场中特权集团的偏见、制度歧视，以及低社会经济收入地位结构效应；（2）与少数民族成员维持文化身份有关的内部群体凝聚力。实际上，不仅族群之间的整体同化程度和速度存在许多差异，而且族群内的行为同化和结构同化也存在许多差异。一方面，**行为同化**发生于少数民族群体学习特权集团语言、规范和价值的过程中，形成文化潜移，以适应城市的主流生活。另一方面，**结构同化**是指少数民族群体通过特权集团的社会和职业分层，内部开始分化。

有了这种差别，我们就可了解**集聚**（少数民族通过选择而集聚居住）具有如下作用[15]：

● 保护作用。地域性的"心脏地带"的存在有助于减少少数民族成员的孤立感和脆弱性。当特权集团歧视广泛存在且影响强烈时，此作用显得尤为重要。

● 支持作用。种族飞地作为新移民进入城市的"入境港"，是长期居住居民的避难所。通过在相互支持的避难所集聚，群体成员能够避免与特权集团（及其他族群）发生对抗和抵制，把不安全感和焦虑转化为亲密与力量。另外，大多数族群形成了地方性的、非正式的自助式网络和福利组织。最后，种族飞地的存在为（合法的和非法的）民族企业提供了保护性小生境，进而为企业家提供了推动社会经济进步的方式，为工人迂回进入特权集团主导的劳动力市场提供了通道，为群体凝聚力提供了表达空间。

- 文化保护作用。种族居住分异有助于保护和提升独特的文化遗产。距离衰减效对配偶选择的影响在此显得尤其重要。另外，居住集聚所支持的种族机构和交易是文化凝聚力的重要因素。对非常看重遵守宗教教义的种族群体来说，领地集聚对他们显得特别重要，宗教教义一般涉及饮食习惯、食物配备、出席祈祷和宗教仪式等。

- "攻击"作用。种族邻里为活动提供基地。活动通常是和平且合法的，例如，空间集聚经常使族群获得城市政治制度框架下的表达权。但种族"心脏地带"被用作暴动群体和城市游击人员的便利基地时，这些人就能在独特文化环境的掩护、同情、恐吓和保护下"消失"。

我们还了解到种族的居住隔离可能会以不同的方式表达，具体取决于群体内部的凝聚力、特许群体的态度与制度歧视、与社会经济地位相关的结构等因素。种族隔离与集聚有三种主要类型：移民营、飞地和少数民族聚居区等[16]。

- 移民营是城市中的特殊区域，作为移民族群的入境港，是某一种族的新移民初到新国家时的临时居留地，也是一个族群成员被文化同化和空间分散的基地。

- 飞地是某一种族已存在好几代的集聚地。居民因实用原因自愿选择聚居方式。

- 少数民族聚居区是某一种族已存在好几代的集聚地。主要原因在于特权集团态度和歧视的制约，而这种制约经常通过房地产管理而制度化。

种族隔离可以采用不同方式进行测度。经过社会科学家们的长期争论后，差别指数这一指标得到了广泛应用，因为它具有简单而有效的特点，类似于经济学中差异分析所用的基尼系数。差别指数可用来比较两类群体（如黑人和白人）的空间分布，并给出问题的答案：要使得每个地点和整个城市的种族分布比例相同，各个族群中约有百分之多少的人需要迁到另一个不同的地点？指数（D）的公式为

$$D = \frac{1}{2} \sum_{i=1}^{k} |x_i - y_i|$$

式中，x_i 和 y_i 分别表示分区 i 内某种族成员和其他种族成员所占的百分比，对城市内所有 k 个地域亚单元进行累加后，公式乘以 100 得到一个指数，该指数的值阈是 0（无隔离）到 100（完全隔离）。测量的地域单元通常是普查小区，有时也可以是城市街区。但要注意的是，这一指数对地区单元的大小非常敏感（区域单元的网格越小，得到的差别指数越大）。类似的另一个测度是隔离指数，它用来比较某一种族和其他所有种族间的空间分布（如亚裔人和其他所有种族）。隔离指数和差异指数均对隔离程度进行绝对测量。也就是说，这两个指数定量地测量实际空间模式和种族随机混居而导致的空间模式间的差异。因此，这些指数并不测量种族比例规模的差异。亚裔人和白种人的差异指数为 90，这个数值看起来比较吓人。但如果我们了解到城市内的亚裔人口数量不足 1%，而白人约占 96%，那么该指数的重要性就会下降。因此，研究人员需要测量一组地点两类种族的相对指数，这时他们通常采用另一个不同的指数，即孤立指数（有时也称为优势指数）[17]。

本书广泛使用差别指数，因为它能有效地测量美国城市居住分异的程度。许多证据论证了族群的居住分异。基于美国的普查单元，整个大都市区大多数种族和白种人人口的差异指数范围是 30～60，西班牙人的差别指数平均值为 46，亚裔人的差别指数平均值为 45。非常例外的是，非洲裔美国人的居住空间隔离程度非常高。在普查单元层面，非洲裔美国人和白人之间的差别指数平均达 58[18]。

这些数据表明，美国城市是大熔炉的想法只是某种神话。美国大都市区的隔离程度相当

高，非洲裔美国人隔离程度最高的前 5 位大都市区域均位于东北部和中西部的铁锈地带（见表 12.1）。

当然，自 20 世纪 20 年代以来，当前是非洲裔美国人居住隔离程度最低的时期。尽管仍然存有超级隔离的都市区，但与 20 世纪 70 年代开始的隔离相比，21 世纪的隔离程度保持了持续下降的态势[19]。1980—1990 年间，美国所有大都市区普查单元内的黑人隔离程度从 73 下降到了 68，到 2009 年则跌至 58.0。2009 年，西部各州成为美国种族融合程度最高的地区（如内华达州的隔离程度为 46.5），接下来是南部各州（如密西西比州的隔离程度为 47.7）。西部和南部快速增长的都市区（如拉斯维加斯、罗利-达勒姆等）的隔离程度相对较低（2009 年的数据为 38.8～40.6）[20]。

这些变化与自 20 世纪 60 年代开始的民权运动和政府反住房与贷款歧视行动有关。近 10 年由美国联邦住房和城市发展部（HUD）资助的一项研究发现：21.6%的黑人租房者和 17.0%的黑人购房者受到了住房歧视，但这些数据与 HUD 于 1989 年的研究结果（26.4%的黑人租房者和 29.0%的黑人购房者）[21]相比，歧视程度有所下降。与此同时，黑人中产阶级群体的增长在普查数据中得到了反映：居住在郊区的黑人的比例从 1960 年的 15%增长到了 2009 年的 38%。

但同期 HUD 的研究表明：1989—2000 年，在邻里种族构成的基础上，黑人购房者的比例增长明显。与白人购房者被推荐的邻里相比，黑人最可能被房地产代理商操控，而引导至以黑人为主的社区。与此同时，许多没有中产阶级地位的黑人由于不具备购房能力，仍然集中在城市中心的穷困社区。

表 12.1　以差别指数度量的美国主要都市区的黑人居住隔离变化*（1980—2010 年）

2010 年排名	都市区	差　别　指　数				比例变化/%	
		1980 年	1990 年	2000 年	2010 年	2000—2010 年	1980—2010 年
1	威斯康星州密尔沃基	83.9	82.6	81.8	81.5	−0.3	−2.4
2	纽约州纽约市	81.2	81.3	81.0	78.0	−3.0	−3.2
3	伊利诺伊州芝加哥	87.8	83.8	79.7	76.4	−3.3	−11.4
4	密歇根州底特律	87.4	87.4	84.6	75.3	−9.3	−12.1
5	俄亥俄州克利夫兰	85.4	82.4	76.8	74.1	−2.7	−11.3

*Segregation: Blacks versus White Non-Hispanics.
资料来源：J. Iceland and D. H. Weinberg, *Racial and Ethnic Residential Segregation in the United States: 1980–2000*, Washington, D.C.: U.S. Department of Commerce, 2002, Tables 5-4 and 5-5; William H. Frey, *Analysis of 2010 U.S. Census data*（http://www.psc.isr.umich.edu/dis/census/segregation2010.html）。

12.3.6　生活方式

社会地位、家庭类型、种族特点以及人们的经验、爱好和抱负等因素，促成了不同的城市生活方式。追求相似生活方式的人们经常聚集在一起，一部分原因是为了实现生活方式本身，另一部分原因是亲近具有相似生活方式的人们可缩短感知的社会距离，进而促使社会再生产链和居住分异的持续发展。美国社会学温德尔·贝尔[22]基于三种偏好给出了"经典"的美国生活方式。

● 家庭主义者。以家庭为中心，通常和孩子一起度过大量闲暇时间。他们被吸引到郊区社区这样的居住环境，这种环境由其他

家庭主义者主导且更接近学校和公园。
● 事业主义者。被吸引到有声望的居住环境，这种环境坐落于工作场所和交通便利的地区。
● 消费主义者。他们偏好于物质利益和城市便利设施，因此趋于聚居在中心城区，靠近俱乐部、剧院、艺术馆和饭店等，或靠近设施规划完备的郊区（见图 12.8）。

但现实中个人或家庭是否能按照这种方式进行划分则值得怀疑。大多数人都有这三种偏好，只是在程度上和生命周期的不同阶段上存在差异，这样认为可能更为准确（见图 12.9）。

另外，阶级结构变化、家庭类型变化、社会价值变化和财富不断增加对这三类"经典"生活方式进行了补充。如同性恋生活方式、游憩导向和体育导向生活方式、"单身"生活方式（如"都市时尚男人"，即有女人缘、不怕展示厨艺、

喜欢美容、穿着时尚的都市好男人）以及活跃的退休社区生活方式。同时，必须承认这部分人的"生活方式"是通过电视、网络体验的，他们的家和社区经常被视为逃避外界的场所，而不是他们喜欢的生活方式。

图12.8　基于生活方式偏好的居住分异，形成了设施完备的专业化郊区社区，如佛罗里达中部的女士湖村

图12.9　社会经济背景（中等收入）、家庭类型（有小孩的已婚夫妇）、种族特点（白人）和生活方式（以家庭为中心）导致了居住分异，进而形成了"凯恩斯主义"郊区。这幅航片展示了1948年莱维敦地区的一角，是在曼哈顿东部25千米的长岛农场被大量郊区住房替代后不久拍摄的

城市观察12.3　欧洲城市的社会排斥和移民工人

　　"二战"后，西欧大规模工业化的复兴在法国、德国和英国等富裕国家导致了强劲的劳动力需求。20世纪50年代和60年代，进城移民加速了这一增长，尤其是在最大的城市。此外，成千上万的外来移民工人进入到低收入生产流水线和服务业的工作岗位，而本地熟练工人并不愿从事这些岗位。这些"客座"工人来自欧洲的地中海国家，包括意大利、希腊、葡萄牙、西班牙和欧洲的前殖民地。西德吸引了来自土耳其、南斯拉夫、意大利和希腊的移民；法国吸引了来自阿尔及利亚、突尼斯、摩洛哥、西班牙和葡萄牙的工人；而英国吸引了来自加勒比海、印度、巴基斯坦等英联邦国家和爱尔兰的公民。

移民被作为临时工——储备的劳动力，根据需要招之即来，挥之即去。实际上，引入的移民数量与经济周期的波动相对应，移民高峰期是 20 世纪 60 年代中期和 70 年代初期。到 20 世纪 70 年代中期，西德的外来工人数量已接近 400 万，法国超过了 350 万，英国达 150 万，瑞士接近 100 万，比利时、荷兰和瑞典大约为 50 万。然而，1973 年开始的经济衰退，急剧地阻止了移民的流入。大多数政府对移民施加了限制。许多国家通过财政刺激手段来鼓励移民回巢。这种刺激手段仅对严重失业的地区如鲁尔地区等有效，并不能让移民回到就业前景比欧洲还要黯淡的祖国。

在欧盟各个国家的大都市区内，4%（约 2000 万）的人生于其成员国之外的地区。在法国，超过 1/3 的移民集中在巴黎地区，占据了总人口的 15%。在法兰克福、斯图加特和慕尼黑等德国城市，国外出生的居民占 15% ~ 25%。阿姆斯特丹超过一半的人口不是荷兰人，他们主要来自摩洛哥、土耳其和加纳。尽管缺少关于整个欧洲城市中移民的可比数据，但通过文化上的多样性可明显地看出他们的存在，这种多样性体现在某些邻里的商店和餐馆的名字上，甚至一些城市（如布鲁塞尔，见表 12.2）最常见的婴儿名称中。

表 12.2　布鲁塞尔都市区 2007 年最常用的 10 大男孩名和女孩名

	男孩名称	女孩名称
1	Mohamed	Lina
2	Adam	Sarah
3	Rayan	Aya
4	Nathan	Yasmine
5	Gabriel	Rania
6	Amine	Sara
7	Ayoub	Salma
8	Mehdi	Imane
9	Lucas	Ines
10	Anas	Clara

资料来源：The Telegraph newspaper, http://www.tele- graph.co.uk.

这些移民通常居住在质量很差的郊区高层公寓楼里，或中心城区中因郊区化而空置的"飞地"中。每块飞地都以特定的族群为主。法兰克福和维也纳的飞地主要居住着土耳其人，而在巴黎和马赛，不同的飞地分别以阿尔及利亚人或突尼斯人为主。英国的大城市里则正好相反，不同族群存在很大程度上的混居。而在每个邻里内，族群之间则高度隔离。尽管有大量的亚裔人和西印度群岛人，但在大多数邻里，国外出生的人口只占 15% ~ 20%。

由于欧洲的人口不断老化，并且需要低工资的劳工，这就意味着大量的工作岗位需要由移民来填充。但有些人对此反应强烈，这些人往往是敌视新来者的排外人士和种族主义者，有些甚至是第二代和第三代移民。大多数国家都限制移民。一方面对低工资劳动力的需求上升，另一方面又不愿意接受来自非欧盟国家的移民，二者之间的矛盾让人们付出了沉重的代价，并且非常危险，2005 年巴黎发生的持续数周的骚乱已充分地证明了这一点，骚乱地区是穆斯林工人阶层集中的地带。

12.4　居住生态学解释

现代居住空间的分异模式是在早期增长阶段建立的居住邻里基础上形成的。城市居住空间结构的主要维度在 20 世纪前 10 年就已被塑造。正如我们在第 3 章所看到的，工业化城市的出现导致了急剧的城市空间转型，进而导致了专门化土地利用的更大扇形和分区结构。无数涵盖更多族裔的移民正努力在传统的城市中心街区安置自己。与此同时，在新的郊区，不断扩大的新中产阶层正在寻求安静的、隐蔽的家庭生活。通过观察住宅分类与使用，来自芝加哥大学的社会学家（著名的有罗伯特·帕克、欧尼斯特·伯吉斯和罗德里克·麦肯齐等）提出了居住分异和城市居住空间结构模式的理论，该理论是城市理论的基准。

12.4.1　芝加哥学派：人类生态学

在出任芝加哥大学社会学系主任之前，罗伯特·帕克在芝加哥的邻里从事新闻记者的工作，他被不同邻里的特殊性所吸引："相互接近但互不渗透的马赛克世界。"[23]帕克和他的同事认为每个马赛克世界都可视为生态单元，即主导城市结构的某一特殊生境的特殊人群。这样的解释促使他们借用了城市是社会有机体的观点，"生存竞争"控制着社会互动。

这种生态类推方法为芝加哥学派提供了一

种有吸引力的通用框架，他们在该框架内进行了不同群体自然历史和社会世界的详细研究。如动植物群落一样，他们得出结论：人类的秩序必须通过"自然"过程（如客观地对地域和控制权的竞争）来形成。但要记住的是，这些思想都是时代的产物。当时，**新古典经济学**（强调不受约束的竞争）的吸引力是非常强大的，当时达尔文主义的影响相当大，社会科学仍需要努力才能获得"科学的"尊敬。动植物科学为描绘城市社会地理学提供了丰富的生态概念和图形术语。

芝加哥学派把社会互动视为整体社会背景下共生的表达，而整体社会背景由生活空间竞争主导。由此，形成了一系列由不同群体所控制的自然区域。芝加哥学派对许多自然区域进行了详细的研究。经典的研究如哈维·佐尔博的《黄金海岸的贫民窟》[24]，其研究的是芝加哥北部的独特自然区域。自然区域包括临近湖岸的"黄金海岸"这个富裕的邻里和移民集聚的贫民区（见图 12.10）。佐尔博解释了这些不同社区的个性特征不仅与居住者的特征和生活方式有关，而且与它们提供的生活环境的自然环境属性相关。

然而，芝加哥学派的人类生态学家并不认为"自然区域"是一成不变的。当不同群体的无数力量和竞争力以及不同环境的吸引性与适宜性发生变化（由某类具有独特人口混合特征和生活方式的群体占据所导致的自然和人口特征的变化）时，侵入和接替的生态过程使得"自然区域"得以修正（见图 12.12）。与此同时，除了社会组织的生物尺度（基于非个人感情的领地和资源竞争）外，帕克和其同事给出了形成社会价值一致性的文化尺度。

图 12.10　20 世纪 30 年代芝加哥的"黄金海岸"，这是芝加哥学派研究的一个"自然区域"

图 12.11　20 世纪 30 年代的芝加哥贫民窟，它是芝加哥学派所研究的另一个"自然区域"

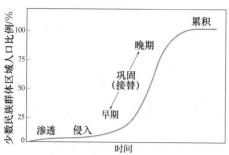

图 12.12　侵入和接替的生态过程具有明显
的阶段性，各个阶段根据区域中
"侵入"群体的人口数量比例来定

欧尼斯特·伯吉斯通过整合这些概念，提出了著名的芝加哥居住分异和邻里变化的**同心圆模型**[25]。通过详细描绘 75 个芝加哥自然区域的区位和范围，伯吉斯用一系列同心圆对此进行了解释（见图 12.13）。这一解释使得人们更加深信：随着城市人口的增长，经济竞争力以及专门化的劳动分工将导致中心化和去中心化的生态过程。中心化出现在**集聚经济**的过程，而去中心化是商业和经济功能从失去竞争力中心城区转移到边缘区的过程。

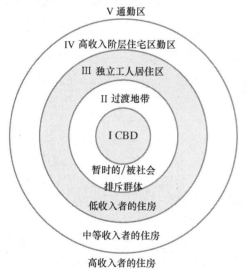

图 12.13　20 世纪 20 年代和 30 年代针对芝加哥
进行研究得出的城市结构的生态模型

最里面的区域即**中央商务区**（CBD）被**过渡区**所包围，它是中心化经济力最重要的表达。过渡区由工厂和仓库的内部地带构成，内部地带又被衰落的居住邻里环绕。依伯吉斯的观点，这种衰落是老居住区被 CBD 周围集聚产生的工厂和仓库入侵的结果。入侵和衰落导致了现有居民的离开，这样就给低收入的移民提供了住房机会。在过渡区周围是独立工人居住区，它由第二代移民控制，第二代移民已经确立了自己的经济和社会地位，足以成功地"入侵"内部郊区，巩固自身在种族团体中的地位。中产阶级或出生在中产阶级家庭的这些人，居住在带有宽敞庭院的独门独户住宅的高收入阶层住宅区，或者居住在通勤区。通勤区一般为具有公寓功能的小镇或小村，但很少拥有产业或提供就业。

尽管伯吉斯把这些大的分区作为中心化、去中心化和不同社会群体不同经济竞争力的体现，但他却把由每个区组成的"自然区域"（如过渡区的唐人街、小西西里等）视为由语言、文化和种族共同塑造的共生关系。

人类生态学的批判　芝加哥学派有很大的影响力，同心圆模型成为用来描述和解释城市空间结构的流行工具，已成为城市研究的基准。但要注意到同心圆模型源于一系列特定的环境：城市（芝加哥）具有单中心的经济核心，通过移民潮而成长为大都市区，移民反过来又产生了异质群体。这一模型仅适用于存在类似环境的城市。芝加哥学派人类生态学的看法在后来遭受到了人们的严厉批判，这一点也是相当重要的。

最严厉的批判直指帕克及其同事虽然认识到了作为社会组织的"文化"维度，但却未能进行充分且详细的分析。例如，瓦尔特·费莱批评了芝加哥学派所用的方法，因为这种方法忽略了情感与象征在人们行为中的作用。他提出了波士顿社会模型的证据，尽管存在模糊的同心圆模型，但对社会地位和个性特色坚持的邻里（如灯塔山、波士顿公寓、小意大利等）被赋予了"荒诞无稽的"和"多愁善感的"价值，吸引着特定的人群[26]。费莱的观点是，社会价值能够且确实能够超越非个人的经济竞争，而成为社会互动和居住分异的基础。批判芝加哥学派的其他批评家经过大量对比研究后指出，其基本概念存在失误（如自然地带和同心圆地区）。但最有力的批评针对的是那些生物类比以及由此建立的生态理论。正如在完全不同的背景下使用相似的推理来判断希特勒纳粹政权的地缘政治那样，基于生态类推的社会理论无疑会显得过于简单化。

因子生态学 批评的结果使得生态思想不得不修正，剔除那些简单且机械的生态推理。在早期社会学家如爱莫斯·霍利和里奥·施努尔[27]等的引领下，现在许多分析家发现：由不连续地域（如社区或邻里类型）构成的城市"生态学"的简单想法非常有用，不连续邻里则由社会经济特征独特的相对同质人口组成。由这一革新推动的重要发展是将城市生态学作为一种概念体系。在此体系内，通过社会经济数据的统计分析来描述城市的居住空间结构。"因子生态学"将多元统计分析纳入因子分析，已成为广泛使用的定量分析技术，它主要解决城市社会结构空间分异的复杂性问题（这与第1章所述的空间分析法相吻合）。

美国城市的因子分析结论表明：按照重要性程度降序排列，居住分异的维度依次为社会经济地位、家庭类型或家庭生命周期、种族特点，以及分别与扇形分异、分区分异和簇状分异相关的空间表达。在早期简单的研究推动下，这些研究的惊人突破是：尽管分析有几十年跨度且使用的输入变量发生了变化，但这些尺度和相关的空间模型一直从一个城市用到了另一个城市。地理学家罗伯特·玛迪认为社会经济地位、家庭类型和种族特点代表了社会空间的主要维度，将它叠加到城市的物理模板上，将有助于识别社会同质化区域（见图12.14）。

现在来看，玛迪的理想化模型的尺度已经不如以前那么明显，一些研究表明这些经典的空间格局发生了变化。正如我们在第4章看到的，伴随社会、人口和技术变化，城市正经历基本的经济转型。例如，长途通信的进步已经开始消除住房和经济活动的传统空间摩擦，但这并不表明居住分异和隔离正在消失或突然地发生了改变，而是近年来影响城市经济和其他方面的变化需要以更加复杂的方式和更高的分辨力来识别，因为这些变化已不再是与

"经典"扇形、分区和簇状分异模型相关的传统社会经济状况、家庭状况和种族相关的。

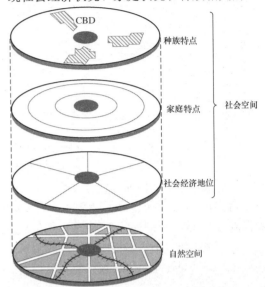

图 12.14　基于因子生态学得出的美国城市居住结构的理想模型

12.5　居住分异根基的最新变化

自20世纪70年代早期开始，经济重构引起了许多变化，这些变化促使城市居住空间开始重组。重组的核心分为3个过程。第一个过程是工人的职业极化，它由如下因素导致：经济部门的转移，公司重组与重新部署；机器人与自动化技术的提高；妇女更多地加入了劳动力大军。职业极化的结果是，增加了薪资水平较高的职位（在生产服务业、高技术制造业和媒体行业）、增加了薪资水平较低的职位（普通文书、零售销售和快餐工作等），减少了中等薪资水平的职位（传统制造业）。20世纪60年代以来（见图12.16），美国家庭收入不平等的增加体现了这些变化。社会经济两极分化的过程中，出现了在城市居住结构中留下了烙印的新阶级派别。而传统中产阶级的等级细化瓦解了稳固的中产阶级阶层郊区邻里，要知道这种邻里曾经一直是城市居住空间结构的基石。

城市观察 12.4　欧洲城市的居住结构和经济结构[28]

美国的经典城市居住结构模型并不适用于欧洲城市内的多种社会模型。距核心越远社会经济地位越高的同心圆模型最适合于英国的城市。地中海城市出现了在拉丁美洲发现的**逆同心圆模型**。在欧洲的地中海地

区，精英集中在靠近交通大动脉附近的城市中心区，而穷人则居住在以临时搭建的简陋房屋为主的郊区，位于没有完善服务设施的边缘区。在欧洲，人口模型符合同心圆模型，因为通常每户人口的数量会随着离城市中心距离的增加而增加。

扇形模型与社会经济状况相对应，包括不同收入群体的扇形从城市中心向外辐射。这种社会模型反映了富人会优先选择舒适的中轴区，如沿着具有纪念意义的林阴大道或污染源的上风口。穷人居住在铁路沿线或重工业区地带的无吸引力的线形扇形区内。多核模型适合种族分异模型，不同的种族群体要么集中在内城的节点，要么集中在边缘区的高层公寓中。

图 12.15 展示了西北欧的城市结构模型。前工业化核心包括市集广场和历史建筑物，如中世纪的教堂和市政大厅。公寓楼一般由上等收入和中等收入的居民居住，楼房底层是一些小型商店和办公场所。狭窄蜿蜒的街道向外延伸约 0.5 千米。少数宽敞的街道从广场向外辐射，形成延伸到火车站的步行廊道。街道两侧国家和国际百货大厦、饭店和餐馆林立。摩天大楼集中在商业金融街区，新的市区购物商场或节庆型购物中心坐落于焕然一新的历史建筑内。有些老工业区和港口区进行了新的零售、商业、居住滨水区开发。

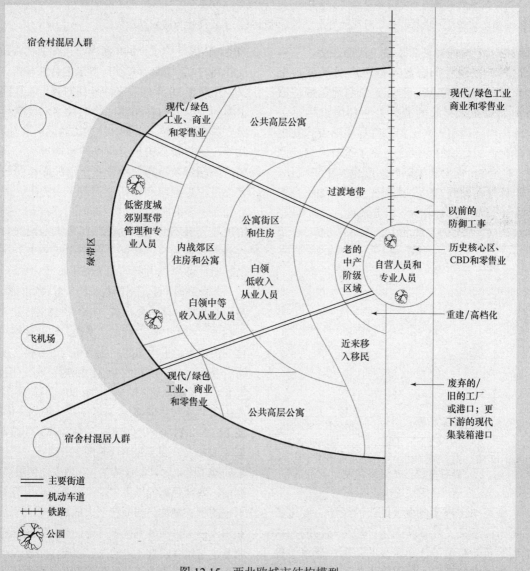

图 12.15　西北欧城市结构模型

环绕核心的是同心圆模型的过渡区。以前的城墙区域是 19 世纪再开发的环形地带。高收入居民购买一部分衰落的中等收入者的住房并使之高档化，而其他部分则为学生和贫穷的移民提供廉租房。

环绕这个区域的另一个过渡带是带有废弃铁路线的老工业区。20 世纪 50 年代和 60 年代，照明工程与食品加工等新工厂置换了废弃的老工厂和仓库。低收入租赁人和房主住在破旧的 19 世纪房屋中。许多房屋已被新的单元更新或置换，外国移民在某些邻里留下了文化的烙印。

如同同心圆模型，核心区外围是工人阶级居住区，这是稳定的中低收入阶层居住区，可追溯到 20 世纪前半叶。**电车郊区**内设有不带车库的公寓大楼和房屋，周围布置了一些小商店、社区中心、图书馆和学校。该区域的外围为中等收入阶层的汽车郊区，拥有带车库的公寓和独户住宅，与同心圆模型的高收入阶层居住区相对。就像**多核心模型**期望的那样，最外围是包含高级邻里的节点。

城市边缘缺少商店和银行等基础设施的公共高层公寓和中低收入者的起步房，也与多核心模型相对应。边缘区还包括了商业和工业节点，包括大型购物商场、商业科技园区和高科技制造业。

从 20 世纪初期开始，像伦敦这样的很多城市在建成区边缘建立了绿带，绿带内禁止任何开发。绿带主要是为了阻止城市蔓延并提供游憩空间。通勤者居住在城市绿带外围的宿舍式村庄或小镇上，这与同心圆模型的通勤区相对应。机场、饭店与现代制造业等布局于某条主要高速公路的外围地带。

第二个过程来自婴儿潮一代的经历，早期的这群人发现他们自己不得不应对从反传统文化时代的社会意识、种族意识和兄弟般情谊转向面对**滞胀**引起的劳动力和住房市场萧条的残酷经济现实。人们的态度和生活方式发生了变化，居住偏好也随之发生了改变。与此同时，对工作、住房和家庭的态度也发生了变化，它们体现在家庭组织模式的变化中（如单身家庭、单亲家庭和无子女双职工家庭的增加），也逐渐体现于居住分异模式中。

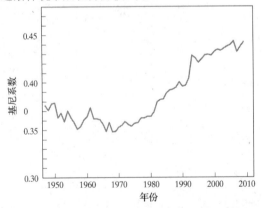

图 12.16 美国家庭收入差异的逐年变化。差异程度通过基尼系数测定，范围为 0～100，高值代表差异程度大

第三个过程来自少数民族的经历。到达美国城市的新移民潮重新强化了居住结构的种族维度，重新校准了社会距离的范围，导致了种族社区的空间重组。但因为不同的来源地和目的地，移民导致了不同的差异。正如我们在第 4 章看到的，20 世纪 60 年代以来的合法移民，不仅数量高于 20 年代以来的任何时候，而且特征也不同于以前的移民潮，移民较少来自欧洲，而更多地来自拉丁美洲、加勒比海地区和亚洲。此外，这些新移民具有较高的本地影响力。例如，墨西哥人不均匀地分布于洛杉矶、纽约、芝加哥、迈阿密和休斯敦，波多黎各人、多米尼加人、牙买加人、华人和印度人分布于纽约；古巴及人数不断增加的萨尔瓦多人与尼加拉瓜人分布于迈阿密；伊朗人和萨尔瓦多人分布于洛杉矶；菲律宾人和华人分布于旧金山。

与此同时，定居时间较长的少数民族的经历，与职业两极分化、婴儿潮一代的社会文化变化紧密相关。对于一些少数民族来说，职业转移和变化的价值推动了行为的同化或结构的同化，或者两者兼而有之。而其他少数民族则导致了社会隔离和经济脆弱。例如，20 世纪 60 年代，随着黑人中等收入群体的增加，开始了黑人的郊区化（见图 12.17）。1960—2009 年，居住在郊区的黑人比例从 15% 上升到了 38%（见图 12.18）[29]。美国南部的都市区郊区，如亚特兰大，黑人比例最高[30]。然而，郊区更高的黑人集中度并不总会导致更高水平的种族融合。如亚特兰大的黑人倾向于居住在黑人占大多数的郊区社区。此外，从美国整体来看，与仅有白人 1/4 的人口相比，超过 50% 的黑人仍然住在市中心，经常集聚在贫困的社区。

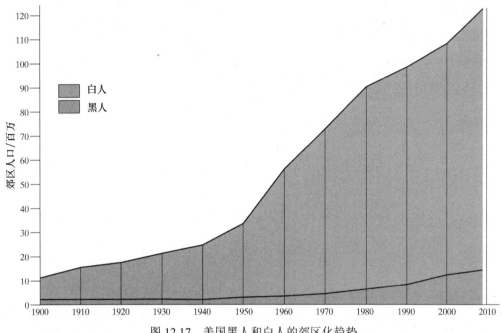

图 12.17 美国黑人和白人的郊区化趋势

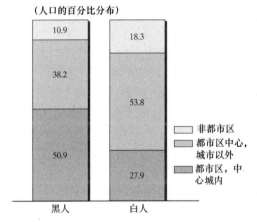

（人口的百分比分布）

图 12.18 2009 年美国不同种族的人口在都市区和非都市区的分布

12.5.1 新劳动分工、新家庭类型及新生活方式

在社会经济阶层的顶部，最重要的变化与生产服务类职业的增加有关（涉及非物质生产），如管理顾问、设计师和营销专家等。20 世纪 60 年代以来，这些职业开始在美国扩张，以至于在都市区内，与金融和保险相关的四大职业占到所有就业人数的 96%，他们是精算师、汽车保险鉴定人、金融分析师和经纪人（见图 12.19）。这四大职业在纽约的就业人数都是最高的，在这个都市区内集中了全国 1/5 的金融分析师和 1/4 的经纪人。生命科学、自然科学和社会科学的 5 个职业几乎全都出现在都市区：政治学家、生物化学家和生物物理学家、医学家（流行病学家除外）、社会学家和工业组织心理学家。许多与航空和公共交通有关的职业也几乎全部集中在都市区。其他集中在都市区的职业还有 IT 行业，如半导体制造工人和电脑硬件工程师等 [31]。

在社会经济阶层的底部，最明显的变化则与二级劳动力市场有关，他们主要是工资低、工作条件差、没有工作保障也没有福利，且晋升机会很少的工人。二级劳动力市场是以下几个方面的产物：（1）半熟练和熟练的传统制造业工作岗位在大都市劳动力市场的相对下降（与全球化和**新国际劳动分工**相关的区域及国际去中心化的影响）；（2）计算机和机器人的新生产技术的出现；（3）非熟练服务部门工作岗位的增加（如快速翻煎汉堡的工作、引餐工作和货架整理工作）。

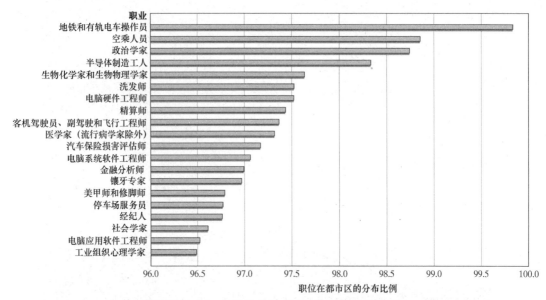

图 12.19　2009 年就业人数在都市区占比最高的职业

这些基本趋势对工人的影响融合了与弹性生产体系相关的许多战略。据估计，在如今的美国，每五个工作中就有一个是弹性的，因为工作涉及"偶然的"[32]、临时的、兼职的或独立转包的就业关系[33]。例如，发达的转包体系压低了一些从大公司竞标转包工程的小公司工人的工资。普通弹性生产体系的转包鼓励使用临时和兼职劳动力，从雇主的角度来看，这有两方面的好处：能够根据市场状况精确地调整工人的总数；能够大幅节省退休金、医疗保险和失业保险，而对于长期的全职员工来说这些费用是必须支付的。而这些战略会使得工人更容易受失业和贫穷的威胁。

妇女的新角色　这些变化趋势中，特别重要的是大量妇女从事的兼职和临时性工作。1960 年，达到工作年龄的妇女仅有 36% 进入劳动力市场，而现在这一数据已达约 60%[40]。这种变化使得相当多的妇女能够进入劳动力市场，这主要是由 20 世纪 60 年代所谓的妇女解放运动引起的，但它也被其他趋势加强。许多公司故意招募妇女作为劳动组织相对松散的弹性资源。面对物价的暴涨，为了维持家庭消费，许多妇女被迫进入劳动力市场。1983 年，妻子的收入只占家庭总收入的 29%，而 2008 年这一数字上升到 36%。现在，由女性主导的家庭大大增加，为了抚养孩子，她们必须工作。1984 年，在子女年龄不满 6 岁的母亲中，有 52% 在工作，而在子女年龄为 6～17 岁的母亲中，有 68% 在工作。这两个数字现在已分别上升到了 64% 和 78%[41]。

家庭组织的新模式　尽管传统的双亲家庭数量（约 2300 万个）仍然相对稳定，但有孩子的已婚夫妇家庭由 1970 年的 40% 下降到今天的刚好超过 20%。与此同时，单身母亲家庭的数量从 300 万增加到了超过 800 万（而单身父亲家庭的数量从 39.3 万增加到了 250 万）。2009 年，有孩子的女性户主家庭占所有有孩子家庭的 25%[42]。

城市观察 12.5　少数族裔郊区——新的郊区种族定居点

在美国的巨型都市区中，所有种族和族裔群体中首次有超过 50% 的人居住在郊区。当然，这些统计数据掩盖了不同少数民族的居住模式和不同大都市区之间的重要变化。郊区少数民族居住模式反映了有别于大都市区的不同环境。这些环境在如下方面存在着城乡不平等：住房可得性、住房成本和种族歧视、少数民族群体的相对混居及社会经济状况、由每个区域中特殊移民流和少数民族群体居住模式塑造的少数民族社区的历史开发等[34]。

与黑人或西班牙人相比，居住在郊区的亚裔人很可能超过居住在城市中心的人口，从 20 世纪 60 年代开始，亚裔人迁出市中心飞地与贫民窟以寻找更大的住房，美好的邻里和更好的校区的比例开始上升。与此同时，近年来，更多的具有高学历和专业能力的亚洲移民直接迁到了郊区。

2008年，在最大的都市区中有62%的亚裔人居住在城郊（相比之下，黑人仅为51%，西班牙人为59%）。大多数亚裔人集中在为数不多的大都市区内，其中西海岸和夏威夷的比例最高。尽管绝对数量相对较少，但亚裔人占旧金山大都市区郊区人口的20%，圣何塞的这一数字为28%，火奴鲁鲁的为35%[35]。

尽管过去主要城市的唐人街一直是亚裔人存在的象征，但如今除了华人外，在美国还有5个比较典型的亚裔群体，即菲律宾人、日本人、印度人、韩国人和越南人，以及来自伊朗和巴基斯坦等其他亚洲国家的移民。尽管存在多样性，但不同群体都对本地化造成了影响。例如，在纽约大都市区，华人和印度人占据了最大份额，韩国人则占据了第二大份额。在洛杉矶，菲律宾人和韩国人最多，其次是华人和日本人[36]。与此同时，绝大多数亚裔人不再居住在传统的内城亚裔民族集居地或飞地中。整体上，2009年约有一半的亚裔人居住在各种规模的大都市区郊区[37]。

地理学家魏蕾提出了大都市区种族郊区居住的新模式。在最近数十年，在国际地缘政治与全球经济重构、国家移民与贸易政策转变、当地人口与政治经济变化的政策下，出现了一种新型的种族区域，即少数族裔郊区（见图12.20）。

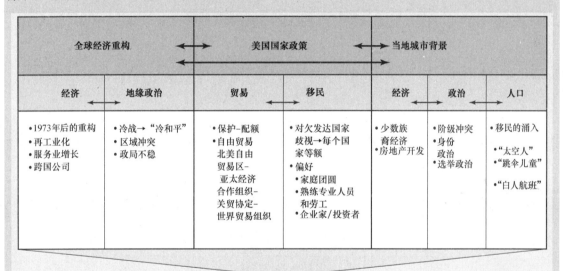

图12.20 少数族裔郊区的形成

少数族裔郊区是郊区少数民族居住区和商业区的聚集地。它们具有不稳定的少数族裔经济特征，少数华裔经济依赖大量当地的少数民族消费者。它们也与全球经济有着较强的联系，通过商业交易、资本循环、企业家和其他工人的流动，反映了作为国际经济体系前哨的角色。少数族裔郊区是多民族社区，在社区内，一个少数民族群体显著聚居，但不一定占绝大多数。少数族裔郊区作为一种聚落类型，复制了族裔飞地和缺少唯一少数民族身份的郊区的特征。少数族裔郊区也与传统的内城民族集居地或飞地共存[38]。

魏蕾认为，少数民族在郊区居住景观和商业景观上留下的清晰烙印，使少数族裔郊区与典型的美国郊区区分开来，在这些典型的郊区中，少数民族成员分散于白人特权群体中。她的案例研究集中在美国最大的华人郊区聚居地——洛杉矶县东部郊区的圣盖博谷[39]。这个由华人组成的少数族裔郊区由城市的蒙特里公园演化而来，可以通过高速公路系统到达CBD和唐人街。从那时起，华人的人口和商业郊区城市化不但蔓延到了整个圣盖博谷区西部，而且蔓延到了东部，如戴蒙德巴、哈仙达高地、罗兰高地和核桃市等郊区。

对于白人来说，有孩子夫妇离婚率的增加是单亲家庭增加的主要原因。20 世纪 60 年代和 70 年代早期，反传统文化所孕育的对自由的态度和更多女性加入到劳动力大军中，使得更多妇女考虑离婚，这意味着白人单身母亲家庭更多地是婚姻破裂造成的（2008 年有 45%的家庭离婚），而不是婚外生育（2008 年 34%的人从未结婚）造成的[43]。

非洲裔单亲家庭增加的速度非常惊人，主要原因不是离婚率的增加——黑人单身母亲最不可能离婚（20%）——而是未婚少女妈妈数量的增加。这种增加很少是非洲裔少女一直不变的受孕率的产物，更多地是从"枪口下的婚礼"中解脱的结果——黑人单身母亲最有可能不结婚（62%）；在面对不断变化的社会态度，特别是结婚会带来经济支出与安全性下降的情况下（因为非洲裔美国妇女的大学毕业率更高）。年轻的非洲裔男子自 20 世纪 70 年代中期起，工资增长最为缓慢，也正是这批人承受了经济和空间重构的冲击。图 12.21 非常清楚地表明，1970—1993 年，非洲裔美国人家庭和白人家庭收入之比的变化尽管不稳定，但无明显下降。尽管直至 2000 年，非洲裔美国人家庭收入有了显著的提高，但 2009 年的比值则降至 0.61，具体体现是非洲裔美国人家庭的平均收入为 38409 美元，白人家庭的平均收入为 62545 美元，这进一步折射出许多非洲裔美国人家庭继续保持着相对较低的财富水平。

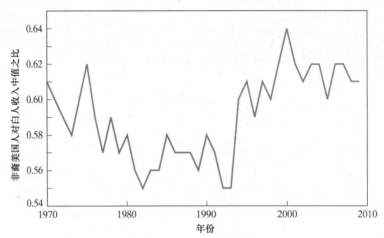

图 12.21 美国黑人家庭和白人家庭各年的中位数收入之比

反传统文化的性解放运动，鼓励了未婚异性恋和同性恋夫妇的家庭与集体户家庭（包括一小群因学习和找工作而离开家的单身者）的增加。同时，寿命的延长（至少是在白人中间）导致了两个老年人家庭数量的增加。20 世纪 60 年代中期节育技术革命之后，生育率的下降增加了两个年轻人家庭的数量。另外，在过去几十年，婴儿潮出生的一代一直对家庭类型有着突出的影响。起初，他们对家庭子女的增加进行解释，现在对有一名或多名退休人员的家庭进行解释。家庭类型的多样化，已减弱了家庭生命周期作为理解居住分异的观点所产生的效用。然而，从更加广泛的、明确包含家庭生命周期各个阶段的视角进行思考是恰当的。

家庭生命周期的各个阶段都由一些事件引起（如上学、毕业、就业、结婚、离婚、跳槽和退休等），因此从孩童时期到退休有着许多不同的路径。

家庭类型的多样化使得如今城市的更大区域被非家庭型住户所主导。例如，在威斯康星州的密尔沃基，彼此无关的住户住在一起，它们主要集中在大都市区南北轴的东部。这些住户集中在多户住宅区，大部分靠近大学（CBD 东北部的威斯康星-密尔沃基大学和 CBD 正西部的马凯大学，见图 12.22）。在目前的环境下，所有这些变化最重要的影响是，它们不仅改变了城市人口（居住分异的原料）的构成，而且通过彼此间的社会互动，改变了社会距离和邻里分异的基石。尤其导致了：（1）物质文化和生活方式方面的居住分异的增加；（2）弱势家庭"新"群体的空间隔离。

唯物主义抬头和新生活方式 20 世纪 70 年代，伴随着婴儿潮一代的成熟与高报酬的**生产性服务业**职业的增加（金融分析师、管理顾问和营销专家等），文化景观发生了重大改变。在自信地预测唯物主义衰落是社会发展的趋势之后，仅仅几年时间人们便更加强调唯物主义和时尚[44]。婴儿潮一代的成长经历了战后的经济繁荣，他们为这类预测提供了主要的基础。他们从反对工业进步与繁荣带来的表面自满转向反传统文化运动，采用集体的方式通过不同的运动（包括激进政治、毒品和性解放）来探索自由并自我实现。"疏远一代"[45]的高潮出现在 1968 年，这是静坐、学生工人联盟、抗议游行和普通罢工及市民暴动的一年。这些事件的失败导致了唯物主义和多元化品味特征：一种不强调所有权和消费本身，而强调占有特定事物和消费方式组合的社会文化环境。

图 12.22 许多学生像威斯康星州密尔沃基大学的这些学生一样，在上学期间就和非家庭成员合住

与此同时，新的通信技术和全球化引起的时空压缩与消费文化的同质化，推动了独特性和身份的感知需要。"这个社会消除了地理距离，只为得到以壮观分离方式所形成的内部距离。"[46]在强调外观的景观社会中，城市环境的象征财富和人们的物质财富被认为是最重要的。以前通过某种消费品的所有权来体现社会身份的人们，现在不得不通过美化商品的象征含义来体现社会身份。

另外，成熟的婴儿潮一代发现他们正涌入劳动力市场和房地产市场，此时恰好处于 20 世纪 30 年代以来经济最不景气的阶段，工资停滞不前，住房价格大幅攀升。下面是一则这样的个人声明：

在我们 20 多岁时，我和我的朋友们什么都不在乎。我们念完大学（主要由父母出钱），吃豆腐、躺在出租公寓的床上。我们是年轻人，是百灵鸟；我们藐视消费主义。但到 30 多岁时，当我们结婚或厌倦于那些本属于我们的公寓被出售一空时，我们需要好的东西，我们需要房子[47]。

然而，经济环境不允许平稳地过渡到唯物主义阶段。甚至对于受过高等教育的中产阶层也是如此：

我的朋友穿得好、吃得好。在 20 多岁时，尽管支付了昂贵的教育费用，但大多数人还有一两个我们嗤之以鼻的梦想。现在，什么都没有了。我们不得不在孩子、房子和时间之间做出选择。有些人有车没房，有些人有房没孩，而有些人有孩没房。一些幸运的超级夫妇——律师娶了医生，即使年收入加在一起超过了 10 万美元，看似已经有了一切，但却没有了时间[48]。

由于无法实现美国梦，他们开始少储蓄而多借贷，推迟受孕时间；用那些出现在杂志广告上的奢侈品安慰自己；臣服于享乐主义并过分关注生活的细节。20 世纪 80 年代，到处都出现了这种新唯物主义的符号："买东西买到手软"或"一生留下玩具最多的人是赢家"成为了汽车保险杠标语；名牌普拉达、杜嘉班纳、路易·威登和雨果·波士故意出现在衣服和手饰上。

文化时尚的唯物主义发展也带来了新的社会行为模式。芭芭拉·埃伦赖希指出，"雅皮士策略"的基础是男女双方找到确实能挣钱养家的人作为潜在的结婚或合住对象的决心。她指出，这种结果巩固了具有高学历和高家庭收入特征的阶级派别。反过来，找到合适的与有资格的对象的重要性强化了物质信号的魅力。

因为银行账户和履历具有看不见的属性，因此需要无数的其他线索来把有良好发展前景的人从失败者中区分出来。高消费阶层的消费模式创造了文化空间，这种空间中的男女双方彼此能够找到自己的对象，而远离那些吃汉堡的人、喝啤酒的人、只能穿非天然纤维的不幸人[49]。

我们发现这类现象以多种方式转化为了城市景观。例如，因为时尚和独特性对消费如此重要（甚至包括购物体验），零售景观出现了两极分化。例如，为了避免歇业，百货商店面临着专业化的选择，市场一端是高消费阶层的富人，另一端是面向穷人和节俭人士的折扣店。布卢明代尔百货店和尼曼百货店是市场的一个极端，沃尔玛、1 元店则是另一个极端。面向中等收入消费者市场的无差异化连锁店，如科沃特百货和金波百货则被迫关门。为了能在日益细分的市场上生存下来，西尔斯百货和杰西潘尼公司正尽力对自身重新定位[50]。

居住景观开始以不同的方式反映唯物主义和时尚差异日益增加的影响力，年轻中产的"入侵"，使得开发商在中心城市重建了许多高档社区，而休闲和消费的需要则使得开发商在郊区规划并开发了许多私人社区。随着生活方式在不同社会经济群体、家庭形态和种族群体内日益扩散，开发商提供了大量不同的居住环境（高级公寓、排屋、退休公寓和总体规划的社区），并采用基调设计主题和重要生活设施来包装它们。由于技术进步导致了时空压缩（有线电视，以及互联网、智能手机等廉价而高效的通信技术等技术进步），由此产生的生活方式并未被本地化和异质化，而是在整个国家得到了复制。专业咨询服务的重组和全国范围内房地产经纪网络的出现，如 ERA 房地产经纪联盟、21 世纪不动产、信义房产和红地法房产等，人们发现他们能够负担得起感兴趣的生活方式和环境，于是就很容易地从一个地方迁移到了另一个地方。这样的结果被描绘成马赛克文化，它以相似的生活方式形成了"群岛"状的社区，这些社区从一个海岸延伸到另一个海岸，而在各个大都市区则呈现为"岛屿"的形式[51]。

城市观察 12.6 　"隐性消费？"

除十年一度的数据普查外，消费者支出调查[52]可能是美国劳工统计局帮助研究人员和企业了解消费模式的最重要调查。20 世纪 90 年代和 21 世纪的调查结果显示：美国人并不是隐性消费者。一个多世纪以前，经济学家托斯丹·凡勃伦就在其《有闲阶级理论》（1899 年）一书中对隐性消费者进行了描述。事实上，"隐性消费者"只是一个标签，它非常符合 20 世纪 80 年代人们的支出和消费模式。而在此之后，凡勃伦很难再找到充裕的商品，而这些商品的销售正是他所批评的势利和自我怀疑的最初形式。相反，新闻记者迈克·维斯在其《聚类世界：我们如何生活、我们购买什么，所有这些意味着我们是谁》[53]一书中提到："更少的是炫耀，更多的是用现金购买大大小小的生活必需品。"[54]消费者四处寻找廉价的商品，以尽量节省支出。当然，家庭支出到 2009 年[55]一直在上升，但消费者在医疗、住房和交通方面的支出较多，而在新衣服、珠宝、外出就餐和娱乐方面的支出则较少。

人口变化的趋势对人们的消费模式有重要影响。1991 年，婴儿潮一代开始进入 45 岁，这个阶段是美国人挣钱的高峰阶段，他们是最有影响力的人物。他们的人口总数占有绝对优势，这有助于人们在健康保险与药品（主要是止痛药）、高等教育（主要用于子女上大学）和住房（主要是自有住房）等方面更多地消费[56]。

自 20 世纪 80 年代以来，不同种类的支出中，下降最快的是服装支出。

在年轻的群体中，服装支出的下降反映了对时尚的随意态度……时尚引领者认为昂贵服装和破旧衣服可以混搭……古琦包和 20 美元的雨衣也可混搭，甚至盖普商店的 T 恤和博道夫固德曼百货公司的羊绒衫也可混搭。这种折中做法的结果是服装支出的减少。这种趋势反映了价值取向的变化，人们少了品牌意识，多了时间紧迫感。今天，很少有时间购物的工薪夫妇在购物时，更在意方便性和价值……婴儿潮一代关不关心购买的是什么，而只关心价格是否合适……因此，他们宁愿要最酷的家用电器也不要最酷的服装……偏好的这种变化迎合了折扣商店如塔杰特和沃尔玛，伤害了品牌店如盖普和亚伯克隆比。服装过去讲究的是形象，而现在讲究的是功能[57]。

但在后来的 10 年里，这种想法发生了变化，主要原因是城市内部经济状况的变化（如 21 世纪前 10 年的后期发生了金融危机）以及社会经济地位、家庭类型、种族特点和生活方式等的相互作用。到 2011 年，婴儿潮一代将达 65 岁，与此前的任何一代相比都拥有更长的寿命。尽管与今天相比，未来的消费和住房选择模式并不确定，但拥有绝对数量的婴儿潮一代的选择明显会改变城市的景观。

12.6 社会两极分化和空间隔离

基于数字技术、经济和文化全球化，以及金融、保险、地产、生物医学和互联网行业的"新经济"，导致了"赢家通吃"的社会，贫富差距急剧拉大。这种新经济的一个明显特征是：社会地位较低的岗位上出现了高收入人群。出现了包括"符号分析师"在内的新兴资产阶级：经济学家、金融分析师、管理顾问、个人专家、设计师、营销专家、买方等，高收入的新商业执行专员、工程师、熟练的高级技师、医护和社会服务人员，以及直接从事文化产业的人员：作家、编辑、电台与电视制片人和主持人、杂志记者等这类人员主导的新兴小资产阶级也加入进来。新兴资产阶级和新兴小资产阶级一起主导着经济，其报酬与其增长的经济影响力成正比。1975 年，最富裕的 20%家庭的收入占总家庭收入（税前）的 43.6%，而 5%的最富裕家庭的收入占总家庭收入（税前）的 16.5%。截至 2009 年，这一数据分别为 50.3%和 21.7%。最富裕的 20%家庭的平均收入从 1975 年的 109028 美元（按 2009 年不变美元计）[58] 上升至 2009 年的 170844 美元。同时，最富裕的 5%家庭的平均收入跃升至 295388 美元。这些家庭为其他人树立了这样的一个唯物主义标准：不断上升但却无法企及、消费攀比、生活时尚、自己争取。受诸如《建筑文摘》、《尚品生活》、《时尚》、《乡村生活》、《智族》、《美丽家居》、《玛莎·斯图尔特的曲奇》、《泳池水疗生活》、《丝塔芙》、《成功》、《特朗普》等生活时尚杂志的影响，美国的高收入阶层养成了"奢侈热"和"富贵病"等慢性症状[59]。他们的生活日益局限于自己的邻里圈，与同城的其他居民日益分离。罗伯特·里奇将这种现象称为"成功人士隔离"：

> 在很多城镇，富人实际上已将其投资从公共空间和机构撤出，转而投向自己的私人服务。随着公园和公共广场的衰落，出现了私人健身俱乐部、高尔夫俱乐部、网球俱乐部、轮滑俱乐部以及其他类型的休闲俱乐部，这些俱乐部的成本由会员共担。公寓和到处可见的居住社区，要求其成员承担起本地政府因财政吃紧而无法做好的事情——维护道路、修缮人行道、修剪树枝、修路灯、清洁游泳池、支付救生员薪酬，甚至雇用保安来保护生命和财产安全[60]。

对于很多人来说，城市隔离意味着分离和孤独。罗伯特·帕特南在其颇有影响力的《孤独的保龄球客》一书中，捕捉到了当代郊区人的这种孤独。帕特南称，在美国，人们的社会联系和公民参与度在 1945—1965 年间达到高峰，之后便急剧下降。帕特南发现，平均来说，1973—2000 年间，人们对政治和社区事务的参与度降低了约 25%。包括总统选举投票和本地的公共事务，如自愿服务于镇委员会、本地组织和俱乐部。人与人之间的基本社交、互信也在下降。在美国，人们对俱乐部会议的参与度降低了 58%，家庭聚餐的参与度降低了 33%，邀约朋友的次数降低了 45%。

帕特南将这些变化归结于多种因素，包括代际变化、双职工家庭的压力、电子娱乐的增长（多频道有线电视和卫星电视、DVD、电子游戏和互联网）。另一个很重要的因素就是郊区化。在去中心化和碎片化的大都市中，人们的日常工作、购物和出行足以粉碎任何有界的社区。更长的通勤时间意味着独自驾驶时间的延长，因此不仅缩短了人们社交和参与公共事务的时间，也降低了人们从事社交和公共事务的精力与意愿。帕特南同时表示，郊区前缘"按人种、阶层、教育、生命周期等分割的飞地"，对社区起到的是破坏作用而非维护作用。这些飞地的同质化降低了当地的纠纷，且可使邻里聚集起来参与社交和公共事务[61]。

在社会经济阶层的最底部，职业转移、移民潮和与婴儿潮一代有关的文化与人口动态等相互交织，导致了弱势群体家庭的构成发生了明显的变化。例如，在 20 世纪 70 年代，单亲家庭和低收入家庭增加了，贫困率和失业率

增加了，移民率增加了，而高中毕业人群中 25 岁及以上的人数占比下降了（见表 12.3）。同时，多方面处于劣势的家庭的占比却在上升[62]，21 世纪前 10 年后期的经济危机，对其影响尤其巨大。

尽管 20 世纪 90 年代情况有所改善，但自 20 世纪 60 年代以来，美国大都市区弱势群体家庭的构成变化并不令人鼓舞（见表 12.3）。这种变化（职业转移、公司重组等）趋势还导致了**城市体系**内部的转移，因此大都市区之间或之内弱势群体人口的构成有着更大的不确定性。

表 12.3　美国都市区 1970—2009 年的部分社会经济和人口指数（百分比）

	1970 年	1980 年	1990 年	2000 年	2009 年
有孩子的单亲家庭	13.2	19.9	23.5	28.5	29.9
贫穷率*	11.4	11.5	12.1	11.8	14.3
低收入家庭（包括全国最低的 20%收入）**	17.0	18.2	17.8	19.1	19.0
年龄在 25 岁或以上的高中毕业生**	31.7	34.5	28.7	26.9	23.4
失业率	4.2	6.2	6.1	5.7	9.8
移民（国外出生的人口）	5.7	7.4	9.5	13.0	14.3

* 1969 年、1979 年、1989 年和 1999 年的数据计算在内。** 2008 年的数据计算在内（不含 2009 年的数据）。

资料来源：U.S. Department of Housing and Urban Development, *State of the Cities Data Systems (SOCDS)*.（*http:// www.huduser. org/portal/datasets/ socds.html*）for 1970–2000 data; U.S. Census Bureau's American Community Survey, 2009（*http://www.census. gov/acs/www/*）; U.S. Census Bureau Current Population Survey (CPS), Annual Social and Economic (ASEC) Supplement, Table HINC-05 (*http://www.census.gov/hhes/www/cpstables/032009/hhinc/new05_000.htm*).

这些变化的一个重要方面是**贫困女性化**的出现，尤其是少数族裔（见图 12.23）。2009 年低于贫困线的女性户主家庭（无现有配偶）刚接近 33%，而非洲裔美国和西班牙裔的女性户主家庭的这一数据更高，约为 40%。因此，在如今的美国，5 个孩子中就有一个孩子被贫困家庭抚养。导致这种趋势的一个因素是少数族裔社区中青少年单身母亲增多，因为这些社区的经济重组造成了高失业率。导致这一变化的其他因素包括：性别工资差别的持续、离婚时财产分割不均、孩子抚养协议实施不力等。

察觉到这些变化后，美国政府于 1973 年开始推行新自由主义经济政策，提高了税收并取消了大部分社会福利。1979—2006 年间，最低阶层 1/5 的家庭税后平均收入上升了 10.7%（而最高阶层 1/5 的家庭税后平均收入上升了 86.5%）。但在此期间，处在最低阶层的 1/5 家

庭税后收入总额所占份额从 6.8% 降至 4.7%（最高阶层 1/5 家庭的这一数据则从 42.4% 上升至 52.1%）（见图 12.24）。失业津贴被减少，就业和培训项目被缩减，未成年儿童家庭援助计划（AFDC）的津贴被削减 [1996 年被更具限制性的贫困家庭临时援助（TANF）项目取代]，工残津贴的合理需求被紧缩，对经济低迷城市和邻里的联邦援助实际上被废除。

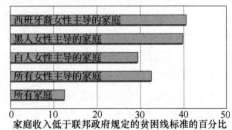

图 12.23　2009 年收入低于联邦政府规定的贫困线标准的美国家庭

美国国会多次对《公平劳动标准法》进行了修正,增加了联邦小时最低工资标准(从 1974 年的 2 美元涨至 2010 年的 7.25 美元)。但因为最低工资未与通货膨胀挂钩,且在此期间的消费者价格指数增长了 218%,最低工资增长的价值已经消失殆尽。实际上现在最低工资(考虑通货膨胀因素后)的实际价值低于 1974 年。

社会学家兼规划师曼纽尔·卡斯特尔称:最终结果是日益排斥了社会上的大多数边缘人和弱势群体[63];而社会学家威廉姆·威尔逊提出了底层人的概念,他们在社会中逐渐被孤立,经济上与劳动大军相分离:女性户主家庭的大多数非洲裔美国人依靠福利津贴生活[64]。

在被排斥的景观中,穷人聚居于扩张的贫民窟中,空间上完全被隔离(见图 12.25)。扩张的贫民窟通常被非洲裔美国人占据,但经常受社区的领导者剥削,女性户主家庭在此高度集中,在恶化的环境下挣扎着求生存,同时这些环境也是犯罪分子的天堂。这些看不见的决定性排斥,导致了大量无家可归者居住的绝望景观[65]:从洛杉矶市区的袖珍公园、旧金山城市广场、哥伦比亚特区的联邦区域到每个大城市不知名的小巷和公园的长椅。

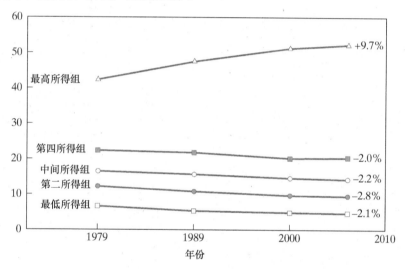

图 12.24　按收入划分的美国家庭平均税后收入份额

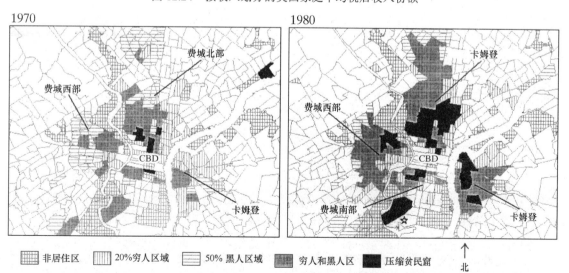

图 12.25　费城贫民窟的增长

12.7　新居住区马赛克："品味生活"社区

世界市场的重组扩大了成熟城市经济的消费功能，创造了新的工作和消费空间。这些工作中的许多是在商店、饭店、宾馆以及家政与私人服务的低报酬工作，尽管许多新消费空间依靠高技能和高水平知识，提供漂亮、有创意和复杂的文化产品，但其他新消费空间是标准化、琐碎、可预知和追求利润的。同时，不同的男女通过性别、种族、社会阶层和追求优美语言的文化风格等混合标记来表达复杂的社会身份。城市内创造和传播了许多标记：街道、广告公司办公室、摄影棚和 MTV 等。创造这些标记的人也生活在这座城市，他们是艺术家、新媒体设计师、女性主义者、同性恋者、单亲、移民……城市文化的多样性这一奇妙且具有创造性的镜子，折射出了极化的自相矛盾性。尽管城市越来越像其他地方，但它们持续吸引着穷人、移民与自由移动的城市人口和富人。他们塑造"城市"生活方式的能力一直是城市最重要的产品[66]。

城市观察 12.7　GIS 营销应用帮助星巴克进行更好的区位分析[67]

像其他零售和食品公司那样，星巴克公司在区位分析上使用了地理信息系统，以决定在什么地点设立新店（见图 12.26）。在 CBD，星巴克公司的目的是利用巨大的人流。图 12.27 展示了咖啡店附近步行时间的 GIS 地图。基于销售预测数据的这种分析，有助于星巴克等零售店找到有潜力的特殊区位，进而做出合理的选址决策。这样的地图能够帮助选址团队降低风险，为建立新店找到较好的区位，进而得以提高可行性。

除了政府的社会经济统计数据，如普查数据、邮编、公路数据和城市街道地图外，这种地图还可包含商店流量研究得到的销售和顾客特征数据（但有些人担心使用不同的数据集会侵犯人们的隐私），通过运用 GIS 技术，星巴克公司也能发现空间模式，如居住和消费支出可用来帮助实施更加有效的营销战略。

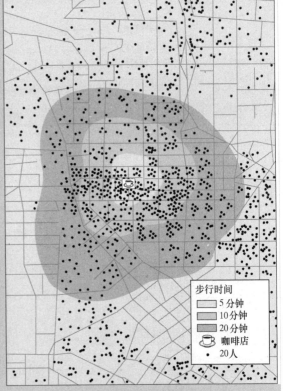

图 12.26　行人高交通量对于星巴克这样的咖啡店的成功非常重要，行人会冲动地坐下来喝咖啡，正如坐落在奥利地维也纳第 1 区科尔马克广场的这家咖啡店

图 12.27　CBD 不同商业区的步行时间图。这样的地图有助于星巴克了解其腹地，进而确定哪家咖啡店更可能吸引顾客

在传统习俗和阶级标志随着生活方式群体的碎片化和隔离而日趋弱化的社会里，由于个人对自我身份认同的表达和期望值比以往任何时候都大大增加，从房子到家具再到服装的各种物质消费就成为了核心。房子、邻里、室内设计、服装、手持设备、食品等，所有一切都被赋予了含义。这些含义被社会团体中的人群公认，并成为社会地位、生活方式和身份的象征。消费并不仅仅是为了满足需求和需要的购买行为，而是不同群体以复杂的方式与特定商品和制品相关的社会过程，它用象征性的语言来体现排他性、权力和独特性。

更重要的是，不同的消费类型已深入到了不同的生活方式中[68]。这种分异形成了一种社会文化环境，在这种环境下，许多人注重的并不是所有权和消费本身，而是特定消费品的组合与消费风格。这一结果使得城市的社会生态呈碎片化的马赛克状，分化成了体现相互隔离生活方式和当今社会阶层划分的一个个邻里社区。

要描述和分析这种马赛克状的格局，需要有与人们的消费模式相关的详细信息，而对许多美国的消费者而言，这种消费模式对他们的社会地位和身份非常重要。消费者研究咨询机构采用了和以前城市地理学家为揭示城市空间结构所用的类似多变量统计法，根据其独特的消费模式和典型的城市设定来求当代美国家庭类型的母体。

最为人们熟知也最全面的情境分类系统是尼尔森公司的 Claritas PRIZM®NE 系统[69]。该系统中的数据包括美国人口普查局的社区人口数据、近 2 亿个家庭的消费和生活方式信息、波尔卡公司的新车买主信息、西蒙公司超过890000 个家庭的信息。PRIZM 系统将这些数据分成 14 个主要的社会-地理群：城市住宅区型、市中心混居型、城市核心型、精英郊区型、富裕型、中郊区型、内郊区型、二线城市社区型、城市中心区型、微城蓝天区型、地主士绅型、乡村舒适型、美国中产阶级型和乡村生活型。每个群又可继续细分，一共得出了 66 个独特的细分市场，每个细分市场按照社会经济的排位（考虑到收入、教育、职业和家庭资产）来编号。

例如，精英郊区型在 2009 年占美国所有家庭的比例刚刚超过 5%：约有 600 万个家庭。在这个最排外的细分市场中，有 150 万个家庭（由于生活水准最高而在全国总排名第 1）为上层阶级家庭，它们以年龄 45～64 岁间的空巢父母为主。该细分市场的消费标准包括：每年出国旅游的开支为 3000 美元或更多，在第五大道萨克斯精品百货店购物，订阅《悦游》杂志，收看高尔夫频道，加入一家乡村俱乐部，开奔驰 SL 级轿车等。贵族精英型（总排名第 2）大约有 100 万个家庭（约占总数的 1%），其特征是夫妇两人，有小孩，大学学位，亚裔美国人占比相当高，担任公司高管或经理，年收入六位数，住在百万美元的房子里，有修剪整齐的草坪，开 BMW 750 等高级轿车，看《建筑文摘》和《科学美国人》杂志，在专属的私人俱乐部中打网球。举足轻重型（排第 3，190 万个家庭，占 2009 年总家庭数的 1.6%）代表美国正在上升中的商业阶层，他们住在富裕的乡村，夫妇二人都有收入且受过高等教育，通常年龄为 35～54 岁，往往没有孩子。这个细分市场的典型消费特征是：高山滑雪、光顾波途驰餐馆、看《Inc.》杂志，开路虎揽胜车。成功人士型细分市场（排第 6，共有 130 万个家庭，占总家庭数的 1.1%）的特征是，由富裕青年组成的家庭，多数为 35～54 岁的年轻夫妇组成的大家庭，住在新富裕阶层分区。他们的房子周围是各种高档生活的标志：游乐园、高尔夫球场和高档商场。中位数收入超过 10 万美元的成功人士型居民开销较大，喜欢旅游、滑雪、外出就餐，在安·泰勒这样的时装店购物，开奔驰 GL 型车。对最富裕社会阶层进行分析后发现的居民构成，体现了"成功人士隔离"后所形成的飞地，它们位于总体规划的开发区和高档分区内。用简单的术语描述，这体现了以焦点团体和广告为媒介的需求与供给。在需求方面，富裕的消费者有一种隐形期望，即与想法类似的人群一起主动隔离，所形成的隔离能给他们带来社区的归属感或共性。在供给方面，显然"共性"在消费住宅行业中是主要卖点之一，是开发商承诺的各种便利条件的一部分。

不过，成功人士隔离的意义还不仅仅是对共同生活方式社区的追求。理查德·桑内特强调了避免接触"其他人"在当前社会中的重要性，指出城市要么布局在仅限于消费的空间周围，要么布局在仅限于体验的空间周围。"'接触'更多地意味着伤害，而并非促进……我们的城市建筑的特点是用墙把人与人之间的差异隔离开，因为我们认为这些差异带来相互威胁的可能性要大于相互促进。因此，我们在城市中建立的是乏味、中庸的空间，能够消除社会接触威胁的空间……"[70]桑内特这里所提到的观点，更多地与排他性的社会隔离相关，而不是生活方式的传播和共性的追求。他认为，通过参与这种主动的隔离，人们能够定位自己的身份，形成一个排除所有可能带来差异或不一致感的形象：通过一种"净化仪式"来产生一种社区团结的神话。

这种在某些人中存在的、避免与"其他人"接触的想法表明，细分市场分析存在一种缺陷，即模式化地分化都市区内的人群。例如，通过比较某些不同细分市场的标签时，"上层阶级"、"贵族精英"、"猎枪与皮卡族"和"偏远乡村人士"之间的对比非常明显。这种细分市场分析如果强化了人们的固有观念，将某些邻里贴上不看好的标签（如红线歧视，即抵押贷款发放机构拒绝给某些区域贷款，见第 9 章），就非常

有问题。令人担心的是，如果公司以细分市场的描述为依据来定位客户，Claritas PRIZM® NE 系统的"人尽其居"的假设本身就可能会变成一个自我实现的预言。

"城市传奇"（如"没有人在内城邻里工作"）与城市现实之间存在着巨大的落差，人们经常依靠私人市场数据来得到精确的邻里信息，这实际上加剧了这些神话。这些市场数据有许多问题。它们通常基于很少更新的普查信息，而这些普查信息很少覆盖中心城市的居民。它们进行的一般性概括容易令人误解（例如在邻里发生的犯罪不基于犯罪的数量，而基于居住人的类型）。它们不能凭借地方数据进行趋势分析。因此，人们丧失了城市的许多积极开发。这种数据对城市造成的影响不仅体现在商业区位和产品决策方面，也体现在福利、住房和公交路线等政府政策方面，甚至体现在学生的入学选择方面[71]。

要再三强调的是，生活社区是复杂和多维度的，不可能用单一的描述来涵盖其所有方面。在特殊的城市街区，甚至在个人的家庭内，现实的多样性与图 12.14 所示居住分异的一般化模式完全不同。但它们是根据经济和人口趋势的内在区域和功能差异得出的，且正在影响着美国的城市和大都市区。

关键术语

assimilation　同化
charter group　特权集团
class formation　阶级形成
class structure　阶级结构
congregation　集聚
ethnoburbs　少数族裔郊区
factorial ecology　因子生态学
feminization of poverty　贫困女性化

Human Ecology　人类生态学
index of dissimilarity　差别指数
lifestyle communities　品味生活社区
neighborhood effect　邻里效应
social distance　社会距离
socialization　社会化
stereotyping　模式化

复习题

1. 进入美国人口普查局的网站，使用 American FactFinder 搜索工具收集底特律、洛杉矶和凤凰城的一些社会

经济与人口指标。利用图书馆或网上资料，尝试识别特定的趋势和指标，这些趋势和指标能够帮助我们解释上述三个都市区的一些差异性和相似性。

2. 进入尼尔森公司的 Claritas PRIZM® NE 系统网站（http://www.claritas.com/MyBest Segments/Default.jsp），单击 Lookup 打开邮政编码查询页面，输入你所在地区的邮政编码。在你的邮政编码下方包含哪些细分市场群体？因为你对自己的邻里比较了解，你认为在你的邮政编码下方列出的各个细分市场的描述是否准确？以地理人口统计为基础进行的城市分析，可能导致居民和邻里的模式化印象特征，这些问题具体涉及哪些？集中关注人们的收入、消费模式和物质财产可能会丢失什么信息？你认为哪些特征在描述人和邻里时最重要？

3. 考虑下面的观察："城市成为舞台，人们可以在此翩翩起舞，他们的背景和社会信用在这个混乱的社会中未受到任何挑战。"城市的这一方面对你而言是感到兴奋还是感到威胁（或两者都有）？为什么？

　　充实你的资料夹。本章所涵盖的主题为你提供了设计个性化简历的较好机会，请写出你自己与地域性、歧视、生活方式和邻里等有关的经历，并与你已阅读的概念和归纳联系起来。也可利用当地报纸的特写和新故事解释社会空间分异的不同方面。记住，你可总结、引用、复制或分析推荐读物和网上的内容，找到解释关键点的地图和图表。

对许多人而言，建成环境的设计表达的是城市化雄浑有力的表现、含义和身份。实际上，纽约这样的城市可用符号和标志方式"解读"为多层次的"文献"。因此，类似于赫斯特大楼周围社区这样的建成环境，就可视为城市化和城市生活的传记。

第 *13* 章

解读城市：城市建筑与城市设计

对许多人而言，建成环境的设计表达的是城市化雄浑有力的表现、含义和身份。它是各种各样行为的线索。它是影响城市居民的各类政治、社会和文化力量的符号。因此，给定时期和特定类型的每组建筑，都是那个时代精神的载体。因此，任何一座城市都可以"解读"为一部多层次的"文献"，该文献是对建筑符号和建筑标志的阐述。如果我们采用这种方式将城市当作文献去解读，那么城市的建成环境就变成了城市化和城市生活的一本传记。这种传记的比喻可以按多种方式解读。譬如，我们可以由其"语法"结构来分析特定的历史背景，即呈现各种建筑物和空间之间的关系。类似地，我们可以借助于寓意图案来寻找其表达的含义。但诠释这种比喻的最好办法是，寻找叙述中的关键章节和关键信息：这些建筑要么是整个政治经济的象征，要么标志着历史的转折点，要么标志着重大事件或重要关系的转折点。在仔细阅读任何一篇文献时，为了理解整个故事，我们必须品味其"字里行间"的言外之意。

13.1 学习目标

> 了解建成环境可被"解读"为具有某些含义的"文献"的原因。

> 总结美国城市中田园牧歌古典主义、学院派风格和城市美化运动的基本要素。

> 描述现代主义建筑的基本原则。

> 比较勒·柯布西耶和弗兰克·劳埃德·赖特两人的设计思想与设计要素。

> 阐明近期社会经济变化和建筑风格之间的关系。

13.2 本章概述

本章的目的是，说明建筑和城市设计如何有机地融合到城市社会、文化和经济变化的动态过程中。本章的绝大部分篇幅都是对历史上不同时期建筑风格的回顾，这些建筑都是当代城市风貌的宝贵遗产，是各个时期都市景观的杰出代表。首先，由于建筑和设计关系着城市化过程中政治、经济的方方面面，所以我们要给出建筑和设计的广泛定义。其次，我们注意到建筑形式并非层与层的简单叠加成都市形态，而是在时空上有差别地扩散，创造了形态上的显著区别。

城市观察 13.1　迪士尼的欢庆城：设计地球上最欢乐的地方？

不考虑城市的大小，欢庆城是 40 多年前马里兰州的哥伦比亚和弗吉尼州的雷斯顿建造以来，第一个进行综合规划的新城市。但欢庆城的规划者罗伯特·斯特恩和杰奎琳·罗伯逊并不是从这些项目中得到启发的。相反，他们的灵感源自 20 世纪早期的古典花园郊区。这不是怀旧。花园郊区是郊区规划的巅峰：紧凑，有城市感，既有个性，又朴实和舒适。它是我们一直保留下来的最伟大的设计成就，和19世纪的城市公园和摩天大楼并存。白色的护墙板、外廊和沿街的花园围墙与门廊上的摇椅一样，都是不折不扣的美国风格。[1]

欢庆城自1994年开建，选址于紧靠奥兰多市和迪士尼世界主题公园南侧迪士尼公司的一片土地，建造的目的是为了实现沃特·迪士尼本人的梦想，即创造一个乌托邦式的社区，并让它成为地球上最欢乐的地方（见图13.1）。[2] 1989年，迪士尼发展公司总裁彼得·赫梅尔在一封写给迪士尼公司首席执行官迈克尔·艾斯纳的信中说，欢庆城将成为"I-4号高速公路以东的一个漂亮市镇，它将按照真人比例建造，有人行道、自行车和公园，以及各种精美而永恒的建筑"[3]。

当时，这个尚处在总体规划阶段的高档社区的《居民守则》就有数厘米厚，它的规定十分详细：花园里允许种植什么植物，甚至包括堆肥的种类；窗帘或百叶窗的外侧必须是白色的；任何两栋相邻的房子不能选择相同的风格，允许的设计风格为：殖民时期的风格、维多利亚时期的风格或工艺美术风格。对新城市主义持批评态度的一些观察家指出，欢庆城的建筑和其他要求无意或有意地体现了迪士尼想要重现的社会价值。

图13.1　佛罗里达州欢庆城，它是总体规划中的一个高档社区，由迪士尼公司开发，初衷是为了实现沃特·迪士尼本人的梦想，即创造一个乌托邦式的社区，并使它成为地球上最欢乐的地方

实际上，这个看起来很完美的美国小镇社区却成了反面典型，它被拿来与一些电影中的场景相比较，譬如《楚门的世界》（在这部电影中，主人公生活在一个虚假的小镇，并被拍摄成了真人秀的电视节目，而他却对此毫不知情）或《复制娇妻》中的那个位于康涅狄格州恐怖社区的夫人（在该社区中，所有的妻子都对丈夫言听计从，实际上她们是丈夫制作的机器人）。虽然并不是电影布景，但在每年的圣诞节时，供孩子们在溜冰场上玩耍的"冰"实际上是白色的塑料板；她们所玩的"雪"是肥皂泡，并被亲切地称为"雪泡"，每隔一小时会准时下雪；藏在棕榈树下的微型音箱中播放着圣诞颂歌。[5]

但小镇中的居民对这些嘲笑一笑置之，他们说，在一个可以不用锁门、孩子们可以在街上自由玩耍、偷自行车是最严重犯罪的地方，你当然得付出一些代价……居民们喜欢自嘲地说自己生活在"泡沫"里。[6]

但在2010年12月欢庆城出现第一起谋杀案和第一起自杀事件后，这个泡沫破裂了。一名无家可归者用窒息、斧劈和殴打的方式杀害了一名前教师，死者生前曾一直在家中教导凶手，他的家距离溜冰场只有一个街区的距离。仅仅过了不到一个星期，另一名居民因交不上房租，在和警察对峙了14小时后，在被收回的房子里举枪自尽。21世纪后期出现的经济衰退也影响了欢庆城（家庭住宅房价的中位数，从2006年最高时的近70万美元，降到了不到40万美元），死者经商失败，妻子也和他离婚了。居民们对此感到非常震惊。最常见的反应是"我想其他社区发生的事，我们这里也避免不了"。就好像建筑和城市设计能在某种程度上保护欢庆城居民的安全一样！

那时，迪士尼已按计划于2004年将其欢庆城的股份出售给了一家房地产公司，该公司承诺将继承公司最初的愿景。接着，在2010年的6月，迪士尼宣布了其金橡树住宅度假村项目的计划。该项目完全建在迪士尼世界主体公园区内，它提供几种建筑风格的定制房屋，每套的价格为150万~180万美元。一些观察家注意到，金橡树项目或许说明迪士尼公司现在已完全改变了其对于美好生活的看法。如果说欢庆城体现了一种理想主义，即小城镇是最佳模式，那么金橡树则表明迪士尼接受了为富人提供带独立大门的隔离社区的想法。[7]

我们看到，随着工业化城市的来临，建筑和城市设计已和城市的政治经济建立了某种特殊的联系。为了适应新观念、反映新经济、新技术，以及社会、文化和政治的影响，社会和建筑设计之间的相互依赖关系正在急剧转变。这里重点介绍三种连续的建筑风格：工业化早期的古典田园式风格、城市美化运动中所采用的建筑风格和早期的摩天大厦风格。

在工业化后期，最具影响力的现代主义风格开始出现。我们将详细介绍现代主义的建筑和城市设计，因为它对现代城市产生了重要的影响。我们将看到，人们对现代主义的反应与新的政治经济背景一起，推动了大量近代的城市建设与重建。其中一些以后现代化和新城市主义的形式来实现，采取了一种历史保护的策略，甚至为应对与新自由主义相关的社会两极分化，采用了反乌托邦式的设计，包括设立大门、电子监控和精心设计的建筑安防系统。

13.3　建筑与城市发展动力

正如刘易斯·芒福德于 1938 年所说，"在一个国家的任何发展阶段，有一点可以清楚地看到，即建筑的复杂变化总是随着文明的演进而发生。"[8] 30 年后，社会学家露丝·格拉斯把城市概括为"历史、阶级结构、文化的一面镜子"[9]。这些见解都重复着结构主义（第 1 章）的建筑环境观：建筑是由城市人群主导的生产力结构的一部分，它反映了潜在的社会关系、压力和矛盾。

由此我们可以知道，都市景观不仅是大城市兴起的象征，也是和城市化进程紧密交织在一起的权力象征。公共建筑则构成了城市景观的另一种重要元素。我们可以看到，19 世纪许多城市的市政厅建筑兴起，意味着城市时代的"到来"；20 世纪早期学院派图书馆和博物馆的兴建，是为了建立一种道德上的秩序；20 世纪中期大量雷同的现代主义大楼的出现，是为了满足各类公共部门日益增长的办公需求；而近年来节日市场的出现，翻新的历史建筑中设立的高端专卖店则用来重塑城市形象，但也有评

论指出这样做掩饰了中心城市内部的不平等和衰败。

13.3.1　建筑和交换价值

建筑既反映了潜在的经济结构、制度结构和环境背景，也是使经济结构、制度结构和环境得以维持，使其不受反对力量侵害并使其合法化的一种手段。在这种背景下，建筑最明显的作用之一就是通过产品差异化来刺激消费，从而开发不同类型的特殊市场。

从这个角度来说，如果资本主义经济能够得以延续，那么城市化进程在满足刺激消费增长的同时，也要保证资本投资的常态循环。因此，建筑师依靠其创造性所赢得的社会声望和神秘感，通过独特的设计构思为建筑物添加了额外的价值。"同时，建筑师的杰作如同标签一样为建筑物的品质提供了保证，尽管如'皇帝的新装'那样，这种品质可能对大众来说并不显而易见。"[10]

13.3.2　建筑与资本循环

职业意识与生涯发展都可提升建筑师的创新能力和对时尚的把握能力，因此促进了对经济领域资本的投入。如果国内的建筑没有持续的创新性，那么住房市场的**过滤机制**就会导致整个市场的萧条，而这种局面是开发商和金融机构所不愿看到的。

如霍默·霍伊特所提到那样，某种可以保持城市持续动态增长的方法，就是通过建筑本身的时髦设计和艺术般的工艺来吸引富裕家庭离开原有舒适、华贵的寓所，搬迁至新居。因此，快速更替的主题得以复兴和"再版"，就如同高级时装的复苏一样。更重要的是，建筑职能阐释的转变可适用于更长的时间。因此，重点是设计的主要转变（如从现代主义转向后现代主义）在**生产过剩危机**（见第 3 章）时期帮助解决了许多消费不足的问题。

13.3.3　建筑与合法化

建筑的另一个职能就是合法化。建筑史上的一个重要主题就是特定的建筑总是通过某

种方式掩盖了现实中居住群体间包含的种种社会经济关系。通过结构布局和建筑环境外观的形态，可以找寻稳定中的变化（反之亦然），从不确定性中找寻秩序与规律，使得社会秩序看起来自然而长久。

上述部分功能是通过政治家哈罗德·拉斯韦尔所说的"权力象征"[11] 来实现的。它表现为以下两种方式：（1）运用城市设计手法展示内在权力的威严；（2）采用"赞美策略"，即通过一系列引人入胜的戏剧性设计效果，引导大众的视线。但必须承认，有时这一策略并不理想。因此，合法化可能会涉及低调和谦虚。反之，也并非越高大的建筑就越能维持社会的秩序。日常工作地点和邻里之间的细节设计，同样有利于构建和谐的社会关系——这属于"社会空间辩证法"的内容，我们将在第 14 章详细论述。

含义和象征主义　任何关于建筑隐含含义的讨论，最终都涉及含义和象征主义。当我们脱离社会经济发展阶段和城市设计的理论高度时，我们发现人们往往会赋予建筑特殊的含义，这种含义是极度个人化的，与所属的阶级、地位毫无关联。如果建筑真的会给不同个体或阶级带来不同的影响，那么我们更应对这种影响本身进行认真的考虑，即是谁、出于什么目的、给了哪些人某种影响以及这种影响又产生怎样的结果。

在此，我们首先要分清两个概念：建筑自身想要表达的意思（建筑师和委托方的意图），以及建筑被大众所感知和接受的意思。也就是说，只有当建筑或空间的设计意图被人们所认同，并作为某人或某个利益团体的象征时，才算得上是社会符号。此时，除了建筑自身的功能外，其社会意义也成为了非常重要的功能。因此，环境艺术品（建筑等）必须同时具备以下两点才能成为社会符号：一方面，该建筑或空间的建筑师和委托方想要通过它来传达社会意义，即象征行为；另一方面，普通大众认为该建筑或空间是社会象征，而不管这种认同感是否符合其设计师或业主的本意[12]。

有时，以上两点能同时具备。譬如拉斯韦尔的"权力象征"，不但为富裕阶层的权贵们提供了强大自信心的保证，同时也增强了贫弱者

的自我尊重感。但有时这种权力象征也会激起社会底层群众的愤怒。因为我们明白，大多数的社会意义是群众赋予建筑物的。当然，与此同时，设计师和开发商的设计思想可以帮助引导群众形成对建筑物的看法。

13.3.4　建筑风格与"纯建筑物"

人们会从数个重要角度来衡量建筑环境。依据个人的不同偏好，我们来寻找建筑环境的功能性和吸引力——不仅具有身份和连续性，而且要包容多样性并给人以安全感。但遗憾的是，大多数构成建筑环境的建筑结构在设计时都未考虑其功能性和吸引力。尽管建筑师不愿意承认，但实际上大量的建筑并不是"精心设计"的。许多房屋和小型零售业、商业以及工业建筑的设计者，都只是简单地模仿建筑教科书，复制或揉杂其他建筑风格，运用早已成熟的技术，这也是英国建筑评论家尼古拉斯·佩夫斯讷所说的建筑风格和"纯建筑物"之间的最大区别。

对于"纯建筑物"的开发商来说，首要的事情是考虑成本和市场的销售情况。他们所关心的往往是宏观市场的经济状况，所以审美和设计就成了次要因素。相反，对于建筑的设计者来说，他们更崇尚建筑的艺术感（至少建筑本身要对文化产业的研究和发展起到一定作用）。一战后，当建筑师的职业越来越受到工程师和其他建筑专家的威胁时，正是建筑艺术独特的美感和设计理念挽救了建筑师的职业地位与权威。因此，在宏观建筑范畴，建筑风格通常被分解为实践和研究两个领域。建筑师的职业特性要求从业者具备很高的美学素养，譬如有影响力的权威杂志对建筑审美的要求要远远高于其实践价值，建筑院校也总是用前卫的理念来教导学生。

无论如何，我们都不能否认高雅建筑艺术是自我欣赏精英们的产物，或是为他们服务的。高雅建筑艺术不仅为建筑环境塑造了大量公共和商业结构，也创立了一种为后世所仿效的建筑样式，包括建筑工匠和设计师，甚至包括"纯建筑物"的建造者。不仅如此，由于经济发展和教育普及，这些建筑的影响力越来越大，并且培养了一大批

潜在的消费者。因此，我们的任务就是在城市化进程的各个阶段，抽取有代表性的建筑样式和设计方案，来构建当今建筑的设计准则。

13.4　产品样式/样式的生产

　　早期工业城市的兴起给建筑师带来了空前的挑战。像其他艺术家一样，他们发现要为工业化、现代化甚至城市化本身做出明智的让步。同时，城市在规模和速度上的快速变化需要新建筑来实现各种新经济、社会和文化使命。在这个混乱的年代，我们需要一段时间来品评新的建筑风格，可能需要更长的时间来达成工业城市中什么是"好"建筑的共识。

　　当时，建筑师采用大量虚构和新奇的主题，来建造新的公共建筑、工厂及工业社会的高级公寓。其中所展现的一个最明确的主题就是反工业化、反现代化和反城市化，这些都可以从浪漫主义和古典主义中找到例证。譬如，国会大厦和市政厅建筑效仿罗马时代的公共广场，火车站的外观类似于中世纪的天主教堂，写字楼如同文艺复兴时期的宫殿，银行和大学类似于希腊时期的庙宇，旅馆就像詹姆斯一世时期的官邸（见图 13.2）。

图 13.2　费城美国第一银行的新古典主义设计。该建筑反映了工业化早期城市对工业化、现代化和城市化的抵制

13.4.1　田园牧歌式的古典主义和"中间景观"

　　尽管 19 世纪中期的浪漫主义和古典主义严重影响了西方的普通知识分子，但美国的设计师却深受所谓的**美国文艺复兴**文化影响。这种思想根植于拉尔夫·沃尔多·爱默生和亨利·戴维·梭罗的杰作中，并由沃尔特·惠特曼和赫尔曼·梅尔维尔继承与发扬，他们的目的是为了适应未来而非逃避未来，构建与时代同步的理想模式。爱默生于 19 世纪 30 年代在欧洲浪漫主义的影响下，勾绘出了一幅田园主义的理想蓝图，他主张建筑应该将城市和乡村有机地结合起来[13]。作为爱默生的学生，梭罗在其著作《瓦尔登湖》（1854）中将自然主义思想提到了城市居民精神源泉的高度[14]。

　　到了工业化时代，美国人开始考虑人与自然的关系，并将蓝天碧野作为美国特有的标志。历史学家弗雷德里克·杰克逊·特纳进一步指出"边疆经历"是决定美国特色的唯一重要标志[15]，现在以下观点已被人们广泛接受："可接近的纯净、广阔、壮丽的大自然是美国最宝贵和稀缺的财富。"[16]

　　以上观点是对工商业发展改变了城市价值观和景观现象的一种抨击。工业经济的发展不可避免地带来了资源的过度开采、社会腐化和道德沦丧等问题。当时普遍存在着这样一种恐惧，即过度开发可能会引起一系列社会问题和自然问题。譬如被工业社会疏远的"暴徒"和其肮脏、不健康的同党，被视为对大自然财富和社会秩序的一个威胁。

在此社会背景下，美国的文艺复兴将自然视为基本的精神源泉，并定义了理想的人类寓所，即达到人与自然的有机平衡——这被景观建筑学家利奥·马克斯描述为山水田园、风景如画的"中间景观"[17]。当时的时代精英强调了家庭生活中的道德优势，以及共和主义与卫生改革的美德。这些态度促进了理想城市景观的出现：该景观融合了道德和自然因素，丰富和提炼了文化、政治与社会设施的影响。激进派学者杰克逊·唐宁甚至提出了"雅俗共赏"计划，该计划包括一系列机构和设施的建立，譬如公共图书馆、展览馆、博物馆和公园，这些行动都是为了向普通大众展示最好的理念。

公园 田园牧歌式的景观第一批实现是在乡村墓地地区，譬如剑桥市的奥本山、费城的劳雷尔山、布鲁克林的绿色森林地区。这些举动不仅是针对城市中因为缺乏合理规划和管理而导致的墓地拥挤和令人厌恶现象的回应，同时也是实现精神和社会信仰的一种尝试。精神信仰通过纪念碑和雕塑来体现，而社会信仰则通过空旷感和自然主义的景观来表达。

墓地的建设是如此有影响力，以至于它激发了公园建设的灵感。人们通过在城市中心建设公园来传递这种自然主义的思想，这种公园被视为思想进化的圣地和社会教育的场所。很快，公园成为了政治体制改革斗争的阵地。如今我们更关注公园运动中所体现的设计理念，而这方面的杰出人物就是弗雷德里克·劳·奥姆斯特德爵士。

奥姆斯特德将其事业看成是为城市居民的心理和社会需求服务。在公园中，城市居民表达了逃避喧嚣肮脏城市的渴望，对休闲和娱乐的渴望，对构建礼让、节制社会的憧憬。纽约市的中央公园也就成了奥姆斯特德在大尺度下表达其他设计理念的第一次实践。1858年，他和卡尔弗特·沃克斯赢得了中央公园的设计权，并于1862年完成方案。该方案包括一系列连续提供运动、休闲和文化的特殊地带，都体现了风景如画的景观。

中央公园通过4条干道与城市相连，为了不破坏景观上的连续性，公园内部构建了一个独立而精致的交通系统，通过小道、桥梁、地下通道与主干道相连。该方案受到广泛好评，

为此奥姆斯特德应邀参与了其他城市的公园设计（包括波士顿、布鲁克林、布法罗、芝加哥、底特律、密尔沃基、纽瓦克、费城和旧金山）以及一些大学的设计（譬如加州大学伯克利分校、纽约哥伦比亚大学），并再度与沃克斯合作，运用浪漫主义手法设计了芝加哥市近郊区的铁路沿河地带。

13.4.2 学院派建筑和城市之美

美化运动起源于巴黎高等艺术学校的美学艺术。自19世纪中叶以来，那里的建筑师们就开始临摹古典主义、文艺复兴和巴洛克风格，并将这些艺术风格揉合到新建筑中去，使之与欧洲城市中心居主导地位的经典历史建筑巧妙地衔接起来。相比之下，美国的城市虽然没有如此古老的建筑需要更新，但学院派艺术形式也为城市包装高雅艺术提供了一条捷径，以解决工业城市建设的混乱和不确定性。1893年，丹尼尔·彭汉设计的新古典主义建筑——芝加哥市哥伦比亚世界展览中心展示了这一风格（见图13.3）。该展览中心的结构证明了高雅艺术可以有机地嫁接到美国的田园牧歌式的古典主义中。

数年后的1899年，这种嫁接导致了短命但颇具影响力的运动的诞生，即城市美化运动[18]。这项运动直接把建筑环境推向了社会进步和文明发展的高度。其首选建筑形式是新古典主义，同时伴随着雕像、纪念碑和凯旋门的建造，看起来就像芝加哥展览馆中彭汉所设计的**白城**，它拥有统一的建筑高度、壮丽的大道和动人的景色。

1901年，彭汉联合其他几位建筑师（包括弗雷德里克·劳·奥姆斯特德爵士等），共同策划华盛顿市的麦克米伦方案（以哥伦比亚地区参议院委员会主席詹姆斯·麦克米伦的名字命名）。该方案是为了拯救一条林阴大道，这条大道属于原1791年皮埃尔·查尔斯·朗方方案中尚未完成与被忽略的地区。新方案的中心地区是重建的林阴大道和典型美国建筑风格的三角图案，林阴大道两边分布着新古典主义建筑，两端分别建有纪念碑（林肯纪念碑）（见图13.4）、庙宇（杰弗逊纪念堂）、纪念大桥和水池。

图 13.3　学院派风格。1893 年由丹尼尔·彭汉设计的芝加哥市哥伦比亚世界展览中心

图 13.4　城市之美。这幅华盛顿特区部分区域的俯瞰图，展示了新古典主义建筑之美，前方的林肯纪念碑（最近新建的"二战"纪念碑位于下方的前景中）与华盛顿纪念碑（这张照片就是在其上方拍摄的）和国会大厦排成一列

大意义。同时，约翰·奥姆斯特德（弗雷德里克·劳·奥姆斯特德的继子）主持了西雅图市的规划，并与其他人共同参与了堪萨斯、丹佛和宾夕法尼亚州首府哈利斯的规划。在某些建筑密度已经很高的城市，由于无法通过全面规划实现城市美化的宗旨，因此通过建设富于灵感的雕像、纪念碑、圆柱和拱门来体现城市美化的思想。

这场运动的成功，对建筑和城市设计领域推动了两个关键进展。一是行业的职业化。譬如 1897 年，美国成立了公园与户外艺术组织，随后（1899 年）成立了美国联邦景观建筑师联盟，1906 年成立了联邦休闲协会，1900 年哈佛大学开设了景观建筑课程。二是对于建筑环境审美的讨论和分析越来越激烈。城市美化运动将建筑和城市设计推至了公众讨论的最前沿，引发了一场对资产阶级艺术、建筑和城市设计的激烈争论。这些争论反过来又推动了新兴设计职业的发展。

当我们再次回顾城市美化运动时，发现它的确有着自己清晰而独断的主张，即在混乱和动荡的城市化进程中建立一种新的精神和社会秩序。它之所以成功，是因为它通过学院派艺术新古典主义所认可的形式，运用象征主义手法发扬了个人的进取精神。"城市美化运动完美地实现了它的真正目的，将规划最大限度地与精确构思相结合，远远超出了该运动领导者和设计师的想象。"[19]

虽然该方案到 1922 年才全部完工，但该规划和草图却为接下来的城市美化提供了足够的宣传效用。而后，彭汉又主持了克利夫兰市（1902）、旧金山市（1905）、芝加哥市（1909）的规划，直到 1913 年去世。虽然这些规划在上述城市中并未完全实现，但它们同样具有重然而，这场运动并未持续多久。由于城市化进程的加快，致使彭汉、奥姆斯特德和其他追随者不得不对以前的方案进行修改。电车和电力系统的出现，彻底改变了市中心的面貌。1893—1894 年的经济大萧条从根本上动摇了各阶级之间的联系，并对城市的社会政治组织产生了深远的影响。1912 年彭汉与世长辞，同年汽车时代宣告来临。在这个新时代，纪念性的建筑被视为不切实际的，而城市美化运动所忽略的住房供给却成为时代新宠。城市美化运动失败的最直接原因是，它并不能为那些想建造摩天大楼的设计师和客户提供足够的能量与活力。

13.4.3　美国风格：摩天大厦

在彭汉设计芝加哥展览馆方案前，美国城市中就已出现了摩天大楼。实际上，彭汉自己也曾参与过芝加哥 16 层高的蒙纳德诺克大厦的设计（1891 年完工），而且他的大部分收入来源于高层建筑设计，譬如纽约市著名的熨斗大厦（1902 年完工，见图 13.5）。芝加哥事实上成为摩天大楼的温床，因为该市市中心于1871 年被大火烧毁，而摩天大楼的建筑工艺正好满足了其重建的需求。早在 19 世纪 50 年代，伊莱沙·格雷夫斯·奥的斯就发明了客用电梯，因此有了摩天大厦建设的先决条件。同一时期，建筑师詹姆斯·博加德斯利用钢架横梁为纽约市哈珀柯林斯出版社设计了一栋 6 层高的大楼。但直到 19 世纪 60 年代后期，随着纽约市公平保险公司大楼的竣工，才标志着钢结构代替砖石结构的开始，也证明了钢结构可以成功地负担建筑物的承重。

摆脱了沉重的砖石和巨大的地基，钢结构使得在小地块上建筑高楼成为可能。随着钢结构和电梯技术的不断完善，在 19 世纪晚期，摩天大楼终于在日益膨胀的土地价值和**中央商务区**（CBD）的多种土地利用模式中找到了基本的经济理由。同时，电话的发明使得摩天大楼更适合于商业用途。电话使得商业活动摆脱了人工信息传递员，因为这些人员的存在会造成高楼电梯的拥挤。

虽然是摩天大厦令人敬畏的景象使它们第一次出现在城市景观中，但随后，商业部门特别是新闻和信贷机构，看到了这些高耸的、符号化的建筑在表现他们的存在、成功与可靠性方面的巨大好处。因此，与其说起初的摩天大楼是一种建筑形式，不如说它是一种经济与广告手段（见图 13.6）[20]。

图 13.5　刚建成时的纽约熨斗大厦。它由丹尼尔·彭汉设计，建于 1902 年，是学院派艺术摩天大楼的典型代表

图 13.6　美国的哥特式建筑。芝加哥早期壮观、庄严的摩天大楼，体现了高度装饰化的造型

随着摩天大楼高度和数量的不断增加，一系列问题开始显现。在大型 CBD 高层建筑之间所形成的峡谷地带，阳光被遮挡，空气流通状况也不尽如人意。因此，有些城市颁布了**土地利用区划**条例来对规划进行限制：设定了高层建筑的楼高上限，以便阳光和空气就可以到达街道（见图 13.7）。这种限制造成了相邻高楼侧面图的蛋糕状现象。直到 20 世纪 20 年代，大部分美国大都市的城市天际线都由摩天大楼所构成，即使小城市的市中心也拥有 20～30 层高的大楼。这个时期的都市景观无不折射出现代主义的影子。

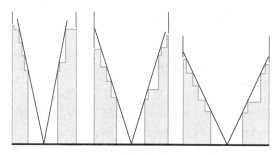

图 13.7　1916 年纽约市高层建筑区的区划图。该图规定了建筑的最大高度和街道宽度。为使阳光和空气能够到达路面，每增高 1 米，就必须从道路红线向后退 1/3 米。这些区划法规促使摩天大楼建设步入了正轨——构成了今天曼哈顿地区的都市景观

13.4.4　现代主义：社会救赎的建筑风格

现代主义运动的历史悠久而复杂。它可以追溯到对维多利亚时代资产阶级炫耀性消费和传统修饰艺术铺张浪费的反击。这些反击相互冲突，导致了进一步的反击，最终与数十个曲折迂回的、充满矛盾与争议的前卫派文化一起，融合成了现代主义运动。在这种错综复杂的背景下，带来的是人们审美观的彻底转变，该转变对都市景观的面貌和自然布局产生了深远影响。简单来说，这种转变产生了如下信条：最好的设计是纯粹的、朴素的和永恒的，好的设计应该是实用的；通过好的设计可以建立崭新和进步的社会环境。

工艺美术与新艺术主义　现代主义运动于 19 世纪 90 年代和 20 世纪初拉开帷幕。英格兰出现了工艺美术运动，法国出现了新艺术主义运动

（欧洲中部地区称之为新艺术），美国则以弗兰克·劳埃德·赖特（见图 13.8）为代表人物。

图 13.8　美国最著名的建筑师之一弗兰克·劳埃德·赖特。虽然他的都市设计远景从未实现，但他对美国建筑形式的影响无法估量

由威廉·莫里斯领导的工艺美术运动，是对维多利亚风格强调铺张、奢侈的反击。莫里斯想联合艺术家和工艺者一起创造出谦虚、朴素和流行的风格。在建筑领域，这意味着建筑极度偏向民间风格。该风格对于最初的田园城市规划师来说，是极为方便又极具吸引力的。新艺术主义运动则强调给人以美感的形状和有机的组织，以代替维多利亚式的铺张风格。新艺术形式大量运用几何图形，但是在建筑领域它却仅局限于建筑的细部装饰，而不是建筑形态的设计。譬如，布法罗市的路易斯·沙利文信托大厦所采用的陶色气窗，就运用了新艺术风格的复杂装饰。

早期的现代主义者　与此同时，在沙利文事务所芝加哥设计室工作的另一名设计师弗兰克·劳埃德·赖特，构思了一种全新风格的居住类建筑。赖特可能受到了芝加哥展览中心日本楼阁的影响，其寓所又矮又长，图案丝毫不像浪漫主义和新古典主义风格。寓所净高较低，中间有个很大的烟囱，四坡顶上有很陡峭的悬挑（见图 13.9），并且没有赖特认为"令人厌恶"

的阁楼和地下室。1901 年，在《家庭主妇》杂志上，赖特发表了这种房屋的图案设计，并称之为"草原中的家"。从那以后，这种风格通常被称为赖特式牧场风格。

图 13.9　芝加哥的罗比小屋，弗兰克·劳埃德·赖特设计。这栋房子是世界上最出名的私人寓所之一，赖特别出心裁的水平式设计被称为牧场风格，它适合于城市中的狭窄地块。时至今日，我们仍可以从郊区建筑中找到该风格的痕迹

但与其他革命性思想（譬如艺术家们不仅把自己从资产阶级品味的信条中解放出来，还与工业、技术和速度时代作坚决的斗争）相比，赖特的设计仅稍微背离了原有的设计形式。现代主义本身在追求成功的道路上逐渐与历史割裂。

许多评论认为 1907 年是一个转折点，这一年毕加索创作了《亚维农的少女》，拉开了抽象派艺术家和写实派艺术家斗争的序幕。艺术评论家罗伯特·休斯指出：毕加索和布拉克的立体艺术就像在飞速行驶的火车或汽车上瞬间捕获的风景 [21]。建筑学家们也受到抽象艺术的影响，设计出了符合机器时代的建筑，将立体艺术的角状图案转化为了建筑形式。为迎接机器化时代带来的挑战，形成了数个面向未来的思想学派。其中之一是**分离论者**，它由奥地利建筑师阿道夫·路斯领导，初衷是消除所有建筑上的不必要装饰。另一学派是**德意志制造联盟**，由彼得·贝伦斯（建筑师和德国 AEG 电气集团首席设计师）领导。该联盟成立于 1906 年，是一个松散的组织，由艺术家和工艺品公司组成，目的是改善艺术家和工业社会的关系，他们的信条是数量和质量必须相互补充。贝伦斯认为工业化是德国的归宿，他的工厂主要从事工业设计。与此同时，德意志制造联盟的其他成员（包括建筑师布朗诺·陶特和瓦尔特·格罗皮乌斯），强调要克服传统社会的疏远特点，抛弃所有旧体制下华丽建筑的装饰和符号，使用简洁的建筑形式取而代之。

包豪斯建筑学派和现代运动　以上观点的形成对 20 世纪 20 年代的现代主义建筑运动来说至关重要。总体来说，现代主义者认为对整体城市的重新设计，须强调技术进步和社会民主的概念。其中的**未来主义者**崇尚与过去绝对决裂。未来主义由菲利波·马利内特领导，它在建筑设计领域由安东尼奥·圣·埃里亚来体现，他们试图在城市进行社会和制度的变革，通过巨大、壮观的大厦（类似反映大众与技术的纪念碑），将城市领向永久的叛逆之中。埃里亚的名画《新城市》（1914）中，展现了巨大的混凝土建筑、耸入云霄的尖塔和巨型栏杆、庞大的发电厂以及巨大的工厂与机场，这些都是未来五十年内城市景观中不可能出现的。

因此，20 世纪 20 年代出现的现代主义将建筑和设计作为社会改良的代言者。由于运用了工业化的产品、先进的材料和功能性的设计，建筑（而非简单的楼房）的成本越来越低，并面向每个人，因此改善了城市的物质、社会、精神和审美环境。

在倡导现代主义思想时，**包豪斯建筑学派**与其他任何独立运动相比都更具代表性。该学派由

瓦尔特·格罗皮乌斯于 1919 年在魏玛创办，1926
年转移至德绍，包豪斯建筑学派成为了"欧洲先
锋派精英的场所"[22]，并为各个方面的现代设计
（从茶壶到工人住宅）制定了典范。该学派的主
题统一：简单的线条、平坦的表面，特别适合于
批量生产。该学派的思想充斥着社会主义的意识
形态，但好景不长，到 1933 年由于阿道夫·希
特勒法西斯主义的出现，该学派被迫解体。

　　随后，许多包豪斯建筑学派的先驱者们来
到了美国，这也标志着现代建筑和城市设计开
始出现于北美的城市景观中。1932 年，纽约市
现代艺术博物馆内举行了一场具有跨时代意
义的展览，这次展览由两位美国建筑师菲利
普·约翰逊和亨利·卢梭·希区柯克组织，陈
列了包括路德维希·密斯·凡德罗（包豪斯建
筑学派的最后一位大师和著名格言"少即是
多"的作者）和其他许多欧洲现代主义大师的
作品。此次展览的作品中，理想主义多于现实
主义，并被称为"国际化风格"。虽然这次展
览并未持续多久，但随后现代主义的国际化风
格却作为首要的设计准则，真正在全球普及：

　　虽然瓦尔特·格罗皮乌斯和路德维希·密斯·凡
德罗都在美国逝世，但在"二战"后的美国，他们
的设计风格被许多著名公司的行政人员所接受，很
多机构都迫不及待地建设此种风格的大楼，并认为
这些楼房标志着他们的成功和荣誉[23]。

　　勒·柯布西耶　现代主义在都市设计方面的
影响，被另外一位关键人物进行了深化和自我提
升，他就是法国出生的瑞士建筑学家查尔斯·爱
德华·让纳雷（见图 13.10），但其笔名勒·柯布
西耶（意思是"像乌鸦一样"）更加出名。勒·柯

布西耶不仅因为他的天才设计，还因为他刻意的
语不惊人死不休的口号和对其方案放肆的言辞
而广为人知。勒·柯布西耶在其方案中，不容忍
任何平庸。他称标准化、低调和形式的纯粹在建
筑设计中，能恰如其分地塑造现代城市中工业无
产阶级那种包含日常生活、欲望和休闲活动的
"大规模生产精神"（但同时，他并不接受富裕阶
层建造奢侈住宅的委托）。

图 13.10　勒·柯布西耶认为建筑
应体现机器时代的信息

　　1919 年，他形成了有关建筑和城市关系的
基本理论，即两者都是"居住机器"。1922 年，
他出版了一部名为《当代城市》的书籍，表达
了其关于城市设计的思想。他认为减少市中心
拥挤程度的关键是加大建筑容积率，即增加建
筑高度。高密度、高层建筑的城市中心会为街
道预留足够的空地来承载交通，也会有充足的
绿地供人游乐（见图 13.11）。

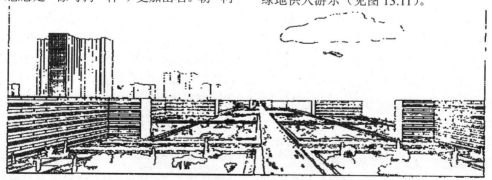

图 13.11　勒·柯布西耶的"当代城市"示意图

"当代城市"是一座阶级隔离的城市。最好的地段、最宽敞和最好区位的塔式大楼都服务于工厂主、科学家和艺术精英，蓝领工人则居住在周边卫星城的花园公寓中，远离城市文化和娱乐设施。由他主持的巴黎维尔森规划，并未对城市现状和居民做出半点让步。在维尔森规划中，为了新建18座213米高的塔楼，不惜破坏塞纳河北岸的大部分历史古迹（见图13.12），而这些塔楼里的公寓（他称之为"居住单元"）都是统一布局的，并配备有统一的家具。

图 13.12　勒·柯布西耶的维尔森规划示意图

毋庸置疑，如此激进的、集权主义的规划必然吸引了人们的众多注意，同时也招来了诸多批评。但勒·柯布西耶毫不理会反对者的意见，认为自己的思想早已超出了普通市民的理解能力。由于经济大萧条，工业家不再支持他，决策者也未执行他的规划，随后他不得不对自己的城市设计方案进行了改动。在《阳光城》（1933）一书中，他采取了不同的态度，认为每个人都应该居住在庞大的集体公寓中（称为混合居住），拥有很少的内部空间。

和他最初的方案一样，修改过的方案最终也未能实现，但在城市设计领域，它们都起到了举足轻重的作用。它们都被纳入到了现代国际建筑协会（CIAM）的讨论中，现代国际建筑协会是一个由一流建筑师于1928年成立的国际性组织。1943年，现代国际建筑协会发表了《雅典宪章》，为现代城市规划与设计树立了典范。勒·柯布西耶的影响不仅关系到专业发展和前卫派艺术，同时也对审美和功能分区产生了影响。其思想中宏大的尺度和集权主义，被那些追求权力和公共认可的建筑师与设计师们竞相追捧，而他针对汽车时代的设计则被技术决定论者所崇尚。

这种崇拜导致了另一种信条的产生，即认为城市的现代化应通过盲目的增长来实现。打破原有的市中心，用密集的高楼和任意横行的高速公路取而代之。这种论断促进了美国20世纪60年代城市的飞速增长，致使城市地理学家彼得·霍尔认为"勒·柯布西耶带来的恶果比他本人的生命更持久，而他的闪光点早已随着其著作而埋葬，因为他的大部分思想令人如此难以理解。"[24]霍尔对柯布西耶及其追随者的批判并不是针对于设计本身，而是针对于笨拙、自大的官僚主义和无知的执政者，因为他们常常将不适合周边环境的景观生硬地塞入到了城市中。

但勒·柯布西耶的事业和影响并未随着《阳光城》而结束。第二次世界大战后，他抛弃了单体建筑设计的宏大形式，从表现主义设计［如法国著名的郎香教堂（建于1950—1955年，采用多种形态表达，如同修女的三角帽、祈祷者闭合的双手、船首的形状）］到立体派风格的有棱角的混凝土大楼。后者最杰出的代表作是马赛公寓大楼——柯布西耶式居住单元（见图13.13），它通过紧凑的日常生活设施和商店，表达了"居住机器"的思想。

勒·柯布西耶的"居住单元"是他留给20世纪中期城市化进程的第二笔宝贵财富。混凝土浇筑的墙面结构、内凹的窗户和阳台，不仅符合现代主义者的口味，而且降低了建筑成本，并易于处理成预制件形式。

不久之后，城市到处都采用了柯布西耶式的"居住单元"结构。城市地理学家爱德华·瑞夫在描述当时的城市景观时，这样说道：

图 13.13 居住单元：勒·柯布西耶具有影响力的单元社区。"居住机器"成为世界上无数现代建筑的典范。法国美学协会称之为"难看的公害"

建筑的线条既可水平或垂直，也可呈网格状；玻璃和金属的颜色可以自由变换；窗户的比例可以任意缩放；建筑的形状也可根据地形而改变……但是，多数现代主义大楼彼此类似，最终无论是在视觉效果上还是在人们的印象中，它们都呈现为外表苍白、棱角尖锐的盒状造型；市区的建筑高高耸立，而郊区的建筑则比较低矮[25]。

柯布西耶的设计理念，引起了企业主、开发商、普通大众和许多建筑师的强烈反响。但我们应该注意到，问题的根源并不在于柯布西耶的设计本身，而在于柯布西耶式建筑的廉价性所强加的轻率（有时是冷酷的）方式。我们同样应认识到，在建筑设计界，勒·柯布西耶与赖特、格罗皮乌斯和凡德罗一样，都是艺术天才的化身。

美国的回应 当勒·柯布西耶传播其思想时，弗兰克·劳埃德·赖特也在探索应对美国机器时代和汽车时代的城市化道路。其设想是构建所谓的"尤索尼亚"（美国人自己造的词）未来愿景。这是一幅深受个人主义和自然主义者（如杰弗逊、梭罗和爱默生）影响的画卷。和其他汽车时代的精英一样，赖特也预见到了汽车的盛行对美国美好前途的巨大威胁。

赖特希望通过大都市有规划的去中心化，将城市从汽车带来的无限蔓延和交通拥堵中解脱出来。从这个角度来说，我们很快就可以让汽车成为接近自然的一种方便途径，从而使两种最具吸引力的美国风格（对户外生活的向往和对汽车的喜爱）融为一体。

弗兰克·劳埃德·赖特也因其倡导的生活方式成为美国本土建筑界的英雄。**尤索尼亚**也因此成为美国工薪阶级摆脱拥挤、昂贵的城市生活陷阱，来到半乡村环境中"田园风格"寓所的理想框架。在这种半乡村环境中，勒·柯布西耶的主张是增加建筑密度和建筑高度，赖特的主张却是降低密度并向郊区发展。勒·柯布西耶的理想是让人们住在统一的单元里，怀特却认为人们应该居住在各具特色的独立住宅中，并与自然环境相协调。他的经典理论——**广亩城市**，产生于 20 世纪 20 年代中期，20 年后得以完善[26]。该理论建立在两大技术基础上：私人汽车的流行，以及采用高强度混凝土、胶合板和塑胶开展大规模生产的建造技术。

广亩城市所倡导的大地块和低密度地区本身的通达性并不好，但这逐步得到了改善，因为出现了林阴大道和高速公路，而且在半农村地区出现了大量的公共服务站点，同时出现了提供低级商品和服务的建筑装饰商店。广亩城市引起了人们的广泛注意和批评，最终导致了赖特的失败，"他的设想几乎被所有人抨击：许多人认为其想法太天真，是一种建筑决定论，并认为他倡导了郊区的无序蔓延，导致了资源浪费，缺乏精明的规划”[27]。以上这些都被认为是其思想体系的缺陷。

与此同时，他所设计的一些单体建筑（譬如行政大楼），如威斯康星州拉辛市美国庄臣公司的行政大楼和宾夕法尼亚州熊跑泉瀑布旁的考夫曼住宅（也称"流水别墅"，见图13.14），又展现了他作为一流建筑大师的才华。尽管他的设计思想未被广泛采用，但赖特从未放弃过自己"尤索尼亚"的理想，并把自己比作该理想的化身。在"二战"后，他致力于全新风格的单体建筑设计，他的设计风格崇尚曲线、拱门和螺旋的运用［纽约市古根海姆博物馆（见图13.15）就是这种风格的杰出代表］，这种风格也将现代**表现主义**引入到了美国的城市景观中。

现代主义批判　按照一些评论员的观点，现代主义建筑的灭亡发生于1972年7月15日下午3:32分，它随着普鲁蒂-艾戈工程（圣路易斯市一组33栋公寓大楼）的炸毁（见图13.16）而终结。17年前，该工程的设计者，建筑师山崎实还得到了美国建筑协会的嘉奖。普鲁蒂-艾戈工程曾经像画图板上的方案那么优越，如今却不适合居住，最终由房客们本身作出了要炸毁他们家园的决定。

图 13.14　流水别墅，弗兰克·劳埃德·赖特将建筑和自然有机结合的代表作。别墅中的溪水直接从房间里穿过

图 13.15　纽约市古根海姆博物馆。它由弗兰克·劳埃德·赖特设计，建于1943—1957年，是现代表现主义的代表作

图 13.16　圣路易斯市普鲁蒂-艾戈工程中曾获设计奖的公寓被
拆毁，标志着公众对现代主义城市设计已经失去信心

　　虽然现代主义建筑从未真正消亡过，但普鲁蒂-艾戈公寓的拆毁却引起了建筑界和城市设计领域的关注。早在 1961 年，简·雅各布斯在其著作《美国大城市的死与生》[28]中第一次强烈地抨击了现代主义。雅各布斯认为专业的设计夺走了城市的生命和活力，刺穿了城市的心脏，取而代之的是科布森式高楼带来的迟钝与衰落。

　　10 年后，正逢普鲁蒂-艾戈公寓计划拆除时，奥斯卡·纽曼对现代主义住宅发起了另一轮猛烈攻击。他认为现代主义建筑太拘泥于形式，将建筑视为雕塑，未充分考虑到人们对于建筑功能和安全空间的需求[29]。他特别提到大多数发生在现代住宅的犯罪、破坏、抢劫和偷窃，都与社区生活的缺乏和社会秩序的混乱有关，而最直接的原因就是居民丧失了自己门前空间的控制权。换言之，现代主义的建筑师们过分注重颜色、式样和装饰，而忽略了对社会性的考虑。

　　事实上，作为早期现代主义者的接班人，很多知名建筑师对世界范围内的城市建筑环境作出了积极的贡献。尽管他们的设计巧妙地继承了早期现代主义设计的内在思想，但却或多或少地忽略了现代主义中的社会理念。这种忽略在以下人物的作品中表现得尤为突出：抛弃古典、宣扬"抽象艺术"的建筑师彼得·艾森曼和伯纳德·屈米，著名的幻想派建筑师弗兰克·盖里和扎哈·哈迪德（见图 13.17），还有备受瞩目的商业建筑精英罗伯特·斯特恩（见图 13.18）、查尔斯·格瓦德梅和查尔斯·穆尔。因此，现代主义设计被普遍认为是高雅而不实用的。在 1973 年发生的经济大萧条打破战后经济发展泡沫的大背景下，后现代主义建筑开始走向繁荣。几年后，经济终于步入正轨，消费者由激进的进步主义消费倾向转向了唯物主义的消费倾向，这两者之间有着明显的文化差别。结果，未来派的现代主义乌托邦观点变得越来越不合潮流。

13.4.5　后现代主义的插曲

　　后现代主义建筑最早由建筑师罗伯特·文图里提出，他公开向现代建筑格言"少即是多"提出挑战，他认为"少即枯燥"，建筑师们应该"学习拉斯维加斯"[30]。文图里是真正主张建筑应该适应城市化新阶段的人：在文图里的观点中，人们不再成为工业化的无产阶级，那些整天都高举双拳、拥有膨胀的上肢动脉、脖子比头还要粗的工人们……应该像文图里称之的"中产阶级"一样……是"悠闲"的人们，而不是拥挤的苦力[31]。

图 13.17　明星建筑师扎哈·哈迪德的梦幻作品——奥地利因斯布鲁克的罗德帕克缆车站

图 13.18　康涅狄格州肯特郡的加里住宅，是以查尔斯·格瓦德梅等人为代表的彻头彻尾的精英主义高调建筑师的典型作品

如他们所宣扬的一样，中产阶级最想得到的是居住在舒适且富足的住宅中。邻里具有人性化的尺度，内部装饰相当精巧，工作和购物的环境也华丽而优美。随后，开发商们为了迎合商机和这类高消费群体，开始构思他们的设计：他们意识到，虽然建造一座"豪华"的楼房成本较高，但它更容易卖掉或出租——通常消费者还要因其独特的外形设计而支付一笔额外的费用。这种消费方式的流行很快在商业杂志上有所体现。

相比于抽象形式主义的现代主义建筑，后现代主义建筑更具有透视效果和装饰性，富于符号和标志的表达。后现代主义建筑被认为包含了更广泛的题材和选择。其基本原则之一就是"双重编码"，综合了现代主义风格和其他风格——通常夹杂有历史或乡土情调。这种揉合允许混合使用各种符号，从历史主义和复古主义，到形而上学和隐喻性的参照，再到不拘一格的模仿。后现代主义形式是这种形式中的形式（见图 13.19）。正是这种夸张的高雅吸引了中产阶级和开发商的目光。

(a)
(b)

图 13.19 后现代风格：(a)迈克尔·格雷夫斯设计的科罗拉多州丹佛市的丹佛公共图书馆，是后现代建筑中激进折中派的代表作之一；(b) 弗兰克·盖里设计的加州威尼斯市的"望远镜楼"。隐喻和借鉴形而上学是后现代建筑广泛采用的特征

20 世纪 80 年代以来，大都市区的商业和居住景观开始充斥后现代主义的特点。新建的单户住宅多采用复古或历史风格，鞋店和办公建筑因为采用了拱门、廊柱、拱心石、半圆形窗户和檐石而变得更有活力，而办公区和商业中心的风格与历史上某段时期——"清淡"的建筑风格较为相似，建筑环境与轻音乐，清淡的啤酒和低热量的零食相协调。

后现代主义设计通过尝试组成与资本的新联盟得以不断延续。它并非通过自由主义精英和公共资本的融合，也非通过文化先锋派和集体资本的融合，而是通过特殊地位的代表和消费导向型社会与灵活资本经理人的联盟而发展起来的。

在城市化的广阔背景下，后现代主义建筑和后现代主义文化、后现代主义哲学，可视为与全球化进程和各种资本主义企业协同发展的产物。大卫·哈维说过，尽管对现代主义批判和后现代主义的转变已持续好多年，但直到 1973 年，全球经济危机的爆发才彻底动摇了艺术和社会原有的关系，使得后现代主义被大众广泛接受，并成为新自由主义的"文化招牌"[32]。正如在第 8 章中看到的那样，房地产公司很快就采用了后现代主义设计方法，因为它能够保证住宅的多样性，获取最大限度的交换价值。与此同时，20 世纪 90 年代西方世界出现了持续至 21 世纪前 10 年，经济萧条的新保守主义和新唯物主义产生的消费者翘首企盼的市场（见第 4 章和第 12 章）。

新城市主义 新城市主义是城市设计学派的一个分支，它倡导一种独特的私人居住社区："新传统社区"，渴望重建小城镇，使之具有简单、可交流、带有白色栅栏而安静的居住环境，是一种可步行的邻里单元（见图 13.20）。它基于这样的一种设计思想：通过土地利用区划法令的实施，恢复旧的生活方式，这种法令提倡传统街区网络、土地混合使用、对建筑的材料和组合进行调整，进而创造一种行人友好的步行环境。作为对城市蔓延的一种回应，作为适用于城市郊区的居住生活方式，作为最大限度地减少汽车使用的可持续发展观点，作为一种新的适合展开新生活的城市组织方式，新城市主义得到了人们的广泛支持。

但新城市主义因其迎合自命不凡的唯物主义、社会排斥和社会恐惧而受到了广泛的批评，也因其对城市历史的选择性复兴而受到诟病。新城市主义的反对者认为，这一思想既没有"新意"也没有"城市"，所谓的成果，说得好听点是差强人意的后卫式建筑，说难听点就是俗气的、迪士尼动画般的建筑，虽富有想象力但不适合于生活。相比新城市主义提倡的丰富环境，它只是促使许多中产阶级的私人小空间得以形成，这些小空间由个人管理，采用简单的人工怀旧建筑来容纳其自身的大体量，从而将中产阶级和他们居住的大社区环境相隔离。新城市主义对汽车使用和可持续发展问题的表述，被实际的通勤模式和多用途汽车的拥有水平所掩盖。

图 13.20　新城市主义，佛罗里达塞拉布雷逊的一处专业规划社区，这是罗伯特-斯特恩和杰奎琳·罗伯逊为沃尔特·迪士尼公司设计的高档社区，体现了"新传统主义"的城市设计思想

新城市主义依靠一种"地役权制度"网络（如控制自然环境和社会行为的契约、监管和约束力）来形成一种需要生产者和消费者共同参与的自然与社会环境。对生产者来说，主要任务就是建立居住社区之间的联系，从而有利于构建社区的议事程序、规章制度和地役权制度，以确保小地块稳定地开发和出售。这样，开发商就成了慈善的独裁者，对美国郊区的"合法景观"进行专制的诠释。对消费者来说，这种地役权制度提供了降低不确定性、保护合法利益的途径。总之，这为消费者提供了一个为生活服务的舞台，即既有"背景"又有表演的空间。

史迹保护 在美国过去的几十年里，史迹保护是一项意义重大的建筑学运动[33]。正如自然保护协会前主席约翰·索希尔所说："定义一个社会的不是它创造了什么，而是它拒绝毁灭什么。"[34]史迹保护运动挽救、翻新了历史建筑，并使市区的店铺、办公楼、旅馆、政府大楼、火车站和仓库等建筑重获新生。这一史迹保护运动与后现代设计理念的出现恰好吻合，但这绝非偶然，而是由于两者有着相同的经济和社会文化动力。历史街区和建筑向人们展示了其自身的特点，同时也和后现代文化重视过去、重视地方特色及装饰的思想有着明显的关联。

美国 1966 年通过《国家史迹保护法》后，成立了国家史迹登记处，列出了具有保护价值的国家历史资源[35]。自此，超过 8000 处史迹财产所有权录入到国家史迹名录中。同一时期，超过 2000 多个市镇设立了历史街区保护委员会，或制定了史迹保护条例和史迹建筑设计指南，以保护或恢复历史建筑[36]。投资于历史保护、扣除课税的收益，对美国城市的历史保护给予了极大的支持。

但也有不少城市的历史保护运动是在 20 世纪 60 年代晚期的"反文化运动"中由市民组织发起的。面对开发商和公共代理机构，他们利用民间流行的"反现代主义者"观点赢得了广泛的支持。其中具有里程碑意义的事件是"禁止推倒"组织（华盛顿特区的一个史迹保护组织）成功地保护了一个老邮局，这个邮局是罗马复兴时期的联邦大楼，坐落在宾夕法尼亚大街上。开发商后来将其改建为办公室和商场、娱乐场所，并将其豪华的内厅改建为一个饮食广场（见图 13.21）。

不久后，城市政府通过了相关立法，城市规划也反映了广大选民这种价值观的转变，城市史迹保护很快被纳入制度范围。开发商也随之迅速做出回应，他们不但没有反对这种复兴，反而主动雇用建筑历史学家、历史保护专家，选择老建筑重新进行修建。同时，保护组织成立了一个保护权力基金会，开始邀请受到他们启发的开发商共同参与会议，鼓励开发商捐赠部分工业发展的收益，确保他们支持重点恢复工程而非加以反对。结果，部分市区，尤其是美国东海岸城市的保护工程现在已经初具规模。一些图片也反映出开发商与保护组织之间的妥协关系，很多历史建筑往往是外观看起来得到了保护，内部空间却被整体改造，里面设有现代化的办公设施、空调和信息化的读写设备——这是现代主义者的一次实践。类似的实践在众多欧洲城市和世界上的其他城市流行起来，这些城市的历史保护法规往往比美国的更为严厉（见图 13.22）。

图 13.21 老邮局大楼，位于华盛顿特区宾夕法尼亚大街上的一栋罗马复兴风格的联邦政府大楼，因"禁止推倒"组织成功地阻止其拆毁而保存下来，这是该组织的一次标志性胜利。现在经过翻新后重命名为"老邮局综合大楼"，已改建为办公室和商场、娱乐场所，并将其豪华的内厅改建为饮食广场，游客可参加其钟塔观光项目，饱览周围的美景

图 13.22 澳门的外墙装修示例

13.4.6 "迪托邦"设计

随着城市中贫困少数民族家庭愈加集中，无家可归人数不断增加，犯罪、暴力和故意伤害行为的逐渐增加，安全问题已经变成了一种"地位效应"（譬如以此来衡量社会身份）。经济和社会变化产生的变故——穷人、社会边缘人士和社会地位低下的人群，被认为是不必要的和不受欢迎的当代景观的一部分，因为当代景观应由有规划的社区、高楼、商场、办公楼和热闹的购物中心构成。

结果，在建筑学和城市设计的进一步合作下，形成了建筑的电子监护系统和社区边界处的保安系统（见图 13.23）。这是日趋加深的社会两极分化和新自由主义的直接反映。被控制的部分是私人设计的居住社区。900 多万个美国家庭生活在封闭的围墙和栅栏内，其中约有 500 多万个家庭的通行依靠控制门、通行密码、门卡或保安。封闭式管理社区在美国西部和西南部阳光带的都市比较流行，譬如达拉斯、休斯敦、费城和洛杉矶，这种管理方式随后在新奥尔良、长岛、纽约、芝加哥、亚特兰大和华盛顿等大都市迅速开始流行。在美国，大量的封闭性社区被少数收入中等的家庭所占据，尤其是美籍西班牙人。

图 13.23　随着越来越多的城市空间变得排外，安防与监控系统现已成为城市设计的一个重要组成部分，就像佛罗里达州锡特勒斯这个有门卫的社区——"黑钻石牧场"一样

堡垒式洛杉矶　"堡垒式洛杉矶"的概念由城市设计评论家麦克·戴维提出 [37]，丰富的邻里自身就是一个微型的堡垒，这里四周有围墙，有严格的出入口、私有化的通路，公共和私人的警报系统相互重叠，住户家庭安装了报警和监控系统，甚至草坪里树桩上的警语都在告知着侵入者会得到武力反击。在邻里关系不是很丰富的社区，门卫被随机设置的警卫检查站所取代，住宅四周有链条式的栅栏，窗户上有铁制的围栏，上千户屋顶上油漆有街区的号码，以便警方的直升机进行识别。

在城郊和城市边缘的商业区，"公共"空间被照相设施和安全人员所监控，包括街道上的公共设施、具有美化功能的半圆形长椅，以及设定好程序的夜间洒水系统，这种系统会将夜间露宿在长椅上毫无防备的无家可归者淋湿。办公楼建造者将低等级道路上的标志牌后移到了玻璃墙后，以隔离不速之客。零售商发现在商业街或开发区内可以寻求到安全感，因为这些地区的人行通道都受到了监控。

所有这些随处可见的安全监视设施在弗兰克·盖里手中转化成了高水平的设计作品。自 20 世纪 60 年代开始，盖里利用衰败的邻里关系为高收入阶层进行了建筑设计。他的"隐身住宅"（麦克·戴维提出的术语）外表简单平凡，内部却非常奢华。譬如其位于好莱坞的但泽克工作室（见图 13.24），正面是简单而结实的灰墙，"粗糙的处理可以阻挡周围交通带来的灰尘，并将周边的色情电影工作室和汽车库羽化为幻影。"[38]

随后，在后现代主义讽刺思潮的鼓舞下，盖里开始把腐朽、极化的城市景观要素融入到其建筑作品中（譬如粗糙的混凝土和链条式栅栏），这使得他在 20 世纪 80 年代的设计作品可与后朋克时期激进且别致的服装相媲美。盖里还将建筑安全主题的表达形式由原来低姿态、高技术的中等尺度设计，转换为了高姿态低技术的堡垒式建筑形式。因此，在其指导下建立的弗朗西丝·霍华德·古德温图书馆好莱坞分馆，外观看起来很坚固，混凝土安全墙进行了粉刷，高达 5 米，墙体的瓷砖上嵌有雕画，还具有内凹的入口和风格化的岗亭（见图 13.25）。在品味这座建筑时，我们既可以将其视为一件刻薄诙谐的模仿作品，也可以将其视为揭开 21 世纪城市化篇章的序言。

图 13.24　建筑师弗兰克·盖里在洛杉矶的但泽克工作室

13.4.7　明星建筑师、明星建筑风格和世界城市

在城市企业主义和形象政治（第 10 章）的背景下，全球化使得盖里这样的建筑师在塑造世界城市的城市景观方面成为举足轻重的人物。通过标志性建筑使一个城市在世界地图上变得瞩目的例证是悉尼歌剧院（见图 13.26），它由丹麦建筑师约翰·伍重于 20 世纪 50 年代设计，并于 1973 年完工。伍重当时还是一位默默无闻的建筑师，而且悉尼歌剧院是其在丹麦和瑞典以外的第一个项目。然而，这座最初很有争议的建筑，现在已被联合国教科文组织（UNESCO）列入世界文化遗产名录，并已成为悉尼乃至整个澳大利亚的标志性建筑。尽管其建造成本严重超出预算，但对于澳大利亚政府而言，其投资回报率非常可观。

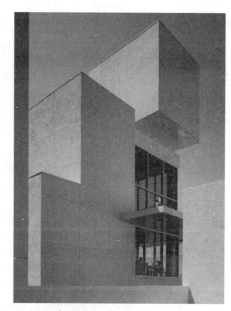

图 13.25　弗朗西丝·霍华德·古德温图书馆好莱坞分馆，建筑师为弗兰克·盖里

图 13.26　丹麦建筑师约翰·伍重设计的悉尼歌剧院，最初很有争议，但现在已被联合国教科文组织列入世界文化遗产名录，并成为悉尼乃至整个澳大利亚的标志性建筑

　　西班牙毕尔巴鄂市的领导层并未忘记这一成功经验，这个衰退中的工业城市当时正在启动一个雄心勃勃的复兴计划，包括多个出自著名建筑师之手的标志性建筑，象征着现代化和经济的复兴。这一战略，特别是盖里设计的古根海姆博物馆大楼（见图 13.27），非常成功地重建了毕尔巴鄂市的品牌，提升了该市在全球经济中的地位。在其成功的鼓舞下，许多其他城市的官员也开始任用"明星建筑师"，以期重复所谓的"毕尔巴鄂效应"。除了弗兰克·盖里以外，今天的明星建筑师还包括马里奥·博塔、圣地亚哥·卡拉特拉瓦、皮埃尔·德·梅隆、彼得·艾森曼、诺曼·福斯特、马希米亚诺·福克萨斯、迈克尔·格雷夫斯、扎哈·哈迪德、雅克·赫尔佐格、雷姆·库哈斯、丹尼尔·李博斯金、理查德·迈耶、让·努维尔、西萨·佩里、伦佐·皮亚诺、克里斯蒂安·德·波特赞姆巴克、理查德·罗杰斯、罗伯特·斯特恩和彼得·卒姆托（见图 13.28）。他们的知名度一部分取决于是否有一系列被各大世界城市广泛采用的作品。由于住在（或经常访问）世界城市，建筑师也可以成为公共知识分子参与各种话题的讨论，对形成有影响力的文化理念和趋势做出贡献，推动和加强经济与文化的全球化。这反过来又使迈克尔·格雷夫斯和菲利普·斯达克这样的著名建筑师得以实现"品牌延伸"，将其在"高级定制"消费品中赢得的知名度从厨房用具和餐具转移到钢笔和桌上办公用品。

图 13.27　毕尔巴鄂的古根海姆博物馆。建筑师为弗兰克·盖里

图 13.28　毕尔巴鄂效应在英国曼彻斯特市索尔福德码头区的帝国战争
博物馆北馆设计中得到了体现，建筑师为丹尼尔·李博斯金

　　同时，如建筑师因其建筑作品出现在大城市中而赢得一定地位那样，世界城市的象征资本力量也部分来自于他们与明星建筑师、明星建筑以及与时尚、设计和奢侈消费相关的联系。随着开发商意识到明星建筑师能为其项目带来附加值，明星与城市品牌之间成为了一种相互促进的关系，世界城市的领导人竞相邀请最著名的设计师在自己的城市设计标志性的建筑，以扩大城市的全球知名度，而标志性的明星建筑则为时尚摄影、电影场景、电视广告、音乐电视和卫星新闻广播等提供了背景。

关键术语

Art Nouveau movement　新艺术运动

Arts and Crafts movement　工艺美术运动

Beaux Arts movement　学院派建筑运动

Bilbao Effect　毕尔巴鄂效应

design for dystopia　迪托邦设计

Expressionism　表现主义

Futurists　未来主义者

historic preservation　史迹保护

International Style　国际风格

Modern Movement　现代运动

New Urbanism　新城市主义

Postmodernism　后现代主义

Romanticism　浪漫主义

Secessionists　分离论者

Starchitects　明星建筑师

复习题

1. 你能将下列建筑师与哪些建筑特点和城市设计联系起来？请上网查看他们的建筑作品。你个人更欣赏谁？理由是什么？

   （1）弗兰克·劳埃德·赖特

   （2）勒·柯布西耶

   （3）罗伯特·文图里

   （4）弗兰克·盖里

   （5）安德雷斯·杜安尼

   （6）伊丽莎白·普拉特·兹伊贝克

2. 选择一个你熟悉的城镇、城市或大都市区，通过城市建筑环境解读城市的"传记"（即城市历史）。你认为哪些地区和街区在自身建筑环境方面比较有特色，为什么？是否有建筑地标或标志性建筑？这些标志对谁具有什么样的象征意义？有没有一般意义上的典型美国城镇和城市景观？典型的区域性景观呢？典型的特定社会团体的景观呢？对于你选择的这个地方来说，有没有什么设施是唯一的？如果有，是什么使得这些设施具有特殊性？

3. 时间充裕时，建议阅读一本涉及本章所述建筑和城市设计理念的书籍，以便掌握一些背景知识。可供选择的图书很多，譬如安德鲁·罗斯编著的《庆典记录：迪士尼新城中的生命、自由和财产价值追求》（New York: Balantine, 1999）。

   充实你的资料夹。本章的内容展示了相关建筑和城市的概况、图片和影像记录，请有选择地组织这些内容——选择明确的主题或特殊的城镇景观，自拟标题，概括、解释和评论文中涉及的所有城市内容。此外，选择距你最近的一处地标性建筑，找出它是谁委托何人设计的，然后撰写一篇短文，或录成影像、制作成幻灯片甚至做成网页，以便说明与建筑相关的地理和历史内容。也可以对近期设计的具有历史纪念意义的某栋建筑或某个地区进行调查研究：一共有多少这样的建筑和地区？分别位于何处？城市的哪些地方包括了什么类型的场所？如果你住在美国，可先了解国家有登记的史迹（可以登录国家公园服务网 http://www.cr.nps.gov/nr/about.htm，或去所在州或城市的史迹保护办公室）。

　　城市空间在产生与容纳个人与社会生活的诸多创新与表达性特质方面的催化作用，已得到了人们的广泛承认。这在很大程度上取决于观察者的视角，就如这张拍摄于加拿大温哥华的照片一样。

第 *14* 章

城市化、城市生活和城市空间

城市空间由人们所创造，而城市空间的性格又由居住在其中的人们塑造。当人们在城市空间中生活和工作时，会不断地对城市环境施加影响，尽己所能地改造与调整城市环境，以适合人们的需求，表达人们的价值观。同时，人们本身既不断包容其自然环境，又不断包容其周边的人群。因此存在着一种连续的、社会空间辩证的双向过程，即人们在创造和调整城市空间的同时，城市空间也部分影响着人们的生活与工作。邻里和社区得以创造、维持和调整的同时，居民的价值观、生活态度和行为不得不受到其周围环境的影响，不得不受周围居民的价值观、生活态度和行为的影响。另外，城市化的演化过程产生了经济实力、人口实力、社会实力和文化实力，这也一定是符合社会空间辩证法的。

14.1 学习目标

➢ 了解人们如何创造和改变城市空间，以及人们如何被生活和工作空间改变。

➢ 评价路易斯·沃思在其《城市主义生活方式》一文中的观点。

➢ 解释人们如何通过构建心理地图来组织自己对空间和地点的概念。

➢ 描述人们如何根据他们与区位的相互关系来赋予空间的含义。

➢ 认知性别编码融入人们日常生活体验的正式和非正式途径。

14.2 本章概述

本章考察城市环境、个体和社会行为间的复杂关系，主要目标是勾绘出社会空间辩证法的主要特质。在其作用下，人们创造并塑造所处的城市环境，同时又受到城市环境的影响。另外一个目标是，探讨这种双向关系如何随着城市本身的变化而变化。

我们会发现，人类关于城市化对人类行为影响的思考已有很长的历史。我们回顾这些已有观点中最重要的部分，尤其要强调城市社会"道德秩序"的概念，以及城市环境在形成社交和生活方式的不同模式中所起的促进作用。回顾中将深入考察不同城市环境条件下所面对的各类问题。例如，我们将了解为什么我们会对低收入中心城区和富裕郊区有截然不同的预期。

围绕"社区"这一概念，我们将深入探讨社会和空间的关系。这种探讨将依次引出对地域性的考察和对人们看待城市环境中诸多要素的方式的考察。所有这些又为理解人们日常"生活世界"的重要性提供了帮助。个体的"时空"惯例有助于形成特定的社会机理，借助于基本的地理变量，我们将明确了解如何建立"生活世界"。

城市观察 14.1　在墙上划分地盘？涂鸦者尊重"中立"色彩的壁画

救世军南洛杉矶中心所服务的地区是南加州最混乱的城区之一。该慈善中心通过 3 个独立的项目提供服务：为低收入家庭提供生活资助的家庭服务项目，为 5 岁以下儿童提供成长和养成良好学习习惯的托儿所项目，为各种年龄的学员提供各种文体活动的青少年、成人和老年人项目[1]。

在这个慈善中心周围的邻里内，似乎每一堵墙上和每个店面都被当地的涂鸦者喷上了文字，就连那家便利店的瓜达卢佩圣母壁画也未能幸免（见图 14.1）。他们的作品在这个邻里内形成了一个空间网络，譬如宣布某个黑帮占领了另一个黑帮的部分地盘和哪两个黑帮结成了同盟等[2]。但慈善中心那面墙上的大型壁画则无人触碰。实际上，中心恰好位于本市最具暴力性的两个黑帮的地盘分界线上，即位于中央南大街上，这条街道的一边是跛子帮，另一边是铁血帮。

警方说，这家为数百个贫困家庭提供社会服务的中心之所以能够幸免，是因为两个黑帮之间达成了非正式的休战……令警方感到惊讶的是，不去招惹这家中心似乎是本地黑帮达成的某种默契。他们认为，之所以会出现这种现象，原因在于这片社区对中心已经形成了一种归属感[3]。

尽管邻居们警告说可能会遭到破坏，但中心的负责人还是在企业赞助者和当地的一些志愿者的帮助下，请本地的画家于 2007 年喷上了这幅壁画。画中有两个男孩正在打篮球，一名成年人正在给儿童讲故事，还有一名学生满脸自豪地举着学校的文凭。中心负责人说，壁画让人们意识到这里提供的社会服务，现在连互相争斗的黑帮成员们也在体育馆内打篮球，在举重房内锻炼身体。"他们走进大楼的时候并不是来打架的，"他说[4]。在黑帮成员们体验到社区感的时候，他们暂时把争地盘这件事忘掉了。

图 14.1　晚上，涂鸦者在墙上喷涂自己帮派的符号来宣示地盘的归属。在不同的族裔和群体间，在距离较近的高密度社区内，可能会有地盘划分的现象，就像此处涂鸦所宣示的那样

通过对城市中女性空间和女性场所这一特定侧面进行考察，我们认识到由于对特定社会群体和特定环境类型的关注，使社会空间辩证法的特定维度趋于模糊。通过这一主题，我们还发现在城市化过程中，政治经济的长期变化是如何影响人们间的社会空间关系的。

14.3　城市的社会生活

乡村生活通常被描绘成"自然的"，即贴近于大自然。城市生活和城市空间则被描绘成"人工的"；乡村社会被描绘成稳定的和睦邻的，城市社会则被描绘为多变的和个人主义的；田园风味是传统和亲近的，而城市则离不开新颖性和多样性。总之，生活在城市中的体验有点消极的特征。虽然在城市中提供的经济机会更多，人们也易于获得更为广泛的娱乐，但城市生活不知何故却依然"不自然"——它们巨大的规模和密度无论是给个人还是给社会都带来了压力。因此，艺术、文学、公共舆论和社会理论都倾向于把城市描述为"必然产生罪恶的地方"。我们看到，杰斐逊派关于田园生活好处的种种想法、梭罗对大自然重要性的强调和特纳对边境生活体验的赞美，都对美国的文化产生了极有力的影响。纵观美国文学和智者的见地，都把城市形容为冲突的竞技场和寂寞、孤独与越轨的孵化地[5]——这些主题也被不断地反映在电影、电视连续剧和流行音乐中。

同时，在产生、提供大量个人和社会生活中富有创新与表现力的事物方面，城市空间具有催化作用的看法也被人们广泛认可。这很大程度上取决于旁观者的理解。对有些人而言，乡村环境能提供宜人的空间和舒适的节奏，而城市则过于炫耀，有着唯我独尊的体验，使人过于狂热；而对另一些人而言，乡村环境枯燥乏味、令人窒息，而城市则流光溢彩、令人兴奋。

人们对城市空间和城市社会关系的认识，一直存在含糊不清或对二者孰轻孰重摇摆不定的问题。自城市经过演化产生最初的工业城市起，弄清楚二者间的关系就成为了理论家们的当务之急。在土地利用类型缓慢变化和居住地出现种族隔离的过程中，每个地区和邻里都为特定的社会与文化群体提供了进行日常生活的环境，实现了空间和社会的紧密联系。人们根据自己的需要创造和改变着城市环境，但同时特定环境的自然状况和社会文化属性，也塑造与约束着个人行为和集体行为。这样，城市空间和城市社会之间就表现出了持续的**社会空间辩证法**[6]关系，二者既相互作用，又相互影响。

我们必须承认，在空间和社会的总体关系遵循社会空间辩证法进行演化的过程中，人们为自己也为他人塑造了存在的方式、看问题的方式和认知的方式等，而这些观念又是通过一定时间和场所内的日常生活所获取的个人经历所形成的[7]。鉴于社会空间分化已成为总体发展趋势，城市空间地区和邻里通常产生被大家广泛认可的、约定俗成的、有共同特征的意象世界。但社会空间隔离从来不是绝对的，不可避免地会有一些个人以独特的方式来形成自己的生活世界。结果，空间、社会和生活方式三者之间形成了复杂且易变的各种关系。然而，就像我们将要看到的那样，早期有影响的理论家们仅强调城市环境中的陌生感、人造性和个人主义对人类行为的影响，这种决定论的观点对城市地理学、城市社会学和所有相关学科产生了深刻的影响。

14.4　城市生活的理论解释

现有关于城市生活的理论，起源于欧洲社会哲学家如斐迪南·滕尼斯（1855—1935 年）、爱米尔·涂尔干（1858—1917 年）和格奥尔格·齐美尔（1858—1918 年）的研究，他们试图了解工业革命以来，空前城市化的冲击性变革所引发的社会和心理效应。他们分析的重点在于社会规模和社会组织之间的本质联系。以下是他们的论点：在前工业化社会，人口规模较小，且相对同质，他们彼此认识，做着同样的工作，有着共同的兴趣。因而，他们看待问题、思考问题的方式和行为方式相似，表现出价值观念和行为准则的一致性（正当且可接纳的行为准则和习俗）。相反，大城市的居民发现自己居住在密度前所未有的城市中，并因经济专门化而被按照新的形式组织在一起。

无疑，在这种城市环境里，人们不但会接触更多的人，而且会接触更多不同类型的人。但是，工厂的汽笛声、办公室时钟的滴答声严格限制着人们的时间，而土地利用的功能分区引起了家庭、工作场所和娱乐设施的空间分离，这种生活的割裂使得人们很难保持与家庭与朋友的亲密关系。家庭生活更加受到限制，并且家庭形态逐渐向不稳定的小型家庭模式过渡。同时，社会分化带来了生活方式、价值观念和人们追求的分歧，弱化了社会一致性和凝聚力，存在着打破社会秩序的危险。这种分歧又进一步使得人们在加强社会管理、增加正式的社会限制规则中，尝试采用"理性的"方式。一旦这种"理性的"尝试无法发挥效力，社会解体和行为失当等问题就会增多。

14.4.1 城市生活的"道德秩序"

如同我们这个时代一样，最早期的城市生活理论家也是他们那个时代的产物。随着人口大规模集中现象的出现，他们便开始思考与之有关的问题，探讨的中心议题之一就是城市人口的"道德秩序"：行为规范和社交模式。这种社交模式完全不同于他们那已很陈旧的习俗、严格的社会等级制度和乡村、小城市里面紧密联系的群体。社会学创立者之一斐迪南·滕尼斯通过借鉴具有两个极端的连续统一体，对人类交流的模式进行了抽象化，构建了城市生活的理论框架结构[8]。其中的一个极端是**礼俗社会**（也称社区）的概念，它具有如下特征：

● 家庭是社区组成的基本单元。
● 用深度、连续性、凝聚力、满足度等特征描述社区居民间的关系。
● 以看护和家庭的方式把人们绑定在一起。
● 通过家庭和邻里间的非正式规则约束个人行为。

另一个极端是**法理社会**（也称社会）的概念，它具有如下特征：

● 社会关系建立在源于经济组织模式的理性、效率和契约责任之上。
● 大部分社交趋向于短暂化和表面化。
● 人们通过正式的联系绑定在机构和组织中。
● 非个人的、制度化的规则约束个人行为。

虽然滕尼斯未简单或严格地把礼俗社会

和乡村生活、法理社会和城市生活等同起来，但其中隐含的意义非常明显：工业化给城市带来了社会生活结构的转变。社会学的另一名创立者爱米尔·涂尔干（见图14.2）也做出了同样的判断[9]。基于维持人类群体联系的不同基础，爱米尔·涂尔干得出了社会"融合"的两种形式。第一种以人的相似性为基础，他称之为**机械融合**。第二种以经济角色不同导致的角色差异为基础，他称之为**有机融合**。该词借鉴了生物学的概念，如同在一个复杂的有机体（现代城市社会）中，每个"器官"（社会群体）都与其他器官相互依赖。

图 14.2 社会学创立之一爱米尔·涂尔干（1858—1917），他针对城市生活及其对个体和群体行为的影响提出了重要见解

城市观察 14.2 "欲望城市"：性交易[10]

城市通常为违反道德准则的犯罪提供了机会，一个比较典型的例子就是性交易——准许通过性交易获取经济回报（通常是女性为男性提供性服务）。性交易被称为世界上"最古老的职业"，但真正的"性交易"直到18世纪,才盛行开来。在旧社会，婚姻以外的性交易被具有妓女、情妇、奴隶等身份的妇女所认可，因为通常就是她们参与性交易活动。

随着大城市的发展，由于妓女和顾客彼此不认识，性交易在性质上发生了改变。产生这种改变的原因很明显：在小规模的农耕社会里，人们彼此相互熟悉；而在大城市里，人与人之间更可能是陌生的。另外，最初的工业社会经济较为落后，性交易通常是一些妇女唯一有效的经济来源。

19世纪，许多城市存在着普遍的性交易。据估计，19世纪中期伦敦约有8000名甚至更多的妇女靠性交易谋生[11]。因为妓女集中站在某个地方揽客违反了法律，许多妓女就走到街道旁招徕顾客，就像1888年开膛手杰克在伦敦嫖娼那样。各种社会背景的男子都会嫖娼，伦敦河岸街和干草市场地区的店铺则通过妓女来谋利，它们打出了"有床位出租"的广告来招揽嫖娼者，通常以小时计费。

下面是 1888 年 8 月 31 日凌晨，开膛手杰克杀害首名受害者波利的事件回放：[12]

凌晨 12:30：波利从煎锅酒馆喝完酒出来，回到其所住的旅馆。

凌晨 1:30：在旅馆中，波利被勒令离开，因为她的钱不够住一晚（4 便士的"店钱"）。波利离开前要求给她留一个床位。"不要紧！我很快就会挣到店钱的。看我的帽子多漂亮。"她一边说，一边炫耀她那顶用黑丝绒装饰的草帽。

凌晨 2:30：波利碰到了艾米莉·霍兰德，她说她当天挣的钱足够付三天的店钱，但都买杜松子酒喝了。她告诉艾米莉，她想再做一次生意，然后就回那家旅馆。像波利这种既贫穷困潦倒又酗酒的妓女，接一次客也就挣 2~3 便士，或一个不新鲜的面包。一大杯杜松子酒的价格是 3 便士。

凌晨 3:15：两名在屯货区巡逻的警察并未报告任何异常情况。

凌晨 3:45：查理·克若斯和罗伯特·鲍尔发现了波利的尸体。他们不想上班迟到，于是就把波利的裙子整理了一下，好"让她保留一丝体面"，然后向他们上班路上遇到的第一名警察报告了案情。与此同时，警员约翰·尼尔发现了波利的尸体，并呼叫了卢埃林医生。医生宣布波利死亡，但"几分钟前她还活着"。

验尸官的证词记录表明，波利的喉咙被残忍地割断了，腹部左侧还有几处 5~10 厘米深的伤口，整个腹部被刺了数刀。在其右侧面部，沿下颌部位有一处瘀伤，可能是拳头击打或拇指按压造成的。左脸上还有一处圆形瘀伤，可能是凶手手指按压造成的。

尽管妓女要饱受顾客对其身体上的长期折磨，还要冒感染性病的风险，但她们在街道上招揽性交易要比在工厂里做低报酬的工作挣得更多。但性交易中对男女造成的影响却完全不同——妓女总是遭受身体上的伤害，而嫖客却毫发无损。因此，性交易反映了男性对女性强势的性别关系（男女权利关系中的不平等）[13]。

在 20 世纪和 21 世纪，性交易引发了许多冲突。例如，在美国和英国，性交易成为令中心城区邻里苦恼的事情。许多居民反对妓女在属于他们的街道上招揽"顾客"，继而让社区组织揪出那些"过路嫖客"（穿过他们的居民区寻找妓女的人）。这些运动促使了警方和当地社区组织开展合作，但效果并不明显，性交易只是换了个地方而已。

性交易很好地解释了识别城市中不同"声音"的重要性。例如，大多数妇女由于经济上的劣势地位被迫从事性交易活动，他们要经常遭受来自于皮条客和顾客身体与精神上的摧残。我们应该认识到这一点，法律和社会对性交易的限制充满了伪善和矛盾。性交易在英国虽然原则上是合法的，但对于在街道上招揽顾客和靠"不道德收入"维持生计仍然存在诸多限制。正如邓肯写到的那样，人们对妓女的普遍谴责、男性对她们的蹂躏和人们对她们的"错误认识"，使得她们无法掌握自己的身体，也无法远离警方的追击[14]。显然，对性交易的论述也表明了对性交易持模糊不清和矛盾的态度，这一点儿也不奇怪：它们要么把妇女描述成性饥渴男性的牺牲品，要么把妇女描述成社会服务的主动提供者。

道德失范与离经叛道　涂尔干认为，社会组织的主要形式从机械融合到有机融合的转变是 3 个因素直接作用的结果，即城市环境中人口的绝对数量、市区居住的密度（他当时处于有轨电车刚刚出现的年代）和城市的动力机制。其中，城市不断改善的交通和通信系统正把规模越来越大的不同类型的人联系起来，这也维持了城市的动力机制。需要提及的是，涂尔干并未认识到城市生活的"动态密度"这一观点存在的本质问题。他认为，以工作车间为基础的有机融合的增加，会补偿以家庭和邻居为基础的机械融合的减少。但他也承认，也可能出现有机融合的规则与和平共存状态土崩瓦解的后果，从而走向社会**道德失范**。失范的字面意思是"无规范的状态"，但真正的含义是这样一种状态，即个人和社会行为规则变得如此微弱、混乱，以致一些人感觉孤独、困惑或不知道该如何做，而有一些人则开始挑战或无视社会规则。这种状况的一个后果就是**离经叛道**的增加，这也是涂尔干在其于 1897 年出版的《论自杀》一书中所论述的一个方面[15]。

与藤尼斯和涂尔干强调城市生活对社会

组织背景的影响相比，格奥尔格·齐美尔则更明确地指出，所有的社会关系和社会组织形式都源于人类的基本动机、兴趣和精神状态。据此，齐美尔认为，人们之间发生那么多的关系是为了追逐生存、地位、权力、性欲和精神本能等目标。他总结道，社交和社会组织的多种制度形式为满足基本的人类需要进行了演变，但与个体的创造性仍然存在对立和冲突，而人们就生活在这样的紧张和冲突之中。在这种环境中，齐美尔注意到城市化限制着人类，又解放着人类。他认为，城市化对人类自我实现和创造力的制约作用，主要表现在两个主要方面。

一个方面，伴随着工业化、城市化社会的发展，人们更加追求客观性和合理性。尤其是，高度发达的货币经济的出现，为人际交往方式的转变创造了条件。他认为，这会优先鼓励智力而非情感的发展，也可能导致精神和自我的丧失。

限制人的自我实现和创造力的现代城市社会的另一个侧面，是外部刺激的强化。这些刺激包括人口膨胀、快节奏的城市生活（动态密度）以及混杂在短暂虚幻城市生活中的令人目眩的种种事物。

齐美尔指出，城市化相互制约的两个层面的总体作用，催生了都市区的生活方式。1905年，他在"大都市和精神生活"一文中指出了这种生活方式的几种主要属性[16]。不期而至且快速变化的刺激，以及在城市中面临的各种状况，引起了人们的心理超载，在这种状态下，人们产生了厌恶享乐、反感他人的情感。同时，为满足沉思和内心反思的需要，人们会更多地保留自己的想法，并选择独处以不受干扰。但这种避免过多刺激的自我保护，使得人们越来越难以表现自己的个性。因此形成了大都市生活方式的第三个特点：展现了拔高和夸张的表现形式，无论是服装还是建筑莫不如此。

城市生活自由的侧面　这里我们可以看到城市化所带来的生活自由的一面：城市生活的流动性增加形成了"孤独的喧嚣"，造就了保守和隐私的盛行；城市生活中的多元生活方式为丰富人类创造力提供了极大的空间。追求日常生活的美感，实际上已成为许多理论家和评论家关注的重心。继小说家奥诺雷·德·巴尔扎克（1799—1850年）之后，他们又将目光转向到了艺术上的反文化现象。巴黎、柏林和维也纳等大都市的一批波米尼亚人和先锋派作为引领者，激发、规划和传播了一种新型的审美观和消费观。根据这种观点，城市生活充满了令人兴奋的、持续变化的物品和各种新奇的感觉[17]。百货公司和购物长廊变成了消费梦想世界的组成要素；城市街道变成了人们扮演不同角色的舞台；人群变成了浪荡子的观众——闲逛者看别人也被别人看。有一句很好的话描绘了这种状态："他的身体、他的行为、他的感觉，还有他的热情构成了什么？那正是他的存在——一件艺术品。"[18]

当理论家们把注意力转向美国雨后春笋般膨胀的城市中人们的生活时，却很少有人注意到城市生活的自由度和人们创造力的个性因素。这些特点更像是城市生活中显而易见的消极方面。这一观点在很大程度上受到了路易斯·沃思的影响。路易斯·沃思（1892—1952年）是德国移民，曾在齐美尔的指导下从事研究工作，随后在芝加哥大学从事社会学研究。他的思想精髓体现在1938年发表的一篇名为"城市生活——一种生活方式"的论文中[19]。这篇文章已成为城市社会学、环境心理学和城市地理学领域最具影响力的论文之一，甚至限制了一些人对城市生活的思考。

14.4.2　城市主义——一种生活方式

沃思秉承滕尼斯和涂尔干的观点，通过选择性地吸收齐美尔的观点，并在芝加哥大学人类生态学专业同事们的影响下，发展了一种城市化的演绎性理论。沃思认为城市化进程以如下三方面的基本特征为基础：

1. 人口数量增长。
2. 生活密度增大。
3. 人口异质性的增加。

他推断，每个特征都会导致略为不同的一系列结果。综合在一起，各种结果之间相互加强，人与人之间便产生了一个不同态度、行为和社会组织的网络，体现了**城市主义**（城市化必然导致的生活方式）的特色。尽管沃思的理论包含了错综复杂的假设关系，但城市主义生活的结果大体可以概括为影响个人的变化和普遍影响社会的变化。

沃思的一系列推论促使他得出这样的结论，即城市人口规模、密度和异质性增加的复合效应将会影响到个体的行为，因为人们总要以某种方式应对各种各样的身体或社会刺激。他认为最终的结果就是城市生活使人们变得更加孤僻、情感淡漠。而且，这种适应性行为所导致的人与人之间关系纽带的松动会使人们不受约束，进而产生以自我为中心的反常行为。同样，人们在危急时刻的无助感会使他们更容易产生神经症、酗酒、自杀或其他越轨行为。

与此同时，沃思也描绘了一幅与人口膨胀、密度增大以及城市人口异质化等导致的社会变化类似的图景。经济竞争和劳动分配构成了空间上的区别，社会吸引和社会回避的冲动强化了这种区别，创造出一幅社会状况图景，不仅导致了不同收入人群、不同宗教人群和不同家庭类别间的隔离，还使家乡、学校、工作单位、朋友和家庭成员之间的社会生活彼此分裂。沃思承认，这种隔离与分裂会增强人们的忍受能力。同时，人们不得不在那些截然不同的人和区位上分配自己的时间与精力，而这弱化了来自家庭、朋友和邻居等直接群体的支持与支配。此外，城市人口种族的多样化带来了利益、生活方式和文化的多样性，也加剧了社会规范的弱化。

社会的总体反应是用"理性"和客观的程序和制度（福利机构、警察维护的刑法等）来代替主流社会群体（如家庭和朋友）的支持与控制。但按照沃思的观点，这种理性秩序永远不能完全取代基于少数主流群体的共识和道德力量的公共秩序。结果，城市化带来了社会结构的松动，允许人们利己行为和非常规行为的泛滥，放纵个人问题使之迅速膨胀成为社会问题。

因此，沃思的理论指向城市形势和城市环境的必然性，确切地说是在城市特定部分居住的特定人群的生活，这种城市生活打破了惯例

的界限，不仅对人们和周围的邻居，而且对城市社会整体造成了不利影响。城市生活的这一方面能够通过多种途径得到发展。认为复杂或不熟悉的环境会导致心理超载的观点，已被环境心理学家所研究，并且随着阿尔文·托夫勒所著《未来的冲击》一书的畅销而广为人知[20]。托夫勒采用"未来的冲击"这一概念来描述现代（城市的）环境，要求人们"提炼和处理"越来越多的信息所产生的结果。研究表明，人们在面对过度刺激时，会普遍采取几种不同的应对策略。一种是忽略现实消极的一面。这种策略发展到极端，会使人以构建虚构的理想世界（在人们自己的头脑中或与网络玩家构建的虚拟世界中）来代替不健康的现实世界。理想世界的构建者在自己的世界里，可能会把古怪的行为当作"正常"的行为。而在其他人看来，这个人不过是城市里的一个怪人罢了。

分析还指出了另一种更普遍的策略，即同时扮演不同的角色和身份。按照沃思的理论，"观众"由于来自不同的地域、发挥不同的作用，会呈现为不同的角色，如家庭成员、邻居或同事等。这已成为城市生活的一种典型策略。在不同的社会环境中，人们不得不扮演截然不同的"自我"。由于有太多的情境、角色和身份可供选择，使得整个城市变成了一个魔幻剧场（见图 14.3）。遗憾的是，容易实现的角色间的转换所导致的匿名性，在减轻城市生活压力的同时，也助长了反道德行为甚至犯罪行为。而且，长时间无奈地扮演不同的角色甚至互相冲突的角色或"自我"，可能会引起一部分人的心理疾病或病态行为。

但被大多数人接受的常用策略是简单地退缩、冷淡，进而人们开始只关心自己的事情。社会心理学家斯坦利·米尔格兰姆曾撰文证实过这种策略的种种表现[21]。其中最令人震撼的是，在无旁观者介入的情况下，当明显的反社会、离经叛道和违法乱纪发生时，人们的道德规范出现了集体性麻痹。流传最广的例子是，目击者对粗鲁无礼、小偷小摸和恣意破坏公物的行为置之不理。从某种程度上说，这些目击者的行为本身就是在背离道德；但沃思的理论

认为，这些行为的严重后果在于，它会通过对社会责任和社会控制的侵蚀，滋长更为严重的离经叛道行为。对于许多地理学家和社会学家来说，尤其使他们感兴趣的是，不同地区的人们之间对离经叛道行为的数量和种类上的显著差别。展开沃思的观点，一种解释可以追溯到更多的人口数量、更大的人口密度和更多种族区域的人口异质性，尤其是那些容纳低收入移居者和外来移民的低房租地区。这里城市化的影响远远超过了一般概念上的淡漠、退缩、利己行为，以及以客观与制度化的控制来替代自我控制与社会控制的生活方式。诚如沃思的观点，在这些社区中人口规模、密度和异质性带来的压力，不但导致了道德失范和离经叛道行为的增多，也导致了更为普遍的道德秩序、社会稳定和社会控制的瓦解，即所谓的社会解组的状况。

图 14.3 城市"魔幻剧场"的演员们。在伦敦卡姆登镇的人行道上，两名朋克青年正在与福音传道者争吵

14.4.3 城市生活的公共世界和私人世界

虽然这些对城市生活的解释很流行，且具有非凡的持久性，但它们的科学分析依据却很少。因而这些观点容易受到批评，理由是人类更具有灵活性和创造性，而不是仅考虑沃思理论中确定性的因果逻辑。在对人们乐于助人和合作意愿的实验中，以及特定犯罪类型和人与人之间冲突的研究中，其结果更符合沃思的预测，即成片的、较大的城镇和城市中人们的互帮互助要少一些，而冲突和道德失范行为则更多[22]。同时，友情和个人联系的数量与质量对比表明：不同规模的居住区之间没有差别；而对人们心理状况的研究则表明：压力和疏远在乡村与小城镇社区具有同等程度的盛行度，甚至可能更强一些。

解决以上研究中那些明显矛盾的一种方法是，重新界定城市环境这一概念，认识城市环境中公共生活和私人生活方面的差异（见图 14.4）。公共世界的显著特征是，人与人之间是陌生的，需要有专门的礼节：保守、谨慎、非侵犯性等。人们必须或至少表现得对别人漠不关心。但这是一种环境行为而不是一种心理状态。基于这种现点，城市居民"没有丧失培养密切的、长久的和多方面关系的能力……但他们得到了维持肤浅的、短暂的和有限制的关系的能力"[23]。社会学家克劳德·菲舍尔指出了这种差异，即在较大的社区里，城市生活夹杂着对"其他人"的害怕、不信任、隔阂和疏远，而对家人、一起工作或学习的邻居或同事则无须如此[24]。用沃思的话讲，这一观点意味着城市生活可能同时产生了道德秩序和社会瓦解两种截然不同的结果。

14.4.4 不断变化的大都市区形态和城市生活的新形式

沃思关于人类行为的观察和理论是以城市化的特定阶段为基础的：欧洲的移民迁移、工业化驱动以及公共汽车、卡车和小汽车所形成的低密度扩散，就是可能的影响因素。以多核心城市为中心，周围是蔓延型、低密度**城市区域**的新式都市区形态的出现（见第 4 章），使得新式的城市生活成为可能。这种城市生活是在多核心都市区中的新城市生活方式和郊区生活方式的基础上产生的。

图 14.4　人行道通常是城市空间中的中立区域，它作为人们
"生活世界"的一部分，为具有不同背景的人们所共享

郊区化、经济分化加剧、生活方式多样化等带来的变化，使得整个城市或大都市区的人口通过规模、密度和生活环境的异质性等变量得以塑造的想法，变得越来越困难和不切实际。同时，社会地位、家庭结构、种族特点和生活方式等城市生活的生态参数，显而易见地成为强有力的决定性因素（见第 12 章），它们不仅决定着婚姻、友情和社交的模式，也决定着一个人的个性发展、社会政治态度和文化价值取向。从这种观点来看，城市马赛克支撑着众多不同的"生活方式"，而"城市生活"也就是这些关系所反映的多样性的总和。

都市村庄　社会学家赫伯特·甘斯是最早认识到城市中生态分区和生活方式之间存在着联系的学者之一。甘斯强调，社会世界的凝聚力和亲密关系建立在种族、家庭、邻里、职业和生活方式的基础上，并坚决反对城市生活会以不同方式弱化人们的"社会世界"。他的结论是在对波士顿西部意大利人聚居区进行细致研究的基础上得出的。那里居民的凝聚力（完全不同于沃思理论得到的预测结果）非常之强，因此甘斯将他的书命名为《都市村民》[32]。

在对其他城市"都市村庄"的研究中发现，社会经济地位与种族或种族划分等一样，常常是形成主要"社交基础"的依据；并且"都市村庄"通常根据那些较为古老的、具有较长稳定状态历史的中心城区来进行命名。"都市村庄"的这些特性为我们考察"村庄"类型社会世界形成的必要条件，提供了一条很重要的线索，即较低层次的社会经济群体（不论种族）中相对稳定的个人关系、职业关系和邻里关系，是形成"都市村庄"的关键，因为这种稳定性强化了血缘关系维系的"纵向联系"和友谊关系维系的"横向联系"。

像波士顿意大利人聚居区这样的低收入地区，家庭成员的居住地高度邻近，这不仅方便了亲属间的密切交往，也方便了长辈帮着照顾家庭，如照看儿孙，代际间传递看法、信息、信仰和行为准则等。较为稳定的邻里关系也加深了朋友间最初的社交。在学校里，孩提时代培养的感情可一直延续到日常生活和社会关系中（见图 14.5 和图 14.6）。最后，在低收入地区，困难时期的共同经历能够促进亲密无间和相互重叠的社会网络的发展。因为大家很少迁移并且都在"同一条船上"，因此他们之间的相互感情和共同意图，就发展成为有"都市村庄"特点的社会制度、生活方式和"社区精神"。

图 14.5　城市中的"乡村"生活。与彼此熟悉的人共享空间和经历，促成了乡村式的社区氛围

图 14.6　街头玩耍可以成为邻里社会生活的一个重要侧面

城市观察 14.3　同性恋和城市[25]

　　同性恋指的是同性之间的情感和性的吸引。所有文化环境中都存在同性恋现象，尽管鸡奸不被认为是一种特别的同性行为，但它长期被宗教教义所禁止。直到 19 世纪中叶，才出现了"同性恋"一词，并把同性恋者作为异类人群。20 世纪，受同性恋这种行为的烦扰，人们更倾向于使用一些替代词来取代同性恋这种说法，如同志或酷儿。

　　一般来说，城市保护了女同性恋者、男同性恋者、双性恋者、变性人的隐私，并相对容忍这种行为。而在乡村地区，人们则痛恨这些行为。自 20 世纪 60 年代和人权运动后，城市同性恋者的活动空间发生了巨大的变化，这也反映了城市社会中社会和政治的明显转变。伴随着 20 世纪 60 年代美国的国民骚乱、学生抗议和反越战争，也爆发了许多同性恋抗议活动。最著名的例子是 1969 年，纽约警察袭击石墙旅馆后引发了同性恋者的骚动。随后，为争取平等地位，1971 年男同性恋者在纽约成立了同性恋解放战线（GLF）。存在争议的是，尽管"异性恋"社会对同性恋的容忍程度有所提升，但美国社会不断进行的允许同性恋结婚和同性恋合法化的政治努力，却是容忍度一再增加的佐证。而且，以前在一些地区同性恋行为很隐蔽，而现在在一些大多数居民由同性恋者组成的居住区里，他们的行为则是公开的。

　　韦特曼是最早注意到美国城市中同性恋生活地区的研究者之一[26]。他记录道，在中心城区高档化的过程中，同性恋者时常取代当地贫穷居民，发挥着主要作用。毋庸置疑，同性恋者集中的居住区中，最有名的是旧金山的卡斯楚区。这个地区的起源可以追溯到"二战"期间。在军队服役的同性恋者通常在旧金山被开除出军队，他们宁愿在这个城市建立同性家庭，也不愿回到家乡忍受歧视。另一个有名的同性恋居住区是新奥尔良的马里尼地区。像旧金山一样，这里是多文化混合区，对同性恋行为持相对容忍的态度。克诺普[27]描述了这个地区的房地产开发商和投机商如何利用男同性恋的需求来赚取财富。特别是，他们通过贿赂私人估价师，人为抬高了房地产价值，进而获得了地租差。荒谬的是，中等收入男同性恋者的流入，使得这个地区已经存在的男同性恋者，更加关注城市中有重要历史意义的地区保护，而对影响同性恋社区的种种事务却并不关心。

在城市地理学中，对男同性恋的研究要比对女同性恋的研究多，部分原因是男同性恋居住区更容易识别、定位和研究。一般来说，女同性恋者的收入来源比男同性恋者的少，还经常要面对男性的暴力威胁。因此，女同性恋者需要相对廉价的住所并关心自己的人身安全。由于上述因素，连同对同性恋的社会压力，使得空间上女同性恋者的住所要比男同性恋者的住所更为隐蔽。然而，城市中女同性恋者居住空间开始被定位和分析，包括容留女同性恋者的住房、酒吧、餐馆、夜总会、电影院和书店等[28]。

对城市中男同性恋者居住空间的定位丰富了我们的认识，但这些研究近年来却招致了批评。尤其值得争议的是，这种对男同性恋者聚集区域的研究，对理解空间集聚过程的贡献有限[29]。首先，那些地区的大部分不能视为男同性恋者独有的地区。其次，许多同性恋者居住在那些地区之外。重要的一点是，对男同性者恋居住空间的强调倾向于把他们作为异类概念化，实际上，城市中的所有地区都是在性别化基础上进行社会建构的。相关研究已在关注旅馆和饭店等特定公共空间建设成为同性恋服务的场所的过程[30]，甚至家庭环境都是以围绕性别再生产为基础进行建设的[31]。

就如少数民族集中的例子那样，同性恋者的空间集中有利于开展政治员，以便反对压制和歧视。然而，许多人都在质疑对同性恋者实行隔离政策的有效性。还有人争辩说，这些同性恋聚集区域有助于维持这种分离的、不同的、不正常的和违反道德的同性恋生活方式。然而，随着艾滋病毒的出现，这些地区成为支持网络和保健服务的焦点。

近年来，同性恋空间的另一个变化是，随着企业家寻求从一些高收入同性恋家庭中赚取利润，这些同性恋地区开始商业化。例如，伦敦的苏活地区因发展成为繁荣的同性恋商业点而被称为"世界粉都"。直接服务于同性恋的俱乐部、酒吧和商店，提高了同性恋者生活方式的可见性，但也表现出它们迎合同性恋中年轻和富裕等特殊类型人群的需求，而年老和贫穷的同性恋者则被排除在外。结果，一种新形式的经济分工已影响到以性别为基础的分工。

但都市村庄建立起来的这种"社区精神"可能很脆弱。在相互关联的都市村庄，隐伏着经济风险和遭受剥夺所带来的紧张不安情绪。对都市村庄类型地区的调查显示，都市村庄内部存在着许多冲突和混乱，而形成这种状况的主要原因之一可能是狭窄的空间。拥挤产生了噪音、游戏空间匮乏和洗衣设施短缺等问题，并且会增大人们所承受的压力与疲劳感，尤其是儿童还承受着因为空间不够、缺少独处机会而带来的精神上的不适。然而，因为存在着许多其他潜在的影响因素，我们很难科学地确定拥挤、压力和离经叛道行为三者之间的关系[33]。

这种紧张和不安看似符合沃思理论的作用过程，但赫伯特·甘斯认为都市村庄发展了一种亚文化，它打破了沃思的决定论。他这样界定这种亚文化：

自然环境和社会是共同存在的竞争性亚文化综合体，它们既为人们创造了各种机会以激励人们，还给人们带来丰厚的回报，但同时又剥夺了人们的某些权力，限制着人们的行为并给人们带来了一定的压力[34]。

由此我们可以得出结论，与其把城市生活作为一种生活方式，不如说城市生活促进了不同社会、人口、经济、空间群体形成不同的生活方式。克劳德·菲舍尔把这个理论又往前推了一步，他认为这些生活方式或亚文化将会被城市化所固有的冲突和竞争强化，在新的社会群体（新迁入居民到达或新阶层构成出现）达到维持内聚性社会网络所需的"临界值"时，新的亚文化将会分离出来[35]。虽然菲舍尔并未提到与这些网络相关的空间框架，但其他学者指出，都市村庄的持续存在很大程度上取决于能否避免与其他亚文化的冲突。默认的行为限制，也就是亚文化间达成的一种"社会契约"，能够消除这种冲突，但空间隔离似乎是消除冲突的最好方式。这样，冲突的消除就为都市村庄提供了进一步发展的动力。

亚文化思想和生活方式与存在已久的**文化传承**相符，在这一过程中，特定的行为准则（有时被社会上大多数人视为与众不同）会在某一特定社区传承下去。20 世纪 30 年代到 40 年代，这一概念受到了芝加哥大学社会学家们的重视，他们对城市里的"天然区域"特别感兴趣，在这些区域中，代代流传的文化价值观似乎促进了犯罪和违法行为[36]。

与之相关的一个概念是**邻里效应**，也就是人们为了获得或维持当地同类人群的尊重而遵守当地的那些规则。从选举行为、对教育所持的态度以及犯罪和违法行为的研究中发现，人们的为人处世并不遵守他们自己客观上最感兴趣的方式，而遵守与他们有一定交往的邻里的观点和做事方式。甚为荒谬的"郊区贫穷"证明了邻里影响的存在，这一名词可用于解释邻里效应的结果：一些关注中等收入水平消费模式的家庭，其收入并不能支付新做的抵押或"与张三看齐"，但他们却努力使自己与邻里的消费水平和消费模式一致。

郊区融合，"习性"和当代生活方式 根据滕尼斯、涂尔干、齐美尔和沃思的理论，郊区生活的最初解释是居民因在城市中的"心理过载"而对城市做出的一种适应性逃避，是城市生活的特殊表现。譬如，刘易斯·芒福德认为，美国的郊区代表了"一种对私人生活的群体尝试"[37]。早期对郊区生活的社会学研究也颇为认同这一观点[38]。

但随后的研究，特别是郊区化和多核心城市的发展演化，表明这种观点存在片面性。此外，赫伯特·甘斯主持的对莱维敦社区的研究证明：郊区邻里的确存在，它具有度度融合的

本地化社会网络[39]。几种要素对这种融合作出了贡献，包括郊区邻里社会和人口的同质性、偏僻邻里的自然隔离，以及在新发展起来的地区结交朋友的"热心的先来者"等。人们参与当地自发组织的各种协会（如家长-教师协会或慈善组织）、父母在参加为儿童举办的各种活动（体育比赛、舞蹈学习、拉拉队练习、乐队和管弦乐队演奏）的期间、期中和期后，都促进了社会网络的形成，而这些社会网络又加强了郊区邻里的融合，这种目的性的融合产生了"有限责任社区"。根据这种观点，郊区邻里仅代表了多种形式的有限责任社区中的一种，其他一些郊区邻里则建立在一定的工作场所、政治立场、生活方式或其他兴趣的基础之上。因此，郊区化并未导致社区的消亡，而是把社区分解为越来越多的半独立群体，且只有其中一部分是以区位为基础的。

如第 12 章所述，由这种解释可以看出，日益重要的生活方式可视为居住分民的原因之一。法国社会学家皮埃尔·布迪厄在其提出的习性概念中，关注了社会阶层和生活方式的紧密关系。一个社会群体如果具有一套独特的价值观念、思想和惯例，那他们就具有同样的习性，即一种能够感知和预知的群体行为，它源自群体成员的日常经历，通过共同的日常实践、着装方式、语言运用和消费模式，下意识地指导人们的行为（部分内容符合第 1 章所论述的行为主义方法），从而形成了这一群体的特有模式，表现为"生活模式的一个侧面就代表了其他侧面"[40]。布迪厄认为，这个准则会随着特定客观现状（包括社会阶层和生活方式）的变化而变化，但它一旦建立起来，就会重构和维持这种现实状况。不同群体间习性的微妙差异为城市居民提供了认识社会距离和群体成员的重要线索，习性的丰富性和多样性给城市生活带来了生机，为居住区这一万花筒增添了色彩和内容。

然而，如第 12 章所述，生活方式方面的一个最重要变化趋势是，它受到了 20 世纪 70 年代至 80 年代间肤浅、短暂和折中文化倾向的影响。在这种新文化的背景下，人们拥有更

强的能力去探究更为广泛的情感和经历。通过大型购物中心、博物馆、艺术馆、电影院和主题公园等环境，最重要的是通过精美的"生活方式"杂志、电视和当下的网络等媒体，人们建立了对美学的敏感性，使得大批人聚集于短暂的情感社区之内 [41]。这些都植根于"社会奇观"中的唯物主义和快乐主义思想，并且都以短时期内的移情和共有的自我意识为中心，这种移情和自我意识又附属于特定的城市环境、共同经历或物质所有等象征性财富。在这种环境下，特别是 20 世纪 80 年代，商业广告形成（和维持）了人们对一个有独特生活方式的社区的归属感，譬如"百事一代"、"无界限沟通的贝纳通"、"新一代的老年人"等，以致在 20 世纪 80 年代后，尽管唯物主义、非炫耀型消费理念和对流行时尚更加随意的态度，仍然是人们生活方式的特征，但围绕这种特征的短暂的情感社区的生活方式已逐渐模糊。

习性、生活方式社区和有限责任社区的观念表明，它们描述的现象在某种程度上缺少都市村庄所具有的彼此相关性和那种持久但难以捕捉的社区精神。然而，我们认为这种社区精神能从这种环境中发展起来。一旦某一地域独享性、风俗习惯或财产受到侵害时，就会形成强烈的融合性和实实在在的社区精神，这种反应被称为地位恐慌或危机共同性。但它几乎不能避免潜在威胁的发生。这种现象再次强调了社会和空间之间关系的复杂性，不能简单地说哪种情况反映了"社区"的存在，更不能说哪种情况会同样地适合另一个特定的地域。

14.4.5　社区和地域

滕尼斯、涂尔干、齐美尔和沃思所代表的古典社会学理论认为，社区根本不应该存在于当代城市，即使存在，也以比较微弱的形式存在，这种理论观点被总结为失去的社区。城市化培育了众多文化，带动了都市村庄发展的另一种理论观点，这种观点被总结为保留的社区。城市化为人们参与一个或多个有限责任社区提供了可能，且只有区位导向性的社区被概括为保留的社区。当代城市化培育了基于唯物主义生活方式特征的短暂情感社区的观点，则被总结为修复的社区。

除去其他因素，以上观点让我们有必要谨慎地使用社区和邻里的概念。在概括与区位、空间和社交有关的各种状况时，最好将它们用作一般性的概念。在使用一个松散的等级系统进行思考时，它们也是有益的，这个等级系统中最底层的单位是邻里，这是一个在人口统计、经济和社会等特征上具有广泛相似性的群体居住的地域，但其作为社会联系的基础并不是特别重要。我们也许可以想象一些如同积木的市场片段，如第 12 章所述的"上层阶级"和"权势人物"等，在这些市场片段中，社会空间辩证法或许培育了与下一等级社区有关的社会联系。在相互依赖的基础上，社会一定存在较高程度的和谐发展。反过来，又会产生一定程度的习俗、品味和语言思维形式。这样，它们就形成了由参照群体所定义的想象世界，这些参照群体可能以地域为基础，但也可能基于流派、工作或生活方式等。

第三层次的社区以共同体为代表，是一种意识层面上的社区。在这一层面上具有一定程度的社区精神，"我们"和"他们"的区分意识显著。但像社区一样，共同体也不一定非要建立在地域一致的基础上。就像美国全国社区委员会所宣称的那样，每个地区（或社区）"是其居民所认为的概念"[42]。这样，宣言就意味着对邻里和社区的界定与分类，必须要依靠人们的实际状况、社会感知和自然空间，以及他们所采用参照物的社会和地理尺度，这也是下面我们将要探讨的内容。

认识、感知和城市意象地图　人们利用自己的个人经历、知识和价值观念来处理他们在城市中面对的各种刺激。因此，他们会不断修正自己的真实世界、客观经历，在头脑中构建片段化的、简化的（经常是扭曲的）和灵活多样的内在表现，或称之为"意象地图"。这些内在的表现不但成为人们各个方面行为的基础，也是地点的经验意义和人们存在意识的基础，而这两种意识正是社区和集体性的核心。

因为意象地图是个人知识积累、经验和价值观念的产物，因此不同的个体对于同样的社会和物质刺激反应不同，每个人都生活在其"自我世界"里。许多人围绕着自己的邻里或**中央商务区**（CBD）建立起自己的意象地图，大部分人趋向于对现实世界进行整理和简化。

塑造个体意象地图的一个关键因素是，包含在他们的图谱中的元素间的**认知距离**。认知距离是在意象地图中排列空间信息的基础，而**社会距离**则是排列其他大多数信息的基础。大脑对可视事物（如法院、地铁站）间距离的感知形成了认知距离，这种感知受到土地利用模式、事物间特性与 GPS 地图和道路标志等城市环境中的象征性信息的影响。

总之，认知距离似乎是在沿着熟悉的道路穿过城市时，人们所面对的数量、变化、熟悉度等各种提示或刺激信息作用的结果。这些道路组成了人们活动空间的基本框架。熟悉程度对空间认知能够产生作用，一个简单的例子就是人们在旅行时，感觉返回时的路程要更短一些。弹性也是认知距离的另一个重要属性，许多人根据周围的方向和背景以不同的方式判断同样的一段距离，因此产生的认知距离并不相同。例如，从郊区到市中心购物区的认知距离，通常要比从市中心购物区到郊区的认知距离短。同样，去一个具有吸引力的场所，譬如公园或风景宜人的地方，认知距离要低于实际距离；相反，如果去一个没有任何吸引力的地方如停车场或垃圾填埋场，认知距离就会高于实际距离。

虽然认知距离是人们大脑中各个元素排列的基础，但元素本身已经在意象地图中给出了它们的不同。人们的大脑中可供随意利用的意象或意象地图不止一个，譬如穿梭在某个城镇里、走在一个购物区周围或看清单找新房子等特定的空间任务，都可在人的大脑中不经意地绘出许多潜在的意象。这些意象与其中所包含的元素间的认知距离一样，发挥着引导人们空间活动的作用。但是，它们可能部分地源于电视、网络、报纸、电子书、谈话等，而建立起来的更为广泛的信息空间或意识空间信息

来源发生变化，意象也就随之变化。同时，人们的任务不同，需要的意象也随着变化。在这种背景下，有必要区分指定意象和评价意象，前者与空间认知组织有关，而后者则代表了对城市中特定元素的感受判断。

根据城市设计师凯文·林奇所做的工作，我们能够得出人们的指定意象地图中的 5 个主要元素，即道路、边界、区域、节点和地标（见图 14.7）[43]。

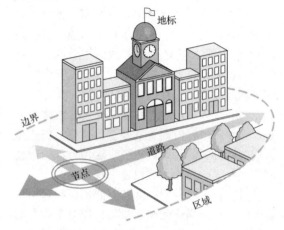

图 14.7　根据凯文·林奇所做的工作，在人们头脑中的城市地图里，存在道路、边界、区域、节点和地标这 5 个主要元素

1. 道路是人们经常行走的运行路线，或偶尔通过的运行路线，或将要利用的运行线路，它们可能是街道、步行道、运输干线、铁路等。对许多人而言，道路是一个人的意象中的最重要元素。人们穿过道路、沿着道路观察城市，进而将城市中的其他环境要素排列并组合到人们的意象中。
2. 边界是不被人们用作或当作通道的线性元素。它是两个连续体间的界线、线性断点，如海岸线、铁路线、发展的边缘、墙体。它们可能会穿过屏障，将区域割裂开来；或者是两个地区的缝合线，沿着这条缝合线，两个地区相互联系并彼此对接。
3. 区域是一个城市内的中等或大型地区，人们可以感知其共同的识别特征。
4. 节点是城市中的战略点，人们可进入

这些节点，是旅行的起点和终点。节点主要是一些结合点、交通断开地、道路交叉点或会合点，或者是有一定用途或特征的重要集中点，如街道拐角的住所或封闭的广场等。有些节点是一个地区的焦点，它们影响较大，是城市的标志（见图 14.8）。

5. 地标是另一种类型的参照点，但人们不能进入。它们通常是简单且确定的自然物，譬如一个标志、一座钟楼、一栋大厦或其他建筑物。

图 14.8　被规划到俄勒冈州波特兰市中心建筑中的"节点"——先锋法院广场

林奇通过众多采访和对人的素描图进行分析，得出了以上 5 个元素。接着他开创性地建立了城市空间集成感知地图，地图中采用了明暗不同的标志，反映了人们在回忆自己的个体意象地图时，能够提到某一特定要素或对其进行勾画的人所占的比例。

林奇用他的成果来研究城市的可读性或可意象性，他认为人们更乐于居住在易辨识的环境中。他宣称，在这些环境里，建造形式是清楚的和直率的，道路和边界连贯且富有节奏，区域界限清晰，节点和地标明确。林奇认为像洛杉矶这样的城市基本不具有这样的品质，而波士顿这样的城市具有高度结构化的元素，因此前者比后者就少了可辨识性（也就少了宜居性）。

后续研究为这种解释提供了更广泛的支持。但研究也表明，抽象出太多的意象地图并不可取。不同的人会以不同的方式解读城市，有些城市比较清晰明了是因为道路连通性好，有些城市则因为地标鲜明而变得更加可读。有些人喜欢那些难以辨认的环境，或许这种环境具有"离奇古怪"或"关系亲密"的特质。最为重要的是，从将人们的意象地图与他们的行为联系起来的观点出发（因此能够解释社会空间辩证法作用的过程），不同的人群、不同的年龄、性别、社会经济背景和地区，对同样的环境所得到的意象地图迥异，显然这要归因于各自的行动和认知空间的差异。

评价意象　在很多情况下，指定意象并不像人们对其精神图谱中特定元素的感情重要。譬如，一个特别的节点或区域，在意象地图中可能是吸引人的或不吸引人的，也可能是有趣的或乏味的，更可能的是，它会激发出一系列感受。这些内容反映了人们大脑中做出的评价意象，借助于评价意象，人们在城市中选择自己的行走路线，选择在哪里生活、购物和娱乐，并做出对邻里和当地居民的主观判断。评价意象中的一个生动且特别的方面，是有关人们对危及人身安全的认知。在大城市中，有些地方通常被认为是危险的。更进一步说，熟悉这些危险社区的居民产生了"恐惧图谱"（见图 14.9 和图 14.10）。人们在接近这些黑帮出没的地区、废弃的建筑物、破旧的房屋和毒品市场时，就会提高警惕。

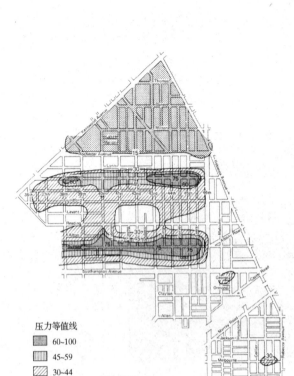

压力等值线

▨	60~100
▥	45~59
▧	30~44
□	15~29
▨	0~14

0 0.1 0.2 0.3 千米

图 14.9　费城门罗辖区的感知压力示
　　　　 意图（颜色越深，压力越大）

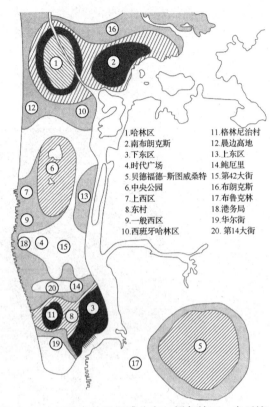

1.哈林区　　　　　11.格林尼治村
2.南布朗克斯　　　12.晨边高地
3.下东区　　　　　13.上东区
4.时代广场　　　　14.鲍厄里
5.贝德福德-斯图威桑特 15.第42大街
6.中央公园　　　　16.布朗克斯
7.上西区　　　　　17.布鲁克林
8.东村　　　　　　18.港务局
9.一般西区　　　　19.华尔街
10.西班牙哈林区　　20.第14大街

图 14.10　纽约市的恐惧感分布。颜色越深，表示这
　　　　　 个地区人们的恐惧感越普遍。编号地区依
　　　　　 次代表了 20 个"最令人恐惧"的邻里

在所有术语中，评价意象被视为三种主要评价性侧面作用的结果[44]。

1. 人际环境。它以城市不同地区的社会特性为基础，主要受社会感知距离，不同人群对友谊、互助、势利、自豪感、权力和满意度等的认识态度，对不同环境安全程度的感知等因素的影响。

2. 街道和建筑物的客观环境。它建立在特定环境的美感、清洁度、维护水平、宜人价值和交通噪声等因素的基础上。

3. 城市不同地区的区位特性。进入高速公路和交通系统的方便程度、是否接近宜人的地区或有潜在危害性的地区。

对住宅区的意象可能是评价意象中发展最好的部分。因为直接涉及社区和地域，所以它们可能是目前评价意象中最重要的部分。甘斯和费舍尔的研究表明，人与人之间的邻里依附都是存在的，不管人们在特定地区生活了多长时间。研究表明，人们把进行日常生活的地方定位为自己的住宅区域，80%的人能利用这一地区的认知模式。虽然这些模式完全是个人的且具有特殊性（人们定位自己独特的住宅区域的边界，而邻居在边界变化很大），但它们显示了一些有趣的规则，为社区和地域性的关系提供了重要线索。首先，人们的认知约在 0.4 平方千米的范围内能够保持一致。其次，领地边界不受人口密度变化的影响：与中心城区的居民一样，偏远地区居民的住宅区域包括同等数量的"地盘"。社会心理学家特伦斯·李通过分析人们对所在区居住问题的反馈，建立了分层拓扑关系[45]：

● 点头之交的邻里。这是一个很小的区域，人们之间没有血缘关系或朋友关系，在这里只能完全依靠自己。

● 同质性邻里。这是延伸至人们所熟悉的自然环境方面和邻居社会关系方面的一种认知模式。同质性的邻里不仅包括

"像我们的人"，还包括"像我们一样居家的人"。

- 单元邻里。这是一个更大的地域范围，是被"命名"的地区，"我们的邻里就跟别人如何看待它的一样"。单元邻里经常包含许多商店、宜人的风景区、不同的社会经济背景和不同的家庭类型。他们更接近规划者和政治家对城市邻里的感知。

这种拓扑关系不仅反映了社区和地域之间关系中空间尺度的重要性，也指出了人们对地点感觉的多维性。因此，我们将深入讨论人们和区位之间的感情联系，尤其是地方化生活世界的重要性和与特定社会空间环境相联系的象征意义的重要性。

14.4.6　生活世界和社会生活的"结构化"

人们对住宅区域的意象，为城市日常生活的许多方面提供了重要框架。但城市化的这个方面只能通过对局中人观点的领悟来理解，并且需要一种对人和区位如何获取自身内涵、人们如何捕捉和处理人地信息、人们如何"学习"社会空间环境以及应对自身变化的正确认识。换句话说，需要"社会行为主观性内涵的背景解释"和一种源于个人视角的"情感性理解方式"[46]。用这种方法来分析时，城市中的每个地方、每个位置很明显都是社会性构造的结果。也就是说，它们给了人们一个暂时的内涵，人们利用它们并居于其中。文化地理学家段义孚这样认为："区位是由经验构建的含义中心。"[47]

因此，任一位置都具有"多重现实"，因为对不同的人群来说，他们周围的事物具有不同的意义。就像社会地理学家大卫·莱强调的那样，"区位与目的和意图有关。同样，每个区位对于多元化的社会群体而言，都具有多重现实"[48]。

理解局中人这些观点的一个较好起点是生活世界的概念，即日常生活的环境（或多个环境）。人们在其中以一种自然的、不加思考的态度和行为过着自发式的生活，而这种态度和行为组成了一个意象中的社会世界（见图 14.11）和富有内涵的个人环境。在这样的环境中，每个对象都有其目的，每个地方都有其意义[49]。因此，人们已存在的生活惯例就构成了各自的生活世界，包括在工作场所内、在家庭附近、在公园长凳周围、在酒吧里、在俱乐部里等。但为了将个人惯例转化为群体的生活世界，必须存在一定数量的主体间的交流。这需要人们能够进入另一个人的感情和内涵，使日常生活成为彼此分享的经历。这种主体间的交流在进行交流和象征的特定体系中得到建立和维持。群体成员（生活世界的成员）具有彼此一致的交流和象征的特定符号，如语言风格、专业词汇、着装规范、个人空间和肢体语言的运用、幽默运用、交流潜规则、不言而喻的礼节和仪式等，反之则不属于这个群体（生活世界之外的人）。这种成员间的一致性要求必须有意抑制个人主义思想，并能催生对个人主义和异质性特点的无意识抵制，发展认知上的一致性和态度上的一致性。

图 14.11　意象中的生活世界。本图反映了纽约哈莱姆地区部分生活世界中的一些特点

雷蒙·威廉斯发展的情感结构是本文中的一个有用概念[50]。它将源于生活世界的区位感和世界观结合在一起，但也拓展了对未来、过去和现在生活中人们的意识态度与情感。假设这些情感包含一系列相互联系的认知要素，则它们会组成一个"结构"。正如文化地理学家彼得·杰克逊注意到的，情感结构的主张与皮埃尔·布迪厄的习性理论[51]存在必然的联系。但在实践中，二者都依赖于人们通过共同的象征和交流符号来维持的主体间性，二者反过来又分别深深依赖于人们已建立的时空惯例。

城市观察 14.4　残疾人和城市[52]

在大部分关于城市的研究中，正常人的特点被考虑得很充分，而却鲜有对残疾人的研究[53]。但在最近几年，地理学和其他一些社会科学的研究已开始关注残疾人问题[54]。

最主要的问题之一是残疾意味着什么。一些人认为残疾人首先是一个**社会建构**的问题，而不是影响个人生活的身体缺陷问题。因此，"残疾"概念的社会建构是与正常人的社会态度和结构紧密相连的，而不能将其认为是特定个体的缺陷。

当今社会，人们认为吃药是治病的主要手段，并经常认为残疾意味着不健康。但是，如果提供了足够的设施，则残疾人可被认为是正常人，就像近视患者戴上眼镜以后我们并不认为其是残疾人那样。这是社会科学研究中用以反对那些理所当然假设的最好例证。虽然那些假设看起来很平常，但却是我们认识这个世界的错误途径。

对盲人的研究主要着眼于盲人的社会建构。在美国，盲人问题被认为是一种失去辩护需求的体验；在英国，盲人问题被认为是一个需要他人援助与设备来解决的技术性问题；在意大利，盲人问题则通过教堂和宗教来解决[55]。因此，不同的国家对残疾人有不同的理解。例如，在美国，根据残疾人权力政策，出现了大量的残疾人工厂，使残疾人成为了医生、律师、康复专业服务人员和残疾运动积极分子，并以此获得收入来源。

城市中有很多妨碍残疾人日常运动的障碍，如较高的路沿、陡峭的楼梯，没有专门为轮椅准备的坡道，门设计得很狭窄，缺乏用盲文标示的信息。除此之外，对于残疾人来说，他们不能很好地领悟电梯所指示的信号，够不着按钮，并且电梯的位置不醒目（如处在厨房旁边）。公共交通系统也给残疾人带来了不便。所有问题都可归结为资金问题，即没有足够的资金来修建残疾人专用通道。

这个问题也是一个社会的主流态度问题[56]。通常情况下，建筑师、设计师和民众都认为残疾人无法自由活动，因此忽略了残疾人的需要。这种障碍是生理上的，但更多的是社会上和心理上的。残疾人通道建设资金的缺乏，反映了社会看待残疾人社会价值的方式。这些障碍阻止了残疾人参加社会生活和就业。加拿大安大略省的一份报告指出，80%的残疾人生活在贫困中，因为他们远离就业市场，并且缺乏国有和私人部门的支持[57]。美国人口普查数据表明，有 1330 万或 70%处于工作年龄（16～64 岁）的残疾人，由于身体健康原因而很难找到工作，或很难地维持着一份工作。总体而言，约有 2300 万的人口（约 12%的工人）由于身体、精神或其他健康问题，受限于某一类或某些工作[58]。

最近，很多城市开始越来越认真地解决残疾人问题。1992 年，美国残疾人法案要求商业地区为残疾人提供轮椅通道；在英国，许多地方政府已有了残疾人办公人员，他们的任务就是改善城市中心的残疾人通道。这些改进仅是对大量争取残疾人权力运动的部分反应。争取残疾人权利的组织开始着手解决残疾人的收入、就业、公民权利和社区生活问题，而不是制度存在的老问题。

所有城市的社会问题有倒退也有进步。譬如，在美国，公司认为美国残疾人法案是对个人财产权利的限制，因此违反了第五宪法修正案[59]。类似地，在英国，在 20 世纪 90 年代后期，劳动部门改革了福利制度来限制残疾人占据雇用市场的局面，因此估计约有 75%以上的成年残疾人要依靠政府某种形式的支持[60]。

14.4.7　时空惯例

地理学家戴维·西蒙强调了象征与沟通的编码规范、主体间性和一致性发展过程中业已存在的惯例的重要性，并利用时空惯例的概念描述了个体重复性环境存在的重要性，利用芭蕾区域的概念形容了同一环境中多个时空惯例的存在[61]。但时空惯例中最有用的方法仍然借鉴了托斯腾·哈格斯特朗和瑞典兰德地理学院的研究成果。通过运用简单而有效的方法，哈格斯特朗得到了个体日常生活中的空间和时间限制。他的模型（见图 14.12）详细描述了人们在时间和空间上的路径，展示出人们为了满足特定目的（"计划"）从一个地方（"位置"）移动到另一个地方的过程。

根据哈格斯特朗的说法，三种类型的限制作用共同决定了个体从一个位置或一个计划转移到更广阔环境内的另一个位置或另一个计划的能力：

- 能力限制：包括所需要的最短睡眠时间（限制了可利用的旅行时间）和可利用的交通方式（决定了日常活动范围的半径）。
- 权力限制：包括法律、规则和风俗对特定位置可进入性和对特定活动可参与程度的限制，譬如高速公路上的速度限制和法律对酒品消费的管治等。
- 耦合限制：它起源于特定计划在限定的时期内是可以执行的。这些计划的执行取决于商店的营业时间、公共交通的行程安排和交通高峰的发生时间与持续时间等 [62]。

任何个体在其自身环境内的时间预算可以用图形来表示，如图 14.13 所示。特定个体的有效范围可以用一个（或多个）菱形来表示，菱形的形状取决于能力限制。每次停留，不管为了什么目的，都引起菱形（或子菱形）面积与停留时间比例的收缩。除此之外，人们的时间预算和活动方式在形成的同时，能被人们操纵的社会系统的结构特点反映，并对社会系统的结构特点产生影响（又是社会空间辩证法）。这些结构特点包括了多种制度，这些制度能够对与特定位置（"领域"）组合相联系的权力限制和耦合限制产生控制作用（见图 14.12）。共有的领域和惯例创造了一致的时间地理学待征，不同个体路径的交点形成了时间和空间中社会活动的"活动束"。

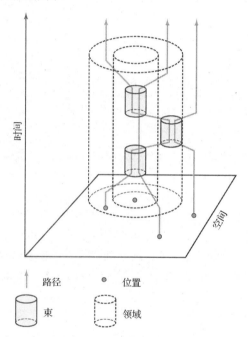

图 14.12 哈格斯特朗的时间地理学图标

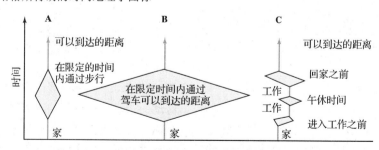

图 14.13 时间预算和日常生活菱形

城市观察 14.5 结构化：日常生活中的时间和空间

社会理论学家安东尼·吉登斯提出了"结构化"这一重要概念，而时间和空间中的活动"束"对于社会生活的"结构化"具有核心作用（见图 14.12）[63]。吉登斯强调时间和空间中的"绑定"在社会组织和社会生活中的基础性作用。结构化的概念基于相互依赖的观点：①社会系统和结构；②有目的的个人行为之间的相互依赖，并以相应（社会）结构和（人类）媒介的方式表达。根据吉登斯的理论，每天的生活中存在连续和惯常的"活动束"，并形成了社会融合，作为个人，他们对时间和场所中的共享经历进行反思和有目的的应答。这样，他们很快形成并受到社会系统中结构性特性的影响，如阶级框架、性别角色、教育层次、法规等。

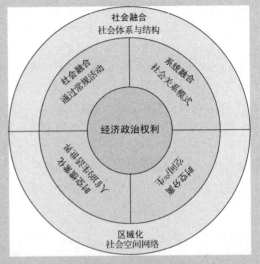

图 14.14   吉登斯"结构化"概念中的诸要素

就惯常的社会实践在特殊的时间和空间跨度上保持一致而言，这些实践源于并归结于结构的关系。这种关系超载地方的"活动束"，对特定时间或空间中不在场的人们之间的相互关系也能够产生影响。这些影响帮助保持系统的整体化，超越时间和空间进行社会关系的延伸，吉登斯称其为时空延伸（见图 14.14）。在中等尺度上，将生命世界的时空惯例化和社会的时空间隔连接，是局部的分层。这种分层与哈格斯特朗的领域相似（见图 14.12）。这种层次代表了一种"区域化"，反映了建立在歧视性的资源分配（经济力量）和权利分配（政治力量）之上的多样化社会空间网络。

这种观点为我们提供了一个非常有用的框架，有利于对城市生活和创造并保持人类景观的方式进行抽象化。地理学家迈克尔·迪尔和詹妮弗·沃尔克将这个问题表达为"地域如何形成社会生活"，并采用类似的方法对其进行了说明：

人类景观由有知识的参与者（或代理者）创造，他们在特定的社会环境内（或结构中）实施。结构和媒介的关系被一系列制度组织协调，它们可能鼓励或限制这些行为。所以，我们可以得出三个分析层次，即结构、制度和媒介。结构包括支配我们日常生活中长期且深层次的社会实践，如法律和家庭。制度则代表结构的表现形式，如国家机器等。媒介是那些有影响的人类个体参与者，他们决定任何社会相互作用的精确且可见的结果[64]。

结构化的概念和场所层次的观点，都包含各种各样的生活世界，为处理现实的社会建构提供了强有力但易变的框架。所有自然空间对于富有意义的现实社会建构是开放的，一些空间甚至是多重现实的目标，被不同的群体以不同的方式进行社会化建构。这样一来，空间就被思想上的内容所笼罩，反映了涉及群体的价值、态度和认知结构。思想上的内容对于整个城市化轨迹具有重要含义，因为它服务于再生产和支持不同社会群体关系的结构与动力机制。

14.5   性别空间

社会空间相互作用中的一个重要要素是性别，它通常因为强调特定社会群体或特定地理位置而被掩盖。当女人的存在被认可后，邻里和生活世界就变得复杂了。例如，如果以家庭中男性的职业和社会经济背景来判断中等收入邻里，即用社会公众和大多数科学家对邻里进行分类的标准来衡量，他们基本上是同质

的。但在其他方面，这类邻里也包括那些技术不熟练的、半熟练的或低收入的妇女，她们在劳动力市场上属于低收入人群。然而，白领女性也常常被纳入到低收入邻里的范畴。

杰拉尔丁·普拉特和苏珊·汉森曾运用这一观点指出，男性和女性的社会地位都可以用不同方式获得再生。男人在家庭中、在工作中的地位具有一定的一致性。而对一些已婚女人来说，如果她们的家庭地位由丈夫的职业来决定，则这种地位不大可能与她们的工作地位相

一致[65]。而且传统上，许多女性的社会地位很大程度上随时间而变化。由于要养育子女，她们不得不长时间地脱离工作，因此通常会使她们被迫从低等位置重新干起或者彻底转行。由于同样的原因，一些女人必须遭受地点对她们的局限，譬如"家庭主妇们"要拿出大部分时间在以家庭和社会熟知邻里为中心的地方化生活世界中周旋。

14.5.1　女性空间的创造

要了解女性角色和女性空间的发展，我们就需要重新回到早期的工业城市。由于家庭被卷入了工业化和城市化的漩涡，日常所需就要求一种合理化的家庭生活。新生活节奏被办公室的闹钟声和工厂的鸣笛所控制，这使得家庭很难实现其原有的一些传统功能，而居住的迁移性增加，也把家庭从大家族网络中孤立出来。随着能够发挥非正式服务功能的亲戚变得越来越少，家庭发现它们不仅要放弃其经济功能（作为一个生产单元），而且要摆脱很多的传统责任，如教育子女、赡养老人、照顾病人等。这些变化所导致的必然后果是，新型服务行业全程服务的出现和建立，如裁缝、理发师、医生、餐馆、洗衣房等。在许多方面，工作地点和家庭间的区别是最主要的区别，但这种区别给男性和女性带来的是截然不同的后果。

虽然女性逐渐被引入到正规的经济中来，但她们的加入取决于**家庭生命周期**所处的阶段和工业经济的周期性起伏，因此她们的加入经常是短暂的。技术不熟练和低教育背景的女性走出家门之后，在劳务和社会等方面都会受到一种观念的限制，即女性的体力不如男性强壮，情感不如男性稳定。因此，许多女人只能靠做家务劳动来挣钱贴补家用，如偶尔从事缝纫、保洁、看护、清洗工作，或为房客提供住房和一些家居服务。尽管这种情形的出现可能有其他原因，但对中等收入的女性来说，家居服务已确实成为生活世界的基础。

对于中等收入的妇女来说，家庭位于市郊的状况造就了她们每天的生活轨迹。在这样的背景下，将郊区视为社会化建构很重要。历史

学家玛格丽特·玛西认为，这种建构最初有两种成分。尽管当时女性最初的理想是将以家庭文化习俗为中心的家庭生活与郊区联系起来，但当时人们仍然认为能够使家庭生活达到最大繁荣的，是可以提供市场、面包房和近距离支持的城市，而不是乡村。妇女家庭革命的倡导者不是让人们离开城市，而是在城市内实现家庭理想。玛西指出，最初的郊区理想是男性的构筑，它起源于（在第 13 章已述及）杰斐逊派的政治哲学和爱默生派的社会哲学，其中阐述了关于自然和边界的浪漫理想以及财产所有权的责任[66]。正是这种理想的成功才带来了中产阶级女性由家庭生活理想向郊区理想的转变。这两种理想在 19 世纪末融合成了郊区生活社会建构的基础。

因此家庭和工作之间有清晰的界线和明显的社会距离，将家庭作为女性领域的看法，赋予隐私和排斥窥探以重要意义等，可视为强调个人责任，男性的经济支配权、女性在家庭中的从属地位和注重家教等特征的一部分，而这些都是为了给中产阶级一个社会身份，从而使他们和上层社会、下等群众区分开来[67]。

但所有这些都不是简单地通过理想的作用发生的。就像被社会建构一样，郊区的中产阶级生活不得不在物质上设计和构建，而且其适当的行为模式必须被每一个人所知。在这种环境下，安得烈·杰克逊·唐宁所著的《乡村住宅的建筑风格》[68]具有重要影响。该书出版于 1850 年，内战结束前重印了 9 次。唐宁引用杰斐逊派和爱默生派在自然与乡村、道德与民主等方面的等式，并将之应用于个人住宅。他认为，家庭必须用规模、样式、布局、装饰和居住者的道德来表达，他还列举了许多例子来说明美国人的理想。《乡村住宅的建筑风格》一书出版不久，市场上很快就涌现出了大量类似的图书，它们的作者都把自己视为民主共和意识的关键组成部分[69]。

女性的家庭生活理想也同样被纸质媒体推动着。在这方面，流行杂志上的文章和广告起了最重要的作用。其中最重要的杂志之一是《女性家庭》。在 1889—1912 年爱德华·波克作为杂志总编辑的时间里，他对读者详细解释了"上佳品质"的标准，涉及从家居建筑、内

部设计到家庭习惯和社会态度等诸多方面。波克的福音主义的使命是：

改革和简化美国家庭，并让女人乐于住在里面。他列举了建筑师、参政领导、改革家、小说家、政治家甚至总统的例子，以使其读者坚信正确的家庭环境才能保持这个家庭，并强化国家，据此应赋予女性更多有意义的工作。对他来说，女性应归入这些家庭，而且每个家庭都与其他家庭不相联系[70]。

同时，流行杂志上的广告向消费者推荐商品时，也进一步宣传了郊区家庭生活这一双重理想。详细分析《星期六晚邮报》中的广告表明：起初为了适应新的郊区生活，女性对调整家庭环境负有责任。这项活动不仅有助于重新稳固郊区家庭生活这一理想，而且有助于使性别角色和性别关系透明化[71]。

重新回到**社会再生产**，我们将了解这些变化如何创造一个社会空间的背景，它不仅保证了中产阶级的社会再生产，而且保证了性别角色的社会再生产（见图 14.15）。男人来到这个进行工作的世界，而女人则来到一个整日隔绝、忙于创造一个舒适并且向上的家庭环境。

图 14.15　郊区家庭生活的理想范式

随着时间的推移，越来越多的美国人渴望模仿郊区富足的生活方式，并且随着生活水平的稳步提高，郊区家庭生活的社会建构也和与之相关的性别角色一起，逐渐成为一个广泛的

社会经济群体的共识。这一过程通过联邦政府和私人公司以多种途径得以巩固，它们"说明了由一名男性作为家庭的主要收入者和一名女性作为家务工作者所组成的核心家庭是家庭的普通模式。譬如，所有的 3 个**绿带城市**，不接纳有女性在外工作的家庭迁入；全国范围内的银行、学校和保险公司开始禁止雇用已婚女性，而且女性杂志督促有工作的已婚妇女辞职，让男人来接替她们的位置"[72]。20 世纪 60 年代末，女权主义者贝蒂·弗里丹无可非议地宣称社会上出现了一个女性满足的"奥秘"——郊区的家庭主妇能通过她们的丈夫、孩子和家庭获得自身的真正满足，这一想法已经变成"当今美国文化珍贵且生生不息的核心"[73]。

14.5.2　变化的角色和变化的空间

然而，经济和社会变化已超越了郊区家庭生活的理想。为了在第一次世界大战期间填补参战男性所空出的工作岗位，一些妇女进入了劳动力市场；工业化进程中为了进行规模化生产而寻求越来越多的生产线时，又有一些妇女进入"妇女的工作岗位"（见图 14.16）。"二战"的爆发，使得参与工作的已婚女性比例上升到了 25%（见图 14.17）；离婚率在整个 20 世纪都在缓慢上升（除了"二战"前后突然出现的高峰），但由于社会态度的变化，于 60 年代末突然加速（见图 14.18）。如今只有 20% 的美国家庭由已婚男女和他们的孩子组成（1970 年的这一比例为 40%），同时 25% 的家庭以带小孩的女性为主[74]。另外，妇女的劳动力市场参与率也上升到了 60%[75]。这种人口和社会的变化与**城市体系**动态变化相联系的情形已在第 4 章中描述。但在城市生活和城市内部空间的重组中，也反映了同样的变化趋势。夫妇平均结婚年龄的上升、单身和无子女妇女数量的增加、以女性为首的家庭的显著增加，都造成了女性劳动力的大量储备，她们的工作和居住选择不再受男性偏好和男性经济协助（或依靠）的影响。

社会地理学家罗宾·劳和詹妮弗·沃尔克发现了上述变化对城市空间产生影响的三种途径：

1. 郊区居民的转型。全职家庭主妇可以提供免费的社区志愿服务，能够维持社区内的友好关系，并达成一定程度的相互熟悉，这些都是形成社区意识所必需的。但妇女普遍地参与到工作中后，使得全职家庭的主妇显著减少，从而破坏了郊区的集体性。

图 14.16 1912 年工作中的妇女。她们正在费城什哈特玩具公司装配玩具

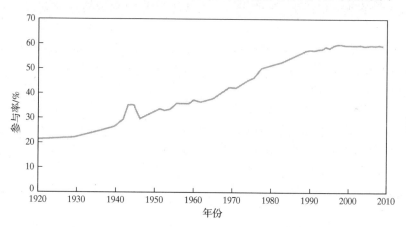

图 14.17 美国 16 岁以上女性参加工作比例的变化

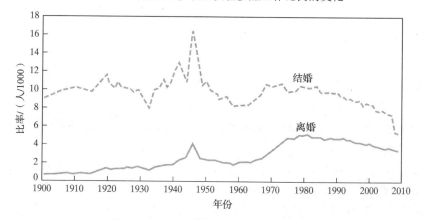

图 14.18 美国结婚率和离婚率示意图

2. 通过丁克家庭的居住行为产生的独特新城市空间。丁克家庭反映了他们普遍较高的可支配收入、不同的消费模式（如优先选择吃而非教育）和平衡夫妇通勤距离的需要。

3. 通过女性主导家庭的居住限制所产生的独特新城市空间，譬如公共交通和儿童看护等方面的服务，由于低收入和对城市服务的需要以女性为首的家庭倾向于在中心城区定居 [76]。

劳和沃尔克还指出了这些变化影响城市生活、时空惯例和（所致）生活世界的其他途径。例如，提高劳动力市场中妇女的参与率，可以很清楚地与第 12 章所述的唯物主义和消费主义生活方式关联起来。但通往商品和服务的道路被收入严格限制，因此在唯物主义对城市生活产生深刻影响的同时，就出现了差异，并且在低收入者所消费的规模化生产的商品和标准化服务，与高收入群体对象化和个性化的消费之间的不同越来越大。正如劳和沃尔克所指出的，这种差异的一种效应是：

富裕阶层满足各种欲望和进行娱乐休闲活动的地点和时间，恰恰是从事劳动密集型服务工作的人进行工作（剥削）的地方。傍晚、周末和公共假期已是越来越多的人的工作时间，而娱乐场所、餐馆、购物中心和度假胜地等在这些时间却同样热闹，并且社会越来越需要将劳动力的行为（为薪水而工作）转变为关照的行为（为爱而工作），要求工人不仅要完成自己的任务，并且在完成任务过程中投入自己的感情：真诚的微笑、热情的问候……因此，个人生活和"家庭"（友爱、真诚、承诺）与"工作"不可分割地联系起来了。

他们指出，妇女在劳动力市场中参与的全面增加，也加快了中低收入居民的时空惯例活动。双职工有小孩的家庭和单亲家庭除了考虑少数"品质时间"而延长就寝时间外，不得不将自己和孩子的生活节奏加快。郊区家庭生活的历史继承和女性通过家庭生活获得自我满足的心理"奥秘"，使得妇女在传统上倾向于承受不公平的家庭分工，造成妇女在时间利用上承受了最大的压力。对她们来说，时间和空间机遇的"三棱镜"经常被双重限制的"牢狱"所替代。基于这一理由，许多妇女现在认为中心城区对她们的需要最具有支持作用，也最适合她们的需要，就像她们在男性郊区理想出现以前所做的一样。高密度的定居点更容易构建起社会支撑网络和进行群体组织，以协助履行像幼儿看护之类的家庭责任。经过与郊区理想的长时间冲突，家庭理想终于得以解脱，并开始了社会空间相互作用下的新一轮变化。

14.5.3　设计带来的歧视：家庭建筑和性别差异 [77]

建筑学理论中一个最常见的主题是"男性"和"女性"设计要素的表现。在很大程度上，这些要素参考了原始的人体解剖结构。与男性生殖器相像的摩天大楼，体现了都市的男子汉气概。但是，建筑史上的一些女性主义者却认为建筑物的静态特征比其人体隐喻更具有启迪作用。伊丽莎白·威尔逊针对现代主义建筑提出，尽管它们在自我意识上是前进的，但很难说它们与两性关系有什么必然联系 [78]。性别差异在不影响家庭功能的情况下，改变了住宅形态。显然，**包豪斯建筑学派**作为现代运动的先锋，通过布劳耶设计的功能化现代厨房，强化了住宅内的性别分工。

建筑物的内部结构体现了理所当然的规则，即与城市的总体规划和内部结构间的关系类似，它支配了个体之间和个体与社会之间的关系。建筑的平面图、装饰装潢和家庭建筑利用实际上反映了家长制价值标准（包括保证男人支配女人的社会制度和体制结构）的一些最重要的内容。就像建筑师经常强调的那样，住宅不能简单地视为实用的建筑物，而应把它们当作"适合生活的艺术品"。对多种家居建筑的分析发现，家居建筑中存在强烈的性别语言。这些分析的对象既包括具有维多利亚时代风格的房屋，又包括平房和廉价公寓 [79]。

今天，对郊区家居建筑的常规解释，找到了用女性符号体现家庭生活的目标和核心家庭生活的益处的方法。这种女性符号被赋予到了单亲家庭的"培养"环境中，单亲家庭的中心是功能性厨房和一系列性别化的家居空间："她的"杂物间、浴室、卧室；"他的"车库、工作间、书房。这些符号的重要性在于，它们使性别之间的区别看起来"很正常"，因此使特定形式的性别歧视和家庭分工合理化了[80]。

但我们必须承认，即使建筑物空间与家庭空间的设计象征和凝结了性别因素，它们的内涵也是存在矛盾的和不稳定的，尤其是在与阶级利益和性别利益间复杂的斗争与妥协相联系的条件下，而这种利益冲突又反映了社会与空间的相互作用。同时，在家居环境形成的动态变化中，雇用方式和设计行业的变化，将共同对家居设计的现有内涵进行不断的修改[81]。

关键术语

anomie 道德失范

appraisive imagery 评价意象

cognitive distance 认知距离

greenbelt cities 绿带城市

habitus 习性

lifeworld 生活世界

mechanical solidarity 机械融合

neighborhood effects 邻里效应

organic solidarity 有机融合

place ballets 芭蕾区域

psychic overload 心理超载

social disorganization 社会解组

sociospatial dialectic 社会空间辩证法

structuration 结构化

time-space distanciation 时空距离化

urbanism 城市主义

复习题

1. 在本章的开头提到，城市作为一个竞技场和孤独、封闭与离经叛道的温床，在电影、电视和流行音乐中多有反映。请给出支持此观点的例子。

2. 请为自己典型的一天构建时空路径并加以注释，以便显示该路径在何时、何地以何种方式与他人以一种促进主体间性和构建独具特色生活世界的方式产生重叠的。

3. 观看电影《全款交收》（Roc-A-Fella 影业公司，2002；查尔斯·斯通三世执导），这部电影生动地描绘了哈莱姆区的邻里生活。对照本章中的重点概念，如生活世界、社区、邻里、结构化和社会空间辩证法等，批评性地评价电影中的描绘。

充实你的资料夹。通过创建一幅你所在城镇的意象图，个性化本章的内容。分析你所构建的意象图，看看在哪些道路、边界、区域、节点和地标有你的足迹。

城市一直有着成堆的问题，虽然它为经济发展所必需，但许多人认为城市是罪恶的，且在某种程度上是不自然的、危险的和堕落的。但就像这张摄于纽约布鲁克林的照片所示，我们不必对城市经常出现的问题感到惊讶。

第 *15* 章

城市化问题

城市总被认为是问题成堆的，就如我们在第14章见到的美国城市的众多问题那样。城市已被许多人认为是非常负面的。城市也已被认为既是不可避免之灾祸，也是经济发展之必需品，但却有些不自然、有点危险和有时堕落。当然，我们不必对城市经常出现的问题感到惊讶。既然城市在经济、人口、社会、政治和文化等方面发生了如此多的变化，必然会出现一些难以期望的和难以预料的后果，也必然会在不同群体间产生紧张、矛盾和冲突。其中一些问题的根源在于整个社会，这些问题之所以在城市中特别明显，只是因为都市区中容纳了大量人口，且都市区是变化的熔炉。但是有些问题则是由城市化和城市环境的性质所造成的或至少是强化的。

15.1 学习目标

➢ 认识美国城市在演化过程中，感知问题和实际问题的变化。
➢ 了解城市化和贫困周期之间的关系。
➢ 说明城市环境和暴力犯罪之间的联系。
➢ 描述无家可归现象的复杂本质与根源。
➢ 认识城市环境的生命力为何取决于高效的治理和规划，以及不断的资本投入。

15.2 本章概述

本章的目的并不是详细罗列城市的问题，而是说明城市化过程是如何导致固有问题的，其中空间和区位通常起关键作用。我们主要关注4个方面的问题：贫穷问题、暴力犯罪问题、无家可归问题和基础设施问题。首先讨论社会是如何开始意识到这些"问题"并加以定义的，以及从早期的工业城市向今天的大都市转变的城市化进程中，人们的特定观念是如何转化、持续和演变的。

贫困、贫民窟社区以及与贫民窟有关的人们行为，是所有问题中最为持久的主题之一。本章将详述这一问题，解释贫困、贫民窟和本地社会问题的形成原因，以及产生影响的相关理论与概念。通过考察暴力犯罪的分布和审视犯罪对城市化和城市生活的影响，对这些问题进行深入讨论。也就是说，本章的目的是论证城市化内在的双向因果关系，即某些环境会提升暴力犯罪水平，而反过来它会影响整个空间动态分布。我们还将在更广泛的因果关系背景下阐述无家可归问题，特别关注最近城市化过程中政治经济因素的变化引起的新型无家可归问题。

本章最后将把重点从社会问题转向与环境退化和基础设施老化有关的自然问题。如我们所见，这些问题与主导政治、决策和规划的经济、政治和财政问题密切相关。

城市观察 15.1　竭力坚持学习的无家可归学生

　　10 岁的丹尼尔·克罗韦尔在一个角落里静静地读着小说《瑞士家庭鲁滨逊》，这部小说讲述了一家人因沉船而流落到热带小岛上的故事。就像书中的那家人一样，丹尼尔的家庭也在一座"孤岛"上，但他的故事却不是虚构的。他和母亲及两个弟弟住在洛杉矶的一个小社区的车库里，既没有取暖设施，也没有自来水[1]。他母亲可以领到食品券和一些现金补助，一部分要用来向其表哥支付每月 150 美元的车库租金。丹尼尔的父母离婚后，一家人陷入了无家可归的境地，他母亲因贷款断供而失去了房子，接着失去了在汽车零件厂的工作，因此无力负担公寓的租金。他父亲也因为失业而支付不起孩子的抚养费。他母亲找过零售店和快餐店的工作，现在还在找工作。

　　"他非常消沉，"她在谈起丹尼尔时说，她说失去房子对丹尼尔的影响最大。"他慢吞吞地做着作业，总是若有所思的样子。他对这种生活充满了担忧。"[2]

　　无家可归的耻辱能阻止有些家庭承认其悲惨的条件。有些父母害怕失去子女的监护权，因为如果孩子住在紧急庇护所、车里、帐篷里或车库里，他们会因忽视对孩子的照管而被起诉。如果父母无法把孩子送到学校，他们会打电话说，一家人正要去迪士尼乐园，或告诉孩子，在别人问自己住在那里时，不要说实话。随着 21 世纪前十年后期发生的经济衰退和住房断供危机，在各个学区中，来自中产阶级、工人阶层和贫困工人阶层家庭的学生中的无家可归者数量都有所上升。

　　据美国住房和城市发展部（HUD）估计，2009 年美国的无家可归者人数约为 643067 人。这些人中，有 37% 来自有小孩的家庭。

　　这些数字是依据服务机构和志愿者们每年一次的夜间调查得出的。调查时，他们会计算出住在街头、汽车、帐篷或庇护所中的人数，并报告给 HUD。这项调查遭到了人们的严重批评，人们认为这一调查低估了无家可归者的数量，因为调查未包含那些和其他家庭挤住在一起或住在拖车及车库中的家庭。

　　按其他途径估计的无家可归人口则要高得多。2007—2008 年，也就是有数据可查的最近一个学年，全国 14000 个公立学区报告了超过 780000 名无家可归的学生，比前一年增加了 15%。

　　两个非营利组织（全国无家可归孩子教育协会、青年与第一聚焦）在 2008 年下半年所做的一项调查表明，无家可归学生的人数估计为 100 万，高于"卡特里娜"和"丽塔"飓风过后的数字。根据全国无家可归与贫困问题法律中心 2009 年的估计，在每年的某个时候，全美有 1/50 的学生无家可归，也就是 150 万名学生。

　　回到车库后，丹尼尔的日常生活还是老样子。放学后，母亲会把他们带到奶奶住的公寓里，他的姨妈和舅舅也住在哪里。孩子们可以在那里吃饭和学习，但很难集中精力做作业。他们不能过夜，因为那样的话，奶奶的房东一旦发现就会把他们赶出去。

　　丹尼尔并未意识到所要面临的艰难，他说他计划完成高中的学业。像其他同龄男孩一样，他也有远大的梦想，想要成为一名篮球明星，梦想着有一天能干一番大事业。但他眼前最迫切想要的是"一栋漂亮的房子……有我自己的房间。"他说，"墙上要贴上海报和我自己画的画，还有我在学校的考试卷。"[3]

15.3　是问题吗？什么问题？

　　在本章之初澄清城市存在的问题和城市产生的问题这两个概念是非常重要的[4]。城市产生的问题是指由城市环境特性（环境、人口、社会、经济、政治、文化等方面）通过某种方式引起或激化的那些问题。爱米尔·涂尔干和芝加哥学派所解释的那样，特定邻里的道德失范、社会解组和**离经叛道行为**，是城市产生问题的经典案例（见第 14 章）。另一个例子是我们已经讨论的**邻里效应**，即地方价值体系会将当地居民同化成具有鲜明的（有时是有问题的）生活态度和行为方式的群体。城市存在的问题是指与整个社会经济变化有关的问题，只有当人们和就业集中在城市环境中达到一定程度时，这些问题才属于城市问题。环境本身并不能视为诱发这些问题的原因。相反，产生这些问题的原因如下：（1）与支撑特定经济和社会组织形式有经济和社会关系的人群的紧张与矛盾；（2）与正在进行的经济和社会重构所产生的人群的冲突与摩擦。

实际上，我们不总是很容易区分城市存在的问题和城市产生的问题。贫穷和剥削为此提供了一个很好的例子，它是所有问题之中最大的问题之一。贫困是城市存在的问题，因为它从根本上讲是收入分配的产物，反映了人们在资源、技术和权利等方面分配不均的基础上一个竞争性的社会和经济体系的运转情况。同时，它也是城市产生的一个问题，因为这个问题在城市环境下更加恶化和强化，在城市环境中绝大多数贫困者发现他们所处的自然和社会环境抑制了个体的生活机遇，并导致了社区福利的累积螺旋下降。

如果一开始我们就普遍认识到当一些问题作为生活中的一部分被容忍（或忽略）时，另一些问题则被广泛认为是问题，这也是非常有用的，因为本该如此。简言之，只有当人们首先察觉到是个问题且普遍认为这个非常重要时，这种情形才是有问题的。因此，第一个问题是"是个问题吗？是什么问题？"环境污染就是一个能代表这种情形的优秀例子，即在它被视为问题前就是一个严重威胁。相反，有些问题却只作为**社会建构**的结果。例如，19 世纪中叶，在美国西海岸城镇中的中国人被视为一个问题，这是信仰、误解和偏见综合作用的结果，其特点是认为中国人的习俗和行为将是公共健康的一个威胁。"所有大城市都有贫民窟，那里充满了污秽、疾病、犯罪和苦难，"旧金山监管理事会的一个特别委员会在 1885 年坦言，"即使他们在唐人街能呈现最好的一面，它也必须被隔开，他们具有显著的、最极端的可怕特性，他们是在这块大陆上所能看到人类退化的最糟糕副产品"[5]。后续的研究指出，事实上中国人邻里并不比其他贫民区差，中国人只是社会秩序瓦解和公共卫生体系失效的替罪羊[6]。

第二个关键问题是要弄清"是谁的问题？"无家可归者问题就是一个长期存在而不被认为是一个严重社会问题的优秀例证。甚至到了 20

世纪 80 年代初，当美国城市的无家可归者预计将达 25 万～30 万时，许多美国人仍对这一"问题"视而不见，国家领导层也对此加以否认。仅当无家可归者问题被迫公之于众后，人们才广泛正视这一问题。这个例子也指出了模棱两可的另一个来源。由于问题本身就如同旁观者的眼睛，所以不可避免地带有相对性。譬如到底有多少无家可归者才构成一个问题？答案往往取决于无家可归者所造成的危害有多大：其他的城市居民是否认为无家可归者威胁了他们的生活方式和价值观念？侵犯了人们的平等观和审美感？这些认同的差异都属于政治素材。但随着时间的推移，当经济和社会重组改变了人们之间的社会关系时，人们的认知也在发生变化。

本章首先概述美国等富裕国家中与城市化有关的主要问题（如城市产生的问题）的一些变化，这种叙述方式很重要，因为它有助于我们看待当代的问题。此外，本章还将详尽考察当代城市的四大问题：贫困本地化问题、暴力犯罪问题、无家可归问题，及环境和基础设施问题。

15.4　从罪恶之城到荒芜之地，再回到罪恶之城

城市化的核心悖论是，虽然城市本质上是经济发展和生产的熔炉，但城市也给城市居民带来了大量的负面的和前所未有的消极影响。

15.4.1　早期工业城市产生的问题

在欧洲和北美洲的早期工业城市，支撑城市化的工业逻辑是**劳动分工、外部经济、集聚经济和本地化经济**，它们都要求大量的工人集中在一起，以适应复杂又互相依存的新式生产、存储和分配体系。但工人的相对集中也引发了过度拥挤问题，对道路、桥梁和垃圾处理系统等基础设施压力过大问题，并极大地增加了引发火灾和传染性疾病的风险。

在这样的背景下，不同人群的**劳动分工**赤裸裸地反映在经济不平等上。社会互动也会受

到影响，具体体现为：城市人口的异质性、庞大规模和高密度，有导致道德失范、社会解组和离经叛道行为（见第 14 章）的可能性。同时，社会冲突和政治动荡增加了部分原因是响应这些压力的结果，另部分原因是政治意识和敏锐性提高的结果（虽然通过宣传册和畅销报纸的广泛传播为推动力，但是由新劳动分工中所要求的不断上升的工人阅读能力和计算能力所主导的）。

这些负面影响的物质层面最易被当作问题看待。它们也被广泛地视为城市问题，而不是经济、社会或政治问题，即城市产生的问题而非城市存在的问题。阿德纳·韦伯在 1899 年总结 19 世纪城市化的文献中，根据"城市退化"理论指出，他所看到的证明了"城市是人们行为恶化的场所，城市生活是人们行为恶化的原因"这一无可争议的事实[7]。韦伯引用的证据是英国统计学家朗斯塔夫的结论：

城市生活不如乡村生活健康，这一点毋庸置疑……但在城镇中长大的孩子往往胸脯狭窄、脸色苍白、双眼憔悴、牙齿糟糕。这也许有点夸大其词，但大量的事实却足以证明这一点的真实性，城市寿命也或多或少与……变质有关[8]。

韦伯进一步强调了精神上的"变质"：

大城镇的居民，即使是那些最奢侈的富人，持续暴露在削弱其生命能量的不利影响之中……他呼吸的是充满有机残渣的空气，吃的是变质的、污染的、掺假的食物，常常感觉自己处于一种既紧张又兴奋的状态中，可以毫不夸张地说他就像生活在一片沼泽地中。大城市中幼儿的生存率高，14～15 岁之前都在正常发育，他们思维敏捷，有些天赋异禀，被赋予了最高期望。但是一切突然停顿了下来。他们的思想不再灵动，曾经那个优秀学者般的男孩，也慢慢变成了笨拙愚钝的傻瓜，只会解答试卷上的难题。随着这些智力上的变化，身体上的变化也随之而来[9]。

尽管通常认为城市引发了人们身体和智力的退化，但 1840—1875 年任何一个大城市都存在的贫民区却被认为是"罪恶的源泉"，它隐含了道德的退化，然后它又被视为贫穷和疾病的根本原因。这里引用一位引领纽约住房

改革者的话：

这里遍布着恶习、犯罪、酗酒、肉欲、疾病和死亡，尽管有最强大的道德和宗教影响……在有毒的空气里呼吸，在四周堆满污物的环境里居住、迁徙和存在，他们的智力变得迟钝，他们的观点变得反常，他们不再受道德或是宗教的影响……糟糕的生存现状，迫使这些人的道德感不断退化，直到我们用健康的生活环境去容纳他们时，才可能解决这一问题。[10]

对城市生活（见图 15.1）内在退化的聚焦，孕育了浪漫主义的反城市化，鼓励了**美国文艺复兴**时期的田园理想，推动了欧洲花园城市运动，促进了美国的郊区规划、田园牧歌式的古典主义和城市美化运动。如我们在第 11 章所见，它也为欧洲和美国的城市改革和规划获得重要成就首次指明了方向。

图 15.1　罪恶的源泉。纽约杰克逊大街桥墩下隐蔽处的燕尾服帮，1888 年雅各布·里斯摄

15.4.2　工业城市产生的问题

在 19 世纪末的美国，很多人对城市问题性质的理解发生了变化，连同对城市化的整体动力机制的理解也发生了改变。贫民窟的贫穷和疾病仍被视为城市的主要问题，但这些问题开始更多地与特殊民族的集聚联系在一起。与通常意义的城市生活不同，贫民窟被视为"滋生"了身体恶化和道德沦丧，进而引发了某些

人的堕落、酗酒、贫困、卖淫和宗教背叛，现在是移民集聚代表着这些被视为城市问题的根源。

贫民窟问题已成为贫民区问题。先前被视为国家脊梁的移民（见图 15.2），现在却被重塑成了公共威胁。如我们所见，中国移民（见图 15.3）在美国西海岸城镇承担着这种偏见的冲击。在别处，来自南欧和东欧的初来乍到者（从那时起他们都应该对人口和城市劳动力的迅速增长负责）发现他们必须对城市生活的许多缺点负责。约瑟夫·柯克兰在 1895 年描述芝加哥的贫民生活时写道：

> 在挖掘芝加哥下层人民的阴暗生活时，必须看到外来因素……其中可能存在一定程度的隔离，从而产生了一些宗族排外的群集；或者满足于肮脏，不愿意受到检查和干涉。通过这些可以看到芝加哥最糟糕的一面，即他们精神和肉体上最令人讨厌的一面 [11]。

图 15.2　先前被认为是新国家基石的移民，到 19 世纪晚期却被描绘成城市的问题和威胁

图 15.3　1900 年旧金山唐人街，这个民族社区如同在其他城市一样，因其公共卫生问题受到诟病

仅仅数十年时间内，移民及其后代的社会经济能力提升以及地理位置的外部转移，已经削弱了对城市问题的这一看法。其结果是移民贫民区逐渐被视为短期避难所，而长期以来他们曾被视为经济发展的"绊脚石"。是有组织的犯罪而不是属地性的犯罪行为，

出现在许多人面前，并成为破坏公共秩序的主要障碍。期间，美国黑人聚居区是在 1910 年后从美国南方来的非洲裔美国农村移民组成，作为社会和经济问题的主要场所，取代了外来移民贫民区。

在此，城市也在其他方面发生了巨大的变化，并带来了一系列新问题和有关城市问题本质的新观念。城市不仅变得越来越大，也变得越来越"时髦"，发展步伐更快，对经济事件和社会生活的划分更加专业化。伴随着精神和肉体上的压力，人与人之间的相互疏远开始作为一个主要问题而被人们广泛认识。像路易斯·沃思和芝加哥学派（第 14 章）认为的那样，这些问题开始作为社会相互作用和社会组织"正常"模式崩溃的产物而日益受到关注。贫民窟再次成为问题的焦点，这里人们的压力过大，以致发生了各种离经叛道行为。

15.4.3 战后城市产生的问题（1945—1973 年）

"二战"后，以下数个因素一起对先前难以处理的贫民窟和贫穷问题产生了很大的冲击：

1. 凯恩斯主义的经济管理。
2. 改善的公众健康，归因于现代医药、改善的饮食习惯和环境管制。
3. 超长的经济增长和繁荣。
4. 一系列空前的福利制度。

在这样一个充满乐观主义和追求实干理念的时代，长期存在的一个问题是社会上和制度上对黑人的歧视，尤其是针对在中心城区邻里中的黑人家庭的限制。

中心城区自身也开始被视为问题缠身。随着城市的去中心化，逐渐老龄化的邻里突然达到建筑结构老化和技术过时（第 9 章），有些街区毫无生命力（见图 15.4），因此成为了城市问题的象征。但这一时期的总体影响导致了一种乐观情绪。大家普遍认为城市问题只是一种剩余遗产，它将在短期内被解决：贫民窟和贫穷将很快成为过去。日益成熟的婴儿潮一代，认为繁荣是理所当然的事情，很快开始忽

略经济和社会不平等现象，并认为发现的环境问题才是更加需要考虑的原因。

图 15.4　布朗克斯南部的城市衰败

15.4.4 新自由城市产生的问题

20 世纪 60 年代中期，美国人开始从"二战"以来产生的富足和乐观的自我感觉中惊醒。暴动、抢劫和纵火等广泛的国内骚乱，使人们注意到种族间的关系紧张和经济不平等仍是重要问题。当关注的焦点再次集中在中心城区的贫民窟时，人们在富足中重新发现了贫穷。在大多数人还来不及认识到问题的程度时，城市化的整体动力机制受到了 1973 年石油价格上涨所引发的经济衰退的冲击。**去工业化**及其失业和**非充分就业**问题现在开始成为焦点，通货膨胀开始成为问题，随之带来了住房负担能力问题。城市预算突然不能维持那些在富足时期建立起来的各种城市居民服务和福利机制，导致了严重的财政危机，这就随后导致了城市政府的作用和导向的急剧变化。

经历上述危机后，20 世纪 80 年代经济繁荣再度来临，城市问题的性质开始再次被重新定义。繁荣带来了新的关注点，许多城市的居民开始关注城市增长的代价：交通拥挤、空气污染、房价上涨、公共服务产品欠账。对许多观察家来说，这是 20 世纪 80 年代开始的社会文化变革引起的新问题。强化唯物主义和劳动力

市场的变化引发了各种新的压力与紧张，迫使越来越多的女性成为劳动力，导致了家庭和社区生活的重构。在这种情形下，不仅是贫民窟，郊区似乎也成为城市问题的所在地。商业街少女和"山谷女孩"成为多核心大都市边缘区表面唯物质主义的象征。但糟糕的是，在郊区社会和经济变革中还存在更黑暗的一面：挂钥匙的孩子和青少年的社会化问题；经济、社会和家庭压力导致自杀率和行为问题空前上升[12]。

但似乎事情变化越大，所保留的东西也越多。贫穷和贫民窟在 20 世纪 80 年代被重新发现，两者之间的联系是城市变化动力机制的最新推动力。经济重组和福利制度取缔的广泛实施，加速了贫困化，并使得无家可归者的数量空前壮大。同时，社会观念的变化导致离婚率和单亲家庭增加，出现了**贫困女性化现象**，产生了无家可归者。同时，它与空间重组一起，不仅导致了许多高收入工作的去中心化，而且导致了低收入邻里中很多模范人员的离开。

因此，通过一群在地理、社会、经济等方面孤立的、被视为受害者和孵化器的贫困人口，问题再次暴露出来。这里有剩下的弱势群体和社会地位低下的家庭，他们是经济结构变化的牺牲品。同时这里也有城市退化带来的一系列问题，包括愚蠢和无端的暴力事件、预谋犯罪、暴力掠夺、家庭暴力、有组织的帮派暴力和艾滋病高发等，都与吸毒和贩毒密切相关。通过上述分析，我们又重新回到了城市是罪恶的源泉这一主题上。

从城市问题的简史中，我们能学到什么？首先，我们不仅要站在城市大变革的背景下，还要站在旁观者的立场上，因为旁观者的位置能够改变自身原有的看法。其次，我们要认识到所有城市问题内在的这个复杂的因果关系网：这个网络中的每根线都是社会空间辩证关系的一部分，而不仅仅是城市化的一系列令人愤怒和不必要的副产品。本章的最后部分将阐述这种复杂性，并涉及美国等更富裕国家的当代城市变化中的一些最关键的问题。第三，我们能领会到城市治理、政策制定和规划也越来越势必在行，这也是第 10 章和第 11 章的主题。

15.5　贫穷

可以说，贫穷既是城市存在的又是城市产生的最引人注目的问题。实际上，贫穷不仅意味着低收入、极少物质资产和低质量的物质生活，而且意味着持久的低收入和渺茫的获得物质资产或改善物质生活的希望。更重要的是，贫穷就像是一个包袱：低收入是其核心，但无法避免地与毫无营养的食物、恶劣的生存环境、糟糕的健康条件、收支平衡的精神压力，以及社会、经济和政治不公平状态下导致的失败而被诬蔑为"失败者"的心理压力紧密联系在一起。

总之，贫穷的核心——低收入，可以理解为以下几点的产物：

1．与建立在自由竞争和私有制基础上的经济体制有关的收入分配。
2．地区、社会经济和种族之间资源与机会的不均等分配。
3．制度缺陷，尤其是尤其是关于：
- 在政治过程中的参与性和代表性不足。
- 福利体制的结构不当或功能障碍。

在某种程度上，这些因素在一些城市或地区可能表现得更为明显，导致贫穷可以作为城市化产生的一个问题来考虑。例如，经历了去工业化时代的城市及其居民，在本地劳动力市场会发现高失业率和低工资标准。

但是贫困也需要理解与低收入有关的一揽子劣势。只有在这种背景下，贫困才能更清晰地被看做城市化产生的一个问题。如第 3 章所述，城市土地的使用规定迫使低收入的家庭居住到廉价的高密度社区。这些家庭拥挤在老旧社区的危楼中，如**中央商务区（CBD）**周围的**过渡地带**或老工业区和走廊地带附近。挤满低收入家庭和接近生活最底层（见第 9 章）的城市街区逐渐陷入**螺旋式衰退**中（见图 10.12）。建筑的维修大多只是权宜之计，随着垃圾和废物的堆积，环境不断恶化，最终成为贫民窟。

螺旋式衰退开始于不合建筑标准的住房（自然退化、结构老化和技术过时的产物，见

第 9 章）。低收入家庭所能租赁的仅是其中的一小块空间。居住过于拥挤不仅给房屋本身带来了损坏，而且给周围街区的公共设施带来了压力，诸如街道、公园、学校等。住房保养与维修的需求迅速上升，但得不到满足。个别家庭甚至不能支付任何程度的住房保养与修理。房东已没有任何动机去这样做，因为他们有一个"垄断"的市场。政府机构的官员对这些需求无动于衷，因为这些居住者相对缺乏政治地位，或者他们只是被这些街区公共设施维护的花费所吓倒。同样的螺旋式衰退还殃及了地方商业，譬如商店、饭店和美发店。面对低收入客户，利润必须保持很低，几乎没有什么利润空间去维持和寻求发展。许多商户倒闭或者转行到更有利可图的行业，商业设施被长时间闲置。极端情况下，这些物资最终被遗弃，因为所有者找不到合适的租赁者或购买者。

一些住宅楼也会被遗弃，尽管这种住宅出租物业通常要在房东对低收入家庭的市场垄断比率严重下降时才可能发生。20 世纪 60 年代，老工业城市中心的一些住宅开始被遗弃，这是制造业就业岗位去中心化的结果。面对不断攀升的维护费用、财产税，由于中心城区住房市场的租金控制和萧条状况而不能增加税收，一些房东只好通过长期空置的方式来注销他们的财产。在绝望的情况下，一些房产拥有者采取纵火的方式意图获得微不足道的救助保险金。

无论如何，遗弃提高了无家可归者或吸毒者导致的意外火灾风险。大火过后或用木板围着的废墟等被遗弃的财产，是城市街区螺旋式衰退的一个重要因素，因为它们具有**传染效应**（见图 15.5）。地理学者米歇尔·迪尔进行的一项关于费城废弃住宅的详细研究表明，废弃可以视为一个包含两大阶段的蔓延过程 [13]。最初会出现一大片松散的废弃结构群，每个结构群都包含了两三个废弃单元。若干年之后，这些模式被强化，结构群保留了下来，但废弃单元的数量则逐步变大。

图 15.5　废弃的街区。这些街区对公共卫生和安全构成了威胁，为犯罪行为提供了场所，并因为传染效应对邻近街区产生了负面影响

导致这种本地化传染效应的原因与长期空置在价值和意愿上的萧条效应密不可分。废弃的建筑物这一事实给破坏和犯罪提供了很好的场所（尤其是非法毒品的销售和使用），这进一步推进了附近房屋财产的废弃。螺旋式衰退被迪尔所谓的"心理遗弃"强化，具体体现在房地产商、金融家、房东（他们更系统性地撤资）和公共机构（这些机构开始削减维护

支持和各种服务）。

15.5.1　贫困循环

然而，与这些本地化的螺旋式衰退交织在一起的是一个惨淡的周期。一个人或一个家庭的**贫困循环**（见图 15.6）始于低微的收入、恶劣的住房和拥挤的条件。这些都不利于健康，恶劣的住房、过度拥挤使人们更容易健康状况

差，健康状况差又加上低收入导致的饮食条件差。健康状况差造成的矿工，就导致了更低的收入由于生病而无法上学，教育效果受到了影响；有限的就业技能，导致了微薄的工资。更

重要的是，拥挤也产生了心理上的压力，这不仅会使身体素质变差（因而加强了贫困循环），而且产生了一些行为响应。

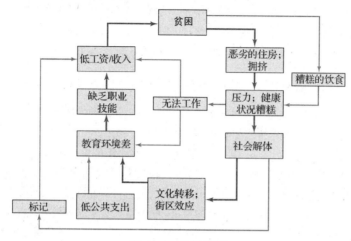

图 15.6　贫困循环

当然，这种周期与路易斯·沃思和芝加哥学院的社会学家首次提出的社会生态学的观点有关：高密度的贫民窟代表了特殊的"自然领域"，"正常的"适应行为不足以解决来自拥挤的压力，以及不同种族人口长期生活的经济压力（见图 15.7）。因此，这些地区产生了**道德失范、社会解组**和多种病态行为，包括犯罪和故意破坏行为。这些条件不仅影响了居民的教育成果和就业机会，而且也使得社会开始对他们进行**标记**，居民可能会发现他们落魄的街道形象影响了他们的就业机会。同时，贫民窟居民的生活通常被视为贫困循环的核心因素，是**文化传承**和邻里效应的组合，导致了语言模式、行为方式，以及对学校、工作和社会态度的传播，是低收入和贫民窟的一个"陷阱"。

然而，在贫困循环中最重要的因素或许是贫民窟中的教育设施。学校陈旧且环境恶化，对老师来说毫无吸引力——一方面是因为自然环境，另一方面是因为社会和制度环境。由于公共机构历来对贫民窟周围社区的政治和社会意义漠不关心，贫民窟学校通常资源匮乏，在人员、设施和物资方面的预算相对较少。长此以往，贫乏的教育资源转化为落后的教育水平，不论学生和他们父母的水平有多高。落

后的教育水平限制了择业机会，最终导致了低收入。到处都是学习生涯结束后的失业和低收入工作的证据，学生和家长们发现很难对学校教育的意义继续持积极态度，其结果就成为一个自我实现的预言。

图 15.7　不利因素并非不可克服，但在这种环境下成长的儿童很可能会陷入本地化贫困

一些研究者特别强调在持续的贫困循环中人的价值观和态度的作用，认为最终会出现一种贫困文化[14]。实际上，这道出了一个缺乏机会和热情的恶性循环。根据这一观点，穷人发现获取任何资源或社会成功都不大可能，因此只好改变他们的期望值和行为方式，他们变得习惯于被剥削、受打击、性格孤僻，以至于当受教育或职业发展的机会出现时，他们却无能为力也不愿意去把握。这一观点在政治倾向为"责怪牺牲品"的观察家中尤为普遍。然而，针对贫困文化这个概念的合法性产生了很多争论。实际上，还没有经验和证据证明城市穷人拥有明显区别于其他社会成员的价值观和热情，更不用说一种文化。

城市观察 15.2　美国城市中的贫穷、压力和社会混乱

贫民窟不可避免地会让居民产生严重的紧张和压力，因此时不时地发生骚乱和社会混乱也就不足为奇。在美国，这样的社会混乱断断续续地持续了很长一段时间。早期的许多事件主要是少数外来移民被当地的暴民袭击，这些暴民被煽动起来，认为移民对他们的健康、薪水和工作产生了威胁。一些重要案例发生在1917年的东圣路易斯、1919年的芝加哥和1943年的底特律。贫民窟的骚乱，更多的是大众抗议、怨恨和绝望的表达，骚乱首次发生于1935年和1943年的纽约哈勒姆地区，两次骚乱的形式主要是美国黑人在街上集会，砸商店窗户、抢劫和放火。骚乱蔓延到整个哈勒姆地区，受伤者主要是正在街上的白人。

20世纪60年代中后期，美国的每个主要城市中都发生了类似的骚乱。虽然它们的直接影响仅局限于当地，但对美国制度和城市事务的影响却是深远的。贫穷问题重新发现、种族主义出现，政策制定者制定了有针对性的城市体制[15]。

20世纪60年代末，"漫长酷暑"中出现了一个明显的模式，即骚乱通常由政治事件引发。许多非洲裔美国人看到白人警察巡逻他们街区时的偏见和残忍，这是他们所受广泛歧视的一个象征。特殊事件是挫折和怨恨发生连锁反应的催化剂。一旦爆发，骚乱会延续几天几夜，暴徒大规模集聚在街上，他们抢劫、放火烧商店，并阻止警察和消防员进入。当地大部分的人都参与其中（通常有30%~50%的人），但骚乱行为并没有延伸到城市的其他地区。

骚乱的规模和强度可以通过一些例子来说明。在最早的两个事件中，1964年发生在哈勒姆和贝德福德-斯图文森（位于布鲁克林）的骚乱持续了6晚，导致1人死亡，118人受伤，455人被捕。接下来的一年发生了更多的事件，包括发生在洛杉矶的声名狼藉的瓦特骚乱，30000~35000人参与其中，他们放火、抢劫，几乎破坏了近1000栋建筑物，造成约4000万美元的损失，并导致34人死亡，超过1000人受伤，约4000人被捕。骚乱的高峰年是1967年，主要发生在克利夫兰、纽瓦克和纽黑文。但最严重的事件发生在底特律，超过75000人聚集在街上三天三夜，期间43人死亡，超过2000人受伤，5642人被捕，造成了2000万美元的损失。这次骚乱4年后，林登·约翰逊总统指派科纳委员会调查造成这个重大社会问题的原因。该机构的调查报告指出，美国社会潜在的种族主义认为黑人团体和警察以及公共机构之间的恶劣关系是许多事件的直接原因，强调了城市中心区域的美国黑人在经济和社会上的窘迫。

30年后，这个国家发生了最严重的骚乱事件，它是对20世纪60年代令人沮丧的回应（见图15.8）。1992年5月，殴打黑人司机罗德尼·金的警察被宣判无罪之后，洛杉矶发生了骚乱（包括瓦特邻里），这场骚乱导致了1000多起火灾，5000多栋建筑被破坏，52人死亡，超过8000人被捕，造成了超过50亿美元的损失。同时，由于骚乱的破坏，成千上万的工人临时失业。

21世纪早期，导致这些事件的根本原因仍然未被充分解决，所以骚乱仍在中心城区黑人邻里不断出现。2003年6月，一位名叫特伦斯·舒恩的本顿港黑人居民，因警察追捕致使汽车超速行驶，撞到建筑物后死亡。在这一事件之后，密歇根州本顿港发生了骚乱。本顿港是一个拥有12000人的城市，位于芝加哥东北部160千米处，黑人占总人口的92%。河对岸的圣约瑟夫，是一个拥有8800人的城市，白人占90%。成百上千的人在车祸现场附近的街上发动骚乱，放火并袭击路人，导致至少11人受伤。暴徒开枪射击急救人员，8辆警车和

消防车以及 2 辆私家车受损，造成的财产损失达到 50 万美元——大火彻底烧毁了 21 处住宅，包括舒恩·史塔克的一处住宅，同时，还有 7 处以上住宅被毁坏。

图 15.8　在席卷整个城市的 1992 年骚乱发生几天后的洛杉矶南部中心一个邻里，骚乱的导火索是一个追打非洲裔美国黑人司机罗德尼·金的白人警察被宣判无罪

美国大都市区存在的贫穷　通过回顾美国大都市区域贫困的真实图景，我们可以更好地理解贫困循环的概念框架。在美国，贫困的官方定义是根据一定数额的收入门槛，这个门槛随着家庭规模和组成发生变化，与消费价格指数相反。2011 年，一个四口之家的贫困标准是

223500 美元 [16]。按照这一标准，2010 年美国的贫困人口上升到近 4400 万，其中 82% 的人口居住在大都市中 [17]。如图 15.9 所示，自 20 世纪 60 年代的经济大繁荣和福利保险体系的引入使得贫困人口数量大幅下降后，贫困人口的比率始终在同一水平波动（12%～15%）。

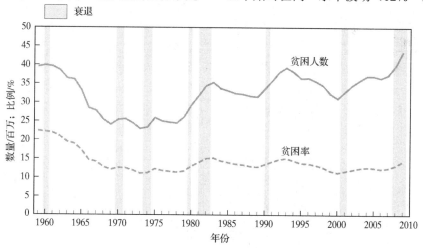

图 15.9　美国的贫困状况

在大都市地区，1970 年以来的数据尤其有说服力，因为这一时期的贫困数据涵盖了新自由主义思想带来的高度重组。自 1970 年以来，大都市区生活在贫困线以下的人口数量增长了 2.5 倍多（从 2007 年的 1340 万，占总人口的 10.2%，到 2009 年的 3570 万，占总人口的 13.9%）。同

期，在中心城市中，收入在贫困线以下的人口数量翻了一番还多（从 820 万增加到 1830 万），占人口的比例从 14.3% 上升到 18.7%；贫困的郊区化趋势也开始显现，郊区贫困人口的比例从 7.1%上升到 11.0%，总人数从 520 万上升到 1100 万，增加了一倍以上（见图 15.10）[18]。在 20 世纪 90

年代的经济扩张期，都市区的贫困人口比例有所下降，然后随着21世纪前10年美国经济的衰退，又上升到一个高峰。

21世纪前10年后期发生的经济衰退，使得都市区的中心城区和郊区的贫困现象进一步恶化。仅在2000—2009年，都市区内收入在贫困线以下的人口数量就增加了一半还多（从2000年的2430万人，占人口的10.8%，上升到2009年的3570万，占人口的13.9%）。同期，中心城区中收入在贫困线以下的人口比例从16.1%上升到18.7%（人数从1680万增加到1830万，增加了12%），而郊区收入在贫困线以下的人口比例则从7.8%上升到11.0%，升高了54%（人数从1130万增加到1740万）（见图15.10）。

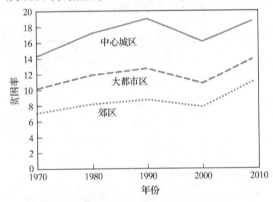

图15.10 美国大都市区内生活在贫困线下的人口比例

居住在大都市区的穷人构成和份额也改变了许多。截至2008年，在中心城区贫穷人口中，白人的比例为25%，而郊区的这一数据

为46%。与此相对应的是，中心城区贫穷人口中黑人的比例为32%，而郊区的这一数据为17%。虽然中心城区和郊区贫困人口组成上的差异可以用总人口中的种族和族裔构成的差异来解释，非洲裔美国黑人和西班牙裔无论是在中心城区还是郊区的贫困人口中，所占的比例都不成比例地高。只有在边缘郊区和远郊区，白人才占贫困人口的大部分，即使在这些地方，少数族裔占贫困人口的比例还是不成比例地高。无论是在中心城区还是在低密度的远郊区，黑人占贫困人口的比例都不成比例地高，而在人口密度较高的老郊区，贫困人口则以西班牙裔为主（见图15.11）[19]。

图15.12给出了底特律贫困区域的变化。1970—1990年，贫困地区的数量增加，到20世纪最后10年，经济大繁荣扭转了这一趋势[20]。2010年，底特律是受到经济衰退重创的城市之一。例如，2010年的住宅拆迁计划让这个城市已经贫穷的社区雪上加霜（见图15.13）[21]。在底特律，有超过33000栋空屋位于这个城市最贫穷的邻里，其中的10000栋情况最糟糕的危房将在4年内拆除。作为该计划的一部分，2010年，底特律市开始推倒3000栋空屋。2010年，在美国50个最大的大都市中，底特律被评为最不适宜工作和生活的城市，因其晴天数量最少，失业率高居第三，谋杀案数量位居前十，抢劫案数量、心脏病发病率、贫困家庭数量都高居榜首。[22]

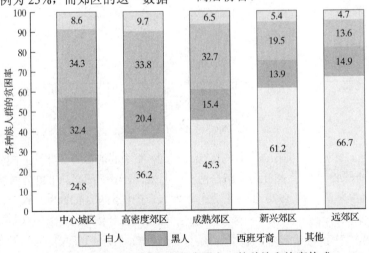

图15.11 2008年美国都市区贫困人口的种族和族裔构成

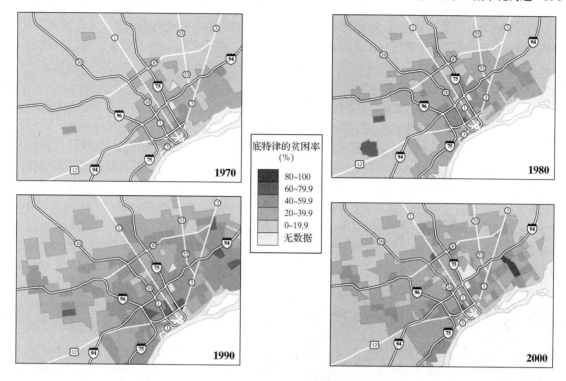

图 15.12　底特律的贫困率

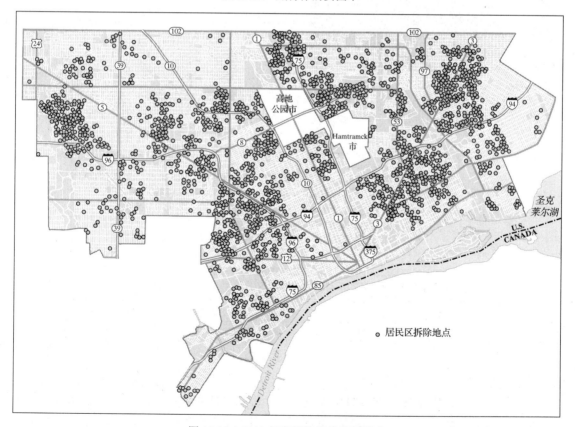

图 15.13　2010 年底特律的住房拆除令

二元城市？ 一些证据表明，极度贫困邻里是贫困本地化循环的表达。在这些地区，不利条件被累积，权力剥夺被强化。这些地区的贫困人口失业率比居住在贫困人口不集中地区的人更高，他们更加依赖于社会福利体系（见图15.14），他们可能生活在单亲家庭，未完成高中教育，并且大都是非洲裔美国人。社会学家威廉·尤利乌斯·威尔逊如此描述这种真实的不利条件：

……不同家庭群体和个人排除在美国职业体系的主流之外。包括……缺乏训练和技能的个人，经历了长期失业或缺乏劳动能力的个体，有过街头犯罪史和其他变态行为的个体，经历了长期贫困的困扰或仅依靠政府救济的家庭等[23]。

图 15.14 在佐治亚州亚特兰大西北的格威纳特县的家庭与儿童服务部，人们正在等候申请福利，包括医疗补助和食品券

玛莎·范·赖茨马给出了更加简明的定义：

……那些几乎没有正常劳动力的人，他们的社会背景倾向于维持或更进一步削弱与正常劳动力的联系[24]。

像威尔逊一样，范·赖茨马指出宏观经济结构调整是导致这种贫穷的根本原因。大量人口与正规劳动力需求脱节的原因是，人们和就业之间的**空间失配**，这种失配随着许多低技能制造和服务业从中心城市向郊区甚至更外围地区的转移，需要较高技能的工作需求的替代而不断加剧[25]。图 15.15 显示了美国 50 个最大都市区的少数族裔和贫困人口集中在中心城区，而工作岗位则更多地位于郊区的空间失配现象。从柱状图的上面 1/3 可以看出，在所有居民中和白人居民中，居住在郊区的人口分别占 70%和 75%，而在黑人和西班牙裔中，这一比例分别只有 50%和 60%多一点。柱状图的中间 1/3 则显示，住在郊区的贫困人口比例更低。柱状图的下面 1/3 显示，大都市区工作的外扩，导致贫困的少数族裔很难获得这些低技能工作。在这些都市中，70%的职位的工作地点离中央商务区（CBD）的距离超过 8 千米。在这些职位中，75%的低技能服务业和近 80%的制造业/蓝领职位的工作地点与 CBD 的距离超过 8 千米。

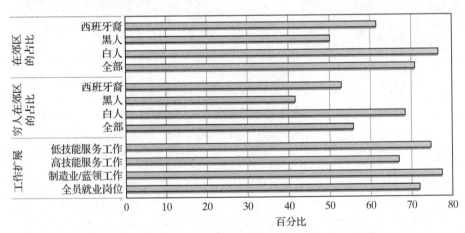

图 15.15 空间失配：2007 年美国的郊区化、贫困和工作外迁

表 15.1 所示为工作岗位最去中心化（郊区化）的 5 个大都市区。在空间不匹配这一问题上，底特律和芝加哥是美国大都市中对美国黑人隔离化程度最大的城市之一（见表 12.1），同时也是工作岗位最去中心化的都市之一。

表 15.1　2006 年美国最大的去中心化巨型都市区
（根据就业率）

	工作占比（%）		
最高占比>10 千米	>10 千米	3~10 千米	3 千米内
底特律	77.4	15.7	7.0
芝加哥	68.7	13.4	17.9
达拉斯	66.9	22.5	10.6
洛杉矶	65.6	26.2	8.2
费城	63.7	20.8	15.5

来源：E. Kneebone. *Job Sprawl Revisited: The Changing Geography of Metropolitan Employment.* Washington, D.C.: Metropolitan Policy Program at Brookings, 2009, Table 2.

图 15.15 和表 15.1 共同表明，大部分少数族裔和穷人被束缚在中心城区，不能支付住房或是到市郊工作的交通费用，依赖于救济金和各种"不正规"的收入，包括卖淫和毒品交易等非法活动。

范·赖茨马提到的"社会背景"可以参考与贫困循环这一观点有关的地区态度和行为，譬如辍学潮，但同时也是自 20 世纪 60 年代以来经济和都市结构调整所造成的社会、文化、政治与人口统计趋势等方面的后果。其中最重要的趋势之一是，黑人少女未婚母亲的数量在不断增加，这导致了黑人单亲家庭急剧上升和贫穷女性化。另一种现象是，高技能水平的年轻黑人有选择性地从中心城区向郊区迁移。这种迁移使得一大批没有技术和年长的人，以及以女性为主的家庭留在了城市中心地区。留下来的人越来越没有地位，导致主流社会规范的败坏，社会解组和离经叛道行为的增加。

但劳动市场、贫穷、移民、家庭结构、种族、性别、生活态度和行为举止之间的联系很难以科学的方法来衡量。尽管如此，20 世纪 60 年代以来的经济、社会和都市结构调整，已使得美国贫民区的生活发生了质变和量变。在这一背景下，发现这些变化是城市化动力机制重大变迁的一部分十分重要，城市职业化和空间分化加剧的同时，为一些人带来了脆弱、分裂和不利的新模式。社会学家曼纽尔·卡斯特尔认为，最终结果是产生了一个**二元城市**，在这里失业工人、穷人和无家可归者沿着种族和民族分界线，散居在城市中被排挤的地方。正如美国 19 世纪城市贫民窟是"罪恶的源泉"那样，这些"被排挤的地方"正是今天的那些

社会病态问题最集中的地区。据卡斯特尔的研究，"城市中的这些落后地区是非正规经济犯罪元素的避难所，也是失业者的家园，它未被社会福利体系覆盖"[26]。下一节将分析社会病态行为的一个特殊方面——暴力犯罪，这被人们广泛认为是当前城市化的突出问题之一。

15.6　暴力犯罪

美国是"地球上最为暴力和最具自我破坏的国家"，这是 1991 年参议院司法委员会根据暴力犯罪（杀人、强奸、抢劫、斗殴）报告得出的结论。但自 20 世纪 90 年代早期以来，暴力犯罪率已下降至美国有记录以来的最低水平（从 1973 年每千人中有 48 人犯罪降至 2002 年每千人中有 23 人犯罪）（见图 15.16）[27]。和贫困一样，暴力犯罪是社会某些过程相互作用的产物，既是城市存在的问题，也是城市产生的问题。另外，贫穷和社会病态在很长一段时间内被视为具有因果关系，贫穷及其相关的环境滋长了不正常的社会风气，激化了紧张关系和怨恨，产生了不正常的行为。

人们认识到了城市背景和暴力犯罪之间的 4 个主要关系[28]。

1. 经济作用。假设贫穷和暴力犯罪之间有直接因果关系的原因是：
   - 穷人群体中存在这样一种文化，它认为暴力是强壮的代名词，或是身份和地位的象征。
   - 人与人之间的相互掠夺引发了愤怒和怨恨感，导致了犯罪行为的发生。
   - 相互掠夺时情感上的心理反应以及源于贫困的心理压力，限制了人与人之间的相互交流，破坏了正常的和非正常的社会调控机制，进而使得许多可以抑制暴力的约束失效。

研究证实贫困、不平等和暴力犯罪——尤其是杀人罪之间存在清晰的关系（见图 15.17）。但很难从中区分出其他因素的诱发和相互影响，例如种族结构、种族不平等、家庭结构和社会解组等因素。

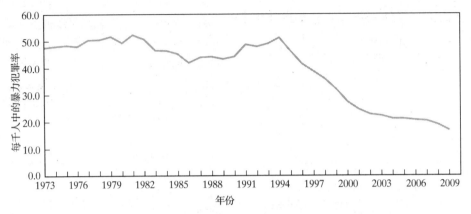

图 15.16　美国每千人中的暴力犯罪率（斗殴、强奸、抢劫、杀人）

图 15.17　暴力犯罪已成为美国中心城区很多贫穷邻里的地方病

2. 社会解组。即使没有贫穷或不平等这些显著因素，人口的高度流动性，社会、人口和文化的极端多元化，社区人口的种族特征等方面的巨大差异，有时也会抑制人与人之间地区联系的形成，削弱本地社会体系的效力，使得社会秩序陷于瘫痪。研究发现暴力犯罪（尤其是斗殴）和快速的社会与人口变化之间的联系显著，尽管这些变化是积极的，譬如城市邻里的升级。

3. 人口作用。根据 20 岁前后是犯罪年龄的高峰期，一个论点是社区结构中人口的变化与城市犯罪率变化相关。研究为这种关系提供了一些证据，尽管这由基于特殊社会人群的经济重构的差异效应支撑。

4. 生活方式和日常行为作用。犯罪和人们生活方式或日常行为模式之间的关系，建立在发生犯罪行为的 3 个前提条件上：（1）存在犯罪的动机；（2）缺乏有能力的监护人或保护者；（3）存在合适的受害者。

城市观察 15.3　高中生滥用毒品现象

根据一项对死亡证明的研究，美国疾病控制中心（CDC）认为滥用药物已成为美国意外死亡的最主要死因，超过了酗酒引发的意外死亡或与枪械有关的死亡。该中心把这种意外死亡的增加归因于维柯丁和奥施康定等处方药物的滥用。实际上，药物滥用中最新和最广泛的趋势是处方药的蓄意滥用。这类药物比海洛因、可卡因和摇头丸更常见，据信已导致青少年药物过量死亡数上升 113%[29]。

从 1975 年开始，美国国家药物滥用研究所就通过监测未来（MTF）研究项目，对未成年学生的药物、酒精和烟草使用情况和态度进行了调查。药物滥用的不良后果包括学习效果差、违法犯罪、危险的性行为，甚至死亡[30]。

在高中毕业季（12 年级），每天使用大麻的高中生人数一直在上升，达到了自 20 世纪 80 年代以来的最高峰。这一上升趋势预计仍将持续，因为学生对经常使用大麻的风险意识已经下降。2010 年，21.4% 的高三学生声称过去 30 天内使用过大麻，而仅有 19.2% 学生称在过去 1 个月里吸过烟。

在 12 年级学生频繁滥用的药物中，排在大麻后的是处方药和成药（见图 15.18）。在这些学生中，有 8% 称曾以非治疗用途使用过维柯丁，5.1% 使用过奥施康定。安非他明和非处方止咳药与感冒药的非治疗用途使用比例仍很高，分别为 6.5% 和 6.6%。

高三学生的酒精摄入量也有所下降，2010 年，在过去 1 个月里使用过酒精的学生比例下降到了 41.2%（调味酒精饮品的使用也下降到 47.9%）。酗酒（定义为过去两周内曾连续饮酒 5 次）的比例下降到 23.2%。

白人、黑人和西班牙裔学生之间的差异巨大。美国黑人学生吸毒、酗酒和抽烟的比例大大低于白人学生。实际上，美国黑人学生吸烟的比例明显低于白人学生。西班牙裔学生的比例介于两者之间，但和黑人学生相比，更接近于白人学生的高比例水平。

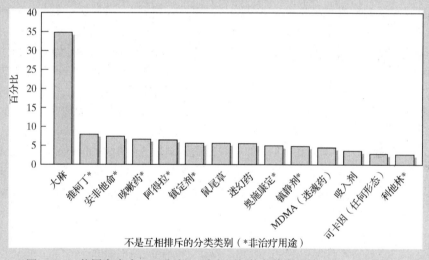

图 15.18　美国高中生（12 年级）过去一年的药物滥用情况，2010 年报告

不同团体之间的受害率不同，因为潜在罪犯和潜在受害者之间由于不同的社会经济、人口、种族和生活方式群体的差别，导致了时空距离和相似度不同。但对这些关系的研究表明，当他们有助于说明与贫困有关的犯罪模式时，就不能说明暴力犯罪的模式。

15.6.1　空间模式

讨论与暴力犯罪有关的空间模式时，毫无疑问会涉及以下问题，即研究焦点是罪犯居住的地理位置还是犯罪地点的地理位置。罪犯居住的经典模式早在 20 世纪 30 年代就已由芝加哥学派在生态学研究中建立：这一模式具有稳定的梯度，市郊是低谷，包含最糟糕贫民窟地区的过渡地带是高峰。这个基本模式根据犯罪性质的不同而不同，并随着 20 世纪 30 年代以来在大都市结构中出现的变化而调整。不过，1960 年关于西雅图犯罪地理的具有里程碑意义的研究证明：高犯罪地区"总体上具有以下全部或大部分特征：社会凝聚力低下、家庭生活水平低下、社会经济地位低下、身体恶化、人口流动性高以及个体无组织"[31]。

从广义上看，典型事件模式是非常相似

的。在关于暴力犯罪的社会生态学研究的重要文献中，不仅强调低收入邻里和暴力犯罪之间存在紧密联系，而且指出从家庭、朋友、邻居和当地犯罪团伙的人当中出现受害者的趋势明显[32]。该文献还指出微观自然环境的重要性，因为它对暴力犯罪的机会具有影响。美国国家委员会在暴力原因和预防调查中断言犯罪的便利性、可见性、财产控制、居住密度以及身体恢复状态等，是暴力犯罪微观环境最重要的方面[33]。

这些因素引导建筑大师奥斯卡·纽曼强调了**防御空间**的重要性。如第 13 章所述，纽曼是对现代主义建筑持诽谤攻击态度的作者，认为大多数中心城区邻里的蓄意破坏、入室行窃以及暴力犯罪，都与主导中心城区的许多邻里的现代主义公寓建筑群的地域界定和边界划分的设计理念密切相关。纽曼认为，一旦居住之外的空间变为公共的，没有人会觉得有想法去监督它或是防卫入侵者[34]。

虽然总体趋势在下降，但近年来，犯罪模式和强度在许多研究者看来发生了变化，暴力犯罪作为中心城区生活中不断增加的反乌托邦情景的一个主要因素越来越使人担忧。暴力犯罪似乎在不断增加，犯罪行为不仅发生在街道上，白天晚上都时有发生。同时，暴力不断威胁到贫民窟之外的地区。有时，犯罪已经从蓄意破坏和盗窃罪逐步升级到无意识犯罪：仅仅因为过路行人的一瞥，或是所穿衣服的颜色，或是因为交通红灯时旁边车道的司机所放的音乐，都会引发斗殴和枪击案。拳头、刀和手枪已被半自动武器和狙击步枪所代替。如今城市最恐怖的威胁是被卷入"随机"暴力行为：行凶抢劫、飞车枪击、轮奸等。结果，城市贫民窟和贫穷地区不仅被城市主流生活所排斥，也被所有局外人所排斥，除了那些需要他们到那里工作的人，尽管事实是自 20 世纪 90 年代早期以来，美国城市的谋杀、严重伤害、暴力强奸和抢劫犯罪率都有所下降（见图 15.16 和图 15.19）。

如期望的那样，不同城市的暴力犯罪情况差异很大（见图 15.19）。例如，2009 年，底特律和圣路易斯的严重伤害罪发生率是圣地亚哥和檀香山的 5 倍；沃斯堡和杰克逊维尔的强奸案是华盛顿和巴尔的摩的 2 倍多；达拉斯 2009 年的谋杀案是旧金山的 2 倍多。2009 年，新奥尔良成为谋杀案发生的首要城市，2009 年有 174 桩杀人案（1995 年是 363 桩），该城市中杀人案的比例是 5.17/100000，而圣路易斯和底特律的比率分别是 40.3/100000 和 40.2/100000。

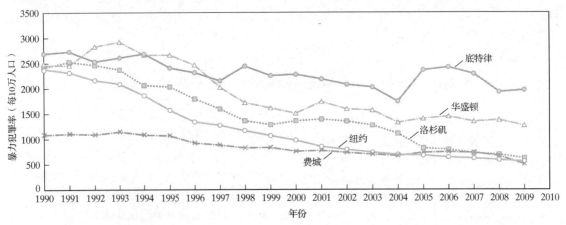

图 15.19　美国典型城市中每 10 万人的暴力犯罪率（包括斗殴、强奸、抢劫、杀人）

在城市内部，暴力犯罪的基本空间模式变化不大，尽管近期犯罪率有所下降。例如，在华盛顿，谋杀、强奸、斗殴行为与贫穷黑人和教育水平低的邻里之间的关系非常紧密[35]。在哥伦比亚特区，谋杀案的大多数受害者和攻击者都是黑人[36]。

一方面，这里描述的暴力犯罪可归因于造成城市职业布局和空间两极分化的城市化动力机制转移的相同变化，它引入了不良的新模式，创建了二元城市；另一方面，可以归因于药物滥用的加重。

药物滥用和成瘾是社会的一大负担。据估计，美国因药物滥用而造成的损失，包括健康与犯罪问题引发的劳动力损失在内，每年超过 5000 亿美元，其中与毒品相关的损失为 1810 亿美元，与烟草相关的损失为 1680 亿美元，与酗酒相关的损失为 1850 亿美元。虽然这些数字很惊人，但却不足以从公众健康和安全的意义上体现受害的广度，即所造成的家庭解体、失业、辍学、家庭暴力、虐待儿童等其他犯罪行为 [37]。

至 20 世纪 80 年代，沉溺于海洛因已成为美国城市中心地区的流行病。20 世纪 80 年代中期，可怕的可卡因的出现，使这一问题变得更加严重。凶杀和毒品之间的关系开始变得直截了当。近年来，哥伦比亚特区有 2/3 的凶杀案受害者与毒品有染，并且据该区最高法院的统计也有同样比例的被告是吸毒者。其中一些杀人犯是专业杀手，或是赛马赌博的受害者，而不像有组织犯罪团伙成员，它们仅仅是为了逃避贫穷或是为了自己吸食毒品的嗜好而侵犯他人 [38]。

15.6.2　犯罪对城市化和城市生活的影响

正如暴力犯罪在城市化进程中产生且大部分可以由城市化进程化解一样，暴力犯罪也会影响到城市化进程。同样，这也是社会空间辩证法的一个优秀例子，即城市空间与城市社会形态之间塑造和重塑的彼此关系。

城市观察 15.4　俄罗斯黑手党的犯罪与腐败——不再仅限于俄罗斯城市 [39]

苏联解体后，犯罪和腐败开始以空前的规模出现在城市中。犯罪组织开始按民族发展起来——俄罗斯人、车臣人、阿塞拜疆人、格鲁吉亚人等，商业领域和政治体系中的腐败开始迅速蔓延。有组织犯罪和大规模腐败已经扰乱了民主治理，影响了许多城市的经济与社会发展。

在苏联解体后的制度真空期，没有被人们普遍接受的商业行为准则，没有民法，没有有效的银行或核算系统，也没有宣告破产的程序和规章。安全机构无组织，官僚机构乌烟瘴气，不久以后几乎所有弱小的私人企业都向犯罪组织交付保护费。加拿大人道格·斯迪尔曾拥有一家名为"欲望鸭子"的夜总会，据估计，他给警察、官员和黑手党的费用超过 100 万美元。经历过一次绑架未遂的他说："要做生意，必须行贿。" [40]

有组织犯罪不仅包括传统的卖淫、贩毒、盗窃汽车和勒索保护费等，还包括利润更为丰厚的武器、核原料、石油、稀有金属及其他自然资源和货币的非法交易。随着暴力犯罪和犯罪及腐败水平的同步提高，20 世纪 90 年代中期，雇用杀人成为了俄罗斯城市商业领域的一种生存方式。

后果之一是，犯罪和腐败占据了本该投入到俄罗斯城市经济调整中的大部分资源。这种城市投资的损失，与由犯罪和腐败造成的不确定因素结合在一起，制约了城市在经济增长中的驱动地位。犯罪和腐败也抑制了城市中社会民主的出现。在俄罗斯，犯罪和腐败的范围也成为地理政治意义上的问题。俄罗斯的犯罪组织和国际犯罪组织紧密联系在一起；腐败的政客和商人通过国际金融系统洗黑钱，这种行为波及到了全球。全球有组织犯罪，尤其是西西里黑手党和哥伦比亚毒贩，抓住机会与俄罗斯黑手党联合起来洗黑钱，流通了数百万美元的假钞，建立了走私网络。反过来，俄罗斯黑手党也抓住这个机会扩展了其势力范围。如今，俄罗斯黑手党的势力范围涵盖了从泰国曼谷主要旅游中心外的卖淫区，到阿富汗和欧洲主要城市间的海洛因交易通道。

在美国，布鲁克林的布莱顿海滩街区，因为它唤起了成千上万俄罗斯移民对黑海风景区的记忆，所以现在有个绰号叫"小奥德萨"。不过，虽然它是很多遵纪守法的俄罗斯移民的居住地，他们来美国是为了追求更好的生活，但同时也是黑手党的居住地。很多人想到有组织犯罪时，就会想到诸如《教父》和《黑道家族》这类讲述意大利黑手党的电影。但自从苏联解体后，俄罗斯的有组织犯罪团伙已经强大到成为比科萨·诺斯特拉犯罪团伙更让执法人员头疼的问题。正如罗伯特·弗里德曼（俄罗斯黑手党悬赏 10 万美金要他的人头）在《红色玛菲雅：俄罗斯黑帮如何侵入美国？》一书中所说："在美国和意大利的有组织犯罪，与在美国乃至全球的俄罗斯有组织犯罪相比，就是小巫见大巫" [41]。他们的走私生意占据了新泽西州纽瓦克的一个港口，他们逃税的营生之一是将大量的酒运回俄罗斯。在美国，酒瓶被染成蓝色，并贴上挡风玻璃清洗液的标签，到达俄罗斯后还原，并作为伏特加进行销售 [42]。

最能反映犯罪对城市化的影响之一的是住房价格和租金[43]。犯罪发生率的微小变化（4%～5%）会影响到大城市总计数亿美元的住房价格（以及几千万的财产税收，从而影响到城市提供各种服务和维护基础设施的能力）。然而，实际上，这些变化都高度地方化，因而根据城市化进程的社会空间逻辑关系，主要影响之一就是城市邻里变化的动力机制（第 9 章）。

与住房价格紧密相关的是，人们对住房和邻里满意度的变化。虽然高犯罪率会使当地居民搬出的意愿明显提升，但研究表明实际的居民流动性不会受到影响。这很好理解，高犯罪率邻里的居民无钱搬迁——其他地方都很昂贵。在犯罪和暴力犯罪的困扰下，邻里生活质量有所下降，人们产生了强烈的恐惧感和无力感，并互相传染。感知论者的报告和压制性的管理，常常将这种恐怖感扩大。因此，对犯罪的恐惧变成了政治生活和周边邻里行为的一个重要影响因素（见图 15.20），甚至扩展到整个城市范围。这种恐惧也使得建设环境发生了变化，如图 15.21 中的城市空间变得更加"冷酷"，在政治和社会调控上也同样发生了变化，电子监控开始普及。

同时，在高犯罪率地区，在与犯罪或毒品有关或与二者都有关的人和其他所有人（通常占绝大多数）之间，开始出现了社会裂痕，后者不得不调整他们的生活以适应前者的存在。实际上，他们不得不仔细观察汽车以避免飞车扫射，尽可能地避开这些地方，在家时将自己锁在屋子里，拉上窗帘，看电视时不坐在窗边，在门缝塞满毛巾以避免来自楼梯间的烟熏侵扰[44]。

图 15.20　犯罪和对犯罪的恐惧对城市生活产生了重要影响。出现在居住区的大量犯罪警示牌证实了该问题的严重性

(a)

(b)

图 15.21　为了阻止日益增长的犯罪率，城市空间变得越来越"冷漠"

另一个社会裂痕出现在涉及犯罪和毒品团伙的内部，如果其数量足够多时。除团伙内和团伙间的级别外，以及罪犯行为可以区分不同的地位级别外，吸毒者吸食的毒品等级也可以区分出团伙内部的细微社会关系。"海洛因吸毒者鄙视使用'摇头丸'的人，认为他们整天只是为了追求过瘾和摇滚的感觉。同样，可卡因吸食者认为他们比到处丢弃针管的海洛因吸毒者更高贵"——海洛因吸毒者经常随地注射，甚至用地上的雨水混合毒品，对着停车场的车后镜就可以对准颈部或腹股沟的静脉进行注射[45]。

在中心城区，高犯罪率的影响是抑制发展势头良好的年轻专业人士的移民迁入，而这些移民可能是邻里升级的催化剂。同样，对零售业和服务业的投资被阻止，撤资不断加速，当地政府提供的服务也被削减或取消。简言之，高犯罪率加快了螺旋式衰退的步伐，加速了贫穷的恶性循环。

城市观察 15.5 恐怖主义与城市[46]

恐怖活动不仅遍布全球，而且城市很明显是大规模恐怖袭击的首选地。即使在 2001 年 9 月世贸中心和五角大楼遭受恐怖袭击之前，城市也已成为恐怖袭击的主要对象。

这有多方面的原因。首先，城市，尤其是世界城市，有很重要的象征性意义。它们不仅有密集的人口和建筑，同时也是国家声望、军事、政治和经济实力的象征。在伦敦地铁投下的一颗炸弹，在东京地铁释放的有毒气体都引起了国际恐慌。这类事件很快会在全球范围内广泛传播。其次，城市资产（许多工商业基础设施高度密集）富集是恐怖分子的首选目标。再次，城市是国际网络通信系统的中枢，这不仅是城市地位的反映，也是城市脆弱性之所在。关键地点的爆炸会导致巨大的反响，使城市瘫痪，恐怖蔓延，经济混乱。最后，在高密度地区由于社会发展更迅速，消息会传播得更快。这类环境是恐怖组织招募新成员的丰富资源地。

2001 年 9 月 11 日纽约恐怖袭击的影响深远——不仅局限于造成的伤亡和对曼哈顿造成的破坏。在纽约从事商业活动的成本增加了，哪怕是对那些距离被袭击地点很远的工人和公司来说。其中一些费用包括[47]：

- 更大的安保和反恐活动费用。
- 更高的保险费。
- 与商业效率相比，公司决策更加关注对恐怖主义的担忧。
- 担忧未来的恐怖袭击造成工人精神损失费增加。

伦敦市中心一直在试图减少与爱尔兰共和党紧密联系的恐怖袭击的威胁，大范围采用了不断更新的安全防护技术。1989 年，玛格丽特·撒切尔首相下令在唐宁街安装了钢铁安全门，以便作为控制公共通道的一种方式（见图 15.22）。

1993 年，通向伦敦市金融中心区（2.6 平方千米范围内）的入口从 30 个减少到了 7 个，并且安排了武装警察进行路面检查。入口的管控主要通过一排排塑料交通锥形路障，这是一种处理安全问题的象征方式，它代替了贝尔法斯特和巴格达的那种"人工栅栏"。安全警戒线的空间范围一度曾覆盖了伦敦城市财政中心区的 75%（见图 15.23）[48]。

图 15.22 伦敦唐宁街入口处的安全铁门

安全警戒地带作为一种领域安全措施，通过安装闭路电视（CCTV）系统得到了加强。联合使用"电子眼"，警察鼓励私人公司安装 CCTV。在 7 个安全警戒线的入口，安装了与警方数据库相连的 24 小时自动车牌记录摄像机（ANPR）。在 10 年时间里，伦敦市成为了英国监控最严的地区，甚至是世界范围内最严的地区。投入使用的监控摄像头有 600 个，其中有许多连接到了 ANPR 系统[49]。

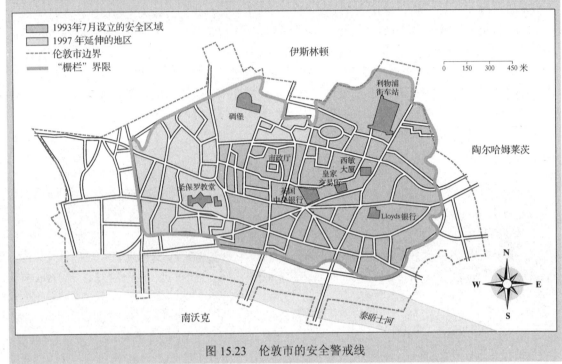

图 15.23　伦敦市的安全警戒线

15.7　无家可归者

社会学家彼得·罗斯这样写道，"无家可归者可视为一个更普遍问题（极度贫穷）条件下最严重的结果"[50] 在有不稳定住房和完全无住房之间，在短期的无家可归和长期的无家可归之间，有一条明确的分界线。这些差异会产生一些棘手的界定问题。无家可归者的最常用定义是，那些长期无家可归的人，即没有常规的和定期的传统住所。因而，这些人包括睡在避难所、门廊、汽车站、轿车、帐篷、临时小屋、纸板屋、公园长椅和壁炉里的人，但不包括那些住在旅馆的单间、寄宿房、出租房的人，或居住在亲戚朋友家里的人，也不包括那些住在房屋后院和没有厨房或盥洗设施的车库里的人[51]。那么无家可归者不仅是只缺乏日常睡眠和收发邮件地方的人，而且是处于极度贫穷、与世隔绝状态的，不能维系或得到家庭、朋友和邻居支持的人。

像贫穷一样，无家可归也是美国城市的特征之一。在 20 世纪 30 年代的经济大萧条时期，它作为一个严重的问题被人们首次提出，经济混乱导致了约 200000 名流浪汉和失业者。在"二战"期间，这一问题迅速减缓，实质上在战后逐渐消失。20 世纪 70 年代改革所致的经济和社会的两极分化，使得无家可归者的数量再次迅速增加。到 80 年代中期，无家可归再次成为了人们关注的严重问题。

对无家可归者人数的估计差别很大。全国无家可归与贫困问题法律中心估计每年可能至少有 350 万人有一段时间无家可归，其中有 150 万人是儿童[52]。美国住房和城市发展部（HUD）的年度评估显示，2009 年的无家可归者人数为 643067（其中 63%住在类似无家可归者庇护所这样的地方，37%露宿街头或住在非人居住的场所）。HUD 的年度估计值屡遭诟病，因为人们认为统计方法有问题（未包含与其他家庭挤住在一起的人和家庭，也未包含住在拖车和车库中的家庭），低估了无家可归者的人数。毫无疑问，自 20 世纪 70 年代中期以来，无家可归者的人数显著增加。

20 世纪 70 年代中期以来，无家可归成为了一个惊人的问题，这不仅要归因于无家可归者的规模，更要归因于其性质。尽管刚开始无家可归者主要是白人成年男性，实际上住在户外的人数相对较少，现在的"新"无家可归者混合了多个种族，包括一定数量的妇女和儿童，他们几乎不可能找到室内的庇护所（见图 15.24 和图 15.25）。

图 15.24　华盛顿的无家可归者

图 15.25　新无家可归者。这是数以千计的洛杉矶中心地区无家可归妇女的缩影

这种"新"无家可归者有以下几个特征[53]：

1. 与过去的无家可归者相比，他们在职业和收入方面的状况更差。与 1958 年针对无家可归的基础研究相比，新无家可归者更难拥有稳定的工作（现在的 20% 对比 1958 年的 28%）；另外，（考虑通货膨胀后的）真正的最低收入远远低于 70 年代刚设立时的标准。

2. 他们在避难所的处境更为糟糕。例如，1958 年芝加哥仅有 100 人睡在街上，而到 2009 年，5124 名无家可归者中就有 884 人睡在街上，有 1691 人接受避难所的救助[54]。

3. 以家庭为单位的无家可归者更多。有孩子的家庭占无家可归者人数的约 40%，是增长最快的部分，估计大约有 150 万名儿童一年中至少有一段时间无家可归。

4. 无家可归者中妇女的数量更多。再次引用 1958 年的研究结果表明，在无家可归人口中，妇女的比例从 2% 或 3% 上升到了超过 36%，现在无家可归的家庭大多由单身母亲带领[55]。

5. 无家可归者更加年轻化，平均年龄约 20 多岁。另外，现在的无家可归者中，老年人的数量越来越少（尽管在过去几十年里绝对数量在增长）。

6. 无家可归者中的美国黑人数量更多。虽然城市与城市间的数字千差万别，但现在美国黑人约占无家可归者数量的 40%，而 20 世纪 50 年代这一数字却低于 25%。

另一个重要变化是，无家可归者开始从传统的"贫民窟"向外扩散。无家可归者的地理分布很复杂，这反映出了都市的结构和动力机制变化的若干方面。其中最重要的一点是，在中心城区出现了**服务依赖型邻里**，当穷人对社会福利的依赖越来越普遍时，贫民窟和极端贫困邻里就日益成为吸引公众和社会福利机构投入的地方，这种体系反过来促进了只能依赖于服务的穷人、弱势群体和无家可归者的聚集[56]。同时，灵活的**土地利用区划**方案使得建设庇护所和其他为穷人服务的场所成为可能，这些场所可以建立在中心城区更广阔的区域内。

与此同时，城市更新改造工程是系统地以传统贫民窟设施为目标的。另一个重要因素是公共场所酗酒和流浪合法化。随着案件的日益增多，需要处理的紧急罪案更多，警察不再警告无家可归者远离公共场所，或是把他们从睡觉的街道上赶走。结果，无家可归者就更加广泛地停留在城市的各个角落，变得随处可见。这种现象导致了更加压抑的反作用：阻碍无家可归者进入的城市方案的实施，以及（在前述方法不是很奏效的地区）安装凸起的长椅，整晚随机接通的自动洒水装置和私人安保力量的部署。同时，中心城区振兴计划开始逐步侵占之前用来保护救济金依赖者和福利机构的城市内部空间。越来越多的无家可归者被迫离开中心城区，搬进位于城市郊区一环和二环外的郊区避难所，或是卫星城的公园或公共场所。

15.7.1　无家可归的原因

导致无家可归最直接的原因是对最廉价住所的过度需求。那些没有足够的钱去租赁**住房亚市场**最底端的房子，那些没有朋友或亲戚提供住所的人，最后都成了无家可归者。但导致无家可归的原因有许多种，如图15.26所示。在广泛意义上，20世纪70年代无家可归者数量的急剧上升，是以下4种趋势相互作用的结果：经济结构调整、社会人口变化、大都市结构重组以及政策变化。我们已熟悉这些趋势的本质：它们在本书中不断重现的主题：进化的适应、无休无止和周期的变化。图15.26给出了导致无家可归者数量增加的一些主要因素。

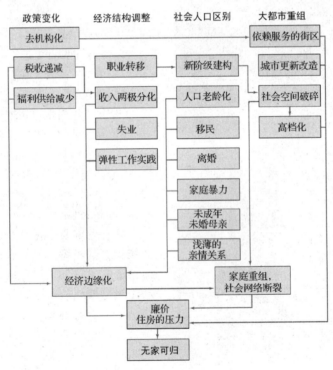

图15.26　无家可归的原因

经济重组和技术变革产生的职业转移和新**阶级派别**，已经造成了社会空间的分化，而社会空间的分化又会导致**高档化**，这种高档化又将慢慢淘汰一定数量的低价住房，使许多家庭转移到更加廉价的住房中去，最终对最廉价的住房市场产生压力。

如本章所述，与大都市重组和劳动力市场变化相关的收入两极分化，导致了贫困增加和经济边缘化，直接加剧了人们对廉价住房的竞争。1975年，美国最穷20%家庭的税前收入仅占总税前家庭收入的4.3%；但到2009年，通货膨胀调整后的百分比降低到了3.4%。2009年，最穷20%家庭的平均收入为11552美元，与1975年的平均收入10545美元相比稍有上

升 [57]。低收入家庭这种缓慢的收入增长趋势受政策变化影响，而政策变化本身又是与其趋势一致的经济变化共同作用的产物。以里根政府的**新保守主义**和老布什任期内的两种政策变化为特征，这一方面尤其重要：

1. 税收变化。迎合中上等收入的选民并通过丰富的物质水平来拉动经济增长需求而设计的税收变化，导致了富裕人群和家庭税收负担的逆转。1979—2006 年，20%最穷家庭的税后平均收入仅增长了 10.7%（20%最富裕家庭的税后平均收入却增长了 86.5%）。如第 12 章所述，在此期间，20%最穷家庭税后收入的份额约从 6.8%下降到了 4.7%（20%最富裕家庭税后收入的份额却从约 42.4%上升到了 52.1%）（见图 12.24）。

2. 用于公共福利的公共支出的削减（见第 11 章）。这种费用缩减始于 20 世纪 70 年代后期，自由裁量的项目计划（包括大多数住房计划）首当其冲被削减。1982 年，儿童营养项目缩减了 10 亿美元，食品券项目削减了 17 亿美元，公共住房项目实质上已停止。由于残疾标

准的解释更为严苛，超过 15 万人（其中大多数人都有精神残疾）被迫从社会保障残疾保险名单中消失。20 世纪 80 年代期间，当多项削减政策汇集到一起时，穷人的收入保障和住房计划日益侵蚀，这一时期被称为政策层面的向福利宣战。未成年儿童家庭援助委员会（AFDC）和贫困家庭临时资助委员会（TANF）平均每月的援助，在 1977—2006 年下降了超过 1/3（以不变美元计）（见图 15.27）。

经济衰退和结构调整带来的结构性失业在 20 世纪 70 年代急剧增加，造成了不同的影响，对年轻男性的影响超过了其他人。1968 年，35 岁以下男性的失业率低于 5%，而在 1980 年却上升至 15%，1984 年又下降至 13%，1990 年则在 12%和 14%之间波动（到 2010 年上升至 15%）。对于年轻的黑人男性来说，失业率达到了一个灾难性的比例：1985 年 25 岁以下黑人男性的失业率达到 40%（到 2010 年下降至约 34%）。当然，这些数据不能反映出那些放弃寻找工作和远离劳动力市场的工人 [58]。

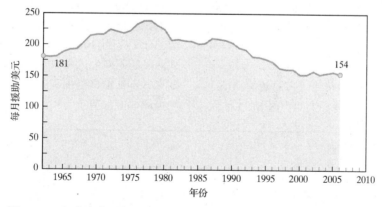

图 15.27　每户家庭平均每月接受未成年儿童家庭援助委员会（AFDC）和贫困家庭临时资助委员会（TANF）的援助，以不变美元计

脱胎于**福特主义**的**弹性劳工政策**（包括临时的、兼职的和短期合同工作），采用新的方法分配劳动力，创建了一个巨大的"二级"劳动力市场，使得大多数工人的工资很低，很少或没有工作保障，没有医疗保险和退休金。二级劳动力市场使处于经济边缘家庭的数量不断增加，给有限的廉价住房空间施加了更大的压力。

对照顾弱智人士和贫困人口的一项重要政策变化，导致了许多人**去机构化**。传统的护

理设施，如精神病院和孤儿院，因为过于拥挤且设施陈旧，在20世纪50年代开始出现问题，延续这些传统的机构化体系危害更大，贫困者和精神病患者的公民权利变得更加敏感。在20世纪60年代，随着福利事业支出的增加，联邦基金鼓励从机构式护理转移到家庭护理，包括当地服务站服务和个人独立生活。目前，一些感染艾滋病毒的人由于受到歧视、疲劳或病情反复而住院治疗，失去了工作，同时他们的收入也被医疗花费耗尽。他们和许多其他人一样，被服务体系拒绝，或是过早地负担了治疗计划中的医疗设备费用。大量弱智者、残疾人和低收入者开始移向在中心城区发展起来的服务依赖型邻里，这给当地的廉价住房施加了更大的压力。

城市更新改造对破旧的廉价住房产生了冲击，这一方面是对公共政策的反映，另一方面是为了适应土地价值和**地租**的变化模式。20世纪五六十年代的贫民小宾馆，在80年代几乎都被摧毁。许多单人出租屋（SRO）宾馆也逐渐消失——70年代约有一半的SRO单元被毁坏。20世纪70年代到80年代中期，估计有100万个SRO单元被摧毁[59]。纽约城在20世纪60年代有12.9万个每月租金200美元或更低的SRO单元，到1983年有11.3万个SRO单元（占总数的87%）消失（自此，SRO被不断翻新为更高收入住房）；在芝加哥，1973年后有超过1.9万个SRO单元（占总数的70%）消失[60]；在洛杉矶，超过一半的市区SRO单元

在1970—1985年间消失[61]。所造成的直接后果是，SRO住房价格迅速飙升。

在数种相互关联的趋势影响下，社会人口的变化导致需要庇护的弱势家庭数量增加，也给日益缩水的廉价住房市场增加了压力。离婚率和未成年未婚母亲数量的迅速上升，导致贫困逐渐女性化。同时，随着经济下行，因生活方式和行为习惯不同而产生的代沟不断加深，导致了亲属间义务关系更加冷漠。简言之，很少家庭有能力和有意愿去照顾处于困难处境的孩子和孙子。随之产生的社会混乱和经济边缘化与社会空间分化融合在一起，在城市空间再造的过程中，不可避免地破坏了一些传统低收入家庭长期以来建立的社会关系网。尽管最近有所下降，家庭也是造成大量妇女无家可归的一个重要因素。[62]

最后，另外两个社会人口趋势增加了低收入家庭的数量，进而进一步加大了廉价住房市场的压力。一个是人口老龄化，它使得单身家庭的数量增加。但这一趋势的影响已经减轻，因为福利缩减并未对老年人产生负面影响（主要是因为他们投票的影响权重较大）。实际上，社会保障和医疗保险费用以不变美元来算，在1960—2000年上涨了280%，这要归功于福利水平和消费价格指数的增加（见图15.28），近期的计划是到2030年再增加68%。相反，外来移民的不断涌入带来了大量的家庭，其中许多家庭不知道享受福利的权利，而且他们通常在福利体制和劳动力市场上会受到歧视。

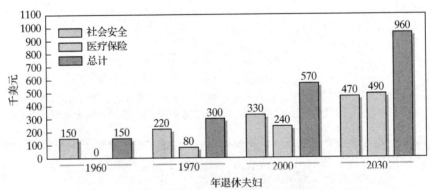

图15.28　单劳动力或工资很低的双劳动力夫妇的社会保障和医疗保险增长情况（根据65岁时的现价折减）

15.8　基础设施和环境问题

许多人对于老牌工业化国民经济中的城市化的刻板印象是：烟尘飞扬的工厂、植被和野生生物的严重匮乏。隐含在这种印象下的是基础设施的超负荷，和一个过度破坏和退化的环境，这些"不可避免的灾祸"伴随着城市作为经济生产和分配这一基本功能产生。公共卫生的改善，城市规划、更严格的环境制度和公共事业的持续投资，使得城市环境治理的质量取得了重大进步。然而，城市更像一个巨大的有机体，它会消耗大量的氧气、水、有机物、燃料、食物，并会向空气、河流、湖泊、海洋甚至土壤释放大量的废物。

2009 年，仅美国就有超过 30 亿磅的有毒化学物质排放到空气、水和土壤中[63]。这些事件的空间模式反映出城市体系中的劳动分工，排放最严重的是美国东部发达工业中心的老牌工业区，以及集中在东北部"化学走廊"和墨西哥湾海岸沿线的石化巨头（见图 15.29）。

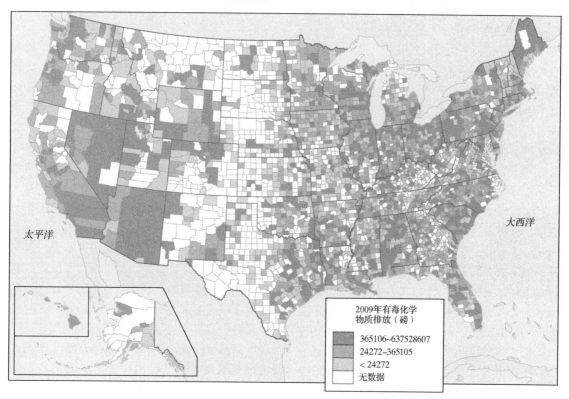

图 15.29　美国污染风险图。根据 2009 年所有工厂设备就地或在厂区外向空气、水、土壤中排放的有毒化学物质（以磅计）测算。"高"表示有 33%的县排放物超过 365106～637528607 磅；"中"表示有 34%的县排放物为 24272～365105 磅，"低"表示另外 33%的县排放物低于 24272 磅

虽然现在城市环境受到严格管治，开始和持续运行了复杂的交通与废物处理系统，但正如自然地理学家伊恩·道格拉斯所说的那样，它们是依赖性的体系。它们必须依赖：（1）不断的支出和基础设施投入；（2）有效的治理；（3）规划、管理和监督体制。因此最终它们必须依赖于公共或私人的资金投入，以保证它们的生命周期功能[64]。在这种背景下，城市基础设施和环境的诸多问题可被视为投资和营运支出的结果：

- 持续不足。
- 远远落后于城市增长。
- 比城市人口减少得更快。

城市经济和环境机制相互依赖，两者之间的关系是服务业和基础设施的保障，意识到这一点非常重要：

城市人口的物质需求是城市及其周边地区的

自然特征产生深远变化的原因。对自然界能源、水和原料的改造，伴随着对同样物质的人工创造和保存过程。地表特征发生变化，将影响到辐射平衡、降雨径流关系、沉积物和溶质的来源与供给、渗透、地下水水位、土壤化学以及动植物习性。这些变化可能是连续的，也可能是间断的。这些影响明显变得不规律，尤其是极端或不寻常气候变化导致的影响，譬如城市中不透水屋顶或路面的增加，经常会引发洪水。同样，逆温会加重城市的大气污染和悬浮物颗粒，它由城市中化工厂和汽车的尾气形成。洪水和烟雾会引发各种意外事件，破坏、伤害甚至夺去生命，于是人们又将希望转向到城市的服务体系[65]。

对于这种关系，要做出完全公正的判断是不可能的。但我们可以阐述经济和环境的变化，以及二者对基础设施和服务需求的联系。以下将通过为城市及其居民提出3个重要问题来对其进行阐释，即城市供水问题、空气污染问题以及城市基础设施危机。

15.8.1　供水问题

城市供水问题主要包括两方面，即数量和质量。城市内的居民要消耗大量的水，更重要的是，城市用水在大幅上升。2005年，美国公共供水需求大约是1.67亿立方米（由公共供水和私人供水商提供），而1950年仅为0.53亿立方米。公共供水服务于家庭、商业、工业或热电厂。约有2.58亿人依靠公共供水（另外4300万人则依靠自我供水——通常是井水）[66]。

美国大都市区不仅容纳了比以前更多的人口，而且对水的消费也已与增长的商品消费水平持平。洗衣机、洗碗机、淋浴和漩涡式浴缸、汽车清洗机以及郊区草坪的流行，都将水的消费推至一个前所未有的水平。一个标准的四口之家平均每天用水约1.5立方米。近27%的室内水消费用于冲洗马桶，17%的水用于淋浴和浴缸，22%的水用于洗衣服，16%的水用于做饭和饮用，14%的水则漏掉了（其余的用于其他用途）。尽管1992年的能源政策法案要求所有家庭的新马桶必须是"低流量"的（每冲洗一次使用6升水，以取代用水量12~19升的传统马桶），每个美国人的平均淡水使用量

仍是其他国家（如德国、法国、中国和印度）的3倍[67]。

水的消费已成为许多美国城市的一个问题。主要依赖地下水的内陆城市已经出现了严重的地面沉降。地下水的大量流失降低了地下水位，减少了矿物颗粒空隙中的含水量。城市发展的重担使得这些矿物颗粒变得更加紧密，从而引发了地面沉降。主要依赖地下水的沿海城市出现了一个不同的问题：海水入侵影响了地下水供应的质量。海水入侵已成为东部和墨西哥湾许多城市的共同问题，佛罗里达地区的许多城市尤为严重。

在其他一些地区，由于地下水供应不能满足城市化的需要，人们不得不从其他流域调水。例如，早在1913年，洛杉矶就从欧文斯河（内华达山脉东部）取水。不到20年，这一水源就不得不利用从科罗拉多河引水的输水管进行补充（见图15.30）。然而，联邦政府对这些调水的补助日益减少。同时，有一些州如内华达州、亚利桑那州的很多政治家、商人和居民，发现他们所处城市的经济增长依赖于需要供水的城市化，因而不愿意出售他们的水权，导致市政用水和工业用水需求增长与水权的分配出现冲突。如今，城市规划者意识到水资源是经济发展的一个重要制约因素，尤其是在西部和西南部的干旱地区[68]。最终，这些水资源供应的基本问题变成了基础设施问题，譬如管网漏水问题，使得许多城市受到了影响。美国地质调查局估计供水管网中流失的水每年达64.35亿立方米，每年损失26亿美元[69]。再如，底特律、匹兹堡和费城每年流失的水占25%~30%，损失达数百万美元，这些水从来未被家庭和企业使用[70]。据美国环境保护局的估计，美国在接下来的20年内，需在饮用水系统上投资3348亿美元，其中大部分费用将花在改善传输与分配上，以满足消费者的服务需求、水质标准要求，并维持或替代基础设施成本[71]。水质之所以非常重要，不仅在于它关乎公共卫生、安全用水需求、动植物威胁，而且在于它关乎有效供给数量的降低。从20世纪70年代开始，美国的每个州都公布了地下

水污染的案例。据美国国家研究委员会估计，未来几十年对 30 万个污染水源的恢复成本将增加到 1 万亿美元[72]。

图 15.30　受联邦政府补助的加利福尼亚洛杉矶输水管

2005—2006 年，美国疾病控制与预防中心（CDC）对 28 次与饮用水相关的水传播疾病（不包括 78 次与娱乐设施相关的疾病，如水上公园和公共游泳池）的爆发事件进行了跟踪，这些疾病导致 600 多人被传染，4 人死亡。这些疾病的暴发与细菌、病毒或寄生虫引起的严重呼吸系统疾病、急性消化系统疾病或肝炎相关。美国最为严重的一次是 1993 年 4 月的密尔沃基市疫情，当时城市的一半人口（约 40.3 万人）感染了一种名为隐孢子虫的肠内寄生虫病。这种寄生虫由牛或其他动物排泄后进入河流和水库，通过老化的水净化系统轻易地进入了人体，导致了人们的肠胃不适和腹泻。对免疫能力低的人来说是很危险的：密尔沃基市的疫情中有 104 人死于该病菌[73]。

另外，源于化粪池、下水道、氯化物、石油、磷酸盐、工业废水中不可降解的有毒化学物质，高速公路除冰过程中产生的溶解盐和化学物质，肥料和下水道中的营养物质与农药，都极大地威胁到了城市的供水。这一问题不断扩大的原因之一是，当地许多陈旧的净水处理系统设计时，考虑得更多的是如何防止细菌，而忽略了化学物质和有毒物质。另一个原因是，在许多像密尔沃基这样的城市中，下水道系统和暴雨管网是设计在一起的。这些系统在大雨来临时很容易超负荷，使得工厂管理者每年要打开水闸多达 7.5 万次，每年将 113 万～3785 万立方米未经处理的污水排放到河流和湖泊中[74]。第三个原因是，当城市增长时，污水处理厂的投资逐渐超过了自来水厂的维护与建设的投资。据美国环境保护署估计，2008 年公有的污水处理厂需要的总投资额为 2981 亿美元[75]。

城市观察 15.6　棕地改造[76]

在阿肯色州小石城一片曾受污染的 0.11 平方千米土地上，坐落着国际小母牛协会的总部，这家非营利组织与全球的社区展开合作，通过提供牲畜、种子和培训等，消除饥饿与贫困并改善环境质量。小母牛组织完成了阿肯色州最大的棕地清理项目，涉及 57350 立方米受污染土壤的清理。这块地用作美国联合太平洋铁路公司的调车场已有 100 年历史。铁轨和枕木上的化学物质与残留物已经污染了这块土地。这块地在作为仓库、轻工业和汽车货运公司的场地时，也遭到了污染。50 多年来，超级货运公司的车辆维修和其他工业行为不断地对这片场地造成污染。如今，新总部大楼中已经加入了许多"绿色"建筑。环保型停车场通过生态沼泽的过滤，将雨水排放到了一个池塘，该池塘兼具景观和灌溉功能。通过一片新建湿地对地表水进行控制、蓄积和重复利用，对雨水径流进行了过滤，并为当地的动植物提供了新的栖息地。其他绿色项目还包括把已废弃大楼的石材粉碎后重新利用、安装可随自然光增强而自动调弱的照明灯具、用可再生的速生竹作为大楼的地板材料，还建起了一座 4 层楼高的水塔，用来收集屋顶的雨水[77]。

棕地指废弃或未充分利用的工业和商业设施，由于实际或表观污染情况，使这里的扩建或改造变得很复杂。按照美国环保局（EPA）和住房与城市发展部（HUD）采用的这一定义，大量的房地产可被归为棕地，因为这一定义并未说明污染的严重程度，而环境问题可能仅停留在怀疑阶段，也可能已被证实。

许多棕地位于有过传统制造业历史的中心城区和工业化郊区。这些场地可能是废弃的工业和铁路设施，或尚在运转但已显示出污染迹象的制造厂。棕地也可以指仅怀疑有污染的小片商业用地甚至居民用地。美国受污染最严重的棕地是列在国土优先治理项目清单上的 1300 个超级基金场地。这些场地内含有有毒化学物质（如铅或汞），被 EPA 认定为有害废弃物。不过，多数棕地只有普通的废物，如无害垃圾造成的轻度或中度污染。

棕地清理和改造涉及各类城市经营者。对土地所有者、投资者、开发商、建筑商、房地产经纪人和融资者而言，棕地项目可通过来自成熟社区内大片未开发的土地为他们提供盈利机会。政府机构和家庭的利益通常以创造就业机会和产生税基为主。

然而，棕地的改造对土地利用政策带来了双重挑战：能否在减少私营部门参与改造的障碍的同时，将土地的重新利用与更广泛的社会目标联系起来。挑战的第一部分涉及如何解决以下 4 个给私营部门带来不确定性和风险的问题（包括成本与时间）：污染的法律责任，缺乏污染程度信息和治理标准的不确定性，现场勘察、清理和改造的资金问题，以及复杂的监管要求。挑战的第二部分涉及如何将棕地改造和这些场地的重复利用与更广泛的社会效益联系起来，包括可持续性开发和环境公平，以实现环境与健康的保护、改善公共安全、有针对性地提供工作和培训、中心城区的复兴，以及减少都市区的扩张。

在过去的几十年里，美国联邦、州和地方政府通过各种方式努力，减少了土地所有者、投资者、开发商和建筑商参与棕地重新利用的障碍，包括通过立法来指定土地所有者和融资人的法律责任，提高财政激励额度，并改善各级政府部门之间的协调。和美国相比，欧洲国家的政府通常对棕地改造的参与程度更深，因为它们在城市政策和规划方面占主导地位。例如英国，中央政府在 1998 年制定了一个目标，即到 2008 年，在所有新建的房屋中，有 60% 建在以前已经开发的土地上。这一目标已经超额完成。不仅棕地，灰地废弃或未充分利用的场地（例如有着巨大停车场和装修表面但没有棕地这种环境问题的购物中心等）也进行了改造。政府通过提供税收优惠来鼓励棕地的改造，同时制定了严格的规划政策，以保护城市周边的绿地，防止开发失控。此外，尽管整个欧洲的国家规章制度存在着差异，欧盟的参与则促进了环保政策制定的总体协调性，特别是在棕地改造方面，已纳入全欧洲城市政府为应对土地污染而采取的政策。

15.8.2 空气污染

城市不仅会产生大量的空气污染，而且通过多种方式会形成微气候，改变大气条件，导致空气污染加剧。总体上，改造后环境的反照率比自然地表要低，即其反射太阳光的能力较低，因此会吸收更多的热量。另外，城市中的大气由于吸收燃料燃烧和夏天空调释放出来的热量而变暖。对城市来说，总的影响是造成了热岛效应，温度要比周边的农村高出 1℉～2℉。在这种热浪中，热岛效应十分明显，导致平均温度高出周边乡村 10℉～15℉。持续几天这样的高温，会增加城市居民身体和精神上的压力。

病人和老年人的死亡率会相应增加，人们的脾气会变得暴躁，且精神紧张不安。

热岛效应也会在区域无空气流动时产生明显的局地大气环流。地面风被吹到城市中心，上升到城市上空，然后缓缓下降到高楼林立的城市边缘的地面。这种模式与城市粉尘罩的形成密切相关，空气中的烟灰、颗粒和化学物质在城市上空飘荡。在逆温现象出现的环境里，这种状况变得尤其明显，相对热的空气压低了粉尘罩，使得整个城市低空笼罩在污染中。当这些污染源暴露在强烈的阳光下时，会发生光化学反应，产生黄褐色的烟雾（见图 15.31）。

图 15.31　城市的空气污染：洛杉矶市中心的天际线笼罩在雾霾之中

美国大部分地区空气质量的改善，得益于引入了更清洁的汽车、工业和消费品。自 1990 年以来，6 种常见的空气污染物得到了改善（地面臭氧、颗粒污染、铅、二氧化氮、一氧化碳和二氧化硫）。事实上，美国每年排放到空气中的污染物已降至 1.07 亿吨[78]。其中一半源于交通，不到 1/5 源于燃料燃烧（热电厂等），不到 1/10 源于工业生产过程。其中的主要污染物有：

- 氧化硫。它是化石燃料（主要是煤和石油）燃烧的产物。除了会恶化呼吸系统外，它们还会与大气中的水结合生成稀硫酸，即**酸雨**的主要成分，酸雨会伤害树木，腐蚀建筑、纪念碑和雕像表面。
- 氧化氮。它是高温（在电厂和汽车中）燃烧化石燃料的产物。像氧化硫一样，氧化氮会加重呼吸系统问题，并与大气中的水结合产生酸雨。另外，氧化氮会与氧气发生反应，生成二氧化氮（一种红褐色的气体），降低能见度。
- 一氧化碳。它主要源于汽车的尾气排放（燃料中的碳未完全燃烧），高浓度的这种无色无味的气体是有毒的，甚至在低浓度下也是有毒的，会损害神经系统和心血管系统的功能。机动车尾气大约产生了全美国 60% 的一氧化碳[79]。
- 二氧化碳。它是燃烧化石燃料的另一个副产品，它对动植物不会产生直接危害，但也存在严重的威胁，因为它会造成**温室效应**。全球变暖会造成沿海城市的海平面上升，增加被淹没的风险，也可能导致水循环加剧，反过来恶化供水问题。
- 光化氧化剂。譬如地面臭氧（光化学烟雾的主要成分），它是由热和太阳光与氧化氮及挥发性有机混合物（VOC）发生作用而产生的。所产生的烟雾会刺激眼睛和呼吸系统，杀死树木和观赏植物。1990 年，美国清洁空气法修正案强调，在烟雾污染最严重的城市，必须使用可以减少臭氧辐射危害的含氧气的新配方汽油。新配方汽油的燃烧更为充分，可减少空气中烟雾和有毒污染物的形成。
- 悬浮颗粒。它是固体颗粒和小液滴在空气中的混合物，这些颗粒和小液滴是由二氧化硫、氧化氮、氨气、挥发性有机污染物（VOC）和直接排放的颗粒物等形成的。混合的烟雾（包含来自马路的灰尘或来自燃烧厂的烟灰）会降低能见度，刺激呼吸系统。空气中的颗粒还会破坏植物，并对建筑材料和涂料造成破坏。
- 氟化物。它主要是工业生产过程的产物，会刺激眼睛，使呼吸系统发炎、鼻出血，使树木和植物枯萎。

- 铅。它是工业生产过程中产生的一种重金属污染物，主要是在金属加工过程中产生的，在冶炼厂和电池生产厂附近的空气中含量最高。人们在呼吸或吃下被污染的蔬菜时，体内会不断地富集这种有毒物质，对人们的新陈代谢、血液和肾功能有不利影响。即使是在低剂量情况下，铅暴露也会对胎儿和儿童的神经系统造成破坏，导致儿童学习障碍和智力低下。由于自 20 世纪 70 年代开始，美国环境保护机构分阶段地停止了含铅汽油的使用，到 1995 年最终停止了机动车含铅汽油的使用，铅污染明显下降。2009 年空气中的铅含量比 1980 年下降了 93%。

最后需要指出的是，空气污染服从一定的空间分布，在城市的一部分与另一部分之间存在明显的梯度。总之，最严重的污染出现在交通和工厂最集中的地区。不明显却更为重要的是，污染最严重的居民区趋近于低收入邻里，尤其是贫困邻里和贫民窟。儿童处在更大的威胁中，因为他们一般更喜欢户外活动，而且他们的肺正处于发育期。老年人和那些有心脏病或肺病的人，对某些类型的空气污染也非常敏感[80]。

15.8.3　基础设施危机

公路、桥梁、停车场、运输系统、通信系统、电力系统、天然气管网、路灯、自来水管道、污水管道、排涝管道等城市基础设施，不仅对经济效率和生产力至关重要，而且对公共卫生、公共安全和生活质量也很重要。20 世纪80 年代早期，一系列众所周知的基础设施失事案例（譬如 1983 年，康涅狄格高速公路上的米安诺斯河大桥倒塌，致使 3 位驾驶员死亡，同时导致水源中断，纽约时装区的商用用水中断了一周）强调了城市基础设施的重要性，引起了人们对一些重要缺陷的关注。1983 年，派特·考亚特和苏珊·沃尔特发布了系统性的调查报告《毁灭中的美国》，表达了正在形成中的危机感[82]。

同时，联邦政府成立了国家基础设施顾问委员会，并于 1984 年将最终报告[83]提交给了国会联合经济委员会。报告建议到 2000 年，为避免影响到生活质量和生产力，需要 1.15 万亿美元的投资来修理、维护、开发基础设施（交通运输、给排水系统）。委员会估计 7140 亿美元将从联邦和州政府的税收中获得，剩余的 4360 亿美元由于基础设施的固有性质，似乎不可能得到满足：缺乏投资吸引力且容易延期，因为它几乎得不到来自任何政治团体的优先支持。为更详细地研究这些问题，国会立即成立了国家公共工程改善委员会。1988 年的《脆弱的基础：关于美国公共工程的报告》指出，美国基础设施的质量难以满足当前需求，也不能满足未来经济发展的需求，强调了国会应该立法制订议程的重要性。然而，2001 年美国土木工程协会（ASCE）估计，未来 5 年至少需要 1.3 万亿美元的费用才能使国家基础设施达标；2009年的报告有些提高，估计达 2.2 万亿美元[84]。致命的事件（如 2007 年 8 月明尼阿波利斯的大桥坍塌事件），使得上述研究不得不考虑人员伤亡数的增加。

城市观察 15.7　欧洲的高速铁路

基于基本的地理原理，不断融合的欧洲一体化进程，更依赖于提高城市间的通达性和空间交互性。它的一个目标是，将更多像里斯本、塞维利亚和罗马那样的遥远城市，与像巴黎和布鲁塞尔那样的欧盟中心城市联系起来。目的是提高经济效率，增强欧盟的社会和政治凝聚力，并在这个过程中创造 100 万个新就业岗位。

欧盟（EU）制定了一系列意义深远的横贯欧洲的网络计划，将欧洲的公路、铁路、航空、水运系统连接成一个多节点网络，9000 亿欧元（合 1.3 万亿美元）预算中有 2690 亿欧元（合 3760 亿美元）将用于新建或更新高速铁路（见图 15.32）[81]。

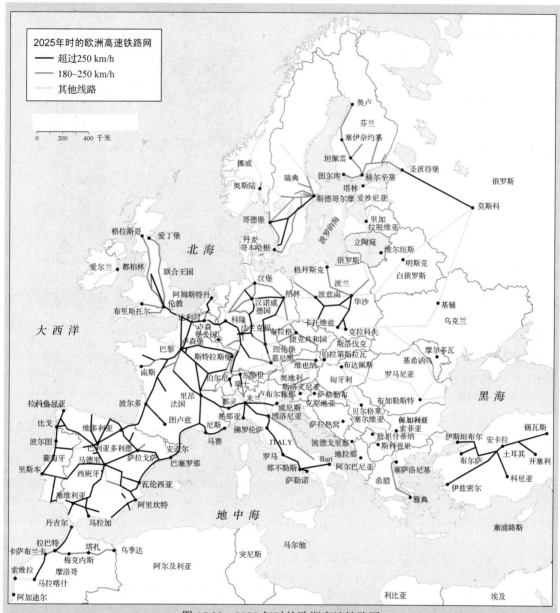

图 15.32 2025 年时的欧洲高速铁路网

欧洲主要城市间的距离相对较短,适合于铁路交通;欧洲不适合于航空交通,因为人口密度高,且机场周围交通拥堵。即使在"9·11"恐怖袭击之前,由于登机检查和到达机场航站楼比较耽误时间,欧洲的许多主要城市间,铁路较航空运输更为快捷。欧洲高速铁路网(直接与航空网络竞争)已经连接了欧洲的许多中心城市。PBKAL 网已将巴黎、布鲁塞尔、科隆、阿姆斯特丹和伦敦联系在一起(经由所谓的海底隧道)。

先进的机车技术和特殊的工程铁轨以及机动车身,使得时速 250 千米成为可能。为提高常规列车的最快速度,欧洲的许多地区引进了新型的铁路车厢(设计为多节车厢,以优化车辆转弯时的弯曲度,并通过倾斜车身进行拐弯,以抵消离心力作用)。

欧洲的高速铁路网络已经引发了欧洲城镇的重组,由于高速铁路线只有几个停靠站(避免因减速、停止和加速导致的时间损失),因此整个城市体系中的城市节点重新进行了调整。相对来说,有停靠站的城市与那些没有停靠站的城市相比,由于更容易达到而对经济发展更具吸引力。

基础设施危机的根源已非常清楚，即以下 4 种因素的共同结果：中心城区老化，当面临公共预算危机时基础设施的投资下降，选民反对基础设施项目，以及（考虑到重要基础设施恐怖袭击的潜在威胁）公共基金从维持基础设施运行基金转移到了基础设施保障措施上。

大部分中心城区的主要基础设施已经运行了一个多世纪，比其设计寿命要长得多（见图 15.33）。然而，大部分新投资的基础设施出现在新的市郊、开发区和边缘城市。在 20 世纪 30 年代，作为新政"工作创造计划"的后果，联邦政府用于基础设施的投资基金大幅度提高，而且在富裕的战后时期，联邦政府、州政府和地方政府对基础设施的投资费用都有所提高。但从 20 世纪 50 年代晚期到 2007 年，相对其他支出，交通和水利基础设施的支出逐渐被忽略，在国内生产总值（GDP）中的比重下降（见图 15.34）。这种基础设施支出趋势的影响，已与建筑费用的通货膨胀结合在一起，而且总要比一般的经济通货膨胀率高。

图 15.33　基础设施毁坏情况。1992 年 4 月，芝加哥商业区地下仓库一堵墙的倒塌，造成地下水管将 95 万立方米污水淹没了大部分市区，造成 5 亿美元的损失，而需要的维修费用仅 3 万美元

图 15.34　美国（联邦、州和地方）运输和水务基础公共设施的总支出（包括高速公路和机场等交通设施，水资源供应、饮用水供应和废水处理的设施与系统）

因此，许多城市若不立即正视基础设施无法复原的破坏和衰败现象，将会面临严重的问题。例如，根据 1998 年纽约城市审计办的最高估计，城市未来不得不花费 56 亿美元将城市基础设施修复到良好的状态。而这个城市 2011 年的预算仅稍高于该金额的一半（53%），针对街道的预算则更少（40%）。划拨的资金仅为目前维修所需资金的 70%。该城市承载着 10000 多千米的主供水管道、1000 千米的地铁线路、9200千米的公路、78 个警力管辖区、223 个消防站、6 个社区大学、23 个健康医疗中心、1000 多所学校（其中有一半已超过 50 年）[85]。

仅在纽约，就有超过 4800 千米的水管和 1600 千米的下水道达到或接近寿命极限。在美国，每年有 24 万起供水干管破裂事件，相当于每天 650 起或每两分钟 1 起[86]。在整个美国，水管的慢性渗漏已消耗掉许多城市老化供给系统输水量的 10%～20%，而且每年有许多供水干管破裂或报废。美国环境保护局预计，到 2016 年，在近 100 万千米的下水道中，超过

50%的下水道将会出现严重问题或破裂，而2000 年仅有 8%出现不良状况[87]。在许多城市，最常见、最严重的基础设施问题集中在公路和运输系统上。20 世纪 70 年代，当不断增加的轿车和卡车超出公路容量时，郊区拥堵的交通现象开始变得日益普遍（见图 15.35）。高速公路上高峰时间的"拥堵"[88]在 20 世纪 60 年代闻所未闻。到 1975 年，高速公路上高峰时间的交通拥堵达41%，而 1985 年达 56%。20 世纪 90 年代早期，在一些高速公路上，如丹佛贯穿东南的 25 号州际公路、芝加哥的丹瑞安高速道路、洛杉矶的文图拉高速公路、旧金山的 101 国道以及华盛顿附近的环形公路（I-495），高峰时段的平均车速为19 千米 /小时。在高峰时段之外，交通也仅是刚刚拥堵完的状态。

图 15.35　加利福尼亚州洛杉矶 10
号公路上的交通堵塞

对美国大都市交通系统运行状况的分析表明，交通拥挤现象日益严重（虽然因大萧条和经济缓慢复苏，驾车情况有所减少）。2009 年，平均每人每年耽误 34 小时（1982 年这一数据为14 小时）。其中在 15 个巨型都市区，平均每人耽误超过 50 小时，这表明在人口超 300 万的大城市中，因为交通造成的耽误现象非常严重（见图 15.36）。最拥堵的地区为芝加哥、华盛顿和洛杉矶（每年的耽误时间分别为 70 小时、70小时和 63 小时）。2009 年，因交通堵塞带来的额外时间和燃料（浪费了 48 亿小时和 39 亿加仑燃料）损失为 1150 亿美元，而 1982 年这一损失数据仅为 240 亿美元（以 2009 年美元计，10 亿小时的交通延迟和 7 亿加仑燃料损失）；同时，人均损失为 808 美元[89]。

当然，造成这种拥挤的部分原因是汽车和卡车的不断增加。这一情况也是因为自 20 世纪 50 年代以来，工作和家庭的去中心化导致了跨城镇和跨郊区的交通量增大。20 世纪 60年代以来，在市郊范围开始的工作行程比例也由不到 30%增加到超过 60%，这也与高速公路基础设施上投资总额的减少，以及对日益陈旧基础设施的保养与修理不善而造成的延误有关。至 20 世纪 80 年代早期，大都市地区 200000千米的州际高速公路中，约有 70%路段的路况处于"中等"或"较差"水平。到 1990 年，几乎所有的高速公路都已至其设计寿命的终点，因此需要对其进行不断的修复和改善，进而造成额外的交通延误，费用支出不断增加。

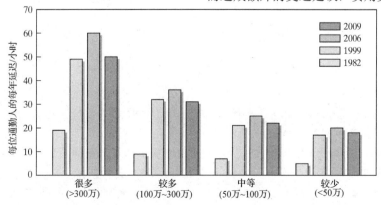

图 15.36　美国大都市区的交通延误情况

不过，在 1991 年美国会计总署批评了州际高速公路系统的状态后，国会开始将资金支持集中到了这项老化的基础设施改造上。对州际高速公路项目的基建投资（来自联邦政府、州政府和地方政策的基金支出）自 1992 年以来总体上有所提高。州政府花费的联邦、州和地方基金总额从 1992 年的 130 亿美元，上升到了 2006 年的 165 亿美元。除基建投资外，州政府还有常规的州际公路保养支出，每年平均约 10 亿美元。这些资金中包括非联邦基金在内的资金，一般用于常规任务，譬如有助于保持路面平整的破裂处封闭、路面补坑等，但不包括路面的再铺平、复原和重建[90]。因此，州际高速公路系统（公路路面和桥梁）的状态有所改善（1998 年有 8.7%的公路路面条件恶劣，到 2008 年只有 5.4%[91]，1998—2007 年陈旧桥梁的数量下降了 8%）[92]。然而，州际高速公路上的交通拥挤状况却进一步升级，因为许多因素（人口增加、司机数量增加、结车远行、卡车货运）导致拥挤状态的压力不断超过了新公路里程的增长（见图 15.37）。

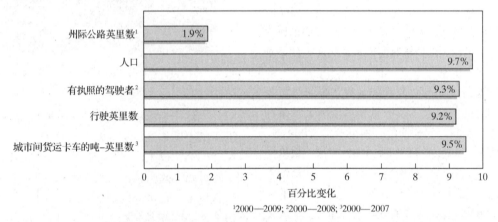

¹2000—2009；²2000—2008；³2000—2007

图 15.37　2000—2010 年导致美国交通堵塞的各要素的百分比变化

虽然国家政策扶持的交通系统有助于避免交通拥挤恶化——仅 2000—2010 年乘坐公共交通工具的乘客数量就上升了 9.3%（2010 年第三季度乘坐公共交通工具的乘客数量达到 250 万人）[93]，但这与美国喜爱和依赖汽车的人员数量相比仍不能同日而语，而且许多人不能便利地使用公共交通工具。约 1.4 亿美国人的居住地离公共交通站点超过 0.4 千米（美国的规划者预计大多数人不会步行 0.4 千米再乘坐公共交通工具）。在小城镇和乡村社区，41%的居住人口根本没有乘坐过公共交通工具。[94]

城市观察 15.8　伦敦的交通拥挤费

1980—2010 年，世界范围内的机动车数量增长了一倍多，并且仍然在不断地增长[95]。许多城市的高速公路正变得越来越拥堵。2010 年从北京至内蒙古北部发生了一次长达 96 千米的交通拥堵，由于花了很长的时间才疏导成功，很多人们误以为这是世界上时间最长的交通拥堵。但实际上，世界上时间最长的交通堵塞（175 千米）是 1980 年发生于巴黎与里昂之间的大拥堵，那次拥堵是由糟糕的天气和人们滑雪度假集中返回共同引发的。英国是欧洲交通最拥堵的国家（见表 15.2），政府正致力于解决这一难题。

建造更多的公路是解决交通拥堵的一种途径，但其费用相当高昂，而且公路建设无法满足不断增长的需求，经常会遭到选民的反对。譬如在伦敦、巴黎这样的城市中心城区，已没有任何空间建造新的公路。一些城市尝试制定规章制度来减少拥堵。一些欧洲城市沿着城市中心的狭长老街道建立了大量的步行购物区。伴随着不同程度的成功，城市开始尝试配给制（见城市观察 7.4）。采取的另一种方法是加收交通拥堵费。通过加收拥堵费以阻止车辆进入城市中心的方法已经在一些城市中实行，如新加坡和斯德哥尔摩。

表 15.2　欧洲的交通拥堵情况

最拥挤的国家和城市	交通时间税*	年均损失时间	最拥挤的国家和城市	交通时间税*	年均损失时间
英国	*22.5*	*49.6*	*德国*	*19.7*	*43.3*
伦敦	25.0	54.9	鲁尔区***	23.3	51.4
曼彻斯特	32.8	72.2	汉堡	20.3	44.6
贝尔法斯特	28.2	62.0	柏林	16.0	35.2
纽卡斯尔	28.2	62.1	法兰克福	21.6	47.6
比荷卢经济联盟 **	*21.1*	*41.5*	**法国**	*14.3*	*31.4*
布鲁塞尔	29.8	65.5	巴黎	32.0	70.4
阿姆斯特丹	29.7	65.3	里昂	15.7	34.6
安特卫普	29.5	64.9	里尔	22.9	50.4
卢森堡	21.6	47.4	利蒙日	15.6	34.4

*高峰时间额外花费的时间百分比。**比利时、荷兰、卢森堡。***包括多特蒙德、杜伊斯堡、埃森。来源：Inrix, *National Traffic Scorecard 2010 Edition*, Kirkland, WA: Inrix, 2010.

在伦敦，由于白天的平均交通速度已降至 16 千米/小时以下（自汽车问世以来最低的平均交通速度），且空气污染和交通噪声逐渐呈常态化，伦敦市的官员决定自 2003 年起，对进入内环路 20 平方千米内地带（城市交通最拥挤区域）的机动车司机收取每天 5 英镑的交通拥堵费（见图 15.38），司机可以预先支付，也可以在白天行车过程中通过多种方式支付（通过网络、电话、手机短信支付，在任选零售店亲自支付，在邮局、加油站、停车场的自动服务机上支付，或通过邮件支付），从早上 7:00 到下午 6:30，400 个不同地点安装

图 15.38　机动车进入伦敦 20 平方千米的收费交通拥堵区（伦敦中心最拥挤的地区）须额外付费

的摄像头持续拍摄在工作日进入该区域的所有车辆。每天晚上通过车牌号码自动识别（ANPR）系统，将录像信息与已付费司机的信息进行比对，并对至当天午夜仍然没有付费的司机给予高额罚款。对于坚持不交费的人，他们的车会被"夹住"或被拖走。出租车、应急服务车辆、摩托车、电动车等免收费用。住在这一区域内的居民可以享受 90% 的减免。2007 年，堵车费上涨到 8 英镑每天，同时时间缩短了 30 分钟，改为到下午 6:00 为止，以鼓励人们光顾市区内的剧院、餐馆和酒吧。2011 年，该收费上涨到 11 英镑每天。

虽然初衷是为了减少交通流量并缓解道路的拥挤情况，但拥堵费和法规不同的是，它同时还能创收并重新投入城市的交通系统。预计每年有 1.48 亿英镑的收入专门用于改善伦敦的交通状况。虽然收费时段内公交乘客的数量上升了 6%，但许多开车人士宁愿开车进入市中心也不愿意乘坐公交车。实际上，虽然在实行拥堵费制度后交通拥堵情况有所改善，但目前已经恢复到收费之前的水平。

15.9　未来的持续发展问题

仅在 iPad 电子书中出现的 1.6 千米高的摩天大楼、太空船式的车辆以及生态和谐的城市，是给那些梦想家预备的。我们现在知道，人类进步的胜利和对技术的征服，在城市化的进程中留下的烙印是不均衡的。未来大都市区的概念（无论怎么分类：不管是良性的还是恶性的，是生态的还是技术的）都只是一种狂想，是一个尚未实现的美梦或噩梦。未来大都市和城市生活中仅有的星星之火将承担着这种急剧变革的印记。然而大都市和城市生活的基本结构将会如目前所在并如大多数人所认为的

那样，是当前的延续和演进。

未来其实已经发生，它蕴含在 21 世纪城市的自然、制度和社会结构中。未来将从本书所述城市化的方方面面中产生。尽管现在还不能详细地描绘未来的景象，但我们可以相当自信地确定我们城市未来将包括的及将不包括的一般轮廓。

最后的一点将提醒我们，即使在未来，我们也绕不开城市化的这些问题。和城市未来的总体轮廓一样，我们还能从当前城市变化的轨迹中发现这些问题的来源。因此，以交通拥堵为例，这个问题几乎不可避免地会持续下去，甚至可能会更严重，因为多城市中心的发展和中心城区的改造，会使人们的工作和住房之间的空间关系变得越发复杂，因此通勤距离的缩短毫无指望。可以肯定的是，基础设施的不足和退化引起的城市化问题，在美国这样的富裕国家，相当一部分的公路、桥梁、供水管道和污水管道目前已达到或接近预期的使用年限；而在许多欠发达国家，由于市政资金有限而无法提供足够的基础设施来满足迅速增加的城市人口的需要。

污染和环境恶化的问题稍微有些不确定，但这些问题在一些欠发达国家的城市正日趋严重，这些国家拿不出太多的资源来应对环境问题，因为还有更紧迫的问题需要解决，譬如贫困、糟糕的住房，以及服务和交通基础设施的不足。但政策的变化可以有力地执行某些运动，譬如**城市可持续发展**和**绿色城市主义**，一些富裕的国家通过立法的方式，极大地改善了空气和水的质量，譬如欧洲国家。在这一方面，正在变老的婴儿潮一代将成为变革的强有力支持者，这代人在 20 世纪 60 年代发起的激进的反主流文化运动，已经证明了他们在政治变革方面的能力。现在他们已经有了稳定的住房、家庭和职业，有些已经退休，既有可支配的收入，又有可支配的时间，或许他们在改善环境质量这项事业中会重新焕发激情。图 15.39 显示了为保证都市区的可持续发展还需要进行的改变。但必须承认的是，目前尚无实际的证据表明在那些汽车的拥有已根深蒂固的国家，人们的态度会真正发生大的变化。因此更清醒的预测或许是，随着城市化在世界范围内大部分地区的不断扩大，污染和环境恶化问题将会扩大与加剧。

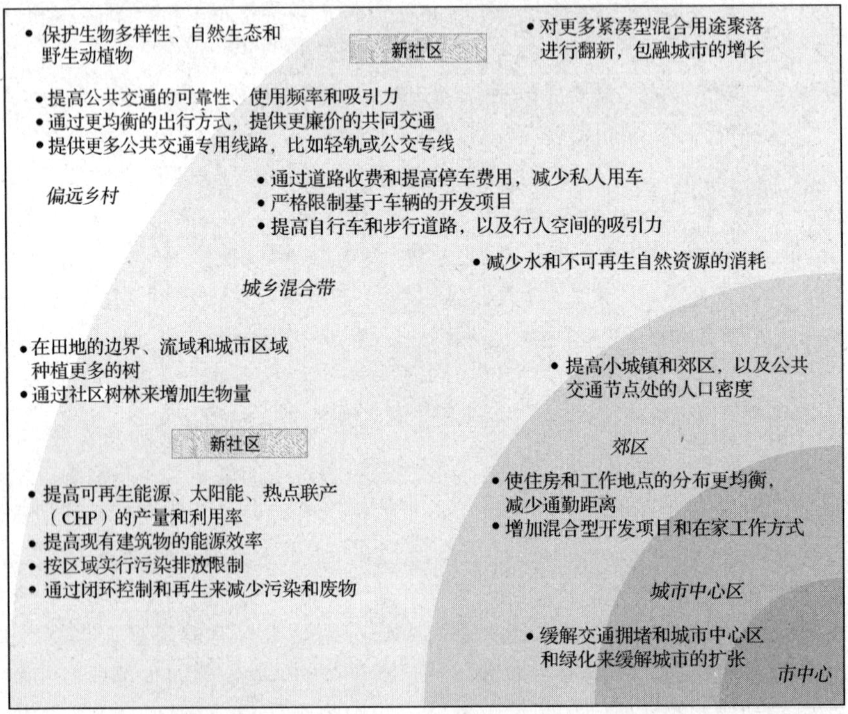

图 15.39　确保都市区可持续发展所需的一些改变

除非当前的城市治理格局发生激进的改革，否则在全世界的城市中，未来将会见证财政压力问题的延续，进而导致伴随着市政服务不足问题。以美国为例，只要城市人口仍以低收入者为主，只要半熟练、中等级别的工作仍继续流失，中心城区的政府在为学校、警务和其他重要的公共服务筹集必要的资金时，将面临更大的困境。以上两个趋势看起来一定会持续到不远的未来，至少会持续到中心城区开始进行大规模改造为止，那时低收入人群会被迫迁入老郊区。这一趋势并不会解决财政压力的问题，只会在空间上把问题转移出去，这样一来，将来居住在一些老郊区的人们很可能会经历目前只有中心城区的人已经经历的财政压力。

最后，可以肯定的是，贫困的问题仍将会持续存在。但随着都市区格局的巨大变化，其中的贫民窟问题会像财政压力问题一样转移到都市区的周边地带。除了这些根本性的、似乎难以解决的经济和社会不平等问题之外，我们也能预计某些其他问题也将持续存在：在美国和德国这样的更富裕国家，某些少数族裔中的最弱势人员所经历的一些特定的社会文化问题，遏制暴力犯罪问题，和应对吸毒的问题；在欠发达国家中低于世界银行定义的每天 1.25 美元的国际贫困线下越来越多的城市人口数量，依靠非正规经济部门的人口比例增大，和应对城市健康问题等。考虑到近期的经济变化可能带来的影响，与贫困相关的问题不仅会持续存在，并且会进一步加剧。根据这种预测，可能会因另一场危机（或只是对"9·11"恐怖袭击后另一场迫在眉睫危机的预感）而引发新一轮的政策和规划活动。当然，最关键的问题是：我们能否找到更有效的方式，对城市的变化和城市问题进行规划与管理，以惠及城市的所有居民？

关键术语

Brownfield 棕地
contagion effect 传染效应
culture of poverty 贫穷文化
cycle of poverty 贫困循环
defensible space 防御空间
dual city 二元城市
feminization of poverty 贫困女性化
greenfield 绿地

greyfield 灰地
labeling 标记
social construction of problems 社会建构问题
spatial mismatch 空间失配
spiral of decay 螺旋式衰退
slums 贫民窟
urban dust domes 城市粉尘罩

复习题

1. 请观看一段关于城市内部问题的教育视频。你对其中提出的论点和解释有什么看法。一个经典的视频是《黑人内城贫困的解决之道》（*Solving Black Inner-City Poverty*），其中比尔·摩耶斯就城市内部黑人的贫困问题采访了威廉·尤利乌斯·威尔逊博士（Princeton, N.J.: Films for the Humanities and Sciences, 2004）。

2. 本书中提到贫困无可争辩地是城市和城市内部最紧迫的问题。请问你所在的城市中，有多少人处于世界银行贫困线以下（可在图书馆或上网查询人口普查资料与出版物）。这些贫困人口具有什么特征（年龄、性别、种族和居住地）？他们居住在什么街区？

3. 要实现城市的可持续发展，你认为面临哪些挑战？又有哪些机遇？你希望看到哪些有助于提高城市可持续性发展的政策付诸实施？

4. 充实你的资料夹。翻阅城市的报纸很有帮助；在图书馆中或网络上寻找关于城市问题的报纸，并根据问题的类型（犯罪、环境、基础设施）对它们进行分类。请结合本章讨论的主题，谈谈你的发现，尤其要关注：（1）城市问题和城市内部问题，以及社会建构问题；（2）新闻报道中特定问题与特定发生地点之间的关系。如何将这些发现与你发现的城市贫困问题关联起来？

注　　释

第1章

1. R. J. Johnston, "The World Is Our Oyster," *Transactions of the Institute of British Geographers* 9 (1984): 444.
2. See the Heidelberg Project's Web site at *http://www.heidelberg .org/* and Bruner Foundation at *http://www.brunerfoundation .org/rba/pdfs/2005/5_Heidelberg.pdf.*
3. See the U.S. Department of Commerce census web pages (*http://2010.census.gov/2010census/index.php*).
4. G. Ritzer, *The McDonaldization of Society: Revised New Century Edition* (Thousand Oaks, Calif.: Pine Forge Press, 2004).

第2章

1. P. Wheatley, *The Pivot of the Four Quarters* (Edinburgh: Edinburgh University Press, 1971), xviii.
2. W. Sjoberg, "The Origin and Evolution of Cities," *Scientific American*, September (1965): 55–56.
3. See V. G. Childe, "The Urban Revolution," *Town Planning Review* 21 (1950): 3–17; H. Carter, *An Introduction to Urban Historical Geography* (London: Edward Arnold, 1983), 2.
4. The account in Urban View 2.1 is paraphrased from B. D. del Castillo, *The Discovery and Conquest of Mexico, 1517–1521* (London: RoutledgeCurzon, 1928).
5. Childe, "The Urban Revolution."
6. L. Woolley, "The Urbanisation of Society," in *History of Mankind*, eds. J. Hawkes and L. Woolley, *The Beginnings of Civilisation*, Vol. 1, Part 2 (Paris: UNESCO, 1963), 109–67.
7. K. A. Wittfogel, *Oriental Despotism: A Comparative Study of Total Power* (New Haven, Conn.: Yale University Press, 1957).
8. E. Boserup, *Population and Technology* (Oxford, UK: Blackwell, 1981).
9. J. Jacobs, *The Economy of Cities* (New York: Random House, 1969).
10. M. Weber, *The City.* Translated and edited by D. Martindale and G. Neuwirth (New York: The Free Press, 1958).
11. Wittfogel, *Oriental Despotism.*
12. Wheatley, *The Pivot of the Four Quarters*, 298–99.
13. W. Sjoberg, *The Pre-Industrial City, Past and Present* (Glencoe, Ill.: Free Press, 1960).
14. Wheatley, *The Pivot of the Four Quarters*, 298–99.
15. Ibid., 318.
16. A. E. J. Morris, *History of Urban Form: Before the Industrial Revolution*, 3rd ed. (London: Pearson Education, 1994).
17. Sjoberg, *The Pre-Industrial City, Past and Present.*
18. L. Woolley, *Ur of the Chaldees: A Record of Seven Years of Excavation* (New York: W. W. Norton & Company, 1965), 423–25.
19. Morris, *History of Urban Form.*
20. See Sjoberg's excellent account of urban expansion in *The Pre-Industrial City, Past and Present.*
21. C. Chant and D. Goodman, eds., *Pre-Industrial Cities & Technology* (London: Routledge, 1999), 56–58.
22. A. Kriesis, *Greek Town Building* (Athens: F. Constantinidis & C. Michalas, 1965), 126.
23. Morris, *History of Urban Form*, 56–61.
24. Sjoberg, *The Pre-Industrial City, Past and Present*, 55.
25. Morris, *History of Urban Form*, 92.
26. Ibid., 98.
27. M. Bishop, *The Penguin Book of the Middle Ages* (Harmondsworth, UK: Penguin Books, 1971), 209.
28. F. Engels, *The Condition of the Working Class in England* (translated and edited by W. O. Henderson and W. H. Chaloner, Stanford: Stanford University Press, 1968).
29. J. G. Kohl, *England and Wales* (London: Frank Cass, 1844. Reprinted in 1968 by Augustus M. Kelley, Publishers, New York), 146.
30. M. Pacione, *Glasgow: The Socio-Spatial Development of the City* (Chichester, UK: John Wiley & Sons, 1995), 84–86.

第3章

1. Based on C. Bridenbaugh, *Cities in the Wilderness: The First Century of Urban Life in America 1625–1742* (Oxford: Oxford University Press, 1938).
2. Ibid., 60.
3. Ibid., 85.
4. Ibid., 239.
5. Ibid., 63–64.
6. Ibid., 64.
7. Ibid., 70.
8. Ibid., 72.
9. W. Sjoberg, *The Pre-Industrial City, Past and Present* (Glencoe, Ill.: Free Press, 1960).
10. J. E. Vance, Jr., "Land Assignment in Pre-Capitalist, Capitalist and Post-Capitalist Cities," *Economic Geography* 47 (1971): 101–120.
11. J. P. Radford, "Testing the Model of the Pre-Industrial City: The Case of Ante-Bellum Charleston, South Carolina," *Transactions of the Institute of British Geographers* 4 (1979): 392–410.
12. G. K. Zipf, *Human Behavior and the Principle of Least Effort* (Reading, Mass.: Addison-Wesley, 1949).
13. M. Jefferson, "The Law of the Primate City," *Geographical Review* 29 (1939): 231.
14. W. Christaller, *Central Places in Southern Germany*, trans. C. W. Baskin (Englewood Cliffs, N.J.: Prentice Hall, 1966). Originally published by Gustav Fischer, Jena, 1933.
15. J. U. Marshall, *The Structure of Urban Systems* (Toronto: University of Toronto Press, 1989), 278.
16. J. S. Adams, "Residential Structure of Midwestern Cities," *Annals of the Association of American Geographers* 60 (1970): 37–62.
17. D. Ward, *Poverty, Ethnicity, and the American City, 1840–1925: Changing Conceptions of the Slum and the Ghetto* (Cambridge, UK: Cambridge University Press, 1989).
18. S. B. Warner, Jr., *The Urban Wilderness* (New York: Harper & Row, 1972), 19.
19. Ibid.
20. See, for example, the analysis of locational conflict within Worcester, Mass., during the nineteenth century in W. B. Meyer and M. Brown, "Locational Conflict in a Nineteenth Century City," *Political Geography Quarterly* 8 (1989): 107–22.
21. L. Mumford, *The City in History* (London: Secker and Warburg, 1961), 461.
22. C. G. Kennedy, "Commuter Services in the Boston Area 1835–1860," *Business History Review* 26 (1962): 277–87.
23. J. E. Vance, Jr., "Housing the Worker: The Employment Linkage as a Force in Urban Structure," *Economic Geography* 42 (1966): 294–325.

24. R. Yates, *Revolutionary Road* (New York: Vintage Books, 1961), pp. 125–26.

25. R. McKenzie, *The Metropolitan Community* (New York: McGraw-Hill, 1933).

26. R. Hurd, *Principles of City Land Values* (New York: The Record and Guide, 1903), 13.

27. W. Alonso, "A Theory of the Urban Land Market," *Papers and Proceedings of the Regional Science Association* 6 (1960): 149–58.

28. H. Hoyt, *The Structure and Growth of Residential Neighborhoods in American Cities* (Washington, D.C.: Federal Housing Administration, 1939).

29. See B. J. L. Berry, *Long-Wave Rhythms in Economic Development and Political Behavior* (Baltimore, Md.: Johns Hopkins University Press, 1991), 32–33.

30. P. J. Hugill, "Good Roads and the Automobile in the United States, 1880–1929," *Geographical Review* 72 (1982): 327–49.

31. H. P. Chudacoff and J. E. Smith, *The Evolution of American Urban Society*, 5th ed. (Upper Saddle River, N.J.: Prentice Hall, 2000), 219.

32. H. Reasoner, CBS News, *60 Minutes*, cited in *Building American Cities*, eds. J. Feagin and R. Parker, 2nd ed. (Englewood Cliffs, N.J.: Prentice Hall, 1991), 156.

33. Ibid., 157.

34. D. Schaffer, *Garden Cities for America: The Radburn Experience* (Philadelphia: Temple University Press, 1982), 173–74, 177.

35. Jackson, *Crabgrass Frontier*, 193.

36. W. Leach, "Transformations in a Culture of Consumption," *Journal of American History* 71 (1984): 326, cited in Chudacoff and Smith, *The Evolution of American Urban Society*, 221.

37. C. D. Harris and E. L. Ullman, "The Nature of Cities," *Annals, American Academy of Political and Social Science* CCXLII (1945): 7–17.

第 4 章

1. Based on K. T. Jackson, *Crabgrass Frontier: The Suburbanization of the United States* (New York: Oxford University Press, 1985); E. Schram, "The Pig Stand: The First Fast Food Drive-in," *U.S. News and World Report*, 2005.

2. Jackson, Crabgrass Frontier, 264.

3. J. Borchert, "Major Control Points in American Economic Geography," *Annals of the Association of American Geographers* 68 (1978): 230.

4. Peter Hall, *Cities of Tomorrow*, 3rd ed. (New York: Basil Blackwell, 2002), 316–319.

5. Robert Beauregard, *When America Became Suburban* (Minneapolis: University of Minnesota Press, 2006), 6.

6. A. Scott, *Metropolis: From the Division of Labor to Urban Form* (Berkeley, Calif.: University of California Press, 1989).

7. J. A. Casazza et al., *Shopping Center Development Handbook* (Washington, D.C.: Urban Land Institute, 1985), 16.

8. Pierre Filion. "Growth and Decline in the Canadian Urban System," *GeoJournal* 74 (2009): 403–13.

9. Ibid.

10. Gary Sands, "Prosperity and the New Economy in Canada's Major City Regions," *GeoJournal* 74 (2009): 1–14.

11. Filion, *GeoJournal*.

12. J. K. Galbraith, *The Affluent Society*, 4th ed. (Boston: Houghton Mifflin, 1984).

13. P. Harvey, "As College Graduates Hit the Workforce, So Do More Entitlement-Minded Workers," University of New Hampshire website, May 17, 2010 (*http://www.unh.edu/news/cj_nr/2010/may/lw17gen-y.cfm*).

14. K. Eckert, "The Boomerang Generation Goes Greek," *Suite101 .com*, March 5, 2011 (*http://www.suite101.com/content/the-boomerang-generation-a355926*).

15. Pew Research Center, *Millenials: Confident, Connected, Open to Change* (Washington, D.C.: Pew Research Center, 2010).

16. The Project on Student Debt (*http://www.projectonstudentdebt .org/*).

17. AFL-CIO, Young Workers: A Lost Generation (Washington, D.C.: AFL-CIO, 2009).

18. See L. McCarthy and C. Johnson, "Cities of Europe," in *Cities of the World: World Regional Urban Development*, eds. S. Brunn, M. Hays-Mitchell, and D. Zeigler, 4th ed. (Lanham, Md.: Rowman & Littlefield, 2011).

19. N. Brenner and N. Theodore, "Cities and the Geography of 'Actually Existing Neoliberalism,'" in *Spaces of Neoliberalism. Urban Restructuring in North America and Western Europe*, eds. N. Brenner and N. Theodore, (Oxford: Blackwell, 2002), 21.

20. B. Ó hUallacháin and N. Reid, "The Location and Growth of Business and Professional Services in American Metropolitan Areas, 1976–1986," *Annals of the Association of American Geographers* 81 (1991): 254–70.

21. R. J. Stimson and S. Baum, "Cities of Australia and the Pacific Islands," in *Cities of the World: World Regional Urban Development*, eds. S. D. Brunn, J. F. Williams, and D. J. Zeigler, 3rd ed. (Lanham, Md.: Rowman & Littlefield, 2003), 456–88.

22. B. Badcock, "The Imprint of the Post-Fordist Transition on Australian Cities," in *Globalizing Cities: A New Spatial Order?*, eds. P. Marcuse and R. van Kempen (Oxford: Blackwell, 2000), 225.

23. UN-Habitat (United Nations Centre for Human Settlements), *Cities in a Globalizing World: Global Report on Human Settlements 2001* (London: Earthscan Publications, 2001), 6.

24. S. Graham and S. Marvin, *Splintering Urbanism* (New York: Routledge, 2001).

25. The discussion of Japanese cities draws heavily on J. F. Williams and K. W. Chan, "Cities of East Asia," in *Cities of the World: World Regional Urban Development*, eds. S. D. Brunn, J. D. Williams and D. J. Ziegler, 3rd ed. (Lanham, Md: Rowman & Littlefield, 2003), 412–55.

26. Michael Dear, "Comparative Urbanism," *Urban Geography* 26 (2005):248.

27. Ulrich Beck, W. Bonss, and C. Lau, "The Theory of Reflexive Modernization," *Theory, Culture, and Society* 20 (2003):1–33

28. Robert Lang and Paul Knox, "The New Metropolis: Rethinking Megalopolis," *Regional Studies*, 43, 2009, 789–802.

29. D. Sudjic, *The 100-mile City* (New York: Andre Deutsch, 1999).

30. Robert E. Lang and Jennifer B. LeFurgy, *Boombelts: The Rise of America's Accidental Cities* (Washington, D.C.: Brookings Institution Press, 2007); Haya El Nasser, "Housing Bust Halts Growing Suburbs," *USA Today*, November 20, 2009.

31. R. Fishman, *Bourgeois Utopias* (New York: Basic Books, 1987).

第 5 章

1. United Nations, *World Urbanization Prospects: The 2009 Revision* (*http://esa.un.org/unpd/wup/index.htm*); *World Population Prospects: The 2008 Revision* (*http://esa.un.org/unpd/wpp2008/index.htm*). (New York: Department of Economic and Social Affairs, Population Division, 2010; 2009).

2. S. Pyne and E. German, "The Dreams of Dhaka's Garment Girls," *Global Post*, September 8, 2010, *http://www.globalpost .com/*.

3. United Nations, *World Urbanization Prospects: The 2009 Revision*.

4. M. Qadeer, "Urbanization by Implosion," *Habitat International* 28 (2004): 1–12.

5. S. Pavanello, S. Elhawary, and S. Pantuliano, *Hidden and Exposed: Urban Refugees in Nairobi, Kenya*, working paper (London, Humanitarian Policy Group, 2010).

6. B. Stark-Merklein, "In Central African Republic, Newly Settled Nomadic Children go to School," *www.unicef.org/*.

7. W. W. Rostow, *The Stages of Economic Growth: A Non-Communist Manifesto* (Cambridge, UK: Cambridge University Press, 1960).

8. G. Myrdal, *Economic Theory and Underdeveloped Regions* (London: Duckworth, 1957).

9. A. O. Hirschman, *The Strategy of Economic Development* (New Haven, Conn.: Yale University Press, 1958).

10. F. Perroux, "Note Sur la Notion de Pole de Croissance" (1955), in *Development Economics and Policy: Selected Readings*, ed. I. Livingstone, 1979 (London: Allen and Unwin, 1979), 182–87.

11. J. Friedmann, *Regional Development Policy* (Cambridge, Mass.: MIT Press, 1966).

12. M. Lipton, *Why Poor People Stay Poor: Urban Bias in World Development* (Cambridge, Mass.: Harvard University Press, 1977).

13. A. G. Frank, *Capitalism and Underdevelopment in Latin America: Historical Studies in Chile and Brazil* (New York: Monthly Review Press, 1967), 146–47.

14. Wallerstein, *The Politics of the World-Economy*.

15. See section in Chapter 1 on approaches to urban geography.

16. A. Gilbert and J. Gugler, *Cities, Poverty and Development: Urbanization in the Third World*, 2nd ed. (Oxford, UK: Oxford University Press, 1992), 44.

17. Ibid.

18. D. A. Smith, *Third World Cities in Global Perspective: The Political Economy of Uneven Urbanization* (Boulder, Colo.: Westview Press, 1996), 8.

19. Drakakis-Smith's account forms the basis of this discussion. See D. Drakakis-Smith, *Third World Cities*, 2nd ed. (London: Routledge, 2000), 46–49.

20. A. D. King, *Urbanism, Colonialism, and the World Economy: Cultural and Spatial Foundations of the World Urban System* (London: Routledge, 1990).

21. D. Simon, *Cities, Capital and Development: African Cities in the World Economy* (London: Belhaven Press, 1992), 25–33.

22. Drakakis-Smith, *Third World Cities*.

23. Myrdal, *Economic Theory and Underdeveloped Regions*.

24. United Nations Human Settlements (UN Habitat), *Global Report on Human Settlements 2003: The Challenge of Slums* (London: Earthscan, 2003).

25. Ibid., p. 53.

26. This Urban View is based on page 5 in United Nations Population Fund (UNFPA), *State of World Population 2007: Unleashing the Potential of Urban Growth.* (New York: UNFPA, 2007).

27. Ibid., 6.

第6章

1. M. Landsberg, "A Day in the Life of a Haiti Tent City," *Los Angeles Times*, January 27, 2010; F. Grimm, "In Haiti's Tent Cities, a Return to Normalcy is Unimaginable," *Miami Herald,* July 12, 2010.

2. C. S. Sargent, "The Latin American City," in *Latin America and the Caribbean: A Systematic and Regional Survey*, eds. B. W. Blouet and O. M. Blouet (New York: John Wiley & Sons, Inc., 2002), 167–68.

3. See L. R. Ford, "A New and Improved Model of Latin American City Structure," *The Geographical Review* 86 (1996): 437–40.

4. W. K. Crowley, "Modeling the Latin American City," *Geographical Review* 88 (1998): 127–30; W. K. Crowley, "Order and Disorder— A Model of Latin American Urban Land Use," in *Yearbook of the Association of Pacific Coast Geographers* 57, ed. D. E. Turbeville III (Corvallis, Ore.: Oregon State University Press, 1995), 9–31.

5. D. D. Arreola and J. R. Curtis, *The Mexican Border Cities: Landscape Anatomy and Place Personality* (Tucson, Ariz.: The University of Arizona Press, 1993), 69.

6. M. Hays-Mitchell and B. J. Godfrey, "Cities of South America," in *Cities of the World: World Regional Urban Development*, eds. S. D. Brunn, D. J. Zeigler, and M. Hays-Mitchell, 5th ed. (Lanham, Md.: Rowman & Littlefield, 2011).

7. C. C. Diniz, "Polygonized Development in Brazil: Neither Decentralization nor Continued Polarization," *International Journal of Urban and Regional Research* 18 (1994): 293–314.

8. United Nations, *Urban Land Policies and Land-Use Control Measures: Volume 1. Africa* (New York: UN Department of Economic and Social Affairs, 1973), 10.

9. A. O'Connor, *The African City* (London: Hutchinson & Co., 1983).

10. R. J. Davis, "The Spatial Formation of the South African City," *GeoJournal* Supplementary Issue 2 (1981): 59–72.

11. A. Mehretu and C. Mutambirwa, "Cities of Sub-Saharan Africa," in *Cities of the World: World Regional Urban Development*, eds. S. D. Brunn, D. J. Zeigler, and M. Hays-Mitchell, 5th ed. (Lanham, Md.: Rowman & Littlefield, 2011).

12. D. Crary, "Soccer in South Africa: Long Legacy of Barrier-Busting," in *USA Today*, 6/3/2010.

13. Ibid.

14. A. Lemon, ed., *Homes Apart: South Africa's Segregated Cities* (London: Paul Chapman Publishing Ltd., 1991).

15. C. Newton, "The Reverse Side of the Medal: About the 2010 FIFA World Cup and the Beautification of the N2 in Cape Town,"*Urban Forum* 20 (2009): 93–108.

16. D. J. Zeigler, "Cities of the Greater Middle East," in *Cities of the World: World Regional Urban Development*, eds. S. D. Brunn, D. J. Zeigler, and M. Hays-Mitchell, 5th ed. (Lanham, Md.: Rowman & Littlefield, 2011).

17. S. Lowder, *The Geography of Third World Cities* (Totowa, N.J.: Barnes & Noble Books, 1986), 29–31.

18. D. J. Zeigler, *Cities of the World*.

19. Ibid., Zeigler's description of these cities forms the basis for this discussion.

20. Ibid.

21. B. Macintyre, "Towering ambition always comes before a fall," in *Times*, 12/13/2009.

22. Ibid.

23. J. Hari, "The Dark Side of Dubai," in *Independent*, 4/7/2009.

24. A. K. Dutt and G. M. Pomeroy, "Cities of South Asia," in *Cities of the World: World Regional Urban Development*, eds. S. D. Brunn, D. J. Zeigler, and M. Hays-Mitchell, 5th ed. (Lanham, Md.: Rowman & Littlefield, 2011).

25. Based on R. Aspden, "The Bangalore Effect," in *Newstatesman*, January 30, 2006.

26. J. Goss, "Urbanization," in *Southeast Asia: Diversity and Development*, eds. T. R. Leinbach and R. Ulack (Upper Saddle River, N.J.: Prentice Hall, 2000), 110–132.

27. T. G. McGee, *The Southeast Asian City: A Social Geography of the Primate Cities of South East Asia* (New York: Frederick A. Praeger, Publishers, 1967).

28. J. Goss, "Urbanization," in *Southeast Asia: Diversity and Development*.

29. T. G. McGee, *The Southeast Asian City*, 128.

30. T. G. McGee and I. M. Robinson, *The Mega-Urban Regions of Southeast Asia* (Vancouver: UBC Press, 1995), ix–x.

31. T. G. McGee, "The Emergence of Desakota Regions in Asia: Expanding a Hypothesis," in *The Extended Metropolis: Settlement Transition in Asia*, eds. N. Ginsburg, B. Koppel, and T. G. McGee (Honolulu: University of Hawaii Press, 1991), 3–25.

32. See N. Ginsburg, B. Koppel, and T. G. McGee, *The Extended Metropolis*.

33. Ibid.

34. Ibid.

35. C. Olds, *Globalization and Urban Change: Capital, Culture, and Pacific Rim Mega-Projects* (Oxford, UK: Oxford University Press, 2001).

36. B. Larmer, "Shanghai Dreams," *National Geographic Magazine*, March (2010).

37. J. F. Williams and K. W. Chan, "Cities of East Asia," in *Cities of the World: World Regional Urban Development*, eds. S. D. Brunn, D. J. Zeigler, and M. Hays-Mitchell, 5th ed. (Lanham, Md.: Rowman & Littlefield, 2011).

38. C. P. Lo, "Shaping Socialist Chinese Cities: A Model of Form and Land Use," in *China: Urbanization and National Development*, Department of Geography Research Paper No. 196, eds. C-K. Leung and N. Ginsburg (Chicago: University of Chicago, 1980), 130–55.

39. A. K. Dutt, Y. Xie, F. J. Costa, and Z. Yang, "City Forms of China and India in Global Perspective," in *The Asian City: Processes of Development, Characteristics and Planning* (Dordrecht, The Netherlands: Kluwer Academic Publishers, 1994), 41.

40. Ibid.

41. A. K. Dutt, Y. Xie, F. J. Costa, and Z. Yang, "City Forms of China and India in Global Perspective," in *The Asian City: Processes of Development, Characteristics and Planning*, 43.

42. Q. Luo, "Shanghai: The 'Dragon Head' of China's Economy," *Issues & Studies* 33 (1997): 17–32.

43. V. F. S. Sit and C. Yang, "Foreign-Investment-Induced Exo-Urbanisation in the Pearl River Delta, China," *Urban Studies* 34 (1997): 647–77.

44. C. Shuck, "Labor is not a Commodity," *The International Labor Rights Forum*, blog (http://laborrightsblog.typepad.com/international_labor_right/2008/11/chinese-workers-poem-captures-factory-life.html).

第7章

1. Based on S. LaFraniere, "Cell Phone Frenzy in Africa, World's Top Growth Market," *New York Times*, August 26, 2005; Katine Chronicles blog, *Guardian.co.uk*, January 14, 2010, http://www.guardian.co.uk/katine/katine-chronicles-blog/2010/jan/14/mobile-phones-africa.

2. Ibid.

3. United Nations Centre for Human Settlements (UN-Habitat), *State of the World's Cities 2010/2011: Bridging the Urban Divide* (London: Earthscan, 2008).

4. J. Cohen, *Islamist Radicalism in Yemen*, backgrounder, June 29 (Washington, D.C.: Council on Foreign Relations, 2010).

5. D. Drakakis-Smith, *Third World Cities*, 2nd ed. (London: Routledge, 2000).

6. R. B. Potter and S. Lloyd-Evans, *The City in the Developing World* (Harlow, UK: Longman, 1998).

7. Ibid.

8. Based on A. Guillermoprieto, "Bolivia's Wrestlers," *National Geographic*, September 2008; R. Carroll and A. Schipani, "Bolivia: Welcome to Lucha Libre—The Sport for Men making Heroes of Women," *Guardian*, August 30, 2008.

9. Drakakis-Smith, *Third World Cities*

10. United Nations Centre for Human Settlements (UN-Habitat), *Cities in a Globalizing World*.

11. J. Stewart and P. Balchin, "Community Self-Help and the Homeless Poor in Latin America," *The Journal of the Royal Society for the Promotion of Health* 122 (2002): 99–107.

12. UNICEF and World Health Organization, *Progress on Drinking Water and Sanitation* (UNICEF, New York and WHO, Geneva, 2008).

13. Ibid.

14. M. Black, "Solutions for the Global Waste Problem," *Le Monde Diplomatique* February 12, 2010 (quoted in *Mother Pelican* 6 (2010):1).

15. Drakakis-Smith, *Third World Cities*.

16. Ibid.

17. United Nations Centre for Human Settlements (UN-Habitat), *Cities in a Globalizing World*.

18. See the United Nations website: http://www. unaids.org.

19. ILO (International Labor Office), *HIV/AIDS: A Threat to Decent Work, Productivity and Development* (Geneva: ILO, 2000).

20. E. Msiyaphazi Zulu, F. Nii-Amoo Dodoo, and A. Chika-Ezeh, "Sexual Risk-Taking in the Slums of Nairobi, Kenya, 1993–98," *Population Studies* 56 (2002): 311–23.

21. J. Maxwell, "Africa's Lost Generation," *CNNfyi.com*.

22. P. Newman, J. Kenworthy, and P. Vintila, *Housing, Transport and Urban Form* (Canberra, Australia: Institute for Science and Technology Policy, Murdoch University, 1992).

23. See G. S. Eskeland and T. Feyzioglu, "Rationing Can Backfire: The 'Day without a Car' in Mexico City," *The World Bank Economic Review* 11 (1997): 383–408.

24. L. Sweet, "Room to Live," *Healthy Cities for the Urban Century*, IDRC Briefing No. 4.

25. Eskeland and Feyzioglu, *The World Bank Economic Review*.

26. B. R. Gurjar, A. S. Nagpure, and T. P. Singh, "Air Quality in Megacities," in *Encyclopedia of Earth*, C. J. Cleveland (ed.) (Washington, D.C.: Environmental Information Coalition, National Council for Science and the Environment, 2008).

27. S. W. Williams, "'The Brown Agenda': Urban Environmental Problems and Policies in the Developing World," *Geography* 82 (1997): 17–26; World Bank, *Housing: Enabling Markets to Work*, A World Bank Policy Paper (Washington, D.C.: World Bank, 1993).

28. D. Drakakis-Smith, "Third World Cities: Sustainable Urban Development, 1," *Urban Studies* 32 (1995): 659–77.

29. G. McGranahan and D. Satterthwait, "Environmental Health or Ecological Sustainability: Reconciling the Brown and Green Agendas in Urban Development," in C. Pugh (ed.) *Sustainable Cities in Developing Countries* (London: Earthscan, 2000).

30. Massachusetts Institute of Technology's Environmental Strategies for Cities website (http://web.mit.edu/urbanupgrading/urbanenvironment/).

31. United Nations Centre for Human Settlements (UN-Habitat), *Cities in a Globalizing World*, 58.

32. Ibid.

33. United Nations Centre for Human Settlements (UN-Habitat), *An Urbanizing World: Global Report on Human Settlements, 1996* (Oxford, UK: Oxford University Press for UN-Habitat, 1996), 331, Box 9.25.

34. United Nations Centre for Human Settlements (UN-Habitat), *Cities in a Globalizing World*, 125, Box 10.4.

35. United Nations Centre for Human Settlements (UN-Habitat), *An Urbanizing World*, 313, Box 9.18.

36. F. Schuurman and T. van Naerssen, *Urban Social Movements in the Third World* (London: Routledge, 1989).

37. M. Castells, *The City and the Grassroots: A Cross-Cultural Theory of Urban Social Movements* (London: Arnold, 1983).

38. Schuurman and Naerssen, *Urban Social Movements in the Third World*.

39. Society for the Promotion of Area Resource Centres (SPARC) in India website: *http://www.sparcindia.org/*.

40. D. Musingo, "Masese Tenants Fail to Pay Loan," *New Vision Online* November 11, 2010 (*http://www.newvision.co.ug/*)

41. United Nations Centre for Human Settlements (UN-Habitat), *An Urbanizing World*, 422.

第8章

1. J. McKinley and M. Wollan, "Skaters Jump in as Foreclosures Drain the Pool," *New York Times,* December 28, 2008; J. Scelfo, "After the House is Gone," *New York Times,* October 22, 2008.

2. Harvey first outlined these ideas in a 1975 essay, "The Political Economy of Urbanization in Advanced Capitalist Societies: The Case of the United States," in *The Social Economy of Cities*, eds. G. Gappert and H. Rose (Beverly Hills, Calif.: Sage Publications), 119–163. He has subsequently developed them in a series of books and articles. See "The Urban Process Under Capitalism," *International Journal of Urban and Regional Research* 2 (1978): 101–31; *The Limits to Capital* (Oxford, UK: Basil Blackwell, 1982); and *The Urbanization of Capital* (Oxford, UK: Basil Blackwell, 1985).

3. R. J. King, "Capital Switching and the Role of Ground Rent: 1, Theoretical Problems," *Environment & Planning A* 21 (1989): 450.

4. Based on P. L. Knox and S. Pinch, *Urban Social Geography*, 6th ed. (London: Pearson, 2010), Chapter 6; M. Powell and J. Roberts, "Minorities Affected Most as New York Foreclosures Rise," *New York Times*, May 15, 2009.

5. A. Haila, "Four Types of Investment in Land and Property," *International Journal of Urban and Regional Research* 15 (1991): 348.

6. Harvey, *The Limits to Capital*, 347.

7. See A. Haila, "Land as a Financial Asset: The Theory of Urban Rent as a Mirror of Economic Transformation," *Antipode* 20 (1988): 79–101.

8. E. J. Kaiser and S. Weiss, "Public Policy and the Residential Development Process," *Journal of the American Institute of Planners* 36 (1970): 30–37.

9. The following description is based on sections of T. Baerwald, "The Site Selection Process of Suburban Residential Builders," *Urban Geography* 2 (1981): 339–57; and on P. Knox and S. Pinch, *Urban Social Geography*, 4th ed. (Harlow, UK: Pearson Education, 2000), 180–200.

10. J. Logan and H. Molotch, *Urban Fortunes: The Political Economy of Place* (Berkeley: University of California Press, 1987), 29–31.

11. Ibid., 30.

12. Figure 11.5 and the accompanying discussion are based on the outline of the development process given by Harvey Rabinowitz in *Urban Planning*, eds. A. J. Catanese and J. C. Snyder, 2nd ed. (New York: McGraw-Hill, 1988), 245–49.

13. Baerwald, "The Site Selection Process," 351.

14. J. R. Feagin and R. Parker, *Building American Cities. The Urban Real Estate Game* (Englewood Cliffs, N.J.: Prentice Hall, 1991), 21. Emphasis added.

15. D. R. Suchman, "Housing and Community Development," in *Development Trends 1989*, ed. D. Schwanke (Washington, D.C.: Urban Land Institute, 1990), 35.

16. Ibid., 23.

17. *Architectural Record* (June 1937), 9. Quoted in S. Zukin, "The Postmodern Debate over Urban Form," *Theory, Culture and Society* 5 (1988): 437–38.

第9章

1. C. Hsu, "Rise and Ruin: Making Hats for Hollywood on Buffalo's East Side," *The Buffalo Story Project*, blog posted April 17, 2010 (*http://buffalostoryproject.com/2010/04/17/rise-and-ruin/*); The Custom Hatter website (*http://www.custom-hatter.com/*); Forgotten Buffalo website (*http://www.forgottenbuffalo.com/buffalospoloniahistory.html*).

2. M. Farnsworth Riche, *The Implications of Changing U.S. Demographics for Housing Choice and Location in Cities* (Washington, D.C.: The Brookings Institution, 2001).

3. L. Bourne, *The Geography of Housing* (London: Edward Arnold, 1981), 23.

4. Sweat equity is a term generally used to describe an increase in the value of residential property that results from householders' unpaid labor in remodeling and refurbishing.

5. D. W. Harvey, *Society, the City and the Space-Economy of Urbanism* (Washington, D.C.: Association of American Geographers, College Resource Paper no. 18, 1972), 16.

6. Bourne, *The Geography of Housing*, 14–15.

7. Jeffrey M. Hornstein, *A Nation of Realtors. A Cultural History of the Twentieth-Century American Middle Class* (Durham, NC: Duke University Press, 2005), 7.

8. Ibid., p. 121.

9. D. Terry, "The Final Farewell at Cabrini-Green," *Chicago News Cooperative*, December 9, 2010; E. Schmall, "Last Resident of Chicago's Cabrini-Green faces Uncertain Future," *AOL News*, December 9, 2010 (*http://www.aolnews.com*).

10. Chicago Guy, "Cabrini-Green's Last Tenant," *Open Salon*, December 10, 2010 (*http://open.salon.com/blog/chicago_guy/2010/12/10/cabrini_greens_last_tenant*).

11. C. Whitehead and K. Scanlon, *Social Housing in Europe* (London: London School of Economics, 2007).

12. HUD (U.S. Department of Housing and Urban Development), *A Picture of Subsidized Households—2008* (Washington, D.C.: Office of Policy Development and Research, 2008).

13. J. S. Fuerst, ed., *Public Housing in Europe and America* (London: Croom Helm, 1974).

14. This discussion is based on L. McCarthy and C. Johnson, "Cities of Europe," in *Cities of the World: World Regional Urban Development*, eds. S. Brunn, M. Hays-Mitchell, and D. Zeigler, 5th ed. (Lanham, Md.: Rowman & Littlefield, 2011).

15. D. Ley, *A Social Geography of the City* (New York: Harper & Row, 1983), 238–39. Emphases added.

16. M. T. Cadwallader, "A Unified Model of Urban Housing Patterns, Social Patterns and Residential Mobility," *Urban Geography* 2 (1981): 115–30.

17. This discussion is based on L. McCarthy and C. Johnson, "Cities of Europe," in *Cities of the World: World Regional Urban Development*, eds. S. Brunn, M. Hays-Mitchell, and D. Zeigler, 5th ed. (Lanham, Md.: Rowman & Littlefield, 2011).

18. P. H. Rossi, *Why Families Move: A Study in the Social Psychology of Urban Residential Mobility* (New York: Free Press, 1955).

19. L. A. Brown and E. G. Moore, "The Intra-Urban Migration Process: A Perspective," *Geografiska Annaler* 52B (1970): 1–13.

20. E. W. Butler et al. *Moving Behavior and Residential Choice: A National Survey.* National Cooperative Highway Research Program Report no. 81 (Washington, D.C.: Highway Research Board, 1969).

21. See, for example, J. O. Huff, "Geographic Regularities in Residential Search Behavior," *Annals of the Association of American Geographers* 76 (1986): 208–27.

22. See, for example, W. A. V. Clark, "Residential Segregation in American Cities: A Review and Interpretation," *Population Research and Policy Review* 5 (1986): 95–127; G. Galster, "Residential Segregation in American Cities: A Further Response to Clark," *Population Research and Policy Review* 8 (1989): 181–92; and W. A. V. Clark, "Residential Segregation in American Cities: Common Ground and Differences in Interpretation," *Population Research and Policy Review* 8 (1989): 193–97.

23. See, for example, S. Kim and G. D. Squires, "The Color of Money and the People Who Lend It," *Journal of Housing Research* 9 (1998): 271–84, which found that the likelihood of home loan approval for black or Hispanic applicants increases as the proportion of black or Hispanic employees, and particularly administrative and professional workers, increases at a lending institution. This finding is consistent with the "cultural affinity" hypothesis: When more employees at a lending institution are from a particular community, they may be better placed to obtain information from marginal applicants and approve applications that do not clearly meet all the objective indicators. At the same time, other reasons for the relationship could be the minority loan officer's knowledge of, or sympathy with, fair lending concerns, the influence of minority coworkers on white loan officers, and self-selection.

24. R. E. Pahl, *Whose City?* 2nd ed. (Harmondsworth, UK: Penguin, 1975).

25. The term "social gatekeeper" was first used in a study of real estate agents in New Haven, Conn., in 1955 by R. Palmer in his Yale University Ph.D. dissertation, *Realtors as Social Gatekeepers.*

26. R. Palmer, *Realtors as Social Gatekeepers.* Ph.D. diss., Yale University, 1955, 77.

27. P. M. Downing and L. Gladstone, *Segregation and Discrimination in Housing: A Review of Selected Studies and Legislation,* Congressional Research Report 89–317 (Washington, D.C.: The Library of Congress, 1989), 25–26.

28. U.S. Department of Housing and Urban Development, *The State of Fair Housing: Annual Report on Fair Housing FY 2009* (Washington, D.C.: HUD, 2010).

29. National Commission on Fair Housing and Equal Opportunity, *The Future of Fair Housing* (Washington, D.C.: National Commission on Fair Housing and Equal Opportunity, 2008).

30. The 2000 study results are available in U.S. Department of Housing and Urban Development (HUD), *Discrimination in Metropolitan Housing Markets: National Results from Phase 1 of the Housing Discrimination Study,* Washington, D.C.: HUD, 2002 (http://www.huduser.org/portal/publications/hsgfin/phase1.html). The comparability of the 2000 data with the 1989 *Housing Discrimination Study* results is discussed in Annex 5 of the 2002 study.

31. National Fair Housing Alliance, *2009 Fair Housing Trends Report* (Washington, D.C.: NFHA, 2009).

32. See, for example, A. G. Carpusor and W. E. Loges, "Rental Discrimination and Ethnicity in Names," *Journal of Applied Social Psychology* 36 (2006): 934–52; S. Friedman, G. D. Squires, and

C. Galvan, *Cybersegregation in Boston and Dallas: Is Neil a More Desirable Tenant than Tyrone or Jorge?* (University of Albany, SUNY: Department of Sociology, 2010) (http://media2.myfoxboston.com/pdf/discriminationstudy.pdf).

33. A. Ahmed and M. Hammarstedt, "Discrimination in the Rental Housing Market: A Field Experiment on the Internet," *Journal of Urban Economics* 64 (2008): 362–72.

34. M. E. Stone, "Housing, Mortgage Lending, and the Contradictions of Capitalism," in *Marxism and the Metropolis,* eds. W. K. Tabb and L. Sawers (New York: Oxford University Press, 1978), 190.

35. J. Darden, "Lending Practices and Policies Affecting the American Metropolitan System," in *The American Metropolitan System: Present and Future,* eds. S. D. Brunn and J. O. Wheeler (New York: Winston, 1980), 93–110.

36. National Fair Housing Alliance, *2009 Fair Housing Trends Report* (Washington, D.C.: NFHA, 2009).

37. National Fair Housing Alliance, *2010 Fair Housing Trends Report* (Washington, D.C.: NFHA, 2010).

38. R. B. Avery, N. Bhutta, K. P. Brevoort, and G. B. Canner, "The 2009 HMDA Data: The Mortgage Market in a Time of Low Interest Rates and Economic Distress," *Federal Reserve Bulletin,* December 2010.

39. A. Jakabovics and J. Chapman, *Unequal Opportunity Lenders? Analyzing Racial Disparities in Big Banks' Higher-Priced Lending* (Washington, D.C.: Center for American Progress, 2009).

40. R. B. Avery, K. P. Brevoort, and G. B. Canner, "The 2006 HMDA Data," *Federal Reserve Bulletin,* December 2007.

41. National Fair Housing Alliance, 2010, p. 38.

42. R. B. Avery, N. Bhutta, K. P. Brevoort, G. B. Canner, and C. N. Gibbs, "The 2008 HMDA Data," *Federal Reserve Bulletin,* December 2009.

43. For a review of racial discrimination in underwriting in U.S. cities, see G. D. Squires, "Racial Profiling, Insurance Style: Insurance Redlining and the Uneven Development of Metropolitan Areas," *Journal of Urban Affairs* 25 (2003): 391–410.

44. Insurance Research Council, *Homeowners Loss Patterns in Eight Cities* (Wheaton, Ill.: IRC, 1997).

45. R. W. Klein, "Availability and Affordability Problems in Urban Homeowners Insurance Markets," in *Insurance Redlining: Disinvestment, Reinvestment, and the Evolving Role of Financial Institutions,* ed. G. D. Squires (Washington, D.C.: The Urban Institute Press, 1997), 43–82.

46. S. L. Smith and C. Cloud, "Documenting Discrimination by Homeowners Insurance Companies through Testing," in *Insurance Redlining: Disinvestment, Reinvestment, and the Evolving Role of Financial Institutions,* ed. G. D. Squires (Washington, D.C.: The Urban Institute Press, 1997), 97–117.

47. T. C. Pittman, "Rejoinder to Racial Profiling, Insurance Style: A Spirited Defense of the Insurance Industry," *Journal of Urban Affairs* 25 (2003): 411–22.

48. J. Cartner-Morley, "Where Have All The Cool People Gone?" *Guardian,* November 21, 2003 (http://www.guardian.co.uk/lifeandstyle/2003/nov/21/fashion1/).

49. C. Hamnett, "Gentrification and Residential Location Theory: A Review and Assessment," in *Geography and the Urban Environment,* eds. D. T. Herbert and R. J. Johnston (Chichester, UK: Wiley, 1984), 284.

50. N. Smith, "New Globalism, New Urbanism: Gentrification as Global Urban Strategy," *Antipode* 34 (2002): 427–50.

51. For reviews of this research, see N. Smith and P. Williams, eds., *Gentrification of the City* (Boston: Allen and Unwin, 1986); and the special issue of *Urban Studies* 12 (2003) devoted to gentrification.

52. R. T. LeGates and C. Hartman, "The Anatomy of Displacement in the United States," in *Gentrification of the City*, eds. N. Smith and P. Williams (Boston: Allen and Unwin, 1986), 197.

53. D. Ley, *The New Middle Class and the Remaking of the Central City* (Oxford, UK: Oxford University Press, 1996).

54. See N. Smith, *The New Urban Frontier: Gentrification and the Revanchist City* (London: Routledge, 1996); and N. Smith, "New Globalism, New Urbanism: Gentrification as Global Urban Strategy," *Antipode* 34 (2002): 427–50.

55. C. Hamnett, "The Blind Men and the Elephant: The Explanation of Gentrification," *Transactions of the Institute of British Geographers* 16 (1991): 173–89.

56. Ibid., 186.

57. Ibid., 187.

58. L. Bondi, "Gender Divisions and Gentrification: A Critique," *Transactions of the Institute of British Geographers* 16 (1991): 190–98; A. Warde, "Gentrification as Consumption: Issues of Class and Gender," *Society and Space* 9 (1991): 223–32.

59. See L. Knopp, "Sexuality and the Spatial Dynamics of Capitalism," *Environment and Planning D: Society and Space* 10 (1992): 651–69; M. Lauria and L. Knopp, "Towards an Analysis of the Role of Gay Communities in the Urban Renaissance," *Urban Geography* 6 (1985): 152–69.

60. S. Zukin, "The Postmodern Debate over Urban Form," *Theory, Culture and Society* 5 (1988): 431–46; R. Deutsche, "Uneven Development: Public Art in New York City," *October* 47 (1988): 3–53.

61. N. Smith, *"New Globalism, New Urbanism,"* 440.

第 10 章

1. M. Edelman, *The Symbolic Uses of Politics* (Urbana, Ill.: University of Illinois Press, 1985).

2. H. Lasswell, *Politics: Who Gets What, When, How* (New York: McGraw-Hill, 1936).

3. United Nations Human Settlements Programme, *The Global Campaign on Urban Governance: Principles of Good Urban Governance* (New York: UN-Habitat, 2002) (*http://www.unhabitat.org/campaigns/governance/Principles.asp*).

4. C. V. Bagli, "After 30 Years, Times Square Rebirth is Complete," *New York Times*, December 3, 2010.

5. *Yelp* online review of Jimmy's Corner by j.a. from Brooklyn, New York: *http://www.yelp.com/biz/jimmys-corner-new-york*.

6. J. Berger, "Hell's Kitchen, Swept Out and Remodeled," *New York Times* March 19, 2006.

7. Bagli, *New York Times*.

8. This evolution drew on a long history of patronage and corruption in American urban politics. The organizational influences of early trade union and socialist politics were also important. See, for example, M. Shefter, "The Emergence of the Political Machine," in *Theoretical Perspectives on Urban Politics*, eds. W. D. Hawley et al. (Englewood Cliffs, N.J.: Prentice Hall, 1976).

9. S. I. Toll, *Zoned America* (New York: Grossman, 1969).

10. Newton, K. 1978, "Conflict Avoidance and Conflict Suppression," in *Urbanization and Conflict in Market Societies*, ed. Kevin Cox (London: Methuen), 84.

11. J. H. Mollenkopf, *The Contested City* (Princeton, N.J.: Princeton University Press, 1983), 3.

12. Ibid., 55.

13. J. Jacobs, *The Death and Life of Great American Cities* (New York: Random House, 1961).

14. This discussion is based on information in the City of Milwaukee's Department of City Development website (*http://www.mkedcd.org/parkeast/*).

15. H. P. Chudacoff and J. E. Smith, *The Evolution of American Urban Society*, 5th ed. (Upper Saddle River, N.J.: Prentice Hall, 2000), 286.

16. J. O'Loughlin, "Malapportionment and Gerrymandering in the Ghetto," in *Urban Policymaking and Metropolitan Dynamics*, ed. J. S. Adams (Cambridge, Mass.: Ballinger, 1976), 539–65.

17. Ibid., 540.

18. J. C. Bollens and H. J. Schmandt, *The Metropolis*, 4th ed. (New York: Harper & Row, 1982).

19. R. D. Honey, "Metropolitan Governance," in *Urban Policymaking and Metropolitan Dynamics*, ed. J. S. Adams (Cambridge, Mass: Ballinger, 1976), 425–62.

20. N. Brenner and N. Theodore, "Cities and the Geography of 'Actually Existing Neoliberalism'," in *Spaces of Neoliberalism. Urban Restructuring in North America and Western Europe*, eds. N. Brenner and N. Theodore (Oxford: Blackwell, 2002), 21.

21. E. Banfield and J. Q. Wilson, *City Politics* (Cambridge, MA: Harvard University Press, 1963).

22. See American Planning Association, *Growing Smart: Legislative Guidebook* (Washington, D.C.: APA, 2002); and the State and Local Government Law website of Washington University Law School for American Planning Association, *Growing Smart Project, Model Tax Increment Financing Statute: Commentary: Tax Increment Financing* (*http://ls.wustl.edu/statelocal/tifstat.htm*).

23. J. Krohe Jr. "At the Tipping Point: Has Tax Increment Financing Become Too Much of a Good Thing?" *Planning: The Magazine of the American Planning Association* 2007 March: 20.

24. Ibid., 25.

25. R. Friedland, "Central City Fiscal Stress: The Public Costs of Private Growth," *International Journal of Urban and Regional Research* 5 (1981): 370–371.

26. Ibid., 371.

27. H. F. Ladd and J. Yinger, *America's Ailing Cities: Fiscal Health and the Design of Urban Policy* (Baltimore, Md.: Johns Hopkins University Press, 1991).

28. W. Alden, "Budget Woes Threaten Vital Services in New York City," *Huffington Post*, January 7, 2011; D. W. Chen and M. Barbaro, "In Fiscal Crisis, Mayor Considers Raising Property Tax 7 Percent," *New York Times*, September 22, 2008; H. Goldman, "New York City Budget Deficits May Be Larger Than Mayor Predicted, Liu Says," *Bloomberg News*, December 15, 2010.

29. F. F. Piven and R. A. Cloward, *Regulating the Poor: The Functions of Public Welfare*, updated ed. (New York: Vintage Books, 1993).

30. C. H. Levine et al., *The Politics of Retrenchment: How Local Governments Manage Fiscal Stress* (Beverly Hills, Calif.: Sage, 1981).

31. For a detailed examination of voluntarism, see J. Wolch, *The Shadow State: Government and the Voluntary Sector in Transition* (New York: The Foundation Center, 1990).

32. This section is based on P. L. Knox, "Public-Private Cooperation: A Review of the Experience in the U.S.," *Cities* 5 (1988): 340–46.

33. President's Commission on Privatization, *Privatization: Toward More Effective Government* (Washington, D.C.: U.S. Government Printing Office, 1988), 251.

34. R. W. Poole, Jr. and P. E. Fixler, Jr., "Privatization of Public-Sector Services in Practice: Experience and Potential," *Journal of Policy Analysis and Management* 6 (1987): 612–25.

35. E. R. Gerber, C. K. Hall, and J. R. Hines, Jr., *Privatization: Issues in Local and State Service Provision* (Ann Arbor, Mich.: Center for Local, State, and Urban Policy, University of Michigan, 2004) (*http://www.closup.umich.edu/research/reports/pr-1-privatization.pdf*).

36. J. Hanrahan, *Passing the Bucks: The Contracting Out of Public Services* (Washington, D.C.: American Federation of State, Federal, and Municipal Employees, 1983).

37. E. McKenzie, *Privatopia. Homeowner Associations and the Rise of Residential Private Government* (New Haven, CT: Yale University Press, 1994) 177.

38. S. Low, *Behind the Gates. Life, Security, and the Pursuit of Happiness in Fortress America* (New York: Routledge, 2003).

39. P. L. Knox, *Metroburbia USA* (New Brunswick, NJ: Rutgers University Press, 2008), Chapter 6.

40. T. Daniels, *When City and Country Collide: Managing Growth in the Metropolitan Fringe* (Washington, DC: Island Press, 1999), xiv.

41. D. Hayden, *Building Suburbia. Green Fields and Urban Growth, 1820–2000* (New York: Pantheon, 2003).

42. J. Duncan and N. Duncan, *Landscapes of Privilege. The Politics of the Aesthetic in an American Suburb* (New York: Routledge, 2004), 85.

43. P. Whoriskey, "Planners' Brains vs. Public's Brawn," *Washington Post* (August 10, 2004), A01.

44. D. W. Harvey, "From Managerialism to Entrepreneurialism: The Transformation of Urban Governance in Late Capitalism," *Geografiska Annaler* 71B (1989): 3–17.

45. P. F. Smith, *City, State and Market: The Political Economy of Urban Society* (New York: Blackwell, 1988), 210.

46. Harvey, "From Managerialism to Entrepreneurialism."

47. These examples, together with several of those that follow, are detailed in J. Teaford, *The Rough Road to Urban Renaissance* (Baltimore, Md.: Johns Hopkins University Press, 1990).

48. D. W. Harvey, *The Condition of Postmodernity* (Oxford, UK: Blackwell, 1989).

49. Katz, C. "Excavating the Hidden City of Social Reproduction: A Commentary," *City and Society* 10 (1998): 43.

50. See N. Smith, "New City, New Frontier: The Lower East Side as Wild, Wild, West"; and M. C. Boyer, "Cities for Sale: Merchandising History at South Street Seaport," in *Variations on a Theme Park: The New American City and the End of Public Space*, ed. M. Sorkin (New York: Hill and Wang, 1992), 61–93 and 181–204, respectively.

51. F. Hunter, *Community Power Structures: A Study of Decision Makers* (Chapel Hill, N.C.: University of North Carolina Press, 1953).

52. P. Bachrach and M. Baratz, *Power and Poverty* (New York: Oxford University Press, 1970).

53. R. Dahl, *Who Governs?* (New Haven, Conn.: Yale University Press, 1961).

54. See P. Schmitter, *Comparative Political Studies* (Beverly Hills, Calif.: Sage, 1977); and H. V. Savitch, *Post-Industrial Cities: Politics and Planning in New York, Paris and London* (Princeton, N.J.: Princeton University Press, 1988).

55. C. N. Stone, *Regime Politics: Governing Atlanta, 1946–1988* (Lawrence, Kans.: University Press of Kansas, 1989); A. E. G. Jonas and D. Wilson, eds., *The Urban Growth Machine: Critical Perspectives, Two Decades Later* (Albany, N.Y.: State University of New York Press, 1999).

56. H. V. Savitch and J. C. Thomas, "Conclusion: The End of Millennium Big City Politics," in *Big City Politics in Transition*, eds. H. V. Savich and J. C. Thomas (Newbury Park, Calif.: Sage, 1991), 248.

57. See P. Saunders, *Urban Politics: A Sociological Interpretation* (London: Hutchinson, 1979); and J. O'Connor, *The Fiscal Crisis of the State* (New York: St. Martin's Press, 1973).

第 11 章

1. M. Funkhouser, *Kansas City's Economic Future: Creating jobs by replacing government meddling with organic growth* (http://www.reelectmayorfunkhouser.com/docs/economicfuture.asp), 2.

2. Ibid., 10.

3. Ibid., 5.

4. R. Regnier, "Incentives War Helps No One," *Kansas City Star*, December 7, 2010.

5. R. Fogelsong, *Planning the Capitalist City* (Princeton, N.J.: Princeton University Press, 1986).

6. Charles Dickens found the subject matter for novels like *Oliver Twist* in the teeming slums of London (see the U.N.'s description of the appalling living conditions in London and New York in the 1800s in "A Tale of Dickens's London" in *The State of the World's Cities Report, 2001* (Nairobi: UN-Habitat) (http://www.unchs.org/Istanbul+5/20-27.pdf); Charles Booth, a philanthropic Liverpool shipowner, produced the prominent 17-volume *Life and Labour of the People in London (1886–1903)* to highlight the plight of the poor (for more information about Booth, see the Charles Booth Online Archive at the London School of Economics Library (http://booth.lse.ac.uk); Fredrich Engels, shocked by the living conditions of the poor, wrote in 1844 the influential *Condition of the Working Classes in England*.

7. M. C. Boyer, *Dreaming the Rational City* (Cambridge, Mass.: MIT Press, 1983), 18.

8. J. A. Riis, *How the Other Half Lives: Studies among the Tenements of New York* (New York: Scribner's, 1890).

9. R. W. DeForest and L. Veiller, eds., *The Tenement House Problem. Including the Report of the New York State Tenement House Commission* (New York: Macmillan, 1903). Quoted in P. Hall, *Cities of Tomorrow: An Intellectual History of Urban Planning and Design in the Twentieth Century*, 3rd ed. (New York: Basil Blackwell, 2002), 39.

10. Boyer, *Dreaming the Rational City*, 27.

11. R. E. Park, "The City: Suggestions for the Investigation of Human Behavior in the City Environment," *American Journal of Sociology* 20 (1915): 580.

12. Quoted in Hall, *Cities of Tomorrow*, 42.

13. Boyer, *Dreaming the Rational City*, 39.

14. Fogelsong, *Planning the Capitalist City*, 4.

15. Boyer, *Dreaming the Rational City*, 60.

16. J. Hancock, "The New Deal and American Planning: The 1930s," in *Two Centuries of American Planning*, ed. D. Schaffer (Baltimore, Md.: Johns Hopkins University Press, 1988), 197–230.

17. This discussion is based on L. McCarthy and C. Johnson, "Cities of Europe," in *Cities of the World: World Regional Urban Development*, eds. S. Brunn, M. Hays-Mitchell, and D. Zeigler, 5th ed. (Lanham, Md.: Rowman & Littlefield, 2011).

18. R. Florida and A. Jonas, "U.S. Urban Policy: The Postwar State and Capitalist Regulation," *Antipode* 23 (1991): 349–84.

19. J. Jacobs, "Downtown is for People," in *The Exploding Metropolis*, ed. W. Whyte, Jr. (Garden City, NY: Doubleday, 1958), 157.

20. January 19, 1978 State of the Union address by President Carter, Audio/Video Archive on The American Presidency Project website (http://www.presidency.ucsb.edu/). Emphasis added.

21. President's Commission for a National Agenda for the Eighties, Panel on Policies and Prospects, *Urban America in the Eighties: Perspectives and Prospects* (Washington, D.C.: U.S. Government Printing Office, 1980).

22. F. F. Piven and R. A. Cloward, "The New Class War in the United States," in *Cities in Recession*, ed. I. Szelenyi (Beverly Hills, Calif.: Sage, 1984), 26–45.

23. Institute for Justice, *Cases: Kelo v. New London, Lawsuit Challenging Eminent Domain Abuse in New London, Connecticut,* http://www.ij.org/.

24. J. Tuccille, "Susette Kelo's Revenge: New London regrets eminent domain fiasco," *Civil Liberties Examiner.com* (*http://www .examiner.com/*).

25. P. McGeehan, "Pfizer to Leave City That Won Land-Use Case," *New York Times,* November 12, 2009.

26. Harvey, "From Managerialism to Entrepreneurialism," 13.

27. This discussion is based on L. McCarthy, "The Good of the Many Outweighs the Good of the One: Regional Cooperation Instead of Individual Competition in the USA and Western Europe?" *Journal of Planning Education and Research* 23 (2003): 140–52.

28. H. G. Cisneros, *Urban Entrepreneurialism and National Economic Growth* (Washington, D.C.: United States Department of Housing and Urban Development, 1995), 3, 19.

29. R. Gurwitt, "The Painful Truth about Cities and Suburbs: They Need Each Other," *Governing* 5 (1992): 56.

30. Metro Denver Economic Development Corporation (Metro Denver EDC) website: *http://www.metrodenver.org/about-metro-denver-edc/*.

31. E. Goetz and T. Kayser, "Competition and Cooperation in Economic Development: A Study of the Twin Cities Metropolitan Area," *Economic Development Quarterly* 7 (1993): 63–78.

32. A. E. G. Jonas, "Regulating Suburban Politics: 'Suburban-Defense Transition,' Institutional Capacities, and Territorial Reorganization in Southern California," in *Reconstructing Urban Regime Theory: Regulating Urban Politics in a Global Economy,* ed. M. Lauria (Thousand Oaks, Calif.: Sage, 1997), 222.

33. T. Johnson, "As Nations Dither on Climate Change, Big Cities Step Up." *McClatchy News Service,* November 23, 2010.

34. Ibid.

35. City of Los Angeles, *Green LA: An Action Plan to Lead the Nation in Fighting Global Warming,* May 2007 (*http://www.ci.la.ca.us/ ead/pdf/GreenLA_CAP_2007.pdf*).

36. This discussion is based on information in the Metropolitan Council's website (*http://www.metrocouncil.org/*).

37. This discussion is based on information in Metro's website (*http:// www.metro-region.org/*).

38. U.S. Environmental Protection Agency, *2010 Award for Smart Growth Achievement* (*http://www.epa.gov/smartgrowth/awards/ sg_awards_publication_2010.htm#policies_reg*).

39. See, for example, M. Orfield, *Metropolitics: A Regional Agenda for Community and Stability* (Washington, D.C.: The Brookings Institution Press, 1997); and D. Rusk, *Cities without Suburbs* (Washington, D.C.: Woodrow Wilson Press, 1993).

40. J. Abu-Lughod, *Changing Cities* (New York: Harper Collins, 1991), 379.

第 12 章

1. S. Rotella, "A Muslim Rapper's French Ghetto Beat: Rising Star Shuns Extremist Message," *Boston Globe,* October 2, 2005.

2. Ibid.

3. S. Day, "French Hip Hop Narrates a Generation," *Deft Magazine,* May 31, 2010.

4. Melvin Webber first advanced this argument in the early 1960s. See his essay, "The Urban Place and the Nonplace Urban Realm," in *Explorations into Urban Structure,* M. M. Webber et al. (Philadelphia, Pa.: University of Pennsylvania Press, 1964), 79–153.

5. S. Keller, *The Urban Neighborhood: A Sociological Perspective* (New York: Random House, 1968).

6. R. J. Johnston, *The American Urban System: A Geographical Perspective* (New York: St. Martin's Press, 1982).

7. G. Suttles, *The Social Construction of Communities* (Chicago, Ill.: University of Chicago Press, 1972).

8. For a discussion of human territoriality from a geographer's perspective, see R. Sack, "Human Territoriality: A Theory," *Annals of the Association of American Geographers* 73 (1983): 55–74.

9. L. H. Lofland, *A World of Strangers* (New York: Basic Books, 1973).

10. For a detailed discussion of class, see A. Giddens, *The Class Structure of the Advanced Societies,* 2nd ed. (New York: Harper & Row, 1981).

11. R. Walker, "Class, Division of Labor, and Employment in Space," in *Social Relations and Spatial Structures,* eds. D. Gregory and J. Urry (London: Macmillan, 1985), 187. Emphasis added.

12. D. W. Harvey, "Class Structure in a Capitalist Society and the Theory of Residential Differentiation," in *Process in Physical and Human Geography,* eds. R. Peel, M. Chisholm, and P. Haggett (London: Heinemann, 1975).

13. See R. L. Morrill and F. R. Pitts, "Marriage, Migration, and the Mean Information Field," *Annals of the Association of American Geographers* 57 (1967): 401–22.

14. This discussion is based on P. Knox and S. Pinch, *Urban Social Geography,* 4th ed. (Harlow, UK: Pearson Education, 2000), 228–29.

15. See F. W. Boal, "Ethnic Residential Segregation," in *Social Areas in Cities,* vol. 1, eds. D. T. Herbert and R. J. Johnston (New York: Wiley, 1976).

16. Ibid., 109–110.

17. See D. Timms, "Quantitative Techniques in Urban Social Geography," in *Frontiers in Geographical Teaching,* eds. R. Chorley and P. Haggett (London: Methuen, 1965), 239–265.

18. See William H. Frey analysis of 2009 American Community Survey (*http://censusscope.org/ACS/Segregation.html*).

19. E. L. Glaeser and J. L. Vigdor, *Racial Segregation in the 2000 Census: Promising News* (Washington, D.C.: The Brookings Institution, 2001).

20. Frey, 2009 American Community Survey analysis.

21. U.S. Department of Housing and Urban Development (HUD), *Discrimination in Metropolitan Housing Markets: National Results from Phase 1 of the Housing Discrimination Study (HDS)* (Washington, D.C.: HUD, 2002) (*http:www.huduser.org/ publications/hsgfin/phase1.html*). This study used "paired testing," in which 4,600 sets of paired individuals—one minority and the other white—posed as otherwise identical homeseekers and visited real estate or rental agents to inquire about the availability of advertised housing units across 23 U.S. metropolitan areas. This methodology is designed to provide direct evidence of differences in the treatment experienced by minorities and whites in their search for housing.

22. W. Bell, "Social Choice, Lifestyles, and a Theory of Social Choice," in *The Suburban Community,* ed. W. Dobriner (New York: Putnam, 1958).

23. R. E. Park, "The City: Suggestions for the Investigation of Human Behavior in an Urban Environment," *American Journal of Sociology* 20 (1916): 608. The following description of human ecology draws on my summary in *Urban Social Geography,* 2nd ed. (London: Longman, 1987), 59–63. For more-detailed discussions, see A. H. Hawley, *Human Ecology* (New York: Ronald Press, 1950); and J. N. Entrikin. "Robert Park's Human Ecology and Human Geography," *Annals of the Association of American Geographers* 70 (1980): 43–58.

24. H. Zorbaugh, *The Gold Coast and The Slum* (Chicago: Chicago University Press, 1929).

25. E. W. Burgess, "The Growth of the City: An Introduction to a Research Project," in *The City*, eds. R. E. Park et al. (Chicago, Ill.: University of Chicago Press, 1925).

26. W. Firey, "Sentiment and Symbolism as Ecological Variables," *American Sociological Review* 10 (1945): 140–48.

27. A. Hawley, *Human Ecology: A Theory of Community Structure* (New York: Ronald Press, 1950); L. F. Schnore, *The Urban Scene* (New York: Free Press, 1965).

28. This discussion is based on L. McCarthy and C. Johnson, "Cities of Europe," in *Cities of the World: World Regional Urban Development*, eds. S. Brunn, M. Hays-Mitchell, and D. Zeigler, 4th ed. (Lanham, Md.: Rowman & Littlefield, 2011).

29. U.S. Census Bureau's American Community Survey 2009 data release for metropolitan statistical areas (*http://www.census.gov/acs/www/*).

30. W. H. Frey, *America's Regional Demographics in the '00s Decade: The Role of Seniors, Boomers, and New Minorities* (Washington, D.C.: The Brookings Institution, 2006).

31. Bureau of Labor Statistics, *Chart Book: Occupational Employment and Wages, May 2009* (Washington, D.C.: Office of Employment Statistics, 2009).

32. The Bureau of Labor Statistics defines "contingent" work as any job situation in which a worker does not have an explicit or implicit contract for long-term employment. These workers include independent contractors, on-call workers, and those working for temporary help services.

33. Bureau of Labor Statistics, *Contingent and Alternative Employment Arrangements, February 2005* (Washington, D.C.: United States Department of Labor, 2005).

34. W. H. Frey et al., *The State of Metropolitan America: On the Front Lines of Demographic Transformation* (Washington, D.C.: The Brookings Institution, 2010).

35. U.S. Census Bureau's American Community Survey 2009 data release (*http://www.census.gov/acs/www/*).

36. J. R. Logan, *From Many Shores: Asians in Census 2000* (Albany, N.Y.: University of Albany, Lewis Mumford Center for Comparative Urban and Regional Research, 2001) (*http://www.s4.brown.edu/cen2000/AsianPop/AsianReport/AsianDownload.pdf*).

37. U.S. Census Bureau's American Community Survey 2009 data release for metropolitan statistical areas (*http://www.census.gov/acs/www/*).

38. W. Li, *Ethnoburb: The New Ethnic Community in Urban America* (Honolulu, HI: University of Hawaii Press, 2009).

39. W. Li, "Los Angeles's Chinese *Ethnoburb*: From Ethnic Service Center to Global Economy Outpost," *Urban Geography* 19 (1998): 502–17.

40. U.S. Congress Joint Economic Committee, *Women and the Economy 2010: 25 Years of Progress but Challenges Remain* (Washington, D.C.: U.S. Congress, 2010).

41. Ibid.

42. U.S. Census Bureau's American Community Survey 2009 data release for metropolitan statistical areas (*http://www.census.gov/acs/www/*) Table S1101; U.S. Congress Joint Economic Committee, *Women and the Economy*.

43. Mather, M. *U.S. Children in Single Mother Families* (Washington, D.C.: Population Reference Bureau, 2010).

44. This section draws on P. L. Knox, ed., *The Restless Urban Landscape* (Englewood Cliffs, N.J.: Prentice Hall, 1993), 1–34.

45. A. Heller, "Existentialism, Alienation, Postmodernism: Cultural Movements as Vehicles of Change in Patterns of Everyday Life," in *Postmodern Conditions*, eds. A. Milner et al. (New York: Berg, 1990), 1–12.

46. G. Debord, *The Society of the Spectacle* (New York: Zone Books, 1994), para. 167.

47. K. Butler, "Paté Poverty," *Utne Reader* (Sept.–Oct., 1989), 77.

48. Ibid., 74, 77.

49. B. Ehrenreich, *Fear of Falling* (New York: Pantheon, 1989), 229.

50. Ibid., 228.

51. B. J. L. Berry, *The Human Consequences of Urbanization* (New York: St. Martin's Press, 1973).

52. U.S. Bureau of Labor Statistics (BLS) *Consumer Expenditure Survey* (CE) (*http://www.bls.gov/cex/*).

53. M. J. Weiss, *The Clustered World: How We Live, What We Buy, and What It All Means About Who We Are* (Boston: Little, Brown and Company, 2000).

54. M. J. Weiss, "Inconspicuous Consumption," *American Demographics*, 24 (2002): 31–32.

55. U.S. Bureau of Labor Statistics (BLS) *Consumer Expenditure Survey* (CE) showing a decline of 2.8 percent in average annual expenditures per consumer unit following an increase of 1.7 percent in 2008.

56. Weiss, *The Clustered World*, 32.

57. Ibid., 37.

58. C. DeNavas-Walt, B. D. Proctor, and J. C. Smith, *Income, Poverty, and Health Insurance Coverage in the United States: 2009* (Washington, D.C.: U.S. Census Bureau U.S. Department of Commerce, 2010).

59. Robert H. Frank, *Luxury Fever* (Princeton, NJ: Princeton University Press, 2000); John De Graaf, David Wann, and Thomas H. Naylor, *Affluenza: The All-Consuming Epidemic* (San Francisco: Berrett Koehler, 2001).

60. Robert Reich, "Secession of the Successful," *New York Times Magazine* (Jan. 20, 1991), p. 17.

61. Robert Putnam, *Bowling Alone: The Collapse and Revival of American Community* (New York: Simon & Schuster, 2000.

62. Experiencing two or more of the following: poverty-level incomes, unemployment, no telephone, incomplete kitchen or plumbing facilities, and crowded living conditions. See P. Knox and R. Rohr-Zanker, *Economic Change, Demographic Change, and the Composition and Distribution of Vulnerable and Disadvantaged Households in the United States* (Washington, D.C.: U.S. Department of Commerce, Economic Development Administration, 1989).

63. M. Castells, *The Informational City* (Cambridge, Mass.: Blackwell, 1990).

64. W. J. Wilson, *The Truly Disadvantaged* (Chicago, Ill.: University of Chicago Press, 1987).

65. M. Dear and J. Wolch, *Landscapes of Despair* (Princeton, N.J.: Princeton University Press, 1987).

66. S. Zukin, "Urban Lifestyles: Diversity and Standardization in Spaces of Consumption," *Urban Studies* 35 (1998): 835–37.

67. This discussion is based on an industry interview, "Location Analysis Tools Help Starbucks Brew Up New Ideas," *Business Geographics* 8 (October 2000): 32–34; and P. L. Knox and S. A. Marston, *Places and Regions in Global Context: Human Geography*, 3rd ed. (Upper Saddle River, N.J.: Pearson Education, Inc., 2004), 94–95.

68. A. Heller, "Existentialism, Alienation, Postmodernism: Cultural Movements as Vehicles of Change in Patterns of Everyday Life," in *Postmodern Conditions*, ed. A. Milner, P. Thompson, and C. Worth (New York: Berg, 1990), 1–13.

69. This Claritas information available at: *http://www.claritas.com/MyBestSegments/Default.jsp?ID=30&SubID=&pageName=Segment%2BLook-up*.

70. Richard Sennett, *The Conscience of the Eye: The Design and Social Life of Cities* (New York: Knopf, 1990), p. xii.

71. J. Pawasarat and L. M. Quinn, *Exposing Urban Legends: The Real Purchasing Power of Central City Neighborhoods* (Washington, D.C.: The Brookings Institution) (*http://www.brookings.edu/es/urban/pawasarat.pdf*), vi.

第13章

1. Slate Magazine, *Disney's Celebration* (*http://www.slate.com/id/2113107/slideshow/2113258/*).

2. T. Leonard, "The Dark Heart of Disney's Dream Town: Celebration has Wife-Swapping, Suicide, Vandals … and Now Even a Brutal Murder," *Daily Mail*, December 9, 2010 (*http://www.dailymail.co.uk/*).

3. "Murder in Disney Town: Idyllic Community Built by Disney Rocked by Its First-Ever Murder," *Daily Mail*, December 2, 2010 (*http://www.dailymail.co.uk/*).

4. Leonard, *Daily Mail*.

5. Ibid.

6. Ibid.

7. B. Watson, "Golden Oak: Why Disney's Latest Real Estate Gamble Isn't Such a Goofy Move" *DailyFinance*, June 23, 2010 (*http://www.dailyfinance.com/*); J. Chung, "Disney World's New Thrill Ride: Selling Luxury Vacation Homes," *Wall Street Journal*, June 23, 2010 (*http://online.wsj.com/*).

8. L. Mumford, *The Culture of Cities* (New York: Harcourt, Brace and World, 1938), 403.

9. R. Glass, "Urban Sociology in Great Britain," in *Readings in Urban Sociology*, ed. R. E. Pahl (Oxford, UK: Pergamon, 1968), 21–46.

10. R. Darke and J. Darke, "Towards a Sociology of the Built Environment," *Architectural Psychology Newsletter* 11 (1981): 13.

11. H. Lasswell, *The Signature of Power* (New York: Transaction Books, 1979).

12. D. Appleyard, "The Environment as a Social Symbol," *Ekistics* 278 (1979): 272.

13. The argument is made in Emerson's *Nature* (Boston: James Munroe & Co., 1836). See also J. Woods, "Build, Therefore, Your Own World": The New England Village as Settlement Ideal," *Annals of the Association of American Geographers* 81 (1991): 32–50.

14. H. D. Thoreau, *Walden* (New York: Holt, Rinehart and Winston, 1961). First published in 1854.

15. F. J. Turner, *The Frontier in American History* (New York: Henry Holt, 1920).

16. L. Marx, *The Machine in the Garden* (New York: Oxford University Press, 1964), 13.

17. Ibid.

18. For a detailed review of the movement and its legacy, see W. H. Wilson, *The City Beautiful Movement* (Baltimore: Johns Hopkins University Press, 1989).

19. M. Tafuri and F. D. Co, *Modern Architecture: 1* (New York: Rizzoli, 1986), 40.

20. M. Domosh, "The Symbolism of the Skyscraper," *Journal of Urban History* 14 (1988): 321–45.

21. R. Hughes, *The Shock of the New* (New York: Knopf, 1980).

22. Tafuri and Co, *Modern Architecture*, 116.

23. E. Relph, *The Modern Urban Landscape* (London: Croom Helm, 1987), 118.

24. P. Hall, *Cities of Tomorrow: An Intellectual History of Urban Planning and Design in the Twentieth Century*, 3rd ed. (New York: Basil Blackwell, 2002), 219.

25. Relph, *The Modern Urban Landscape*, 198.

26. F. L. Wright, *When Democracy Builds* (Chicago: University of Chicago Press, 1945).

27. Hall, *Cities of Tomorrow*, 314–15.

28. J. Jacobs, *The Death and Life of Great American Cities* (New York: Vintage Books, 1961).

29. O. Newman, *Defensible Space* (New York: Macmillan, 1972).

30. R. Venturi, *Complexity and Contradiction in Architecture* (New York: Museum of Modern Art, 1966).

31. T. Wolfe, *From Bauhaus to Our House* (New York: Farrar, Straus, Giroux, 1981), 109–10.

32. D. Harvey, *The Condition of Postmodernity* (Oxford, UK: Blackwell, 1989).

33. V. Scully, *American Architecture and Urbanism* (New York: Henry Holt, 1988), 287–88. Historic preservation involves the identification, evaluation, and protection of historic and archaeological resources.

34. J. C. Sawhill, "The Nature Conservancy," *Journal of Soil and Water Conservation*, September 1, 2006.

35. Aside from recognition of significance, the benefits of National Register listing include eligibility for federal investment tax credits for renovating income-producing properties and consideration in projects involving federal funding. Although National Register listing does not protect against alteration or demolition by private property owners using their own funds, listing by local historic district commissions does.

36. Chestertown, Maryland Town Council website (*http://www.chestertown.com/gov/Historic_district/index.php*); National Park Service, *National Register of Historic Places* (*http://www.cr.nps.gov/nr/about.htm*).

37. M. Davis, *City of Quartz: Excavating the Future of Los Angeles* (New York: Verso, 1990), 226.

38. Ibid., 238.

第14章

1. The Salvation Army South Central Los Angeles Center website: *http://www1.usw.salvationarmy.org/usw/www_usw_southla.nsf/*.

2. E. Brenner, "Combating the Spread of Graffiti," *New York Times*, May 30, 1993.

3. R. Faturechi, "Painted in Neutral Colors," *Los Angeles Times*, December 8, 2009.

4. Ibid.

5. See, for example, Y-F. Tuan, "The City: Its Distance from Nature," *Geographical Review* 68 (1978): 1–12; M. C. Jaye and A. C. Watts, eds., *Literature and the Urban Experience: Essays on the City and Literature* (New Brunswick, N.J.: Rutgers University Press, 1981).

6. E. Soja, "The Socio-Spatial Dialectic," *Annals of the Association of American Geographers* 70 (1980): 207–25.

7. See D. Ley, "Social Geography and the Taken-for-Granted World," *Transactions of the Institute of British Geographers* 2 (1977): 498–512; and A. Buttimer, "Grasping the Dynamism of the Lifeworld," *Annals of the Association of American Geographers* 66 (1976): 277–92.

8. Tönnies's work was first published in 1887 and was translated into English by C. Loomis in 1957 as *Community and Society* (East Lansing, Mich.: Michigan State University Press).

9. Durkheim's work was first published in 1893 and translated by G. Simpson in 1933 as *The Division of Labor in Society*. It was published by the Free Press, New York, in 1964.

10. This discussion is based on Knox and Pinch, *Urban Social Geography*, 314–15.

11. J. Perkin, *Victorian Women* (London: John Murray, 1993).

12. S. P. Ryder and Johnno, *Casebook: Jack the Ripper* (*http://www.casebook.org/*).

13. L. Bondi, "Sexing the City," in *Cities of Difference*, eds. R. Fincher and J. M. Jacobs (New York: Guildford Press, 1998), 177–200.

14. N. Duncan, "Renegotiating Gender and Sexuality in Public and Private Spaces," in *Bodyspace*, ed. N. Duncan (London: Routledge, 1996), 127–145.

15. E. Durkheim, *Suicide* (New York: Free Press, 1897).

16. G. Simmel, "The Metropolis and Mental Life," in *Classic Essays on the Culture of Cities*, ed. P. Sennett (New York: Appleton-Century-Crofts, 1961), 47–60.

17. See, for example, C. Beaudelaire, *The Painter of Modern Life and Other Essays* (Oxford, UK: Phaidon Press, 1964); W. Benjamin, *Das Passagen-Werk*, 2 vols., ed. R. Tiedermann (Frankfurt: Suhrkamp, 1982).

18. M. Foucault, "What is Enlightenment?" in *The Foucault Reader*, ed. P. Rabinow (Harmondsworth, UK: Penguin, 1984), 41–42.

19. L. Wirth, "Urbanism as a Way of Life," *American Journal of Sociology* 44 (1938): 1–24.

20. A. Toffler, *Future Shock* (New York: Bantam, 1970).

21. S. Milgram, "The Experience of Living in Cities," *Science* 167 (1970): 1461–68.

22. For a general review of this work see P. Knox and S. Pinch, *Urban Social Geography*, 4th ed. (Harlow, UK: Pearson Education, 2000), Chapter 10; for a more-detailed review, see C. S. Fischer, "The Public and Private Worlds of City Life," *American Sociological Review* 46 (1981): 306–16; C. S. Fischer, *The Urban Experience* (New York: Harcourt Brace Jovanovich, 1976).

23. L. Lofland, *A World of Strangers* (New York: Basic Books, 1973), 178. Emphases added.

24. Fischer, "Public and Private Worlds," 306.

25. This discussion is based on Knox and Pinch, *Urban Social Geography*, 316–21.

26. B. Weightman, "Commentary: Towards a Geography of the Gay Community," *Journal of Cultural Geography* 1 (1981): 106–12.

27. L. Knopp, "Some Theoretical Implications of Gay Involvement in an Urban Land Market," *Political Geography Quarterly* 9 (1990): 337–52; "Exploiting the Rent-Gap: The Theoretical Significance of Using Illegal Appraisal Schemes to Encourage Gentrification in New Orleans," *Urban Geography* 11 (1990): 48–64.

28. J. Egerton, "Out but Not Down: Lesbians' Experience of Housing," *Feminist Review* 36 (1990): 75–88; H. P. M. Winchester and P. White, "The Location of Marginalized Groups in the Inner City," *Environment and Planning D: Society and Space* 6 (1988): 37–54.

29. G. Valentine, "Out and About: Geographies of Lesbian Landscapes," *International Journal of Urban and Regional Research* 19 (1995): 96–111.

30. S. Kirby and I. Hay, "(Hetero)sexing Space: Gay Men and 'Straight' Space in Adelaide, South Australia," *Professional Geographer* 49 (1997): 295–305.

31. L. Johnston and G. Valentine, "Wherever I Lay my Girlfriend, That's My Home: The Performance and Surveillance of Lesbian Identities in Domestic Environments," in *Mapping Desire: Geographies of Sexuality*, eds. D. Bell and G. Valentine (London: Routledge, 1995), 99–113; L. McDowell "Body Work: Heterosexual Gender Performances in City Workplaces," in *Mapping Desire: Geographies of Sexuality*, eds. D. Bell and G. Valentine (London: Routledge, 1995), 75–95; L. McDowell,

"Spatializing Feminism: Geographic Perspectives," in *Bodyspace: Destabilizing Geographies of Gender and Sexuality*, ed. N. Duncan (London: Routledge, 1996), 28–44.

32. H. J. Gans, *The Urban Villagers* (New York: Free Press, 1962).

33. In controlled laboratory experiments crowding has been shown to cause rat populations to exhibit aggression, listlessness, promiscuity, homosexuality, and the rodent equivalent of juvenile delinquency. Projecting these ideas directly to human behavior leads to the notion of crowded urbanites as "killer apes." But people are not rats and in any case never approach the degree of crowding experienced by laboratory animals. Evidence from studies of environmental psychology is mixed, and the whole debate continues to attract controversy in all of the social and environmental disciplines. For a brief summary, see Knox and Pinch, *Urban Social Geography*, 281–83.

34. Gans, *The Urban Villagers*, 249.

35. C. S. Fischer, "Toward a Subcultural Theory of Urbanism," *American Journal of Sociology* 80 (1975): 1319–41.

36. See, for example, C. R. Shaw and H. D. McKay, *Juvenile Delinquency and Urban Areas* (Chicago, Ill.: University of Chicago Press, 1942).

37. L. Mumford, *The Culture of Cities* (London: Secker and Warburg, 1940), 215.

38. R. S. Lynd and H. M. Lynd, *Middletown* (New York: Harcourt, Brace and World, 1956); W. L. Warner and P. S. Lunt, *The Social Life of a Modern Community* (New Haven, Conn.: Yale University Press, 1941).

39. H. J. Gans, *The Levittowners* (London: Allen Lane, 1967).

40. P. Bourdieu, *Distinction: A Social Critique of the Judgement of Taste* (London: Routledge & Kegan Paul, 1984).

41. M. Maffesoli, "Affectual Postmodernism and the Metropolis," *Threshold* 4 (1988): 1; M. Maffesoli, "Jeux de Masques: Post-moderne Tribalisme," *Design Issues* 4 (1988): 1–2.

42. U.S. National Commission on Neighborhoods, *People, Building Neighborhoods*. Final Report to the President and Congress of the United States (Washington, D.C.: U.S. Government Printing Office, 1979), 7.

43. K. Lynch, *The Image of the City* (Cambridge, Mass.: MIT Press, 1960), 47–48. Emphases added. See also K. Lynch, "Reconsidering 'The Image of the City,'" in *Cities of the Mind*, eds. R. M. Hollister and L. Rodwin (New York: Plenum, 1984), 151–62.

44. R. J. Johnston, "Spatial Patterns in Suburban Evaluations," *Environment and Planning A* 5 (1973): 385–95; F. M. Carp et al., "Dimensions of Urban Environmental Quality," *Environment and Behavior* 8 (1976): 239–64.

45. T. Lee, "Urban Neighborhood as a Socio-Spatial Schema," *Human Relations* 21 (1968): 241–68.

46. P. Jackson and S. J. Smith, *Exploring Social Geography* (Boston: Allen and Unwin, 1984), 9.

47. Y-F. Tuan, "Place: An Experiential Perspective," *Geographical Review* 65 (1975): 152.

48. G. Pratt and S. Hanson, "On Theoretical Subtlety, Gender, Class and Space," *Society and Space* 9 (1991): 241.

49. M. Marsh, *Suburban Lives* (New Brunswick, N.J.: Rutgers University Press, 1990).

50. F. M. L. Thompson, "The Rise of Suburbia," in *The Rise of Suburbia*, ed. F. M. L. Thompson (Leicester, UK: Leicester University Press, 1982), 13. Emphasis added.

51. A. J. Downing, *The Architecture of Country Houses*. First published in 1850; reprinted in 1969 by (Dover Publications, New York).

52. This discussion is based on Knox and Pinch, *Urban Social Geography*, 322–26.

53. D. C. Park, J. P. Radford, and M. H. Vickers, "Disability Studies in Human Geography," *Progress in Human Geography* 22 (1998): 208–33.

54. See R. Butler and S. Bowlby, "Bodies and Spaces: An Exploration of Disabled People's Experience of Public Space," *Environment and Planning D: Society and Space* 15 (1997): 411–33; M. Dear, R. Wilton, S. L. Gaber, and L. Takahashi, "Seeing People Differently: The Sociospatial Construction of Disability," *Environment and Planning D: Society and Space* 15 (1997): 455–80.

55. M. Oliver, "Theories of Disability in Health Practice and Research," *British Medical Journal* 7170 (1998): 1446–49.

56. R. Imrie, *Disability and the City: International Perspectives* (London: Paul Chapman, 1996).

57. V. Chouinard and A. Grant, "On Being Not Even Anywhere Near 'The Project:' Ways of Putting Ourselves in the Picture," in *Bodyspace*, ed. N. Duncan (London: Routledge, 1996), 170–93. See also K. England, "Disabilities, Gender and Employment: Social Exclusion, Employment Equity and Canadian Banking," *The Canadian Geographer* 47 (2003): 429–50.

58. M. Brault, *Americans with Disabilities: 2005*, Current Population Report P70-117 (Washington, D.C.: U.S. Department of Commerce, December 2008).

59. B. Gleeson, "Justice and the Disabling City," in *Cities of Difference*, eds. R. Fincher and J. M. Jacobs (New York: Guildford Press, 1998), 89–119.

60. R. Imrie and P. E. Wells, "Disablism, Planning and the Built Environment," *Environment and Planning C: Government and Policy* 11 (1993): 213–31.

61. G. Wright, *Building the Dream: A Social History of Housing in America* (New York: Pantheon, 1981).

62. C. Rock, S. Torre, and G. Wright, "The Appropriation of the House: Changes in House Design and Concepts of Domesticity," in *New Space for Women*, ed. G. R. Wekerle (Boulder, Colo.: Westview Press, 1980), 84.

63. A. Giddens, *The Constitution of Society: Outline of the Theory of Structuration* (Cambridge, UK: Polity Press, 1984).

64. M. Dear and J. Wolch, "How Territory Shapes Social Life," in *The Power of Geography: How Territory Shapes Social Life*, eds. M. Dear and J. Wolch (Boston: Unwin Hyman, 1989), 6.

65. D. Ley, *A Social Geography of the City* (New York: Harper & Row, 1983), 135.

66. A. Schutz, "The Social World and the Theory of Social Action," *Social Research* 27 (1960): 205–21.

67. R. Williams, *Marxism and Literature* (Oxford, UK: Oxford University Press, 1977).

68. P. Jackson, *Maps of Meaning* (Boston: Unwin Hyman, 1989), 39.

69. D. Seamon, *A Geography of the Lifeworld* (London: Croom Helm, 1979).

70. For an introduction to time-geography, see T. Carlstein, *Time, Resources, Society and Ecology* (Boston: Allen and Unwin, 1982); and T. Carlstein, D. Parkes and N. Thrift, eds., *Human Activity and Time Geography* (London: Arnold, 1978).

71. R. Miller, "Selling Mrs. Consumer: Advertising and the Creation of Suburban Socio-Spatial Relations. 1910-1930," *Antipode* 23 (1991): 263–301.

72. Marsh, *Suburban Lives*, 184–85.

73. B. Friedan, *The Feminine Mystique* (New York: W.W. Norton, 1963).

74. U.S. Census Bureau's American Community Survey 2009 data release for metropolitan statistical areas (*http://www.census .gov/acs/www/*) Table S1101; U.S. Congress Joint Economic Committee, *Women and the Economy*.

75. U.S. Congress Joint Economic Committee, *Women and the Economy 2010: 25 Years of Progress but Challenges Remain* (Washington, D.C.: U.S. Congress, 2010).

76. R. M. Law and J. R. Wolch, "Social Reproduction in the City: Restructuring in Time and Space," in *The Restless Urban Landscape*, ed. P. L. Knox (Englewood Cliffs, N.J.: Prentice Hall, 1993), 165–206.

77. Ibid., 194.

78. This discussion is based on Knox and Pinch, *Urban Social Geography*, 187–88.

79. E. Wilson, *The Sphinx in the City: Urban Life, the Control of Disorder, and Women* (Berkeley, Calif.: University of California Press, 1991), 94.

80. See D. Spain, *Gendered Spaces* (Chapel Hill, N.C.: University of North Carolina Press, 1992); L. K. Weisman, *Discrimination by Design* (Urbana, Ill.: University of Illinois Press, 1992).

81. L. Bondi, "Gender, Symbols and Urban Landscapes," *Progress in Human Geography* 16 (1992): 157–70; N. Gregson and M. Lowe, "Home-Making: On the Spatiality of Daily Social Reproduction in Contemporary Middle-Class Britain," *Transactions of the Institute of British Geographers* 20 (1995): 224–35.

82. R. Madigan, M. Munro, and S. Smith, "Gender and the Meaning of Home," *International Journal of Urban and Regional Research* 16 (1992): 625–27.

第15章

1. Urban View 15.1 is based on K. Huus, " 'Tidal Wave' of Homeless Students hits Schools," *msnbc.com*, March 2, 2009.

2. Ibid.

3. Ibid.

4. This distinction was first made by D. T. Herbert and R. J. Johnston in *Social Areas in Cities: Spatial Processes and Form* (London: Wiley, 1976).

5. *Report of the Special Committee of the Board of Supervisors of San Francisco on the Conditions of the Chinese Quarter and the Chinese in San Francisco* (San Francisco, Calif.: San Francisco Board of Supervisors, July 1885).

6. J. B. Trauner, "The Chinese as Medical Scapegoats in San Francisco, 1870-1905," *California History* 57 (1978): 70–87.

7. A. F. Weber, *The Growth of Cities in the Nineteenth Century: A Study in Statistics* (Ithaca, N.Y.: Cornell University Press, 1963), 368 (first published in 1899 by the Macmillan Company, New York).

8. Ibid., 369.

9. Ibid., 368. The quote is from M. S. Nordau, *Degeneration* (New York: D. Appleton, 1895), 35.

10. S. Smith, *The City That Was* (New York: Allaben, 1911). Quoted in D. Ward, *Poverty, Ethnicity and the American City, 1840–1920* (New York: Cambridge University Press, 1989).

11. J. Kirkland, "Among the Poor of Chicago," in *The Poor in Great Cities*, eds. R. A. Woods et al. (New York: Arno Press, 1971), 198. Originally published in New York by Scribner's in 1895.

12. D. Gaines, *Teenage Wasteland: Suburbia's Dead End Kids* (New York: Pantheon, 1991).

13. M. J. Dear, "Abandoned Housing," in *Urban Policymaking and Metropolitan Dynamics*, ed. J. S. Adams (Cambridge, Mass.: Ballinger, 1976), 59–99.

14. Sociologist Oscar Lewis first outlined the concept in relation to village life in Mexico, but it has since been deployed in relation to the slums of American cities. See O. Lewis, "The Culture of Poverty," *Scientific American* 215 (1966): 19–25.

15. For brief summaries, see K. Fox, Chapter 5 in *Metropolitan America: Urban Life and Urban Policy in the United States, 1940–1980* (New Brunswick, N.J.: Rutgers University Press, 1985); and J. C. Teaford, Chapter 6 in *The Twentieth Century American City* (Baltimore, Md.: Johns Hopkins University Press, 1986). For a more-detailed review, see J. R. Feagin and H. Hahn, *Ghetto Revolts* (New York: Macmillan, 1973).

16. Despite criticisms, the federal poverty standard continues to be used both as an administrative measure to determine government program eligibility and in academic research. See M. Orshansky, "Counting the Poor: Another Look at the Poverty Profile," *Social Security Bulletin* 28 (1965): 3–29; G. M. Fisher, "The Development and History of the Poverty Thresholds," *Social Security Bulletin* 55 (1992): 3–14; and the U.S. Department of Health and Human Services website (*http://aspe.hhs.gov/poverty/*).

17. C. DeNavas-Walt, B. D. Proctor, and J. C. Smith, *Income, Poverty, and Health Insurance Coverage in the United States: 2009* (Washington, D.C.: U.S. Department of Commerce, 2010).

18. 1970–2009 data from U.S. Census Bureau's *Consumer Income Reports (P60)* (*http://www.census.gov/prod/www/abs/p60.html*).

19. W. Frey et al. *The State of Metropolitan America* (Washington, D.C.: Brookings Institution, 2010).

20. P. A. Jargowsky, *Stunning Progress, Hidden Problems: The Dramatic Decline of Concentrated Poverty in the 1990s* (Washington, D.C.: The Brookings Institution) (*http://www.brookings.edu/es/urban/publications/ jargowskypoverty.pdf*).

21. *www.urbanophile.com/category/cities/detroit.*

22. *http://www.portfolio.com/resources/Portfolio-2010-Metro-Area-Stress-Rank.pdf.*

23. W. J. Wilson, *The Truly Disadvantaged: The Inner City, The Underclass, and Public Policy* (Chicago, Ill.: University of Chicago Press, 1990), 8.

24. M. Van Reitsma, "A Conceptual Definition of the Underclass," *Focus* 12 (1989): 28.

25. J. Kasarda, "Jobs, Migration, and Emerging Urban Mismatches," in *Urban Change and Poverty*, eds. M. G. H. McGeary and L. E. Lynn, Jr. (Washington, D.C.: National Academy Press, 1988), 148–98; see also C. Jencks and S. E. Mayer, "Residential Segregation, Job Proximity, and Black Job Opportunities," in *Inner-City Poverty in the United States*, eds. L. E. Lynn, Jr. and M. G. H. McGeary (Washington, D.C.: National Academy Press, 1990), 187–222.

26. M. Castells, *The Informational City* (Cambridge, Mass.: Blackwell, 1989), 227.

27. See U.S. Bureau of Justice Statistics website (*http://www.ojp.usdoj.gov/bjs/*).

28. R. B. Taylor, "Urban Communities and Crime," in *Urban Life in Transition*, eds. M. Gottdiener and C. G. Pickvance (Newbury Park, Calif.: Sage, 1991), 106–34.

29. L. J. Paulozzi, *Drug-Induced Deaths: United States, 2003–2007* (Atlanta, GA: Centers for Disease Control and Prevention, 2011).

30. Based on National Institute on Drug Abuse (NIDA), *InfoFacts: High School and Youth Trends* (Washington, D.C.: National Institutes of Health, 2011); National Center for Education Evaluation and Regional Assistance, *The Effectiveness of Mandatory-Random Student Drug Testing* (Washington, D.C.: U.S. Department of Education, 2010).

31. C. F. Schmid, "Urban Crime Areas," *American Sociological Review* 25 (1960): 678.

32. S. Smith, *Crime, Space and Society* (Cambridge, UK: Cambridge University Press, 1986).

33. D. L. Lange, R. K. Baker, and S. J. Ball, *Mass Media and Violence: A Report to the National Commission on the Causes and Prevention of Violence* (Washington, D.C.: U.S. Government Printing Office, 1969).

34. O. Newman, *Defensible Space* (New York: Macmillan, 1972).

35. D. Davis, Jr., *Violent Crimes in the Capital City.* Paper presented at the annual meeting of the American Association for the Advancement of Science (Washington, D.C., February 14–19, 1991).

36. P. L. Knox, "The Postmodern Urban Matrix," in *The Restless Urban Landscape*, ed. P. L. Knox (Englewood Cliffs, N.J.: Prentice Hall, 1993).

37. National Institute on Drug Abuse (NIDA), *Understanding Drug Abuse and Addiction* (Washington, D.C.: National Institutes of Health, 2008).

38. Knox, "The Postmodern Urban Matrix."

39. This discussion is based on S. A. Marston, P. L. Knox, and D. M. Liverman, *World Regions in Global Context: Peoples, Places, and Environments* (Upper Saddle River, N.J.: Prentice Hall, 2002), 181.

40. BBC News, "So Who Are The Russian Mafia?" April 1,1998.

41. CBS News, "Russian Mafia's Worldwide Grip" July 21, 2000.

42. Ibid.

43. See Taylor, "Urban Communities and Crime," 127–28.

44. Knox, "The Postmodern Urban Matrix."

45. L. Duke and D. M. Price, "A Microcosm of Despair in Washington, D.C.," *Washington Post* (April 2, 1989): A7.

46. This discussion is based on H. V. Savitch and G. Ardashev, "Does Terror Have an Urban Future?" *Urban Studies* 38 (2001): 2515–33; P. L. Knox and S. A. Marston, *Places and Regions in Global Context: Human Geography*, 2nd ed. (Upper Saddle River, N.J.: Pearson Education, Inc., 2004), 406.

47. J. Harrigan and P. Martin, "Terrorism and the Resilience of Cities," *Economic Policy Review* 8 (2002): 97–116.

48. Coaffee, "Rings of Steel."

49. Ibid.

50. P. Rossi, *Down and Out in America: The Origins of Homelessness* (Chicago, Ill.: University of Chicago Press, 1989).

51. The Bring LA Home, The Partnership to End Homelessness, Economic Roundtable estimated in 2004 that on a typical night in Los Angeles County, 10 percent of homeless residents were doubled up with friends and relatives; 11 percent were in rehabilitation facilities, jail, or hospital; 24 percent were in emergency shelters and transitional housing; and the sleeping arrangements of the remaining 55 percent were sidewalks, cars, public transit, empty buildings, roadways, or parks (see *www.bringlahome.org/*).

52. National Law Center on Homelessness and Poverty, 2009 Annual Report (Washington, D.C.: NLCHP, 2009).

53. Rossi, *Down and Out in America*, Chapter 2; Burt and Aron, *Homelessness.*

54. U.S. Conference of Mayors, *Hunger and Homelessness Survey: A Status Report on Hunger and Homelessness in America's Cities: A 27-City Survey* (Washington, D.C.: U.S. Conference of Mayors, 2009) (*http://www.usmayors.org/pressreleases/uploads/USCMHungercompleteWEB2009.pdf*).

55. Ibid.

56. See M. J. Dear and J. R. Wolch, *Landscapes of Despair* (Princeton, N.J.: Princeton University Press, 1987).

57. C. DeNavas-Walt, B. D. Proctor, and J. C. Smith, *Income, Poverty, and Health Insurance Coverage in the United States: 2009* (Washington, D.C.: U.S. Census Bureau U.S. Department of Commerce, 2010).

58. Calculated from Bureau of Labor Statistics unemployment data (*http://www.bls.gov/cps/cpsaat3.pdf*).

59. C. Dolbeare, "Housing Policy: A General Consideration," in *Homelessness in America*, National Coalition for the Homeless (Washington, D.C.: Oryx Press, 1996).

60. C. Lawrence, "Chicago's Homeless Lose Out While Housing Agencies Feud Over Rehab Funds," *The Chicago Reporter*, August 13, 2007.

61. U.S. Conference of Mayors, *Hunger and Homelessness Survey*; P. Koegel et al., "The Causes of Homelessness," in *Homelessness in America*, National Coalition for the Homeless (Washington, D.C.: Oryx Press, 1996); G. Laws and S. Lord, "The Politics of Homelessness," in *Geographic Dimensions of United States Social Policy*, eds. J. Kodras and J. P. Jones III (London: Edward Arnold, 1990), 59–85; Rossi, *Down and Out in America*, 182.

62. See U.S. Conference of Mayors, *Hunger and Homelessness Survey*.

63. U.S. Environmental Protection Agency, *TRI (Toxics Release Inventory) Explorer: Releases: Chemical Report* (*http://www.epa.gov/triexplorer/maps.htm*). The Toxics Release Inventory contains information on releases of nearly 650 chemicals and chemical categories from industries including manufacturing, metal and coal mining, electric utilities, and commercial hazardous waste treatment.

64. I. Douglas, "The Rain on the Roof: A Geography of the Urban Environment," in *Horizons in Human Geography*, eds. D. Gregory and R. Walford (Totowa, N.J.: Barnes and Noble, 1989), 217–38.

65. Ibid., 220.

66. U.S. Geological Survey, *Summary of Estimated Water Use in the United States in 2005* (Washington, D.C.: U.S. Department of the Interior, 2009) (*http://pubs.usgs.gov/fs/2009/3098/*).

67. Ibid; U.S. Environmental Protection Agency, *Indoor Water Use in the United States* (Washington, D.C,: EPA, 2008); P. H. Gleick, *The World's Water 2008-09*, Data Table 2, Freshwater Withdrawal by Country and Sector (Washington, D.C.: Island Press, 2009).

68. United Nations Environmental Programme, *GEO-2000: Global Environment Outlook* (*http://www.unep.org/Geo2000/ov-e/index.htm*).

69. U.S. Environmental Protection Agency, *Aging Water Infrastructure Research Project* (Washington, D.C.: National Risk Management Research Laboratory, 2007); ITT, Failing Infrastructure and Water Scarcity n.d. (*http://itt.com/valueofwater/media/1019_ITT_BACKGROUNDER2_NOMARKS.pdf*).

70. S. McKinon, "Money down the Drain," *Arizona Republic*, May 20, 2007 (*http://www.azcentral.com/specials/special26/articles/0520leaks-home0520.html?&wired*).

71. U.S. Environmental Protection Agency, EPA's 2007 Drinking Water Infrastructure Needs Survey and Assessment (Washington, D.C.: Office of Water, 2009) (*http://www.epa.gov/ogwdw/needssurvey/pdfs/2007/fs_needssurvey_2007.pdf*).

72. Quoted in B. Howard, "Scientists and Citizens Are Stymied by Water Crisis," *E/The Environmental Magazine* (January 8, 2004) (*http://www.ecoearth.info/shared/reader/welcome.aspx?linkid=28241&keybold=climate%20AND%20%20wildfire%20AND%20%20emergency*).

73. Centers for Disease Control and Prevention, *Morbidity and Mortality Weekly Report*, Vol. 57, 2008 (*http://www.cdc.gov/mmwr/pdf/ss/ss5709.pdf*); M. Lavelle and J. Kurlantzick, "The Coming Water Crisis," *U.S. News and World Report* (August 12,

2002) (*http://www.purewatergazette.net/comingwatercrisis.htm*); P. L. Knox and S. A. Marston, *Places and Regions in Global Context: Human Geography*, 2nd ed. (Upper Saddle River, N.J.: Pearson Education, Inc., 2004), 431.

74. 111th U.S. Congress, *House Report 11-026: Water Quality Investment Act of 2009.*

75. U.S. Environmental Protection Agency, *Clean Water Needs Survey* (Washington, D.C.: Office of Water, 2008)(*http://water.epa.gov/scitech/datait/databases/cwns/2008reportdata.cfm*).

76. L. McCarthy, "Off the Mark? Economic Efficiency in Targeting the Most Marketable Sites rather than Spatial and Social Equity in Public Support for Brownfield Redevelopment," *Economic Development Quarterly*, 23 (2009): 211–28; L. McCarthy, "The Brownfield Dual Land-Use Policy Challenge: Reducing Barriers to Private Development while Connecting Reuse to Broader Community Goals," *Land Use Policy* 19 (2002): 287–96.

77. U.S. Environmental Protection Agency website (*http://www.epa.gov/region6/6sf/pdffiles/heifersuccess2007.pdf*); Heifer International website (*www.heifer.org/*).

78. Data for 2009 from U.S. Environmental Protection Agency, *Air Quality Trends* (*http://www.epa.gov/airtrends/aqtrends.html*).

79. 2005 data from U.S. Environmental Protection Agency, *Air Emissions Sources: Carbon Monoxide* (*http://www.epa.gov/air/emissions/co.htm#conat*).

80. R. J. Earickson and I. H. Billick, "The Areal Association of Urban Air Pollutants and Residential Characteristics: Louisville and Detroit," *Applied Geography* 8 (1988): 5–23; U.S. Environmental Protection Agency, *Latest Findings on National Air Quality.*

81. European Commission, *High Speed Europe* (Brussels: Directorate-General for Mobility and Transport, 2010) (*http://ec.europa.eu/transport/infrastructure/studies/doc/2010_high_speed_rail_en.pdf*).

82. P. Choate and S. Walter, *American in Ruins: The Decaying Infrastructure* (Durham, N.C.: Duke University Press, 1983).

83. M. Kaplan et al., *Hard Choices: A Report on the Increasing Gap Between America's Infrastructure Needs and Our Ability to Pay for Them* (Washington, D.C.: US Government Printing Office, 1984).

84. American Society of Civil Engineers, *Renewing America's Infrastructure, 2001; 2009 Report Card for America's Infrastructure* (*http://www.asce.org/reportcard/*).

85. Citizens Budget Commission, *Mind the Gap: Funding Repair and Maintenance of New York City's Infrastructure*, July 27, 2010 [based on the OMB's *Asset Information Management System (AIMS) Reports*] (*http://www.cbcny.org/cbc-blogs/blogs/mind-gap-funding-repair-and-maintenance-new-york-city-infrastructure*); A. G. Hevesi, *Dilemma in the Millennium: Capital Needs of the World's Capital City* (New York: Office of the Comptroller, City of New York, August 1998) (*http://www.comptroller.nyc.gov/bureaus/eng/complete.pdf*); J. Obser, "The Road Ahead for New York City," *Future.Newsday.Com* (May 16, 1999).

86. U.S. Environmental Protection Agency, *Aging Water Infrastructure Research Project* (Washington, D.C.: National Risk Management Research Laboratory, 2007); ITT, Failing Infrastructure and Water Scarcity n.d. (*http://itt.com/valueofwater/media/1019_ITT_BACKGROUNDER2_NOMARKS.pdf*).

87. A. C. Revkin, "Federal Study Calls Spending on Water Systems Perilously Inadequate," *New York Times* (April 10, 2002).

88. With an average speed of less than 35 mph.

89. Texas Transportation Institute, *Urban Mobility Report* (College Station, Tex.: Texas A&M University System) (*http://mobility.tamu.edu/ums/*).

90. United States Department of Transportation, *2008 Status of the Nation's Highways, Bridges, and Transit: Condition and Performance*, Report to Congress (Washington, D.C.: Federal Highway Administration, 2008) (*http://www.fhwa.dot.gov/policy/2008cpr/pdfs/cp2008.pdf*).

91. D. T. Hartgen, R. K. Karanam, M. G. Fields, and T. A. Kerscher, *19th Annual Report on the Performance of State Highway Systems* (1984–2008) (Los Angeles, CA: Reason Foundation, 2010)(*http://reason.org/news/show/19th-annual-highway-report*).

92. American Society of Civil Engineers, *Renewing America's Infrastructure, 2001; 2009 Report Card for America's Infrastructure* (*http://www.asce.org/reportcard/*)(*http://www.infrastructurereportcard.org/fact-sheet/bridges*).

93. American Public Transportation Association, Transit Ridership Reports (*http://www.apta.com/resources/statistics/Documents/Forms/AllItems.aspx?RootFolder=http%3a%2f%2fwww%2eapta%2ecom%2fresources%2fstatistics%2fdocuments%2fridership&FolderCTID=0x0120006BE9AB89F00BAE4583BADAD635F81BA6*).

94. Sierra Club, Transit Fact Sheet: America Needs More Transit (San Francisco, CA: Sierra Club, 2003)(*http://www.sierraclub.org/sprawl/reports/transit_factsheet.pdf*).

95. International Road Federation (Geneva, Switzerland) data.

术 语 表

A

acid rain（酸雨）：与空气中的污染物（燃烧化石燃料产生的二氧化硫和氧化氮）混合在一起形成的降水，这种降水呈酸性，不仅对植被和水生生物有害，也对一些建筑物表面和城市雕像有害。

advanced capitalism（发达资本主义）：资本主义的最新阶段或"瓦解"阶段。在该阶段，商业、劳动力和政府之间的关系更加灵活，因为公司的大量行为不仅脱离了民族国家的框架，而且脱离了依然约束着有组织劳动力和大多数政府功能的制度框架。

agglomeration diseconomies（集聚不经济）：城市化和产业当地集中的负面经济影响，包括高租金、交通堵塞和空气污染。

agglomeration economies（集聚经济）：相近功能的经济活动在空间上聚集而使各个企业共享经济优势，譬如可以共享专业化的服务行业、金融及其他服务与公共设施等。

American renaissance（美国文艺复兴）：美国文艺复兴的人文文化起源于拉尔夫·瓦尔多·爱默生和亨利·戴维·梭罗的文学作品，对19世纪中期的美国设计界有着强烈的影响。美国文艺复兴将自然当作精神的源泉，将理想定义当作人和自然达到平衡的状态。这种思潮产生了理想城市景观的一种愿景，结合了回归自然的道德观、文化制度、政治制度和社会制度。

Annexation（合并）：将不属于市区的土地并入一个行政市，美国在19世纪经常采用这一做法。以前的郊区居民由于并入城市而获得了更好的服务，行政市则实现了重要的规模经济，并使得中等收入群体参与纳税和政治生活。

anomie（道德失范）：字面上是"失范"的意思，常与城市生活的孤立有关，但可更准确地理解为如下社会状况：个人行为和社会行为的规范如此微弱或混乱，以至于某些人在社会上变得孤立，或不确定要如何行为，而其他人则轻易挑战或无视社会的惯例。这种状况的后果之一是离经叛道（或越轨）行为的增多。

Art Nouveau（新艺术主义）：19世纪90年代和20世纪初出现在法国的一项运动（中欧称为新潮派）。它强调用赏心悦目的形态和有机感官的主题来代替维多利亚式的奢华。新艺术主义广泛使用于图形艺术，但在建筑上却局限于建筑物的装潢而非建筑形态。

Arts and Crafts Movement（工艺美术运动）：19世纪下半叶机械化和大规模生产时期由英国威廉·莫里斯领导的这项运动，旨在寻求重建手工艺的地位。莫里斯希望结合艺术家和手工艺人的智慧，形成诚实、简约和流行的形态。在建筑上着重采用民粹的主题，方便并吸引了第一代田园城市的规划师。

B

balloon-frame construction（轻型骨架结构）：使用廉价的钉子把由机器切割成的轻质骨架标准部件钉在一起。由于大量的轻板分散了压力，因此轻质骨架有着很高的强度和稳定性。使用标准化的组件和半熟练工人的轻质骨架，与使用榫眼和榫头来固定承重梁和角柱的传统方法相比，成本降低了40%。

Bauhaus school（包豪斯学派）：由瓦尔特·格罗皮乌斯于1919年创建的学派。包豪斯学派作为社会救赎的代表，与其他任何现代主义运动相比，更加强调建筑和设计的理想典范。工业化的生产、现代材料的使用和功能设计，使得建筑的造价更为低廉，即使普通民众也可承受，因此改善了城市的自然条件、社会状况、道德水平等。

behavioral assimilation（行为同化）：少数团体成员采用主流社会（或特许集团）的文化（如语言、行为规范和价值观）以适应城市主流文化的过程。

bid-rent theory（竞争-租金理论）：威廉·阿朗索提出的关于城市土地利用的新古典经济模型，它基于公司和家庭在空间上竞争以实现其效用的最大化。竞争-租金曲线表征了公司和家庭准备支付多少租金来购买某个易达地点（通常是市中心）土地之间的关系。与家庭相比，商业企业更愿意以更高的价格来获取核心地段，因为中心区位贸易增加而累积的额外收入，很可能超过家庭在相同区位通勤所省的费用。竞争-租金曲线的斜率会随交通便利性的降低而降低，反映了单中心城区的租金随着离中心城区的距离越远而逐渐降低的趋势。

Bilbao Effect（毕尔巴鄂效应）：明星建筑师弗兰克·盖瑞为西班牙毕尔巴鄂市设计古根海姆博物馆后，在这个古老的港口工业城市掀起一股文化复兴和品牌重塑的潮流。全世界的城市规划者都试图通过建造由明星设计师设计的标志性新建筑而重现"毕尔巴鄂效应"，从而刺激所在城市的复兴。

block busting（街区降级）：一些不动产经纪人的一种操作手法，他们蓄意压低房产价格，暂时使他们和同伴尽可能多地买进地产，等市场价格平稳后再卖给其他购买者。例如，美国城市的一些房地产经纪人介绍黑人去购买白人占优势地区的房产，希望白人以较低的价格卖给房地产经纪人或他们的代理商，然后再将房产以较高的价格卖给其他黑人家庭。

Boomburb（繁荣郊区）：1990—2000 年间扩张最快的郊区，主要发生在美国西部，沿围绕大都市区的州际环形公路分布。弗吉尼亚理工大学大都市研究所的罗伯特·郎利使用 1990—2000 年的美国人口普查数据将其定义为：非大都市区的居民人数超过 10 万的最大城市，在 1990—2000 年间保持了两位数的人口增长。尽管具有大多数城市的要素（居住、零售、娱乐和办公），但它们没有传统城市形态的一般结构（譬如大多数这类城市缺少密集的商业中心）。它们与传统城市的不同，不仅表现在很多功能上，而且表现在低密度和松散结构上。

Boosterism（助推器或经营城市）：地方政府通过吸引外地公司和资金进入本地，并与私营部门建立伙伴关系来发展本地经济的尝试。

Broadacre City（广亩城市）：弗兰克·劳伊德·赖特对机器时代和基于汽车城市化挑战的应对措施。这种理念通过使大城市去中心化，认为城市应不受无序蔓延和汽车拥堵的影响，人们应住在能够负担得起的"大草原"式住房中，并与低密度的半乡村周边环境和谐相处。其理想城市（即广亩城，每个家庭在其拥有的 1 英亩土地上居住）的建设基于两种新技术：汽车技术，以及采用混凝土、胶合板和塑料的大规模生产建筑技术。

brownfields（棕地）：废弃或未充分利用的工业和商业设施用地。由于存在显性和隐性污染，对棕地的再开发会相当复杂。不少棕地出现在中心城区和工业化的郊区，而这些地区历史上是传统制造业的所在地。这些地点可能是废弃的工业和铁路设施或制造厂，虽然仍在运营，但却表现出了被污染的迹象。棕地也可能是小型商业区，甚至是被污染的居住区。

C

CBD（中央商务区）：一座城市的中心商务区，这块商业用地上汇集了办公、政府、零售和文化活动，是单中心城市中交通最便利的地区，其土地价值和建筑密度都很高。

central places（中心区位）：能向周围腹地（村落、乡村、城镇和城市）提供商品和服务的城市中心。中心区位系统由不同层次的中心区位组成，包括少数大型中心区位（市）和大量小型中心区位。其中，大型中心区位能够提供高档商品（如专家设计的家具和珠宝等昂贵但不常购买的商品），小型中心区位能够提供低档商品（如报纸、牛奶等便宜且频繁购买的生活必需品）。瓦尔特·克里斯塔勒在其中心区位理论中试图解释城镇的规模和空间布局。

Centrality（集中度）：城市体系中的城市主导功能，经济、政治和文化活动在城市中具有很高的集中度。

centrifugal movement（离心运动）：在地价高企、交通拥堵等作用力下，城市区域由内向外的运动，这种力使得经济和其他活动转移到城市外围。

centripetal movement（向心运动）：在供应商、消费者、专业化服务和劳动力等作用力下，城市区域由外向内的运动，这种力将经济和其他活动吸引到城市中心。

chain migration（链式迁移）：先来者鼓励并帮助同乡加入其队伍，并帮助后来者寻找住处和工作的一种迁移活动。

circuits of capital investment（资本投资循环）：地

理学家戴维·哈雷提出的一种资本投资循环概念，即在市场条件和其他经济条件下，不同资本之间的转换关系。譬如资本从初级的工业生产转到次级的固定资产（机械装备业和建筑业），再转到三级的教育和技术研究。

city-state（城邦国家）：由一座控制着周边腹地的城市所构成的独立政治单元。早期的城邦国家有苏美尔和希腊；中世纪的城邦国家有意大利的佛罗伦萨、热那亚和威尼斯，德国的不来梅、汉堡、吕贝克；现代城邦国家有梵蒂冈。

civic entrepreneurialism（城市经营）：描述 20 世纪 70 年代初期以来当地政府在推进经济发展方面如何变得更加主动的术语。政府与大型法人投资者谈判，采用财政手段和其他激励措施，试图创造有利可图的投资环境，刺激并吸引私营企业。

class factions（阶级派别）：阶级结构总体概念中范围较窄的类别（如职业等）。

class formation（阶级形成）：导致人们有意识地进行集体活动的过程。人们以特定方式融入共同的生活时，就会形成阶级，他们逐渐认识到能够进入并借助于这种阶级的力量，因为这种阶级是他们可以直接经历并了解的周围环境。

class structuration（阶级结构化）：除了阶级派别和阶级形成之外，戴维·哈雷认为，阶级构造化是人们在阶级形成过程中的经历维度。这些经历包括决定等级结构的劳动分工、社会流动的制度障碍、权力体制、特定时间和地点的主流消费模式。

class structure（阶级结构）：特定时间内社会阶级位置的正式分类。阶级结构是指在劳动分工和经济组织体制内人们所处的位置。在相对混杂的分组中，阶级结构分类很广，其中也有由大量不同职业人员构成的"中间阶级"。

cognitive distance（认知距离）：对感知距离（不仅指空间距离）的一种度量，这种距离源于大脑对一个城市中的可见物体之间距离的感知，受土地利用模式、物体差异性、地图和路标等环境符号表达的影响。它是理解心智地图的一个重要概念。

collective consumption（集体消费）：通常指由公共部门提供的商品和服务，偶尔指一群人以集体方式（如演讲）消费的服务。该词源于曼纽尔·卡斯特尔的新马克思主义理论。卡斯特尔主张某些服务（学校、医院）对于维持资本主义至关重要，因为这些服务昂贵到单个企业难以提供，因此需要由公共部门通过非市场手段来提供。

colonial cities（殖民地城市）：由殖民实力或帝国实力刻意建立或发展为行政中心或商业中心的城市。

command and control centers（指挥控制中心）：具有重要的法人管理、政府、金融服务与企业服务功能的城市。例如，这些城市拥有进行大量企业决策的公司总部，也拥有控制全国性和国际性商业运营的公司总部。

comparative advantage（比较优势）：解释贸易类型和专业化模式的一种原理，即与其他地区相比，有最大生产优势的地区应进行专业化生产活动。

competitive advantage（竞争优势）：某些地区在经济竞争中获得的优势。这些地区具有最早生产特定商品所积累的优势，或通过较强的组织水平和适应能力能够持续保护历史基地的地位，其他地区由于缺乏先发优势而处于竞争劣势地位。

competitive capitalism（自由竞争资本主义）：工业资本主义的早期阶段，发生于 18 世纪下半叶到 19 世纪末。在自由企业的全盛时期，几乎完全独立的小规模企业、消费者和劳动工人之间存在着高水平的自由市场竞争，并很少受政府的制约和控制。

concentric zone model（同心圆模型）：厄内斯特·伯吉斯基于 20 世纪 20 年代芝加哥学派提出的关于城市结构的理想化模型，即从中央商务区沿一系列同心圆向外扩散时，社会经济地位提升的现象。

Congregation（集聚）：通过自由选择形成的少数民族集中居住区，而不是由制度限制或种族歧视所带来的非自愿隔离。

consumer services（消费性服务业）：零售、医疗、美容、休闲娱乐、餐饮等服务业。

contagion effect（传染效应）：由邻里螺旋式衰退产生的负面传染过程，该邻里由于废弃和长期闲置对附近资产的价值和预期产生了萧条效应。附近的资产所有者寻求卖出或搬离此地，留在原地的资产所有者也不愿意对正在贬值的资产进行维护和保护，进而导致了进一步的废弃。

containerization（集装箱化运输）：自动起重机将装满大量货物的标准化集装箱有效地装卸到轮船、火车和卡车的平板车厢上。通过减少在港口周转的时间，改善了货物的装运操作。而在此之前，船舶、卡车和火车停留在港口，由大量的工人逐件装卸大宗货物。

corporatist model of urban governance（城市治理的社团主义模式）：当地政府的各种行政部门和私人组织（劳动组织、社区组织等）存在共生关系的一种当地权力结构模型。关键的组织参与到正式的决策过程，当地政府代表一定的权威对这些组织给予支持和合作。这种模型认为，分离的社会经济组织受职业政客和技术官僚的联合控制，因此能够扩展和巩固其权力和权威的范围。

cultural transmission（文化传承）：独特的价值观和行为规范在当地的文化和环境下代代相传的过程。

culture of poverty（贫穷文化）：强调价值和态度对维系贫困循环作用的主张。恶性循环与缺乏机会和激情相关。穷人认为他们无法实现任何物质或社会成功，因此会调整其期望和行为，变得适应被剥削和遭受失败，而不能也不愿抓住教育培训和职业进步的机会。懒惰、猜疑和内向成为生活的一种方式，形成了独特的贫穷文化。

cumulative causation（累积因果）：在甘纳·缪达尔的模型中，城市等特定环境下由于规模经济、聚集经济和本地经济的发展所形成的优势积累，形成了自我推进螺旋式增长。累积因果效应会使得其他城市和地区承受因回波效应导致的负面结果。

cycle of poverty（贫困循环）：贫困会循环地代代相传，它从收入低、房子破败、住房拥挤等不健康条件开始。住房拥挤易导致恶劣的健康状况，饮食差也是收入低的结果。健康不佳会造成旷工，进而导致收入下降。疾病导致的旷课，限制了教育的成效和职业技能的提高，进而导致工资的降低，因此加剧了贫困循环。

D

Dalits（达利特人，贱民）：也指被驱逐的人，用于描述那些传统上被人们视为"不可接触的人"。在印度种姓制度中，它指处于所有种姓最底层的那些种姓群体，他们经常与人类废弃物和动物尸体打交道。印度独立前的精神领袖莫汉达斯·甘地曾积极推动废除贱民制度，并称他们"神的孩子"。现在他们当中的绝大部分人被称为"达利特人"，意指"受压迫的人"，印度政府则将他们称为"在册种姓"。由于人们认为达利特人接

触过的食物和水会产生污染，所以根据传统，他们不得不居住在主流社区之外的地方。此外，他们还不能使用其他种姓使用的水井，不能接受教育，不能进入寺庙，并要忍受暴力和辱骂。尽管印度1950年颁布的宪法禁止对达利特人实行不公平待遇，但在许多乡村地区，对贱民的歧视和虐待仍普遍存在。

Dark ages（黑暗时代）：公元5世纪罗马帝国崩溃后，西欧经济生活和城市生活水平停滞和衰退的数个世纪。

debt financing（债务融资）：市政府发行的债券，用于投资新的基础设施和服务设施维护，进而支持城市的进一步增长。债券以财产税形式偿还，因为由发行债券融资的投资所刺激的增长可望增加税收。

defensible space（防御空间）：人们能够认同和控制的自然空间与背景。这是建筑师奥斯卡·纽曼对现代建筑的批评用语，他认为中心城区邻里存在的恶意破坏、入室行窃和犯罪暴力行为，与现代主义的公寓街区区划和领土界定的"排他性设计"有关：一旦住房外部的空间变成公共空间，就没有人会义务监管或使之免受侵扰。

deindustrialization（去工业化）：工业在传统上占有重要地位的国家或地区，随着经济中心由工业向服务业转移，其产业性就业相对减少的现象。它可能由与技术变化和/或经济全球化有关的经济长期变化引起，如大规模生产和流水线制造业转移到成本较低的欠发达国家。这种趋势不仅指相对减少，而且也指绝对减少；不仅包括工业产出的下降，而且包括就业人口的下降。

deinstitutionliaztion（去机构化）：为减少支出而实行的一种公共政策，即把有精神疾病或其他疾病的患者从精神病医院和孤儿院等大型公共机构，转移到民间健康看护机构，这些机构通常是独立生活场所和本地服务提供场所的组合。

Demographic Transition（人口转型）：人口出生率和死亡率随着时间的推移从高到低的变化趋势。该模型主张，在经济发展水平不断提高的情况下，改善的饮食结构、公共健康和医疗科学进步使人口死亡率稳定下降；接着人口出生率下降，社会文化实践慢慢地逐步调整并适应这些新情况。其结果是人口急剧增长，直到出生率也下降

到相对较低的水平。这基于英国等发达国家的经历，但不要指望所有欠发达国家都会遵循这种人口发展路径。

depreciation curve（折旧曲线）：每块土地上的住房随时间老化后，房地产价值的下降。这些曲线是平均值，它掩盖了自然退化的不均衡性。交通状态、土地荒废和当地影响力的差异，会使得使用年限相同且初始质量相同的房屋，破损程度不同。

Deutscher Werkbund（德意志制造联盟）：由皮特·贝伦斯（德国电器公司 AEG 的建筑师和首席设计师）主导的面向未来的一种思想流派，它是为应对机器时代的挑战于 1906 年成立的。这个由建筑师、艺术家和手工业公司组成的松散联盟，旨在改革艺术与工业的关系，指导原则是数量和质量应彼此互补。贝伦斯将工业化视为德国民族的昭昭天命，他设计的厂房是充满技术力量的"肌肉"庙宇。瓦尔特·格罗皮乌斯等其他联盟成员，强调必须克服传统社会的疏远特色，而代之以简单实用的风格，并保留所有古老建筑的精致、风雅和象征意义。

deviant behavior（离经叛道行为）：偏离社会规范的社会行为，例如犯罪活动。

diagonal economic integration（斜向经济一体化）：商业组织的一种模式，在这种模式下，一家公司通过兼并和收购其他公司来使利润多样化；这些公司从事着分散的、有差别的业务，为不同的市场生产不同的商品或提供不同的服务。例如，一家汽车制造商可以买进能源、广告或娱乐公司等。

Digital Divide（数字鸿沟）：不同地区及不同人群在接触先进信息和通信技术（特别是互联网）等方面的机会差距。

distance-decay effect（距离衰减效应）：随着距离的增加，某个特定过程或活动递减的速率。例如，人们距离某种商品或服务越远，由于到达供应源的交通成本增加或耗时增加，因此倾向于消费这种商品或服务的人越少。

divisions of labor（劳动分工）：不同工人、不同国家或区域在某种事务和经济活动中的专业化程度。劳动的社会分工反映了从事不同工作的社会特征（如年龄、民族、性别）。劳动的空间分工基于资源和市场分配，以及规模经济、集聚经济和地域经济发展的区域经济专业化。

Dual City（二元城市）：大都市区的特点是：财富和地位不平衡，要么具有社会不平等加剧的趋势，要么二者兼而有之。曼纽尔·卡斯泰尔主张，20 世纪 60 年代以来的经济重构、社会重构和大都市区重构，已使美国的贫民窟和贫困区在数量和质量上都发生了变化，这种变化产生了新型的脆弱性、碎片化和不利条件，同时强化了城市在分工和空间上的极化。

E

economies of scale（规模经济）：公司大规模生产所具有的成本优势，即当原材料和劳动等各种投入分别增加 $x\%$，产出将大于 $x\%$，等同于规模回报增加。这是福特主义大规模生产的一个关键部分。

economies of scope（范畴经济）：大规模地灵活组织各种商品生产所具有的成本优势；公司通过灵活使用相同的生产或服务网络创造出提供全部新商品或新服务的能力。这是灵活生产体系的一个关键部分。

edge city（边缘城市或卫星城）：新闻记者乔尔·加罗提出的用来描述近年来城市去中心发展的新名词。边缘城市有时候使老商业中心相形见绌，它是由购物中心和办公大楼集中形成的节点，位于大都市区的外围，通常临近主要公路的交叉点。

elitist model of urban governance（城市治理的精英模式）：在这种模式下，最重要的决策由少数有权力的商界人士作出，被选举的官员仅为权力的"底层结构"，他们依赖于这些权力人士的赞助和宽容。这种领导地位的合法性源于下级的放权而非上级的压制；大多数人的顺从反映了他们情愿接受领导的支配以追求公共利益，这些领导还利用"投票箱"监督任何严重的滥用职权。

eminent domain（征用权）：政府通过合法的程序采用合理的补偿，将私有财产用作公共目的的权力。

enabling technologies（使能技术）：促进城市和经济重组的关键新技术。例如，20 世纪 80 年代以来，出现了三种重要的关键技术：生产流程技术（如机器人）、交易技术（如基于电脑的实时清单控制技术）和通信技术（如电子邮件）。

enterprise zone（振兴区）：官方指定的经济上衰落的地区，政府通过免税和减少规划管制等公共财政与其他激励措施，吸引公司入驻并增加就业机会，从而推动经济发展。

entrepôt（转运口岸）：用来作为货物再出口贸易的专业化港口。它们主要按照中间贸易中心运营——从外国进口货物再转运到其他国家或地区。香港、新加坡和鹿特丹是世界三大转运口岸。

environmental determinism（环境决定论）：人类活动由自然环境（特别是气候）所决定的理论。在城市环境下，这是一种吸收了行为主义概念的方法，其主张是城市生活会影响到个人的行为。

ethnoburb（少数族裔郊区）：郊区中少数民族集中的居住区和商业区，其特点是活跃的民族经济依赖大量的少数民族消费者。它们常与全球经济联系紧密，反映了其通过商务交易、资本流动和企业家及工人流动，在国际经济体系中所起的前哨作用。它们是多民族社区，社区中的某个少数民族的集中度很高，但并不占多数。美国郊区景观中的这种清晰民族印迹使其与典型郊区区别开来，在典型郊区中少数民族成员在白人群体中的分布更加分散。

exchange value（交换价值）：住房等商品在出售或交换时可以在市场上度量的价值。

exclusionary zoning（排他性区划）：旧金山发明的歧视华人的区划策略，纽约于 1916 年对其加以完善后，形成了歧视不受欢迎工厂的区划策略。这种区划策略很快被用于郊区社区，以排除不受欢迎的人群或土地利用。通过精心制定这些土地利用区划条例，郊区政府可以限制一定的活动类型，限制移居本地的某些人群。

export processing zone（出口加工区）：小型的封闭区域，在该区域内政府设立了特别优惠的投资条件和贸易条件（现金补贴、低税率、免除关税），以吸引出口导向型（通常为外资所有）产业。

Expressionism（表现主义）：艺术或文学的一种表现形式，描述由物体或事件唤起的主观感情而非客观现实本身。

extended metropolitan region（扩展型大都市区）：亚洲和拉丁美洲的一些巨型城市，向外延伸超过其边界而形成的大都市区，这是一种没有确定边界的、从城市核心向外延伸 80 千米的城市形态，没有单一的政府实体负责全面的土地利用规划。它们可能以如下形式出现：单一经济集中区域构成的中心城区形式；沿交通走廊发展的卫星城镇形式；其他的外围发展形式。

external economies（外部规模经济）：扩大关联产品的整个产业规模，进而提高产量，通过节约成本来获得利益。

exurban development（城市远郊开发）：出现在城市和郊区外围的住房开发和其他开发。

F

Federal Home Loan Bank Act（联邦住房贷款银行法）：1932 年通过的立法，胡佛政府创建了一个抵押贷款储备金，旨在应对大萧条时期住房建筑活动的下降，以及大量家庭由于丧失抵押品赎回权而丧失房产的情形。

Federal Housing administration（联邦住房管理局）：1934 年由罗斯福政府成立的机构，旨在通过刺激私有部门的建筑业岗位来应对大萧条时期就业率的下降问题。它稳定了抵押市场，根据合理的条款有力地促进了住房融资。它通过私营机构为抵押房屋贷款提供担保而非贷款。这种保险提升了银行和储蓄贷款机构的信心，以便提供更多的抵押贷款，并给贷款者 1～2 个百分点的优惠，从而刺激了购房需求。联邦住房管理局的担保也因更少的首付款和更长的贷款期而刺激了需求。

feminization of poverty（贫困女性化）：由于在家庭、社区和国家的性别不平等，使得女性更可能遭受贫困、营养不良和其他不利影响的过程。

Fertile Crescent（新月形沃土）：从伊拉克美索不达米亚（底格里斯河和幼发拉底河之间的土地）到埃及尼罗河下游地区的"新月形"肥沃土地内的早期农业和城市化区域。

filtering（过滤）：休谟·霍伊特的理论认为，居民迁移的主要动力是为富有阶层建设的新住房而产生的迁移链，导致家庭规模向上过滤而社会等级向下过滤。为富人建设的新住宅使他们从旧房中搬出，随后那些房子由社会和经济地位较低的人居住。

fiscal mercantilism（财政重商主义）：地方政府采用财政或其他激励手段，吸引能够创造大量利润的公司，来增加当地政府收入所做的努力。

fiscal retrenchment（财政紧缩）：由于经济低迷或反对高税率等情况，政府在公共福利和公共服务上的支出削减。

fiscal squeeze（财政紧缩或吃紧）：不可避免的财政困难态势，即美国许多中心城区发现自身财政收入能力已经下降（如由企业和中产阶级郊区化造成的收入减少），同时支出需求正在攀升（如由低收入老龄人口而导致的服务需求增长）。

flexible labor strategies（弹性劳工政策）：为适应市场需求变化调整产出以增加公司生产能力，和/或对工作时间进行产业组织（包括雇佣兼职临时劳动力或采用弹性工作时间等）以降低成本的一系列政策。

flexible production systems（弹性生产体系，柔性制造系统）：制造业在生产对象、生产时间、生产方式和生产地点等方面进行灵活分配的生产实践，包括开发各种支撑技术、分包安排、不同劳工市场、不同市场的产品营销等。

Fordism（福特主义）：对经济生产、收入分配、消费以及公共物品和公共服务等方面进行组织，以同时强化大生产和大消费的一种方法。它得名于亨利·福特在汽车制造方面的创新思维和哲学理论，它采用高度专业化和高度差别化的劳动力分工，是为大众市场提供标准化的廉价产品而进行的科学管理和流水线生产。

foreign direct investment（外国直接投资）：私营企业为实现管理上和生产上的控制，采用收购、设立分支机构等方式，向境外国家的一家或数家公司直接投资的海外投资总和。

free trade zone（自由贸易区）：由政府划定的、旨在推动就业和投资的一个区域，在该区域内进行的产品制造和产品交易免收关税。

Futurists（未来主义）：产生于 20 世纪 20 年代的建筑界现代运动的一部分，其观点是未来与过去无关。未来主义由菲利波·马里内蒂领导，在建筑和城市设计界则以安东尼奥·圣·埃利亚为代表，他们将城市作为长期造反的舞台，用体现普通大众和科学技术的里程碑式的庞大且奇特的高楼大厦，来激起社会变革和制度变革。

G

Galactic metropolis（星云状都市区）：地理学家皮尔斯·路易斯发明的一个术语，指全球化资本主义形成的碎片城市化所导致的解体状、分散化的城市景观。星云状都市区是碎片化和多节点的，城市的形态和功能密度不一，并以意想不到的方式并存。其特征是郊区的购物和办公枢纽所形成的边缘城市，有时可令老旧的中心城区黯然失色。

gateway cities（门户城市）：在地理位置上服务于一个国家或地区并与外界联系的城市。

Gemeinschaft（礼俗社会）：基于家庭紧密联系的社会关系，是滕尼斯主张的传统农业环境。

generalized housing market（普通住房市场）：（历史地理学家詹姆斯·万斯发现的）由创业者、小商小贩和专业人士构成的、由土地所有者出租房产的所有权与控制权所推动的住房市场。

gentrification（高档化，绅士化）：富裕阶层（如中产阶级）为寻找廉价和交通便利的居住场所而涌入中心城区，对旧社区住房进行翻修的过程，它通过驱赶、房地产升值、提高租金和增加财产税等方式将穷人赶出了中心城区。

gerrymandering（不公正的选区划分）：一个特定的政党或候选人为取得政治上的优势而重新划定选举小区的实践。

Gesellschaft（法理社会）：松散的社会关系，是滕尼斯主张的城市化环境。

globalization（全球化）：世界上的不同人群和不同地区，通过经济变革、政治变革和文化变革所形成的越来越密切的相互关联性，也是一种全球文化崛起的趋势。

green urbanism（绿色城市主义）：针对城市规划的一种过程，其方式应用新技术或集合性技术（如公共交通、集中供暖以及绿色建筑和绿色设计），推动生活方式的重大变化（步行、骑车和减少物质消费），保护和恢复自然环境。

greenbelt cities（绿带城市）：由美国政府出资建设低成本住房的城市，目的是为清理贫民窟及对中心城区进行再开发腾出空间，吸引中心城区人口到规划的郊区发展。美国政府于 20 世纪 30 年代建设了三个绿带城市，"二战"后都变卖给了非营利法人，目前这些城市已被蔓延的汽车郊区所包围。

greenfield site（绿地或未开发地区）：位于城市建成区边缘、开发时机已成熟的建筑场所（原有的农场和高尔夫球场等）。.

greenhouse effect（温室效应）：水蒸气和"温室气体"（如二氧化碳）吸收太阳辐射而使地球大气

层变暖的过程。全球变暖可能会由于极地冰盖融化、海面上升和气候变化而产生严重的后果。

greyfield（灰地）：废弃或未充分利用的场所，如拥有大型停车场但没有棕地环境问题的旧购物中心。

gridiron street pattern（网格化街道模式）：街道彼此垂直的街道类型。

gross domestic product（国内生产总值）：一个国家所有常住单位在一定时期内生产的所有最终产品和劳务的市场价值。它不包括对外投资的利润价值和归属于国外投资者的利润价值。

ground rent（地租）：付给土地拥有者超出最少必要租金之外的剩余部分，也如经济租金或区位租金。实践中常定义为在一块特定的土地上，某种特定活动能够产生的总收入，其值小于该土地上生产和交通的总成本。

growth machine（增长机器）：私有部门和公共部门的利益合作关系，主要实施通过吸引投资来增强城市和地区经济发展的战略，这些对内投资大多数来自于私有部门，同时也来自于公共基金。

growth pole（增长极）：法国区域经济学家弗朗索瓦·佩鲁于20世纪50年代引入的一个概念。增长极通常指一个或多个高度集成的高速增长产业，这种产业由某个主导部门布局，通过集聚经济获得效益，并通过扩散效应使经济繁荣波及邻近地区。例如，法国规划了8个均衡发展的大都市区（包括里昂、马赛和波尔多）来刺激区域发展，同时使某些经济活动从巴黎转出，以降低其首位度。

H

habitus（习性）：法国社会学家皮埃尔·布尔迪厄创造的一个词语，用来描述与物质元素和语言元素等人们生活世界相关的一种文化。如果一个社会群体具有一套独特的价值观、信念和行为方式，那么他们就有一种"习性"：一种集体的认知和评价模式，这种模式来自于其成员的日常经验，这些经验以下意识的方式运行，如平凡的日常生活、着装规则、习惯用语和消费类型等。

heat island（热岛）：城市比其周围乡村温度稍高的小气候现象。城市建成环境比地球自然表面的反射率低，对太阳辐射反射较少，因此吸收了更多的热量。城市的大气层也被来自化石燃料和空调释放的热气加热，累积效应会使城市成为热岛而比周围的乡村高1℉～2℉。

hinterland（腹地）：一个市场范围，即一个城市区的经济影响圈。城市区向其腹地提供商品和服务，腹地反过来为城市供应需要加工或输出的产品。

horizontal economic integration（经济横向一体化）：一种商业组织模式，即一家企业尽力占领单个生产平台，占有单个产品或服务，或占有整个产业，对相同市场提供相同产品和服务进行竞争的公司，实行法人兼并或收购以达到规模经济。例如，一家成功的汽车生产商可能会收购其他的汽车生产商。

horsecar suburb（马车郊区）：发源于19世纪的、位于步行城市边缘的放射状城市马车或公交线路终点站周围的郊区。

household life cycle（家庭生命周期）：能反映家庭类型和居住隔离之间关系的生命周期。例如，对中等收入家庭来说，他们有公认的活动场所，每个场所都具有鲜明的家庭组合，这些家庭组合有特殊的空间需求，对住房使用期限和区位有特定的交通便利倾向，并有不同的搬家倾向。

housing submarkets（住房亚市场）：城市中的独特住房类型，它通过各种制度机制来使特定人群（社会经济背景、年龄、民族等）居住。

hyperpluralist model of urban governance（城市治理的超多元模式）：20世纪80年代以来社会文化的碎片化和大都市区的空间重构，它将"支持增长联盟"的多元化转到一个超多元状态，反映了在非结构冲突和多边冲突状态下不稳定的力量关系。各种利益团体在有限的时间内狭窄的区域内展示力量，这些利益团体按照自己的方式寻求有限的利润，他们通常很少限制自己的行事方式，在多元模式下彼此之间也很少包容。同盟本质上就是这种超多元模式，但它们是短命的和临时的。

I

Incorporation（法人组织）：向州政府请求按照乡村、城镇或城市规定的法人条款来行事的团体。团体被授予的责任是有限的，因此它们有机会通过发行债券进行债务融资，对新城市基础设施和新型服务进行投资，以支持城市的进一步发展。

industrial capitalism（工业资本主义）：始于工业革命并持续到 20 世纪 70 年代初期的资本主义阶段，它包括：①自由竞争的资本主义早期阶段，其特点是自由市场的竞争水平相当高，在政府很少干预的条件下，许多小生产者、消费者和工人几乎完全独立行动；②"有组织的资本主义"晚期阶段，其特点是以劳动者、政府和企业之间高度紧密的结构化关系。

informal sector（非正规部门）：管制体系或报酬体系非正规化的、包含各种活动的经济部门。除了家庭劳动者之外，这些活动不仅包括贩毒和卖淫嫖娼等严格意义上的非法活动，而且包括建筑临时工、家庭琐碎杂活、街头小商小贩和擦鞋等针对个人服务的各种合法活动。

initial advantage（先发优势）：某些地区由于经济发展起步早而获益后，在经济竞争中所获得的关键优势。

international division of labor（国际劳动分工）：劳动分工在国家尺度上持续到 20 世纪后期的空间组织概念。在这种分工中，每个国家在经济的某些部门形成了专业化，如西欧的工业或非洲许多国家的农业和原材料等。

International Monetary Fund（国际货币基金组织）：联合国于 1945 年成立的一个分支机构，旨在促进国际货币合作，保证国际货币兑换的稳定性，促进经济和就业增长。它虽然不是一家开发银行，但也为饱经国际收支问题困扰的国家提供暂时的经济援助。2004 年，它为 184 个成员国中的 87 个国家提供了 1070 亿美元的信用额度和贷款。

inverse concentric zone pattern（逆同心圆模式）：拉美等一些欠发达国家的一种土地利用模式，它与伯吉斯提出的 20 世纪 20 年代美国城市的同心圆模式形成了对比。在该模式中，与 CBD 的距离越远，住房质量越差。

K

Keynesian suburb（凯恩斯主义郊区）：施行凯恩斯主义宏观经济调控时期（大萧条期间及其之后），美国政府为刺激经济而开发的郊区，其措施是推动私有部门的住房建设、向美国家庭提供可买得起的住房等。

Keynesianism（凯恩斯主义）：一种与英国经济学家约翰·梅纳德·凯恩斯密切相关的宏观经济调控学说，他倡导有管制的资本主义：使用财政政策（如预算赤字）和经济乘数效应来实现与维持充分就业。这一政策在 20 世纪 50 年代和 60 年代为美国等发达的福利国家奠定了基础，目标是在衰退时期通过政府开支来对抗需求不足以调控经济，因而出现了"需求管理"这一术语。20 世纪 70 年代的通货膨胀和高失业率，削弱了这一方法的效果。这是福特主义的一个关键要素。

L

Labeling（标签或标记）：邻里周围具有贫穷印象的所有居民所处的一种态势，它可能具有限制居民就业机会的负面后果。

land banks（土地银行）：公司购买并持有的、主要用来确保可开发用地供应的土地。例如，保有地处城市繁华地区边缘许多停车场的目的，主要是其投机价值而非作为停车位的赢利能力。

land use zoning（土地利用区划）：用来控制地方对土地利用和建设用途的公共管制。

liberalism（自由主义）：对自由重要性的一种信仰。自由主义有许多不同的流派，一个主要流派是 18 世纪流行的古典自由主义。在经济学术语中，自由主义相信资本主义制度和自由贸易的作用。

Liberalism, egalitarian（平等自由主义）：20 世纪初期大萧条引起的市场失灵。平等自由主义削弱了古典自由主义的合理性，使其理论黯然失色。平等自由主义依赖政府来管理经济发展，缓解了自由市场资本主义带来的负面影响。

localization economies（本地化经济）：特定产业集中在某个特定的地区，公司通过增加产出来节省成本。

M

machine politics（机器政治）：美国在 19 世纪初期随初兴工业化和快速城市化而崛起的一种家长式城市治理形式，其特征是由魅力型领导人来控制并得到工人阶级支持的阶梯形政治组织。

malapportionment（议席分配不公）：选举小区大小不一造成的代表名额分配不公现象。

managerialist model of urban governance（城市治理的管理者模式）：这种模式认为公务员实际上既

是社会的守门员，又是协调政策执行的"街头"官僚。它强调在当地民事服务中技术专家和行政官僚的自主权，事实上城市化已变得如此复杂，以至于选出的高级官员不得不越来越依靠公务员的专家知识；其结果是地方政府由公务员来掌控，公务员具有的专业素养和职业忠诚对决定当地政府各种活动方面的作用至关重要。

maquiladora（组装工厂）：这些工厂位于墨西哥的出口加工区，并主要沿美国边界分布，它们利用了廉价的劳动力和宽松的环境管制。它们通常由外国资本所有或建立，通过组装美国的零部件，制成成品后再出口到美国，制成品又享受了免征关税的待遇。

mechanical solidarity（机械团结）：埃米尔·杜尔凯姆提出的两种社会团结形式之一，它基于基于群体之间的相似性所形成的社会联系。

megacity（巨型城市）：人口超过 1000 万的特大城市，其特征是在国家经济中既有首位度又有集中度。曼纽尔·卡斯特尔将该词用于大城市，在这些大城市中，一些人融入了全球信息流，而其他人则被排除在外，并处于"信息贫瘠"的状态。

megalopolis（大都市绵延区）：法国地理学家简·戈特曼用来指多城市区域、多中心城市的词汇。该词首次用于描述美国东海岸从波士顿到华盛顿的主导性城市走廊。

merchant capitalism（商业资本主义）：资本主义的初级阶段。封建制度瓦解后，市场交换占主导地位的经济形式取而代之。由于一些社区与其他社区相比，生产更有效率，因此会专门生产某些产品和商品。其中起关键作用的是商人，他们提供了资金，启动了贸易流通，因此就标记为商人资本主义。

metropolitan consolidation（大都市区合并）：企业为了应对兼并后的集团重组，以及城市系统内部经济专业化的不同增长点和格局变化，在更大的都市区域中其关键的经济功能（如公司总部和研发实验室）越来越趋向于当地化的过程。

modernity, first（第一次现代化）：第一次现代化对应于资本主义的两个主要阶段：自由竞争的资本主义和管制的（凯恩斯主义）资本主义（包括有组织的资本主义和发达的资本主义）。第一次现代化期间的城市发展由封闭地理系统（民族国家）内的相互竞争所塑造。因此在资本主义进入当代全球化阶段之前，第一次现代化与家庭、政治、科学和宗教等社会体制密切相关，这些社会体制能够更好地应对社会风险和环境风险（如失业和传染病）。

modernity, second（第二次现代化）：第二次现代化对应于资本主义的当代全球化阶段。现在城市发展主要取决于全球尺度上的竞争力。发明该术语的德国社会学家乌尔里奇·贝克认为，在面对全球化的力量时，家庭、政治、科学和宗教等社会体制不再像过去那样，能够应对社会风险和环境风险（如失业和传染病）。

multiple-nuclei model（多核心模型）：由哈里斯和乌尔曼提出的城市内部结构模型，其特征是不同的经济功能地域和居住功能地域在城市内部的分散化和节点化。

multiplier effects（乘数效应）：经济体中某个部门新增的经济活动，对整个经济体中各部门带来额外的行业效应、公司效应、收入效应和就业效应，即这种活动的乘数效应。初级乘数效应包括已有关联产业中的劳动力市场等大量的当地化经济，该关联产业的技术和经验能吸引其他公司，使产业中新创专业技术人员之间进行相互交流，并维持研发设施和研究机构的存在等。次级乘数效应是由初级乘数效应所致初期螺旋式增长所形成的循环增长的结果。

municipal socialism（市政社会主义）：19 世纪初期，随着初期的工业化和快速的城市化，在欧美出现的一种城市治理形式，其特征是当地政府对市场进行干预，从而为重要服务和基本社会福利设施强加标准，并确保相关服务的提供。

N

natural increase（自然增长）：不考虑人口迁移影响时，一个国家或地区新出生人数与死亡人数之差（可计算为毛出生长率和毛死亡率之差）。

neighborhood effects（邻里效应）：指城市内部的居住环境既能影响当地文化，又能反映当地文化。人们为了获取或维持当地社会的尊重，倾向于遵守他们感知的地方准则。

neighborhood unit（邻里单元）：由美国社会学家兼规划师克拉伦斯·佩里提出的概念，它已成为全球新城建设广泛接受的城市规划理念之一。邻里单位的核心是，有一所当地小学、商店和社区公共服务机构，且这些设施与各个家庭的距离须在可承受的步行范围内。为了在中心提供更加安全的环境和舒适的交通空间，单元边界会限制重载机动车的通行道路。

neoclassical economics（新古典经济学）：资本主义社会中经济活动如何运行的一个抽象概念。这种经济由行为理性的大量小生产者和小消费者构成，且任何个体都不足以对市场运转施加重要影响。企业被视为在纯市场条件下（不存在准入限制）具有完全信息的独立行为主体，他们具有完全相同的资源、技术等。企业利用生产要素（土地、劳动力和资本）谋求利润最大化，消费者出售自己的生产要素（特别是劳动力），购买商品和服务，使他们的个人偏好最大化。市场是一个抽象空间：生产者和消费者确定价格，供求关系使经济资源得到最有效的配置。新古典主义经济学潜心于建立标准化模型，构造对现实世界应该如何运行的简化版本。

neoelitist model of urban governance（城市治理的新精英模式）：精英模式认为在某些城市中，几乎所有的重要决定都由少数强人做出。虽然新精英模式接受这一观点，但会质疑精英模式当中的假设，即公共利益的共识能被大多数人有意地和随意地赞同，或是对反对意见进行压制的结果。

Neoliberalism（新自由主义）：一种以市场为导向的经济政策和社会政策方法，即强调所谓的自由交换，减少政府社会项目的支出，对公共服务私有化，减少对私营公司的监管。

neoliberal ideologies（新自由主义思想）：一种特定的抽象概念，它基于自由市场条件下经济组织、政治生活和社会生活渐趋理想的种种好处，通过执行各种新右派战略，可以使经济实体更具竞争力。

neoliberal policies（新自由主义政策）：基于自由市场条件下经济组织、政治生活和社会生活状况渐趋理想的种种好处，通过执行各种新右派战略使经济更具竞争力的政策。这些政策包括：减少政府的作用，降低政府预算，取消补贴，解除管制；使公用事业等原本由国家拥有和运营的实体私有化。

new conservatism（新保守主义）：新保守主义与新自由主义（新右派）相比，强调国家需要更多的威权，并承诺提高军费开支，在全球范围内维护民族价值观（尤其是在美国的里根和布什总统任其内）。

new international division of labor（新型国际劳动分工）：根据国际生产和营销体系，原来主要在国家尺度上，现在在全球尺度上对国际劳动分工进行重组的观点，它针对的是传统制造业从欧洲和北美等地区向亚洲和拉丁美洲等一些欠发达国家的去中心化转移。

newly industrializing economies（新兴工业化经济体）：跨国公司在本国的外商直接投资所形成的一个新兴工业化国家，如墨西哥、巴西和中国台湾地区。

NIMBYism（邻避主义）：即不要在我后院搞建设，其特点是位于中等收入的郊区，在当地管辖权内他们反对当地不想要的土地利用选址，譬如建设垃圾焚烧厂等。邻避主义更极端的表现是香蕉主义，即禁止一切建设。

nodal center（枢纽中心）：在一个地区或城市体系中具有重要节点的城市中心，是商业行为和经济行为高度集中的地区。

O

organic growth（有机增长）：以一种非规划方式演化的城市发展，如住宅沿曲折的步行道建设一样，而非根据规划好的方案按照事先确定的方式发展。

organic solidarity（有机团结）：埃米尔·杜尔凯姆提出的两种社会团结形式之一，它基于专业化的经济角色（劳动分工）存在的差异。这一词汇基于生物类比，观点是在一个复杂的有机体中（现代城市社会），每个"器官"（社会群体）与其他器官都是相互依赖的。

organized capitalism（有组织的资本主义）：始于19世纪末期的工业资本主义的晚期阶段，其特点是，在劳动力、政府和法人企业三者之间具有高度的组织化关系。这些关系通过立法和执法手段、正规协议和公共机构进行调解。

overaccumulation crises（生产过剩危机）：资本主义经济长期发展中所独有的危机阶段，特点是存在着未被利用或利用率低下的资本和劳动力。这是在不断变化的条件下供需平衡困难的必然结果，是资本主义政治经济的关键时期，表现为生产能力闲置、库存过量、商品过剩、货币资本过剩和高失业率。

overurbanization（过度城市化）： 当代许多欠发达国家所经历过的一种条件，其原因是由于城市人口增长过快，超过了城市所能维持的充分就业和足够住房。

P

Parkway（林阴大道）： 美国规划大师罗伯特·摩西开发的一条限制进入的休闲公路。

place（区位）： 具有鲜明自然特征和人文特征的一个特定地理位置，如一座城市。它还可以和人们赋予其的属地感联系起来，进而影响他们对居住地的选择等。

pluralist model of urban governance（城市治理的多元模式）： 这种模式认为不同利益主体在不同时间内主导着不同的问题，所以权力是分散的。由于社会精英需要有大量的追随者，这就吸引了大量的参与者，保证了民主的基本要素，因此权力的构成在本质上也是竞争的。劳动者抗衡着企业，消费者抵消着零售商的力量，租房者限制了地主的力量等，因此社会在这种竞争中保持着大致平衡。这些群体也具有多重身份，这些身份促进了群体间的接触，有利于当地政治的相互宽容和彼此节制。

police powers（管辖权）： 政府采取行动（包括地方政府对私有财产和私有土地的控制）来保证人们健康、安全和公共福利的权力。

primacy（首位度）： 一个城市体系中人口最多的城市，与第二大城市和第三大城市相比显得非常大的情形。

primary products（初级产品）： 源于农业、采矿业、林业和渔业等自然资源的产品。这些产品通常作为制造业的原材料而具有重要地位。

primate city（首位城市）： 一个国家中根据首位度排名得出的领导城市：与其他城市相比，其人口规模特别大，或者从经济和政治活动等其他方面的实力来看，反映了首位城市的国家级重要性和影响力。

Privatization（私有化）： 在原先由公共部门配置和所有的商品与服务中，引入私人所有权和/或私人市场配置的一系列政策。私有化政策针对的是，将政府资产（譬如关键行业）出售给私人所有者，签订协议将以前由政府提供的服务转包给私有公司，从而提高政府的效率并节约公共开支。

producer services（生产性服务业）： 已知的商业服务，这些服务提高了其他企业的生产力和生产效率，使它们能够保持其专业化生产。譬如广告业、人员培训、招聘、金融、保险和营销等。

progrowth coalition（支持增长同盟）： 增长机器的另一种称呼。

public-private partnership（公私合作模式或公私伙伴关系）： 私有部门的企业和/或行业领导人与公共部门的官员和机构之间的联合，它和联合会和商会等一起，共同促进了城市区域的经济增长和繁荣。

pull factors（拉动因素）： 在移民研究中诱使移民迁移到特定位置的吸引力，它通常与推力因素共同发生作用。

push factors（推动因素）： 在移民研究中逼迫个人离开某地的消极事件和条件，它通常与拉力因素共同发生作用。

R

rank-size rule（位序-规模法则）： 齐普夫于 1949 年提出的关于城市规模分布的统计规律，即一座特定城市的人口数量应等于最大城市的人口除以这座城市的位次。因此，如果在一个城市体系中，最大城市的人口为 100 万，那么第五大城市的人口就应是 20 万，第 100 大城市的人口就应是 1 万，以此类推。

redlining（红线歧视）： 商业贷款机构（如银行）对其认为存在高风险的城市地区预扣房产抵押贷款的做法。具体做法如下：在一张城市地图上，用红线划定高风险社区，并利用该地图作为发放贷款的依据。这种做法会导致对少数民族、女户主家庭和其他弱势群体的歧视，因为他们更可能位于这些高风险社区。红线歧视也能成为自证预言，即这些渴望抵押资金的社区将变得逐渐衰败，并逐渐成为贷款的高风险区。

regional decentralization（区域扩散或区域去中心化）： 随着交通和通信设施的改善，以及廉价土地、低税收、低能源成本、经营城市和廉价且温顺劳动力的吸引，与已有工业地区的城市相比，对私人投资有相当大的吸引力，从而使传统上一个国家的不发达地区快速发展的过程。

relative location（相对区位）：尽管一个城市区域的位置是绝对的（譬如通过经纬度来测量），但也可根据其环境来表示其相对位置。环境指一座城市相对于其他城市的区位，譬如到其他城市的道路便利性等。

rent gap（地租差）：衰败中心城区实际支付的租金与更新改造后潜在的市场租金（根据竞争-地租理论进行预测）之差。如果地租差较大，将导致城市改造和高档化。

Resettlement Administration（移民管理局）：1935年罗斯福政府设立的一个机构，其职责是为了帮助规划郊区的发展，使人们从中心城区迁出，从而为清理贫民窟和对中心城区进行再开发腾出空间。

restrictive covenant（限制性契约）：房产销售后对随后的开发进行限制的契约性规定。这些契约常用于歧视低收入群体，并抵制对当地而言不需要的土地利用。

revanchist city（收复失地主义城市）：社会实权阶层为应对20世纪60年代社会变革后出现的城市道德滑坡和经济衰退而采取的一种新报复手段，不仅包括20世纪70年代以来的放松管制、私有化和其他新自由主义政策，也包括高档化。

rural-to-urban migration（进城移民）：在英国工业革命期间，为了寻找更好的生活方式，农村居民迁移到较大乡镇和城市的运动。现在在许多欠发达国家中，农村居民迁移到城市的目的是希望找到工作，并利用公共设施和公共服务等，而农村地区通常无法提供这些设施和服务。

S

secessionists（分离论者）：20世纪初期为应对机器大工业时代的挑战而出现的一种面向未来的思想学派。该学派以奥地利建筑师阿道夫·路斯为首，其主要动机是清除建筑物上所有"无用"的装饰。

sector model（扇形模型）：休谟·霍伊特倡导的城市居住区土地利用结构模型，它认为不同社会阶层的居住区沿交通路线呈楔形（扇形）排列。

service-dependent neighborhoods（服务依赖型邻里）：中心城区内已康复的精神病患者等无法独立生活的人群聚居区，该群体靠近以社区为基础的服务设施，也称"没有围墙的救济所"。

servicemen's readjustment act（军人休整法，士兵福利法）：1944年通过的旨在促进美国"二战"退伍军人休整和适应的立法。该法的主要目的之一是成立美国退役军人管理局，以帮助退伍军人拥有自己的住房。

setbacks（规划控制区，阶梯式后退）：1916年在纽约开始实施的关于土地利用区划的法律规定。为使光线和空气能够到达街道，该规定要求超出一定高度的摩天大楼的上层部分应采取阶梯式设计。这种限制条件使得第二次世界大战期间建设的高楼就像一层层的婚礼蛋糕那样。

shock city（休克城市，动荡城市）：在经济生活、社会生活和文化生活中发生了既出乎意料又令人不安的变化的城市，如工业革命期间英国的曼彻斯特市。

single-room occupancy hotel（单人房旅馆）：城市衰败地区以房间为单元出租给个人的旅馆。这些单元可能有食物储藏室或淋浴设施，或者两者都有。

slum（贫民窟）：联合国人居署将贫民窟定义为城市的衰败地区，其特点是住房标准低，且缺乏长期的安全保障。

social construction（社会建构）：这种观点认为，人们之间的最大差别并非源自其天性，而源自社会上的其他人对待他们的方式。例如，种族是一种社会结构，它基于身体外表（尤其是肤色）、传统和文化，人为地将人们分为不同的群体。

social disorganization（社会解组）：某些社区发现自己能力很弱而难以维持社会秩序的一种状况，原因是极端贫困或严重不公，人口变动率过高，或社会属性、人口属性、文化属性和民族属性高度多样化，抑制了当地纽带的形成，弱化了当地社会体制的效率。

social distance（社会距离）：人与人之间基于社会经济背景和影响力的差异所导致的社会生活隔离。这可能是共同愿望的结果，或者更主要的是强势群体所希望的结果。它通常用自然距离和居住区分异来表示。

social ecology（社会生态）：邻里的社会组合和人口组合。

social reproduction（社会再生产）：通过繁殖劳动力和消费者来维持资本主义社会正常运转的各种必要因素（如家庭、学校、健康服务、福利国家等）。

sociospatial dialectic（社会空间辩证法）：爱德华·索加用来阐述双边互动过程的词汇，在这一过程中，人们塑造城市的结构，同时人们本身又被城市结构所影响。

space（空间）：位置（如以经纬度来测量的绝对位置或相对位置）的一般用法。但对城市地理学家而言，空间不仅是表达经济、社会、政治和历史过程的简单媒介，也是社会的产物。因此它影响着城市内部不同社会团体之间关系的本质。

spatial mismatch（空间失配）：低收入、低技能人群的居住地点和工作地点的不匹配，原因如下：传统上对诸多技能要求不高的工作岗位已从中心城区转移到郊区，低收入人群所聚集居住的中心城区的就业岗位又需要更高的技能人才，因此造成了不匹配。

special district（特区）：政府为特定目的设立的目的单一的管辖区域，如特殊的卫生区。特区不受适用于城市其他区域的金融或法律的限制。这些区域同样具有成为特定功能区的潜在优势。

spiral of decay（螺旋式衰退）：维修长期拖延或临时修修补补，与累积的垃圾和涂鸦一起，使低收入、低住房标准的社区处在持续下滑的衰退过程中，并最终成为贫民窟。

splintering urbanism（碎片化城市化）：由地理学家斯蒂芬·格拉汉姆和西蒙·马尔文发明的词汇，用来描述在新技术、网络化信息和通信设施的选择性作用下，城市经济结构、社会结构和实体结构的碎片化。

spread effects（扩散效应）：在甘纳·缪达尔的模型中，其他城市或地区的经济发展会对本城市或地区产生正溢出效应，包括资本投资和熟练工人流出等。

squatter settlement（棚户区）：居住在既不属于自己也不属于租用土地上的居民。常出现在欠发达国家的城市中，但也出现在发达国家的城市中，包括欧洲的一些城市。

stagflation（滞胀）：经济衰退与高通货膨胀率（物价持续上涨造成的货币贬值）并存的一种现象。

starchitects（明星建筑师）：因其标志性建筑设计而闻名世界的建筑师。一些建筑师促成了城市（如西班牙的毕尔巴鄂市）的经济复兴和文化复兴。明星建筑师也可能成为公共知识分子并参与各种话题的讨论，对文化理念和文化趋势的形成影响甚大，推动和加强了经济全球化和文化全球化。

stealth cities（隐形城市）：指在大都市区边缘发展的城市，包括一些边缘城市。这些城市的发展快到尚未合并为独立的管辖区域，在区域地图或政府统计表上也没有其官方名称。它们被称为隐形城市的原因是，它们在管理上和政治上都是无形的，它们没有自己的商会、图书馆、市政厅或法院。但它们又非常真实，不仅清晰地展示了其高耸的天际线，而且展示了其高昂的土地价值。

steering（控制迁居）：房地产商为避免房屋价值受到危害而将居民迁移到另一个具有不同社会经济背景或少数民族人群居住区的行为。直到1968年美国才认定这种做法是非法的，因为这主要是针对非洲裔美国人的歧视行为。

streetcar suburb（电车郊区）：位于放射状电车行驶线路终点周围城市边缘的新兴郊区。电车从中央商务区出发，30 分钟内可以行驶 16 千米的距离，这极大地增加了居住区发展的空间，并为电车郊区的发展开辟了道路。

structural assimilation（结构同化）：少数民族成员通过一个更广泛社会（或特许群体）中的社会结构和职业组织进行扩散的过程。

subsistence activities（自给自足行为）：构成一个经济体系的各种行为，通常表现在农业领域。在该体系中，生产者（农民）及其家庭消耗了其生产的绝大多数产品，只有很少的剩余产品用来出售。

suburban incorporation（郊区合作）：郊区社区通过合作条款来保护其名声、地位和独立性的请愿办法，通常采取一种先发制人的策略，以免被中心城区所吞并。20 世纪 20 年代以来，随着美国郊区化步伐的加快，中等收入的郊区居民为远离中心城区的贫民窟并摆脱中心城区的税务负担，建立了使中等收入群体的价值与偏好能够得以繁荣的一个鲜明的管治和政治环境。

sustainable urban development（城市可持续发展）：

城市发展和资源利用的一种愿景，旨在寻求经济增长、环境影响和社会公平之间的平衡，从长远看这种方式能够维持子孙后代的发展。

T

tax increment financing（增税融资）：美国城市对再开发行动进行融资的一种机制，它与城市再开发效果直接相关。如果城市的一个区域对私营开发商有更大的吸引力，就会出现新开发，因此该地区内的税收收入将会增长。税收增量（再开发之后的税收和未进行再开发的预期税收之间的差额）将用于刺激再开发的改善及其他行动的融资。

Taylorism（泰勒主义）：制造业的一种劳动力组织形式（以分析家泰勒的名字命名）。其特点是，工作的计划和控制完全让位于管理，通过细致分析给每名生产工人分配专门的任务，即利用工效研究等方法的科学管理。亨利·福特于 20 世纪初在底特律曾将其用于汽车的规模化生产。

technology systems（技术体系）：技术、能源和政治经济结构的独特组合，它在经济发展的任一阶段内代表着最具效率的生产组织方式。它基于若干套相互关联的关键技术，代表着数十年来组织模式的成功实践，包括经济生产、收入分配、消费、公共物品和服务等。

Territoriality（地域性）：社会内特定团体的偏好，这种偏好试图在局部区域内建立某种形式的控制权、支配权或排外性。团体地域性的理论逻辑，主要依赖于以领土空间作为团体成员的焦点和标志，以身份作为规范社会互动的方法。

transnational corporation（跨国公司）：与多国公司类似，是从事生产、流通和营销的跨越国际边界的公司，在许多国家拥有子公司、工厂、办事处或机构。跨国公司具有在若干国家间进行协调和控制的能力；这种控制不必具有法律所有权就能行使，譬如通过转包合同等。为实现利润最大化，跨国公司的生产是在全球尺度上进行的。譬如作为全球装配系统的一部分，生产过程的低技术、劳动密集型阶段可能放在工资水平和工会力量较弱的欠发达国家。许多规模很大的跨国公司的总部集中在伦敦、纽约和东京等世界城市。

trickle-down effects（涓滴效应，渗漏效应）：逐步渗漏并扩散到更遥远城市或区域的经济增长，它由位于中心城区经济上充满活力的城市和区域的高端需求引起，又称扩散效应。

U

underemployment（非充分就业，就业不足）：就业者的工作时间少于满足其全时工作愿望的一种状况。

uneven development（非均衡发展）：在一个国家内部和不同国家之间，根据技术和资源的特定组合，资本从一种机会到另一种机会之间的持续跷跷板效应的空间分布结果。由于各行业都追求其投入的最大回报，造成了资本在时间和空间上的投资不均衡。当企业充分利用地域差别时，就创造了劳动力、资金、生产、市场和管理等方面的持续变化组合。

urban dust dome（城市粉尘罩）：区域空气不流动时，热岛效应在数天内产生的一种独特的当地大气环流模式。地表微风吹向城市中心时，在已建城区边缘缓慢上升和下降。城市上空的空气捕捉了烟雾、烟灰和化学物质，形成了城市的粉尘罩。当形成逆温层并在尘罩上方覆盖较暖的空气时，这种现象会更加明显，在城市低空造成污染。一旦有强光照射，这些聚集的污染物就可能通过光化学反应转变为烟雾污染。

urban realms（城市区域）：地理学家小詹姆斯·万斯创造的词汇，它描述了这样一种事实：许多世界级大都市区都是由城市公路连接起来的，由城市区域或经济子区域绑定在一起的一个松散联盟组成，区域内包含一个广泛的土地利用组合（批发、商业等），结果是中心城区失去了其经济支配力而演变为另一个区域。

urban regime（城市政权）：卡拉伦斯·斯通创造的词汇，它描述了这样一种事实：当地的公私合作模式包含权力结构，这种权力结构代表着由主导团体和主导利益集团缓慢变化的联盟；通过确保所涉及的关键团体的各种利益和各种政策成果，城市官员不但可维持自身的权力，而且可维持联盟的权力。

urban renewal（城市改造）：中心城区衰退部分的复兴。美国联邦政府的城市改造计划是根据1937年住房法兴起的关于贫民窟清理和公共住房建设的一个计划。随后，1949 年的住房法为中心城区清除"枯萎"区域和整理土地所需的成本提供了援助。由于官方所认定的衰退区域存在着邻里居民的消极反应，该法案由美国国会于 1973 年废止。1974 年的住房和社区发展法，引入街区拨款作为美国联邦政府资助当地社区发展的主要形式。

urban social movements（城市社会运动）：拥有不同程度公众支持的各种压力团体和组织，这种团体和组织通常不通过传统的政治渠道来表达其变革愿望。有时称为新社会运动。这些观点构成了集体消费理论的重要组成部分。

urban system（城市体系）：存在于某个特定地域内（如一个地区或国家）的不同规模的、完全相互依赖的若干城市居民定居点。

Urbanism（城市主义）：在城市背景下演变成的社会互动形式、行为类型、生活态度、价值观念和生活方式。

urbanization economies（城市化经济）：与城市背景相关的，由基础设施、附属行为、劳动力和市场等要素组合所带来的，由公司所享用的经济收益。

use value（使用价值）：由所有者在消费时进行测量的一种商品（譬如住房）的价值。

Usonia（尤索尼亚）：建筑师弗兰克·劳伊德·赖特为一种新型美国生活方式提出的自然框架，其主张是工人阶级应从既拥挤又昂贵的城市羁绊中解脱出来，迁居到低人口密度的半农村化地区，居住在与自然环境和谐共处的、有差别的个性化房屋中。

V

vacancy chain（空屋链）：由于新房建设、房产分割、原所有者死亡或迁出等因素，使房产可供利用的运态连锁反应。

vertical economic integration（纵向经济一体化）：商业组织的一种形式。其特点是，一家大公司尽力控制本行业的所有环节，并在最终销售价值中获取更大的比例，它们通过公司合并或收购同一行业不同生产阶段（从研发设计到生产再到销售）的公司。譬如一家汽车生产商可能会接管制造专业化零部件（如引擎或者汽车导航系统）的公司，或从事汽车配货或销售的公司。

W

White City（白色城市）：由建筑师丹尼尔·伯纳姆领导的一个团队设计的，为迎接 1893 年芝加哥世界哥伦比亚博览会而临时建造的石膏城市。其特点是，不但展示了美术学院派建筑形式以及后来的城市美化运动，还表达了建筑使人振奋和更加文明的信念。白色城市的建筑物具有统一的高度，道路两旁也充满生动的景色。

World Bank（世界银行）：和其主要组成部分——国际复兴开发银行一样，它是联合国成立于 1948 年的一个附属机构，宗旨是资助其成员国进行有利于经济发展的生产型工程。它目前有 184 个成员国家，从阿富汗到澳大利亚，从美国和英国到乌克兰、阿联酋、乌干达和乌拉圭。以 2003 年为例，世界银行为欠发达国家提供了 110 亿美元的贷款。

world cities（世界城市）：帕特里克·盖德斯创造的词汇，指从事世界上最重要事业（经济、政治和文化）、份额巨大并为多个跨国公司总部服务的那些城市。尽管巴黎、法兰克福、芝加哥、洛杉矶和苏黎世等城市也在全球扮演了重要角色，但伦敦、纽约和东京处于世界城市的领导地位。它以社会极化为特征。

world-system（世界体系）：历史学家伊曼努尔·沃勒斯坦创造的词汇，用来描述在空间上深度联系的任何一个经济体系，该体系是由具有单一劳动分工和多元文化体系的大量国家组成的。

Z

zone in transition（过渡区）：由厄内斯特·伯吉斯和人文生态学芝加哥学派对同心圆土地利用的命名。该地域位于中央商务区与工人居住区的内环之间。其特征是工厂、低档商业活动和高密度低质量出租房的混杂，新到移民通常居住于此。尽管其具有中心区位优势，但同心圆模式将它视不利于投资的区域，并最终成为可能出现地租差的位置。